湖北省学术著作出版专项资金资助项目

中国学术档案大系
主编　陈文新

礼学档案
曾军　编著

图书在版编目(CIP)数据

礼学档案/曾军编著.—武汉：武汉大学出版社,2016.5
中国学术档案大系/陈文新主编
ISBN 978-7-307-17205-0

Ⅰ.礼… Ⅱ.曾… Ⅲ.礼仪—研究—中国—古代 Ⅳ.K892.9

中国版本图书馆 CIP 数据核字(2015)第 272264 号

责任编辑：李 程　　责任校对：李孟潇　　版式设计：马 佳

出版发行：武汉大学出版社　（430072　武昌　珞珈山）
（电子邮箱：cbs22@whu.edu.cn　网址：www.wdp.com.cn）
印刷：武汉中远印务有限公司
开本：720×1000　1/16　印张：36.5　字数：543 千字　插页：2
版次：2016 年 5 月第 1 版　　2016 年 5 月第 1 次印刷
ISBN 978-7-307-17205-0　　定价：109.00 元

版权所有，不得翻印；凡购我社的图书，如有质量问题，请与当地图书销售部门联系调换。

目 录

百年礼学话转型（代序）……………………………………（1）
百年来礼学经典论著评介 ……………………………………（17）
 释禮 ………………………………………… 王国维（19）
 【评介】…………………………………………………（19）
 礼学略说 …………………………………… 黄　侃（34）
 【评介】…………………………………………………（57）
 礼记引得序
  ——两汉礼学源流考（存目）…………… 洪　业（74）
 【评介】…………………………………………………（74）
 中国礼俗史发凡 …………………………… 柳诒徵（84）
 【评介】………………………………………………（121）
 周官著作时代考（存目）………………… 钱　穆（139）
 【评介】………………………………………………（139）
 礼经十论（存目）………………………… 段熙仲（162）
 【评介】………………………………………………（162）
 "冠礼"新探 ……………………………… 杨　宽（167）
 【评介】………………………………………………（184）
 郑氏校雠学发微（节选）………………… 张舜徽（190）
 【评介】………………………………………………（193）
 略论礼典的实行和《仪礼》书本的撰作 …… 沈文倬（201）
 【评介】………………………………………………（250）
 中国礼教思想之我见（存目）…………… 蔡尚思（255）
 【评介】………………………………………………（255）
 《周礼》的主体思想与成书年代 ………… 彭　林（260）

· 1 ·

【评介】……………………………………………………（272）
凌廷堪的礼学思想
　　——"以礼代理"说与清乾嘉学术思想之走向 …… 张寿安（278）
【评介】……………………………………………………（325）
中国礼学史发凡 ………………………………… 杨志刚（330）
【评介】……………………………………………………（343）
《仪礼·丧服》所体现的周代宗法制度与伦理观念 … 丁 鼎（346）
【评介】……………………………………………………（365）
中国传统法的结构与基本概念辨正
　　——兼论古代礼与法的关系 ………… 曾宪义 马小红（370）
【评介】……………………………………………………（391）
新蔡楚简所见祭祷礼仪（二则）………………… 杨 华（395）
【评介】……………………………………………………（415）
《仲尼燕居》、《孔子闲居》与《论礼》纂辑之比较
　　——以《民之父母》为讨论中介 ……………… 林素英（420）
【评介】……………………………………………………（452）
《周礼·地官司徒》、《礼记·王制》中有关社会公正的
论述 ……………………………………………… 郭齐勇（456）
【评介】……………………………………………………（468）
百年来礼学论著提要 ………………………………………（479）
百年来礼学大事记 …………………………………………（567）
后记 …………………………………………………………（581）

百年礼学话转型(代序)

礼是中国文化的内核，也是古代中国整合社会的总枢纽。20世纪以来，素有礼乐文化之称的中国文明，在西方文化全面冲击下，有挫折，有自卑，但更多的是革新自身以求进步。礼学的内涵是无穷的，对礼乐文化多重价值的发掘是无限的。它就像一个多棱镜，从不同角度看，都能映射出丰富多样的光彩来。

20世纪中国各方面的深刻变化都与中国向世界打开大门接受异质文明有关。不同在于前一次是被动的，可以追溯至19世纪40年代；后一次则是主动的，开始于20世纪80年代，其影响延续至今。在礼制已经成为旧社会殉葬品、科学民主思想成为共识的20世纪，礼学深受各种新思想、新观念、新方法的影响，逐渐区别于传统经学范畴中的礼学。伴随着文化"古今中西"问题，礼学在这百年中备尝艰辛，几经停滞，依然不绝如缕，终至转型。前期从经世治民之典退到史学领域，后期从史学及哲学等多学科中逐渐发展，汇聚成为一门专学，逐步重获社会的理解和关注。

一、新思想、新材料、新方法

20世纪的中国是接受西方文明洗礼的中国。异质文明传入所带来的思想观念的变化，如新思想、新材料、新方法，引发了礼学研究上的巨大改变。

(一)科学与进化

20世纪思想史上的关键词当然非"科学"莫属。此间，科学思想不像19世纪那样主要在自然科学领域产生作用，而是深刻地影响着人们的思想行为和全部社会生活。英国彼得·沃森说:"20世纪受知识支配,或'屈服于'科学。居支配地位的知识性走向是深刻的,因为科学的贡献不仅涉及新产品的发明,也涉及已经改变人们全部生活的具体领域。……各种不同的研究领域出现了大综合的趋势……它们在共同讲述着自然界的故事……进化的过程构成了这个故事的基础,并为其提供了框架。"①进化论从生物学界传播到社会学科,成为整个20世纪最具影响力的思想观念。这种思想,在严复译介赫胥黎《天演论》、斯宾塞《群学肄言》和马君武翻译达尔文《物种起源》之后也迅速传播到中国②。《天演论》中"物竞天择,适者生存"的生物进化论思想,用之于认识人类社会,成为戊戌变法的理论基础,拉开了中国近现代思想启蒙、社会变革、变法图强的序幕,并迅速席卷全国。

20世纪前后中国的政治革命、文化运动与社会变革,都是以这种思想观念为内在驱动力的。"中国的唯科学论世界观的辩护者并不总是科学家或者科学哲学家,他们是一些热衷于用科学及其引发的价值观念和假设来诘难、直至最终取代传统价值主体的知识分子。这样,唯科学主义可被看作是一种在与科学本身几乎无关的某些方面利用科学威望的一种倾向。"③正是由于这种倾向,使得"现在的进化论,已经有了左右思想的能力。无论什么哲学、伦理、教育,以及社会之组织,宗教之精神,政治之设施,没有一种不受它的影响"④。科学与进化成为20世纪前后中国家喻户晓、妇孺皆知的名词。

科学、进化论影响到史学,直接催生了"科学的史学"与进化史观——"新史学"的诞生。晚清康有为宣扬公羊学"三世说"的《大同书》将经今文学与进化论思想结合,他的学生梁启超1902年著《新史

---

① [英]彼得·沃森:《20世纪思想史》,朱进东等译,上海译文出版社2008年版,第1~2页。

② 张法:《中国现代性以来思想史上的五大观念》,《学术月刊》2008年第6期。文章认为,中国现代性历程中产生出的名词、概念、观念、思想里,最主要关键词是:进化、革命、阶级、改革、和谐。

③ [美]郭颖颐:《中国现代思想中的唯科学主义(1900—1950)》,雷颐译,江苏人民出版社1998年版,第1页。

④ 陈兼善:《进化论发达略史》,《民铎杂志》1922年第3卷5号。

学》批评旧史学"知有朝廷而不知有国家……知有个人而不知有群体……知有陈迹而不知有今务……知有事实而不知有理想",明确提出科学的历史即进化史观的新史学。许冠三指出:"从新会梁氏朦胧的'历史科学'与'科学的历史'观念起,新史学发展的主流始终在'科学化'。历来的巨子,莫不以提高历史学的'科学'质素为职志,尽管'科学化'的内容和准则恒因派别而异,且与时俱变"①,表明科学与进化论思想的传入,成为旧史学向新史学转变的标志。

进化史观又衍生出唯物史观、社会阶级分析法。受进化论影响,1877年摩尔根《古代社会》②提出了社会进化理论,阐述了人类从蒙昧时代经过野蛮时代到文明时代的发展过程,说明人类社会从低级阶段向高级阶段发展,从原始社会发展到阶级社会。摩尔根的古典进化论成为唯物史观及阶级论的思想资源,马克思《摩尔根〈古代社会〉一书摘要》和恩格斯《家庭、私有制和国家的起源》都高度评价了该书。中国的部分史学家深受其影响,自觉秉承这种史学观。不仅如此,摩尔根的研究还为文化人类学提供了理论和方法,也丰富了对礼的起源的探索。

新史学认为人类社会是不断发展进化的,社会的进步就是以民主社会代替专制社会,以自由平等取代封建等级。在社会进化论的影响下,随着民主思想的传入,五四时期的知识精英与政治精英,希望通过讨伐礼制来反传统,通过摧毁人们对礼的价值信仰来进行新思想的启蒙。这个突破口无疑是准确的,而且取得了相当成功的效果。

一时之间,礼变成了集中讨伐的对象。文学界站在批评的最前沿,声浪最高,影响最大。鲁迅先生《狂人日记》、《祝福》中"吃人的礼教",冰心问题小说对家庭问题的暴露,巴金《家》、《春》、《秋》系列对家长制的控诉,无一不激起人们对礼教、礼制的痛恨。文学表现的极端化,部分波及学术评判。礼被视为维护封建统治、等级制度、摧残人性的工具,礼治、礼制、礼教都被从各个角度大力批判。当"礼义"思想被否定,以之为核心的礼制、礼教、礼仪、礼治随即

---

① 许冠三:《新史学九十年》,岳麓书社2003年版,第9页。
② 最早中译本是杨东莼、张栗原译,上海昆仑书店1929年版。

溃不成军。梁启超质疑说："这门学问到底能否成立，我们不能不根本怀疑。……礼学的价值到底怎么样呢？几千年很琐碎很繁重的名物、制度、礼节，劳精敝神去研究他实在太不值了。"①礼学处于覆巢之下难免岌岌可危的命运。

(二) 实证与考古

现代学科体系中一些学科的发展为礼学的发展开辟了另外的空间。不同学科的研究方法，史学都不同程度地有所吸纳。哲学的实证主义，考古学的新发现，社会学对经济状况的分析，文化人类学的田野考察，都给礼学以较大的影响。

实证主义主张以科学方法建立经验性知识，追求知识的客观性，主张实事求证，传递着科学的理念。它与清中期乾嘉考据学无论是在原则还是在实践层面都有相通之处，因而更易于中国学者亲近并接受。两者的自然结合从观念方法上给新史学提供了具体的操作路径，即变经为史，科学地整理国故，检讨经史典籍的真伪。胡适的老师杜威，就是一个实验主义者。胡适的观念和研究方法，深受赫胥黎"拿证据来"和杜威实验主义的影响，也从清代乾嘉学者的考据方法中获得借鉴。1921年，他在东南大学作"研究国故的方法"的演讲，提及研究国故要运用"历史的观念"时说："一切旧书——古书——都是史也"②。他还对《红楼梦》等古典小说进行考证。1922年，梁启超《中国史研究法》专章论述史料的种类、搜集与鉴别。1928年胡适的学生傅斯年提出："史学只是史料学，利用自然科学供给我们的一切工具，整理一切可逢着的史料……史学外的达尔文论，正是历史方法之大成。"③傅斯年主持的历史语言研究所被称为"新考据派"。周予同提倡"六经皆史料"以建设新史学："我们不仅将经分隶于史，而且要

---

① 梁启超：《中国近三百年学术史·十三》，《饮冰室合集 7·饮冰室专集之七十五》，中华书局 1988 年版，第 190 页。

② 胡适：《研究国故的方法》，欧阳哲生编：《胡适文集 12·胡适演讲集卷二》，北京大学出版社 1998 年版，第 92 页。

③ 傅斯年：《历史语言研究所工作之旨趣》，欧阳哲生编：《傅斯年全集》第三卷，湖南教育出版社 2000 年版，第 3 页。

明白地主张'六经皆史料'说。"①这些既有乾嘉考据的继承，也有西方实证主义的影响。王国维、陈垣等被视为史学的考证派，说明重视史料的甄别以及运用科学严谨的史学方法，是20世纪前半期史学家的共同旨趣。

以经为史，"三礼"也成为史学各专门史的资料。梁启超1923年提出礼学应回归史学，他说："我们试换一个方向，不把他当做经学，而把他当做史学，那么，都是中国法制史、风俗史……史……史的第一期重要资料了……我们若用新史家的眼光去整理他，可利用的地方多着哩。"②此后的礼学的确如梁启超所言，慢慢集中于专门史的研究区域，也出现了不少力作。

给礼学提供新材料的是考古学。考古学新发现给习惯于从文献到文献的中国史学，提供了新路径。王国维概括20世纪中国重大考古发现说："古来新学问起，大都由于新发见。……中国学问上之最大发现有三：一为孔子壁中书，二为汲冢书，三则今之殷虚甲骨文字、敦煌塞上及西域各处之汉晋木简、敦煌千佛洞之六朝及唐人写本书卷、内阁大库之元明以来书籍档册，此四者之一已足当孔壁、汲冢所出，而各地零星发见之金石书籍于学术有大关系者尚不与焉。故今日之时代可谓之发见时代，自来未有能比者也。"③金毓黻有所补充："近四五十年内所发见之史料，其最有价值者，凡六，一曰殷墟之甲骨文字，二曰敦煌及西域各地之汉、晋简牍，三曰敦煌石室之六朝、唐人所书卷轴，四曰内阁大库之书籍档案，五曰古代汉族以外之各族文字，六曰各地之吉金文字。"④郭沫若称："殷墟的发现，是新史学的开端。"他们都十分看重考古发现的价值。

---

① 周予同：《治经与治史》，朱维铮编：《周予同经学史论》，上海人民出版社2010年版，第433页。
② 梁启超：《中国近三百年学术史·十三》，《饮冰室合集7·饮冰室专集之七十五》，中华书局1988年版，第191页。
③ 王国维：《最近二三十年中中国新发见之学问》，傅杰编校：《王国维论学集》，中国社会科学出版社1997年版，第207页。
④ 金毓黻：《最近史学之趋势》，《中国史学史》附录，河北教育出版社2000年版，第382页。

考古学受到重视，也与其"科学"特质有关。傅斯年特别重视考古学："考古学是史学的一部分，这个部分与其他部分不同，因其与自然界有关；与地质学是不能分开的……考古学与人类学有关，所以古器之外，应特别注意人骨之测量，再根据比较法来推测当时人类之形状与其变化。"①他认为地质学、人类学为年代学研究提供了科学推测的可能。这些新发现为史学开辟出新境界，带来了新的机遇。陈梦家在年代学上的成就即得益于此。

具体到礼学，则有1900年西北敦煌莫高窟发现的六朝至北宋的"五经"写本文献残卷。敦煌《礼记》残卷共12卷，其中郑玄注《礼记》5卷，《礼记音》2卷，为先唐抄本。1959年7月，甘肃武威磨咀子6号汉墓发掘出比较完整的9篇《仪礼》竹木简。1993年10月，湖北荆门郭店一号楚墓出土804枚竹简，中有《缁衣》与传世文献《礼记·缁衣》近似。1994年5月，上海博物馆收藏一批战国竹简，其中《民之父母》与传世《礼记》中《哀公问》、《孔子闲居》两篇内容相似。在这种有文字记载的考古发现之外，还有如仰韶、良渚、三星堆等文化遗址以及墓葬中的器物，都给礼学研究提供了珍贵的实物资料，也改进了礼学研究方法，开始了礼学研究重视实物、将文献资料与新旧考古资料结合利用的历史。

文化人类学为礼学提供了民族学、文化学的视野及田野考察的方法，使礼从庙堂、宗祠走到民间，使风俗、习惯、仪式进入礼学视野成为主角，此前被忽略的一些民俗资料逐步受到礼学的重视。人类学的视野又引起礼学研究者关注风俗习惯与原始宗教信仰之间的关联。如李安宅所说："中国的'礼'字，好像包括民风、民仪、制度、仪式和政令……大而等于文化，小而不过是区区的礼节……礼就是人类学上的文化，包括物质与精神两方面。"②这种"礼即文化"的观念到20世纪后期已成为礼学研究的普遍共识。

---

① 傅斯年：《考古学的新方法》，欧阳哲生编：《傅斯年全集》第三卷，湖南教育出版社2000年版，第88~95页。
② 李安宅：《〈仪礼〉与〈礼记〉社会学的研究》，上海人民出版社2005年版，第3页。

二、从经学到史学

20世纪前期礼学大体趋势是逐渐摆脱经学，进入科学的史学之中。传统经学范畴中的礼学，建立在经典文本是可信且可践行的信仰前提之下。礼学至今尚无通史，足见礼学之繁难。古称议礼如聚讼，也非言过其实。但古礼之损益始终是以经学为依据，为政治作文饰。随着新思想的传入、新材料的挖掘、新方法的运用，经学整体上向史学转化。史学逐渐走向科学化，表现为重视专门史的分类研究，以便于各自纵深发展。礼学研究于是主要活跃于新史学的专门史中，从注重践履与社会的组织整合功能转向史学的研究。

关于新史学的发展脉络，冯友兰概括为"信古、疑古、释古"①，钱穆分"传统派、革新派、科学派"②。金毓黻说："最近史学之趋势，可分两端言之，一曰史料搜集与整理，一曰新史学之建设及新史之编纂。"③1941年，周予同将新史学五十年分为偏重史观和史法方面的史观派和专究史料方面的史料派，史观派中又分疑古（胡适、钱玄同）、考古（王国维、李济）、释古（胡汉民、郭沫若、陶希圣）三派。其中，疑古派破坏伪古史，考古派以建设真古史为职志，释古派注意社会史及全面的通史的研究④。1986年，许冠三总结新史学九十年，梁启超和张荫麟为开拓者，其余分为考证学派（王国维、陈垣），方法学派（胡适、顾颉刚），史料学派（傅斯年、陈寅恪），史观学派（李大钊、朱谦之、常乃惪、雷海宗、郭沫若、翦伯赞、范文

---

① 冯友兰：《中国近年研究史学之新趋势》，《三松堂全集》第14卷《杂著集》，河南人民出版社2001年版，第255页。此文写于1935年5月。

② 钱穆：《国史大纲·引论》，《钱宾四先生全集》第27册，台湾联经出版事业公司1998年版，第24页。

③ 金毓黻：《最近史学之趋势》，《中国史学史》附录，河北教育出版社2000年版，第382页。

④ 周予同：《五十年来中国之新史学》，朱维铮编：《周予同经学史论》，上海人民出版社2010年版，第359页。

澜),史建学派(殷海光、许冠三)①。其中周予同所谓的释古派与许冠三所谓的史观学派,都是指唯物史家。钱穆则不在各派之列。以上学派划分大体上是一致的,可清晰看出新史学前半期百家争鸣之势。

综上可知,新史学与旧史学的区别在于对"古"的态度,新史学内部各学派之间的区别,则取决于研究"古学"的方法。这个时期的礼学家,都是史学家而非礼学专家,多对礼学有所涉猎,但并不专门致力于此;都具有古学功底、西学背景,皆可谓"以通人之资成专家之业"②。他们因所受外来思想影响的学科门类不同,显现出礼学研究的诸多差异,以下择其典型者分别述之。

开现代礼学研究风气之先的是王国维先生。20世纪最具影响力的礼学著述,莫过于他的《释礼》等礼器文字考释系列与《殷周制度论》。前者重考,以字的形、音、义的演变推究古史礼仪的形成过程;后者重论,以"周之制度、典礼,乃道德之器械,而尊尊、亲亲、贤贤、男女有别四者之结体也"精确概括殷周剧变的制度精义。二者皆是荫泽后学的巨著,从文字、器物、制度三个维度入手,不仅站在考释考古资料的前沿,开启了以字说史,文字学、金石学、考古学、校勘学、甲骨学、敦煌学等多学科综合研究的治学路径,而且提出了诸多礼学问题,如殷周剧变、宗法制度、周公制礼、君统宗统等,成为后来几十年的礼学研究热点,无疑吸引了一大批学者去钻研。沈文倬先生治礼方法与王国维先生类似,且专精于礼学。著有《宗周礼乐文明考论》和《菿闇文存:宗周礼乐文明与中国文化考论》,皆是从小处着眼、精深独到的光大绝学的精品,尤以《略论礼典的实行和〈仪礼〉书本的撰作》一文最为人所称道,结合传世文献和考古资料对礼典和礼书形成过程的还原,令人信服。

同样得益于考古新发现的还有郭沫若先生。郭沫若长于文字学、金石学、甲骨学,著有《周官质疑》、《谥法之起源》,以彝器铭文为

---

① 许冠三:《新史学九十年》,岳麓书社2003年版。

② 案,此处借用许冠三先生在《新史学九十年》中对王国维先生的评价语,意思略有不同。

铁证，对王国维之论断或疑或补。前者据彝器铭文中所见周代官制如卿事寮大史寮、三左三右、作册、宰、宗伯、大祝、司卜冢司徒、司工、司寇、司马、司射、左右戏繇荆、左右走马、左右虎臣、师氏、善夫、小辅钟鼓、里君、有司、诸侯诸监共二十项考《周官》之真伪，认为《周官》是"周公致太平之迹"的说法迂诞，该书"盖赵人荀卿子之弟子所为，袭其师'爵名从周'之意，纂集遗文佚志，参以己见而成一家言"①。后者举周穆王以后五器铭文，推论谥法之兴当在春秋中叶以后，又举《左传》与《吕氏春秋》中两例推测谥法之兴在战国时代。古文字学家张政烺、考古学家张光直也撰写过这类礼学论文，对一些礼学疑点提供了较有力的证据。

郭沫若又深受唯物史观影响，他采用社会学的阶级、经济等分析法，将西周社会定性为奴隶社会，认为礼是奴隶主贵族维护等级制度的工具。杨宽、杨向奎与他的这类观点相近，再辅以人类学方法。杨向奎《〈周礼〉内容的分析及其著作时代》(1954)根据《周礼》中社会经济制度、政法制度、学术思想推断其成书时代，《宗周社会与礼乐文明》(1992)认为礼尚往来起源于商业性质的交换，乡饮酒礼是父系家长制转化为宗法制度后贵族统治者的统治手段，杨宽的《古礼新探》(1965)认为冠礼源自氏族社会的成丁礼，就是这类研究的体现。

顾颉刚先生以疑古辨伪著称。他对史实、传说详加考辨，对"层累造成的古史"进行辨伪，一层一层剥离伪饰，还原古史真貌。他与一些学者在20世纪二三十年代掀起了一股"古史辨"热潮，考辨经史文献之伪。虽遭"古书辨"和只有破坏没有建设之批评，但确属以严密的史学方法整理古史的典范。《"周公制礼"的传说和〈周官〉一书的出现》一文，肯定周公做了选择损益殷礼的工作，剥离"周公制礼"传说中夸大的成分。他认为《周官》的出现与齐国稷下之学、《管子》一书有很大的关系。他发现，稷下之学的主题是建立统一帝国时代的新制度，如天子巡狩礼、封禅等，《管子》含法家治国诸思想，《周官》则将两种理想统合在设官分职之中。它的出现不可能在周公之时。钱

---

① 郭沫若：《金文丛考》，人民出版社1954年版，第81页。两文皆收入其中。

穆《周官著作时代考》及《刘向歆父子年谱》是以历史学、文献考据学的方法来研究《周礼》的著作时代，批驳了《周礼》为周公所作，或为刘歆伪造的观点，认为《周礼》成书于战国时期。

20世纪礼学受文化人类学启发较大，且人类学、社会学、民俗学、文化学的研究方法常常综合运用。较早用社会学与人类学结合起来系统研究礼类经典的是李安宅，他于1931年前后撰写《〈仪礼〉与〈礼记〉之社会学研究》，将《礼记》、《仪礼》作为社会学史料，开创了一个全新的礼学研究视角。费孝通《乡土中国》从社会学的视角，提出"礼治秩序"①的概念。文化学家柳诒徵则从礼俗入手，他的《中国礼俗史发凡》一文，与《中国文化史》第一编第19章"周之礼制"，从历史上考察礼俗的源流和沿革，认为古代中国"以礼为立国根本"，不论是从社会学还是历史学出发，是用"礼治秩序"还是"礼俗"来概括，都揭示了中国社会所具有的礼俗社会的特征。他对礼、俗之间的关系以及礼俗对于民族的意义，进行了积极的论述。杨树达《汉代婚丧礼俗考》(1933)认为礼俗包括礼仪制度与民间风俗，以《汉书》与《后汉书》等史料考汉代的婚姻与丧葬礼俗，是一种社会史与考据的结合。邓子琴《中国礼俗学纲要》(1947)，则是优秀的风俗学著作。

还有一批学者，秉持客观的史学态度但延续了传统的治学方法，如黄侃、洪业、段熙仲、钱玄、张舜徽等先生。黄侃先生是在科举制废除，青年学子接受新式学校教育，对经典非常生疏的情况下受聘南京大学的，因此他的《礼学略说》属讲章性质，重在介绍礼学大略。如欲通"三礼"郑学须假道于陆、孔、贾、杜四家之书；古人读礼之法有分节、绘图、释例三种；礼有三层礼意、礼具、礼文等。他所提出的治《礼》次第"以辨字读、析章句为先务；次则审名义，次则求条例，次则括纲要"，颇有"由小学入经学"的清学特色。洪业先生为燕京大学历史系教授，兼哈佛燕京学社引得编辑处主任，1937年前后主编了"三礼"的引得和注疏引书引得，其治礼用目录学。段熙仲是柳诒徵的学生，然长期研究春秋公羊学，治礼从经今文学。《礼学十

---

① 费孝通：《乡土中国·礼治秩序》，《费孝通文集5·1947—1948》，群言出版社1999年版，第354~359页。

论》的礼经春秋学术同源等观点，实际是提倡以辨明章句和体会微言大义为治经方法。钱玄先生长期从事汉语文史教学及文字、训诂、校勘，其治礼偏重于名物训诂，著作有《三礼名物通释》，晚年出版《三礼辞典》、《三礼通论》，都是治三礼之学必备参考。张舜徽先生以史学、小学、文献学名家，他的郑学研究注重"辨章学术，考镜源流"，《郑学丛著》是对郑玄注经体例所作的文献学归纳。这一批学者在现代史学的科学框架中更注重传统经学中合理因素的继承。

总而言之，20世纪前半期，史学家以通人之资，立足不同的角度，运用不同的方法，展示出20世纪前期礼学研究的丰富多样性。这个阶段，在怀疑古史和古籍真实性的思想风气下，实证主义思想占据主导地位，考古学、人类学、社会学的方法大行其道，礼学成为史学研究中的专门史，疑古辨伪、校勘整理、史实求证成为礼学研究的主流。如对礼的起源、周公制礼说的讨论，对《周礼》成书时代的考证，对《礼记》成书及篇数的商榷等论争焦点，与20世纪前半期注重知识的客观性，力图客观认识古代社会有关。在摆脱经学信仰之下，为礼学的史学发展澄清了一些认识。

三、从史学到礼学

中华人民共和国成立初期直至20世纪70年代末，大陆礼学研究者极少，偶有零星论著，往往是老一辈学者的书箧珍藏。新一代礼学研究者，直到90年代前后才真正崛起。台湾学者则保持了连续性，间或有礼学新作问世。这一时期礼学在史学之中逐步发展，在现代学术学科细分的影响下，专门家越来越多；随着西方各种理论的涌入，礼学渐渐溢出史学，形成了多学科、多元化发展的态势。

礼学的渐热与时代的变化紧密相关。20世纪80年代，中国再次打开国门，中国文化重回与世界的交流中。前20年中国海绵一般吸收世界文明成果，各种西方理论你方唱罢我登场，介绍、研究、应用的成果层出不穷，让人眼花缭乱；后10余年中国人对学习西方百余年却陷入"不中不西"的尴尬境遇进行反思，"古今中西"问题更多地涉及如何走出西方话语霸权、进行本土文化的主体性建构，关于文化转型和研究范式的思考成为所有人文社会学科不得不面对的话题。对本土文化的关注使得礼的精神价值被重新发现，礼学成为各门学科都关注的对象，礼学方面的专著、论文大量涌现，并且走出了以往批判的思维方式，既反思礼，也反思"五四"以来对礼的批判。这种反思也使得礼学真正摆脱了经学，成为现代学术中的一员。

20世纪后期礼学的思想史研究成就最为突出。礼学继续关注《周官》，但指向有所不同。与前期郭沫若、钱穆、顾颉刚、杨向奎的《周礼》研究相比较，对《周礼》的考察注重思想史发展的线索，更贯穿着对中国文化的整体性思考。徐复观《周官成立之时代及思想性格》（1980），循思想与文献两条线索，得出《周官》是"王莽草创于前，刘歆整理于后"、"乃王莽、刘歆们用官制以表达他们政治理想之书"①的结论，回到传统论断。《中国人性论史》第三章"以礼为中心的人文世纪之出现及宗教之人文化"，指出礼的形成是宗教人文化的结果。彭林《〈周礼〉主体思想与成书年代研究》（1991），系统地研究了《周礼》当中的阴阳五行思想、治民思想、治官思想、理财思想和《周礼》所设计的国家政权模式，认为《周礼》主体思想的基本特征是"多元一体"，成书当在汉初。金春峰《周官之成书及其反映的文化与时代新考》（1993），将《周礼》中所记的各种制度，如授田制、军制、分封制、乡遂制、度量衡、货币制以及社会行政组织、商业、教育、祭祀、法律、风俗等，放在战国时代的宏观背景之下来考察，并以相关文献资料与出土秦简作印证，认为《周礼》是战国末年入秦的学者所作。这些都是将思想史分析与时代社会背景研究结合的范例，也显现出学者们研究中越来越关注各种因素的综合影响。

思想史研究中，礼学自身的建构也有所发展，如王启发《礼学思想体系探源》（2005）对礼学思想体系的梳理，中国台湾吴万居《宋代三礼学研究》（1999），林存阳《清初三礼学》（2002）、《三礼馆：清代学术与政治互动的链环》（2008），惠吉兴《宋代礼学研究》（2011），李江辉《晚清江浙礼学研究》（2011），对礼学史的断代研究；龚建平

---

① 徐复观：《徐复观论经学史二种·周官成立之时代及思想性格》，上海书店2006年版，第212页。

《意义的生成与实现：〈礼记〉哲学思想》(2005)，对《礼记》的哲学阐释，都丰富了礼学本身。其他研究礼学家多集中于荀子、王夫之等，时代则较关注周代和先秦。这些不同时代、地域的礼学家礼学思想的个案研究及礼学史研究，共同勾勒出礼学思想形成与发展的深浅线索。

中国台湾张寿安先生对凌廷堪礼学的个案研究影响较大。她的《以礼代理——凌廷堪与清中叶儒学思想之转变》与《十八世纪礼学考证的思想活力：礼教论争与礼秩重省》两部著述，前者展示了清中期思想史上的重要转折，即"以礼代理"思想的兴起，在她看来，这是儒学性质上的改变；后者以"嫂叔有服？无服？"、"成妇成妻"、"为人后"等具体案例考察礼学考证背后的思想史意义。在研究方法上，前者据社会秩序谈思想，后者以制度论思想，都是从细密的材料中归纳出论断，给研究者以启发。

礼制研究也是异军突起。从整个国家和社会层面或者历史性地对礼如礼制、礼治与礼教等进行宏观研究方兴未艾。在礼制研究上居功厥伟的是沈文倬先生的弟子陈戍国先生。他花费15年时间，爬梳剔抉众多繁杂的文献史料与考古资料，完成了六卷本的巨著《中国礼制史》(1991—2002)。这是一项填补礼学空白的历史性工程。更可贵的是，这部著述的取材跳出了"儒家之礼"、"夷夏之辨"的观念，大量且充分使用文物考古资料，形成一部真正广泛意义上的中国礼制史[1]。杨志刚先生对礼仪制度的研究也获得学界的肯定，《中国礼仪制度研究》(2000)一书几乎涉及礼学的所有重要论题，可谓礼学研究者必读之书。他从礼的起源讲起，进而述及礼的内涵的演变、分化与规范，各个时代的重大礼仪礼制的变革等，每个论题的阐述都概括而又深透。

具体礼制的研究，台湾学者甘怀真《唐代家庙礼制研究》(1991)、丁鼎的《〈仪礼·丧服〉考论》(2003)和阎步克《服周之冕：〈周礼〉六冕礼制的兴衰变异》(2009)都是成功的例子。甘怀真借由家庙的建立

---

[1] 江林：《礼·礼制·礼制史——评陈戍国先生的〈中国礼制史〉》，《博览群书》2003年第5期。

来理解中国中古的身份制度及其与国家权力的关系;丁鼎借丧服制度考察宗法制度;阎步克通过考察等级服饰来探知背后的权力利益分配。阎步克对官制研究颇深,其礼制研究的根据也在于此。另有台湾学者高明士《中国中古的教育与学礼》、《东亚传统教育与学礼学规》、《东亚传统家礼、教育与国法》,立足教育在整个东亚文化之中讨论学礼,选题虽小,所见者大。

与礼制相关的有礼的政治学研究。郭齐勇教授研究重心在新儒家和儒学,但他从政治学视角对三礼中公平正义思想的关注,却可视作为礼学研究开辟一新领域。他的《〈周礼·地官司徒〉〈礼记·王制〉中有关社会公正的论述》关注社会公正问题,可与他近几年其他"公平正义"方面文章相参看。既与西方热议的罗尔斯《正义论》相呼应,又有极强的现实指向性和儒家情怀。另一热点是礼法关系研究,马小红《礼与法》(1997)、《礼与法:法的历史连接》(2004)、《礼与法:中国传统法律文化总论》(2012),都是从传统法的角度考察礼与西方现代法系思想的不同。张仁善《礼·法·社会——清代法律转型与社会变迁》(2001)、李书吉《北朝礼制法系研究》(2002)、任强《知识、信仰与超越——儒家礼法思想解读》(2009)都立足于礼与法的联系与分化来讨论礼的法学内涵。

又有礼的文化研究。如邹昌林的《中国古礼研究》(1992)、《中国礼文化》(2000)延续文化人类学的方法,前者认为《仪礼》讲宗权,《周礼》讲君权,二者是以君权为中心的统一结构;后者围绕《礼记》系统研究了中国礼文化的特征、礼教与儒学传统。礼的文学研究最后往往也以文化为归宿,如韩高年《礼俗仪式与先秦诗歌演变》、翁礼明《礼乐文化与诗学话语》、夏静《礼乐文化与中国文论早期形态研究》、傅道彬《诗可以观——礼乐文化与周代诗学精神》、赵小华《初盛唐礼乐文化与文士、文学关系研究》等。

在礼学研究中运用出土简帛取得较大成就的有杨华教授与台湾学者林素英女士。杨华的礼学研究三部著述《先秦礼乐文化》(1996)、《新出简帛与礼制研究》(2007)、《古礼新研》(2012),体现出两个特点,一是关注古乐对礼制的作用,一是善于考释、运用简帛文献。林素英的几部著述《丧服制度的文化意义——以〈仪礼·丧服〉为讨论》

(1989)、《古代生命礼仪中的生死观：以〈礼记〉为主的现代诠释》(1997)、《古代祭礼中之政教观：以〈礼记〉成书前为论》(1997)、《从〈郭店简〉探究其伦常观念——以服丧思想为讨论基点》(2003)，都是通过礼的仪式的研究探求其中蕴含的礼义。简帛出土以来，她比较传世文献与简帛文献的异同，推测原始文献的流传情况，描绘出思想史发展的另一可能。

也有部分学者对根基牢固的传统方法极其钦佩，试图在西式学制之下重寻传统礼学中的治礼门径。杨天宇《郑玄三礼注研究》(2007)对郑玄三礼注体例的总结梳理，彭林对清代《仪礼》研究的清理，都是礼学研究重视传统的典型。诠释学使我们重新认识了礼学注疏的学术价值和传统的文献考据方法，如曾军《义理与考据——清中期〈礼记〉诠释的两种策略》(2009)与孙显军《〈大戴礼记〉诠释史考论》(2011)，都是诠释学与文献考据的运用。还有一些礼器、名物的考据，也多会采用传统的治礼方法。传统治礼方法依然有其优长之处。

海外学者对礼学研究的贡献也颇多。有日本的沟口雄三、小岛毅《中国的思维世界》，池田温《中国礼法和日本律令制》，小岛毅《郊祀制度的变迁》，金子修一《中国古代皇帝祭祀的研究》，牧角悦子《中国古代的祭祀与文学》，青木宝《仪礼的象征性》，井上彻《中国的宗族与国家礼制——从宗法主义角度所作的分析》，吾妻重二《朱熹家礼实证研究》(2012)，有韩国的卢仁淑《朱子家礼与韩国之礼学》(2000)，有比利时的钟鸣旦《礼仪的交织：明末清初中欧文化交流中的丧葬礼》(2009)，都是礼学佳作。

20世纪80年代以来，礼学研究的专著、论文越来越多，殊难一一列举。此阶段的礼学，视野越来越开阔，学科的界限越来越模糊，涉及的问题越来越具体。研究资料从前期注重彝器金石甲骨到利用出土简帛；研究方法从前期的主要运用考古学、社会学、人类学、民俗学到哲学、伦理学、文化学、诠释学、简帛学、法学、文学等多学科综合；研究兴趣从礼典的成书、篇目分合、名物度数仪节转到礼义、礼制、礼文化等；研究角度逐渐细化，从初期的学术史式的、概论式的论述，转为个案研究，集中于一点深入开掘，以小见大。

在这些研究中，礼的丰富内涵被不断挖掘，礼在中国文化中的独特性被充分地认识，礼学研究在世界文明中的独特价值也逐渐被看重。但是，礼学的两次转型，从经学入史学，从史学发展到礼学，归根结底只是形式上的，中国文化的创造性转化远未完成。作为中国独特的礼文化，如何进行实质性的转变，依然任重而道远。

还要提出的是，陈其泰先生编的《二十世纪中国礼学研究论集》从礼学的几个专题入手，收录了很多重要的礼学名家名作，侧重学术问题的探讨。王锷先生的《三礼研究论著提要》积十年之功，对礼学研究居功厥伟，是笔者反复翻检的案头书。本编则选取百年间采用不同视角或运用不同方法且较具代表性的礼学研究专论，按照著作发表的年代先后为序，庶几可以为读者勾勒百年礼学发展的粗略线条。

百年来礼学经典论著评介

释　禮

王国维

　　《说文·示部》云："禮，履也，所以事神致福也。从示、从豐，豐亦声。"又豐部："豐，行禮之器也。从豆，象形。"案：殷虚卜辞有 ▩ 字，其文曰："癸未卜，貞，醴 ▩。"《殷虚书契后编》卷下第八叶。古 ▩、珏同字。卜辞珏字作 丰、羊、▩ 三体，则 ▩ 即豐矣。又有 ▩ 字，《书契前编》卷六第三十九叶。及 ▩ 字。《后编》卷下第二十九叶。▩、▩ 又一字。卜辞 ▩ 字，《后编》卷下第四叶。或作 ▩，《铁云藏龟》第一百四十三叶。其证也。此二字即小篆 ▩ 字所从之 ▩，古 凵、凵 一字。卜辞"出"或作 ▩、或作 ▩，知 ▩ 可作 ▩、▩ 矣。▩ 又其繁文，此诸字皆象二玉在器之形。古者行礼以玉，故《说文》曰："豐，行礼之器。"其说古矣。惟许君不知 ▩ 字即珏字，故但以从豆、象形解之，实则豐从珏在凵中、从豆，乃会意字，而非象形字也。盛玉以奉神人之器谓之 ▩、若 ▩，推之而奉神人之酒醴亦谓之"醴"，又推之而奉神人之事通谓之"禮"。其初，当皆用 ▩ 若 ▩ 二字，卜辞之"醴 ▩"，"醴"字从"酒"，则"▩"当假为"酒醴"字。其分化为"醴"、"禮"二字，盖稍后矣。

　　——选自王国维：《观堂集林》卷六，谢维扬、房鑫亮主编：《王国维全集》第8卷，浙江教育出版社、广东教育出版社2009年版，第190页。

【评　介】

　　著名学者王国维的经史之学中，礼学研究占据重要一席，是其商周上古史研究的核心，然深藏于他的考古学、文字学、甲骨学、金石学成就之中，极少被单独论及。他虽不专攻礼学，但其礼学论著对研究材料稀缺的商周史有开启山林之功，对传统礼学向现代礼学的转变有承继转化之绩，对认识中国古代文化有廓清视听之效，实有专门提出表彰之必要。

一、文字、器物、制度之礼

王国维关注礼学，约在1913年以后。据其年谱，撰述时间多集中于1915—1918年，先生39岁至42岁之间。其礼学著述，关注商周的器物、礼文、礼制、宗法制度等，多收入其自选集《观堂集林》。"艺林"第一卷《尚书》类10篇中有8篇所论皆关乎古礼如祼礼、册命礼；第二卷《诗经》类9篇中7篇为古礼的用乐用诗制度；第三卷10篇皆属礼器名物考；第四卷《汉魏博士考》论秦汉魏的学制变化；第六卷考释"史、礼"等文字，关涉册命、祭祀等礼仪；第七卷《汉时古文本诸经考》述及三礼古本。"史林二"收《殷周制度论》，"史林十三"有《宋越州本礼记正义跋》。《观堂集林》外，有《殷礼征文》、《乡饮礼席次图》（年谱有录但全集中未见此文）、《经学概论》。另《观堂别集·书〈毛诗故训传〉后》中全篇引《周官》之文为证，其他篇章以"三礼"或史书礼仪志为证据材料者随处可见。

（一）名物考释类

王国维关注礼的名物、文字、经传版本，此类考释因其精湛的文字学、金石学、甲骨学成就而独树一帜，多收录在《观堂集林》卷三《艺林三》中。

王国维早先关注明堂庙寝，1913年3月开始撰写《明堂庙寝通考》考古宫室之制。明堂是古代帝王祭祀、朝见诸侯、宣明政教之处，是古代非常重要的政治活动场所。王国维认为，古代宫室之制，室为宫室之始和宫室之主，建制与家族之制相匹配，建造宫室要求相距至近，情足以相亲，最利于用，足以观美，即就近、实用、美观三原则。明堂、辟雍、宗庙、大小寝之制，皆由此而扩大之缘饰之。

《考工记》、《月令》、《盛德》关于明堂三种说法不同，可能是混淆了堂与室。明堂应为十二堂，即四堂、八个，与听朔布政之事有关。且据册命礼证《考工记》所言明堂的位置与数量，文后列明堂图、宗庙图、大寝图、燕寝图四幅，标明古宫室建制的名称、数量、方位，颇有助于研读古礼。

1915年10月撰《古礼器略说》考古礼器，其总题下分《说俎》、《说盉》等数篇。《说罍》举五证证诸经中散字都是罍字之讹；《说觥》以彝器铭文、实物等古器物学证阮元之器为兕觥；《说盉》证盉是和水于酒之器，作用是调节酒之厚薄，而非《说文》解释的调味之器；《说彝》认为彝为共名，不是专名，正《博古图》之误；《说俎》上篇考房俎之说，下篇考俎的形制类似几。

1918年9月撰《说环玦》、《说珏朋》、《女字说》，都是考称名。《说环玦》明古环不止一玉，所以有连环；阙其一则为玦。《说珏朋》考所系之贝玉，于玉谓之珏，于贝谓之朋。以字形、字音证珏与朋两字实为一字。古制贝玉皆五枚为一系，合二系为一珏、若一朋，应为五贝一系，二系一朋。《女字说》考古书中称女子之字，以彝器文字证古代女子有字：九器中母亲为女作器称女为"某母"，八器为女子自作器或为他人作器，自称"某母"，都是女字。女子字曰"某母"相当于男子字曰"某父"，都是美称，所以冠礼与笄礼之后以此字之。又《观堂集林》卷一《陈宝说》考《尚书·顾命》所提及的"陈宝"是玉名；同卷《〈书·顾命〉同瑁说》认为"同瑁一物，即古圭瓒"。王国维说礼器，特别注重体会礼意，以彝器实物铭文实证，以古籍文献为旁证，所得结论合情合理。

文字考释集中收录在《观堂集林》第六卷。最著名的是1916年4月《释史》与1918年9月《释礼》两篇。《释史》考"史"从中之意。释"中"为盛筴、筹和盛策之器，并引申出御史、卿史、内史等枢要之任的官职名多由史出，证古时史之地位。《作册考》一文消纳在其中①。《观堂别集·书作册诗尹氏说》证孙诒让《周礼正义》"作册为内

---

① 王国维：《王国维全集 书信》，中华书局1984年版，第68页。"致罗振玉"（1916年4月23、25日）信中解释该文撰写之旨时，指出《作册考》一文并入《释史》。

史之异名"的论断为善,也证明了史的位尊地要,可为《释史》篇之补充。《释礼》考"礼"字由来及变迁,阐述"事神致福"与"行礼之器"两种解释之间的内在关联,即字形上"象二玉在器之形",功能上"古者行礼以玉",厘清了礼字的构造从起初的象形发展为会意的过程。

又或考卜辞与文献的异体文字或正读。如卷六其余几篇《释由(上、下)》上篇举三证证《说文》由、甾为一字,下篇再举五证,末再补一证;《释辥(上、下)》上篇证辥为乂、艾之本字,下篇解说辛部与辛非一字;《释天》证天的造字法属指事;《释昱》解卜辞中为昱字;《释旬》释卜辞中为旬字;《释西》释卜辞中诸字为西字;《释物》正许慎之解,物指杂色牛;《释牡》说明牡从土;《释蒴》证其为萧之本字;《释䣎》证其为滕、薛之本字;《释脺》证其为薛之本字;《释觯觛卮𬻞𬨎》证五字同声。这些篇无疑正是王氏缜密文字考证功夫的集中代表。

另有考礼经古本者。《观堂集林·艺林七·汉时古文本诸经考》考古本三礼,其四为礼经,五《礼记》,六《周官》。《观堂集林·史林十三·宋越州本礼记正义跋》考宋本《礼记正义》。王氏学生吴其昌《王静安先生〈仪礼〉讲授记》和刘盼遂《观堂学礼记》,也记录了王氏对《仪礼》的讲解,多为字读、器物和礼图类。

(二)制度类

王国维特别关注商周时期一些与国家重大活动相关的礼制仪节。

一是祭礼中的祼礼。祼是指以圭瓒酌郁鬯灌地以降神的礼仪,用于宗庙祭祀。1916年8月王国维先生在《学术丛编》第四册上发表《祼礼榷(并序)》,由《洛诰解》等三篇文章合并而成,集中论述《尚书·洛诰》所涉祼礼的仪节与作用。《洛诰》记周公与成王讨论定都洛阳后举行祀天建元之礼,祼礼就是该祭礼中一个重要仪节。1915年2月王国维撰《〈洛诰〉解》,解"王宾,杀禋,咸格,王入太室祼"句,认为禋祀在祼礼之前,周初延用殷商之礼,既灌迎牲为后起之礼。11月《与林博士论〈洛诰〉书》讨论"祼"礼的作用是降神或歆神及"宾"之含义。1916年1月《再与林博士论〈洛诰〉书》继续讨论"祼"礼。林泰辅博士认为祼的第一义是灌地降神,第二义为歆神,第三义用于宾客；周中世后尚多用第一义，不应周初却用第二义。王国维从字形、字音、字义三方面进行考释，提出祼与灌地并不同义；灌地之义，始见于《郊特牲》，不能以后人言礼意之书去推定上古之事实。第一卷中另一篇《高宗肜日说》涉及祖庚祭高宗之庙的祭礼。

二是册命之礼。1916年3月作《〈周书·顾命〉考》及序，考周康王继位大典册命礼的具体仪节，初发表在《学术丛编》第一册，时题为《〈周书·顾命〉礼征》。王氏"以彝器册命之制与《礼经》之例诠释之"，以正郑注孔传解册命礼仪文节目之误。1916年10月他发现《通典》卷十七魏尚书引郑注另一说，又撰《〈周书·顾命〉后考》补证前文观点。刘盼遂笔录的《观堂学书记》也记录了这一观点。

三是重大典礼中的用诗用乐制度。1916年4月撰《乐诗考略》考古代用乐用诗制度，含《释乐次》、《周大武乐章考》、《说勺舞象舞》、《说周颂》、《说商颂（上、下）》、《汉以后所传周乐考》七篇，发表在《学术丛编》第三册，后收入《观堂集林》卷二。《释乐次》梳理各礼中用乐的次序，如迎宾、送宾、出入，宴饮，以及其中所用乐器、乐诗；《周大武乐章考》考《乐记》中《大武》之六篇及其次第；《说勺舞象舞》认为二者皆小舞，为文舞；《说周颂》认为，古之《诗经》实为礼乐，《颂》与《风》、《雅》的区别在于声更缓慢；《说商颂（上、下）》上篇考《商颂》非考父所作，下篇考《商颂》非商人之诗；《汉以后所传周乐考》据《大戴礼记·投壶》考周乐的流传保存情况，认为古乐家所传《诗》之次第与《诗》家不同。

1916年4月，王氏撰《殷礼征文》①讨论殷商的祭礼。此文包括"殷人以日为名之所由来、商先公先王皆特祭、殷先妣皆特祭、殷祭、外祭"五部分，依次考察殷人命名与生日、祭礼之间的关系，殷三公二十二王都是特祭，妣合祀于祖且有专祭，殷有合祭之制（衣祀疑即殷祀合最近五世而祀之，特祀是祀包括远祖在内的所有祖先），外祭即祭社。此文考殷礼必辨明殷、周礼制的差异，认为殷祭无亲疏厚薄之分，周制逐步有嫡庶远近之别。

---

① 王国维：《殷礼征文》，谢维扬、房鑫亮主编：《王国维全集》第5卷，浙江教育出版社、广东教育出版社2009年版，第47~56页。

汉代立五经博士之制,对后世经学传承影响深远。王氏于1916年9月撰《汉魏博士考》发表于《学术丛编》第八、九、十册,后上卷《汉魏博士考》收入《观堂集林》卷四,中、下两卷题《汉魏博士题名考》收入《王国维全集》第5卷。该文考秦、汉、魏设立博士之制,不仅辨明博士与博士弟子之别,且考察了秦、汉、魏的学制以及博士名、数。

(三) 总论类

礼的局部的、细节的考察,催生了对制度文化的宏观思考。在研究具体礼制、考释礼器文字的同时,王国维又对商周时期整个制度、文化的变革进行综合研究,其成果就是1917年9月撰写的《殷周制度论》。他自谓"此文根据《尚书》、《礼经》与卜辞立说"①。文中首先提出"殷周剧变"论,并将这种变革归因于制度及其所代表的政治和文化。其次,认为周代提出了宗法制度,即立子立嫡之制、庙数之制、同姓不婚之制。最后,以周制的德治为"政治上之理想",认为周代的"德治"与"礼治",奠定了两千年大一统的规模。

《经学概论》约在1918年写成,为讲义,第五章言"礼",综述三礼称名由来、篇目、兴衰、传授、注疏等情况。谓《礼》为六经之一,六朝后称《仪礼》;《礼记》为"《礼经》之支流";《周礼》载周代官制,为周时制度之书,实与《礼经》无涉。陈鸿祥赞誉该著述"要突破旧经学的樊篱,使之为'新史学'所用"②。

综上可知,王国维的经史之学尤其是商周史的研究中,一个重要的内容就是礼,有的专考礼制,有的考礼器,有的考文字,然始终有迹可循,最终都归结到制度设立的礼意上。王国维先生的礼类著述特重祭礼,包括祭祀的地点、所使用的器物、仪式节目次第等,其中又多辨别殷商与周代礼制的差别与变化。

---

① 王国维:《王国维全集 书信》,"致罗振玉"(1917年9月8日),中华书局1984年版,第213页。

② 陈鸿祥:《王国维传》,人民出版社2004年版,第506页。

二、甲骨文、史事与器物的互证

概括王国维的礼学研究方法，可借罗振玉之言："盖君之学，实由文字声韵以考古代之制度文物，并其立制之所以然"①，即运用"二重证据法"将甲骨文字、史事与器物互证以推求礼制的实证方法。

王氏的学术盛名很大程度上源于"二重证据法"——"纸上之材料"与"地下之新材料"互相结合、彼此印证的历史考据方法。此法在《古史新证》中明确提出，是王氏对自己十余年经史研究的方法总结，并经陈寅恪表彰，成为中国现代史学上最具影响力的研究方法。该法用之于礼学即为考释礼文、礼事与礼器，仍属于考据范畴。那么，它与传统的礼学考据有何不同？王氏商周古史研究始终着眼于礼的原因何在？

传统礼学如何治礼，黄侃的概括十分精要："陈兰甫谓：《仪礼》难读，昔人读法，略有数端：曰，分节；曰，绘图；曰，释例。又谓：读《礼记》，当略仿刘向《别录》之法，分类读之，则用志不纷，易得门径。孙仲容谓：《周礼》五篇，文繁事富；要以大宰八法为纲领，众职分陈，区畛靡越。蒙案二说皆是。然治《礼》次弟，窃谓当以辨字读、析章句为先务；次则审名义，次则求条例，次则括纲要；庶几于力鲜，于思寡，省竹帛之浮辞，免烦碎之非诮乎！"②即治三礼，《仪礼》宜用分节、绘图、释例法，《礼记》用分类法，《周礼》用分职法读。黄侃更在此基础上主张"由小学入经学"的清学路数。

这种传统治礼方法，所据材料大体上以经为上，传注次之，史、子、集部为旁证。在经义彰显于史事、史事验证经之权威的认识中，经文比史书更具权威性，文字比史事更具证明力。若有不合，往往曲史从经。因此，文字的释读成为首要问题，如张之洞所言："由小学

---

① 罗振玉：《观堂集林序二》，谢维扬、房鑫亮主编：《王国维全集》第8卷，浙江教育出版社、广东教育出版社2009年版，第3页。
② 黄侃：《礼学略说》，《黄侃论学杂著》，中华书局1964年版，第454页。

入经学者，其经学可信，由经学入史学者，其史学可信。"①。礼重践履，重视礼学本身也是清代学术务实的反映。清乾嘉以后的礼学家，如江永、张尔岐、凌廷堪、胡培翚、黄以周、孙诒让等，皆致力于"三礼"的文字音韵、名物训诂和典章制度，以精细考据践行"礼不著空言"的传统，取得较大成就。

乾嘉学者根基于文字学和重视制度名物考据的征实的治礼方法，无疑对王国维产生了较大影响。他的《明堂庙寝通考》引据清代学者的材料有：唐仲友《帝王经世图谱》，汪中《明堂通释》，孔广森《明堂亿说》、《礼学卮言》，戴震《考工记图》，张惠言《仪礼图》，任启运《朝庙宫室考》，焦循《群经宫室图》，阮元《揅经室续集》，程瑶田《释宫小记》等十种，最后归于文字学的释义，可知其对乾嘉礼学的熟知程度。另外，由考文字推礼事的仪式节目，借对礼器的考释诠解礼仪，用《礼经》通例释礼，都继承了乾嘉考据的方法。

西方科学实证思想的传入和考古学成果，又给王国维的考据注入了重事实和重物证的新元素。《古史新证·总论》列举的"纸上之材料"依次有：《尚书》，《诗经》，《易》，《五帝德》与《帝系姓》，《春秋》，《左氏传》、《国语》，《世本》，《竹书纪年》，《战国策》及周秦诸子，《史记》十类；"地下之新材料"列甲骨文字、金文两种。前者是史事的文字记载，后者是实物证据。两者校勘推验一致，才是他认定的可信的证据。他曾说："研究中国古史为最纠纷之问题。上古之事，传说与史实混而不分，史实之中固不免有所缘饰，与传说无异。而传说之中亦往往有史实为之素地。二者不易区别。"②他认为，不能简单化地认定传说就不可信，历史一定可信，只有史事和物证互验才是判断信史的可靠依据。

所以，王国维治礼，首重事实。"三礼"之书，成书跨度较大，涉及地域广，经历时代较长，其损益可知。王氏认为，这些成书于商

---

① 张之洞著，范希曾补正：《书目答问补正》，上海古籍出版社2001年版，第258页。
② 王国维：《古史新证》，谢维扬、房鑫亮主编：《王国维全集》第11卷，浙江教育出版社、广东教育出版社2009年版，第241页。

周之后的礼典，并不能用来作为研究商周礼制的确切证据，互证及以前证后或以后证前都有可能误判。他主张"惟当以事实决之"，"吾侪当以事实决事实，而不当以后世之理论决事实"①。他考察礼制，绝不仅仅以文字记载为据，而是从历史记载的实事中抽丝剥茧出礼的仪式的端倪，进而推测可能的礼制。文字记载可信的上古史，在他看来，莫过于《诗经》和《尚书》，"殷周间之祭礼，仅可据《诗》、《书》以为说"②。其他文献为旁证。可见，王国维继承了乾嘉文字考据的谨严，又超越乾嘉考据的以经证史，体现出现代史学对古代文字记载史料的抉择之严。在他所列可为商周史证据的文字记载的纸质材料中，"三礼"类著述只有《大戴礼记》中的《五帝德》与《帝系姓》。

其次是重物证。考古学的成果，为王氏商周礼制研究提供了真实可靠的物证。王国维极为重视考古发现，并善于利用地下挖掘的新材料。这些新发现也成为王国维经史之学立异于传统经史之学的重要基础。他对礼文、礼器考释的独特之处，正在于对甲骨卜辞、金石、木简等实物资料的有效利用。

对史事与物证的重视，使根基于文字学的乾嘉考据与科学的历史考证逐步接轨。王国维早在《毛公鼎考释序》中就提出四项考释原则："考之史事与制度文物以知其时代之情状；本之《诗》、《书》以求其文之义例；考之古音以通其假借；参之彝器以验其文字之变化。"③这是一个以史事、实物、文字、典籍相互勘验的现代历史考据法，表面上看似乎还是传统的"由小学入经学"的路数，其实，王国维对史事、物证的重视，对文献材料的严格选择，对研究方法科学性的严谨遵循，使得乾嘉考据方法与现代科学实证互相结合，有效地改良了传统经史之学，使之进入现代史学的发展轨道。顾颉刚、刘起釪在《尚书·顾命》篇的论说中曾高度评价《明堂庙寝考》，"其论析方法之精

---

① 王国维：《观堂集林·再与林博士论〈洛诰〉书》，谢维扬、房鑫亮主编：《王国维全集》第8卷，浙江教育出版社、广东教育出版社2009年版，第18页。
② 王国维：《观堂集林·与林浩卿博士论〈洛诰〉书》，谢维扬、房鑫亮主编：《王国维全集》第8卷，浙江教育出版社、广东教育出版社2009年版，第13页。
③ 王国维：《观堂集林·毛公鼎考释序》，谢维扬、房鑫亮主编：《王国维全集》第8卷，浙江教育出版社、广东教育出版社2009年版，第192页。

密,搜罗材料之周到,所作论断逻辑性之强,都远远超过历代经师"①。

选择礼作为商周史的切入点,也是出于实证的需要。礼的器物铭文是实实在在的物证,在史料中最为可靠。器物与仪式的关系十分密切,据器物所作的推断,更具科学性,也是古礼最有说服力的证据。对于时代如此遥远,文字记载如此简略、零散的商周史来说,只能够从这些零星断章的礼制记载中,从各地出土的彝器铭文中,拼凑出上古史的全貌,为中国文明的开端寻找有力的证明。

考文字、器物以推制度,就是试图以实证方法建立上古的信史。王氏说:"吾辈生于今日,幸于纸上之材料外更得地下之新材料。由此种材料,我辈固得据以补正纸上之材料,亦得证明古书之某部分全为实录,即百家不雅驯之言亦不无表示一面之事实。此二重证据法惟在今日始得为之。虽古书之未得证明者不能加以否定,而其已得证明者,不能不加以肯定,可断言也。"②他的研究以实物材料证明了"百家不雅驯之言"中具有部分的史实。故而罗序赞王氏是"由博以返约,由疑而得信"。

由此,王国维主张树立谨慎对待古史的科学态度。不轻信古史材料,也不轻易否定古史记载。《观堂集林》是王国维1923年的自选集,当时学界"整理国故"、疑古辨伪之风盛行。罗序称:"君尝谓今之学者于古之制度、文物、学说无不疑,独不肯自疑其立说之根据。"可知王氏对疑古的做法不尽赞同。怀疑精神为推动学术发展的一大利器,但怀疑的目的不仅是破,更是要从对上古史料的怀疑辨伪中找出古史真貌来。古史辨学者功在"破",王国维之功则在"立"。王氏的经史研究,高扬实事求是的科学精神,通过考释甲骨卜辞、彝器铭文,获得殷周史的可靠材料,建立上古的信史,在一定意义上可以抑制怀疑精神的滥用。

---

① 顾颉刚、刘起釪:《尚书校释译论》第4册,中华书局2005年版,第1876页。

② 王国维:《古史新证》,谢维扬、房鑫亮主编:《王国维全集》第11卷,浙江教育出版社、广东教育出版社2009年版,第241页。

三、于考据之中寓经世之意

甲骨文、史事与器物的互证中,也蕴含着深切的经世内涵。王国维商周史着眼于礼也不仅仅出于实证的考较。王氏关注古礼,是在政局跌宕、中国人批评本国制度文化最激烈的年代。作为一个从事本国经史研究的学者,不可能不在内在的焦虑与外部的压力下重新审视本国文化。他自谓《殷周制度论》"于考据之中,寓经世之意,可几亭林先生"①,道出其礼学研究的苦心孤诣。

王氏对礼的关注和认识是逐步深入的。1912年他拟定《学术丛编》办刊条例:"本刊宗旨,专在研究古代经籍奥义及礼制本末、文字源流,以期明上古之文化,解经典之奥义,发扬古学,沾溉艺林"②,表明关注礼制是为了"明上古之文化"。这一宗旨在他此后多年的经史研究中得到了贯彻。

1914年他表示"比年以来拟专治三代之学,因先治古文字",金文、籀文及龟板新出文字皆有裨于"国邑、姓氏、制度、文物之学"③。此后三年他一直在考释卜辞、彝器铭文,同时作古地理研究,为研治殷周制度作准备。1916年3月30日他表明要写一篇礼学论文,"礼学或拟论周官制也"④,但直到一年多以后才正式动笔写《殷周制度论》。中间一年多时间里他先后撰写了《祼礼榷》、《周书顾命考》、《周书顾命后考》、《殷礼征文》、《乐诗考略》、《汉魏博士考》、《殷卜辞中所见先公先王考》、《殷卜辞中所见先公先王续考》等,以具体礼制研究为综论殷周制度积累资料。

1917年9月1日,王氏致罗振玉曰:"前日拟作《续三代地理小

---

① 王国维:《王国维全集 书信》,"致罗振玉"(1917年9月13日),中华书局1984年版,第213页。
② 陈鸿祥:《王国维传》,人民出版社2004年版,第462页。
③ 王国维:《王国维全集 书信》,"致缪荃孙"(1914年7月17日),中华书局1984年版,第41页。
④ 王国维:《王国维全集 书信》,"致罗振玉"(1916年3月30、31日),中华书局1984年版,第61页。

记》，既而动笔，思想又变，改论周制与殷制异同：一、嫡庶之制；二、宗法与服术；（此二者因嫡庶之制而生。）三、分封子弟之制；四、定天子诸侯君臣之分；五、婚姻姓氏之制；六、庙制。此六者，皆至周而始有定制，皆周之所以治天下之术，而其本原则在德治。虽系空论，然皆依据最确之材料。"①9月8日谓"此文根据《尚书》、《礼经》与卜辞立说"②。9月13日曰："《殷周制度论》于今日写定。其大意谓周改商制一出于尊尊之统者为嫡庶之制，其由是孳生有三：一、宗法，二、服术，三、为人后之制。与是相关者二：一、分封子弟之制，二、君天子臣诸侯之制。其出于亲亲之统者，曰庙制。其出于尊贤之统者，曰天子诸侯世，而天子诸侯之卿大夫皆不世之制。（此殆与殷制同。）又同姓不婚之制，自为一条，周世一切典礼皆由此制度出，而一切制度典礼皆所以纳天子诸侯卿大夫士庶人于道德，而合之以成一道德之团体。政治上之理想，殆未有尚于此者。"③

这三封信函正是《殷周制度论》撰写前后所写。前者明确撰写主旨为论周制和殷制异同，待文章写成，又揭示出周制中尊尊之统、亲亲之统与尊贤之统三者结合的德治、礼治精神。《殷周制度论》提出"殷周剧变"论，并将这种变革归因于制度及其所代表的政治和文化，而不是简单的"周革殷命"："殷、周间之大变革，自其表言之，不过一姓一家之兴亡与都邑之移转；自其里言之，则旧制度废而新制度兴，旧文化废而新文化兴。又自其表言之，则古圣人之所以取天下及所以守之者，若无以异于后世之帝王；而自其里言之，则其制度文物与其立制之本意，乃出于万世治安之大计，其心术与规摹，迥非后世帝王所能梦见也。"④他认为，周代所有的制度都根源于"德治"与"礼

---

① 王国维：《王国维全集 书信》，"致罗振玉"（1917年9月1日），中华书局1984年版，第210页。

② 王国维：《王国维全集 书信》，"致罗振玉"（1917年9月8日），中华书局1984年版，第213页。

③ 王国维：《王国维全集 书信》，"致罗振玉"（1917年9月13日），中华书局1984年版，第214页。

④ 王国维：《观堂集林·殷周制度论》，谢维扬、房鑫亮主编：《王国维全集》第8卷，浙江教育出版社、广东教育出版社2009年版，第303页。

治"思想,并奠定了以后两千年大一统的规模。"是殷周之兴亡,乃有德与无德之兴亡,故克殷之后,尤兢兢以德治为务。"①至此王国维先生的文字、器物考释诸篇,与其《殷周制度论》形成考、论互证之势,商周时期对此后两千多年产生重大影响的、巨大而又缓慢的制度变革现出轮廓。

王氏为什么自称此篇"寓经世之意"呢?大概是针对他从考释甲骨文字、礼器到考证制度、历史,再到政治、文化变革的文章立意而言。有学者认为"他之撰《殷周制度论》,怀有以周代制度典礼挽回世道人心的深意",并批评说"这是一种将道德政治化,将政治道德化,融道德与政治为一体,以尊卑等级为基础,以礼即纲常名教为本位的专制主义意识形态"②。这个评价亦可商榷。中华民族能够延续几千年而无灭国之虞,全在其内在的文化维系。一个深受这种文化熏染的学者当然无法完全摆脱传统及其局限性的影响,如果仅因为他肯定了其中的合理内核,就断定他在维护"专制主义意识形态",则未免有失学术的客观性。王氏1905年曾说:"未有不视学术为一目的而能发达者,学术之发达,存于其独立而已。然则吾国今日之学术界,一面当破中外之见,而一面毋以为政论之手段,则庶可有发达之日欤!"③可见王氏对政治与学术的关系保持着一种清醒的客观。所以,王氏礼学的"经世之意",是在清朝覆亡这一剧变的背景下,考察周代以德治、礼治为核心的制度及其立意,以及这种制度延续久远的原因,就当时学者们共同关注的中国文化的"古今中西"问题,从源头处探寻文化变革的出路。

王国维将史学定义为"求事物变迁之迹而明其因果者"④。故王

---

① 王国维:《观堂集林·殷周制度论》,谢维扬、房鑫亮主编:《王国维全集》第8卷,浙江教育出版社、广东教育出版社2009年版,第320页。
② 蔡仲德:《从顾炎武说到王国维(下)——兼论中国文化的特质》,《浙江社会科学》2000年第2期,第123~130页。
③ 王国维:《论近年之学术界》,《王国维论学集》,中国社会科学出版社1997年版,第215页。
④ 王国维:《观堂别集卷四·国学丛刊序》,彭林整理:《观堂集林(外二种)》,河北教育出版社2001年版,第875页。

氏的文字研究，考察文字在形、音、义三方面的变迁轨迹，从中研究制度变迁、文化演进之迹。其制度研究，重视礼制的本末源流的考察，以及对中国文化的深切体认，其中也不免蕴含着浓厚的传统文化情结。王氏从文字、器物推制度之变，由制度之变演绎文化之变。由其变化之迹，寻其变与不变，更能体会古代立制的深意，即古人所谓"礼义而已"。又说："即今日所视为不真之学说，不是之制度、风俗，必有所以成立之由，与其所以适于一时之故，其因存于邃古，而其果及于方来。"其处外部浓厚的批判氛围中而探究中国文化传承久远原因的苦心清晰可见。

随着研究的深入，王氏的礼学思想也发生着变化。起初他认为礼为儒家所专有。在1916年8月10日他提及拟作《先秦儒术考》时说："《书》、《诗》是儒墨公共之学，惟《易》、《春秋》、《礼》、《乐》为儒家专门之学，而讲求礼制尤为儒家所独，其书存者亦最多。"①至1918年撰《经学概论》转而认为："故《诗》、《书》、《礼》、《乐》者，古代之公学也，亦儒家之外学也；《易》、《春秋》者，儒家之专学，亦儒家之内学也。"②显然，在具体礼制名物研究之后，他认为《礼》、《乐》不再专属儒家，而是中华文化所共有。

礼所具有的更复杂的文化内涵，在王国维1918年撰写的《释礼》中被揭示得更多。《释礼》考证"礼"字由来及变迁。他先从许慎《说文解字》中"示部"对"禮"字、"豊部"对"豊"的解释开始，从文字学的角度阐述"事神致福"与"行礼之器"两种解释之间的内在关联。字形上"象二玉在器之形"，功能上"古者行礼以玉"，从而证明了礼字的构造从起初的象形发展为会意的过程。"盛玉以奉神人之器"，"推之而奉神人之酒醴亦谓之醴，又推之而奉神人之事通谓之礼"，最后导致"醴、礼"二字的分化。这三重推论讲述了"礼"字的发展史，从起初的象礼器之形，到运用礼器事神的会意，再到从奉神人之器物、酒

---

① 王国维：《王国维全集 书信》，"致罗振玉"（1916年8月10日），中华书局1984年版，第102页。

② 王国维：《经学概论》，谢维扬、房鑫亮主编：《王国维全集》第6卷，浙江教育出版社、广东教育出版社2009年版，第313页。

醴到事神诸事等内涵的扩大，最后分化出同音同部首的多个字。此篇既是字史，也是精练的文化史。王国维将礼所包含的多重意蕴，如远古风俗的遗存，原始宗教神鬼崇拜的意识，礼制逐渐与风俗分化而初步建立的历史痕迹与发展，一一厘清，用一个"礼"字的变迁勾勒出中华文明的重大转折。这篇文章意味着王氏对礼的认识由制度向文化扩展。

综合王国维的礼学著述可知，礼在他的视野里，不仅仅是文字、礼器和礼制，而且包括其背后的礼意，进而一个时代、一个国家立制的根本，甚至关涉中华文明独有的文化特质，与世界文明的交流等问题。王氏转向经史之学时参办过两种杂志，一是《国学丛刊》，一是《学术丛编》。前者的序言与后者的条例，都反映出他试图将中华文明纳入到世界文明中考察、比较的努力。王氏商周史研究着眼于礼，是因为殷商时期是中华文明有文字记载的开端，礼制的形成是殷周剧变的分水岭，只有弄清制度变革的具体内容及其立制的礼意动因，才能明了这场文化变革对于中华文明的意义，才能成为后世文化变革的借鉴，这也是中华文明与世界其他文明平等交流的基础。

王国维礼学论著目录：

《观堂集林》，谢维扬、房鑫亮主编：《王国维全集》第8卷，浙江教育出版社、广东教育出版社2009年版。

《殷礼征文》，谢维扬、房鑫亮主编：《王国维全集》第5卷，浙江教育出版社、广东教育出版社2009年版。

《经学概论》，谢维扬、房鑫亮主编：《王国维全集》第8卷，浙江教育出版社、广东教育出版社2009年版。

《古史新证》，谢维扬、房鑫亮主编：《王国维全集》第11卷，浙江教育出版社、广东教育出版社2009年版。

礼 学 略 说

黄 侃

礼学浩穰,遽数之不能终其物;悉数之乃留,更仆未可终也。于是提其纲维,撮其指意,其言著略,故曰略说。凡所称引,悉本旧闻,我无加损焉。扶微辅弱,予病未能;聚讼佐斗,我亦未暇;诵数而已,无能往来,慎之至也。

六艺经传以千万数,而礼文尤简奥。今即以二经、二记计之:《周礼》四万五千八百六字,郑畊老所计。《仪礼》五万六千六百二十四字,阎若璩所计。《礼记》九万九千二十字,郑所计。《大戴礼记》三万七千八百七十五字。据孔广森所计,得此总数。较之《春秋三传》,虽差为少,然其历时修短,含义广局,则迥不侔。故曰:累世不能通,当年不能究;非虚言也。然经礼三百,曲礼三千,见《记·礼器》。其数弥多;先哲制作之旧,今不过存什一于千百耳。欲考古礼之详,尚患其少,宁患其多哉?

礼学所以难治,其故可约说也:一曰,古书残缺;一曰,古制茫昧;一曰,古文简奥;一曰,异说纷眩。古礼自孔子时而不具;班爵禄之制,孟子已不闻其详。《周礼》,廑存五篇;其中全职亡失者,则有司禄、军司马、舆司马、行司马、掌疆、司甲、掌察、掌货贿、都则、都士、家士。其它阙挩废灭,犹不计焉。古文《记》,二百十四篇;今合大小戴,犹不能足此数。且《石渠奏议》、《五经异义》、《六艺论》、《圣证论》、何承天《礼论》、刘秩《政典》,莫非礼家要籍;而无一全者。此一事也。《史记》言封禅,旷远者千有余载,近者数百载;故其仪阙然堙灭,其详不可得而记闻。汉世儒者,已不能辨明封禅事。故刘子骏称国家将有大事,若立辟雍、封禅、巡狩之仪,则幽冥而莫知其原也。夫封建之制,税敛之法,学校以教民,禘裕以追远，宫室则有明堂，饮食则有大飨；此皆大事，非复微琐仪文之比也。而说者纷错，迄无定论；夫非古制茫昧，明文难征之故与！此二事也。《周官》有故书、今书，《仪礼》有古文、今文，即《礼记》亦非一本；故序、谢制异，因声近而捉毂；觚、觝形殊，缘写乱而争驳；英荡之义，变从竹而意歧；郊宫之名，改为蒿而说诡；此文字之难定也。古之立文，有详此而略彼，有举外以包中，有互文，有变例；数其科别，亦已猥繁。《三礼》之中，《仪礼》尤为难读；郑君作注，其辞简质，有时字少于经。《礼记》可讽诵者，无过通论诸篇；其诠释《礼经》者，微通《经》亦无由通《记》；况羡文错简，往往有之。此文辞之难通也。宫正，司农旧读，郑以为不辞；大功，旧传之文，郑以为失次。《礼记》句读，尤多诡奇；周公曰，岂不可，时人已昧其言；公罔之裘，言者不在此位，后世孰明其旨？此句读之难辨也。禘本祭天，而追享亦称禘；祧为迁庙，而祖庙通谓之祧；昏礼，主人之称，在前为舅，在后为婿；丧服，兄弟之号，或施同族，或称外姻；十升为斗，四升亦曰斗；计米称秉；计禾亦称秉；一社稷也，或为地示之号，或为配祭之人；一诸公也，《周官》则指上公，《仪礼》则为三监；乡或晐郊，而乡里、郊里有别；肆通训解，而豚解、体解有殊；罍、尊异物，更有罍尊；圭璧各形，复有圭璧。此名称之难壹也。凡此四科，皆古文简奥之说也。此三事也。有一制而数文异说者；如《周礼》礼神六玉，即仪礼之方明；然《周礼》上璧下琮，《仪礼》则上圭下璧；此犹为两书也。至大宗伯之社稷，即司服之社稷。一则在山川上，一则在山川下；则同一书而前后违牾已。有一文而数家异说者；今文、古文，往往差异，姑置勿谈；即同一师承，立说亦复不齐壹。故马融《周官传》，讥郑众独以书序言成王既黜殷命，还归在丰，作《周官》，则此《周官》也，失之矣。又讥贾逵以为六乡大夫则冢宰以下及六遂为十五万家，绌千里之调节器地，其谬焉。郑、贾、马，渊源相接，说之歧舛如此；又何怪后世哓哓讙咋乎！有一人而前后异说者；同一四望之说，先郑于大宗伯曰：日月星海；于小宗伯曰：道气出入。一城方之说，后郑于《书传》注作二解：前解云，宜自七以杀；后解云，宜自九以杀；《周礼》注，《毛诗》笺，则又同后解。其佗游移不定，似此者多。凡此三科，皆所谓异说纷赋也。

此四事也。夫以礼学奥博，益以四事，弥觉研核之难；此所以有讲诵师言，至于百万，犹有不解者也。说礼所据，有明文，有师说。明文者，礼之本经，则《周礼》、《仪礼》，是也。师说有先后，先师说非无失违，后师说非无审谛，要其序不可乱也。《汉书·王莽传》：莽上奏爵邑之制，曰：实考周爵五等，地四等，有明文；殷爵三等，有其说，无其文。所谓有明文者，爵五等，见《周官》；地四等，出《王制》。所谓有其说者，但有《春秋》公羊家说也。《礼纬》有殷爵三等之言；据郑康成说，谶纬之出，当六国之亡，则王巨君亦得据之矣。然匡衡当元帝时，议立孔子世为殷后，所据则《礼记》：孔子自称殷人，而云先师所共传。元帝乃以其语为不经，夫《记》有明文，而曰不经，即明《记》非经之比矣。盖以《王制》为明文，犹未善也。成帝时，梅福复援引《穀梁》，请封孔子之后；于是推迹古文，以《左氏》、《穀梁》、《世本》、《礼记》相明；遂下诏封孔子世为殷绍嘉侯。是则以古文为明文，而以师说辅之也。及许叔重作《五经异义》，时时引明文以决从违；故玉罍之说，石主之说，鸾和之说，虽出传记，皆谓无明文，遂无以决之。独说力征，并引《礼》戴说，古《周礼》说，乃云《五经》说各不同；是无明文可据。则又不以《周礼》为明文，所以来康成之驳也。张融有言，以《周礼》孔子之言为本，《穀梁》说及《小说》为枝叶，《石渠论》、《白虎通》为证验，其分别至明。固知师说短长，断以经义；经义差牾，出以弥缝；师说纷歧，考其证左。此乃治经之通法，非独治礼为然。或者是末师而非往古，背传记而信野言；或又曰，据明文何论家法；似皆失之。

董景道说经，《三礼》之义，皆遵郑氏；著《礼通论》，非驳诸儒，演广郑旨。此由郑学精博贯通，亦缘郑氏以前，未有兼注《三礼》者，以《周礼》、《仪礼》、小戴《礼记》为《三礼》，亦自郑始。《隋书·经籍志》、《三礼目录》一卷，郑玄撰。故舍郑无所宗也。《周官》，旧有传四篇，亡矣。《仪礼·丧服》有子夏传；而十七篇有记者，十二篇。《士冠》、《士昏》、《乡饮酒》、《乡射》、《燕礼》、《聘礼》、《公食大夫》、《觐礼》、《丧服》、《既夕》、《士虞》、《特牲馈食》。《艺文志》所载《记》百三十一篇，明堂、阴阳、王史氏曲台、后仓中庸说，明堂阴阳说等，以及今之《小戴记》四十九篇，《大戴记》二十九篇，皆传训章句之属也。然或存，或亡。

存者，又文义简质，非注莫解；东汉说《周礼》者，郑兴及子众、卫宏、贾逵、马融，皆作《周礼解诂》；今惟郑康成注，孤行百代。说《仪礼》者，仅马季长注《丧服》经传一篇，至全注十七篇，亦自郑氏始。《礼记》虽有马融、见《东汉会要》。卢植，今皆不传；《礼记》释文及疏云：郑亦并依卢、马之本而为注；然后之言小戴者，皆传郑氏。郑又考正礼图，存古遗制；是《三礼》之学，萃于北海。故《大戴记》，郑所未注，则若存若亡，八十五篇，遂残其半矣。由晋及唐，诸经所主，或有不同；至于《诗》共宗毛，《礼》同遵郑。即王肃、李譔之伦，有心异郑，学终未昌；此必有由来矣。寻康成戒子书云：思述先圣之玄意，整百家之不齐。其《周礼序》，称扬郑、卫、贾、马，谓其所变易，灼然如晦之见明；其所弥缝，奄然如合符复析。其自言注经之意，则曰：天下之事，以前验后，其不合者，何可悉信？是故悉信亦非，不信亦非。此可知郑君之雅达广揽，博综众长矣。虽良玉有瑕，终为良玉；后人或攻瘢索痏，抑补阙拾遗，终不硋其为绝学也。若夫质于辞训，通人颇讥其繁。《后汉书》本传语。然观郑志答张逸云：文义自解，故不言之；凡说不解者耳，众篇皆然。是知注文本简，有时不得不繁。岂秦近君说《尧典》篇目二字，至十余万言之比哉？

今欲通《三礼》郑学，又非假道于陆、孔、贾、杜四家之书无由。陆氏《经典释文序录》载当时所见《三礼》异本，自马、卢、王肃外，凡二十余家。而梁皇侃《礼记义疏》及《丧服义疏》，亦在录中。自晋、宋逮于周、隋，传礼业者，江左尤盛；其为义疏者，南人贺循、贺玚、庾蔚之、崔灵恩、沈重、范宣等，皇氏特其一耳。北人有徐遵明、李业兴、李宝鼎、侯聪、熊安生等。唐初，孔颖达等奉敕修《正义》，时行世者，惟皇、熊二家，故据皇为本而补之以熊。贾疏《周礼》，依《文献通考》引董逌说，实据沈重义疏，兼据陈劭《周礼》异同评重疏；其疏《仪礼》则云：为章疏者有二家：信都黄庆者，齐之盛德；李孟哲者，隋日硕儒。时之所尚，李则为先；丧服章疏甚多，时人皆资黄氏。是则贾所本者，惟此二家。沈重亦有《仪礼义疏》，不审亦为贾所据否？要之孔、贾皆因旧疏而致功，不尽为己义也。《南史·何承天传》称先是《礼论》有八百卷，承天删减，并各以类相从，凡为三百卷。又《徐勉传》：徐勉受诏知撰五礼，大凡一百廿帙，一千一百七十六卷，八千二十九条。其后杜佑《通典》删取以为《礼典》；其述历代沿革者六十五卷，则向来礼论之菁英也。综观四家之书，陆氏《释文》成于陈世，所载异本、异读略备，六朝故谊赖此见其梗概；与后来颜师古定本，孔、贾二疏，开成石经，多有不同。读《三礼》者，先辨音义，则此书其管龠也。孔疏虽依傍皇疏，然亦时用弹正，采撷旧文，词富理博；说礼之家，钻研莫尽。故清世，诸经悉有新疏，独《礼记》阙如者，亦以褰驾其上之难也。贾疏《周礼》，郅为简当，虽不无委曲迁就，而精粹居多；故孙氏新疏仍用者，十之七八也。《仪礼》疏有条不紊，选言既富，阐义亦周；对于经注，细心推勘，如遇不合，必求其致误之由；其博不及孔，而精细则过之。《通典》新载议礼之文，大都缜密以栗；欲谈典制而又工属文，固非此莫宗已。唯王鸣盛讥其繁复，又言其书偶涉经处，每驳去古义，别创新说；盖唐中叶经学已乱，故佑多徇俗。王氏之言，疑非笃论耳。六朝义疏，一经多至数十家，前所举乃其著者。

自唐已后，历宋至元，礼学之书，亦可谓多矣。举其卓跞殊特，为治《礼》者所必宜参稽，则亦可数也。自郑氏为《礼图》，其后阮谌、夏侯、伏朗、张镒、梁正继作；宋初，聂崇义采旧图而为《三礼图集注》，虽或疏舛，然言礼图者，未能弃也。王安石《周礼新义》，于训诂字义穿凿实多；然亦发挥经旨，未可以彼托行新法而遂屏其书也。陈祥道《礼书》，多攻驳郑学，而依据王氏新说为多；然解释名物，与图合行，实唐、宋以来言礼者之总略也。王与之《周礼订义》，萃宋人说《周礼》之精华；陈友仁《周礼集说》，亦赅洽；末附俞廷椿《复古编》，可见割裂经文之所自也。朱子《仪礼经传通解》，欲以通礼之伦类；后之《礼书纲目》、《五礼通考》、《礼经释例》，皆师放而为之。其厘析经文，每一节后辄为之标题；后之《仪礼郑注句读》、《仪礼章句》，亦皆师放而为之。李如圭《仪礼集释》，全载郑注，旁辑旧训。复作《仪礼释宫》，以考古宫室之制；今之专考古名物而成一编，如《弁服释例》之伦，固师李氏之意也。杨复《仪礼图》，详绘《礼经》各篇陈设之方位，功亦勤矣；后来张、黄诸图，自当益加详密；而杨氏创始之功，亦未可末杀也。卫湜《礼记集说》，博求诸家零篇碎简，收拾略遍；即抵排郑、孔而援据明白者，亦并入甄录；或云微伤于繁，亦不硋为说礼之渊橄也。敖继公《仪礼集说》，自序云：此书旧有郑康成注，疵多而醇少；予今辄删其不合于经者，而存其不谬者。是其书轻诋郑注，意旨已明；故清世褚寅亮作《仪礼管见》，于敖说之故与郑违而实背经训者，一一订正。《四库目录》乃云：敖书于郑注有所去取，而无所攻击，詎其然乎？元人陈澔，有所谓《礼记集说》者，自明永乐以来，科举以之试士；或言其可取者甚少，由今观之，盖虽列于学官，而非礼家所重云。

　　清世礼家辈出，日趋精密；于衣服、宫室之度，冠、昏、丧、祭之仪，军、赋、官禄之制，天文、地理之说，皆能考求古义，罗缕言之。略举其人，则昆山徐乾学健庵、鄞万斯大充宗、斯同季野，济阳张尔岐稷若，吴惠士奇天牧、子栋定宇，仁和杭世骏大宗，婺源江永慎修，休宁戴震东原，金匮秦蕙田味经，歙金榜辅之、程瑶田易畴，金坛段玉裁若膺，长洲褚寅亮搢升，吴江沈彤果堂，嘉定王鸣盛凤喈，兴化任大椿子植，曲阜孔广森顨轩，山阳丁晏俭卿，绩溪胡匡衷朴斋、其孙培翚竹村，泾胡承珙墨庄，嘉定金曰追璞园，仪征阮元伯元，甘泉焦循理堂，江都汪中容甫，歙凌廷堪次仲，武进张惠言皋文，侯官陈寿祺恭甫，南海曾钊勉士，江都凌曙晓楼，临海金鹗秋史、洪颐煊筠轩、其弟震煊樾堂，德清许宗彦周生，句容陈立卓人，遵义郑珍子尹，番禺陈澧兰甫，定海黄以周元同，瑞安孙诒让仲容，先师德清俞君，仪征刘君，此皆有成书，可以为埻。则其考释经记，宣明古训，往往超越汉、唐之儒，而亦有不分师说之病。至于笃守专家，按文究例，守唐人疏不破注之法者，亦鲜见其人也。群书之中，挈其苕颖；则江氏《周礼疑义举要》，融会郑注而参以新说；惠氏《礼说》，于古音、古字，多所疏通，于注，引汉制求其原委；则后之为汉读考、汉制考者，当以此为先河也。戴氏始为《考工记图》；阮氏继之，弥为精核。及孙氏《周礼正义》出，而后此经古义靡不搜罗；后之考周官者，未有能舍是者也。《仪礼》要籍，无过于凌氏之《礼经释例》，胡氏之《仪礼释宫》，张氏之《仪礼图》。而尤精备者，则推胡氏之正义；其书四例：曰补注，曰申注，曰附注，曰订注。盖无所依违，期为通学。惜全书未成；补之者，弟子江宁杨大堉，未能称也。《礼记》，孔疏翔实，后儒未易加；故新疏独阙。朱彬《训纂》，义不师古；其余短促，未足成为巨编。至通论《三礼》之书，若《礼书纲目》、《白虎通疏证》、《礼笺》、《求古录》、《礼说》、《礼学卮言》、《五礼通考》、《礼书通故》；此皆博综经记，包含至富矣。其间家法分明，则宜数句容之陈；文辞廉悍，则无如临海之金；析义详密，则莫过定海之黄。洵能循是辇撢，宁有摛埴冥行之患哉？《大戴礼记》，以孔氏《补注》、孙氏《斠补》为最善。

　　《三礼》中，《周礼》广大，《仪礼》繁密，《礼记》纷错，等之未有易治者。陈兰甫谓：《仪礼》难读，昔人读法，略有数端：曰，分节，曰，绘图；曰，释例。又谓：读《礼记》，当略仿刘向《别录》之法，分类读之，则用志不纷，易得门径。孙仲容谓：《周礼》五篇，文繁事富；要以大宰八法为纲领，众职分陈，区畛靡越。蒙案二说皆是。然治《礼》次弟，窃谓当以辨字读、析章句为先务；次则审名义，次则求条例，次则括纲要；庶几于力鲜，于思寡，省竹帛之浮辞，免烦碎之非诮乎！辨字读、析章句，奈何？辨字者，经、记殊文，缘声同而假借者，有之；缘字近而讹误者，有之；缘字别而师说违异者，有之；先师说字，不与《说文》相应者，亦有之。视之作示，《士昏礼》今文。裸之作果，《大行人》故书。此声同假借也。甋之为甋，《驳五经异义》。焉之为马，《缝人》。此字近讹误也。《士昏礼》当阿：阿，栋也；今文阿为庪，庪非阿也。太宰：九贡，二曰嫔贡，谓丝枲也；故书嫔作宾，宾非嫔也。此字别而师说违异者也。《说文》：祀、禩同字；杜子春读禩为祀，是不以为一字也。资、赍异字；郑康成则云：资、赍同耳，其字以齐次为声，从贝变易；是以为一字也。《说文》：豐，象形；而郑云：从豆，曲声。《说文》有股肱字，从肉，殳声；而《士虞礼》古文，有左股上，注曰：此字从肉殳，非殳矛之殳声；是谓别有一股字为胠字之异文也。《说文》据古文而作；然小祝置铭，今书或为名；是铭为古文也，而《说文》无铭字。《士昏礼》：北止，古文止作趾；是趾为古文也，而《说文》无趾字。凡许说与经本、经说不相应者，类如此；或欲一概齐之，则非矣。辨读者，断句有殊，则指意因之而异。御史，掌赞书，句数凡从政者；郑司农读，言掌赞书数；后郑以为不辞，故改之；盖既以数字上属，下句但云凡从政者，不成句，辞即句。《荀子》云：辞也者，集异实之名以论一意也。所以必须改之也。何劭公讥学者，援引他经，失其句读；在汉时尚有此，则今日尤宜加之意已。如《周礼》：州长，各掌其州之教治政令之法；教治政令，犹党正云：政令教治，亦犹乡大夫之政教禁令，族师之戒令政事也；而贾疏读至教字为句，别以治政令之法为句，则不辞矣。《仪礼·大射仪》君与宾耦射节云：宾降取弓矢于堂西，诸公卿则适次；下文又云：公将射，则宾降适堂西，诸公卿取弓矢于次中。似宾与公卿有两次取矣，不知节首二句，乃预说下文而分别之；当读云：宾降取弓矢，逗于堂西。句诸公卿，逗则适次。句此明宾与公卿取矢之地不同，句读明而义旨亦憭然矣。《记·檀弓》篇：孔子少孤，不知其墓，旧读句。殡于五父之衢。句人之见之者，皆以为葬也。句其慎也，盖殡也。慎读为引，六字句。问于郰曼父之母，句然后得合葬于防。此文依注，于情理有不可通。今依孙遂人、江慎修说更考之，则其文，当曰：孔子少孤，句不知其墓殡于五父之衢；十字句。人之见之者，皆以为葬也。句问于郰曼父之母，逗盖殡也。句然后得合葬于防，句其慎也。句如此则情理允惬；不致如注疏之说，厚诬宣尼也。

析章句者，发明章句，始于子夏。故《豳风·东山》之诗，篇义有一章、二章、三章、四章之明文。楚庄王称：武王克商作颂，有其卒章其三、其六之目；以及《左氏》说《巧言》之卒章，《静女》之四章。是古而自有篇章之分，子夏殆更阐显之乎？故《三礼》亦有篇章之分。窦公献书，乃《大司乐》章；是因《礼》有篇章之分也。郑君《礼器》注，引《仪礼·既夕》文，而云《士丧礼》下篇陈器；是《仪礼》节目之分，不自贾疏始也。《礼记》，则《文王世子》有节末标目，如云文王之为世子也，云教世子，云周公践阼；《乐记》亦有子贡问乐之标目；是分章、分节，且标目以明之，皆古法也。故丧大功章，大夫之妾为君子之庶子，女子子嫁者、未嫁者，为世父母、叔父母、姑姊妹二条，以传文并合颠倒，而旧说遂生误解。郑君既斥为不辞，而厘正传文之次第，于是经义乃明。故知离析章句，乃治礼之始基也。

审名称，奈何？《荀子》曰：爵名从周，文名从礼；说者以为爵名则五等诸侯及三百六十官，文名即节文威仪，礼则周之《仪礼》；是治礼之事固当斤斤于正名。故传曰：名者，人治之大者也，可不慎乎？然礼之用名，实不画一，同异，兼单，共别状所；棼然淆乱，则稽实定数之事无以施，故诵数之儒亦皆乱也。昔许君作《五经异义》引俗语：社神为社公，以证其社为上公之说；康成驳之曰：今人亦谓雷曰雷公，天曰天公，岂上公也。固知无双之学，时复酿嘲；则辨名察号，不可不谨也。原《经》、《记》名称之所由难辨者，或一名，而含义甚广；或二名，而为异无多；或冢常称，而谊则大殊；或加微别，而辞终不泬；亦有详此略彼，举轻包重；通言、别言有判，对言、散言有分。然名以定事，事以检名；察其所以然，则形名之与事物无所隐其理矣。今试举二事言之：如禘礼，郑、王异义，舛戾难定。依郑义，则禘为最大之祭之名，天人共之。故祭圜丘称禘，夏正南郊称禘，禘于大庙称禘，即地祇之祭方丘亦称禘，人鬼之祭祫大于禘亦称禘；南郊可称禘，则北郊祭后土亦可称禘；南郊祭上帝可称禘，则明堂祭上帝亦可称禘；三岁一禘，庙祀定制既称禘，三年丧毕之终禘，即吉禘亦可冢禘之称；是禘之一名所包至广。若王子雍之义，则据《尔雅》"禘，大祭；绎，又祭"连文，以为皆祭宗庙之名；谓禘祭为祭庙，非祭天。又以《祭法》说禘无圜丘之名，《周官》圜丘不名为禘，故《大传》言王者，禘其祖之所自出，以其祖配之；所谓祖，即后稷；所自出，即喾也。郑义以所自出为天，祖为喾。由是讥郑君乱礼之名实。今案二家之义，南北师儒，申彼绌此，自非详察礼名，焉得有定论哉？又如兄弟、昆弟，本属通言，而在《礼经》，则多析言之；盖昆弟，专施于同父，其异父者，必加从父、从祖以为别；而兄弟之称，有时即指昆弟，有时上兼大功之亲。而《丧服传》乃云：小功以下为兄弟，是又专指小功以下也。又兄弟之称，宜属同辈；而《丧服》所称，则尊卑不必与己同，同族异族皆然。故大功章，经云：大夫为世父母、叔父母、昆弟、昆弟之子为士者；记云：大夫于兄弟降一等；此兄弟即包经所称而言。《服问》云：公子之妻为公子之外兄弟；注云：谓为公子之外祖父母、从母缌麻；疏申之云：此等皆小功之服，凡小功者皆为兄弟；以外族故称外兄弟。是兄弟之称，所晐极众也。至兄弟、昆弟，有必不可泬者，如《丧服记》言夫之所为兄弟服，妻降一等；此兄弟服三字连读，非指人言，乃指服言，降一等之文又明有无服者。晋成粲乃改记文兄弟为昆弟，又删之所二字，以为嫂叔大功之证。唐世遂为嫂叔制小功服，又为弟妻及夫兄亦小功。近世万斯同、徐乾学并从綮说。不知大功章传，明言夫之昆弟无服。《檀弓》言嫂叔之无服也，盖推而远之也。名义一乱，纰缪重貤。然则治礼者，舍深藏名号，何所首务乎？

求条例，奈何？发凡言例，本《礼经》之旧法。《周礼》之列数陈事，条理綮然；此固凡之大者，虽不言凡，而义在晐括可知也。至其明言凡而属通例者，如《屦人》云：凡四时之祭祀以宜服之；《牧人》云：凡时祀之牲，必用牷物；《司几筵》云：凡吉事变几，凶事仍几；《职方氏》云：凡邦国小大相维，王设其牧；《大行人》云：凡诸侯之卿，其礼各下其君二等，以下及其大夫士亦如之。此皆言凡之明文，使人循之而得其统贯者也。《仪礼》中经文言凡者，尚稀；至《记》之言凡者，则不可胜数。如《乡饮酒礼记》云：凡奠者于左，将举于右；凡旅不洗，不洗者不祭；《礼记·曲礼》云：凡为人子之礼云云，凡与客入者云云，凡进食之礼云云，凡为君使者云云；此皆《记》之言凡，果搜集而排比之，即可求《经》之伦类。郑君注《礼》，大抵先就经以求例，复据例以通经，故经文所无，往往据例以补之；经文之误，往往据例以正之。如《丧服》齐衰三月章，止言曾祖父母，而注兼高祖言之；又大夫为宗子，注云：宗子既不降其母，妻亦不降；此其据例补经也。如《大射仪》：小臣诏揖诸公卿大夫，诸公卿大夫西面北上；注云：上言大夫，误衍耳；以大夫诸公卿面有异，下又特言揖大夫，大夫皆少进；故知此大夫、大夫四字皆误衍。《聘礼》私觌节，士介请觌，摈者执上币以出礼请受，宾固辞；注云：固衍字，当如面大夫也；以下士介面大夫但言宾辞，不言固，故知此固为衍字；此其据例以正经也。陈兰甫云：有郑注发凡，而贾疏辨其同异者；有郑注不云凡，而与发凡无异，疏申明为凡例者；有注不发凡，而疏发凡者；有经是变例，注发凡，而疏申明之者；有疏不云凡，而无异发凡者。综而论之：郑、贾熟于经例，乃能作注、作疏；注精而简，疏则详而密，分析常例、变例，究其因由。近时则凌氏《礼经释例》，善承其学，大有助于读《礼经》者矣。案近儒推求《礼》例，自以凌氏为巨擘。其余补苴罅漏，精确不移者，亦不乏人。且如黄元同释隋祭之例，陈兰甫释三大乐之例，孙仲颂释九旗之例，此皆近师所为；而弥缝密合，实有过于前人者。循此旧文，以读《经》、《记》，展转参照，通其伦类，不难矣。

括纲要，奈何？《论语》：颜回请问礼目；郑注云：欲知其要，盖以三百三千卒难周备，故请问其要目。刘向校书，每一书已，向辄条其篇目，撮其指意，录而奏之；是知记事提要，即用日少、畜德多之方也。《礼记》中，如《礼器》一篇，其撮论《礼》意，如云：礼时为大，顺次之，体次之，宜次之，称次之；如云：礼有以多为贵者，有以少为贵者，有以大为贵者，有以小为贵者，有以高为贵者，有以下为贵者，有以文为贵者，有以素为贵者；如云：君子之于礼也，有所竭情尽慎、致其敬而诚若，有美而文而诚若，有直而行也，有曲而杀也，有经而等也，有顺而讨也，有撕而播也，有推而进也，有放而文也，有放而不致也，有顺而摭也。此诸文者，皆能掇其大要，不为繁说。其佗若《郊特牲》之括论冠、昏及祭，《大传》之括论丧服，以及《冠义》以下诸篇，皆各就一礼，而陈其梗概者也。汉以来说经之书，简要明晰者，殆无过《白虎通德论》；设主客之问，望似繁碎，其实简明。若辩论之文，举纷纭之说，而能使之有条秩者，尤不可胜数。今举郑君鲁礼禘祫志，及谯周论昏年，束晳论昏期之文，以示例：郑君之论禘、祫也，先据《春秋》以考鲁礼禘、祫之疏数，而后断言之曰：儒家之说禘、祫也，通俗不同。学者竞传其闻，是用讻讻争论，从数百年来矣。窃念《春秋》者，书天子诸侯中失之事，得礼则善，违礼则讥，可以发起是非。故据而述焉。从其禘、祫之先后，考其疏数之所由，而粗记注焉。鲁礼三年之丧毕，则祫于大祖；明年春，禘于群庙，僖也，宣也，八年皆有禘、祫祭；则《公羊传》所云五年而再殷祭，祫在六年，明矣。《明堂位》曰：鲁王礼也；以此相准况，可知也。案禘、祫之说，当以郑君所推三年禘、五年祫之论为定。此文简当极矣。谯允南之论昏年也，以《周礼》及《二戴记》、《穀梁》并有"男子三十娶，女子二十嫁"之明文，而与《左氏》、《国语》："十五生子"，《丧服》"有为夫长殇"之文，不合；汉、魏诸儒，纷纷异说：或谓天子下至庶人，同三十娶，二十嫁；或谓大夫、士以上，不拘年数；或谓男十六，女十四以上可嫁娶，三十、二十言其极法。故谯氏论之曰：国不可久无储贰，故天子、诸侯十五而冠，十五而娶；娶必先冠，以夫妇之道，王教之本，不可以童子之道治之。十五为成童，以次成人，欲人君之早有继体，故因以为节。《书》称成王十五而冠，著在《金滕》。《周礼·媒氏》曰：令男三十而嫁，女二十而娶。《内则》云：女子十五而笄；说曰，许嫁也。是故男自二十以至三十，女自十五以至二十，皆得以嫁娶；先是则速，后是则晚。凡人嫁娶，或以贤淑，或以方类，岂但年数而已。若必差十年乃为夫妇，是废贤淑方类，苟比年数而已，礼何为然哉？则三十而娶，二十而嫁，说嫁娶之限，盖不得复过此尔。故舜年三十无室，《书》称曰鳏。《周礼》云：女子年二十未有嫁者，仲春之月，奔者不禁。奔者，不待礼聘，因媒请嫁而已矣。此文说昏年无定，郅为精确，足以释诸家之纷矣。束氏之论昏期也，以《周礼》：中春之月，令会男女；与《夏小正》："二月绥多士女"之文合，而与《荀子》："霜降逆女冰泮杀止"之文不合。故郑、王二氏，各有所主；为二家之学者，互相攻诘，未见闳通。故束氏论之曰：春秋二百四十年，鲁女出嫁，夫人来归，大夫逆女，天王娶后；自正月至十二月，悉不以得时、失时为褒贬，何限于仲春、季秋以相非哉？若婚姻季秋，期尽仲春，则隐二年冬十月，夏之八月，未及季秋，伯姬归于纪；周之季春，夏之正月也，桓九年春，季姜归于京师；庄二十五年六月，夏之四月也，已过仲春，伯姬归于杞；或出盛时之前，或在期尽之后，而经无贬文，三传不讥，何哉？凡诗人之兴，取义繁广，或见譬类，或称所见，不必皆可以定时候也。《周礼》：以仲春会男女之无夫家者，盖一切相配合之时，而非常人之节。《曲礼》曰：男女非有行媒，不相知名；故日月以告君，斋戒以告鬼神。若常人必在仲春，则其日月有常，不得前却，何复日月以告君乎？夫冠昏、笄嫁，男女之节；冠以二十为限，而无春秋之期；笄以嫁而设，不以日月为断；何独嫁娶当系于时月乎？王肃云：昏姻始于季秋，止于仲春，不言春不可以嫁也。而马昭多引《春秋》以为之证，反《诗》相难，错矣。两家俱失，义皆不通。通年听婚，盖古正礼也。杜君卿评之曰：婚姻之义，在于贤淑，四时通用，叶于《诗》、《礼》；安可以秋、冬之节，方为好合之期？先贤以时月为限，恐非至当；束氏之说，畅于礼矣。以上所举三文，皆能以简明之辞，定异同之说；《三礼》中似此者，难以悉陈；学者果能执其纲要，通此学不为难矣。若夫孔、贾二疏，或因一二语而作疏至数千言；或括一礼之繁文，不过数百言；有时博洽，有时精约，皆使人由之而得其纲要者已。

有礼之意，有礼之具，有礼之文。何谓礼意？《郊特牲》曰：礼之所尊，尊其义也；失其义，陈其数，祝史之事也；故其数可陈也，其义难知也。传记之言发明礼意者，所在而是。且如三年之丧，人道之至文者也；然自周衰礼废，滕之父兄百官，不欲文公行丧，而曰：宗国鲁先君莫之行，吾先君亦莫之行。即孔子门人如宰我者，有可期之论；则异端之肆讥，如墨家。后儒之妄说，如杜预。何足责乎？然试观《三年问》之论制丧之意，自非蠢愚，未有不泣下沾襟者。其言曰：凡生天地之间者，有血气之属必有知；有知之属，莫不知爱其类。今是大鸟兽，则失丧其群匹，越月逾时焉，则必反巡过其故乡；翔回焉，鸣号焉，蹢躅焉，踟蹰焉，然后乃能去之。小者至于燕雀，犹有啁噍之顷焉，然后乃能去之。故有血气之属者，莫知于人；故人于其亲也，至死不穷。将由夫患邪淫之人与？则彼朝死而夕忘之，然而从之，则是曾鸟兽之不若也，夫焉能相与群居而不乱乎？将由夫修饰之君子与？则三年之丧，二十五月而毕。若驷之过隙，然而遂之，则是无穷也。故先王焉为之立中制节，壹使足以成文理，则释之矣。观此，则三年之丧，乃令贤者俯就，原非过情，而毁之者，不知礼意也。又如丧礼繁文，皆有所为，或厌而欲去之，其极则反天下之心，天下不堪。然试观《檀弓》载子游之言，则是丧礼有不可妄訾者。其言曰：有子与子游立，见孺子慕者。有子谓子游曰：予壹不知夫丧之踊也，予欲去之久矣。情在于斯，其是也夫。子游曰：礼有微情者，有以故兴物者，有直情而径行者，戎狄之道也。礼道则不然，人喜则斯陶，陶斯咏，咏斯犹，犹斯舞；愠斯戚，戚斯叹，叹斯辟，辟斯踊矣；品节斯，斯之谓礼。人死，斯恶之矣；无能也，斯倍之矣。是故制绞衾，设萎翣，为使人忽恶也；始死，脯醢之奠；将行，遣而行之；既葬而食之，未有见其飨之者也；自上世以来，未之有舍也，为使人勿倍也。故子之所刺于礼者，亦非礼之訾也。观此，则丧礼仪文，无不具有微意；后世虽不能尽行，而不可以是非古人也，自《传》、《记》之后，师儒能言礼意者多矣，要以郑君为最精。如陈兰甫所举二条可见。即孔、贾二疏推明《经》注之微旨者，亦复不少。

此外先儒所论，能燕前疑；如何平叔之论嫂叔无服，云：男女相为服，不有骨肉之亲，则有尊卑之异；嫂叔亲非骨肉，不异尊卑，恐有混交之失，推使无服也。元行冲之论父在为母期，云：圣人制服降之理，岂不知母恩之深？但尊祖贵祢，欲其远别禽兽，近异夷狄。此皆言简而精，究洞圣人之微旨也。

何谓礼具？《周礼》一经，数言辨其名物；凡吉凶、礼乐，自非物曲，固不足以行之。是故祭有祭器，丧有丧器，射有射器，宾有宾器；及其辨等威，成节文，则宫室、车旗、衣服、饮食，皆礼之所寓。虽玉帛、钟鼓，非礼乐之至精，舍之则礼乐亦无所因而见。故曰：德俭而有度，登降有数，文物以纪之，声明以发之。知此义也，则《三礼》名物，必当精究；辨是非而考异同，然后礼意可得而明也。今夫堂、庭、房、室，古宫室之制，不与今同者也；冠、弁、带、绂，古衣服之制，不与今同者也；饮、羞、珍、酱，古饮食之制，不与今同者也；几、席、尊、彝，古器用之制，不与今同者也；考之未明，则礼文触处窒碍矣。礼器制度，昉于汉初叔孙通；其有图，则始于郑氏。后来学者，迭相增改，古制浸以茫昧。至《博古》、《集古》诸书出，大抵妄傅古名，或乃推尊赝器，益令学者疑矣。今宜据《经》、《记》之文，稽注、疏之言，考之聂氏旧图，参以近师所绘；其不可强通者，疑以传疑可也。兹举一例：《周官》六尊中，有牺、象，《周礼》牺作献。依先郑说，则献读为羲；羲尊，饰以翡翠；象尊，以象凤皇。后郑则云：羲读如沙，羲尊，刻画凤皇；象尊，饰以象骨。阮谌《礼图》：牺尊，饰以牛；象尊，饰以象；于尊腹之上，画为牛、象之形。此各殊异，本难质正。然参之鸡彝、鸟彝、虎彝、蜼彝，皆是刻画其形于彝腹，则牺、象，必非全刻牛、象之形，可比例而明矣。王肃乃云：太和中，鲁郡于地中得齐大夫子尾送女器，有牺尊，以牺牛为尊；然则象尊，尊为象形也。聂崇义云：王肃以牺、象两尊，并全刻牛、象之形，凿背为尊；今祭器内有作牛、象之形，背上各刻莲华；坐又与尊不连。此与王义大同而小异。黄以周云：《说文》，牺训宗庙之牲，亦为牲之总名，不必定为牛；古人禽亦称牺，不特牛、羊、豕。昭二十二年：雄鸡自惮其牺，服注：昭二十五年《左传》云：三牺，雁、鹜、雉也。阮谌见羲字有从牛，遂谓饰以牛；

王肃更以为象形。于是伪器日出，而齐之子尾送女，有牛形之器，亦未必定为犠尊。且犠尊以木为之，不以金；《庄子》、《淮南》之文可据。后人作《博古图》者，每沿阮、王两说，见有牛形文，即题为犠象尊，是未知周璞之为鼠矣。案黄氏之言，最为有识。凡据新掊之器以傅往古之名，必宜谨而言之也。若夫明堂之制，难证讹字于《考工》；深衣之行，莫改明文于《戴记》；前师既无定论，承学又何瞢焉。

何谓礼文？节文度数之详，是也。荀卿有言：礼者，以财物为用，以贵贱为文，以多少为异，以隆杀为要。文理繁，情用省，是礼之隆也。文理省，情用繁，是礼之杀也。文理、情用，相为内外表里，并行而杂，是礼之中流也。故君子上致其隆，下尽其杀，而中处其中。由此言之：文有繁省，未有废之者也。故曰至备，情文俱尽；其次，情文代胜；其上，复情以归太一。然礼器言，礼之近人情，非其至；而《檀弓》以直情径行为夷狄之道。是则丧虽主哀，祭虽主敬，苟无礼物威仪以将之，哀敬之情亦无所显示矣。夫七介以相见，不然，则已悫；三辞、三让而至，不然，则已蹙；礼有摈诏，乐有相步，皆为温藉重礼也。礼之失，则或专重仪文而忘其本意；故传以为讥。鲁昭公如晋，自郊劳至于赠贿，无失礼。晋侯谓女叔齐曰：鲁侯不亦善于礼乎？对曰：鲁侯焉知礼？是仪也，非礼也。屑屑焉习仪以亟，言善于礼，不亦远乎。赵简子见子大叔，而问揖让周旋之礼。子大叔亦以是仪非礼为对，似仪文度数为礼之粗迹者。顾刘子又言：动作、礼义、威仪之则，所以定命，传以失仪而致消者，不可悉数？是则人而无仪，亦不可以行礼矣。治礼学者，每苦仪文之烦碎，是故必佐之以图，然后能明。郑、贾作注、作疏时，盖先绘图。陈澧说。今则不可见。至宋而杨复作《仪礼图》，清张惠言继之。于是进退之度，揖让之节，秩然可观；循图读经，事半功倍矣。若夫拜有九拜，而鲁人招稽首之责；祭有九祭，而庆封致泛祭之讥；或得或失，其辨微矣。后人不憭其仪，往往致误。故《士冠礼》，冠者见母，母拜。《通典》以为渎乱人伦；而又云：九拜之仪，肃拜，今揖也；尊属欣其备礼，念其成人，以揖示敬，非爽。不知母答拜子，犹之祭礼，主人之拜嗣子，礼本无嫌；肃拜为妇人之正礼，凡言拜未有不跪者。误始于先郑，以肃拜为但俯下首，君卿沿其谬耳。且妇人于丈夫，无不侠拜；故《士冠礼》注云：虽其子，犹侠拜；必以拜为嫌，则侠拜尤重矣。是故礼例不明，则如治丝而棼，入山而迷涂。礼例明，则其经纬、涂径，固井井不乱也。学者考之以图，审之以例，则礼文同异，与夫详略、降杀之故，始可了然于心；而先哲制礼之意，虽历千载而犹有可窥见者，庶几免于轻议礼之失也已。

诵《诗》者，不可以强言《礼》；《礼》之难言，久矣！后世之儒，或缘时世迁流，古制难复；或因节文繁碎，俗所惮行，遂致讥于古礼，抑又惑矣。《通典》四十八。议祭立尸曰：古之人朴质，中华与夷狄同；有祭立尸焉，有以人殉葬焉，有茹毛饮血焉，有巢居穴处焉；有不封不树焉，有手抟食焉，有同姓婚娶焉，有不讳名焉。中华地中而气正，人性和而才惠，继生圣哲，渐革鄙风。今四夷诸国，地偏犷气，则多仍旧；自周以前，天地、宗庙、社稷一切祭享，凡皆立尸；秦、汉以降，中华则无矣。或有是古者犹言祭尸礼重，亦可习之，斯岂非甚滞执者乎。杜氏自注，引后魏之先，及周时巴、梁间蛮夷。又唐世柳道州，人有祭尸之遗法，以证古之中华与夷狄同。又《边防·典序》自注，文尤详；厌繁不录。夫立尸之礼久废，诚难一旦复行；必欲援引蛮戎，自诬先世，不亦过欤？又七十四。宾礼序曰：自古至周，天下封建，故盛朝聘之礼，重宾主之仪。天子、诸侯、卿、大夫、士，礼数、服章，皆降杀以两。秦皇帝荡平九国，宇内一家；以田氏篡齐，六卿分晋，由是臣强君弱，终成上替下陵；所以尊君、抑臣，置列郡县，易于临统，便俗适时。滞儒常情，非今是古；《礼经》章句，名数尤繁，诸家解释，注疏庞杂；方今不行之典，于时无用之仪，空事钻研，竞为封执；与夫从宜之旨，不亦异乎？案君卿此言，良为纰缪；于时无用，何害钻研？徇俗惑经，是今非古，亦失平之甚矣。讥礼文烦碎者，盖始于晏婴；其沮齐景公封孔子，以为孔子盛容饰，繁登降之礼，趋详之节，累世不能殚其学，当年不能究其礼。晋世葛洪则云：冠、婚、饮、射，何烦碎之甚耶？好古官长，时或修之；至乃讲试累月，犹有过误，而欲以此为生民之常事，至难行也。《抱朴子·省烦篇》。不知制礼之初，仪文已非尽人可晓。是故大祭祀、会同、朝觐，大史先与群执事读礼书而协事；祭之日，执书以次位；常办事者考焉；将币之日，执书以诏王；是皆临时考读执诏，犹惧其违，则其繁缛诚有甚者。至于春秋之际，孟僖子病不能相礼，而范武子不识殽烝；不待后世，而礼已欲废矣。窃谓礼之仪文，古今不可强同；礼之名物，古今亦难齐壹。鼎、俎、笾、豆，今非饮食之宜；弁、冕、带、裳，今非服用之物。高坐既设，何取席地之仪；单骑已行，焉用车战之法？必谓礼具、礼文，事必如旧，盖亦难已。若夫礼之意，如有不可尽亡者；《经解》曰：礼禁乱之所由生，犹坊止水之所自来也；故以旧坊为无所用而坏之者，必有水败；以旧礼为无所用而去之者，必有乱患。《礼运》曰：礼义也者，人之大端也；所以讲信、修睦，而固人之筋骸之会，肌肤之束也；所以养生、送死，事鬼神之大端也；所以达天道、顺人情之窦也；故唯圣人知礼之不可已也，故坏国、丧家、亡人，必先去其礼。乌乎！思深虑远，情见乎辞矣。

贾公彦序《周礼》废兴，引马融《传》云：秦自孝公已下，用商君之法，其政酷烈，与《周官》相反。故始皇禁挟书，特疾恶，欲绝灭之，搜求焚烧之独悉，是以隐藏百年。孝武帝始除挟书之律，开献书之路，既出于山岩屋壁，复入于秘府；五家之儒，莫得见焉。五家，盖谓高堂生、萧奋、孟卿、后仓、戴德、戴圣，《六艺论》所谓高堂生及五传弟子是也。至孝成皇帝，达才通人刘向子歆，校理秘书，始得列序，著于录略；而亡其《冬官》一篇，以《考工记》足之。时众儒并出，共排以为非是。唯歆独识，其年尚幼，务在广览博观，又多锐精于《春秋》；末年，乃知其周公致太平之道迹具在斯。奈遭天下仓卒，兵革并起，疾疫丧荒，弟子死丧；徒有里人河南缑氏杜子春尚在。永平之初，年且九十，家于南山，能通其读，颇识其说；郑众、贾逵，往受业焉。郑康成序云：斯道也，文、武所以纲纪周国，君临天下；周公定之，致隆平龙凤之瑞。据马、郑二文以求《周礼》，乃知此经六典，精密无间，非西周不能行，非周公不能作。虽马序废兴，独遗河间献王得《周官》事；然据《左传》序疏云：汉武帝时，河间献王献《左氏》及《古文周官》；此则马所云出于山岩屋壁，复入于秘府者，即指献王之本矣。《史记·封禅书》曰：群儒采封禅《尚书》、《周官》、《王制》之望祀射牛事；此《周官》，非秘府之本则何乎？《周礼》，本古文之学，书既晚出；西汉之世，师说甚希。故五经家，如张禹、包咸、周生烈、何休,不信《周礼》为周公所作。表章之力,实赖子政、子骏二君。东汉之初,博士罢废;章帝时,尝与《古文尚书》、《毛诗》同置弟子;见《后汉纪》。而通人达士,如二郑、卫、马、贾、许,皆明理于典籍,是以其学大行。林孝存乃以为武帝知《周官》末世渎乱不验之书,故作十论七难以排弃;何休亦以为六国阴谋之书。此皆妄奋论难,排挤古经;非得郑君,斯学将废。唐赵匡、陆淳,复谓此经为后人附益。宋、元诸儒,异论弥滋。至毛奇龄已知《大戴记·朝事》、《礼记·内则》,与《周礼》文同,又知窦公献书即《大司乐》章之事;乃巧为攻难,谓《周礼》非圣经,非周公作,而亦不出于刘歆,出自战国。此即暗用何休、林硕之说,张载《横渠语录》云:《周礼》是的当之书,然必有末世增入者。此改末世渎乱为末世增入,语稍温藉耳。弥足以惑乱听闻。所谓乡曲之学,深可忿疾者,此也。汪中《周官征文》云:考之于古,凡得六征:《逸周书·职方篇》即《夏官·职方氏》文;一也。《艺文志》:孝文时窦公献其书;乃《周官·大宗伯》之《大司乐》章也;二也。《大戴记·朝事》载典瑞、大行人、小行人、司仪四职文;三也。《礼记·燕义》,夏官诸子职文;四也。《内则》食齐视春时以下,天官食医职文;春宜羔豚以下,庖人职文;牛夜鸣则庮以下,内饔职文;五也。《诗·生民》传:尝之曰,莅卜来岁之芟以下,春官肆师职文;六也。汪喜孙曰:《孟子·滕文公篇》:且志曰,丧祭从先祖;赵注《周礼》:小史掌邦国之志曰:丧祭之事,各从其先祖之法。据此,则李氏未献以前,战国时固有人称述之者,不得谓此书源流无考。陈澧于汪中所举六条外,又考得四条:《礼记·杂记》下赞大行曰云云,郑注云:赞大行者,书说大行人之礼者名也;孔疏云:《周礼》有《大行人篇》,旧作《记》之前有人说书赞明大行人之事,谓之赞大行。《郊特牲》:缩酌用茅明酌也云云,孔疏云:此一节,记人总释《周礼》司尊彝沛二齐及郁鬯之事。《考工记》贾疏云:此记人所录众工,本拟亡篇六十而作。大司马,中冬教大阅群吏听誓于陈前;郑注云:《月令》:季秋,大子教于田猎以习五戎,司徒搢扑北面以誓之;此大阅礼实正岁之仲冬,而说季秋之政,于周为中冬,为《月令》者,失之矣。贾疏云:吕不韦以为此经中冬,为周之中冬,当夏之季秋,是失之矣。陈氏据此四条以补汪义。然又云:

《逸周书·职方解》序言穆王所作,为《周礼》在周公之后之明征。又云:郑君亦不悉信《周礼》,引《职方》荆州浸颍湛注:以颍宜属豫州,在此非也;豫州浸波溠注:以溠宜属荆州,在此非也;谓此为郑君明言经文之非。又谓硩蔟氏,掌覆夭鸟之巢,以方书十日之号,十有二辰之号,十有二月之号,十有二岁之号,十有八星之号,县其巢上则去之,注云:其详未闻;以为郑君不信此事,故云未闻;此事甚迂怪,不足信,亦不必辨。案陈氏于经盖非醇儒,故虽明《周礼》为周代典制,终不能信为周公所作;不知《周书·职方》次《史记篇》之后,《史记》为穆王之书,故作序者亦以《职方》为穆王之书。然《周书》编次骰杂,序亦后人补作;孔晁知其不安,乃云穆王使有司钞出之;要之皆不足据。荆州浸颍湛,豫州浸波溠;不独颍溠互误,即湛水亦宜在豫,郑以为未闻,《水经注》云:湛水出犨县鱼齿山西北,于汝水九曲北入汝。波水亦宜在荆;郑以波为荥播之播;马融《广成颂》云:浸以波溠;波水下流合于滍水,故滍水兼波水之称,滍水与湛同入汝,而滍则在其南也。然则经文二句互误,乃传写之失,而非作经之过也。至硩蔟所云:郑云未闻;郑所未闻者多矣,岂皆其所不信者乎?以此为征,弥复疏矣。自汪、陈所举外,《诗·毛传》、《司马法》二书,与此经同者至多;其他文制与群经契合者,不可胜数。俗儒不察,妄有诘难,巧说袤辞,使天下学者疑,过已!

排《周礼》者,尚可云本之汉人;至《仪礼》,则从无异论。挽近乃有谬说二家出焉:其一直疑《仪礼》为伪书也,说始于宋之乐史,以为《仪礼》有可疑者五;其后徐积继之。而郑樵作《仪礼辨》,尤为愦乱,略谓:《仪礼》一书,当成王太平之日,周公损益三代之制,作为冠婚丧祭之仪,朝聘飨射之礼,行于朝廷乡党之间,名曰《仪礼》,而乐寓焉。此谓周公已名《仪礼》。汉兴,传《仪礼》者,出于高堂生,士礼十七篇,古经五十六篇。其十七篇与高堂生所传士礼同,而字尤多略;今三十九篇乃逸礼。案班固九流,刘歆七略,并不注《仪礼》,往往汉儒见高堂生所传十七篇,遂模效礼经而作之。此谓今之《仪礼》乃模效高堂生之士礼。而范氏作《后汉书》云:《礼》古经与《周官经》,前世传其书,未有名家者;中兴以后,郑众、马融为《周官》作传,并不及《仪礼》。此又不知《仪礼》即《礼经》,乃岐之为二。则《仪礼》

一书，盖晚出无疑。故《聘礼》所记宾、介、饔、饩之物，禾、米、薪、刍之数，笾、豆、簠、簋之实，铏、壶、鼎、饔之列，考于《周官》掌客之礼，皆不相合。《丧服》一篇，凡发"传曰"以释其义者，十有三；又有问者曰："何以、何也？"之辞，盖出于讲师设为问难以相解释；此皆后儒之所增益明矣。案郑氏不知《仪礼》之名出于后之题署；疑始于郑君。古但名《礼》，或曰《礼经》，并《记》言之，则曰《礼记》。汉世十七篇，以《士冠》、《士昏》、《士相见》等冠首，故全书冢其称，曰《士礼》；郑君称之曰《曲礼》；见礼记目录。此皆名目偶异。郑则眩惑不辨，遽疑古经为晚出，良可诧也！若《聘礼》，与掌客不尽相合，此由掌客一经，文多讹舛，且有误中之误；其礼例难通处，疏家虽强为之说，终当在存疑之科；岂可据此驳文以讥《礼经》耶？又《丧服传》，相传以为子夏所为，以释正经，其引传曰者，乃子夏转引旧传以证己义；事出增益，何待烦言；并疑正经，将无瞀惑？清世毛奇龄，竟谓《周礼》、《仪礼》，皆是战国人书；其《昏礼辨正》、《丧礼吾说篇》、《祭礼通俗谱》，诋斥《仪礼》，而自作礼文。故阎若璩诮其私造典礼，此亦妄人而已，何足辨乎？其一以十七篇为孔子所定，书本完具，无所谓阙也。说发于清之邵懿辰《礼经通论》，曰：汉初鲁高堂生传《礼经》十七篇，五传至戴德、戴圣，分为大戴、小戴之学，皆不言其有阙也；言仅存十七篇者，后人据汉《艺文志》及刘歆《七略》，因多《逸礼》三十九而言耳。夫高堂、后仓、二戴、庆普，不以十七篇为不全者，非专己而守残也，彼有所取证，证之所附之记焉耳。观《昏义》曰：夫礼始于冠，本于昏，重于丧、祭，尊于朝、聘，和于乡、射；故有《冠义》诸篇以释之，而无一篇之义出于十七篇之外者，是冠、昏、丧、祭、朝、聘、乡、射八者，约十七篇而言之也。更证之《礼运》，《礼运》尝两举八者以语子游，皆孔子之言也，特射乡讹为射、御耳。一则曰，达于丧、祭、射、乡、今本作御。冠、昏、朝、聘；再则曰，其行之以货力、辞让、饮食、冠、昏、丧、祭、射、乡、今本作御。朝、聘。而其证之尤为明确而可指者，通合于大戴十七篇之次序；自一至十六即冠昏至朝聘，而《丧服》之通乎上下者，附焉。疑自高堂生、后仓以来，而圣门相传篇序，固已如此也。孔子所为定礼乐，独取此十七篇以为教，配六艺而垂万世，则正以冠、昏、丧、祭、射、乡、朝、聘，为天下之达礼耳。皮锡瑞极赞邵说，犁然有当于人心。且举《檀弓》云：恤由之丧，哀公使孺悲学《士丧礼》于孔子，《士丧礼》于是乎书；以为《士丧》既出于孔子，余篇亦出于孔子可知。案邵、皮二家，意在排摈《逸礼》，犹沿后仓等推《士礼》而致于天子之意。《郑志》有云：《礼记》后人所集，据时而言；明乎此义，则《昏义》、《礼运》之言，宁知不出于大戴辈所窜入？且礼原作射御，邵氏辄易之以合其私，此与贿改兰台漆书之技，竟何异乎？《士丧》传自孔子，不得以为孔子所定，尤不得以证十七篇皆孔子所定；本师章氏驳之明矣。礼文不具，无可讳言；以十七篇为备者，其见，与谓《尚书》二十九篇配二十八宿及北斗者等。

《汉书·艺文志》曰：《礼》古经者，出于鲁淹中及孔氏，与十七^{原作"学七十"，从刘敞说改。}篇文相似，多三十九篇。《论衡·佚文篇》曰：鲁共王发孔子宅，得礼三百；上言武帝，武帝遣吏发取。又云：河内女子发老屋，得《佚礼》一篇。此谓《逸礼》所出有二，而与《汉志》微异。其献之者，或以为河间献王；《汉书》本传所谓礼、记，《礼》即古文《经》，《记》即古文《记》也。或以为孔安国；刘歆《移太常博士》所言，是也。然《六艺论》云：后得孔氏壁中河间献王古文《礼》五十六篇；其篇数与《汉志》合。盖秘府所藏《逸礼》，原非一本，安国、献王，通得献之；唯河内女子所得之说，不知从来耳。《逸礼》既出于秘府，缀学之士保残守缺，遂令其学与《尚书古文》、《春秋左传》同见摈排人间。《礼》家独有鲁国桓公之学，与古文同，乃抑而未施。故刘歆亲近，欲建立《逸礼》立于学官，而博士不肯置对。王莽于元始时，征天下通《逸礼》者，亦未闻立之学官。盖其学在西汉之末，已微而将绝矣。惟《小戴记》尚载其《奔丧》、《投壶》二篇，《杂记》中，有诸侯衅庙礼之文；而《大戴记》则亦有《投壶》，有《诸侯衅庙》，又有《诸侯迁庙》及《公冠》，而《保傅篇》又引学礼。自余见于郑君之《礼》注、《诗》笺所引者，有《天子巡狩礼》、《中霤礼》、《烝尝礼》、《军礼》、《朝贡礼》、《禘于大庙礼》、《王居明堂礼》、《逸奔丧礼》；见于《说文》者，有《鲁郊礼》；见于蔡邕集者，有《古大明堂之礼》；缪袭《皇览》亦有《逸礼》之篇；苓落殇馀，犹堪宝贵。虽其中兼关异代之礼，如《月令》注，引《王居明堂礼》曰：出十五里迎岁；郑君以为殷礼，周则近郊五十里。又四郊之兆里数，《逸礼》似本汉制而言；则亦间有后师增益。故郑注《三礼》，虽云引用，实有从违。假使全书具存，要必有足以裨补礼制者。而俗儒苟袭汉世今文师之余习，动诋异己之书为伪，亦何为哉？《逸礼》不知何时失之；朱子之言最是。吴澄谓唐初尚存，非也。

《家语·礼运篇》云：达于丧、祭、乡、射、冠、昏、朝、聘；与《礼记·礼运篇》不同。此王肃所改，而邵懿辰本之，要皆不足据。此注补入《仪礼》异说条下。

《汉书·艺文志》，礼家之目，有《记》百卅一篇；自注云：七十子后学者所记也，又《明堂阴阳》三十三篇；自注云：古明堂之遗事。又《王史氏》廿一篇；自注云：七十子后学者。又《曲台后仓》九篇，《中庸说》二篇，《明堂阴阳说》五篇；又云：《礼》古经及《明堂阴阳》、《王史氏记》所见，多天子诸侯卿大夫之制；虽不能备，犹愈后仓等推士礼而致于天子之说。据此，是班氏所云：《记》及《明堂阴阳》、《王史氏》，皆古文也；其今世所传《大小戴记》，《志》竟无一字及之。唯郑君《三礼目录》于《礼记》每篇下，必曰：此于《别录》属某。而《后汉书·桥玄传》云：七世祖仁从戴德当作圣。学，著《礼记章句》四十九篇。此今本《礼记》篇数，确由小戴所定；其所由著于《别录》而不见于《艺文志》者，殆以其拾掇群书，既已各著其本，则后出者，可从略也。郑君《六艺论》既云：后得孔氏壁中河间献王古文《礼》五十六篇，《记》百卅一篇，《释文序录》。又云：今《礼》行于世者，戴德、戴圣之学也。此为《仪礼》。戴德传《记》八十五篇，则《大戴礼》是也；戴圣传《礼》当作记。四十九篇，则此《礼记》是也。案二戴传《记》之文，皆冢上今《礼》之今字；则是两记，皆属今文，其与古文《记》百卅一篇，自不能强合。故《五经异义》引今《礼记》，即谓之《今礼》。然礼家实见古文《经》、《记》，有所择取，故《礼记目录》《奔丧》下云：此于《别录》属丧服之礼矣，实逸《曲礼》即礼古经。之正篇也。汉兴，后得古文。而礼家又贪其说，因合于《礼记》耳。《投壶》下云：此于《别录》属吉礼，亦属《曲礼》之正篇也。据此二文，是今《礼记》有采及古文之证。郑《志》云：《礼记》后人所集，据时而言，或诸侯同天子，或天子与诸侯等，所施不同，故难据。《王制》

之法，与周异者多，当以经为正。答临硕云：孟子当赧王之际，王制之作复在其后。卢植则直谓《王制》，即汉文帝令博士诸生所作之《王制》。又《三礼目录》《月令》下云：本《吕氏春秋》十二月纪之首章也；以礼家好事，钞合之，后人因题之，名曰《礼记》，言周公所作；其中官名、时事多不合周法，此于《别录》属《明堂阴阳记》。此《明堂阴阳记》，盖与《汉志》所说《明堂阴阳》不同。据此诸文，是今《礼记》不尽出于壁中古文之证。谨案《礼记》之起，盖在孔子之前。《史记·孔子世家》云：书传《礼记》自孔氏，乃折中夫子之意，非其实也。《文王世子》引《记》曰：虞、夏、商、周有师保，有疑丞；孔疏曰：作《记》之人，更言《记》曰：则是古有此《记》，作《记》者引之。《仪礼·丧服》疏衰期章，传更引传，贾疏曰：又云："传曰"者，子夏引他旧传，证成己义。由此言之，《礼》之传记，更在宣尼之前，明矣。此如《大誓》未经圣定，而先有故；《穀梁》不亲受师，而问之传；《易》之《文言》，远同于穆姜；《诗》之训诂，合符于《左氏》。诸经宜有旧传，亦不止《礼记》而已。若夫今之《礼记》，则自旧记而外，有本之孔子及七十子者，有七十子后学所为者，有秦、汉先师所附益者。是故或采古文《经》、《记》，或采百家之书，或出后师所益。古文《经》、《记》，略如前举。采百家之书者，则如《大戴》，取《曾子》十八篇之十篇，取《荀子》：《问五义》、《三本》、《劝学》、《宥坐》数篇，取《贾子》：《保傅》诸篇，取《孔子》：《三朝记》七篇；《小戴》，则《三年问》、《哀公问》诸篇，取诸《荀子》，《中庸》、《表记》、《坊记》、《缁衣》，取诸《子思子》，刘瓛云：《缁衣》，公孙尼作；是又一说。《乐记》，取诸《公孙尼子》；此二戴杂集他书以说《礼》，非尽古文之《记》也。其出后师所益，如《大戴·公冠》载孝昭冠辞；而《小戴》记《王制》之言：周尺八寸，乃六国变乱法度之谬言；《礼器》之言：或素或青，乃赵高鹿马愚民之遗习；《记》出增益，亦有显征矣。古书残阙，得此两《记》，胜于求野已多。至孙炎为注，以类相从；魏徵《类礼》，取便寻讨；颠倒古籍，失其本真，亦无取焉。

——原载《黄侃论学杂著》，中华书局1964年版，第444~481页。

【评 介】

　　黄侃是20世纪国学名家,在经学、小学、文学等领域,都取得了卓越的成就。礼学是黄侃经学的重要部分。在传统价值的重新审视中,黄侃礼学有何独特价值,在传统礼学向现代礼学转型中处于怎样的位置,值得进一步探讨。

一、发明之学

　　黄侃(1886—1935),湖北蕲春人。著名语言文字学家。初名乔馨、乔鼒,字梅君,后改为侃,字季刚。晚年自号量守居士。黄侃出生名门,少承家学,10岁已读完"五经"及"四子书"。自启蒙后又得江瀚等教诲。家多藏书,读经之余,博览诸子百家。15岁中秀才,17岁入武昌文普通学堂。后东渡日本,留学于早稻田大学。1907年在东京师事章太炎,受小学、经学,后从刘师培学习经学。他在音韵训诂学方面取得卓越成就,被称为清代朴学的殿军,与章太炎、刘师培同被称为"国学大师"。黄侃一生,前期投身革命,"反清、反袁、反日、反蒋,堂堂正正,大节不亏"①。后期点书治学授业,执教多所大学长达二十余年。20世纪许多著名学者,如范文澜、金毓黻、杨伯峻、罗常培、程千帆、潘重规、龙榆生、陆宗达、殷孟伦、刘赜、黄焯、徐复等皆出其门下。

　　黄侃读书治学最常做的工作就是圈点笺识。他认为治经要从辨句读、析章句开始,从知音考文开始,发明经典文字的原义。这种治学方法,用黄侃自己的话来说就是"发明之学"。日本学者吉川幸次郎曾转述:"(黄季刚先生)诰以治学之法,曰:'所贵乎学者,在乎发明,不在乎发见。今发见之学行,而发明之学替矣。'又曰:'治经,须先明家法。明家法,自读唐人义疏始。'"②黄侃批评罗振玉、王国

---

①　司马朝军:《黄侃年谱·前言》,湖北人民出版社2005年版。
②　日本学者吉川幸次郎1935年11月2日《与潘景郑书》中语,转引自司马朝军:《黄侃年谱》,湖北人民出版社2005年版,第429页。

维"发见之学"的局限在于"经史正文忽略不讲,而希冀发见新知以掩前古儒先"①,可知他所谓"发明之学",是指治中国学问必须先弄清、发明经典文字的本义,必须借助汉唐注疏等传世文献。新材料固然有用,但不应当忽略古代文献资料的主体——经典及其注疏。

(一)圈点笺识

黄侃勤于点书,经、史、子、集各类古籍皆亲手圈点笺识,往往反复多遍,并用这种方法训练学生。章太炎赞扬他:"为学务精习,诵四史及群经义疏皆十余周,有所得辄笺识其端,朱墨重沓,或涂剟至不可识……得书,必字字读之,未尝跳脱。"②黄侃的好友汪东也说:"然其为学,严定日程,贯彻条理。所治经、史、小学诸书,皆反复数十过,精博孰习,能举其篇叶行数,十九无差忒者。"③《黄侃日记》多记录每日点书的进度。黄菊英女士回忆说:"季刚勤学苦思的读书精神是惊人的。他每日清晨五时开始看书,从不间断,每晚坚持写日记、作札记,直至十一二点。他看书又是圈点,又是批语,真是孜孜不倦。"④

黄侃的学生也对此印象深刻。殷孟伦说:"黄侃先生治学精研,所治经、史、语言文字诸书皆反复数十过。其熟习程度至能举其篇、页、行数,十九无误差。对《说文》、《广韵》两书时不离手……又见先生读《清史稿》,全书一百册,从头到尾,都一卷一卷地详加圈点。他对于随便翻翻,点读数篇辄止者称为'杀书头',他临终前犹勉力圈完《唐文粹补遗》。"⑤陆宗达说:"季刚先生十分重视古代文献的阅

---

① 司马朝军:《黄侃年谱》,湖北人民出版社2005年版,第253页。
② 章太炎:《黄季刚墓志铭》,司马朝军:《黄侃年谱》,湖北人民出版社2005年版,第20页。
③ 汪东:《蕲春黄君墓表》,司马朝军:《黄侃年谱》,湖北人民出版社2005年版,第21页。
④ 黄菊英:《我的丈夫——国学大师黄季刚》,张晖编:《量守庐学记续编》,三联书店2006年版。
⑤ 殷孟伦:《谈黄侃的治学态度和方法》,程千帆、唐文编:《量守庐学记》,三联书店1985年版,第40~47页。

读，而且总是从最基础的工作——句读作起。凡是他读过的古籍，不论经史子集，无不从头到尾的圈点。他的书上作着各种记号，而且批注得密密麻麻。"①钱玄说："《通典》中'历代沿革礼'共六十五卷，先生均加句读，校勘，眉批。"②

　　王庆元罗列尚存的黄侃阅读圈点过的古书，计有小学21种，经学18种，史学11种，子部4种，文学12种，日记及杂稿三大册。此外还有大量散佚的文稿书册。其中"经学类"现今可见者有：手批《白文十三经》，手校《李氏易解胜义》，手圈《周易注疏》，手批校孙星衍《周易集解》，手批李道平《周易集解纂疏》(残本)，手批校《尚书孔传参正》，《讲尚书条例》，《尚书大传》(残本)，《尚书注疏》(残本)，手圈《毛诗注疏》，手圈《韩诗外传》，《诗经序传笺略例》抄本，手圈《周礼注疏》，手圈《周礼正义》(残本)，手圈《仪礼正义》(残本)，《三礼通论》(即《礼学略说》)，手写《周礼故书最录》、《仪礼古文最录》、《尚书、论语、孝经语词钞》，手校《经典释文》(残本)。③

　　黄侃圈点笺识，往往广引别本校勘，如手批校孙星衍《周易集解》，所引有《汉上易》、《太平御览》、《左传疏》、《义海撮要》、《文选》、《五经异义》等。他手批《白文十三经》的底本和参考版本更是囊括了各个时期的重要注疏。圈点笺识也是他对传统读书治学之法的坚守，对清代"由小学入经学"理念的发扬。徐有富总结说，黄侃读书法，就是从目录学入手；博览与精读相结合；读书无不加标点；好学深思，心知其意。④

---

①　陆宗达：《季刚先生二三事》，程千帆、唐文编：《量守庐学记》，三联书店1985年版，第129~134页。

②　钱玄：《记蕲春黄先生讲三礼》，程千帆、唐文编：《量守庐学记》，三联书店1985年版，第152~154页。

③　王庆元：《黄季刚先生遗著知见录》，《武汉大学学报》1986年第1期，第23~28页。

④　徐有富：《黄侃读书法管窥》，《山西大学学报》2006年第6期。

(二)知音考文

逐字逐句阅读古籍经书文字，需要知音考文的小学功夫。黄侃治学，遵从顾炎武"读经自考文始，考文自知音始"之原则，又受到经古文学家章太炎的影响，认为欲读懂古书并明了书中道理，必须先知音韵、解文字、明训诂。黄侃曾致信陆宗达称"学问文章皆宜由章句训诂起"①。

黄侃在音韵、文字、训诂三方面都下了很大工夫，且加以贯通，取得了卓越成就。黄侃主张传统小学研究应以《说文》和《广韵》两书为基础。音韵学上，他重视《广韵》，著有《音略》、《声韵略说》、《声韵通例》、《诗音上作平证》、《说文声母字重音抄》、《广韵声势及对转表》等，提出古声十九纽和古韵二十八部说，是传统语言文字学上具有独创性的见解；文字学上，他长期钻研《说文解字》，著有《说文略说》、《说文说解常用字》等，从古音推求古义，以声训补充乾嘉学者多以字形推求音、义的做法；训诂学上，他精研《尔雅》等古代训诂学专书，著有《尔雅略说》、《尔雅郝疏笺识》、《陈玉澍〈尔雅释例〉》批校本、《尔雅正名评》和《尔雅声类表》、《春秋名字解诂补谊》等，不仅集古代训诂学之大成，还提出了"本有之训诂"与"后起之训诂"、"独立之训诂"与"隶属之训诂"、"说字之训诂"与"解文之训诂"、"小学训诂"与"经学训诂"几组概念，开创了作为独立学科的现代训诂学，给附庸于经学的小学赋予了独特的价值。

黄侃强调从形、音、义三者的关系中，系统而有条理地研究中国语言文字学。张世禄评价说，黄侃音韵训诂学独创之处，就是吸取陈澧研究成果，根据《广韵》来贯通古音和今音……根据《说文》和古音研究阐发"声、义通条之理"，来贯通字原和语原。② 也就是说，黄侃以音韵贯穿文字和训诂，成功地将传统小学转变成为章太炎所说的

---

① 司马朝军：《黄侃年谱》，湖北人民出版社2005年版，第271页。
② 张世禄：《黄侃论学杂著·前言》，中华书局1964年版。

"合此三者，乃成语言文字之学"①，为其研治礼学提供了较高的起点。他也被誉为"传统文字学的承前启后人"。

因治学严谨，黄侃不肯轻易著书，"敦古不暇，无劳于自造"，自言"年五十当著纸笔矣！"②可惜他五十岁辞世，留下一批点校笺识古籍的遗稿。其著作含两类，一类论著及讲义，如黄侃去世后中央大学印行的遗著专号十九种；一类读书手稿，如《黄侃手批白文十三经》、《文选评点》、《文字声韵学笔记》、《说文笺识四种》、《量守庐群书笺识》等，后陆续出版。其中多数为音韵学著述。又有经学、文学理论类著述，《汉唐玄学论》、《礼学略说》、《讲尚书通例》等著作对经学研究有许多创见，《文心雕龙札记》继承朴学和《文选》学传统，对中国古代文学理论的研究有很大影响。

二、四步治礼法

黄侃经学用力极深，却只有礼学和《尚书》学几篇文字。他极为看重礼学，在多所大学讲授"三礼"，留存下来的仅《礼学略说》③一篇，另有黄侃手批《白文十三经》一部，还有杂见于日记、年谱以及他人回忆文字中一些礼学论说。《礼学略说》属讲章性质，概述礼学大纲，提纲挈领地揭示治礼的门径方法，钱玄《记蕲春黄先生讲三礼》与该篇大体一致。《黄侃手批白文十三经》圈点批注白文"三礼"，是研治礼经的具体范例；其他关于"三礼"的论说与此相通。以《礼学略说》为主，综合其余，亦可得黄侃礼学大略，即结合语言文字学与经典注疏的"辨字读、析章句；审名义；求条例；括纲要"四步治礼法。

---

① 章太炎：《论语言文字之学》，《国粹学报》1906年。"三者"指文字、音韵、训诂。
② 章太炎：《章太炎先生序》，《黄侃论学杂著》，中华书局1964年版。
③ 按：1928年，黄侃南下应南京中央大学聘，讲章有《礼学略说》。1931年讲《三礼通论》。据相关资料记载，《礼学略说》和《三礼通论》应为同一篇。《礼学略说》一文仅存上篇，未见有下篇。

(一)辨字读、析章句

黄侃礼学最重辨字读、析章句,《礼学略说》所论重点在此,手批《白文三礼》的功夫在此,《文心雕龙札记·章句》篇及其诸多语言文字学类著述的核心也在此。

黄侃所言辨字读与析章句并非两事。"先生谓一切文辞学术,皆以章句为始基。"①在他看来,"章句以驭事义,虽牢笼万态,未有出于章句之外者也。汉师之于经传,有今文与古文异读者焉,有后师与前师异读者焉,凡为此者,无非疑其义训之未安,而求其句读之合术而已"(《文心雕龙札记·章句》)。他别创章句新说:"分为九章说之:一释章句之名,二辨汉师章句之体,三论句读之分有系于音节与系于文义之异,四陈辨句简捷之术,五略论古书文句异例,六论安章之总术,七论句中字数,八论句末用韵,九词言通释。"(《文心雕龙札记·章句》)此九章都是辨字读,也都是析章句。黄侃溯源句、读、章、言四名,表明"章"有终止之义,"句"有停顿之义,二者本义相通。由此他指出"章句"有断句符号、注经体例和语言单位三层含义②,每层含义中章句与字读都密不可分。在他的著述里,辨字读、析章句始终相提并论。

字、读、章句又各有侧重。辨字侧重于礼书经、记文字不同者,有声同而假借、字近而讹误、字别而师说违异、先师说字与《说文》不相应等情况,均需仔细辨别。辨读专指断句,断句不同,旨意也因之而异。析章句,就是分章、分节、标目,使礼文层次分明,意义明晰。辨字、读是正确离析章句的基础和前提。黄侃指出礼学难治原因有四:古书残缺,无一全者;古制茫昧,明文难征;古文简奥,文字难定、文辞难通、句读难辨、名称难一;异说纷纭。"治礼之次第有

---

① 徐复:《师门忆往》,司马朝军:《黄侃年谱》,湖北人民出版社 2005 年版,第 298 页。

② 梁祖萍:《〈文心雕龙札记〉"章句"之解读》,《陕西师范大学学报》2007年第 6 期。

三。先应辨字读、章句。治经学必以小学为始基。"①所以，辨字读、析章句是阅读礼古文、研治礼学的第一步。

黄侃所言"辨字读"的独特之处，在于不仅依据文义断句，还根据音节断句。《文心雕龙札记·章句》"论句读之分有系于音节与系于文义之异"，提出音节句读与文义句读的差异及其区分方法。他指出句读除考虑文义之外也应考虑声气的因素："凡人语言声度不得过长，过长则不便于喉吻，虽词义未完，而词气不妨稽止，验之恒习，固有然矣。文以载言，故文中句读，亦有时据词气之便而为节奏，不尽关于文义。"区别对待，断句会更为合理。"学者目治之时，宜知文法之句读，口治之时，宜知音节之句读。"礼学涉及今古文，更应注意音读，"礼有今古文，有通假。辨音读，除《尔雅》、《说文》外，不可不读陆德明《经典释文》。陆氏所见三礼异本多至二十余家，六朝三礼之学，从《释文》中可见其梗概。辨礼书音读，应以《释文》为管籥"。②

黄侃"析章句"主张简约，讲究方法。他说："离析章句，乃治礼之始基也。"礼学文字比其他经典更繁难，仪文度数繁复，必须分清章节才不致淆乱。他秉承汉代经师"雅畅简易"的章句风格，吸收清儒陈兰甫以分节、绘图、释例法读《仪礼》，以分类法读《礼记》，孙诒让以大宰八法分职读《周礼》的礼经读法。黄侃手批《白文十三经》中"三礼"批注是他多次点读之后的成果。其中《周礼》、《礼记》多辨句读与断句，辨今、古文或异文、衍文，分节、分段离析章句。句读依据阮元校本和宋代大字本，音读本于陆德明《经典释文》，分节标目参考汉唐注疏并吸收乾嘉学者成果。《周礼》依据阮元校本《周礼注疏》和孙诒让《周礼正义》，《仪礼》据阮元校本《仪礼注疏》和胡培翚《仪礼正义》及杨大堉补注，《礼记》据阮元校本《礼记正义》和宋本《礼记》。

---

① 钱玄：《记蕲春黄先生讲三礼》，程千帆、唐文编：《量守庐学记》，三联书店1985年版，第152~154页。

② 钱玄：《记蕲春黄先生讲三礼》，程千帆、唐文编：《量守庐学记》，三联书店1985年版，第152~154页。

黄侃《仪礼》批注最精。手批《仪礼》十七篇，每篇都于文中分段分节，每节标目注于页下。如《士冠礼》前28节叙冠礼仪节，后6节记特定仪节之义，每节标目简约精练。《士昏礼》前13节为昏礼仪节，后25节记特定仪节之法、之辞、之变。余十五篇与此同。《仪礼》素以难以卒读著称，经黄侃分节标目，礼秩仪节，一目了然。

（二）审名义，求条例，括纲要

审名义就是正名，就是推究礼经中的各类名物。黄侃说："治礼之事固当斤斤于正名。"又说："治礼者，舍深藏名号，何所首务乎？"礼学名物制度甚多，常常称名各异，究其原因，"原《经》、《记》名称之所由难辨者，或一名，而含义甚广；或二名，而为异无多；或冢常称，而谊则大殊；或加微别，而辞终不溷；亦有详此略彼，举轻包重；通言、别言有判，对言、散言有分"（《礼学略说》）。此外，名有称名与器物名之别。如辨礼书中"兄弟、昆弟"称名的用法，又论"礼具"如古宫室之制、古衣服之制、古饮食之制、古器用之制中各种礼器，皆属正名范畴。治礼如不明礼名与礼器名，无法深入研读。

求条例，即发凡言例，也是一种归纳法。黄侃非常重视归纳条例，"郑、贾熟于经例，乃能作注、作疏；注精而简，疏则详而密，分析常例、变例，究其因由。近时则凌氏《礼经释例》，善承其学，大有助于读《礼经》者矣"（《礼学略说》）。黄侃礼学所求条例，首先是文句之例，即文字句法特点，如倒文、省文、复文、变文、足句等。《文心雕龙札记·章句》对这五类句法有细分及例证。黄侃将句法归为析章句，其实也可归于求条例。郑玄《三礼注》中有些注释条例就是句法习惯，如张舜徽先生归纳《郑氏经注释例》20条中有7条属文句之例①。其次是言礼通例。黄侃认为读礼书时，最好能够亲自归纳条例、绘图、制表，才能深刻了解礼之名物制度。他曾致信陆宗达："承示以方阅《考工记》。大抵名物制度，宜抽绎其例，排比其

---

① 张舜徽：《郑学丛著·郑氏经注释例》，华中师范大学出版社2005年版。其中"订正衍讹例、诠次章句例、声训例（上、下）、改读例、改字例、考文例"皆属文字、音韵、文句类例。

文，或图之，或表之，虽有旧图旧表，仍宜自作。自作一过，则是非愈明，永不忘矣。《礼书通故》、《三礼通释》皆参考佳书也。"①他撰《讲尚书条例》提出治《尚书》以三意求之："求其文字，以考四代之文章；求其义理，以考舜以来、孔子未生以前伦纪性道之说；求其事制，以为治古史之资粮。"②可谓善求条例以治经。

括纲要，就是在前三步准确读懂经文的基础上，能够掇其大要，不为繁说。这是针对说礼方法，也是针对说礼风格而言的。要想使繁杂的礼书变得易于把握，就要善于提要。黄侃认为刘向校书撰写提要的方法最为可取。他以郑玄论鲁礼禘祫志、谯周论昏年、束晳论昏期以简明之辞定异同之论为例，主张学习汉唐注疏的简要明晰、条理分明。

括纲要还包含更深含义，即能够透过礼具、礼文来把握礼意。黄侃将礼析为三个层面："礼意"，即各种礼意，如制丧之意、丧礼繁文、嫂叔无服、父在为母期等礼仪中体现的亲亲、尊尊之意。"礼具"，指各种礼仪的相关名物器具。如古宫室、古衣服、古饮食、古器用之制等。"礼文"，指礼之节文繁简度数。治礼常苦于仪文繁琐，但考之以图，审之以例，礼文的同异、详略、隆杀以及制礼之意，就都可以了然于心。黄侃认为，礼之文、理与情，用互为表里，不能专重仪文而忘其本意。礼具、礼文古今不可强同，重要的是领会其中的礼意。

简言之，黄侃以郑玄《三礼注》为宗，以陆德明、孔颖达、贾公彦、杜预四家注疏为基础，汲取宋元明及清乾嘉学者的优点，尤其继承了清代顾炎武以来对文字、音韵、训诂之学的重视和江永、凌廷堪、孙诒让等对礼经条例的梳理，并以此数者为基础提出四步治礼法。黄侃礼学就是始于知音考文，根于明文注疏，回到礼学经典白文，发明礼学原义，理解、解释礼学传统。圈点笺识与知音考文是发明礼学的基本功夫，"辨字读、析章句；审名义；求条例；括纲要"是发明礼学的必要步骤。

---

① 司马朝军：《黄侃年谱》，湖北人民出版社2005年版，第280页。
② 司马朝军：《黄侃年谱》，湖北人民出版社2005年版，第177页。

三、发展理解的传统

　　黄侃的四步治礼法，一方面熟练运用文字、音韵、训诂学的知识，一方面笃信注疏，严守师法，立足"三礼"及历代礼学注疏。如此治礼看似与清代礼学并无二致，其实不然。黄侃治礼的学术旨趣和研究方法都与"由小学入经学"的清学有了明显差异。

　　清代礼学主要任务是清理程朱理学的积弊，纠正游谈无根的学风。清前期提出"经学即理学"，中期倡"以礼代理"，乾嘉以汉学对峙宋学，晚清逐渐调和汉、宋，都是返朴之道。清代礼学集历代礼学之大成，涌现了一批著名礼学家及著述，如江永《礼书纲目》、凌廷堪《礼经释例》、胡培翚《仪礼正义》、孙希旦《礼记集解》、黄以周《礼书通故》、孙诒让《周礼正义》等。陈澧说："国朝儒者之于礼学，为宋以后所不及。然考证礼文者多，发明礼意者少。"①可见，礼学之兴是清代崇尚实学的体现，大体上以汉学考据方法为具体路径。

　　20世纪初期的学术主题与清学不同。四部之学的经、史、子，放在西方现代学术分科中审视，其科学性和真实性均被质疑。在这些质疑中，礼学传统作为封建专制的象征在帝制推翻后面临离析瓦解的危险。黄侃礼学就处在这样的学术背景之中。他主张"保全本来"，宁可存疑，也不轻诋古书。他重视礼经之明文与师说："说礼所据，有明文，有师说……要以古文为明文，而以师说辅之。"他强调不要轻议礼失，讥诋古礼。他复信许仁说："年来点校孙仲翁《周礼》新疏，见其攻驳郑、贾，略无愧容，一简之中，诋诃杂出，由此见唐人之于王《易》、孔《书》爱护甚至，虽乏宏通之美，亦庶几不违矩矱者已。足下有志经术，所宜先求注疏，进览汉师之说，补其阙遗，而推其未备……至于训诂、声音，在小学之家自为要业，若在专家治经之士，正以笃守师说为宜。"②即使孙诒让这样的礼学大师，只要轻易攻驳郑注贾疏，也受到他的批评。

---

① 陈澧：《东塾集》卷三《赠王玉农序》。
② 司马朝军：《黄侃年谱》，湖北人民出版社2005年版，第162页。

黄侃为何如此重视汉唐注疏？章太炎说："（黄侃）性虽傀异，其为学一依师法，不敢失尺寸。见人持论不合古义，即眙视不与言。……说经独本汉唐传、注、正义，读之数周。……自清末迄今几四十岁，学者好为傀异，又过于明、清间，故季刚所守，视惠氏弥笃焉。独取注疏，所谓犹愈于野者也。"①汪东说："清代学术，吴惠栋、休宁戴震为两大宗。君兼师其法，深明音韵训诂之学，而未尝辄以己意易旧解。盖疾近世学者尊野闻，逞臆说，亦欲以此救之也。"②显然，黄侃对经传明文师说的重视，既是继承了乾嘉学者实事求是、信而好古、不轻改易旧解的治学特点，也是对晚清以来学界疑经疑传、好为异说风气的反拨，矫枉返正。他反复在礼经白文上断句加点，校勘文字，以及分节标目，这些工作必须借助距离原典最近的汉唐注疏才可能较为准确地完成。因此，他提倡回归原典的发明之学与乾嘉学者的复归汉学在宗旨上存有较大区别。

但民国时人多视黄侃为"守旧派"，有"守旧、抱残守缺、开倒车"之诟病。如北大学者沈尹默在《我和北大》中说："太炎先生的门下可分三派。一派是守旧派，代表人是嫡传弟子黄侃，这一派的特点是：凡旧皆以为然。……太炎先生门下大批涌进北大以后，对严复手下的旧人采取一致立场，认为那些老朽应当让位，大学堂的阵地应当由我们来占领。我当时是如此想的。"③

《公言报》说："时与之对峙者，有旧文学一派。旧派中以刘师培氏为首。其他如黄侃、马叙伦等，则与刘氏结合，互为声援者也。加以国史馆之耆老先生，如屠敬山、张相文之流，亦复而深表同情于刘、黄。刘、黄之学，以研究音韵、说文、训诂为一切学问之根，以综博考据、讲究古代制度接迹汉代经师轨。文章则重视八代而轻唐宋，目介甫、子瞻为浅陋寡学。其于清代所谓桐城派之古文家则深致

---

① 章太炎：《黄季刚墓志铭》，司马朝军：《黄侃年谱》，湖北人民出版社2005年版，第20页。

② 汪东：《蕲春黄君墓表》，司马朝军：《黄侃年谱》，湖北人民出版社2005年版，第21页。

③ 沈尹默：《我和北大》，转引自司马朝军：《黄侃年谱》，湖北人民出版社2005年版，第90页。

不满，谓彼辈学无所根，而徒斤斤于声调，更藉文以载道之说，假义理为文章之面具，殊不值通人一笑。"①

语言文字学家杨树达对黄侃有"开倒车"之讥："季刚受学太炎，应主实事求是；乃其治学力主保守，逆转为东吴惠氏之信而好古。读《诗》必守毛、郑，治《左氏春秋》必守杜征南，治小学必守许氏。于高邮之经学，不论今古文家法惟是之从者，则力诋之，此俗所谓开倒车。世人皆以季刚不寿未及著书为惜，余谓季刚主旨既差，虽享伏生之年，于学术恐无多增益也。"②

三个评价，立足点不同结论却意外地一致。沈尹默从新、旧学术派别立论，言明黄侃属新派中的保守派。《公言报》本是发难新文化运动，以刘师培、黄侃之旧派与陈独秀、胡适之新派对举，对新、旧文学都有讥刺。杨树达在语言文字学上与黄侃有较多的学术交往，他的侄子杨伯峻又是黄侃的入室弟子。他起初对黄侃学问比较敬服，"1928年，1月1日录黄季刚《二十八部声类表》，其以十九纽隶各字，则季刚之独见也"③。又记借录黄侃《广雅疏证》事④；在古是否有上音存有分歧，但非常重视黄侃语言学学术成就。后来评价渐低："季刚于《说文》烂熟，然其所推论之孳乳先后多处于悬揣，不足据信。大抵此君读书多而识解不足，强于记忆而弱于通悟。"⑤大体上杨树达的批评针对的是黄侃"力主保守、信而好古"的学术取向"主旨既差"，无关语言学的具体研究。显然，杨树达也是从新、旧的角度批评黄侃的保守。

黄侃从不讳言自己"学究旧法"。1931年，黄侃自校《礼记略

---

① 《请看北京学界思潮变迁之现况》，转引自司马朝军：《黄侃年谱》，湖北人民出版社2005年版，第142页。

② 杨树达：《积微翁回忆录》，上海古籍出版社1986年版，第105~106页。

③ 杨树达：《积微翁回忆录》，上海古籍出版社1986年版，第34页。按：该著提及黄侃者约14条，集中在1932年至1935年间。1932年黄侃随章太炎到北京，二人有实际接触后，杨树达的评价发生了变化。

④ 杨树达：《积微翁回忆录》，上海古籍出版社1986年版，第65页。

⑤ 杨树达：《积微翁回忆录》，上海古籍出版社1986年版，第104页。

说》，致王献唐信函称："近日学风益趋新奇，侃之所为犹是学究旧法，世必笑之，或不见非于雅德君子耳。"①同年录朱熹"旧学商量加邃密，新知培养转深沉"赠学生，言此语为"学问坦途"。他以愚自处，主张"疑事毋质、直而勿有"。要真正弄懂经义，必须把经之明文一字字读明白，就必须圈点笺识、知音考文。可见，黄侃的"发明之学"，并非一味守旧，而是不肯轻易疑古，不武断臆说，坚持"言必有中，每下一义，切理厌心"，不愿意随新起舞。殷孟伦称之为"笃学而不趋新、征实而不蹈虚"②。

黄侃与"国粹派"的深切渊源是他被视为守旧派的主要原因。黄侃是国粹派精神领袖章太炎的弟子，又与刘师培亦师亦友，曾参与过以"国粹派"为主将的"国学保存会"。章太炎、黄侃都曾经在推翻清朝统治的运动中作出过贡献，也都在学术思想上倾向于保有"国粹、国故"。黄侃主张保存本国文化，维护文言且常批评新学说经之弊，遂被新文化运动诸学者视为旧学派。他说："讲《毛诗》，以牟廷相《诗切》中诸妄说录示学士，俾知今日新学小生率臆说经之不足为奇，只足为戒。"他批评皮锡瑞《今文尚书考证》"颇有臆说"，批评王闿运之经学、文章："王氏说经，只事穿凿，浇风一扇，流毒无穷。所作文词，皆摹虚调，非无古色，真宰不存焉。"论晚清学风之流变："清之将亡，学风亦变。南皮、吴县之徒，则以目录、金石眩人；李慈铭、王闿运之党，则以大言浮词惑世；至端方辈，则清客而居大位者也；康有为辈，则奸民而饕盛誉者也。不独纪、阮之淹博，惠、戴之精纯，去人已远，即姚、曾辈亦何可几及哉？"③他所批评的是一种不老老实实读书、闻"新"起舞的学术风气。但这种批评在以"新"为标准的时代里，自然被视为守旧的表现。

黄侃礼学处于民国时期经今、古文学论争和传统史学逐步转型新

---

① 司马朝军：《黄侃年谱》，湖北人民出版社2005年版，第335页。
② 殷孟伦：《谈黄侃先生的治学态度和方法》，程千帆、唐文编：《量守庐学记》，三联书店1985年版，第40~47页。
③ 司马朝军：《黄侃年谱》，湖北人民出版社2005年版，第231、253、255页。

史学之际。民国时期经今、古文之争,是经学降入史学后的又一轮疑古辨伪,礼学经典的真伪、成书年代以及"周公制礼"等说法受到怀疑。黄侃从章太炎、刘师培学习经学,走古文经学的研究路径,偏重古文礼书如《周礼》、《仪礼》、《逸礼》。他辨正历代关于礼书的疑难,要在辨礼之古文、今文,他提"发明之学"意在维护传世经典文献的价值。

民国礼学多讨论"周公制礼"说的真伪,顾颉刚、郭沫若、范文澜等都有涉及。黄侃对《周礼》是否周代之书和是否周公所制进行溯源和辨析,认为《周礼》是周代礼制,是周公所制,其中也有部分内容属后人掺入。他批评宋元儒之怀疑,援引清儒汪中六条及陈澧四条考据,证《周礼》和周公的可信。又从《国语》中找出证据,证明周公之典就是《周礼》,且在战国时期各国也有实行。范文澜著《群经概论》全引黄侃所引汪中、陈澧十条,又说:"黄师季刚先生复发明一条,证《周礼》为周公手定,孔子复亲见《周礼》。"①又举其师陈伯弢从《左传》中搜集的六十证证各国施行周礼。这些史学家都是本着证据说话,都引入了现代学术方法,因此是否相信《周礼》和"周公制作"并非区别新、旧的标准。

黄侃是否真的"凡旧皆以为然",是否"开倒车"?笃守汉唐,谨遵师法,是否就是守旧?"信而好古"与实事求是是否抵触?黄侃之学是否表现出实质性的学术倒退?其实不然。古音十九纽、二十八部韵就是他继承并创新的结果。卞孝萱评黄侃治学五条特色:第一,以国学宣扬民族大义;第二,利用敦煌、甲骨文治学;第三,参考海外出版的图书;第四,注意文物考古新发现;第五,借鉴西方自然科学理论②,皆说明黄侃受到西学思想影响,对最新的考古发现有自觉的关注。他针对考古发现引发的疑古风潮,提出"发明之学",有人遂误以为他反对甲骨学。其实1932年他曾给陆宗达写信要其代购《殷墟

---

① 范文澜:《群经概论·周礼》之第三节《周礼不伪证》,《范文澜全集》第1卷,河北教育出版社2002年版,第139页。
② 卞孝萱:《读〈黄侃日记〉》,《南京师范大学文学院学报》2004年第4期。

文字存真》一书，并嘱咐"虽价昂亦不惜"。后来又写信告诉陆宗达："所言治文字学，私意宜分三期：一即古籀文下至唐世所云文字学；二则宋世薛、吕、欧、赵、洪、三王、张之书；三乃近代钟鼎、甲骨之学耳"①，说明黄侃对新材料十分关注，只是反对因此而忽视传世文献材料的价值。按史华慈所说保守是"未经反省的固持"②，黄侃显然不属于此类。他并未固守陈说不加判断，也非固守国学不吸收外来思想。他的研究已经属于现代学术范畴。

综而论之，黄侃"守旧"之讥，如同他的老师章太炎所受到的指责一样，代表的是中国传统文化在现代的命运。西学冲击下的中国学界，对待传统的态度是不同的。整理国故、古史辨等疑古辨伪风潮愈演愈烈，有国粹派、学衡派等与之分庭抗礼。这是推进中国现代学术或激进或保守的两股重要文化力量，都在为中华文化融入世界文明提出学理依据。黄侃在新学炽热的环境下坚守传统礼学立场，而守中有变。其四步治礼法体现了传统小学向现代语言学的转变，又始终以准确发明古义、理解礼学传统为目的。正是这种"发明之学"，使黄侃礼学立足经典注疏而不拘泥注疏，重视礼文、礼具而不沉溺于考据，务实求真而不唯新是从，以积极的姿态维护礼学传统，既区别于清代礼学，又迥异于疑古辨伪、崇尚实证的新史学，成为民国礼学中传统的守护者。在国人对本国文化妄自菲薄、横加指责时，他们要求重新审视传统文化的价值；在"欧化、西化"的思潮中，他们希望认识到传统文化的优点，争取东、西方文化有平等交流的地位。

史华慈说："章炳麟的保守主义激烈地坚持，中国人得从本有的民族传统衍出其思想范畴，也即此坚持而将他划归文化的保守主义者。……他的政治社会观念，使他加入激进的革命阵营。他所涉身的

---

① 陆宗达：《季刚先生二三事》，程千帆、唐文编：《量守庐学记》，三联书店1985年版，第129~134页。

② [美]史华慈：《论保守主义》，《近代中国思想人物论——保守主义》，时报文化出版公司1981年版。

事件远超于保守主义/激进主义二分法之上。"①他因而断定现代中国的保守主义主要是受民族主义情感所影响的"文化的保守主义",根本上不是墨守陈规之社会政治现状的"社会政治的保守主义"。这个判断也适用于黄侃。

黄侃就是这样一位埋首研究中国过去的细节、珍爱过去的价值和理念的文化保守主义者。他一生所论国学、旧学乃至国故,与章太炎先生倡言"爱国、保种、存学"的精神是一致的。他支持学生发起成立《国故》月刊社并担任总编辑,目的是"昌明中国固有之学术";他主张"学无新旧,唯其真之为是"②,希望消除人们对传统的偏见,尊重传统的价值;他认为礼学的价值和理念依然适用于今日之社会:"近人或以礼经名物繁缛,注疏庞杂,经传所述,均为当今不行之典,于时无用之仪,故不必空事钻研,徒费劳神。此说良为纰缪。盖今之学三礼,决非为复冕弁之服,鼎俎之设,而在于考究上古典章制度,明民族文化之发展。虽于时无用,但何害钻研?而况制礼之义,亦有不可尽亡者,讲信修睦,今日岂可摒弃乎?"③这些文化主张很难判定为"守旧"。

真正的文化保守主义,并不是反对进步,而是反对激进的、全盘否定传统的进步。爱德华·希尔斯说:"人文学的学术研究也是在一个传统中进行的,在这个传统中,每一代人都以其前辈的成就作为出发点,并在此基础上提出问题,汲取互相贯通的研究方法。……人文学这一传统的研究目的是发展理解的传统;这种理解的对象是人们要去了解的各种传统。"④我们也需要"发展理解的传统",像理解传统

---

① [美]史华慈:《论保守主义》,《近代中国思想人物论——保守主义》,时报文化出版公司1981年版,第33页。

② 司马朝军:《黄侃年谱》,湖北人民出版社2005年版,第157页。又作《国学厄林付刊感题》曰:"新旧本来无定相,是非何用苦相争?要从言象筌蹄外,尽泯人吾正负名。"批评执着于新、旧之名而对"旧"不加辨别地打倒的学术取向。

③ 钱玄:《记蕲春黄先生讲三礼》,程千帆、唐文编:《量守庐学记》,三联书店1985年版,第152~154页。

④ [美]爱德华·希尔斯:《论传统》,傅铿、吕乐译,上海人民出版社2009年版,第133页。

一样理解黄侃。

黄侃礼学论著目录：

《黄侃论学杂著》，中华书局 1964 年版（收著作十五种）。

《黄季刚先生遗书》，石门图书公司 1980 年版。

礼记引得序
——两汉礼学源流考(存目)

洪　业

【评　介】

20世纪史学家中，洪业先生被认为和顾颉刚先生一样是"近代中国史学的发展历程上代表史学现代化的第一代"[1]。他的《春秋经传引得序》和《礼记引得序》被誉为"现代文献学研究的杰作"。《礼记引得序》致力于解决礼学的文献基础问题，将西方历史研究的科学训练与文献学方法结合起来考察两汉礼学源流，堪称礼学文献研究的典范。

一、引得之学、编纂实践与引得序

洪业[2](1893—1980)，谱名正继，字鹿岑，号煨莲，是其英文学名威廉(William)的同音异译。福建侯官(今福州)人。1893年10月27日生于福建侯官。1910—1915年在鹤龄英华书院读书，因品学兼优获书院美国董事克劳弗德的资助赴美留学。1917年毕业于俄亥俄州韦斯良大学，获文学士。1919年毕业于哥伦比亚大学，获文硕士。1920年毕业于纽约协和神学院，获神学士。1923年受北平燕京大学

---

[1] 余英时：《顾颉刚、洪业与中国现代史学》，《文史传统与文化重建》，三联书店2004年版，第408页。

[2] 洪业先生生平可参看：翁独健、王锺翰：《洪煨莲先生传略》(《文献》1981年第4期)，陈毓贤：《洪业传》(北京大学出版社1995年版)，王锺翰：《中国现代学术经典》"洪业卷"卷首小传，侯仁之：《怀念我师洪业教授》(《侯仁之学术文化随笔》，中国青年出版社2001年版)等。

之聘，回国担任燕京大学历史系教授，后兼大学文理科科长（教务长）、历史系主任、图书馆馆长。1941年冬燕京大学被日军封闭，不久和邓之诚一起被捕入狱半年，后出狱拒绝与日伪合作，至抗战胜利后燕京大学复校才重新回校工作。1946年春赴美讲学，后定居美国。1948—1968年，兼任哈佛大学东亚语文系研究员。1980年12月22日在美国去世。

洪业是杰出的史学家、教育家，对于中国现代教育、史学研究、对外学术交流等都有不可磨灭的历史贡献。他曾代表燕京大学与美国哈佛大学多次磋商，争取到了霍尔基金会的资助，最终促成了1928年哈佛燕京学社的成立。又在他的大力提倡下，哈佛燕京学社设立引得编纂处，他亲自担任主任一职。胡适对他在燕京大学收集图书、出版学报、编纂引得的贡献大为称许。燕京大学在洪业为教务长期间，从一所默默无闻的教会学校，变为全国知名的学府，成为中国知识界举足轻重的一个机构，洪业功不可没。

洪业先生广为人知的成就，是他在引得编纂方面的理论探索和实践。1923年，洪先生回国应燕京大学之聘，恰逢梁启超与胡适提倡"整理国故"，他也加入了顾颉刚、钱穆、傅斯年等人的行列，并作出了独特的贡献。"洪、顾两位先生恰好代表了'五四'以来中国史学发展的一个主流，即史料的整理工作。"[1]与顾颉刚"层累地造成中国古史"、傅斯年"近代的历史学只是史料学"不同的是，洪先生尤其注意治史方法与工具书的编纂。他既受过传统的教育，又经过现代的科学训练，认为整理中国古代文献，必须有一套科学的工具书。陈毓贤写道："他在这暑假期间（1924年）还思考另一个问题，就是应怎样把中国先人累积的知识组合起来，让未来的科学家、历史家及其他学者可轻易索取，中国急需一些像索引、词汇索引（concordance）的工具，而且翻检法得先改进。"[2]洪先生率先在燕京大学图书馆设立引得编纂处，结合中国古籍本身的特点，引进西方索引编纂的先进经验，从而

---

[1] 余英时：《顾颉刚、洪业与中国现代史学》，《文史传统与文化重建》，三联书店2004年版，第402页。

[2] 陈毓贤：《洪业传》，北京大学出版社1995年版，第81页。

设计出中国古籍编纂的科学方法。

　　洪先生理论思考的成果就是《引得说》,由燕京大学引得编纂处1932年出版,包含"何谓引得"、"中国字庋撷"、"引得编纂法"三部分内容,分别研究了索引理论、索引排检方法和索引编制方法①。洪先生指出:"引得是一种学术的工具,学者用之,可于最短时间中,寻检书籍内部之某辞或某文……图表者,目录者,引得者,予学者以游翔于载籍中之舟车也……若许书籍,何从读起?无目录,则难以知其种类;无引得,则难以探其内容也。然则引得者,助人多读书,助人善读其书之工具也。"②强调了引得的工具性质和对学术研究的助益。

　　洪先生发明了"中国字庋撷法",并在文中详细讲解如何用"中国字庋撷法"来编纂各种引得。"中国的文字不靠字母而且不遵照一定的逻辑形成,用214个部首检字甚为牵强而不方便;用音韵检字的问题是中国字同音的太多,找起来费事,而且有很多字的读音根本没法确定。洪业在美国国会图书馆看到林语堂的一本书,把中国字形分为19类,另外也知道图书馆员很多都用'永字法',把笔划分为九种(横、竖、左至右、右至左等),他便采用各种检字方法,玩摩几千个卡片,创立了他自己的方法,名之为'中国字庋撷'。庋撷是两个古字:放进、抽出之意。"③这种检字法的优点,一是比较易记,二是排起来较整齐,三是同码之字甚少。只是引得是用中国繁体字庋撷法排列,为了减少查用者检字的困难,使中外学者都能方便地使用,他又编制"笔画及拼音检字表",为学术界查考有关参考资料提供了极大的方便。

　　洪先生对中国书引得编纂的方法和步骤进行了详细的论述,他把从开始选题到最后出书的具体工作归纳为十个步骤。第一步:选书。选定某书或某专题来编引得。第二步:选本。选定要编引得之书的最

---

　　① 参见侯汉清、王雅戈:《中国近代索引研究的开山之作——〈引得说〉》,《大学图书馆学报》2006年第5期。
　　② 洪业:《引得说》,《中国索引》2006年第1期。
　　③ 陈毓贤:《洪业传》,北京大学出版社1995年版,第81页。

好版本。第三步：标点。第四步：抄片。第五步：校片。第六步：编号。第七步：稿本。第八步：印刷。第九步：印本校对。第十步：加序。从1930年起，在洪先生主持哈佛燕京学社引得编纂处工作的二十多年期间，引得编纂处把中国最主要的经书史籍有系统地重新校勘，加编引得和词汇索引，取得了很大的成绩，先后编纂出版了经史子集各种引得多达64种81册，成为当时"索引运动"的新高潮。

"加序"是引得编纂的最后一个步骤，就是为索引写序言，概述被标引书籍的来历及其版本源流，并对原书的价值进行评价。洪先生说："所谓序者，我们拟叙述原书著撰之来历，及其版本之源流，并稍评量其价值焉。……序之有无，与引得编纂实无关。"①其实，引得的编纂助人翻检经书史籍，引得序的撰作"辨章学术，考镜源流"则成为学者的治学津梁，还可以推动引得的传播。"引得序中对古籍本身的价值、传递的历史，及各版本的好坏往往有精辟的创见。对受新式教育的现代中国读书人来说，因为对经史的认识不深，这些引得序指引便极有帮助。"②

洪先生亲自撰作的引得序，有《读史年表附引得序》、《白虎通引得序》、《仪礼引得序》、《四库全书总目及未收书目引得序》、《馆藏类书目录序》、《礼记引得序》、《春秋经传引得序》和《杜诗引得序》等。洪先生《春秋经传引得序》曰："试探《春秋》经传之源流关系；凡考证所需，史料所有，辑录其要；而前宿所疑，时贤所辨，亦选叙其略；且复妄抒私见，未藏其拙；姑备学者参考，可乎？"③这也是他撰序的一贯宗旨。这些序文多为数万言甚至十余万言之长文，文中对古籍自身价值、版本流传及其优劣均作精辟独到的论断，本身就是一篇篇古典文献学专题论著。

"先生自认这十年中最得意之作，诚为《礼记引得序》与《春秋经

---

① 洪业：《引得说——第三篇 引得编纂法（下）》，《中国索引》2006年第3期，第54~59页。
② 陈毓贤：《洪业传》，北京大学出版社1995年版，第118页。
③ 洪业：《洪业论学集》，中华书局1981年版，第289页。

传引得序》两篇。前者长达数万言，是一篇精心结构的两汉礼学源流考，阐明了两千年来有关礼在中国经典的与非经典的文献记载中长期争论不休的疑难问题，考证了《礼记》及其他三种礼经（《士礼》、'礼古经'、《周官》）传授编订的史料问题，并详述了自己对于《礼记》的疑议。这是一篇集礼学大成的创作。"①他的学生翁独健、王锺翰也专门提及这几篇序，《春秋经传引得序》逾七万言，收集了两千年来中外学者有关《春秋》经以及《公羊》、《穀梁》、《左氏》三传的论述，结合近代天文学的日蚀科学数据来加以论证，肯定了《春秋》一书的真实性；《杜诗引得序》一文，亦六七万言，论述了杜甫诗集的源流演变及其得失，结论是《杜诗引得》采用的工作本是南宋淳熙八年（1181）郭知远本，而不是早于郭本近 50 年的绍兴三年（1133）吴若本。② 其中《礼记引得序》一文于 1937 年获法国巴黎铭文学院茹理安奖金，《春秋经传引得》、《杜诗引得》等，迄今仍为海内外所公认的佳作。

二、《礼记引得序》的文献考证及其学术典范意义

《礼记引得序》副标题为"两汉礼学源流考"。开篇即指出两汉传习之《礼》"经有三而记无算"，后文依次梳理《士礼》、"礼古经"和《周官》三部礼经的传授源流，比较辨别大、小《戴记》成书的各家说法。

《礼经》之一是《士礼》，洪先生认为，西汉《士礼》传授比较清晰，即鲁高堂生、萧奋、孟卿、后仓，后仓传授给闻人通汉、戴德、戴圣、庆普。东汉的传授有疑处在于篇数，以及是否高堂生所传十七篇。庆普礼学疑由于其传人曹褒、董钧杂取经识而其学盛行于东汉，二戴之学疑因墨守家法而浸微；也可能是由于今古文的争论所致。古礼学指《礼古经》及《周官》，今礼学指二戴传授之《士礼》。后期为马

---

① 翁独健、王锺翰：《洪煨莲先生传略》，《文献》1981 年第 4 期，第 154~164 页。

② 翁独健、王锺翰：《序》，《洪业论学集》，中华书局 1981 年版。

融，传族子马日磾和学生卢植、郑玄，今文《礼》立于学官但博士为古文经学传人，则体现出东汉后期今古文学的贯通。他认为从篇次和文字看，郑玄注参合今礼与古经，或者是以古文本为本，校以今文本，故而从古文者较多。即使去古留今，也未必能够获得戴《礼》的旧文。

《礼经》之二是"礼古经"。洪先生遍考史籍文献，关于礼古经的叙述说法各异：出处有淹中、孔壁、河间三种，进献途径有武帝遣吏发取、献王奏奉、孔安国所献三种，进献时间有景帝时、武帝时、天汉之后、武帝末年四种。他怀疑汉平帝王莽当权时立《逸礼》，是礼古经之全部五十六卷，或是与十七篇相似以外的三十九篇。光武中兴所立五经十四博士，皆是今文学，大小戴《礼》被立学官，然而礼古经不在之列。洪先生推论，《逸礼》在东汉未尝全部失传，而是被"今礼"学者分辑于所传授的经记中。因而不必别成专科，立为博士。他认为，东汉末年有兼收《逸礼》之《礼记》，当时今古界限之分已经比较小。正因为如此，郑玄注三礼，才能够沟通《今礼》、《周官》，集通学之大成。

汉《礼经》之三是《周官》，属古文经。《周官》一书的最大争议在于突然出现于西汉，导致对其成书时间的判断迥异。翻检史籍，洪业认为，《周官》在汉平帝元年至王莽居摄三年之间被置博士，变名《周礼》。但《汉书·艺文志》中"礼家"不提该书的传授，"乐家"及《礼乐志》则略有提及，《史记·封禅书》中已有引用，说明无论该书是孝文帝时出还是河间献王始献，至少在武帝元鼎之后群儒都已得见。马融与《史》、《汉》异说，将其成书归于孝成之世。另一问题是《周礼》的传授源流。《后汉书》中刘歆传郑兴、贾徽；郑兴传子郑众，贾徽传子贾逵；都没有提及杜预。马融叙其源流也非常简略。临硕、何休都不信《周礼》。

洪先生所谓礼之"记无算"是指其种类多而难计其数。一种是与经混合之记；另有明称记的"记百三十篇"，以及"王史氏记"、《曲台记》、"明堂阴阳三十三篇"、《中庸说》、《乐记》二十三篇、《孔子三朝》；第三类即八十五篇《大戴礼记》与四十九篇《小戴礼记》。大小戴《礼记》众说纷纭，洪先生列举了《经典释文·序录》、《隋书·经籍志》、《初学记》、《通典》中关于二者篇目离合的叙述，认为尚待考证，难以定论。他比较郑玄的《三礼目录》与刘向《别录》所记篇目，同意四库馆臣的看法，认为马融于小戴增《乐记》、《月令》、《明堂位》三篇之说没有根据；小戴删大戴之说，洪先生引钱大昕、沈钦韩、陈寿祺之论说，信其破隋唐旧说，但也不认为他们可以据此返求大小戴《礼记》篇第之真。其中有两个疑点：一是《小戴礼记》原来究竟是49篇还是46篇？二是刘向《别录》是否列入大小戴《记》？是列入131篇还是204篇？

关于《小戴礼记》是49篇还是46篇，洪先生比较《隋志》去3篇、钱大昕合3篇的说法以及戴震驳《隋志》的理由，认为《隋志》说法应该有根据但不可考。他分析刘向《别录》49篇之说有四点可疑，并疑《别录》中并未著录49篇之小戴《记》。其中《乐记》23篇孔颖达疏认为是原次，摘其11篇合为一篇是臆改，孔氏又说《乐记》11篇入《礼记》在刘向之前。洪先生认为，孔氏以为郑玄所注就是刘向所著录、戴圣所编撰，这种误解既误沿郑氏之说，又误会郑氏之文。陆德明的结论与孔氏同，但他认为今《礼记》不是《小戴礼记》，而是他家书，附《别录》所载篇名拾撰而成。洪先生认为，拾撰不太可能，但陆德明所谓今《礼记》不是《小戴礼记》之说似可信，因为今《礼记》中之文有不合于《士礼》而合于《周官》者，即有不从今文从古文之处。结论就是：东汉《小戴礼记》不是戴圣之书。

最后，洪先生考释《小戴礼记》得名由来。他认为，孔子之前即有言礼之记，后有闻人通汉、戴圣所共见之记，有石渠论礼传抄之文，后又有刘向著录的《记》131篇含《礼》博士所习引的今文《记》。之后，说《礼》之家分为两派，一派传闻人、二戴之礼，一派是郑玄所谓好事抄合之礼家。今《礼记》属于后者，其中今古杂陈。洪先生疑《大戴记》可能不是大戴之书而是"增广戴礼"之意，《小戴礼记》之称也是东汉之后晋人陈邵所为。他认为："二戴之后，郑玄之前，'今礼'之界限渐宽，家法之畛域渐泯，而记文之钞合渐多，不必为一手之所辑，不必为一时之所成，故经说之抵牾，不必整剔；文字之重迭，不曾剪芟；其至多而滥之《大戴礼》，以遍注三《礼》及礼纬之郑玄，且不为之注；顾尚信其为大戴所传；则其于篇幅较小之四十九篇,遂亦误会其为小戴所传者耳。"意思是今《礼记》不一定是小戴之书。

洪先生此文全系文献考证,其特点是什么呢?

首先是史学观念的现代化,即用现代史学的观念对待文献材料。"尽管他们都继承了清代考证学的遗产,在史学观念上则已突破了传统的格局。最重要的是,他们把古代一切圣经贤传都当作历史的'文献'来处理。"①即跳出了传统的"以经解史"和"以史证经"的经史观念,而将史学研究的重心放在了文献上,并能够用现代学术的眼光来对待文献材料。

其次是历史研究方法的科学化。洪先生极为重视历史研究方法的使用,他将西方实证的史学方法和中国考据学综合运用到研究和教学之中,突破中国史学研究政治化的风气,倡导史学研究的科学化。他的学生侯仁之回忆说,洪先生对学术文章有三个要求:第一,言必有据,引证的资料要详注出处,引证的重要来源必须是原始资料。第二,详尽地收集资料,并分析鉴别出其内在关系。第三,要"道前人所未道,言前人所未言"。洪先生实证分析的历史研究方法的素养得益于哥伦比亚大学的威廉·洛克维尔:"洛克维尔讲究历史研究方法,要求把所有参考资料分为第一手和第二手的,每一份材料都要确定来源和日期才能加以利用,每一条必须注解清楚。"②

洪先生对两汉礼学源流的考索,采用的就是传统目录学"辨章学术,考镜源流"的考据方法与实证分析的历史研究方法,因而该文的撰写具有学术典范的意义。"煨莲师治学,长于考证,事无巨细,如有必要进行探讨,必穷其源委,锲而不舍。"③"凡是读过洪先生论著的人都不能不惊服于他那种一丝不苟、言必有据的朴实学风。他的每

---

① 余英时:《顾颉刚、洪业与中国现代史学》,《文史传统与文化重建》,三联书店2004年版,第408页。
② 陈毓贤:《洪业传》,北京大学出版社1995年版,第58页。
③ 侯仁之:《怀念我师洪业教授》,王毓蔺编:《侯仁之学术文化随笔》,中国青年出版社2001年版,第190、200页。

一个论断都和杜甫的诗句一样,做到了所谓'无一字无来历'的境地。"①由于坚持文献的客观比对,传统的考据方法与西方的历史实证方法在洪先生这里实则已经趋于同一。

　　当然,对洪先生《礼记引得序》的结论,当代学者有信有疑。王锷先生在《三礼研究论著提要》中直接引述表示赞同②,很多学者也赞同洪先生的结论。杨天宇先生则撰文反驳该文的两条根据③。其一曰:"《说文》引《礼记》辄冠以'礼记'二字,独其引《月令》者数条,则冠以'明堂月令曰',似许君所用之《礼记》尚未收有《月令》,此可佐证《月令》后加之说也。"杨先生认为,洪氏所谓《说文》引《礼记》而皆冠以"礼记"二字之说,并不符合事实。《说文》引《月令》,并非皆冠以"明堂月令",而以此作为许慎所用《礼记》尚未收有《月令》的证据,又从而说明戴圣并未纂辑四十九篇《礼记》,也就不能成立了。洪氏的第二个也是最重要的证据就是,戴圣是今文《礼》学家,如果他"别传有《礼记》以补益其所传之经,则其《记》亦当皆从今文,而不从古文"。然而《礼记》中的文字颇多从古文者,且收有《奔丧》、《投壶》二篇,出于古文《逸礼》,而《燕义》首段一百余字,又出于《周礼·夏官·诸子》。其实,认为汉代今古学两派处处立异,"互为水火"(廖平《今古学考》),不过是晚清学者的看法。而真正使今古学两派壁垒分明,互为水火的,也只是晚清学者的事。晚清不少学者借经学以为政治斗争的武器,所以当时的今古文之争,已非单纯的学术宗派之争,而具有极端的严峻性。因为清代的今古学两派都打着复兴汉学的旗号,所以也就不免夸大汉代今古文之争的严重性。其实汉代的今古文之争,是纯粹的学术宗派之争,并不带政治斗争的性质。今古文之争未起,而生当武、宣时期的大、小二戴所抄辑的《礼记》中,混有古文经记,

---

① 余英时:《顾颉刚、洪业与中国现代史学》,《文史传统与文化重建》,三联书店2004年版,第403页。

② 王锷:《三礼研究论著提要》,甘肃教育出版社2001年版,第216页。

③ 杨天宇:《论〈礼记〉四十九篇的初本确为戴圣所编纂——兼驳洪业所谓"〈小戴记〉非戴圣之书"说》,《孔子研究》1996年第6期。

并不足为奇。

  学术讨论永无止境，学术问题也因为讨论而愈加深刻。洪业先生《礼记引得序》无疑是现代礼学研究史上的典范文本。

洪业礼学论著目录：

  《礼记引得序》，原载《史学年报》第二卷第三期，1936年。

  《仪礼引得序》，原载《引得》第六号，1932年。

  （两篇皆收入《洪业论学集》，中华书局1981年版。）

中国礼俗史发凡

柳诒徵

一、论读经史以治礼俗之法

世言治礼,皆知宗经,经即史也。《士礼》十七篇,号为"礼经",实即后世《礼仪志》之祖。

> 《史记·儒林传》:"诸学者多言礼,而鲁高堂生最,本礼固自孔子时,而其经不具。及至秦焚书,书散亡益多,于今独有《士礼》。"
>
> 《汉书·艺文志》:"帝王质文,世有损益。至周曲为之防,事为之制,故曰礼经三百臣瓒曰:《礼经》三百,谓冠、婚、吉、凶、威仪三千。及周之衰,诸侯将逾法度,恶其害己,皆灭去其籍。自孔子时而不具,至秦大坏。汉兴,鲁高堂生传《士礼》十七篇。……礼古经者,出于鲁淹中及孔氏,与十七篇文相似,多三十九篇。"

《周官经》述古代之官制官规,亦即后史《职官志》之祖。

> 《汉书·艺文志》:"《周官经》六篇。"

大小《戴记》,杂述四代遗制,又多推阐礼意之论著,其性质似后世之丛书,非史也。第以证佐《士礼》及《周官》,补苴其所未备,亦多史料。而其言之渊懿精粹,实治礼之津梁。汉唐以降,解经说礼之书，汗牛充栋。清儒治之尤精，若江永、戴震、秦蕙田、凌廷堪、任大椿、黄以周、孙诒让等，闳通博贯，几集礼学之大成。要其言礼，实即考订古史，礼学与史学，非有二也。

《周官》为政书之渊源，而以礼为其中枢，揭橥大义，最重中和。

《周官》："大司徒以五礼防万民之伪，而教之中；以六乐防万民之情，而教之和。"

又："大宗伯以天产作阴德，以中礼防之；以地产作阳德，以和乐防之。以礼乐合天地之化，百物之产，以事鬼神，以谐万民，以致百物。"

子思作《中庸》，实述其恉。如所谓"致中和，天地位，万物育"者，皆有其位之育之之实事，非空言也。《士礼》号为难读。

韩愈《读〈仪礼〉》："余尝苦《仪礼》难读，又其行于今者盖寡唐之五礼犹多沿袭《仪礼》，愈此言盖谓士大夫不尽行。沿袭不同，复之无由，考于今诚无所用之。然文王、周公之法制，粗在于是。孔子曰：'吾从周。'谓其文章之盛也。惜乎吾不及其时进退揖让于其间也。"

然亦以古今宫室、衣服、名物器数之不同，故学者惮其艰奥。若取张惠言《仪礼图》、黄以周《礼书通故》附图依经文章节，行其揖让进退升降献酬之法；更依图而制其器，亦不难了然于成周仪文度数之盛也。《论语》称《诗》、《书》执礼，皆雅言也。礼必执而后明，执之熟，自能常言之矣。

《士礼》、《周官》、二《戴记》外，周秦经传，罔不本典礼立言。故必通群经而后能治礼，亦必通群经而后能治史，此义随在可证，无俟列举。惟自来经生家言，崇视典礼，或失之迂曲，或失之傅会。宜以今世史学家、社会学家眼光观之，则礼之由来与其演进，皆民族社会由榛狉而日进于文明之遗迹也。礼之演进，自羲、农、轩、顼，迤逦至周公、孔子，而造其极，范围曲成，可俟百世。而人事之变迁，不能无升降隆污。有就一端观之，而叹为退化者；有就各方观之，亦未始不可目为进化者，仁智之见，言人人殊。大抵春秋以降，政术兵事，民生物质，多方演变。持视经籍，几若判然不可同途。

《新唐书·礼乐志》："由三代而上，治出于一，而礼乐达于天下。由三代而下，治出于二，而礼乐为虚名。"

然吾民族之根本精神，仍在在与周公、孔子之微言精义相通，用以保世滋大，不可徒囿于形式节目以论史也。

礼俗并称，始自《周官》：

《周官》："土均掌平土地之政。以均地守，以均地事，以均地贡，以和邦国都鄙之政令刑禁，与其施舍礼俗丧纪祭祀，皆以地媺恶为轻重之法而行之。"

又："小行人及其万民之利害为一书，其礼俗政事教治刑禁之逆顺为一书，其悖逆暴乱作慝犹犯命者为一书，其札丧凶荒厄贫为一书，其康乐和亲安平为一书，凡此五物者，每国辩异之，以反命于王，以周知天下之故。"

以俗教安，次于礼仪。其安万民，则以本俗。

《周官》："大司徒十有二教：一曰以祀礼教敬，则民不苟；二曰以阳礼教让，则民不争；三曰以阴礼教亲，则民不怨；四曰以乐礼教和，则民不乖；五曰以仪辨等，则民不越；六曰以俗教安，则民不愉（同偷）；七曰以刑教中，则民不虣；八曰以誓教恤，则民不怠；九曰以度教节，则民知足；十曰以世事教能，则民不失职；十有一曰以贤制爵，则民慎德；十有二曰以庸制禄，则民兴功。以本俗六安万民：一曰媺宫室，二曰族坟墓，三曰联兄弟，四曰联师儒，五曰联朋友，六曰同衣服。"

故言礼而不言俗，未为知礼。《诗》之《国风》，即礼俗史之权舆。后之良史，类能探民俗之原。

《史记·货殖列传》："俗之渐民久矣。虽户说以眇论，终不能化；故善者因之，其次利道之，其次教诲之，其次整齐之，最下者与之争此数语最精，化民成俗，不外因势利导，及教诲整齐：出于争则必不获效。夫山西饶材、竹、榖、纑、旄、玉石，山东多鱼、盐、漆、丝、声色，江南出楠、梓、姜、桂、金、锡、连、丹砂、犀、玳瑁、珠玑、齿革，龙门、碣石北多马、牛、羊、旃裘、筋角，铜、铁则千里往往山出棋置，此其大较也。皆中国人民所喜好，谣俗被服饮食奉生送死之具也。"

司马迁、班固皆著《货殖传》、《游侠传》，述各地之俗。固撰《地理志》，言风俗尤析而详。

《汉书·地理志》："凡民函五常之性，而其刚柔缓急音声不同。系水土之风气，故谓之风。好恶取舍，动静无常，随君上之情欲，故谓之俗。孔子曰：'移风易俗，莫善于乐。'言圣王在上，统理人伦，必移其本而易其末。此混同天下，壹之乎中和；然后王教成也。汉承百王之末，国土变改，民人迁徙。成帝时，刘向略言其地分。丞相张禹使属颍川朱赣，条其风俗，犹未宣究；故辑而论之，终其本末，著于篇。"

唐修《五代史志》，亦师迁、固，述各地风俗于《地志》。后之史志，罕绍汉、隋，则以述风俗者时有专书（如《洛阳伽蓝记》、《东京梦华录》之类）各地方志胪举尤备。故征之国史似略，而综览群书则详也。

善读史者，求历代各地之俗，亦随在可见，不必拘于地志及风俗专书也。如《史》、《汉》载项梁在吴中以兵法部勒宾客子弟以治丧事，则知苏俗之尚大出丧，由来已久。

《史记·项羽本纪》："项梁与籍避仇于吴中，吴中贤士大夫皆出项梁下。每吴中有大繇役及丧，项梁尝为主办，阴以兵法部勒宾客及子弟,以是知其能。……梁部署吴中豪杰为校尉、候、司马,有一人不得用,自言于梁。梁曰:'前时某丧,使公主其事,不能办。以此不任用公。'众乃皆伏。"

陈平宰社,分肉甚均。今之里社及巨族宗祠春秋祭祀,均分胙肉,亦其遗意也。

《史记·陈丞相世家》:"里中社,平为宰,分肉食甚均。父老曰:'善,陈孺子之为宰。'平曰:'嗟乎,使平得宰天下,亦如是肉矣。'"

他如诸史《五行》、《仪卫》诸志,亦可考见某朝某地殊尤之俗,与纪传相参。

《续汉书·五行志》:"灵帝好胡服,胡帐、胡床、胡坐、胡饭、胡箜篌、胡笛、胡舞,京都贵戚,皆竞为之。献帝建安中,男子之衣,好为长躬,而下甚短;女子好为长裙,而上甚短。"

《新唐书·五行志》:"天宝初,贵族及士民,好为胡服、胡帽。妇人则簪步捏钗,衫袖窄小。杨贵妃常以假髻为首饰,而好服黄裙。时人为之语曰:'义髻抛河里,黄裙逐水流。'元和末,妇人为圆鬟椎髻,不设鬓饰,不施朱粉,惟以乌膏涂唇,状似悲啼者。文宗时,吴越间织高头草履织如绫縠,前代所无。乾符五年,雒阳人为帽,皆冠军士所冠者。又内臣有刻木象头以裹幞头,百官效之,工门如市。僖宗时,内人束发极急,及在成都蜀妇人效之,时谓为'囚髻'。"

又《仪卫志》:"文宗下诏:'衣曳地不过二寸,袖不过一尺三寸。妇人裙不过五幅,曳地不过三寸,襦袖不过一尺五寸。'淮南观察使李德裕令管内妇人衣袁四尺者,阔一尺五寸,裙曳地四五寸者,减三寸。"

曩尝欲采辑诸史,广及说部、别集,专述吾民衣食住行演变条流,为民族生活史,颇冀通人同致力于此,亦至有兴趣之新史也。

二、礼俗之演变

礼俗之界,至难画分。笃旧之士以《士礼》及《周官》所载,皆先王之大经大法,义蕴闳深,不可以后世风俗相例。究其实,则礼所由起,皆邃古之遗俗。后之圣哲,因袭整齐,从宜从俗,为之节文差等,非由天降地出,或以少数人之私臆,强群众以从事也。

《礼记·曲礼》:"礼从宜,使从俗。"
又:"君子行礼,不求变俗,祭祀之礼,居丧之服,哭泣之位,皆如其国之故。谨修其法,而慎行之。"
《礼器》:"礼,时为大,顺次之,体次之,宜次之,称次之。"
《问丧》:"人情之实也,礼义之经也;非从天降也,非从地出也,人情而已矣。"

例如祭祀,所谓国之大事也。燔柴、槱燎、狸沈、疈辜,何自而昉,则昉于初民之震慑于天地阴阳之晦明震动,以为必有神明主宰,而又无由通问而致其精诚。焚柴而上腾,瘗牲以为饷,不必有节目等衰也。圣哲因其俗而制为天神地祇之礼,厘然有等,广及诸神,此非由俗而为礼之证乎?

《周官》:"大宗伯以禋祀祀昊天上帝,以实柴祀日月星辰,以槱燎祀司中司命风师雨师,以血祭祭社稷五祀五岳,以狸沈祭山林川泽,以疈辜祭四方百物。"

后世之礼,不必一准古俗。而焚香宰牲,犹缘其意。故推后世平民焚香祀天割牲祷神之俗,谓自唐虞三代之柴望血祭而来,固无不可,治史而观其通,则礼俗之演变,古今不隔也。

世儒诋斥《周官》,最致疑于《媒氏》、《方相氏》诸文,盖隆礼而不达俗也。

　　《周官·媒氏》："中春之月，令会男女。于是时也，奔者不禁。若无故而不用令者罚之，司男女之无夫家者而会之。"
　　又《方相氏》："掌蒙熊皮，黄金四目，玄衣朱裳，执戈扬盾，帅百隶而时傩，以索室驱疫，大丧先柩，及墓入圹，以戈击四隅，驱方良。"
　　方皋《周官辨伪》，谓此诸文为刘歆所窜入。

苗民跳月，至今犹然。《周官》所载，存古俗耳。大傩逐疫，则由古者医出于巫。戈击方良，亦即吊者负弓之意。《隋志》载左人持弓箭绕尸而歌。

　　《说文》："吊，问终也。古之葬者，厚衣之以薪，从人持弓，会驱禽。"
　　《隋书·地理志》："荆州，其左人无衰服，不复魄。始死，置尸馆舍，邻里少年，各持弓箭，绕尸而歌，以箭扣弓为节。"

今苗人之送葬，亦持武器至圹而逐鬼。治礼而知其俗，则由僿野而臻文明之阶梯可睹矣。
礼非尽循俗也，俗之甚敝，不可不革，而又不能尽革者，则有礼以适其情而为之坊。《小戴记·经解》、《坊记》诸篇，释礼之为坊者备矣。其最易见者，莫如《乡饮酒礼》。商人酗酒，以亡其国，周公监之，作《酒诰》，禁群饮。

　　《酒诰》："厥或诰曰群饮，汝勿佚，尽执拘以归于周，予其杀。又惟殷之迪诸臣百工，乃湎于酒，勿庸杀之，姑惟教之。"

又以人之嗜酒，不可尽禁；则制为《乡饮酒礼》，使民岁时可以饮酒，而淑之以礼让。

《乡饮酒义》:"乡饮酒之义,主人拜迎宾于庠门之外,入,三揖而后至阶,三让而后升,所以至尊让也。盥洗扬觯,所以致洁也。拜至,拜洗,拜受,拜送,拜既,所以致敬也,尊让洁敬也者,君子之所以相接也。君子尊让则不争,洁敬则不慢,不慢不争,则远于斗辨矣。不斗辨,则无暴乱之祸矣。斯君子所以免于人祸也。乡饮酒之礼,六十者坐,五十者立,侍以听政役,所以明尊长也。六十者三豆,七十者四豆,八十者五豆,九十者六豆,所以明养老也。民知尊长尊老,而后乃能入孝弟。民入孝弟、出尊长养老而后成教,成教而后国可安也。君子之所谓孝者,非家至而日见之也。合诸乡射,教之乡饮酒之礼,而孝弟之行立矣。孔子曰:'吾观于乡,而知王道之易易也。'"《周官》:州长春秋以礼会民,而射于州序。盖春秋二时,以乡饮酒之礼会其民而后射于序,故曰合诸乡射、教之乡饮酒之礼。

《乐记》:"夫豢豕为酒,非以为祸也。而狱讼益繁(《易》:饮食必有讼),则酒之流生祸也。是故先王因为酒礼,壹献之礼,宾主百拜,终日饮酒而不得醉焉。此先王之所以备酒祸也。故酒食者所以合欢也,乐者所以象德也,礼者所以缀淫也。"

历汉、唐、宋、明,皆存此礼。虽行之公众者,不尽符于古义;而其他公私宴会,往往尚礼貌而不惟事壶觞。自达人名士自放于礼教者外,综观吾民之耽酒,乃不若他族之甚。是则缘俗制礼,以礼移俗微眇之意也。

古之祭祀,有阶级之别。如天子祭天地,诸侯祭社稷,大夫祭五祀(《王制》),所以明等威也。然亦有达于上下共同之祀,则社是也。

《祭法》:"王为群姓立社曰大社,王自为立社曰王社,诸侯为百姓立社曰国社,诸侯自为立社曰侯社。大夫以下成群立社曰置社。"

报本反始,归于土地。因以合群,因以娱乐。历代相沿,饮社酒,分社肉,里有庙而家有祀,推而为团体之组织,推而为文艺之讲求。所谓联师儒，联朋友，联兄弟之本俗咸在焉，不得谓古礼之久湮也。社稷并称，《孟子》曰："民为贵，社稷为重。"顾民得祀社而不祀稷，似于报本之义未备。按古有五祀，广之为七祀，约之为一祀。

《祭法》："王为群姓立七祀：曰司命，曰中霤，曰国门，曰国行，曰泰厉，曰户，曰灶。王自为立七祀。诸侯为国立五祀：曰司命，曰中霤，曰国门，曰国行，曰公厉。诸侯自为立五祀。大夫立三祀：曰族厉，曰门，曰行。适士立二祀：曰门，曰行。庶人立一祀，或立户，或立灶。"

自王达于庶人之祀有灶焉，灶者所以报熟食之本也。自国言之，曰社曰稷；自民言之，有社有灶。殊其名而通其义，是亦古今之所同矣。惟今俗岁首，家祀天地，私塾或行婚礼时，立天地君亲师之位，则准之古礼为僭，然其义亦本于《礼运》，则所谓礼虽先王之所未有，可以义起者也。

《礼运》："天生时而地生财，人其父生而师教之，四者君以正用之。"此殆后世天地君亲师五者并尊之本。《大戴记·礼三本篇》："礼，上事人，下事地，宗事先祖而隆君师，是礼之三本也。"亦同。

有后世之俗胜于古礼者，如三代祭礼，以人为尸，接以宾礼，授其服而藏其隋。

《周官》："守祧掌守先王先公之庙祧，其遗衣服藏焉。若将祭祀，则各以其服授尸，既祭，则藏其隋与其服。"隋谓尸所祭肺与黍稷之类；祭后埋之西阶之东。

战国以来，代以像设，于忾闻僾见之义，未尝相悖。

宋玉《招魂》："像设君室，静闲安些。"
《祭义》："祭之日，入室，僾然必有见乎其位；周还出户，肃然必有闻乎其容声；出户而听，忾然必有闻乎其叹息之声。"

视孙为祖尸，而子转以子姓行为其亡亲而事之者为有间矣。宗法社会，支子不祭，祭必告于宗子，又凡宗庙之制，以爵位为差等。考各一庙，与后世之宗祠群主合祭者迥殊。然后世之俗，宜于平民。而其敬宗合族，追远报本，亦未始不符于古也。

礼有行于古而中废，迄今复兴之者。《周官》有冢人、墓大夫，掌公墓及族葬之礼。

> 《周官》："冢人掌公墓之地，辨其兆域而为之图。先王之葬居中，以昭穆为左右，凡诸侯居左右以前，卿大夫士居后，各以其族。凡死于兵者，不入兆域此以示战阵无勇之戒。凡有功者居前，以爵等为邱封之度，与其树数。"

> 又："墓大夫掌凡邦墓之地域为之图，令国民族葬，而掌其禁令，正其位，掌其度数，使皆有私地域。凡争墓地者听他狱讼，帅其属而巡墓厉，居其中之室以守之。"

族坟墓之俗，殆在周之前已然，而后世乃有堪舆之说，各求善地，不复族葬。公墓之制，则仅大臣有陪陵者，及漏泽园之类。晚近始援他国之俗而倡公墓，用是可知古礼久湮者，亦有时缘他故而复现。至火葬则为释氏之法，宋元民间亦有行之者。

世讥吾俗为多神教，其缘二氏而兴者，故不在祀典。而古所谓祀典，如法施于民以死勤事，以劳定国，能御大灾，能捍大患，则由民众之不忘先烈，崇德报功，命意深远，非迷信也。

> 《祭法》："夫圣人之制祭祀也，法施于民则祀之，以死勤事则祀之，以劳定国则祀之，能御大灾则祀之，能捍大患则祀之。非此族也，不在祀典。"

至如蜡祭之类，以俗为礼，流而为后世乡民迎神赛会之习。

《郊特牲》:"天子大蜡八,伊耆氏始蜡。蜡祭八神:先啬一,司啬二,农三,邮表畷四,猫虎五,坊六,水庸七,昆虫八。蜡也者,索也。岁十二月,合聚万物而索飨之也。蜡之祭也,主先啬而祭司啬也,祭百种以报啬也,飨农及邮表畷禽兽,仁之至义之尽也。古之君子,使之必报之。迎猫,为其食田鼠也。迎虎,为其食田豕也。迎而祭之也,祭坊与水庸事也。曰'土反其宅,水归其壑,昆虫毋作,草木归其泽'。"

宜为临民者所不许,然《周官》于此事曰"以礼属民,以正齿位"。

《周官·党正》:"国索鬼神而祭祀,则以礼属民而饮酒于序,以正齿位。"

孔子与于蜡宾,乃述《礼运》。子贡不知其义,斥举国之若狂。而孔子告以张弛之道,则俗之寓礼,殆非深识不辨。

《杂记》:"子贡观于蜡,孔子曰:'赐也,乐乎?'对曰:'一国之人皆若狂,赐未知其乐也。'子曰:'百日之蜡,一日之泽,非尔所知也;张而不弛,文武弗能也。弛而不张,文武弗为也。一张一弛,文武之道也。'"

由张弛之义推之,吾民终岁勤动,且纤啬治生;不事酒食征逐,岁晚务闲,始克稍事娱乐,以舒其郁塞,而联其群,正所以彰吾民勤俭之美耳。岁时伏腊,斗酒自劳,其时较多。

《汉书·杨恽传》:"田家作苦,岁时伏腊,烹羊炰羔,斗酒自劳。"

外此则相沿之令节,始各休假一日,为饮食欢娱,视官吏士人五日一休沐,旬日一假者,倜乎远矣。

汉代官吏，五日一休沐。《汉书·万石君传》："每五日洗沐归。"注：文颖曰："郎官五日一洗沐。"《杨恽传》："移病尽一日，辄偿一沐。"注：晋灼曰："五日一洗沐也。"《隋书·礼仪志》：后齐制，学生每十日给假，皆以景（即丙）日放之。隋制，学生皆乙日试书，景日给假焉。

三、秩 叙

略明礼俗演变，乃可进言秩叙。礼之函义孔多，就普通人所常言者明之，则礼者秩叙而已矣。樊然众生，漫无统纪，何以为群，何以立国。整齐教诲，必有秩叙而后可相安以生，故社会之初型，原于私欲争夺，争夺不已，脊脊大乱。聪明睿知之人，察其所以然，因势利导，循其原委，区其经曲。求其条理，定为秩叙，括之曰礼。故曰礼者，秩叙而已矣。

《乐记》：人生而静，天之性也。感于物而动，性之欲也。物至知知，然后好恶形焉；好恶无节于内，知诱于外，不能反躬，天理灭矣。夫物之感人无穷，而人之好恶无节，则是物至而人化物也。人化物也者，灭天理而穷人欲者也。于是有悖逆诈伪之心，有淫佚作乱之事。是故强者胁弱，众者暴寡，知者诈愚，勇者苦怯，疾病不养，老幼孤独不得其所，此大乱之道也。是故先王之制礼，人为之节。"

《荀子·礼论》："礼起于何也？曰：人生而有欲，欲而不得，则不能无求，求而无度量分界，则不能不争。争则乱，乱则穷。先王恶其乱也，故制礼义以分之，以养人之欲，给人之求。使欲必不穷乎物，物必不屈于欲，两者相持而长，是礼之所起也。"

秩叙者，本于人之性情，人之性情本于天，故《虞书》说典礼，谓之天叙天秩，天叙天秩，即《乐记》所谓天理，天理者，天然之条理也。

　　《皋陶谟》："天叙有典，敕我五典五惇哉。天秩有礼，自我五礼有庸哉。"郑玄曰：五礼，天子也，诸侯也，卿大夫也，士也，庶民也。

天叙何以曰典，典常也，人类之可常行者也。然虽人类自草昧以来，已由争夺暴乱渐求相安之法，于不知不识之中，趋向此天叙而行，而不能无待于圣哲之教。圣哲率其性而修其道，曰惟此可以常行，则各按其伦类而教之，故五典又曰五教：

　　《尧典》："慎徽五典，五典克从。"郑玄曰：五典，五教也。
　　又："帝曰：'契，百姓不亲，五品不逊，汝作司徒，敬敷五教，在宽。'"马融曰：五教，五品之教。郑玄曰：五品，父母兄弟子也。

又曰人伦。

　　《孟子》："人之有道也，饱食暖衣逸居而无教，则近于禽兽。圣人有忧之，使契为司徒，教以人伦。父子有亲，君臣有义，夫妇有别，长幼有序，朋友有信。"

吾国一切典礼，皆依此伦理为之节度而文饰之。故欲知吾民族立国数千年，能由部落酋长达此大一统之国家，广宇长宙，雄长东亚，其根本何在，即在循此人类群居之条理，以为立国之本。简言之，即以礼为立国根本。博言之，即以天然之秩叙（即天理）为立国之根本也。并世民族，构成发展，固亦不外此天然之条理。然吾民族年祀之悠久，统治之广袤，以史迹较之，成绩特殊，由果推因，其亦有循共同之轨而自致其优越之端欤。

伦理之懿，尽人能言，亦更仆难罄。第就近人因他族之俗及吾国末俗流弊，而诟病吾国伦理者稽之，似诟病之端，皆缘未究礼经及史迹之嬗替，而归咎于前哲。实则古礼之协于人情，合于民治，其精奥赅备，固非徒执臆见近事所可测定。略陈其愚，以俟明哲之商榷。

夫妇之伦，父子君臣之礼所由起也，爰有六礼纳采、问名、纳吉、纳徵、请期、亲迎。敬慎重正，夫岂不知男女相悦，出于情欲。所谓发乎情，止乎礼义也。礼之大义，在慎始图终，一与之齐，则终身不改。

《郊特牲》："天地合而后万物兴焉，夫昏礼万世之始也，取于异姓，所以附远厚别也。币必诚，辞无不腆，告之以直位，位事人也，位妇德也，壹与之齐，终身不改。"

盖有鉴于人苟日营营于求偶，其德不恒，直接有损于本身之志事，间接即纷扰于社会之进程，故为礼以严其秩叙，然礼有继母出母继父之服。

《仪礼·丧服》疏"衰裳齐三年章"：继母如母。疏"衰裳齐期章"：出妻之子为母。父卒继母嫁，从为之服。

又：继父同居者。传曰："夫死，妻稚，子幼，子无大功之亲，与之适人；而所适者亦无大功之亲，所适者以其货则为之筑宫庙，岁时使之祀焉，妻不敢与焉，若是则继父之道也。同居，则服齐衰期，异居，则服齐衰三月。必尝同居，然后为异居。未尝同居，则不为异居。"

是礼固不禁改嫁也，《诗》美《柏舟》"之死靡它"。

《诗·鄘风·柏舟》："之死矢靡它。""之死矢靡慝。"共姜守节语。

史有怀清台，及扁表之制。

秦始皇为巴寡妇清筑女怀清台，见《史》、《汉书·货殖列传》。

《续汉书·百官志》:"凡有孝子顺孙,贞女义妇,让财救患,及学生为民法者,皆扁表其门,以兴善行。"

则以其义笃情深,超轶流俗,特致敬礼,以励凉薄,道并行而不相悖也。

君臣之礼,严于天泽,策名委贽,有死无贰。而仪式之严,则由演变而非其朝,古曰臣邻,相互钦敬。

《皋陶谟》:"臣哉邻哉,邻哉臣哉。予违汝弼,汝无面从,退有后言,钦四邻。"

周之朝仪,王揖臣下,其合诸侯,亦先三揖,故曰"君之为言群也"。

《周官》:"司士,正朝仪之位,辨其贵贱之等。王南乡,三公北面东上,孤东面北上,卿大夫西面北上。王族故士虎士在路门之右,南面东上。大仆大右大仆从者在路门之左,南面西上,司士摈,孤卿特揖王揖孤卿,——揖之。大夫以其等旅揖,士旁三揖,王还,揖门左,揖门右,大仆前王入内朝,皆退。"

又:"司仪,掌九仪之宾客傧相之礼,以诏仪容辞令揖让之节。将合诸侯,则令为坛三成,宫旁一门,诏王仪,南乡见诸侯,士揖庶姓庶姓非王亲,士揖,下手以揖之,时揖异姓,异姓王外亲,时揖,平手以揖之,天揖同姓。(同姓王宗室,天揖,举手以揖之。)"

《白虎通义》:"君之为言群也。"

司民献民数,则王拜受。

《周官》:"司民掌登万民之数,自生齿以上,皆书于版,办其国中与其都鄙及其郊野,异其男女。岁登下其死生,及三年大比，以万民之数诏司寇，司寇及孟冬，祀司民之日，献其数于王，王拜受之，登于天府，内史司会冢宰贰之，以赞王治。"

乡大夫献贤能之书，则王拜受。

《周官·乡大夫》："三年则大比，考其德行道艺，而兴贤者能者。乡老及乡大夫帅其吏兴其众寡，以礼礼宾之。厥明，乡老及乡大夫群吏献贤能之书于王，王拜受之，登于天府，内史贰之。"

其尊民敬士，曷尝侈然自肆于臣民之上，如后世之皇帝。由是知《皋陶谟》所谓天叙，亦第就一国之中，分其职位条理云尔。其辨德罪，必本之天；其证天意，必视之民。

《皋陶谟》：天命有德，五服五章哉。天讨有罪，五刑五用哉，天聪明，自我民聪明；天明畏，自我民明畏。"

故世谓民治精神，原于吾国，不得以后世暴君，病吾古礼也。

至于父子之伦，由母系而进于父系，以《丧服传》之言断之，则人禽之辨，其义尤精。

《仪礼·丧服传》："禽兽知母而不知父，野人曰，父母何算焉，都邑之士，则知尊祢矣。大夫及学士，则知尊祖矣。"

古人岂不知父母并尊，盖由野人之俗，而进于文明，家无二主，非故意尊男抑女也。唐以来加重母服，可阅顾氏《日知录》。又如子为父服，父亦报之。长中下殇，皆有恩意，所谓父父子子也。

《仪礼·丧服》"斩衰章"：父为长子。传曰："何以三年也。正体于上，又乃将有传重也。庶子不得为长子三年，不继祖也。""疏衰裳齐三年章"：母为长子。传曰："何以三年也。父之所不降，母亦不敢降也。""疏衰裳齐期章"：为众子众子者，长子之弟，及妾子，女子子在室亦如之。传曰："何以期也，报之也。""大功章"：子女子子之长殇中殇。传曰："何以大功也，未成人也。年十九至十六，为长殇；十五至十二，为中殇；十一至八岁，为下殇下殇小功，不满八岁以下，皆为无服之殇。无服之殇，以日易月；以日易月之殇，殇而无服。"

是故子孝父慈，与君仁臣敬，同为各尽其道，非专责片面之言。

《大学》："为人君，止于仁。为人臣，止于敬。为人子，止于孝。为人父，止于慈。与国人交，止于信。"

而父有诤子，亦犹君有诤臣，此人伦之精理也。

《孝经》："天子有诤臣七人，虽无道，不失其天下。诸侯有诤臣五人，虽无道不失其国。大夫有诤臣三人，虽无道，不失其家。士有诤友，则身不离于令名。父有诤子，则身不陷于不义。"

夫妇君臣，以义合者也。义合者，人也，非天也。故古之为教，虽各循其伦，而必以父子之伦贯之。父子之道天性也，由天性以贯人伦；而人伦之组织，始可尽人以合天，例如夫妻胖合，今人所知者，只认为男女本身之关系；而不从其上下前后着想。圣哲之言婚礼，则兼男女本身及其上下前后而言之。

《昏义》："昏礼者将合二姓之好此以本身言，上以事宗庙，而下以继后世也此以上下前后言。故君子重之。"
《哀公问》："公曰：'寡人愿有言然，冕而亲迎，不已重乎。'孔子愀然作色而对曰：'合二姓之好，以继先圣之后，以为天地宗庙社稷之主此义更广，君何谓已重乎。'"
《曾子问》：嫁女之家三夜不息烛，思相离也。取妇之家，三日不举乐,思嗣亲也。三月而庙见,称来妇也,择日而祭于祢,成妇之义也。"

人之为人,不限于青年求偶之短期。阅时而有子孙,阅时而为祖考;故仅知夫妇之伦,不知父子之伦者,于人未尽其义也。

由父子而为君臣之义,经籍所言外矣。

《易·序卦》:"有父子然后有君臣,有君臣然后有上下,有上下然后礼义有所错。"

而《孝经》陈资父事君之道,实由天性而引掖之。

《孝经》:"资于事父以事母而爱同,资于事父以事君而敬同;故母取其爱,而君取其敬,兼之者父也。"

人各自私其身,何由使之奋于公务。惟由其天性而节其私,则始自家庭,推至社会国家,始能戢小己之私,而奉身以为公。《论语》称事父母能竭其力,事君能致其身二语相承,其能有自。夫竭力事亲,固无限量,然寻常人家子女,从其父母之命,为家庭服务,出于自然,不假考虑,不计报酬,纤屑奉行,必求其当者甚多。此庸行,非奇节也。圣哲察其然,乃得此移孝作忠之途术,谓于君国不私其身,犹家庭之不私其身。则由孩提之良知良能,可以推之邦国天下,而君臣之以义合者,亦持性情而联系,不敢自有其身焉。故以广义之孝言之,则自居处之庄,推之事君、莅官、交友、战陈,罔不本于孝。

《祭义》:"曾子曰:'身也者,父母之遗体也。行父母之遗体,敢不敬乎。居处不庄,非孝也。事君不忠,非孝也。莅官不敬,非孝也。朋友不信,非孝也。战陈无勇,非孝也。五者不遵,灾及于亲,敢不敬乎。'"

吾国史策，忠臣、义士、循吏、名臣，可法、可惊、可歌、可泣者，其原何在？在圣哲由其天性而导之，以发挥于国家。故曰孝子之身终，非终父母之身，终其身也。终其身则息息在在，思所以自勉自奋，而不敢为不善以贻其亲无穷之羞。

《内则》："父母虽没，将为善，思贻父母令名，必果。将为不善，思贻父母羞辱，必不果。"

此其向善之精诚，不待宗教诱之，法律绳之，盟约莅之，而以人伦之自然收获之良果也。综览史册，治乱兴衰，虽不一而足，而由此天叙天秩，使吾国族之绵延壮伟，常日进而无疆。世之性情凉薄者，不喻其故，转羡初民浅化不知营私欲计权利者之为美。而欲拨其本实，谓昔之人无闻知。其蹈常习故者，又惟损公肥私，或营营于乞寿文求象赞之末以为孝。呜呼，秩叙伦理，岂易言哉！

四、教　　育

吾国人之论学有一要语，曰实事求是。

《汉书·河间献王传》："修学好古，实事求是。"

清人讲汉学者，恒以此为标榜。晚近言教育，尤重实验；实验即实事求是也。朔自唐虞以来，以五典为教，以乐德为教。

《书·尧典》："百姓不亲，五品不逊，汝作司徒，敬敷五教，在宽。夔，命汝典乐教胄子，直而温，宽而栗，刚而无虐，简而无傲。诗言志，歌永言，声依永，律和声，八音克谐，无相夺伦，神人以和。"

迄周之以乡三物教万民，以三德、三行、六艺、六仪及乐德、乐语、乐舞教国子，无非以实事为教，道与艺合，文与武合，言与行合，上与下合，要之则身与礼合。

　　《周官》："大司徒以乡三物教万民而宾兴之：一曰六德，知仁圣义忠和。二曰六行，孝友睦姻任恤。三曰六艺，礼乐射御书数。

　　师氏以三德教国子：一曰至德以为道本，二曰敏德以为行本，三曰孝德以知逆恶。教三行：一曰孝行以亲父母，二曰友行以尊贤良，三曰顺行以事师长。居虎门之左，司王朝，掌国中失之事，以教国子，凡国之贵游子弟学焉。

　　保氏掌养国子以道，乃教之六艺：一曰五礼，二曰六乐，三曰五射，四曰五驭，五曰六书，六曰九数。乃教之六仪（详后）。"

　　又："大司乐掌成均之法以治建国之学政，而合国之子弟，凡有道者，有德者，便教焉。死则以为乐祖，祭于瞽宗。以乐德教国子，中和祗庸孝友。以乐语教国子，兴道讽诵言语。以乐舞教国子，舞《云门》、《大卷》、《大咸》、《大磬》、《大夏》、《大濩》、《大武》。"

　　盖其教多以读法行礼及国事相与实验，不徒事记诵理论，故其人之道德，皆实可见于施行。如六德之圣，似极难极高，然以《洪范》"思曰睿，睿作圣"之义释之，则此圣字亦即教人以视思明，听思聪，色思温，貌思恭之类，非虚言。近人谓周之所以纲纪天下，其旨在纳上下于道德；而合天子诸侯卿大夫士庶民以成一道德之团体。观于司徒十二教及各官之教，知此论非过信古人也。

　　王国维《殷周制度论》："周之所以纲纪天下，其旨在纳上下于道德，而合天子诸侯卿大夫士庶民以成一道德之团体。古之所谓国家者，非徒政治之枢机，亦道德之枢机也。使天子诸侯大夫士，各奉其制度典礼以亲亲尊贤贤明男女之别于上，而民风化于下，此之谓治，反是则谓之乱。"

以实事为教之法,如读法行礼则书其道德之类,不可缕举。

《周官》:"闾胥:凡春秋之祭祀役政丧纪之数聚众庶,既比则读法,书其敬敏任恤者。族师:月吉则属民而读邦法,书其孝弟睦姻有学者,春秋祭酺亦如之。

党正:正岁属民读法而书其德行道艺,以岁时莅校比及大比亦如之。

州长:正月之吉,各属其州之民而读法,以考其德行道艺而劝之,以纠其过恶而戒之,若以岁时祭祀州社,则属其民而读法亦如之。"

其尤妙者,如《王制》所言,简不帅教,而乡之耆老,国之卿大夫士,上及王者,赴学校而躬行礼法,以示范于学生。则真道德团体之教育,非徒教育专家之教育矣。

《王制》:"命乡简不帅教者以告耆老,皆朝于庠。元日,习射上功,习乡上齿,大司徒帅国之俊士与执事焉。(此自司徒至耆老皆行礼以示范也)不变。命国之右乡简不帅教者移之左,命国之左乡简不帅教者移之右,如初礼(又示范也)。不变。移之郊,如初礼(又示范也)。不变。移之遂,如初礼(又示范也)。不变。屏之远方,终身不齿。将出学,小胥、大胥、小乐正简不帅教者以告于大乐正,大乐正以告于王,王命三公九卿大夫元士皆入学(示范也)。不变。王亲视学(示范也)。不变。王三日不举,屏之远方,西方曰棘,东方曰寄,终身不齿。"

夫乡庠党序之时书德行,国学之七年论学取友,九年知类通达,宜无不帅教之人;而犹有不帅教者,则此道德团体之耻也。

《学记》:"古之教者,家有塾,党有庠,术有序,国有学。比年入学,中年考校。一年视离经辨志,三年视敬业乐群,五年视博习亲师,七年视论学取友,谓之小成。九年知类通达,强立而不反，谓之大成。夫然后足以化民易俗，近者说服，而远者怀之，此大学之道也。"

转移远屏，亦固其所。而朝野上下，初不先恶其人，惟相与力示之范。《论语》曰"道之以德，齐之以礼，有耻且格"，意必以此意证之，始见道德齐礼之实际行动欤。

周代兵农合一，文武合一，乡遂之民，受教于司徒，而听命于司马。国子则受教师保司乐，而致用于司士诸子，既已如网络相交矣。

《周官》："司士掌国中之士治。凡祭祀掌士之戒令。凡会同作士从宾客亦如之。作士适四方使为介，大丧作士掌事，掌六军之士执披，凡士之有守者令哭无去守，国有故，则致士而颁其守，凡邦国三岁则稽士任。

诸子掌国子之倅，掌其戒令，与其治教，辨其等，正其位，国有大事，则帅国子而致于天子。惟所用之，若有甲兵之事，则授之车甲，合其卒伍，置其有司，以军法治之。"

而其教则始于乡三物，《大学》所谓格物，即指此乡三物也。三物之教，交互贯通，非短幅所可枚举。第以射御论，似射御止为技能教育，于道德无与矣，然古自男子始生，已示以有事四方之志：

《射义》：男子生，桑弧蓬矢六，以射天地四方，天地四方者，男子之所有事也。"

教射则志正体直，以观德行。

《射义》："古者诸侯之射也，必先行燕礼，卿大夫士之射也，必先行乡饮酒之礼，故燕礼者，所以明君臣之义也。乡饮酒之礼者，所以明长幼之序也，故射者进退周还必中礼。内志正，外体直，然后持弓矢审固；持弓矢审固，然后可以言中，此可以观德行矣。"

合之乐节，以弭暴乱。

《射义》："其节，天子以驺虞为节，诸侯以狸首为节，乡大夫以采苹为节，士以采蘩为节。明乎其节之志，以不失其事，则功成而德行立，德行立，则无暴乱之祸矣。"

孔子之习射，分三选。贲军之将，亡国之大夫不入，而使幼壮孝弟耆耋好礼者，与于观众，则射与道德之关系何如乎。

《射义》："孔子射于矍相之圃。子路执弓矢出延射，曰：'贲军之将，亡国之大夫，与为人后者，不入。'公罔之裘扬觯而语曰：'幼壮孝弟，耆耋好礼，不从流俗修身以俟死者，不在此位也。'序点又扬觯而语曰：'好学不倦，好礼不变，旄期称道不乱者，不在此位也。'"

御礼不传，所谓鸣和鸾，逐水曲，过君表，舞交衢，逐禽左者，不能详其仪节。观《春秋》，士夫御车作战，犹不忘礼。

《左传·成公二年》："晋及齐战于鞍，晋解张御郤克，曰：'师之耳目在吾旗鼓，进退从之，此车一人殿之，可以集事，若何其以病败君之大事也。'韩厥中御而从齐侯。韩厥执絷马前，再拜稽首，奉觞加璧以进。曰：'寡君使群臣为鲁卫请，曰，无令舆师陷入君地，下臣不幸，属当戎行，无所逃隐，且惧奔辟，而忝两君，臣辱戎士，敢告不敏，摄官承乏。'"

《孟子》称王良之御，范我驰驱，不贯与小人乘。

《孟子》："王良曰：'吾为之范我驰驱，终日不获；一为之诡遇；一朝而获十。《诗》云：不失其驰，舍失如破。我不贯与小人乘，请辞。'"

御之根本礼教可见矣。

古今教育之判，固以教之合于礼之实际与否为断，而乐之关系尤巨。《周官·大司乐章》虽流传至今，而乐教之衰，与时俱降。

《汉书·艺文志》："孔子曰：'安上治民，莫善于礼；移风易俗，莫善于乐。'二者相与并行。周衰俱坏，乐尤微眇。以音律为节，又为郑卫所乱，故无遗法。汉兴，制氏以雅乐声律，世在乐官，颇能纪其铿锵鼓舞，而不能言其义。六国之君，魏文侯最为好古，孝文时，得其乐人窦公，献其书，乃《周官》大宗伯之《大司乐章》也。武帝时，河间献王好儒，与毛生等共采《周官》及诸子言乐事者，以作《乐记》，献八佾之舞，与制氏不相远。其内史丞王定传之，以授常山王禹，禹，成帝时为谒者，数言其义，献二十四卷《记》。刘向校书，得《乐记》二十三篇，与禹不同，其道浸以益微。"

魏文侯时，已听古乐而思卧，至汉以后，则并魏文侯之所谓新乐亦不可考。

《乐记》："魏文侯问于子夏曰：'吾端冕而听古乐，则唯恐卧。听郑卫之音，则不知倦。敢问古乐之如彼何也，新乐之如此何也。'子夏曰：'今君之所问者，乐也；所好者，音也。夫乐者，与音相近而不同。'"

后儒虽多锐意考订，终不能如古之小学、乡学、国学一切皆以乐教人而行礼。故尝妄谓宋明儒者，极力从事于诚意、正心、居敬、主静之学，而其成就迥不能追古之圣哲。且其于化俗也，尤形扞格，流俗至以其讲道德而避之而侮之。盖古有乐教，故讲道德而宽裕安和，行之不形拘苦。后世无乐教，故讲道德而鞭辟强制，行之鲜获同情。不得已而假途释氏，以简易参悟为宗，此风尚迁流之最大者欤。

顾古之六艺之教实事求是者，虽久失坠。而其基础仅存者，犹有家庭教育之遗文坠绪，散见于《曲礼》、《内则》、《少仪》、《弟子职》

诸篇。用是其教不限于学校，而故家世族儒生学子知其文之可贵，诵述而奉行之。盖古之礼教，亦未始不存千百之什一也。此诸书所言，约皆周代士大夫家庭教子女之法，举凡洒扫、应对、行止、寝兴、饮食、衣履、盥洗、衽席之节，均有其相当之准则。教之于家，习之于幼，虽若委曲纤屑，而养成儿童应事接物对人持己之良习。所谓少成若天性，习惯如自然者，其功效视长大而后裁成，相去不可以道里计。故观于吾国朝政，兵戈篡窃，史不绝书，若礼教之久废；而儒家士族，自汉、魏、六朝、唐、宋以来，讲家法，重礼让，以保存圣哲教训，倡导善良之俗，支持于朝野上下之间，其力至伟。是亦实事求是之学，非仅矜考据讲训诂之比也。

《汉书·贾谊传》："孔子曰：'少成若天性，习惯如自然。'习与智长，故切而不愧；化与心成，故中道若性。"

五、仪　　法

言礼当知礼与仪之别，春秋时人多能辨之。

《左传·昭公五年》："公如晋，自郊劳至于赠贿无失礼。晋侯谓女叔齐曰：'鲁侯不亦善于礼乎。'对曰：'鲁侯焉知礼。'公曰：'何为？自郊劳至于赠贿，礼无违者，何故不知？'对曰：'是仪也，不可谓礼。礼所以守其国，行其政令，无失其民者也。'"

又《昭公二十五年》："子太叔见赵简子，简子问揖让周旋之礼焉。对曰：'是仪也，非礼也。'简子曰：'敢问何谓礼。'对曰：'吉也闻诸先大夫子产曰：夫礼，天之经也，地之义也，民之行也。天地之经，而民实则之。则天之明，因地之性，生其六气，用其五行。气为五味，发为五色，章为五声。淫则昏乱，民失其性，是故为礼以奉之。为六畜五牲三牺，以奉五味。为九文六采五章，以奉五色，为九歌、八风、七音、六律，以奉五声。为君臣上下，以则地义。为夫妇外向，以经二物。为父子、兄弟、姑姊、甥舅、婚媾、姻亚，以象天明。为政事庸力行务，以从四时。为刑罚威狱，使民畏忌，以类其震曜杀戮。为温慈惠和，以效天之生殖长育。民有好恶喜怒哀乐，生于六气，是故审则宜类，以制六志。哀有哭泣，乐有歌舞，喜有施舍，怒有战斗。喜生于好，怒生于恶，是故审行信令，祸福赏罚，以制死生。生好物也，死恶物也；好物乐也，恶物哀也；哀乐不失，乃能协于天地之性，是以长久。'简子曰：'甚哉，礼之大也！'对曰：'礼，上下之纪，天地之经纬也，民之所以生也，是以先王尚之。故人之能自曲直以赴礼者，谓之成人，大不亦宜乎。'简子曰：'鞅也，请终身守此言也。'"

并世国族所视为交际往还、宴游酬酢之礼，要皆吾国古所谓仪。而吾国古礼，亦甚重仪。保氏教国子以六仪，官等侯封，亦谓之九仪、五仪。

　　《周官》："保氏养国子以道，乃教之六仪：一曰祭祀之容，二曰宾客之容，三曰朝廷之容，四曰丧纪之容，五曰军旅之容，六曰车马之容。
　　大宗伯以九仪之命，正邦国之位：壹命受职，再命受服，三命受位，四命受器，五命赐则，六命赐官，七命赐国，八命作牧，九命作伯。
　　典命，掌诸侯之五仪，诸侯之五等之命。"

行人司仪，尤以仪为专职，仪固所以笃邦交也。

　　《周官》："大行人掌大宾之礼，及大客之仪，以亲诸侯。以九仪办诸侯之命，等诸侯之爵，以同邦国之礼，而待其宾客。
　　小行人，使适四方，协九仪宾客之礼。司仪掌九仪之宾客摈相之礼。"

威仪三千，行之有要。章于身则曰九容，又必别之于所施。

《玉藻》："君子之容舒迟，见所尊者齐遬，足容重，手容恭，目容端，口容止，声容静，头容直，气容肃，立容德，色容庄。"

又："凡祭容貌颜色如见所祭者。丧容累累，色容颠颠，视容瞿瞿梅梅，言容茧茧(此皆居丧之容)。戎容暨暨，言容诒诒，色容厉肃，视容清明(此皆军旅之容)。立容办卑，无诌，头颈必中，山立，时行，盛气颠实扬休玉色(此常时之容)。"

存于心则曰毋不敬，《曲礼》第一语曰"毋不敬"。而常矢之以寅畏，得礼之本者，尤论军旅、丧纪、宾客之仪，一行以敬，自然动中规矩。徒习于仪者，第知循行节目，而不能将之以诚，则所谓徐生徒善颂而已。

《汉书·儒林传》："鲁徐生善为颂。"(师古曰：颂与容通。)

礼意失而仅求之仪节及其器物，非圣哲之所尚也。祝史陈数，《戴记》所讥。

《郊特牲》："礼之所尊，尊其义也。失其义，陈其数，祝史其事也。故其数可陈也，其义难知也。知其义而敬守之，天子之所以治天下也。"

玉帛钟鼓，孔门攸慨。

《论语》："礼云礼云，玉帛云乎哉；乐云乐云，钟鼓云乎哉。"

然内心之敬慎，亦必与外物为缘。墟墓兴衰，宗庙起敬。鸾和佩玉，非辟不入；精神物质，交相须焉。

《檀弓》:"墟墓之间,未施哀于民而民哀,社稷宗庙之中,未施敬于民而民敬。"

《玉藻》:"君子在车则闻鸾和之声,行则鸣佩玉,是以非辟之心无自入也。"

孔子论为邦曰"乘殷之辂,服周之冕,乐则韶舞",折衷文质,不限一朝,与玉帛钟鼓之说,互相明也。然其论拜下麻冕,区别从违。

《论语》:"麻冕礼也,今也纯俭,吾从众。拜下礼也,今拜乎上,泰也;虽违众,吾从下。"

章身之具,亦视财力。故行礼之车服器物,小之关一身一家之俭奢,大之则系全国全民之赢绌。好恶风尚,不可不慎,尧舜垂衣。

《易·系辞》:"黄帝、尧、舜垂衣裳而天下治。"

桓、管轻重。

《汉书·地理志》:"桓公用管仲,设轻重以富国。合诸侯,成霸功,身在陪臣,而取三归。故其俗弥侈,织作冰纨绮绣纯丽之物,号为冠带衣履天下。"

规恢华夏,雄长海宇,以其工艺制作,可以冠带衣履天下也。观于后史,环吾族者之尊我,咸以其服物之文明,或裂弊以为仇。

《汉书·匈奴传》:"初单于好汉缯絮食物,中行说曰:'匈奴人众,不能当汉之一郡;然所以强之者,以衣食异,无仰于汉。今单于变俗,好汉物,汉物不过什二,则匈奴尽归于汉矣。其得汉絮缯,以驰草棘中,衣裤皆裂弊,以视不如旃裘坚善也。

得汉食物，皆去之，以视不如重酪之便美也。'"

或解辫以从化，皆可见其关系之重大。

《隋书·礼仪志》：开皇三年正月朔旦，大陈文物。时突厥染干朝见，慕之请袭冠冕，帝不许。明日拜表固请衣冠，帝大悦；谓弘(牛弘)等曰：'昔汉制初成，方知天子之贵，今衣冠大备，足致单于解辫，此乃卿等功也。'"

由此而知制礼之先，莫亟于备物。周、孔集前圣之成，以前圣能备物致用也。

《易·系辞》："备物致用，立成器以为天下利，莫大乎圣人。"

诵《世本》之《作篇》，绎《考工》之序论。

《考工记》："知者创物，巧者述之，守之世谓之工，百工之事，皆圣人之作也。烁金以为刃，凝土以为器，作车以行陆，作舟以行水，此皆圣人之所作也。"

有在昔则文明大备，在今则优劣悬殊者。捉衿纳履，无往不感物资之缺乏，固不待议礼始然；而由礼仪器物而思之，其理尤易见。故妄谓今日当务之急，当移阮元、郑珍诸儒研究古代梓匠轮舆制作之精神，从事于目前吉、军、兵宾、嘉器服之营造矣。

世多谓古者礼不下庶人(《曲礼》)，以此不厝意于民众；实亦不知古礼之及于庶人者，自有其法。观宗伯之言军礼，即礼之施于大众者也。

《周官》："大宗伯以军礼同邦国，大师之礼，用众也。大均之礼，恤众也。大田之礼，简众也。大役之礼，任众也。大封之礼，合众也。"

此五礼者，虽别载于军礼，今已不获详知其条目。然司徒有教法，有比法，有田法，既通行于乡遂。

《周官》："小司徒掌建邦之教法，以稽国中及四郊都鄙之夫家九比之数，以辨其贵贱老幼废疾。凡征役之施舍，与其祭祀饮食丧纪之禁令，乃颁比法于六乡之大夫，使各登其乡之众寡、六畜、车辇，辨其物，以岁时入其数，以施政教行征令。及三年则大比，大比则受邦国之比要。"

又："乡师以国比之法，以时稽其夫家众寡，辨其老幼贵贱废疾马牛之物，辨其可任者与其施舍者，掌其戒令纠禁听其狱讼。凡四时之田，前期出田法于州里，简其鼓铎旗物兵器，修其卒伍。及期，以司徒之大旗致众庶而陈之，以旗物辨乡邑，而治其政令刑禁。巡其前后之屯，而戮其犯命者，断其争禽之讼。遂人以岁时登其夫家之众寡，及其六畜、车辇，辨其老幼废疾，与其施舍者，以颁职作事，以令贡赋，以令师田，以起征役。若起征役，则令各帅其所治之民而至，以遂人之大旗致之，其不用命者诛之。"

司法又有九法，其简稽乡民，即根据司徒乡遂之比法而行。

《周官》："大司马掌建邦国之九法，制畿封国，以正邦国。设仪辨位，以等邦国。进贤兴功，以作邦国。建牧立监，以维邦国。制军诘禁，以纠邦国。施贡分职，以任邦国。简稽乡民，以用邦国。均守平则，以安邦国。比小事大，以和邦国。"

其教振旅、茇舍、治兵、大阅，亦即根据乡遂州里之田法。

《周官》："大司马中春教振旅，司马以旗致民人平列陈，如战之陈，辨鼓铎镯铙之用。王执路鼓，诸侯执贲鼓，军将执晋鼓，师帅执提，旅帅执鼙，卒长执铙，两司马执铎，公司马执镯，以教坐作进退疾徐疏数之节，遂以蒐田。夏秋之茇舍治兵大阅亦准此。"

凡民法，即军法。凡兵法，即礼法，安在礼不下庶人乎。盖民众既多，非若少数人之行礼，不难以宾主长幼率之；故必以兵法部勒，而后群众乃秩然有叙。

《周官》："乡师，大役则帅民徒而至，治其政令。既役，则受州里之役要，以考司空之辟，以逆其役事，凡邦事令作秩叙。"

古之民众能参与国事，辅志弊谋。

《周官》："小司寇之职，掌外朝之政，以致万民而询焉：一曰询国危，二曰询国迁，三曰询立君。其位，王南乡，三公及州长百姓北面，群臣西面，群吏东面，小司寇摈以叙进而问焉，以众辅志而弊谋。"

其集合行动，必有组织，盖可推见。然其根本，尤在比闾邻里及司民诸职，调查民数之精确，自生齿以上皆书之，岁登下其死生，使无一民一物，不受国法之统制。

司民登民数见前。州闾之记生子，则见于《内则》。其文曰：夫告宰名，宰辩告诸男名，书曰某年某月某日某生，而藏之；宰告闾史，闾史书为二：其一藏诸闾府，其一献诸州史。州史献诸州伯，州伯命藏诸州府。(此虽士大夫之礼，然可见州闾之史皆记载人之出生，此可以补《周官》所不载。)又如《周官》媒氏掌万民之判，凡男女自成命以上，皆书年月日名焉。知古之万民，无论男女之生，皆有记载报告。而乡士又掌各乡之民数，土师掌合州党族闾比之联，与其民人之什伍，使之相安相受。职方氏又掌天下之图，以掌天下之地，辨其邦国都鄙，四夷、八蛮、七闽、九貉、五戎、六狄之人民与其财用九谷、六畜之数要，周知其利害。故如扬州二男五女，荆州一男二女，豫州、兖州、并州二男三女，青州二男二女，雍州三男二女，幽州一男三女，冀州五男三女之比例，可以由统计得之也。

后世兵民之政，不相联系，驱市人而使之战。民德之堕落，亦不复过问。偶集大群，嚣陵淆杂，漫无友纪。以故儒先行谊，学校箴铭，止以励少数人之礼文，不能立大多数之秩叙。乡约保甲，大率具文。计帐黄册，举非实数。甚则法出奸生，令下诈起。非徒善不足以为政，即徒法不能以自行。此不知礼者之过，然亦讲礼学者止知考古，而不知持圣哲治国平天下之法，期于实行之过也。

《汉书·董仲舒传》："今汉继秦之后，如朽木粪墙矣。虽欲善治之，亡可奈何；法出而奸生，令下而诈起。"

《后汉书·和帝纪》："永元十二年诏：'三公朕之腹心，而未获承天安民之策，数诏有司，务择良吏。今犹不改，竟为苛暴，侵愁小民，以求虚名。委任下吏，假势行邪。是以令下而奸生，禁至而诈起。巧法析律，饰文增辞，货行于言，罪成乎手，朕甚痛焉。'"

《孟子》："徒善不足以为政，徒法不能以自行。"

六、人　　文

化成天下，在观人文。

《易·贲卦》："文明以止，人文也。观乎人文，以化成天下。"

人文之义，颇不易言。古所谓礼之文，惟在义理。

《礼器》:"先王之立礼也,有本有文。忠信,礼之本也。义理,礼之文也。无本不立,无文不行。"

人官物曲,用意深微;直情径行,或反消其迂曲。

《檀弓》:"子游曰:'礼有微情者,有以故兴物者,有直情而径行者,戎狄之道也;礼道则不然。'"

例如丧服衰绖杖屦,有加有受,皆所谓文。

《仪礼·丧服》"大功章":"何以无受也,丧,成人者其文缛,未成人者其文不缛,故殇之冠不樛垂。"

后世第存斩齐功缌之名,布缕升数不可复辨,礼文之难言久矣。又如人之函义,固指一切食味别声被色而生者而言,而礼之重人,则在别于禽兽。

《曲礼》:"鹦鹉能言,不离飞鸟,猩猩能言,不离禽兽。今人而无礼,虽能言,不亦禽兽之必乎。"

夫人禽之辨,世孰不知。然以圣哲之言衡之,则有世俗以为已尽为人之道者;圣哲视之,尚未合于礼也。

《论语》:"今之孝者,是谓能养。至于犬马,皆能有养,不敬何以别乎。"
《孟子》:食而弗爱,豕交之也;爱而不敬,兽畜之也。恭敬者。币之未将者也。恭敬而无实,君子不可虚拘。"

论人既严,故有成人与不成人之别。

《冠义》:"凡人之所以为人者,礼义也。礼义之始,在于正容体,齐颜色,顺辞令。容体正,颜色齐,辞令顺,而后礼义备。故冠于阼以著代也,醮于客位,三加弥尊,加有成也。已冠而字之,成人之道也。见于母,母拜之,见于兄弟,兄弟拜之,成人而与为礼也。玄冠玄端,奠挚于君,遂以挚见于乡大夫乡先生,以成人见也。成人之者,将责成人礼焉也。责成人礼焉者,将责为人子,为人弟,为人臣,为人少者之礼行焉,将责四者之行于人,其礼可不重欤。故孝弟忠顺之行立,而后可以为人;可以为人,而后可以治人也。"

《礼器》:"礼也者,犹体也。体不备,君子谓之不成人。设之不当,犹不备也。"

孔子与子路论成人,兼知廉勇艺及礼乐而言;而见利思义,见危授命,久要不忘者次之,人之分量,若是其难副也。

《论语》:"子路问成人,子曰:'若臧武仲之知,公绰之不欲,卞庄子之勇,冉求之艺,文之以礼乐,亦可以为成人矣。'曰:'今之成人者何必然?见利思义,见危授命,久要不忘平生之言,亦可以为成人矣。'"

然就《中庸》体认,则君子之道费而隐,夫妇之愚,亦可以与知能行。故悬格虽严,而其道亦不远人。

《中庸》:"道不远人,人之为道而远人,不可以为道。"
又:"君子之道费而隐,夫妇之愚,可以与知焉。及其至也,虽圣人亦有所不知焉。夫妇之不肖,可以能行焉。及其至也,虽圣人亦有所不能焉。"

凡一切食味别声被色而生者,固皆可以达于成人之鹄也。
由此言之,言礼必本于性善。知性之善,则人皆可以为尧舜。

《孟子》:"孟子道性善,言必称尧舜。人皆可以为尧舜。"

人人不能尽为天子诸侯,而人人本其性之善,皆可以行尧舜之道。则人之上达之途,至宽至平,无阶级地位、贵贱贫富之别。凡病吾国古礼尚等威严仪式,以为不合于今人平等之精神者,皆由不知《中庸》为说礼之书,必合《周官》与《中庸》读之,更参以《论》、《孟》之精义,自可晓然无疑矣。世又病儒家博而寡要,亦未知其实而为皮相之言也。儒家尚礼,而其秉要执本,有二义焉:曰敬,曰恕。《曲礼》首标"毋不敬"前已言之。敬则视听言动,自可合礼,施之人与百姓,无不可安。

《论语》:"修己以敬。修己以安人。修己以安百姓。"

而敬之所恃在修,圣哲盖视人人皆如良材名璞,无不可成大器。而其高下悬殊贤否大判者,则由切磋琢磨之功之至否。人苟自奋于修治,则其知与成功一也。

《中庸》:"或生而知之,或学而知之,或困而知之,及其知之,一也。或安而行之,或利而行之,或勉强而行之;及其成功,一也。"

由修己而恕人,则于人无不能容,而心量日广,上下左右前后,洁之若矩,任何人皆安且和矣。《周官》开宗明义,曰"纪万民",曰"扰万民",曰"谐万民",曰"均万民",曰"纠万民",曰"生万民",皆恕道也。

《周官》:"太宰掌建邦之六典,以佐王治邦国。一曰治典,以经邦国,以治官府,以纪万民。二曰教典,以安邦国,以教官府,以扰万民。三曰礼典,以和邦国,以统百官,以谐万民。四曰政典,以平邦国,以正百官,以均万民。五曰刑典,以靖邦国,以刑百官,以纠万民。六曰事典,以富邦国,以任百官,以生万民。"

后世礼法虽隳，而礼意犹联系未绝。吾民族性之宽博，由服习前哲之礼教而出于不自知，持以视并世之持狭隘之见者，各异其趣。此或观人文者所宜宣究欤。

民族性之优劣，每苦于不自知。昔人诗谓"不识庐山真面目，只缘身在此山中"者，即此义也。故扬诩过情，固非；而刻责太甚，亦过。论者动谓数千年来，礼坏乐崩，政不古若，陵夷衰微，不可复振。然果详察吾全民族之潜意识，则礼教之涵濡孕育，固亦未尽荡然。如普通詈人之语，恒以不成人为谯诃。即知其潜意识中咸隐隐有一成人之鹄，即礼意之常存于天壤者也。吾民弱点固多，就其优者言之：如孝慈勤俭之风尚，前已略言。兹更就习俗之人人共喻者观之，亦略有四：一曰任恤。任恤者，《周官》之教也。邻里乡党，出入相友，疾病相恤，患难相扶持，遂成恒德。唐、宋以来，乡有义仓，族有义庄，普济有院，慈幼有局，恤嫠有会。各地方志所载，废兴继起，不可胪举，他如同业有公所，同乡有会馆，各方之相勉于互助者，皆礼教任恤之流风也（他族之尚义者，或尚有过于吾民，然任恤及于世界异国，而视族姓为路人，与吾之亲亲而仁民，仁民而爱物者异）。二曰忠信。记曰：忠信之人可以学礼。人不尽忠信也，然自圣哲主忠信之教，垂口耳而浸渍于人心，有行之亦不自知其故者，夫民之废业惰游者，固若溢于都市，而勤勤恳恳，工工农农忠于职业之人，实占最大多数。

《荀子·王制》篇："农农，士士，工工，商商，一也。"

使大多数之工农不忠其职，吾曹之不能自存久矣。海通以前，大商巨贾，订货付资，刻期市易，不立契券，无爽约者。外商见之，诧为美德。今虽陵替，然甬、沪、津、粤商肆往来，犹多重然诺而恶诈谖，此非俗之重信乎。故群众之未闲礼法，有待约束整齐者，固宜加意。而群众之流风笃厚，则必善导而固存之，不可凿混沌而使之漓也。三曰明理。夫明理固文明民族所同，非吾独然。然亦有辨，强弱力也，是非理也，他族恒以强弱为是非，如以决斗定曲直是也。缘俗尚而成国策，浸至于有强权无公理，而生民之祸烈矣。吾民虽亦有械斗争哄之俗，然寻常争执，仍多就公众讲论其是非。俗语曰讲理，由讲理之词推之，吾民众公共之意识，在持理性以明是非，而不惟好勇斗狠，以逞其私意。斯义之闳，殆自《左氏》"师直为壮，曲为老"之语而来，故常有理直气壮之说。更推其精意，则曾子之自反而缩，仲山甫之不畏强御，胥吾民讲理而不尚力之所承述，而理直之师，乃非强暴所能摧挫，近事昭然，非愚曲说也。

《孟子》："昔者曾子谓子襄曰：'子好勇乎？吾尝闻大勇于夫子矣。自反而不缩，虽褐宽博，吾不惴焉。自反而缩，虽千万人，吾往矣。'"

《诗·烝民》："人亦有言，柔则茹之，刚则吐之。维仲山甫，柔亦不茹，刚亦不吐。不侮矜寡，不畏强御。"

四曰尚文。今之文视古之礼文，固大不同，而亦有其功效。村氓里妪，敬学右文，虽目不识丁，而其意孔挚，则俗之渐摩于文者深也。南朔各地，风土虽殊，而春联楹帖，家训格言，户所常悬，人皆共喻。或美天然之景物，或勉群众之躬行，此唐以前所无，而后世之进步也。他如弹词、小说、戏剧、画图，贞淫杂陈，忠奸攸判，其教广于师儒，其意通于经传，盖自荀卿《成相篇》、《汉志》(《青史子》)以来。

《汉书·艺文志》小说家："《青史子》五十七篇(古史官记事也)。"

久为支配社会心理之工具，化民成俗，远迈朝庙官厅之礼乐。是又不得以各地新式学校之未遍，遂谓吾国文化之不普及也。

礼俗万端，不胜觏缕。管蠡所陈，无当万一。鲁难未已，周礼犹存。因革损益，事资英彦。曾氏谓风俗厚薄，自一二人心之所向。

曾国藩《原才》："风俗之厚薄奚自乎，自乎一二人之心之所向而已。此一二人者之心向义，则众人与之赴义。一二人者之心向利，则众人与之赴利。众人所趋，势之所归，虽有大力，莫之敢逆。故曰：挠万物者莫疾乎风，风俗之于人之心，始乎微而终乎不可御者也。"

吾人苟不以一二人自诿，奋发其亲爱精诚，爱我国家，爱我民族，爱我礼教，爱我良俗，爱我圣哲遗传丰美之宝典。本秩叙，兴教育，定仪法，章人文，因时制宜，折衷至当，不独可以扬我国光，实可由兹以翊进世运。至诚尽性，与天地参，固非异人任也。

——选自《柳诒徵说文化》，上海古籍出版社1999年版，第255~301页。原载《学原》第一卷第一期，1947年。

【评　介】

民国礼学中，柳诒徵先生的礼学思想既是传统的也是现代的。其文化史学言史一本于礼，合儒学、史学、礼学为一体。其礼学因文化史视域而独具异彩。

一、文化史视域的形成

柳诒徵（1880—1956），字翼谋，晚号劬堂，江苏镇江人。著名的史学家、图书馆事业家、教育家。著有《历代史略》、《中国文化史》、《国史要义》、《东亚各国史》、《中国财政史》、《印度史》等，创办《学衡》、《史地学报》及《文哲学报》等杂志并发表多篇论文，培养了许多优秀学生，影响颇著。柳先生的学术显现出诸多渊源。深厚的目录学基础，丰富的图书馆学实践，深切的教育家情怀，新人文主义思想的影响，以及他对本民族文化强烈的责任感，形成了他独特的文化史视域。

(一) 传统史学训练

柳先生的学问从目录学入。清代王鸣盛曾说："目录之学，学中第一紧要事,必从此问途,方能得其门而入,然此事非苦学精究,质之良师,未易明也。"①柳氏本是苦学精究之人,又适遇良师。1900年,他到南京江楚编译局编纂教科书,得以受业于著名版本目录学家、藏书家缪荃孙,得到很好的传统史学的训练,打下了坚实的学术基础,也促成了他与图书馆的不解之缘。

柳先生又是卓越的图书馆学家,一生致力于图书馆事业。蔡尚思评价柳先生在中国学术界有几个"最",其中两项都关乎图书馆:一是担任大图书馆馆长时间最长,一是编出大图书馆藏书总目最先。柳先生掌理江苏省立国学图书馆达20多年之久。1927年至1937年任江苏省立国学图书馆馆长达10年。1937年,日军逼近南京,柳先生选择安全地带,储存好图书馆的善本、丛书、方志后,漂泊异乡。抗战胜利后又重返南京再任国学图书馆馆长。1951年起被聘为上海图书馆筹备委员会委员,担任上海图书馆的筹建工作,直至1956年2月逝世。

在任国学图书馆馆长期间,柳先生既重视对图书馆的管理与革新,使国学图书馆成为江南最著名的图书馆;又注重对人才的培养和学术研究,培养出一大批图书馆专家和文史学者。他主张将图书馆办成一个学术研究机构,列入大学区中,与研究院相衔接。他曾于1928年聘请中央大学陈汉章、王伯沆、汤用彤,金陵大学李小缘等著名学者任图书馆参议,定期请他们到馆会商馆务,大大提升了图书馆的学术与管理水平。他主持编撰《国学图书馆图书总目》(共44卷),将所录图书以经、史、子、集、志、图、丛七部分类;又细分子目,将《四库全书总目》部下44类,扩充为85类、832属,从而极大地提高了著录内容的明细度,增强了检索图书的准确性。② 柳氏独特的图书分类思想,是目录学研究与图书馆藏书编目需求的契合,也是传统目录学和图书馆实践经验结合下的创新。

目录学训练影响着柳先生的学术方法。《中国文化史》每个论断

---

① 王鸣盛:《十七史商榷》卷一,上海书店2005年版,第1页。
② 参见全根生:《柳诒徵的图书馆学理论与实践》,《山东图书馆季刊》2008年12月。

都提供了文献依据。胡适批评柳著详古略今，却高度评价其"纲目法"："柳先生的书列举了无数的参考书籍，使好学的读者可以依着他的指引，进一步去寻求他引用的原书，更进一步去寻求他不曾引用的材料。这正是开山的工作……他的方法是一种'纲目'法，纲是他的论断，目是他的材料；此法的用意是每下一句论断必须引用材料作根据。读者若能了解此种方法的好处，然后考虑作者的论断是否都有可靠的依据，那才能得着此书的益处。"①其益处就是提供文献引证，使人能够辨章学术、考镜源流，沿坡讨源，获知治学门径。

目录学训练与图书馆学实践，使柳先生熟练地掌握了传统史学的文献材料，长期熏染也让他深切敬爱着本民族文化。早在1902年柳诒徵就编写完成中国历史教科书《历代史略》，并开始运用"中国"这一概念。其宗旨十分明确："我们要复兴民族，我们要唤起民族精神，将古时有名的人物传记来做国民读本，或是将一种文化史的史料来教学生，那是复兴民族很要紧的一件事。"②他还先后与同事、学生创办《学衡》（1922—1933）、《史地学报》（1921—1926）、《史学杂志》（1929—1931）、《江苏省立国学图书馆年刊》（1928—1936）、《国风》（1932—1936）等杂志来宣扬国史，并亲自撰写了大量文章。仅79期《学衡》，柳氏一人就发表文章54篇次。他的《中国乡治之尚德主义》（1923）、《华化渐被史》（1923）、《明伦》（1924）、《中国文化西被之商榷》（1924）、《中国礼俗史发凡》（1947）等系列论文，《中国文化史》（1919年始撰，1933年出版）、《国史要义》（1945）等大学讲堂讲义，最初也登载在这些杂志上。他将一腔爱国热情融入到民族文化史的研究之中，编纂国史、创办杂志、辛勤著述，努力接续史学传统，表现出一位史学家弘扬民族文化传统的自觉。

（二）教育家情怀

柳先生一生中另一个重要的事业是教育。他的同事吴宓在自编年

---

① 胡适：《书籍评论》，《清华学报》第8卷第2期，1933年。
② 柳诒徵：《讲国学宜先讲史学》，《柳诒徵史学论文集》，上海古籍出版社1991年版，第500页。

谱中说:"南京高师校之成绩、学风、声誉,全由柳先生一人多年培植之功。论现时东南大学之教授人才,亦以柳先生博雅鸿通,为第一人。"①蔡尚思回忆说:"我在三十年代亲自听见先后任北京大学、中央大学教授的林公铎(损)先生当面称赞和羡慕地说:'翼谋先生培养出的大批人才,实为我和其他专家所莫及。'"②

柳氏教育事业从1902年随缪荃孙等赴日本考察教育开始。他亲身感受到明治维新后日本社会的巨大变化,认识到开发民智的重要,知道了如何兴办新式学校。回国后,他一边编纂教科书,一边创办中小学校。从1903年开始,他先后创办了南京思益小学、江南中等商业学堂及镇江大港小学等。1911年任镇江中学校长。还曾在江南高等学堂、两江优级师范兼课。1912—1926年,先后任北京明德大学、南京高等师范学校、河海工程学校、东南大学、东北大学、北京女子大学、北京高等师范学校教员、教授。八年抗战,他先后任教于浙江大学、重庆中央大学,兼任国史馆纂修。这种编教科书与终身从事教育事业的经历,使得柳先生始终关注教育对国家兴衰和社会风气的影响,注意比较不同教育制度培养人才的效果差异。

柳先生任教时间最长的是南京高等师范学校。1915年起他担任南京高等师范学校国文与历史教员。1923年,南京高等师范学校改并为东南大学,柳氏任历史系教授,开设各家文选、中国文化史、东亚各国史、印度史、南亚各国史及中国政治制度史等课程,培育了像张其昀、缪凤林、郑鹤声、向达、胡焕庸、刘掞藜、胡小石、严济慈、陈训慈以及茅以升等众多英才。张其昀在《吾师柳翼谋先生》一文中指出:"民国八年(1919)以后,以南京高等师范为中心的学者,俨然以继承中国学统,发扬中国文化为己任。世人对北大、南高有南北对峙的看法。柳师领袖群伦,形成了中流砥柱的力量。"柳先生在民国史学界有"北陈南柳"之称,他与同事、弟子被称为"南高史地学派"。在他的培植、影响下,南京高师俨然成为与北大抗衡的南方史

---

① 吴学昭整理:《吴宓自编年谱》,三联书店1995年版,第228页。
② 蔡尚思:《〈中国文化史〉导读》,柳诒徵:《中国文化史》,上海古籍出版社2001年版,第1页。

学界的大本营。无怪乎吴宓如此赞叹。

柳先生的教育热忱和教育实践，反映在他的史学研究中是处处不忘教育。如《五百年前南京之国立大学》、《南朝太学考》等考论古代教育，《中国文化史》每述一朝代必讲学制，《国史要义》常论史学的教育作用。他关注教育的目的、方法和社会效用，认为教育是中国文化中极其重要的部分，并常与国家、社会治理相结合来讨论，显现出儒家式"得天下英才而教育之"与"以天下苍生为己任"的教育家情怀。

（三）新人文主义影响

柳先生在南京高师与吴宓、梅光迪等人一起编辑《学衡》杂志，又间接地受到美国白璧德新人文主义文化史观的影响，为他的文化史研究增添了世界文明的视域。

柳氏尊重传统，积极肯定民族文化的合理性。他认为："任何国族之心习，皆其历史所陶铸，惟所因于天地人物者有殊，故演进各循其轨辙。"①他尤其重视文化与教育，主张弘扬传统文化中的人文精神，与西方人文主义相连接，调和中西，复兴中国传统文化。这一立场与深受白璧德新人文主义重视和倡导传统道德和人文教育影响的东南大学教授吴宓、刘伯明、梅光迪、胡先骕等学者甚相契合。

"五四"以来西方中心论甚嚣尘上，北方部分学者抨击礼教，主张西化，言辞态度较为激烈，柳先生与北方学者积极论争，从学理上维护传统。他与学衡派其他主要成员"昌明国粹、融化新知"、建设中国新文化的信念是一致的②，"学衡派的西学健将主要从西学之非来反击新文化派崇拜西学的谬误，柳诒徵则主要从中国文化之是来反驳新文化派激烈反传统之谬，二者相辅相成，殊途而同归"③。有学者认为，柳诒徵、陈登原师徒所各自撰著的《中国文化史》是美国白

---

① 柳诒徵：《国史要义·史化》，华东师范大学出版社2000年版，第371页。

② 范红霞：《"昌明国粹、融化新知"理念下异中求同——柳诒徵与学衡派关系考论》，《淮北煤炭师范学院学报》（哲学社会科学版）2010年第4期，第16~20页。

③ 范红霞：《吴宓与柳诒徵的〈学衡〉情结》，《南都学坛》2005年第5期。

璧德新人文主义引入后在我国史坛盛开的两朵奇葩①。

只是白璧德新人文主义批评的是文化史发展中物质益进而精神道德废退的状况，柳先生则通过讲论文化史学，彰显中国人文传统。他对民族文化的辩护，不是简单地弘扬国粹，而是在世界文明的比较视野中，客观衡量中西方文化的短长。他须臾不忘民族文化之本位，呼吁大家理性对待传统文化，反对偏激，认为学习西方的优秀文明成果不能丢掉本国固有的优秀传统。在民族危机激化的背景下，柳先生希望通过对我国优秀文化传统的发掘，"奋发其亲爱精诚，爱我国家，爱我民族，爱我礼教，爱我良俗，爱我圣哲遗传丰美之宝典"（《中国礼俗史发凡》），振奋民族精神，挽救衰颓的民气和国威。蔡尚思说："由于作者身经清末封建政治腐败濒于崩溃之际，深慨民族自尊心的丧失，崇洋媚外的奴化思想无从抵制，因此蓄志阐述中国文化政教源流，以增强我民族自尊心，抉择中国文化的特点，以勖勉青年学习继承和发扬我中国文化的优良传统。这是先生写这一部文化史的根本宗旨。"②这也是民国一代学者共同的夙愿。

柳先生的学术渊源、学术立场和思想方法具有深厚传统特色，又吸收现代进化论和新人文主义思想的合理成分，形成了他以礼为核心的文化史观。他在世界文明的交流中看中国文化之是，鼓吹中国文化精神。他的思想在南高师——东南大学师生中产生较大影响，彭明辉赞誉他"是'南高'的精神领袖"③。吴宓将柳诒徵与梁启超相比："近今吾国学者人师，可与梁任公联镳并驾，而其治学方法亦相类似者，厥惟丹徒柳翼谋先生诒徵。两先生皆宏通博雅，皆兼包考据、义理、词章，以综合通贯之法治国学；皆萃其精力于中国文化史，皆并识西学、西理、西俗、西政，能为融合古今，折衷中外之精言名论；皆归宿于儒学，而以论道经邦、内圣外王为立身之最后鹄的；皆缘行

---

① 郑先兴：《白璧德的文化史研究理论及其在中国的实践》，《史学理论研究》2006年第2期，第50~61页。

② 蔡尚思：《〈中国文化史〉导读》，柳诒徵：《中国文化史》，上海古籍出版社2001年版，第1页。

③ 彭明辉：《柳诒徵与〈史地学报〉》，柳曾符、柳佳：《劬堂学记》，上海书店出版社2002年版，第226~248页。

道爱国之心，而不能忘情于政治事功；皆富于热诚及刚果之勇气；皆能以浅显犀利之笔，为家喻众晓之文；皆视诗词为余事，而偶作必具精彩，此皆两先生根本大端之相同处。"①道出了柳氏传统而又开阔的学问精神。

二、文化史视域下之礼学

柳先生富有传统意味的文化史学，核心是以礼言史。作为文化史学核心的礼学，其具体内涵是通贯国家礼制、礼教到社会礼仪、规范化礼俗的一体化礼治思想及其蕴含的人文精神。

（一）礼为文化之核心

柳先生明确提出"故礼者，吾国数千年全史之核心也"②，熊十力也评价其《国史要义》"言史一本之礼"。他认为，礼是中华民族文化精神的核心，大至礼制（国家组织法）之中蕴含的礼治原则；小至专礼、礼仪及礼俗中凸显的礼义思想，都贯注着礼之人文精神，这就是中国文化史的核心。

礼通贯政史。柳先生认为，政史合于礼。"为国以礼，为史以礼。"③一方面，礼是整个中国政教之核心。中国之史特重政治，中国政治又体现为礼治，通过制定礼制来推行社会人伦各方面的治理和教化；另一方面，合礼与否成为衡量政权是否具有合法性的标准，礼之得失也是判定政事处置是否得当的标准。"史官掌全国乃至累世相传之政书，故后世之史，皆述一代全国之政事。而尤有一中心主干，为史法、史例所出，即礼是也……此《春秋》者……已非泛泛记事之书。

---

① 吴宓：《空轩诗话》，张寅彭主编：《民国诗话丛编 六》，上海书店出版社 2002 年版，第 32 页。
② 柳诒徵：《国史要义·史原》，华东师范大学出版社 2000 年版，第 12 页。
③ 柳诒徵：《国史要义·史化》，华东师范大学出版社 2000 年版，第 341 页。

其所书与不书，皆有以示礼之得失。"①

史职源于礼官，"礼由史掌，而史出于礼"②。《周礼》之五史皆属掌春官(礼官)，都是治理人事之官，其职责范围涵盖政、史、礼。"总(周)五史之职，详析其性质，盖有八类。执礼，一也。掌法，二也。授时，三也。典藏，四也。策命，五也。正名，六也。书事，七也。考察，八也。归纳于一则曰礼。五史皆属春官宗伯。春官为典礼之官，即《尧典》之秩宗。伯夷以史官典三礼，其职尤简。故宗伯与史不分二职。历夏商至周，而政务益繁，典册益富，礼法益多，命令益夥，其职不得不分。"③

礼于是成为撰史之标准，史例依据礼经。"夫史例经例，皆本于礼。礼必准情度理，非可以意为之。"④柳先生指出，史例源于《春秋》凡例，《春秋》判断褒贬史事的依据就是礼。"故史官提要之书，必有定法，是曰礼经。……杜预谓此言凡例，乃周公所制礼经也，周公所制，虽无明文，可以五史属于礼官推之，史官所书，早有礼经以为载笔之标准，可断言也。其治史者祖之，非漫然传习其术也，知春秋者，莫若庄周。揭其要旨，曰春秋以道名分(庄子天下篇)。名分者何，礼也。礼者，史之所掌，天子诸侯卿大夫之于君臣父子夫妇兄弟及国际友朋之礼，皆有典法，示人遵守。"⑤这样，礼实际成为古代社会的习惯法。

礼逐渐凝聚成一种社会共识，并扩大为道德评价标准。"史家全书之根本皆系于礼。何其视礼之隘也！夫本纪、世家何以分？分于礼也。封爵、交聘何以表？表以礼也。列传之述外戚、宦官、佞幸、酷吏、奸臣、叛逆、伶官、义儿，何以定名？由礼定之也。名臣、卓

---

① 柳诒徵：《国史要义·史原》，华东师范大学出版社2000年版，第9页。
② 柳诒徵：《国史要义·史原》，华东师范大学出版社2000年版，第7页。
③ 柳诒徵：《国史要义·史原》，华东师范大学出版社2000年版，第6页。
④ 柳诒徵：《国史要义·史例》，华东师范大学出版社2000年版，第261页。
⑤ 柳诒徵：《国史要义·史原》，华东师范大学出版社2000年版，第10页。

行、孝友、忠义，何以定名？以礼定之也。不本于礼，几无以操笔属辞。"①

礼由此而成为维系中华民族几千年的核心思想。"名教之用，以之为约束联系人群之柄者，亘数千年而未替。"②"吾国以礼为核心之史，则凡英雄宗教物质社会依时代之演变者，一切皆有以御之，而归之于人之理性，非苟然为史已也。"③因为有礼之精神的贯注，伦理道德作为社会共识成为整个社会的稳固基石，时代物质的变化难以撼动民族精神的根本，这或许是中国政治相对稳定和大一统思想的根本原因。

礼治思想源于西周。柳先生认为，周代礼制是中国文治的基础，两千年政治制度的源头，中国传统文化的根基，"三教改易，至周而尚文。盖文王、周公皆尚文德，故周之治以文为主……其文教以礼乐为最重"④。"周之文化，以礼为渊海，集前古之大成，开后来之政教。"⑤《历代史略》与《中国文化史》都列有专章阐述"周之礼制"。《中国文化史》第一编《上古文化史》占了全书约40%的篇幅。第一编共33章，古史传说就占了17章，周朝历史占了10章。其中，《周之礼制》一章，全用《周礼》作材料，占了全书约8%的篇幅⑥。柳氏以《周礼》为文献基础，推见周代国家社会组织之法，详述周代之礼制政教，以此观照整个古代中国。

讨论周代礼制能否依据《周礼》？柳先生认为，《周礼》是否为周公所制并不重要，重点是该书的确产生于周代，反映了周制或者周代政治理想，对此即令攻击该书的学者也无异议。"以其非有来历断不

---

① 柳诒徵：《国史要义·史原》，华东师范大学出版社2000年版，第13页。
② 柳诒徵：《国史要义·史原》，华东师范大学出版社2000年版，第25页。
③ 柳诒徵：《国史要义·史原》，华东师范大学出版社2000年版，第13页。
④ 柳诒徵：《中国文化史》，上海古籍出版社2001年版，第135页。
⑤ 柳诒徵：《中国文化史》，上海古籍出版社2001年版，第138页。
⑥ 胡适：《书籍评论》，《清华学报》第八卷第二期，1933年。

能冥思臆造，创为此等宏纲细目之书也……《周官》之说即令未尝实行，仅属于一个人之理想，然此一个人之理想产生于此时代，已足令人惊诧，矧其官守法意，降至春秋、战国，犹多遗迹可寻乎！……此书实成、康、昭、穆以来王官世守之旧典，以之言西周之文化，固非托古改制之比也。"①《周礼》作为周代的政治理想是可信的，又因形成文本便于研习，深刻影响着后来的政治。因此，礼作为政史之核心，民族文化精神之核心，从周代就逐步确立了。

（二）礼为人治之道：顺人情，明伦序

礼重人情与伦序，蕴含着人治之道。柳先生认为，中国以伦理立国，"建立人伦道德，以为立国中心，缅缅数千年，皆不外此，此吾国独异于他国者也。……吾国文化，惟在人伦道德，其他皆此中心之附属物"②。伦理是对社会生活和个体生命的秩序安排，是传统文化的核心和优长，这正是柳先生所看重的中国文化的核心精神。所以，"何为人伦？何谓伦理？何为礼教？此今日研究中国学术、道德、思想、行为之根本问题也"③。

礼治之根本就是以性善论为基础顺人情明伦序。"言礼必本于性善。知性之善，则人皆可以为尧舜。"④柳先生对人伦及其相关概念作出了新的解释。他认为，无论东西方，人伦都是最重要、最基本的社会秩序，亲疏等差是基于天然人情，并非人为划分。"从民俗而知天，原天理以定礼，故伦理者、礼之本也，仪节者、礼之文也。……天人之际，所包者广。本天叙以定伦常，亦法天时以行政事。"⑤礼的

---

① 柳诒徵：《中国文化史》，上海古籍出版社2001年版，第141页。
② 柳诒徵：《中国文化西被之商榷》，《柳诒徵史学论文续集》，上海古籍出版社1991年版，第228页。
③ 柳诒徵：《明伦》，孙尚扬主编：《国故新知论——学衡派文化论著辑要》，中国广播电视出版社1995年版。
④ 柳诒徵：《中国礼俗史发凡》，《柳诒徵史学论文续集》，上海古籍出版社1991年版，第647页。
⑤ 柳诒徵：《国史要义·史原》，华东师范大学出版社2000年版，第15页。

准则不是一个人为的规范，也并非由一人所制定，而是根据人类的基本人情和伦理所得出的自然法则。以礼为准不是史家的主观决断，而是合乎天道人伦精神的一种表现。"其皆本于天然之秩叙，故皋陶谟之言典礼，曰天叙天秩，天不可见，则征之于民，曰天聪明自我民聪明，天明威自我民明威。"①礼的创制者是整个民族，而不是个人。"此五种伦理思想，必非一王一圣所创垂，实由民族之聪明所表现。"②是民族集体的共识，不是专制威权的结果。

柳先生认为礼治中的"衣裳之治"大有深意。"中夏之文明，首以冠裳衣服为重，而南北之别，声教之暨，胥可于衣裳觇之。此《系辞》所以称'垂衣裳而天下治'欤！……文采之多寡，实为阶级之尊卑，而政治之赏罚，即寓于其中，故衣裳为治天下之具也……以劝善惩恶之心，寓于寻常日用之事，而天下为之变化焉，则执简驭繁之术也……衣服之用，有赏有罚。故古代之象刑，即以冠履衣服为刑罚。"③衣裳之治是基于人的羞耻之心来劝善惩恶的治理方法，不能简单地斥为阶级之制、不平之事、愚民之策。

柳先生重新解释了君臣、父子、夫妇之伦的人情内涵。他认为，古代君主制并非专制。君臣之伦只是上下级关系的体现，是社会组织自然等差的代名词。"君臣即首领与从属之谓，无论社会何种组织，皆有君臣。……故君臣其名，首领与从属其实。君臣之名可废，而首领与从属之实不可废，不可废便不可逃。"④君设立的初衷是有民才有君，民间社会力量可以与君王抗衡。"古代虽有君主政体，其君民之别，初不甚严。君者，群也。必得其群之欢心，然后为众所推戴。……故谓君主政治即专制政治者，实误解古代之事迹也。"⑤伦理

---

① 柳诒徵：《国史要义·史原》，华东师范大学出版社 2000 年版，第 14 页。

② 柳诒徵：《国史要义·史原》，华东师范大学出版社 2000 年版，第 14 页。

③ 柳诒徵：《中国文化史》，上海古籍出版社 2001 年版，第 43 页。

④ 柳诒徵：《明伦》，孙尚扬主编：《国故新知论——学衡派文化论著辑要》，中国广播电视出版社 1995 年版。

⑤ 柳诒徵：《中国文化史》，上海古籍出版社 2001 年版，第 25 页。

虽安排等威差别，却并非只约束庶人，相反，"元首之尊，莫逃公议，此所以为名教"①。"庶人修其身，不愧天子；天子不修其身，不足侪庶人。此是若何平等精神！"②

至于父子之伦，则是文明演进的印迹。"父子之伦者，由禽兽野蛮人进而至于文明人而后有者也。西人未尝无父子，惟父必尽其养子义务，子则不必养其父。此一方面之助，非互助也。人苟对于出身之父，施以教养十余年、二十余年之恩者，不必扶助，而对于其他漠不相关之人，转高谈互助，尽心竭力以为之谋，是无本也，是无情也。是人类之结合，徒以势利关系，而不本于理性也。"③柳诒徵认为，家族伦理出于自然人情，亲疏远近是人之天性，父子之伦是人类社会最普遍的人性。

关于夫妻之伦，柳先生重申"感、恒"的古义。男女感情不应该仅仅考虑感情的因素，更不应该以金钱、外貌来衡量，而应该提倡同甘共苦式互助。情感易变，互助才能长久。"人之于人，必须有生死不渝之精神，然后始见性情之可贵。使以吃饭活命，遂举至亲极密之人而背之，则人为经济所压迫，而道义荡然矣。"④夫妇和谐，婚姻稳定是维持社会稳定的基础。

柳先生又重新解释了忠和孝。"夏时所尚之忠，非专指臣民尽心事上，更非专指见危授命。第谓居职任事者，当尽心竭力求利于人而已。人人求利于人而不自恤其私，则牺牲主义、劳动主义、互助主义悉赅括于其中，而国家社会之幸福，自由此而蒸蒸日进矣。……后儒不知忠之古谊，以臣民效命于元首为忠。"⑤其中更为强调"忠"敬业、忠于职守、忠于民众的古义。他解释孝："孝之为义，初不限于经营

---

① 柳诒徵：《国史要义·史原》，华东师范大学出版社 2000 年版，第 20 页。
② 柳诒徵：《中国文化史·弁言》，上海古籍出版社 2001 年版，第 2 页。
③ 柳诒徵：《明伦》，孙尚扬主编：《国故新知论——学衡派文化论著辑要》，中国广播电视出版社 1995 年版。
④ 柳诒徵：《明伦》，孙尚扬主编：《国故新知论——学衡派文化论著辑要》，中国广播电视出版社 1995 年版。
⑤ 柳诒徵：《中国文化史》，上海古籍出版社 2001 年版，第 90 页。

家族。如《孝经》曰：'立身行道，扬名于后世，以显父母，孝之终也。'《祭义》曰：'居处不庄，非孝也。事君不忠，非孝也。莅官不敬，非孝也。朋友不信，非孝也。战陈无勇，非孝也。皆非仅以顺从亲意为孝。举凡增进人格，改良世风，研求政治，保卫国土之义，无不赅于孝道。……礼俗相沿，人重伦纪，以家庭之肫笃，而产生巨人长德，效用于社会国家者，不可胜纪。"①这样就扩大了孝的内涵，凸显了孝对社会国家的积极作用。

柳先生对礼治、人伦、忠、孝的解释，是针对西方个人主义的弊端，在重申古义的框架下所作的现代诠释，侧重肯定其中的浓厚人情与仁厚之风，及其对社会稳定的基础作用。"吾国史策，忠臣、义士、循吏、名臣，可法、可惊、可歌、可泣者，其原何在？在圣哲由其天性而导之，以发挥于国家。……此其向善之精诚，不待宗教诱之，法律绳之，盟约莅之，而以人伦之自然收获之良果也。"②礼治对人情伦理的重视，使得中国人"人格日上，而胸怀坦荡，无怨无尤，无人而不自得。西方人士，日日谋革命，日日谋改造，要之日日责人而不责己，日日谋利而不正义，人人为经济之奴隶而不能自拔经济之上"，"苟得吾国之学以药之，则真火宅之清凉伞矣"。③ 这是中国文化可以提供给世界文明的独特财富。这是柳诒徵对当时文化激进主义者全盘否定传统文化的反拨。

(三) 礼为道德教化之具：立德教化，移风易俗

柳先生认为，中国"以立德教化为一切基本"④，"礼之由来与其演进，皆民族社会由獉狉而日进于文明之遗迹也"⑤。礼治就是立德

---

① 柳诒徵：《中国文化史》，上海古籍出版社 2001 年版，第 93 页。
② 柳诒徵：《中国礼俗史发凡》，《柳诒徵史学论文续集》，上海古籍出版社 1991 年版，第 630 页。
③ 柳诒徵：《中国文化西被之商榷》，《柳诒徵史学论文续集》，上海古籍出版社 1991 年版，第 229 页。
④ 柳诒徵：《国史要义·史德》，华东师范大学出版社 2000 年版，第 88 页。
⑤ 柳诒徵：《中国礼俗史发凡》，《柳诒徵史学论文续集》，上海古籍出版社 1991 年版，第 612 页。

教化、移风易俗,故又称礼教、名教、政教或文教。以礼制定纲纪,礼乐施教化,化民成俗。柳诒徵评价德国人夏德《支那古代史》"谓《周礼》为陶冶后代国民性之具,亦不可谓无见也"①。

柳氏将礼分为礼制与礼俗。"周之政法,即谓之礼。前所举之制度,皆礼也。此节所言之礼俗,则周代制度中之子目,而于《周官》中专礼之名者也。"②礼制为教化的手段,礼俗为教化的结果。他盛称周代礼制"包举天下万事万物,一一为之区分条理,而又贯串联络秩然不紊"③,将其分为国土区画、官吏职掌、乡遂自治、授田之制(附兵制)、市肆门官之政、王朝教育、城郭道路宫室之制、衣服饮食医药之制、礼俗、乐舞、王朝诸侯11个方面。专礼即吉、凶、军、宾、嘉五礼为仪,从属于礼制之中。

柳氏指出礼、仪、俗三者关系紧密。他认为,"言礼而不言俗,未为知礼"④。礼起于邃古遗俗,但并非尽循俗,其本义在于缘俗制礼,以礼移俗。礼达于俗,则需要通过礼仪即仪节器物来外化。"内心之敬慎,亦必与外物为缘……精神物质,交相须焉。……制礼之先,莫亟于备物。"通过教育来施行,"盖其教多以读法行礼及国事相与实验,不徒事记诵理论,故其人之道德,皆实可见于施行。……其尤妙者,如《王制》所言,简不帅教,而乡之耆老,国之卿大夫士,上及王者,赴学校而躬行礼法,以示范于学生。则真道德团体之教育,非徒教育专家之教育矣"⑤。这样的礼治精神培育了中国人任恤、忠信、明理、尚文的民族性,历经两千余年风义犹存。柳诒徵处处讨论制度与民风民俗,尤其关注官吏勤政爱民对民风的影响,就是看重礼的教化作用,对社会的规范作用,以及礼治对人们的道德熏陶和精神培植作用。

---

① 柳诒徵:《中国文化史》,上海古籍出版社2001年版,第213页。
② 柳诒徵:《中国文化史》,上海古籍出版社2001年版,第189页。
③ 柳诒徵:《中国文化史》,上海古籍出版社2001年版,第141页。
④ 柳诒徵:《中国礼俗史发凡》,《柳诒徵史学论文续集》,上海古籍出版社1991年版,第610~651页。
⑤ 柳诒徵:《中国礼俗史发凡》,《柳诒徵史学论文续集》,上海古籍出版社1991年版,第610~651页。

柳先生继承传统礼学又有所扩展，接受西方近现代学术又有所保留，其礼学集礼学、儒学与史学为一体，以礼贯通政史，从人情、伦序出发，视国家礼制、礼教和社会礼仪、规范化礼俗与民风为一体，施行道德教化、移风易俗，最终归结到以礼为核心的文化史所培育的民族精神上，体现为一种文化史视域下的独特礼学观。

三、文化史视域下的柳诒徵礼学的双重意蕴

文化史视域下的柳诒徵礼学，既有学术史意义，也有思想史意义。

从礼学发展本身来说，20世纪礼学的首要问题是如何向现代学术转型。礼学原本是作为国家治理和社会管理的学问而存在的，是经学的重要组成部分，礼的制度研究、名物研究、文献研究都是附庸于此。但随着封建制度在中国的消亡，礼学无所附丽，用西方现代学术的标准与规范审视传统礼学，又没有一个恰好与之相对应的学科，只能并入史学并被细分到各专门史之中。1923年梁启超指出："这门学问到底能否成立，我们不能不根本怀疑。……礼学的价值到底怎么样呢？几千年很琐碎很繁重的名物、制度、礼节，劳精敝神去研究他实在太不值了。……我们试换一个方向，不把他当做经学，而把他当做史学，那么，都是中国法制史、风俗史……史……史的第一期重要资料了。……我们若用新史家的眼光去整理他，可利用的地方多着哩。"①梁氏所言也正是当时新史学所做的工作。只是如此一来，礼学作为中国最独特的学问就失去独立存在的条件必将分崩离析了。

柳先生将礼学纳入文化史视域之中，将礼学转向文化研究，这样，礼的制度、仪节、名物、文献研究与礼义阐发就都可以继续保持一种整体性。既避免了礼学的分崩离析，又在现代学科中为礼学找到一席之地。同时，柳先生从更广泛的意义上将礼俗纳入礼学，不仅丰富了礼学的整体性，而且拓宽了礼学的研究范围。后来一些学者延续

---

① 梁启超：《中国近三百年学术史·十三》，《饮冰室合集7·饮冰室专集之七十五》，中华书局1988年版，第190~191页。

了柳先生所开创的道路,进一步对礼文化进行文化人类学、民俗学、社会学的跨学科研究,如杨宽《古史新探》、杨志刚《中国礼仪制度研究》、邹其昌《中国礼文化》、杨华的《先秦礼乐文化》等,取得了较大成绩。

从思想观念而言,20世纪民主科学的思想对传统礼治提出强有力的挑战,礼制作为古代社会最重要的制度设计,被视为专制威权的象征,遭到猛烈抨击。在知识界纷纷指斥礼制维护等级、专制、威权的思想背景下,柳先生积极肯定传统儒学伦理立国和以德、礼治天下的思想蕴育了中国文化精神的核心——礼,明确提出礼文化是中华民族可以贡献给世界文明的财富。

在柳先生的文化史视域下,礼是中国文化蕴育出来的,纳制度、礼仪、礼俗、礼义等为一体的独特的人文精神,不能只抨击其弊端却对其优长视而不见。礼立足伦理人文,指向道德教化,重人伦之互助,培养了全社会的自律与自治,培育了中华民族美好的国民性。礼治以礼文教化天下,蕴含着人文关怀和平等思想,是中华文明异于西方的独特的民族文化精神,可以纠西方文化之偏。

柳先生理直气壮地为礼学辩护。《中国文化西被之商榷》提出据人伦道德以立国"最平易亦最艰难",是中国文化对世界的价值所在;《华化渐被史》指出"华化渐被,遍于亚洲",尤其深刻影响了日本。近世学者信言中国人种起源于西方,中国历史悠久并无实证。《中国文化史》开篇即论"中国人种之起源"与"洪水以前之制作",反驳民族与文化虚无论。

有以西方个人主义批评中国礼教人伦者,以国弱源于民族文化柔弱者。柳诒徵高扬中国文化讲究利用厚生和义利之辨的长处,在于不尚功利、不张霸权,反对穷兵黩武。他说:"其于道德,最重义利之辨。……吾国圣哲之主旨,在不使人类为经济之奴隶"[①],"然专以强利为目的,其流极必至于不顾人道群德……今世强国侵略主义,即

---

① 柳诒徵:《中国文化西被之商榷》,《柳诒徵史学论文续集》,上海古籍出版社1991年版,第228页。

此耳"①，"以他族之政术本不基于礼仪名教，而惟崇功利之史籍较之，宜其凿枘而不相如矣"②，"而其大欲在明明德于天下，非曰张霸权于世界，攫政柄于域中也"③。批评强权文化的强盗逻辑。

有学者批评中国文化没有民主精神和平等观念。柳诒徵认为，中国文化有着深厚的人文传统，关注民权和民生。周之共和与西方的民主立宪之制不同，周代"虽无民主，而有民权。人民之钤制帝王，隐然具有一种伟大的势力……为君者，恒以畏天保民为主"；"西周之末世，虽曰暴君代作，逸侯迭兴，人民之穷困颠连已达极点，而学士大夫直言无讳，指陈民瘼，大声疾呼……其言论之自由，或尚过于后世民主之时代也"。"吾国先哲立国要义，以民为主……故虽未有民主立宪之制度，而实有民治之精神。"④中国之平等也与西方不同："他族之言平等，多本于天赋人权之说。吾国之言平等，多基于人性皆善之说……礼之阶级为表，而修身之平等为里，显示阶级制度不足以限人，而人之平等者，惟在道德……礼之精髓，能合智愚贤不肖而平等。"⑤他认为中国文化之礼，着眼于人伦道德，才是真正意义上的平等。

这是柳氏对礼学进行的学理辩护，也是对激进思潮下的文化自鄙进行的学术反击。余英时说："在一个要求变革的时代，'激进'往往成为主导的价值，但是'保守'则对'激进'发生一种制约作用，警告人不要为了逞一时之快而毁掉长期积累下来的一切文化业绩。"⑥柳诒徵礼学和许多文化保守主义者的论述一样，如同那个激进时代的"刹车片"，对思想文化血脉的传承起着重要作用，对树立民族自信心，鼓舞民族精神有较强的思想意义。

---

① 柳诒徵：《中国文化史》，上海古籍出版社2001年版，第321页。
② 柳诒徵：《国史要义·史原》，华东师范大学出版社2000年版，第25页。
③ 柳诒徵：《中国文化史·弁言》，上海古籍出版社2001年版，第2页。
④ 柳诒徵：《中国文化史》，上海古籍出版社2001年版，第229~231页。
⑤ 柳诒徵：《国史要义·史化》，华东师范大学出版社2000年版，第342~343页。
⑥ 余英时：《钱穆与中国文化》，上海远东出版社1994年版，第216页。

柳诒徵礼学论著目录：

《中国文化史》，上海古籍出版社 2001 年版。

《国史要义》，华东师范大学出版社 2000 年版。

《柳诒徵史学论文集》，上海古籍出版社 1991 年版。

《柳诒徵史学论文续集》，上海古籍出版社 1991 年版。

《柳诒徵说文化》，上海古籍出版社 1999 年版。

周官著作时代考（存目）

钱 穆

【评 介】

钱穆（1895—1990），字宾四。江苏省无锡人。中国现代历史学家、教育家。历任燕京大学、北京大学、清华大学、四川大学、齐鲁大学、西南联大等大学教授，曾任无锡江南大学文学院院长。1949年迁居香港，创办新亚书院，1967年移居台北，任中国文化学院历史所教授、"中央研究院"院士、台北"故宫博物院"特聘研究员。著作辑为《钱宾四先生全集》，有甲、乙、丙三编，计56种54册，约1500万字。

20世纪以来，在晚清今古文经学之争和疑古辨伪思潮之下，《周礼》的真伪、作者及成书时代成为学术讨论的热点问题。钱穆先生1932年发表《周官著作时代考》专门对《周礼》的著作时代进行详实的文献考证，引起了普遍关注。钱先生是在何种背景下撰述《周官著作时代考》？他与同时代其他学者观点有何不同？

一、《周礼著作时代考》的撰述背景

清末民初，今古文经学之争尚未平息，疑古辨伪思潮方兴未艾，诸子学勃兴。

晚清今文经学直承清中叶今文经学思想而来，即乾嘉时期庄存与、刘逢禄、宋翔凤的公羊学，崔述《考信录》的疑古思想，道、咸时期龚自珍和魏源的辨伪成果。他们起初"言家法异同"，后议经书真伪，"自刘书出而《左传》真伪成问题，自魏书出而《毛诗》真伪成问题，自邵书出而《逸礼》真伪成问题。若《周礼》真伪，则自宋以来成问题久矣"①。晚清廖平《今古学考》谓汉代古文全是刘歆所伪造,康有为《新学伪经考》斥《左传》、《周礼》、《逸礼》及《诗》之毛传尽为刘歆伪造之"伪经"。崔适著《史记探源》和《春秋原始》引申康说。其中影响最大的是康有为《新学伪经考》。梁启超说:"(康有为)诸所主张,是否悉当,且勿论,要之此说一出,而所生影响有二:第一,清学正统派之立脚点,根本动摇;第二,一切古书,皆须从新检查估价。此实思想界之一大飓风也。"②随着该书1891年刊行,刘歆伪造古文群经的说法深入人心,今文经学一度转化为维新变法的思想先导。

　　清末今古文经学的论争,其实已经逐渐溢出于经学之外,直指西学东渐背景下传统学术向现代学术转型所面临的问题,即如何对待传统经学典籍。所以不仅主今文学的廖、康、崔努力辨古文经之伪,主古文学的章太炎谈治国学之方法也认为应当首先"辨书籍的真伪"。晚清今文经学的思想飓风深刻影响了民国史学界③,民国疑古辨伪与清末今古文经学论争一脉相承。廖、康、崔对刘歆遍伪群经的怀疑和考辨,引发了民国史学界对经书所载古史的普遍怀疑。

　　一时之间,胡适"以科学方法整理国故"的号召获得广泛响应,以"科学方法"研究古史成为一时风尚。以胡适、钱玄同、顾颉刚为首的"古史辨",掀起了对古史古书的疑古辨伪思潮,要打倒帝系、王制、道统和经学四方面的偶像。六经在"科学的历史"面前被质疑为需经辨伪并重新整理的史料,三皇五帝、尧舜禅让、尧舜禹汤文武周公等儒家圣王统系作为古史传说被反复考辨其真伪。钱玄同说:"凡治历史科学,第一步必要的工作是'审查史料的真伪',简称可曰'辨伪'……过去的学术界,是被'宗经'的思想支配的。而自宋以来多数学者所宗之经,则更是杂凑之书,就是流俗所谓十三经也者……所以我以为我们现在对于治国故的人们,应该供给他们许多辨伪的材

---

① 梁启超:《清代学术概论》,上海古籍出版社1998年版,第76页。
② 梁启超:《清代学术概论》,上海古籍出版社1998年版,第78页。
③ 参见刘巍:《〈刘向歆父子年谱〉的学术背景与初始反响》,《历史研究》2001年第3期。该文辨析晚清今古文经学对民国学术影响甚详。

料,而辨伪'经'的材料,比辨伪'史'、伪'子'、伪'集'的材料,尤其应该特别注重……我们若疑今文家所言周代的典礼制度不足信,则应该根据《钟彝铭文》来推翻它,绝对不应该依据《周礼》来推翻它……"①钱说在民国学界具有代表性。《古史辨》第一册考辨上古史,第二册考辨孔子,第三册考辨《周易》和《诗经》,第四册诸子丛考,第五册辨今古文与阴阳五行说,第六册诸子续考,第七册考辨古史神话传说,收录了118位学者的350篇文章,足可见当时学术论争焦点,正在于辨伪经、伪史、伪子的材料。

民国许多学者都参与了疑古辨伪大讨论。王国维从古文字学的角度提出"战国时秦用籀文六国用古文说",论证汉传古文诸经皆有所本②。主张"史学便是史料学"的傅斯年提出要借重考古来辨伪:"我们研究古史,完全怀疑,固然是不对的;完全相信,也是不对的。我们只要怀疑的有理,怀疑的有据,尽可以怀疑。相信的有理有据,也尽可以相信的。要是这样,就不能不借重考古了。"③民国史学的疑古辨伪讨论,发端于晚清今古文经学之争,将西方历史科学与传统考据相结合,推动了史学思想的革新。在疑古思潮之下,经学地位逐步下降,经学逐步史学化;作为经学阐释者的儒家也降而与诸子同列,诸子学兴起。

《周礼》与《左传》两部晚出古籍,因康有为判刘歆遍伪群经而成为民国辨伪思潮的焦点。《周礼》最早出现于《史记·封禅书》中,又见于《汉书·河间献王传》,皆称《周官》,《汉书·艺文志》中称《周官经》,此前全无经师传授记载。西汉末年刘歆始说《周礼》是

---

① 钱玄同:《重论经今古文学问题——重印〈新学伪经考〉序》(1931.11.16),康有为著,章锡琛校点:《新学伪经考》,古籍出版社1956年版,第386页。

② 王国维:《观堂集林·艺林七》中"战国时秦用籀文六国用古文说"、"《史记》所谓古文说"、"《汉书》所谓古文说"、"汉时古文本诸经传考"、"汉时古文诸经有转写本说"均持此论。

③ 傅斯年:《考古学的新方法》,《傅斯年全集》第三卷,湖南教育出版社2000年版,第90页。

"周公致太平之迹";王莽改制以及王安石变法都以此书为依据;郑玄认为《周礼》为"周公所制",何休认为《周礼》是"六国阴谋之书"。贾公彦《周礼正义序·序〈周礼〉废兴》引东汉马融《周官传序》专门述及该书出现情况。对《周礼》真伪的怀疑早自宋代已经开始,晚清今文经学家的讨论再一次将这个问题凸显出来。为凸显清末民初《周礼》研究的问题指向,现将清末民初及现代诸史家关于《周礼》论述表列如下:

史学家	著作名	《周礼》相关论述
皮锡瑞	《经学通论》(1907)	《周官》当从何休之说,出于六国时人,非必出于周公,亦非刘歆伪作①
	《王制笺》(1907)	惟何劭公以《周礼》为六国时书,郑康成以《王制》为赧王之后,当得其实……郑君以《王制》为孔子之后大贤所记,则亦知其书出于孔门,惟过信《周礼》出周公,解《王制》必引以为证,则昧于家法而自生葛藤②
廖 平	《今古学考》(1886)	今学同主《王制》,万变不离其宗……古学主《周礼》,隐与今学为敌……断定《周礼》为西汉刘歆作伪,以礼制异同区分今古文③

---

① 皮锡瑞:《经学通论》三之"三礼",中华书局1954年版,第49页。
② 皮锡瑞:《王制笺·自序》,《续修四库全书》第107册,经部礼类。
③ 廖平:《今古学考》,《中国现代学术经典 廖平 蒙文通卷》,河北教育出版社1996年版。该书上卷20张表中,有《今学损益古学礼制表》、《今学因仍古学礼制表》、《两戴记今古篇目表》、《今古各经礼制有无表》、《今古各经礼制同实异名表》、《今古各经礼制异实同名表》6篇集中比较今古文礼制的异同。1887年撰《王制、周礼凡例》。又参见路新生:《中国近三百年疑古思潮研究》第四章第四节"廖平《今古学考》经学思想体系中的几个问题",上海人民出版社2001年版,第441~468页。

续表

史学家	著作名	《周礼》相关论述
康有为	《新学伪经考》（1891）	歆遍造伪经，而其本原莫重于伪《周官》及伪《左氏春秋》。而伪《周官》显背古义，难于自鸣，故先为伪《左氏春秋》，大放厥辞。……歆欲附成莽业而为此书，其伪群经，乃以证《周官》者。故歆之伪学，此书为首……刘歆之伪古文，发源于《左氏》，成于《周官》，遍伪诸经为之佐证①
崔适	《史记探源》（1910）	……逸《礼》以下书名，亦刘歆所造。此数千人者，孰不仰体国师嘉新公之意旨，向壁虚造妖诬之言以备采纳。于是群经皆受其窜乱，而《史记》为《五经》门户，则亦不得不窜乱矣②
章太炎	《国学概论》（1922）	《周礼》，汉时河间献王向民间抄来，马融说是出自"山崖屋壁"的。这书在战国时已和诸侯王的政策不对，差不多被毁弃掉……《荀子》和《周礼》中相合的地方很多，或许他曾见过。孟子实未见过《周礼》，西汉人亦未见过。《礼记·王制篇》也和《周礼》不同③
刘师培	《经学教科书》（1905）	《周官经》者，当河间献王时，李氏上《周官》五篇，缺《冬官》一卷，以《考工记》补之。刘歆为王莽国师，始立《周官经》于学官，名为《周礼》，以授杜子春

---

① 康有为著，章锡珺校点：《新学伪经考》，古籍出版社1956年版，第86、76、52页。
② 崔适：《史记探源》，中华书局1986年版，第2页。
③ 章太炎：《国学概论》，上海古籍出版社1997年版，第22~23页。

续表

史学家	著作名	《周礼》相关论述
林泰辅[日]	《周官与其时代》(1915)	详细分析《周礼》所见天神、地祇、人鬼,以及伦理思想、政治制度等,认为此书作于西周末的厉王、宣王、幽王时期①
胡适	《井田辨》(1920)	《周礼》一书,我起初只承认他是战国末年的一部大乌托邦。现在我仔细看来,这书一定是《孟子》、《王制》之后的书,一定是用《孟子》、《王制》作底本来扩大的。《孟子》不曾见着这部书,作《王制》的博士们也不曾见着这书,但是作《周礼》的人是熟读《尚书大传》、《孟子》、《王制》等书的。《周礼》里的井田制说得很详细,很繁复,很整齐,确是中国统一以后的人的大胆悬想②
王国维	《书毛诗故训传后》(1923)	《周官》一书得于河间,不独汉初齐鲁诸儒皆未之见,即周秦人著书亦未有征引一二者。先汉人书,惟刘向所次《乐记》有《窦公》一篇乃《春官》大司乐职文,《大戴记·朝事》义取《秋官》典瑞、大行人、小行人、司仪四职文,《小戴记·内则》取《天官》食医、庖人、内饔三职文,《玉藻》取《春官》占人职文,《燕义》取《夏官》诸子职文。此外惟贾谊《新书·礼篇》云"拜生民之数及谷数"与《春官·天府》、《秋官·司民》说同。其余无引《周官》一事者。虽《左传》、《国语》等古文之早出者,亦无一与《周官》相发明

---

① [日]林泰辅:《周公与其时代》,东京大仓书店 1915 年版。钱穆先生翻译摘录该书第一编,题名《周公》,收入《钱宾四先生全集》第 26 册。

② 胡适:《井田辨》,欧阳哲生编:《胡适文集》第二卷,北京大学出版社 1998 年版,第 322 页。

续表

史学家	著作名	《周礼》相关论述
吕思勉	《经子解题》（1924）《先秦学术概论》（1933）	《周礼》本称《周官》，与孔门之《礼》无涉……故此书与儒家《礼经》，实了无关涉。亦必非成周旧典。盖系战国时人，杂采前此典制成之。……此书虽属渎乱，亦必皆以旧制为据。刘歆窜造之说，大昌于康有为，而实始于方苞。……然窜乱则有之；全然伪撰，固理所必无；则固足以考古制矣① 信今文者，诋《周官》为伪书，信古文者，又以今文家所称，为后起之义。予谓皆非也。《周官》虽六国阴谋之书，所述制度，亦必有所本，不能凭空造作也②
范文澜	《群经概论》（1933）	据马氏此传，知《周礼》在西汉，藏于秘府，儒者莫见其书，至刘歆起废继绝，始广流传。后人因恶歆、莽，并疑《周礼》，盖意气之争，未足为确论也。……史克谓先君周公制《周礼》，此言最可信。惟所谓制礼者，非所谓周公在某一时期制成典礼若干篇，班行天下之谓，必有所因袭而整齐之，增饰之，会通之。……《周礼》之非伪书，的然无疑也③
周予同	《经今古文学》（1926）《群经概论》（1933）	关于《周礼》的作者……古文学家以为周公所作，今文学家以为非周公所作，甚至斥为刘歆所伪造……至于宋学派对于《周礼》的态度，则或信或疑，各就主见而定④

---

① 吕思勉：《经子解题》，华东师范大学出版社1995年版，第44、48页。
② 吕思勉：《先秦学术概论》，《民国丛书》第四编，上海书店1992年版，第63页。
③ 范文澜：《群经概论》，《范文澜全集》第一卷，河北教育出版社2002年版，第138页。
④ 周予同：《经今古文学》、《群经概论》，朱维铮校编：《周予同经学史论》，上海人民出版社2010年版，第1、158页。

比较上表诸论可知，晚清今文经学家皮锡瑞晚年尚持《周礼》为六国时书之论，而廖平、康有为、崔适等今文经学家已经坚信"刘歆遍伪群经"，倾向于古文经学的章太炎、刘师培等则认为《周礼》是汉代河间献王从民间所得。只是廖、康、崔继承乾嘉考据之风，采用文献考据的方法，根据《史记》、《汉书》与其他子、史书相互比勘，显然对当时及民国经史之学影响更大。胡适考井田制而改变初衷接受康说，钱玄同"仍认康氏之论为最确"，顾颉刚《五德终始说下的政治和历史》遵康说认为刘歆改造邹衍五德终始说以助王莽改制篡汉，周予同分经学为今文学、古文学和宋学三派也暗含着对康说的认同。也有不同意见者，如王国维从文字学、吕思勉从制度史的角度论《周礼》非刘歆伪造。但可以说，今古文经学与康氏"刘歆辨伪群经"说构成了钱穆《周官著作时代考》的主要学术背景。

《周礼》真伪问题之所以一再被提及、讨论，确实是因为讨论各方都只能根据现有的残缺的材料进行推论，所依据的材料相似，而对材料的理解存在歧异，无怪乎谁也不能说服谁。民国时期，在现代学术的科学的旗帜下，经学、儒学与史学、子学的地位关系有升降，对待古籍的态度也发生变化，正史之外的史籍与儒家之外的子书的价值逐步得到更为客观的对待。疑古辨伪以新态度与新方法重新审视古籍资料，继承乾嘉考据，吸纳西方历史科学方法，重新进行文献考证，也是势所必然。

钱穆先生在学术界崭露头角之时，就处于这场疑古辨伪的学术大讨论之中①。他先后撰《刘向歆父子年谱》(1930)和《周官著作时代考》(1932)两篇长文反驳"刘歆伪造群经说"。余英时评价说："他的主要学术著作全是针对着当时学术界共同关注的大问题提出一己独特的解答，而他的解答则又一一建立在精密考证的基础之上。清末康有为的《新学伪经考》支配了学术界一二十年之久，章炳麟、刘师培虽与之抗衡，却连自己的门下也不能完全说服。所以钱玄同以章、刘弟子的身份而改拜崔适为师，顾颉刚也是先信古文经学而后从今文一

---

① 参见罗义俊：《钱穆与顾颉刚的〈古史辨〉》，《史林》1993年第4期。

派。钱先生《刘向歆父子年谱》出，此一争论才告结束。"①

钱先生在《刘向歆父子年谱》自序中指出康有为《新学伪经考》"刘歆遍伪群经"有二十八端不可通，其中第十二至十八及二十三端皆专指刘歆伪造《周官》之不可通，年谱中又依据所列文献多所反驳。该文发表以后，有"青松"发表评论认为："今钱氏之文于刘歆未造伪经之证据颇多，而对于《周官》及《左氏传》之著作年代无具体意见，吾人认为其抨击崔康者仍未能中其要害也。"②两年后，钱穆先生发表《周官著作时代考》，详考《周礼》的著作时代。1958年钱先生将其与《两汉博士家法考》(1944)、《孔子与春秋》(1954)辑为《两汉经学今古文平议》一书，并撰序说明四文的撰写都是针对经学今古文问题而发。他认为两汉今古文之争被清儒夸大："然一时代之学术，则必其有一时代之共同潮流与其共同精神，此皆出于时代之需要，而莫能自外。逮于时代变，需要衰，乃有新学术继之代兴。如就此寻之，汉儒治经学，不仅今文诸师，同随此潮流，同抱此精神，即古文诸师，亦莫不与此潮流精神相应相和，乃始共同形成其为一时代之学术焉。"③他主张研究两汉经学问题不能过于夸大今、古文之异，而忽略了其时代精神上的同。

二、经史子学通贯与思想线索考据法

与《刘向歆父子年谱》一样，《周官著作时代考》仍是为驳康氏的刘歆伪造群经说而作。所不同者，前者重在驳，后者重在立。康有为认为"莽一朝典礼皆歆学"，并一一录出作为刘歆伪造群经的证据，其中提及十二州、四时迎气之祭、四郊之制、土地分配制度、三皇五

---

① 余英时：《一生为故国招魂》，《现代危机和思想人物》，三联书店2005年版，第508页。
② 青松：《评〈刘向歆父子年谱〉》，《古史辨》第五册，上海古籍出版社1982年版，第249页。
③ 钱穆：《两汉经学今古文平议·自序》，《钱宾四先生全集》第8册，台湾联经出版事业公司1998年版，第4页。

帝名号及少昊①等。钱先生遂从祀典、刑制、田制以及军制、丧葬、音乐等方面进行文献考辨，证明《周官》是战国晚期的著作。他认为，《周官》是一部理想冥构之书，不是实录，其中矛盾之处是各种思想杂糅的表现；《周官》中诸制度都能找到历史渊源，不出于周公所作，也非刘歆伪造；《周官》内杂有阴阳家、法家的思想。

《周官著作时代考》在研究方法上有何特点呢？

第一，经学、子学与史学的通贯。

考论《周礼》著作时代，属经学范畴，然钱先生撰此文时同时也在撰写《先秦诸子系年》。为深入了解钱先生当时所关注的问题及其所持观点，现将录入《古史辨》的钱先生著作23篇列表如下：

册数	序号	题目	撰写时间
《古史辨》第三册	125	论《十翼》非孔子作	1928年夏
《古史辨》第四册	序	钱序	1933年2月27日
	189	孔子年表	1925年12月
		附考二则	1930年5月1日
	193	荀卿考	1930年9月
	214	墨子的生卒年代	1931年8月
	216	许行为墨子再传弟子考	
	224	关于《老子》成书年代之一种考察	1930年12月
	238	魏牟考	1930年9月
	239	田骈考	
	240	接子考	
	242	慎到考	

---

① 康有为：《汉书刘歆王莽传辨伪第六》，《新学伪经考》，古籍出版社1956年版，第151~159页。

续表

册数	序号	题目	撰写时间
《古史辨》第五册	255	刘向歆父子年谱	1929年冬
	266	评顾颉刚《五德终始说下的政治与历史》	1931年4月13日
	267	《周官著作时代考》"论秦祠白帝有三畤"节	
	277	《先秦诸子系年考辨》自序	1935年12月
	278	《诸子生卒年世先后一览表》	
	295	惠施传略	1931年8月
	296	惠施年表	
	300	公孙龙传略	
	301	公孙龙年表，附跋	
	320	再论老子成书年代	1936年
《古史辨》第七册	343	唐虞禅让说释疑	1940年1月

由上表可知，钱先生参与"古史辨"讨论，主要集中在诸子研究。有18篇是《先秦诸子系年》中的篇目，第四册钱序论儒墨家学大义及考据利病，《评顾颉刚〈五德终始说下的政治与历史〉》讨论阴阳五行家邹衍的五德终始说和五行说。仅1940年著《唐虞禅让说释疑》考辨古史传说，余下的就是《刘向歆父子年谱》（1930）和《周官著作时代考》（1932）两篇长文了。据此似可推断，钱先生这几年的研究兴趣集中在先秦诸子，此两文虽属经学研究，但其学问基础是诸子学。《周官著作时代考》认为，《周礼》吸纳了诸子如李悝、吴起、商鞅等法家，孟子等儒家，庄子等道家，邹衍等阴阳学家的思想，又认为《周礼》与《老子》、《管子》时代接近，是战国晚期之书。与其考察《老子》成书年代的依据与推论往往一致，这是较为明显的证据。该文可谓钱先生考辨先秦诸子系年的副产品。

钱先生认为民国学术能够承接清儒穷经考古之遗的有诸子学之发明、龟甲文之考释与古史之怀疑。他肯定清儒董理诸子校勘训诂卓有成绩，但认为治诸子学不能仅用校勘和训诂的方法："诸子则专家之学,不能通其大义而徒求于训诂名物,无当也"①。章炳麟精辟有创见,"最近学者,转治西人哲学,反以证说古籍,而子学遂大白。最先为余杭章炳麟,以佛理及西学阐发诸子,于墨、庄、荀、韩诸家皆有创见。绩溪胡适、新会梁启超继之,而子学遂风靡一世"②。胡适则在方法上具有始创意义,"尝谓近人自胡适之先生造《诸子不出王官之论》,而考辨诸子学术源流者,其途辙远异于昔"③。这个"途辙"就是"实验哲学的眼光"与"西洋新史学家之方法"。

但钱先生以为,胡适不足处有三:"不能抉出此一时代背景之特点,即不能指出此一时代学术思想之真源……于各家背景转变处,不复详述,亦无以见各家思想递变之所以然……于各家异相极为剖析,而于各家共相未能会通,因亦无以见此一时代学术所以与他时代特异之处"④。即见一点不见全体,见其静不见其变,见其异不见其同。钱先生曾概括前人考论诸子年世有三病:"各治一家,未能通贯,一也。详其著显,略其晦沉,二也。依据史籍,不加细勘,三也。"⑤或许正是对胡适方法论的反思,因此钱先生研究先秦诸子,讲求诸子通贯,"以诸子之年证成一子,一子有错,诸子皆摇",又关注显学之外的其他诸子,一一详考之,以期全面反映此一时代的学术思想风貌与时代特色。

钱先生自评较高的是,《先秦诸子系年通表》据《竹书纪年》考辨纠正了《史记·六国年表》中的错误,使诸子年世"若网在纲,条贯秩如"。这是对其史学功力的自信,也是他治经学、子学均落实于史学

---

① 钱穆:《国学概论》,《钱宾四先生全集》第1册,台湾联经出版事业公司1998年版,第361页。
② 钱穆:《国学概论》,《钱宾四先生全集》第1册,台湾联经出版事业公司1998年版,第363页。
③ 钱穆:《钱序》,《古史辨》第四册,上海古籍出版社1982年版,第1页。
④ 钱穆:《国学概论》,《钱宾四先生全集》第1册,台湾联经出版事业公司1998年版,第365页。
⑤ 钱穆:《先秦诸子系年·自序》,《钱宾四先生全集》第5册,台湾联经出版事业公司1998年版,第21页。

的证明。吴相湘评价《先秦诸子系年》说："立一说必推之子、史而皆准，证一伪必考之时地而皆误，诚所谓丝丝入扣，至于辨析之精，引证之博则又极考证家之能事。然而钱初意本不欲徒治考据，不过欲使治战国时代历史的人于这一段缺略纷乱之史事有比较明朗之年表世次可为信据，因之公平论者咸以钱这一巨著实在是清代考证诸子之学的总结。"①

钱先生经常讲的一个观点就是要破除门户之见，他明确说过："凡诸门户，通为一家。经学上之问题，同时即为史学上之问题，自春秋以下，历战国，经秦迄汉，全据历史记载，就于史学立场，而为经学显真是。"②他不仅要破除经学内部的今古文之藩篱，也要破除经学、子学与史学之间的壁垒。破除门户之见早已体现在清儒治学之中。"夫治经终不能不通史，即清儒主张今文经学，龚定盦、魏默深为先起大师，此两人亦既就史以论经矣。而康长素、廖季平，其所持论，益侵入历史范围。故旁通于史以治经，筚路蓝缕启山林者，其功绩正当归之晚清今文诸师。惟其先以经学上门户之见自蔽，遂使流弊所及，甚至于颠倒史实而不顾。凡所不合于其所欲建立之门户者，则胥以伪书伪说斥之。于是不仅群经有伪，而诸史亦有伪。挽近世疑古辨伪之风，则胥自此启之。"③

《周礼》本为经学元典，其思想深受先秦诸子的影响，考察其著作年代的方法为文献考据，《周官著作时代考》正可谓钱先生经学、子学与史学一体通贯学术思想的典型范例。

第二，论思想线索之考据法。

经学、子学与史学的通贯在考据中得到统一和落实。考据至清乾嘉愈加精密，清末康有为以考据法宣扬变法维新，民国胡适、钱玄同、顾颉刚等用考据辨伪古史，钱先生也以考据法兼治诸子学、两汉

---

① 吴相湘：《钱穆阐扬传统文化》，《民国百人传》第 4 册，传记文学出版社 1979 年版，第 192 页。
② 钱穆：《两汉经学今古文平议·自序》，《钱宾四先生全集》第 8 册，台湾联经出版事业公司 1998 年版，第 6 页。
③ 钱穆：《两汉经学今古文平议·自序》，《钱宾四先生全集》第 8 册，台湾联经出版事业公司 1998 年版，第 6 页。

经学与秦汉史。他在古史辨时期就以擅长考据而著称。

钱先生认为,考据是一种评判知识是非的方法,"惟考据乃证定知识之法门,为评判是非之准的"①。有人诟病考据"琐碎、率尚怀疑破坏"等,钱先生则提出"非碎无以立通","识其会通"自明大体;"怀疑非破信,乃立信"。②他认为清儒考据之弊在于不识学术大体。"清儒于考据,用力勤,涉猎广,而创获多。然其大体,乃颇似于校勘、辑逸之所为。跖实有余,蹈虚不足。施于每一书之整理,洵为有功。其于古人学术大体、古今史迹演变,提挈纲宗,阐抉幽微,则犹有憾。此必具综合之慧眼,有博通之深识,连类而引申之,殊途而同归焉;此亦一种考据,岂仅比对异同,网罗散失之谓乎?"③他主张将疑古与考信、细节的考据与思想的会通视为一体。

钱先生之考据,独特处在于论思想线索。他着眼于其人其书的著作年代,始终将研究对象与时代背景潮流精神紧密联系在一起,既考虑研究对象与同时代其他思想的横向联系,也关注研究对象的纵向演变发展。这就是他独特的"论思想线索考据法"。他说:"考论一书之著作年代,方法不外两途:一曰求其书之时代背景,一曰论其书之思想线索……何谓'思想线索'?每一家之思想,则必前有承而后有继。其所承所继,即其思想线索也……故知凡成一家之言者,则必有思想线索可寻。探求一书之思想线索,必先有一已知之线索存在,然后可据以为推。前论思想条贯,即此各家思想前承后继之一条线索也……此一方法,即是一种新的考据方法也。"④与其说这是一种新的考据方法,毋宁说是一种新的考据思想。思想线索考据法,就是将研究对象放在宏观的思想史体系之中予以考察,也就是思想史的研究方法。

---

① 钱穆:《学钥·学术与心术》,《钱宾四先生全集》第24册,台湾联经出版事业公司1998年版,第160页。

② 钱穆:《钱序》,《古史辨》第四册,上海古籍出版社1982年版,第4页。

③ 钱穆:《庄老通辨·自序》,《钱宾四先生全集》第7册,台湾联经出版事业公司1998年版,第5~6页。

④ 钱穆:《庄老通辨·自序》,《钱宾四先生全集》第7册,台湾联经出版事业公司1998年版,第12页。

钱先生考证《老子》与《周礼》著作时代运用的都是这种思想线索考据法。他考证老子成书年代问题时提出了"思想线索"论证法和文字、术语、文体的论证法，他说："大凡一学说之兴起，必有此一学说之若干思想中心……对其最近较前有力之思想，或为承袭而阐发，或为反抗而排击，此则必有文字上之迹象可求。《老子》一书，开宗明义，所论曰'道'曰'名'，此为《老子》书中二大观念。就先秦思想史之系统，而探求此二大观念之所由来，并及其承前启后递嬗转变之线索，亦未始不足以为考察其成书之一助。且一思想之表达与传布，又必有所藉以表达与传布之工具。如其书中所用之主要术语，与其著书之体裁与作风，皆是也。此等亦皆不能逃脱时代背景之影响与牢笼，则亦足为考定书籍出世年代之一助也。"①他一一考辨其中的文字、术语，证成《老子》晚出。

上引文字也是《周官著作时代考》运用思想线索考据法的方法论。文中对祀典的考察，沿着"帝、天—五帝—五帝祀—五帝分祀—四时四郊分祀五色帝"祭祀思想的演变细化路径，一层层抽丝剥茧般地考辨分析，与此同时厘清了后儒理解歧异的缘由。

钱先生先从五帝祀的来历、五帝分祀与帝、昊天上帝和五帝称名分异等三层，来剖析五帝祀典的由来和变化："郊天祀帝，本属周家旧制。祀五帝之说，则起于战国末世，而始采用于秦。其五帝分祀四郊，则又是当时学者间一种空想与冥构。凡此情节不同，而《周官》作者，一一为之兼罗并存，其间不免有冲突，不可并存处"②。他认为《周官》并非史实记录，而是兼罗各种素材加以组织，不免有漏洞，不能仅据某一点，而应关注祀典的演变从中推断其时代。《周官》尚未将五帝与四郊的方位、颜色配列清楚，直到《吕氏春秋》才对四时四郊分祀五帝有精详的规定，可见其著作时代为战国晚年。

《周官》的五帝祀发展为《吕氏春秋》精详的四时四郊分祀五色帝，

---

① 钱穆：《庄老通辨·关于〈老子〉成书年代之一种考察》，《钱宾四先生全集》第7册，台湾联经出版事业公司1998年版，第25页。

② 钱穆：《两汉经学今古文平议·周官著作时代考》，《钱宾四先生全集》第8册，台湾联经出版事业公司1998年版，第331页。

与战国时期流行的阴阳五行学说密切相关。钱先生考察郊丘异同、冬至祭与立春祭、汉以后郊祀三者发现，五德转移与五帝分祀之礼不能同条共贯。从所祭祀的对象而言，无需分别昊天和上帝的不同，《周官》并未采及五德转移和受命帝的说法。受命帝是邹衍等主张"五德终始"说的学者所提出的曲说，邹衍讲阴阳主运、五行相生，邹衍后学则讲五德转移，郑玄到孙诒让等注家误把《周官》与《吕览》、《月令》及邹衍后学的五德转移受命而王之终始说混为一说。这正与顾颉刚的《五德终始下的政治与历史》所讨论的问题一致。从祭祀的时令而言，冬至祭与立春祭，属历法混用所带来郊天礼举行时间的争议，《周官》的作者可能是晋人，常把晋国实行的夏历与当时旧传的周历兼罗并用，引起后世误解。他详考汉以后郊祀礼之演变，文帝夏郊，武帝岁首行郊礼，立泰畤后冬至郊天，后时间无定，直至王莽、刘歆"发得《周礼》"，遂定日冬至祭天、夏至祭地，可知王莽、刘歆伪造《周礼》说不成立。

钱先生又根据天地、日月之祭，阴阳男女对举之文，证成《周官》出战国晚世，当在道家思想转成阴阳学派之后，或尚在吕不韦宾客著书之前。如"方泽祭地"是为了与"圜丘祭天"相对应，是战国晚年阴阳家兴起时的天圆地方、阴阳寒暑两两相对成偶的把戏；又如朝日夕月、救日食月食、阴阳男女等，是庄子《齐物论》出世后的对等并立的事物的配偶哲学，都反映《周官》著者处处要采用当时最时髦的阴阳配偶化的一套哲学来表现在他理想的政制中。

《周官》是一部讲政制的书，钱先生又从刑法制度方面找寻证据。他考辨法的观念的产生与法律公布之制、五刑之名、内容与种类、五刑以外之流放、什伍相收司连坐之法、作内政寄军令、入矢金赎罪等刑制，与战国法家李悝、吴起、商鞅思想以及《管子》、《孟子》之间的关联，推论《周官》的法制刑律，多采用李悝、吴起、商鞅传统，参以孟子。特别是"作内政寄军令"容纳了《管子》耕农、军旅、法令三位一体之理论，李悝、商鞅内务耕稼、外劝战死的防禁之法，与孟子为民制产、修其孝悌的儒家精神，结合而成一种健全而积极强有力的想象。这些都是详考法的含义以及这些制度的变化及其在思想史上发展递进的层次与线索，才得出的论断。

又如井田制之有无，历来争讼不已。《周官》讲经济最重要的是田制，钱先生认为："《周官》书中之井田制度，则多半出于战国晚年一辈学者理想中所冥构。然亦有许多来历，有根据，正可从此推论《周官》之成书年代"。他指出，井田与封建两制度实应同时并起，作为土地制度的助法和贡法区别在于有无公田，作为赋税制度的彻法、赋法、贡法则只就私田而言，西周是"公田为助"，《周官》井田制中已全无公田且不用助法，应比《孟子》晚出；税额之法采取了李悝意见，书中有贡、赋无助与彻，为战国晚年商人阶级崛兴以后始有之现象。爰田为废井田之先声，分等授地、自爰其处的爰田制的推行，破坏了国家授地均等的制度，废除了三年易土换居的制度，改变了耕户对耕地的关系。《周官》书中讲田制，采取后起之爰田制，又讲到岁休耕种的轮耕法，疑与李悝有关。井田制之主要精神，本维系在封建制度上，封疆自保他们世袭罔替的产业。封建时代之田制，是环而封之以为禁，经界为井田制里最重要一元素，封疆为井田与封建之同一要征。公田之废弃、爰田制之推行、封疆之破坏，都是古代井田制度消失之最大现象。因而钱先生推论，《周官》作者，把疏的规模，装在密的现实上。《周官》像战国三晋人作品，远承李悝、吴起、商鞅，参以孟子，而为晚周时代的一部书。

钱先生又考论封建，军制（车乘及卒伍，舆司马与行司马，国子与庶子，余子，军门称和，皆是时代产物），外族，丧葬，音乐，一一指出其皆为战国晚年之习俗。四十年之后，钱先生著《读周官》，补近百条例证，其思想线索考据法则一如当年。

钱先生考据使用的材料，不外乎经传注疏、史书、子书、集部书等传世文献。虽然他盛赞民国"龟甲古文之学，掩《说文》而上之"，古史辨"破弃陈说，确有见地"，但是他却并未如他们一样使用这些地下材料。其实，思想线索考据法并非无本之木，其来源就是古典文献学中的理证法，其运用需要严密的逻辑。只是文献校勘的目的是通文字、明训诂，而钱先生意在考察思想的动态变化，在变化中了解思想。钱先生晚年曾专文论及考据、义理与辞章三者关系，表现出对义理的看重，其早期的思想线索考据法已经体现出这种发展趋势。只是思想线索考据法也存在一定的问题，如果有了先入为主的偏见，对材料的理解和推论就容易走入歧途。金春峰说："但从思想演进来论证作品的时代，是很危险的，因为它的主观随意性很大。"①

三、从考据到思想史

因康有为谓《周礼》为刘歆、王莽所伪，又与另一个热点问题阴阳五行学说相关，所以《周礼》的真伪、作者及著作年代成为民国学者们讨论的热点。到20世纪30年代，出现了一些专门研究《周礼》真伪、作者及时代问题的专论，有的以《史记》、《汉书》中人物行事为据，有的将《周礼》与其他古籍内容进行比勘，有的根据职官与彝器铭文对照考察其是否为周代礼制。之后判断依据由文献考证扩展为对思想背景及演进变化的探询，文献问题变成思想史问题。这其中不能不说有钱先生《周官著作时代考》的一份功绩。

《刘向歆父子年谱》反驳康有为之刘歆遍伪诸经说，平息今古文经学之争，《周官著作时代考》则进一步以文献考证《周礼》成书于战国晚期，都是对当时学术界有争议问题作正面的有力回应。钱先生之考与当时或稍后学者有何异同乃至影响？现将民国以后学者《周礼》论述表列如下：

史学家	著作名	《周礼》相关论述
郭沫若	《周官质疑》(1932)	仅就彝铭中所见之周代官制揭橥于次而加以考核，则其真伪纯驳与其时代之早晚可以了然也……《周官》一书，盖赵人荀卿子之弟子所为，袭其师"爵名从周"之意，纂集遗文佚志，参以己见而成一家言……托之于周公者乃刘歆所为②

---

① 金春峰：《自序》，《周官之成书及其反映的文化与时代新考》，台湾东大图书公司1993年版。

② 郭沫若：《周官质疑》，《金文丛考》，人民出版社1954年版，第92页。

续表

史学家	著作名	《周礼》相关论述
钱玄同	《重论经今古文学问题——重印〈新学伪经考〉序》(1932)	从制度上看，云出于晚周，并无实据；云刘歆所作，则《王莽传》恰是极有力之凭证；故仍认康氏之论为最确。即使让一步说，承认《周礼》出于晚周，然刘歆利用此书以佐王莽，总是无可否认的事实。……故今之《周礼》，无论是本有此书而遭刘歆之窜改，或本无此书而为刘歆所创作，总之只能认为刘歆的理想政制而不能认为晚周某一学者的理想政制①
蒙文通	《从社会制度及政治制度论周官成书年代》(1938)	以今日历史研究方法衡之，似六国阴谋、刘歆伪作之说皆不可信。虽未必即周公之书，然必为西周主要制度，而非东迁以下之治，有可断言者……谓写定于春秋中叶，殆近之耶！②
杨向奎	《周礼内容的分析及其制作年代》(1954)	把《周礼》当作政治史、学术史上的大问题来看，是由于经学今古文之争；而经学今古文之争基本上还是因为统治阶级本身的矛盾，造成思想上的纠纷……它应当是战国中叶前后的作品，可能出于齐国……它不是战国晚年的作品……出于齐国有儒家气息的法家……③
顾颉刚	《"周公制礼"的传说和〈周官〉一书的出现》(1955)	"周公制礼"这件事是肯定的……《周官》和《管子》的文辞虽有参差，而其中心思想则同是组织人民、充实府库，以求达到统一寰宇的目的，由此可以猜测它出于齐国或别国的法家，跟周公和儒家根本不生关系④

---

① 钱玄同：《重论经今古文学问题——重印〈新学伪经考〉序》，康有为著、章锡琛校点：《新学伪经考》，古籍出版社1956年版，第387、390、407页。

② 蒙文通：《从社会制度及政治制度论周官成书年代》，《经史抉原》，巴蜀书社1995年版，第430页。

③ 杨向奎：《周礼内容的分析及其制作时代》，《山东大学学报》1954年第4期。

④ 顾颉刚：《"周公制礼"的传说和〈周官〉一书的出现》，《顾颉刚集》，中国社会科学出版社2001年版，第172~242页。

续表

史学家	著作名	《周礼》相关论述
徐复观	《〈周官〉成立之时代及其思想性格》(1980)	从思想线索和文献线索两个方面考证，《周官》是"王莽草创于前，刘歆整理于后"，"《周官》乃王莽、刘歆们用官制以表达他们政治理想之书"
刘起釪	《〈周礼〉真伪之争及其书写成的真实依据》(1989)	《周礼》一书所有官职资料，都不出春秋时期承自西周的周、鲁、卫、郑四国官制范围……它确是地地道道的"周官"……《周官》一书，最初作为官职之汇编，至迟必成于春秋前期。……流传至战国时，又很自然地有人把战国一些制度中有关职掌增益进去①
金春峰	《周官之成书及其反映的文化与时代新考》(1993)	我的新结论是：《周官》既不是周公所作，也不是周代典制或战国齐人与三晋人的作品，而是战国末年入秦的学者写作的。与《吕氏春秋》相似，是为即将统一的新皇朝提供官职设置之指导与参考的著作。它反映了秦地自商鞅变法后的风习、制度与文化，也吸收了周代的文献、典礼及战国各国有关的经验。其思想倾向既不是法家，也不是儒家，而是儒法的结合。故《周官》与秦文化有血肉相连的关系。唯有商鞅变法后的秦制、秦风、秦习与秦的新的政治需要，才是理解《周官》时代与文化背景的真正的锁匙②
钱 玄	《三礼通论》(1996)	按钱氏从《周礼》总体考虑，依据时代思想、文化的特点，列举具体例证，证明《周礼》成书于战国晚期，其说有力可信。兹再举一例以证钱氏之说确不可易③

---

① 刘起釪：《古史续辨》，中国社会科学出版社1991年版，第642页。
② 金春峰：《自序》，《周官之成书及其反映的文化与时代新考》，台湾东大图书公司1993年版。
③ 钱玄：《三礼通论》，南京师范大学出版社1996年版，第32页。

比较上表可知，20世纪30年代，钱先生以及同辈学者郭沫若、蒙文通等都发表了《周礼》研究的专论。与钱先生同年发表且影响较大的是郭沫若先生的《周官质疑》。不过，郭先生所要质疑的，既是王国维先生《书毛诗故训传后》中据《周礼》判夺《毛传》之晚成，也是《周礼》中典制的不相合之处。其论断与钱先生殊途同归，"荀卿子之弟子"自然也是战国晚期之人了。所不同者，郭先生依据的是彝器铭文即地下出土之材料，侧重于《周礼》职官名与西周的彝器铭文的考证，即注重金文官制研究在《周礼》研究中的重要性。

钱玄同比较康有为、钱穆、郭沫若三人的观点，钱、郭之文仍然未能完全说服他，他认为康氏"刘歆伪造群经"之说至少证明了《周礼》非"周公之书"，也证明了"刘歆利用此书以佐王莽，总是无可否认的事实"，他还反用王国维的古文字考证明康氏的刘歆伪经说①。

由此争议可看出，20世纪30年代，《周礼》的"周公之书"说与"刘歆伪造"说，都已被证伪，学者们希望正面立论，由《周礼》的著作年代来推断其思想学派的归属。而这个问题又可以反向操作，即由《周礼》的思想属性来推断其著作年代。这种转变钱先生的贡献较大，钱先生第一个从纯学术的角度对《周礼》进行考察和分析，为后来学者开拓了思路。从之后的几篇论文中可见端倪。

蒙文通先生之文，姑且不论其结论如何，但他的立论依据，一是社会制度即井田制、兵制、学校之制，二是政治制度即官制。显然是与钱、郭二先生之论据的讨论。

顾颉刚先生的论文虽发表于1979年，实际于1955年写成，特别强调战国末期为统一帝国作思想准备的社会现实，特别指出《周礼》与《管子》一书的异同，最后提出其归属于齐国法家。也可以说受到钱文的影响。但他受到了徐复观先生的反驳，徐反驳的方法恰好是思想线索和文献线索，这依然不出钱先生的藩篱。

最能够体现钱文影响的是杨向奎先生的《周礼内容的分析及其制

---

① 钱玄同：《重论经今古文学问题——重印〈新学伪经考〉序》，康有为著、章锡琛校点：《新学伪经考》，古籍出版社1956年版，第451页。

作年代》。表面上看，杨文深受唯物历史观影响，分析社会经济制度、政法制度、学术思想，从而推断著作年代。仔细比较则可以发现，杨先生所分析的社会经济制度就是田制，只不过他是从生产力要素的几个方面进行考察分析，从生产者氓、夫家、余夫、遂人，到生产资料牛耕等，到生产关系涉及都鄙、赋税、封地，判断《周礼》所描绘的经济制度和春秋时期齐国的实际情形相似。接着杨文分析了政法制度，他们都看到了《周礼》中井田制与发展的经济形势已经不相匹配的矛盾，杨文以其上层建筑不能适应经济基础来解释井田制与中央集权的矛盾，并说明严刑峻法正是古代专制主义的特色。杨文还分析了《周礼》中的学术思想，也就是历法问题、宗教信仰和思想体系，这都是围绕钱文的五帝祀、五行、法令进行的讨论。

刘起釪先生曾撰《两周战国职官考》（1947），后又写《〈周礼〉真伪之争及其书写成的真实依据》一文，也利用了金文资料，并引《西周金文官制研究》的主要观点以证实《周礼》至迟成于春秋时期。此文较多地延续了郭沫若先生的研究思路，但更多地是糅合了郭、顾、钱三家的思想。

比较这些专论，不能仅仅比较其结论《周礼》著作年代有几种观点，这些观点实际上宋代以来就已经存在，而更应该关注他们是围绕哪些问题展开的讨论。这样一来，我们可以看到，钱穆先生对《周礼》问题的研究，吸收前人研究成果，并开拓了一个空间。从一定意义上讲，钱先生并未提出新的观点，只是对何休"六国阴谋书"之说进行了详实的考证，但是，他从宗教祀典、刑法、田制以及封建、军制、丧葬、音乐等多方面考证的思路，却为学界提供了广阔的思路。他的研究涉及了《周礼》思想的几乎所有主要方面，如阴阳五行说、井田制、法制观念、封建制度、军队建制、丧葬礼俗、音乐设置等。正如余英时所说："自《向歆年谱》和《时代考》刊布以来，学术界大体上倾向于接受《周礼》成于战国晚期的论断。尽管诸家在具体结论上还有很多分歧，但是探索的方向则已渐趋一致。"[①]钱文虽以考据著

---

① 余英时：《〈周礼〉考证和〈周礼〉的现代启示》，《中国文化》第三期，三联书店1990年版。

称，但实际开启了《周礼》的思想史研究，同时也将经史子学从方法论上推进到现代史学。

钱穆礼学论著目录：

《两汉经学今古文平议·周官著作时代考》，《钱宾四先生全集》第 8 册，台湾联经出版事业公司 1998 年版，第 319~493 页。

《中国学术思想史论丛(二)·读周官》，《钱宾四先生全集》第 18 册，台湾联经出版事业公司 1998 年版，第 319~330 页。

礼经十论(存目)

段熙仲

【评 介】

礼是郑学,早有定论。历代礼家大多尊崇郑注甚或佞郑,但对郑玄注三礼综合今古文为一家也时有质疑。当今古文经学的争论逐渐平息,段熙仲先生极力主张《仪礼》学应当恢复西汉经师之旧,回到郑玄注三礼之前、今古文未混杂的今文家学。这对客观研究《仪礼》大有裨益,在现代礼学史上颇有影响。

段熙仲(1897—1987),安徽芜湖人。著名学者,被称为今文经学家,为柳诒徵先生之弟子。他10岁就读芜关小学,后就学于芜湖的安徽公学农科,1915年考入武昌中华大学预科,后又考取上海大同大学,师从胡敦复先生。先后在武汉、南京等地从胡小石先生钻研小学、经学。1923年考入金陵大学文科,并在东南大学旁听柳诒徵先生讲课,与柳诒徵结下长达三十年的师生情谊。1927年从南京东南大学文学系毕业后,来到位于安庆的安徽大学任教,抗战爆发后到内迁重庆的中央大学及四川教育学院任教。中华人民共和国成立后,1956年前后,任南京师范学院中文系教授,并定居于南京直到去世。

段先生文史兼通,尤精于礼学,著有专著《礼经十论》、《春秋公羊学讲疏》、《公羊春秋三世说探源》、《鲍照五题》、《楚辞札记》、《礼经句读》、《礼经释名》等。他在古籍整理方面颇有建树,1979—1982年完成152万字《水经注疏证》点校,1983—1986年完成《仪礼正义》点校。尤以《春秋公羊学讲疏》名世,程千帆先生评价段先生的公羊学为"南师三宝"之一。段先生治公羊学特别注重体会治《春秋》之思路。他认为,治《春秋》当于其事、其辞、其例、其义求之,《春秋公羊学讲疏》按比事、属辞、释例、义进行分编。如《比事》遵循公羊学尊周、王鲁的思想，分列出"天王"和"鲁"章；按照"其事则齐桓、晋文"的思想，单列出"二伯(齐桓、晋文)"章；依据"春秋内其国而外诸夏，内诸夏而外夷狄"的思想，分列出"诸夏"和"夷狄"两章。《属辞》分"异同、远近、进退、详略"，通过具体的例证反映《春秋》于用辞细微不同处显经义的原则。《释例》根据孔子"正名分"的思想，列出"名例"一章。这种分编，将公羊学阐发《春秋》"微言大义"的方式和特点，完全呈现出来，本身就是一种独特的治学方法。这种思路也贯穿到他的礼学研究之中。

《礼经十论》1962年发表在《文史》的第一辑第一篇，据段先生自述为20年前即约1942年治《礼经》时所作。段氏十论，论述了研究《仪礼》十七篇必须思考的十个学术问题，可分为两类，一类是关于《仪礼》的研究疑点，如《仪礼》书名、篇次、今古文、作者与成书时代问题；一类是治《仪礼》方法的归纳，如礼图与礼例。

第一论首辨《礼经》之名，主张"题目当从汉师"。段先生认为，今所谓《仪礼》之称起于晋代，实际上应当从汉代经师正名为《礼经》。十七篇之小题，根据汉代科取篇首二至四字之题篇旧法，也依次予以正名。段氏认为，汉师科取篇首二至四字为题，或尊经以别于传，或大题小题兼言，或经记同题，并无总括全篇之意，《仪礼》十七篇的小题延续题篇旧法，还保存着西汉经师经记的原貌，可据此还原郑玄混杂今古文之前十七篇的旧题目。

第二论讨论篇目次序，主张"篇第当从大戴"。《仪礼》的篇次有三种版本：一种是戴德本；一种是戴圣本；一种是刘向《别录》本。郑玄认为二戴本篇次尊卑吉凶杂乱，遂采用刘向本的篇次，影响至今。段先生对《仪礼》的序次非常看重，他认为十七篇的次序代表的是一种礼学思想。他指出，按照《周官·大宗伯》吉、凶、宾、军、嘉划分五礼是古文经学家之说，不能据此为《礼经》次第篇目。《大戴礼记·本命》云："冠、昏、朝、聘、丧、祭、宾主、乡饮酒、军旅，此之谓九礼也。"段先生认为，大戴的这种序次更符合原本。他引邵懿辰《礼经通论》之语证明大戴的序次更符合"亲亲尊尊长长男女有别"的礼义原则，应当按照大《戴记》之次，才能回到被郑玄糅杂今古学之前的西汉师法。

第三论"文字当从今文"。为什么当从今文呢？段先生认为，今文师法传授谨严，多以义近，或取训诂字用之，比古文据声同用字更贴近正字。他用四例证明今文多用正字，更得礼意。而《礼经》为今文之学，要恢复西汉经学，必须将全经文字凡是郑玄杂糅今古文字的，全部从今文。

第四论"成书当在东周出于孔子"。《仪礼》的作者及成书年代，大约有周公作、周公作孔子删定、孔子或弟子作、作于《荀子》之后的秦汉之际、伪书等五种说法。段先生反对古文经学将群经制作都归之于周公的观点。他认为，《礼经》不是西周盛时之书，而是东周衰世所传。他提出四证：一是称公同于《春秋》；二是《小戴记》于《士丧礼》之书有明文；三是孟荀墨子等战国人书中征引其书，说明《礼经》成书不晚于春秋之末；四是《史记》、《汉书》都认为《礼经》出于孔子。他还将其与《春秋》之教并论，指出春秋之世政在大夫，《仪礼》是为君子发愤于上僭下逼公族式微而书。

第五论"说经当守家法无取古学"。此论讲治礼之法，首提先师治经二法，即以本经治本经，不轻改经文、求之不得阙疑可已。段先生认为，治《礼经》当以事例和文例求之；其次可以求之于"一家眷属之旧籍"，这里指的是其他今文经说；再不可得就阙疑或存异说，绝不能取古文经说，以免混杂扞格。他举例说明了郑玄注的三个不足：其一立说不先求之于本经，其二轻改经文，其三不求之于同源之学而乱以别派。致使《仪礼》杂以古学，不如《公羊》之精纯，无法考定西汉家法。

第六论"叙录宜从异撰"。段先生认为郑玄《三礼目录》主张"会通"，于《仪礼》十七篇往往舍弃经记而取《周官》，意图打通今古学反违经义。为了辨析郑注之误，他列叙郑玄《三礼目录》的《仪礼》十七篇叙录，同时专录"异撰"即与郑不同的观点，并自加按语撮述一篇要旨。

第七论"治经贵明章句"。段先生认为，章句为治经之基，释经贵得其理，得理在于有所依据，这就是汉师家法。他说，章句之体和传注不同在于：一是条分缕析，使之著明；二是言有据证，不为穿凿；三是分章断句，撮其指要。分疆则句绝而不可或越，属上属下，不容歧异；总义则章分而撮其大要，委曲繁复，包举无遗。治《礼经》当自章句始，章句不明，不唯不得其条理，无由观其会通，抑且误会经义，转生胶葛。具体治《礼经》，必先明章句，明章句必据礼文，依文例，正训诂。

第八论"治礼宜如易之有图"。古代治礼，于《仪礼》非常重视行礼的方位图，根据礼图读《仪礼》，就容易清楚各种仪节。所以，段氏强调图的重要性。先言治礼必有图，不仅要有名物之图，也要有方位之图。执礼之图，只有体会《礼》文，贯穿全经，依据分明，途径不外乎礼例、文例、训诂三者。次列十一家图说与经文对勘，以说明作图不易，说经之不可无图。

第九论"治礼宜如春秋之以例"。以例治经是《仪礼》研究的特点。段氏认为，礼本来就伦类分明，如果通其例，就可以登堂入室。段氏概括《礼经》之例有凡例、特例、礼例、辞例、文例、省文例，一一举例证之，并强调要即本经的文例、辞例以求礼例，都是汉人治经之法。

第十论"礼经春秋学术同源"。段氏认为，礼与《春秋》相为用，出于礼者入乎《春秋》，出于《春秋》者入于礼。礼之文随世因革损益，制礼之道未尝变易。两经之义贯通于亲亲、尊尊、长长、男女有别四义，其辞也往往从同，因此可推断二者源流相同。

以上十论，都是研治《仪礼》必须回答的重要问题，而段先生礼论独特之处有四：

其一，着眼于郑玄《仪礼注》并有所辨析。郑玄的《三礼注》对三礼学的贡献极大，三礼因郑玄而立名，郑注历来最为人所称许的即会通今古经学，今古文经学因郑注而合一。贾公彦《仪礼疏》的疏解保存了郑注，也立足于郑注，历代礼学也都以郑注为基础，难免有质疑也有曲为弥缝之处。段先生肯定郑玄保存古注的功绩，也毫不讳言郑注因追求三礼的会通而带来的意义上的牵合。他依据郑注所保留的今古文，离析《仪礼》的今文古文，试图还原西汉师法。

其二，研治《仪礼》取向今文经学。段先生被称为今文经学家，主要因为他的两个学术着眼点公羊学和《仪礼》都属于今文经学。但是段先生治《仪礼》之所以不从古文家说，并非出于今文经学家的门户之见，而是因为他认为《仪礼》属于今文家学，其师法传授为今文，就应当按照今文家学的方法去研治它，混杂古学不利于正确理解经义。其第三论说："《礼经》本今文家学，古文源流迥别。""今文古文，离之两美，彼固自成统绪，昭穆审谛，初不必同居异居，自乱其类。"所以，段先生主张《礼经》今文学，回到西汉经师的治礼方法，回到今古文学未杂糅的经学。这与康有为以公羊学倡变法、钱玄同以今文学辨伪是大相歧异的。

其三，以治春秋公羊学法治《仪礼》学。从研治宗旨来说，公羊学注意辨明章句和体会微言大义，在段先生看来，《春秋》的主旨是正名分，《春秋》为礼义之大宗，礼的大义就是"亲亲、尊尊、长长、男女有别"四义，《仪礼》正是体现礼之四义的仪节，理解仪节必须体会礼之四义。从研治方法而言，公羊学注重以例治经，《仪礼》也同样必须熟知义例。

其四，论礼立论审慎，考证精核。段先生治礼沿用传统方法，每下一论断必与本经、记以及各家疏注反复比勘考证，务求合乎礼义。他反复强调回到西汉经师的师法，也是根据《仪礼》学本身的特点。

段先生的礼经十论，核心只有一个，即回到郑玄《三礼注》之前的《仪礼》学。这种观点，皮锡瑞早就提出过，"古文学家即尊信《周礼》，亦但可以《周礼》解《周礼》，不可以《周礼》解各经。而马、郑注《尚书》官制服制，皆引《周礼》为证"(《经学通论·三礼》)。只是礼学赖郑玄而存，历来学者苦无铁证，遂众说纷纭，莫衷一是。

段熙仲礼学论著目录：

整理点校《仪礼正义》，江苏古籍出版社1993年版。

《春秋公羊学讲疏》第六编 第一章《〈公羊〉礼辑》，南京师范大学出版社2002年版。

"冠礼"新探

杨 宽

"礼"的起源很早，远在原始氏族公社中，人们已惯于把重要行动加上特殊的礼仪。原始人常以具有象征意义的物品，连同一系列的象征性动作，构成种种仪式，用来表达自己的感情和愿望。这些礼仪，不仅长期成为社会生活的传统习惯，而且常被用作维护社会秩序、巩固社会组织和加强部落之间联系的手段。进入阶级社会后，许多礼仪还被大家沿用着，其中部分礼仪往往被统治阶级所利用和改变，作为巩固统治阶级内部组织和统治人民的一种手段。我国西周以后贵族所推行的"周礼"，就是属于这样的性质。

西周时代贵族所推行的"周礼"，是有其悠久的历史根源的，许多具体的礼文、仪式都是从周族氏族制末期的礼仪变化出来的。西周贵族为了巩固其贵族组织，加强对人民的统治，把过去父系家长制的血缘纽带保存下来，转化成为宗法制度，用来维护君权、族权、夫权和神权。与此同时，他们又把父系家长制时期的各种传统习惯和礼仪，加以改变和补充，用来作为维护宗法制度和"四权"的手段，这样，就形成了"郁郁乎文哉"的"周礼"。这方面，李亚农同志在《周族的氏族制》中，已曾作深刻的分析，这里不再细谈。

有关"周礼"的史料，留存到今天的很多。这些史料虽然多数出于春秋、战国时人的编定，没有把西周时代的"礼"原样保存下来，但是，由于"礼"的本身具有很顽固的保守性，所谓"礼也者，反本循古，不忘其初者也"（《礼记·礼器》），我们不仅可以从中探索出部分西周的情况来，甚至还可由此摸索到一些氏族制末期的情况。如果我们能够对其起源和流变，作系统的探索，将大有助于我们对古代历史和文化的理解。本着这个宗旨，本文试图对其中最基本的"礼"——

"冠礼"(《礼记·冠义》所谓"冠者礼之始也"），作一次新的探索，请大家指教。

一、"冠礼"的起源及其作用

西周、春秋时代贵族所应用的"周礼"，其由父系家长制时期的"礼"转变而来，是无可否认的事实。其"冠礼"之由氏族制时期的"成丁礼"变化而来，就是个显著的例证。

"成丁礼"也叫"入社式"，是氏族公社中男女青年进入成年阶段必经的仪式。按照当时习惯，男女青年随着成熟期的到来，需要在连续几年内，受到一定程序的训练和考验，使具有必要的知识、技能和坚强的毅力，具备充当正式成员的条件。可以说是一种原始的教育制度，也是学校的起源。如果训练被认为合格，成年后，便可参与"成丁礼"，成为正式成员，得到成员应有的氏族权利，如参加氏族会议、选举和罢免酋长等，还必须履行成员应尽的义务，如参加主要的劳动生产和保卫本部落的战斗等。

"冠礼"是和"成丁礼"具有同样的特征的。根据《仪礼·士冠礼》和《礼记·冠义》，贵族男子到二十岁时，要在宗庙中由父亲主持举行冠礼，即孟子所谓"丈夫之冠也，父命之"（《孟子·滕文公下》），在行礼前，要选定日期和选定加冠的来宾，叫做"筮日""筮宾"，所谓"筮日筮宾，所以敬冠事"。行礼时，嫡长子必须在序（阼阶上）举行，表示成人后可以代为主人，所谓"冠于阼（即阼阶上），以著代也"。举行的仪式，主要是由来宾加冠三次，初加缁布冠，再加皮弁，三加爵弁，叫做三加。"三加"后，经过来宾敬酒，再去见母亲。随后，再由来宾替他取"字"，接着就去见兄弟姑姊；在更换玄冠、玄端后，再手执礼品（挚），去见国君、乡大夫和乡先生。最后由主人向来宾敬酒，赠送礼品，送出宾客，才算礼成。男孩在未行"冠礼"前，作孩儿的打扮，行"冠礼"时由来宾加冠，穿上贵族的成年服装，无非表示开始成为"成人"了。男孩原来只有父亲所取的"名"，行"冠礼"时由来宾替他取"字"，"字"是贵族中"成人"尊敬的称号，也无非表示开始成为"成人"了。《冠义》所谓"三加弥尊，加有成也；

已冠而字之，成人之道也"；《士冠礼》所谓"三加弥尊，谕其志也；冠而字之，敬其名也"。加冠后，要往见母亲、亲属和国君、乡大夫、乡先生，无非让大家公认他是"成人"。《冠义》解释说："见于母，母拜之，见于兄弟，兄弟拜之，成人而与为礼也；玄冠玄端，奠挚于君，遂以挚见乡大夫、乡先生，以成人见也。"十分明显，"冠礼"实质上就是古代贵族的"成丁礼"，所以《穀梁传》文公十二年说："男子二十而冠，冠而列丈夫。"

"冠礼"和"成丁礼"相同之处，不仅同样是青年进入成年阶段的仪式，而且同样需要经过一定程序的教育和训练。《礼记·曲礼上》说："人生十年曰幼学，二十曰弱冠。"《礼记·内则》又说："十年出外就傅，宿于外，学书记……十有三年学乐，诵诗，舞勺；成童舞象，学射御；二十而冠，始学礼。"有所谓"小学"和"大学"。同时，举行仪式后，也一样可以得到成员应得权利和应尽的义务。所不同的，"冠礼"是古代贵族中实行的"成丁礼"，其目的在于巩固贵族组织，维护宗法制度，加强对人民的统治，因此他们在"冠礼"后得到的主要权利，就是统治人民的特权。所以《冠义》说：行冠礼后"孝弟忠顺之行立，而后可以为人，可以为人而后可以治人也"。他们在"冠礼"后所应尽的义务，就是服兵役，为保护本贵族特权而战斗。《盐铁论·未通》篇记御史说："古者十五入大学，与小役；二十冠而成人，与戎事。"又记文学说："二十而冠，三十而娶，可以从戎事。""戎事"就是服兵役。西周、春秋时代的军队，主要是由贵族和"国人"组成的，其中的"甲士"该就是贵族和"国人"中举行过"士冠礼"的壮丁。《周礼·乡大夫》："国中自七尺以及六十……皆征之"，从来注释家认为七尺即二十岁，该是自古相传的旧说。

"冠礼"是当时贵族青年成为"成人"必经的仪式。按礼，成为"成人"才"可以为人"，"可以为人"才"可以治人"，取得"治人"的贵族特权。因此所有贵族，包括天子、诸侯、卿大夫、士在内，都必须举行这个仪式，《士冠礼》所谓"天子之元子犹士也，天下无生而贵者也"。按礼，任何贵族中人都不是"生而贵者"，必须经过"冠礼"，才能取得"治人"的特权，就是天子、诸侯也不例外。所以《荀子·大略》说:"古者天子诸侯子十九而冠,冠而听治,其教至也。"①但是实际上,天子、诸侯、卿大夫都出世袭,都是"生而贵者",举行"冠礼"与否,与他们关系不大,因此多数未能认真举行。在春秋史料中,诸侯中只见鲁襄公在十二岁时,由于晋侯的建议,举行过"冠礼",晋侯建议的理由只是"国君十五而生子,冠而生子,礼也"(《左传》襄公九年)。卿大夫中只有晋国的赵文子举行过"冠礼",赵文子在"冠礼"后,曾遍见卿大夫,即《冠义》所谓"以成人见也"。赵文子见同朝的卿大夫时,栾武子教他"务实",中行宣子教他"戒骄",韩献子说:"此谓成人,成人在始与善",智武子教他要"有宣子(赵盾)之忠而纳之以成子(赵衰)之文"(《国语·晋语六》)。所有这些,无非因为赵文子已"成人",将继任卿大夫的职位,教以如何治国和"为人"。

在战国以前,只有秦国国君认真举行过"冠礼"。按照秦国的"礼","冠礼"在二十二岁时举行,秦惠文王、昭襄王都是"生十九年而立"(《史记·秦始皇本纪》末节),又都是"三年王冠"(《史记·秦始皇本纪》)的。秦始皇年十三岁而立,到"九年四月,上宿雍,己酉,王冠带剑"(《史记·秦始皇本纪》),也是二十二岁举行"冠礼"。秦始皇要"宿雍"后举行"冠礼",因为这礼必须在祖庙举行,而秦的祖庙在雍。他在举行"冠礼"的同时要"带剑",因为行"冠礼"后,就成为贵族中的"成人",就可以武装起来,成为统治者了。他就是在举行"冠礼"后,开始听政,即所谓"冠而听治"的,在听治后,就先后消灭了嫪毐和吕不韦两大集团,把政权集中到自己手中的。

按礼,贵族男子在结发加冠后,才可娶妻;贵族女子在许嫁后,才可结发加笄,所谓"男子幼娶必冠,女子幼嫁必笄"(《太平御览》七百十八引《白虎通》)。所以礼书上常以"昏冠"连称,如说:"以昏冠之礼,亲成男女"(《周礼·大宗伯》),"凡其党之昏冠,教其礼事"(《周礼·党正》)。这个"结发"后结婚的风俗,曾流传很久。《文选》卷二十九苏子卿诗:"结发为夫妻,恩爱两不疑。"李善注:"结发,始成人也,谓男年二十、女年十五时,取冠笄为义也。"我国古代贵族为成年男女举行冠笄仪式,另外一个意义,就是表示已经"成人",

---

① 《说苑·建本》说:"周召公年十九,见王而冠,冠则可以为方伯诸侯矣。"这和《荀子·大略》所说相同。

即将男婚女嫁，负起传宗接代的责任，所谓"冠而生子，礼也"。其目的就在于延续和巩固贵族的血统组织，维护其宗法制度。

二、"字"的来源及其意义

根据古礼，婴儿生下三月后，要择日剪发，"妻以子见于父"，由父"执子之右手，咳而名之"（《礼记·内则》）。男子到二十岁举行"冠礼"，才由宾客取"字"，所谓"男子二十冠而字"（《礼记·曲礼上》）。女子则在十五岁许嫁时，举行"笄礼"取"字"，所谓女子"十有五年而笄"（《礼记·内则》），"女子许嫁笄而字"（《礼记·曲礼上》），所以旧时习俗上，当女子将许嫁时，叫做"待字"。"字"的题取，需要在字义上和"名"有联系，不管是正是反。后世"冠礼"虽然不行了，但这个成年取"字"的习惯曾长期流传着。

《士冠礼》记述古代男子取字的方式说：

曰：伯某甫，仲、叔、季，唯其所当。

这是说：男子"字"的全称有三个字，第一字是长幼行辈的称呼如伯、仲、叔、季之类，第二字是和"名"相联系的某一个"字"，末一字都用"甫"的称呼。其实"甫"是"父"的假借字。从古文献来看，西周时确实流行着这种取"字"的方式（在金文中尤为常见），春秋时也还有沿用这种习惯的。见于西周文献的，如白（伯）丁父（《令簋》）、白懋父（《小臣𧽙簋》等）、白家父（《伯家父簋》）、程伯林父（《大雅·常武》）、伯阳父（《国语·周语上》）、中（仲）旄父（《逸周书·作雒》）、仲山甫（《大雅·烝民》等）、王中皇父（《王中皇父簋》）、中虡父（《仲虡父盘》）、弔（叔）向父（《叔向父簋》）、弔邦父（《𩫏盨》）、弔家父（《叔家父簋》）等，其例不胜枚举。列国的情况也是如此，如晋有白郤父（《伯郤父鼎》）、桓伯林父（《左传》成公十八年正义引《世本》）、鲁有白愈父（《鲁伯愈父鬲》）、弔獻父（《鲁士商䜌簋》）、齐有成伯高父（《礼记·檀弓》正义引《世本》）、郑有召弔山父（《召叔山父簋》）、弔宾父（《叔宾父盨》）等，陈有叔原父（《陈公甗》）、戴有弔庆父（《戴叔庆父鬲》）等，例子也很多。

按照当时的习惯，男子的"字"可以不用全称。有省去伯、仲等行辈称呼的，如白懋父或称懋父（《懋父簋》、《师旅鼎》）、兮白吉父（《兮甲盘》）或称吉甫（《小雅·六月》），白龢父或称龢父（《邢人妾钟》），白俗父或称俗父（《南季鼎》）。有省去"父"的称呼的，如吴大父（《同簋》）或称吴大（《师酉簋》），又如周公长子，或称禽父（《左传》昭公十二年），一般多省称父而称为伯禽，其全称应为伯禽父；孔子的"字"，或称尼父（《礼记·檀弓上》、《左传》哀公十六年），或单称尼（《韩非子·外储说左下》），一般多称为仲尼，其全称应为仲尼父。也有省去伯、仲等行辈而连同官名称呼的，如太公望或称师尚父（《大雅·大明》），白雍父或称师雍父（《簋鼎》、《遇甗》等），白龢父或称师龢父（《师兑簋》、《师嫠簋》）等，"师"即是"师氏"官名的简称；又如兮白吉父或称尹吉父（《汉书·古今人表》），"尹"即"尹氏"官名的简称。也有省去"父"而连同官名称呼的，又有省去伯、仲等行辈和"父"，而连同官名称呼的，如内史叔兴父（《左传》僖公二十八年）或称内史叔兴（《左传》僖公十六年），又称内史兴（《国语·周语上》）；更有省去"某父"，单以伯仲等行辈连同官名、氏或称号来称呼的，如仲山甫或称樊仲（《国语·晋语四》），或称樊穆仲（《国语·周语上》）；伯阳父或称太史伯阳（《史记·周本纪》），或称太史伯（《史记·郑世家》），又或称史伯（《国语·郑语》）；又如庆父的"字"全称为仲庆父（《左传》庄公八年），又或称为共仲（《左传》庄公三十二年、闵公二年）。由此可见，西周、春秋史料中，有称某父的，有连同官名称某父的，有连同官名、氏或称号而称伯、仲等行辈的，都是"字"的简称。《礼记·檀弓上》说："幼名，冠字，五十以伯仲，死谥，周道也"，就是说：习惯上到五十岁以后，可以单称伯、仲等行辈而省去"某父"的称呼①。

---

① 贾公彦疏说："周文，二十为字之时，未呼伯仲，至五十乃加而呼之，故《檀弓》云五十以伯仲，周道也。是呼伯仲之时，则兼二十字而言，若孔子呼尼甫，至五十去甫以尼配仲，而呼之曰仲尼是也。"据金文看来，许多人都以伯仲连同某父称呼，贾公彦之说不可信。孔颖达疏又说："年二十有为人父之道，朋友等类不可复呼其名，故冠而加字。年至五十曰艾，转尊，又舍其二十之字，直以伯仲别之。《士冠礼》二十已有伯某甫、仲叔季，此云五十以伯仲者，二十时虽云伯仲，皆配某甫而言，五十时直呼伯仲耳。"这个说法比较可信，西周、春秋文献中仅称伯仲而略去某父的例子，很常见。习惯上到五十岁后可以单称伯仲，带有敬老的意思。

西周贵族男子取"字"，个别也有不用"伯某父"方式而称"子某"的，如唐叔虞，字子于(《史记·晋世家》)。到春秋时，多数用"子某"的方式取"字"，采用"伯某父"方式的逐渐减少，详见王引之《春秋名字解诂》(《经义述闻》卷二十二、二十三)。

古代女子取"字"的方式，《仪礼》中没有谈到。我们在西周、春秋金文中发现了下列许多贵族女子的称呼：卤孟妁婤母(《陈伯元匜》)、孱孟妁毂母(《陈子匜》)、△妁囦母(《陈侯鼎》)、孟妊车母(《铸公簠》)、叔△(此字从女，亦女姓)羮母(《伯侯父盘》)、中(仲)姬客母(《干氏叔子盘》)、虢孟姬良母(《齐侯匜》)、辛中姬皇母(《辛仲姬鼎》)、中姞义母(《仲姞匜》)、鄦(许)弔姬可母(《蔡大师鼎》)。这些称呼，除了有的冠有国名或氏以外，第一字是长幼行辈的称呼，第二字是姓，第三字和第四字都作"某母"。王国维认为："此皆女字，女子之字曰某母，犹男子之字曰某父"(《观堂集林》卷三《女字说》)。郭沫若同志曾经认为王国维在这方面"揭破三千年来之秘密"(《甲骨文字研究·释祖妣》)①。此外也有不作"某母"而作"某女"的，如成姬多女(《白多父簠》)、京姜庚女(《京姜鬲》)，杨树达又认为："古文母女二字本通用"，"古人于女子不但以母为其字，亦以女为其字"(《积微居金文余说》卷二《京姜鬲跋》)。这个看法也很正确。

我们进一步研究一下，很清楚地可以看到，当时女子的"字"也可以不用全称。有省去伯、仲等行辈称呼的，如虢妃鱼母(《苏冶妊

---

① 郭沫若同志在《两周金文辞大系》的《蔡大师鼎》下，考释又说："古人女子无论已嫁未嫁，均称某母。……某母当是女名，或省去'母'字。古者女子无字，出嫁则以其夫之字为字，就见乎彝铭者言：如《颂鼎》'皇考龏叔，皇母龏姒'，《召伯虎簋》'幽伯幽姜'，《齡鎛》'皇祖圣叔，皇妣圣姜，皇祖又成惠叔，皇妣又成惠姜，皇考遵仲〔皇母子仲姜〕'，均其例证。"郭老在此又不同意王国维之说，认为"某母"乃女子之名，非字，无论已嫁未嫁都可称某母。我们以当时贵族女子"孟某母"的取"字"方式以及简称方法，和当时贵族男子"伯某父"的取"字"方式及简称方法作一比较，可知"某母"确为女子之字，非名。西周、春秋时女子在许嫁举行"筓礼"时取"字"，以丈夫的称号或字作为字的，只是女子称字的一种方式，郭老所举的几个例证，就是以丈夫的称号为字的，但不能说当时女子"无字"，全是"以其夫之字为字"。实际上，妇女出嫁后都用字，不以名行，因此在文献上妇女的名很少见。

· 173 ·

鼎》)、姬△母(《王作鬲》)、姬大母(《戏伯鬲》)、姬原母(《应侯簋》)、姬趄母(《姬趄母鬲》)、姬莽母(《姬莽母鬲》)、姜林母(《姜林母簋》)、郑妢△母(《郑妢鬲》)、𢓛貍母(《南旁簋》)等。也有省去"母"的称呼的,如孟妃𩵋(《番匊生壶》)、邛(江)仲妳(芈)南(《楚王钟》)、中姬䑕(《仲姬俞簋》)、弔(叔)姬霝(《叔姬簋》)、弔妊襄(《薛侯盘》)、季姬牙(《鲁大宰原父盘》)等。也有省去伯仲和姓而连同官名称呼的,如保侃母(《保侃母簋》《保侃母壶》《南宫簋》)保攸母(《保攸母簋》),"保"是官名,即是"保母"。也有省去伯仲和姓而单称"某母"或"某女"的,如寿母(《鲁生鼎》)、兹女(《兹女盘》)、帛女(《帛女鬲》)、之女(《女姬罍》)等。又有连省去"某母"或"某女",而单以伯仲和姓连称的,如孟姬(《不嬰簋》)、中姬(《叔家父簋》)等,这是最普遍的一种省称方法,例子不胜枚举。可见当时女子的"字"的省称方法,基本上和男子一样。

上面我们把周代贵族女子的"字"和男子的"字"比较了一下,就可见女子取"字"的方式基本上和男子相同,仿效《仪礼》的话,就是:

曰:伯(或作孟)某母(或作女),仲、叔、季,唯其所当。

只是因为当时实行外婚制,同姓不婚,对女子的姓看得很重,就必须在伯、仲下把姓标出。《白虎通·姓名》篇说:"妇人姓以配字何?明不娶同姓也。"又因当时以父系为中心,成年的女子应该作为夫家的一个成员,女子"以许嫁为成人"(《礼记·曲礼》郑注)①,所以女子的"字"必须在许嫁时题取,女子的姓字上就往往标上了夫家的国名或氏。因此妇女的简称,也有以夫家的国名或氏连同姓来称呼的,又有以丈夫的称号连同姓来称呼的。甚至有以丈夫的"字"为其"字"的,如成姬多母就以其丈夫白多父的"多"为"字"(《白多父簋》)。这都是夫权的具体体现。只有少数以母家的国名或氏连同姓,作为女子的简称的。《礼记·丧大记》说:"凡复(招魂辞),男子称

---

① 《礼记·丧服小记》说:"许嫁笄而字之,死则以成人之礼。"《公羊传》文公十二年也说:"妇人许嫁,字而笄之,死则以成人之丧治之。"这是女子"以许嫁为成人"的具体表现。

名，妇人称字"（郑注："妇人不以名行"）。所以"妇人称字"，不以名行，因为"名"是母家所取，"字"才表示隶属于夫家的一个成员。《礼记·丧服小记》又说："复与书铭，自天子达于士，其辞一也。男子称名，妇人书姓与伯仲。"一般学者都根据这点，认为"姓与伯仲即妇人之字"（夏炘《学礼管释》卷一《释妇人称字》），其实姓与伯仲相配，其中只有伯仲是妇人"字"的简称，如同当时男子简称伯仲，与氏相配一样。

为什么当时男女的"字"都要冠上伯仲等行辈的称呼呢？因为取"字"以后就表示"成人"，正式加入了贵族组织的序列，在宗法制度下，有大宗、小宗的区分，长幼行辈的排列，关系重大。为什么男子的"字"要加上"父"或"子"的称呼，女子的"字"要加上"母"或"女"的称呼呢？无非表示已具有男性成员或女性成员的贵族权利和义务。其间，也还有区别男女的性质，《礼记·乐记》所谓"昏姻冠笄，所以别男女也"。

"冠礼"既是由氏族制时期的"成丁礼"转变而来，"冠礼"取"字"的方式也该是沿袭周族"成丁礼"的习惯的。西周贵族男子取"字"所以称"父"，女子取"字"所以称"母"，王国维解释说："盖男子之美称莫过父，女子之美称莫过母，男女既冠笄，有为父母之道，故以某父某母字之也"（《观堂集林》卷三《女字说》）。王国维因缺乏对社会发展史的认识，这个解释并不恰当。郭沫若同志解释说：

> 知古有亚血族结婚制而行之甚久，则知男字何以均可称父，女字何以均可称母之所由来。盖当时之为儿女子者均多父多母，故称其父均曰父某，而称其母均曰母某。周人习之，故男女之自为名，亦自称曰某父某母也。周人用此名而不嫌……后世制改则名涉于嫌，故某母之称绝迹于世，而某父之字亦改用某甫。（《甲骨文字研究·释祖妣》）

我们认为西周贵族取"字"的习惯，起于父系家长制时期的"成丁礼"，不必与亚血族婚姻有关。"父"与"母"，本来是成年男女的称呼。西周、春秋时贵族男子举行"冠礼"后，所戴的冠或称为"章甫"，

《士冠礼》郑注："甫或为父，今文为斧。"其实，"甫"是"父"的假借字，"父"原为"斧"的初字，就像手执斧形。石斧原是石器时代最重要的利器，到父系家长制时期，主要的劳动生产由成年男子担任，家族在父系权力下组成，石斧便成为当时成年男子的象征物品，故借为成年男子的称谓。"母"字的结构，是"女"字中有二点"象乳子"（《说文》），用以表示女子的成年，故作为成年女子的称谓。周族在举行"成丁礼"取"字"时，男子称"父"，女子称"母"，无非表示已具有成年男女的权利和义务。西周贵族的"冠礼"起源于"成丁礼"，所以还沿用这种取"字"的方式。后来"父""母"已习惯为父母亲的称谓，逐渐"名涉于嫌"，所以春秋时"某母"之称逐渐稀少，"某父"之称也渐少见，而"子某"的取"字"方式大为流行。"子"字像人形，也是男子的美称。

周族在氏族制时期举行"成丁礼"的习俗，因史料缺乏，无从详知，但是，我们以易洛魁族举行"成丁礼"的习俗比较一下，也可推知其大概。

处于氏族制阶段的易洛魁族，每人都有两个名字。初生时由母亲取名，经近亲同意后，由部落会议公布，这是幼年的名字。到十六岁或十八岁时，通常由酋长来举行仪式，宣布废除幼年名字，授予成年名字。青年男子必须在战斗中表现出英勇行为后，才具有取得成年名字的资格。在成年名字授予后，一经部落会议公布，就取得了成员的权利和义务。酋长的授予成年名字，就意味着氏族授予名字，也标志着授予氏族权利（莫尔根：《古代社会》，三联书店1957年版，第82~83页）。因为"氏族有一定的名字或一连串名字，在全部落内只有该氏族本身才能使用这种名字，因之，氏族个别成员底名字也就指出了他属于哪一氏族。氏族的权利自然是跟氏族的名字密切联系在一起的"（恩格斯：《家庭、私有制和国家的起源》，人民出版社1957年版，第83页）。

周族人的"名"，相当于易洛魁族的幼年名字；周族人的"字"，相当于易洛魁族的成年名字。上述"伯某父"或"孟某母"的取"字"方式，就是周族所特有的"字"，原来只有这族人才能使用这种"字"的。

周族在举行"成丁礼"时,这种"字"的授予,不仅指出了他属于周族,同时也表示着氏族权利的授予。到西周时,建立国家组织以后,周族成为统治的贵族,其父系家长制转变为宗法制度,其"成丁礼"随着变为"冠礼",这时这种"字"的授予,就表现为贵族特权的授予。易洛魁族成员在取得成年名字时,要废除幼年名字;而周族男性成员在取得"字"时,依然保留幼年的"名",并使"字"和"名"在字义上有所联系,使人们可以由"名"而推想到"字",由"字"而推想到"名",《白虎通·姓名》篇所谓:"或旁其名为之字者,闻名即知其字,闻字即知其名。"至于周族的女性成员则因服从夫权的关系,要在许嫁后举行"笄礼"取"字",出嫁后便经常用"字",不以"名"行了。

西周在灭殷和东征后,推行宗法制度,不断分封同姓和异姓诸侯,用礼作为一种统治手段,"冠礼"就由姬姓推行到了异姓贵族,其举行"冠礼"取"字"的方式也推行到了异姓贵族。前面已举出很多例子,说明当时列国许多异姓贵族已多采用周族的取"字"方式。我们再以宋国为例,许多贵族都已改变了殷人的习惯,改从周的取"字"方式,如戴公一系,有乐甫(字)术(名)、石甫愿绎、夷父倾、硕甫泽、季甫、夷甫须、好父说、华父督等;孔子的祖先,有弗父(字)何(名)、宋父周、正考父、孔父嘉、木金父、祁父、防叔、伯夏、叔梁(字)纥(名)等(以上据雷学淇辑校《世本》)。连孔子本人,字仲尼父,也不例外,真是"郁郁乎文哉,吾从周"。当时异姓贵族改从周的取"字"方式,无非表示服从周天子的统辖,接受了"周礼",参加到以周天子为首的贵族统治集团中,与姬姓贵族一样取得了贵族特权。

三、三次加冠弁的意义

周族的男子在成年时要加冠,是和他们成年"结发"的习俗有关的。当时男孩的头发,或者两边分梳,长齐眉毛,叫做"两髦"(《鄘风·柏舟》);或者把"两髦"总束起来,状如两角,叫做"总角"。到成年时,才把头发盘结到头顶上,安上笄,戴上冠,《齐风·甫田》所谓"婉兮娈兮,总角丱兮,未几见兮,突而弁兮"(郑笺:"突而加冠为成人也。")周族人有露发的习惯,所戴的冠并没有把头发全部套住,只起着套住发髻的作用,并带有发饰的性质,所以《说文》说,"冠,絭也,所以絭发"。但是,"冠礼"的加冠,不仅在于套住发髻,是有其更重大的意义的。

根据《士冠礼》,要先后三次加冠弁服:

(1)初次加缁(黑色)布冠,身穿玄(黑色)端、缁带、爵(赤黑色)韠。

(2)再次加皮弁,身穿素(白色)积、缁带、素韠。

(3)三次加爵(赤黑色)弁,身穿纁(浅绛色)裳、纯(读为"缁",黑色)衣、缁带、韎(赤黄色)韐①。

后来,往见亲戚和国君、卿大夫时,又要废弃缁布冠,改戴玄冠。上述三种服装的主要区别,就是冠弁形式和服色的不同。这些服装,都是由很原始的服饰逐渐转变来的,例如其中的韠,也叫韨(一作"市")或韐,是一副腰围,在西周时,是贵族服饰中很重要的部分,盖在裳的前面的,周天子常把它连同车马服饰赏赐给大臣,而它的起源,仅是野蛮时代围住下身的一块皮。《易纬乾凿度》郑玄注说:"古者田渔而食,因衣其皮,先知蔽前,后知蔽后,后王易之以布帛,而独存其蔽前者,重古道而不忘本也。"(《左传》桓公二年《正义》引)

各种冠弁的起源也很古老。行"冠礼"时初次戴上的缁布冠,原是周族人太古时戴的一种帽子。太古时丝帛还没有,只有麻布,一般都用白麻布制成冠,只有斋戒时才戴黑麻布制的冠,叫做缁布冠。这时为了保存古礼,初次加的冠就是缁布冠,而且从诸侯到士一律如此。《礼记·玉藻》说:"始冠缁布冠,自诸侯下达。"《士冠礼》说:"太古冠布,齐(斋)则缁之。"因为这仅是保存古礼,所以缁布冠只在仪式上应用一下,用过后就废弃,所谓"冠而敝之可也"。到实际应用时,就改戴玄冠。玄冠就是由缁布冠发展而来,它只是改用黑帛制成,结构略有改变而已(关于这方面清代学者已有详细考证)。

玄冠是当时贵族通常应用的礼帽,又叫委貌、章甫、毋追。《士冠

---

① 编者按:《十三经注疏》中"韎韐"为"靺韐"。

礼》说:"委貌,周道也;章甫,殷道也;毋追,夏后之道也。"委貌该是周族传统的称呼,据郑玄注,"委犹安也,言所以安正容貌"。委貌也或简称委,它常和玄端(通常礼服)连称为"端委"或"委端"。章甫,据郑玄注,"章,明也","言以表明丈夫也,甫或作父"。前面谈到,行"冠礼"时,男子取"字"的方式是"伯某父"或"仲某父"等,用来表示其具有男性成员的权利,加冠后,其所戴玄冠又称为"章甫(父)",很明显,同样是用来表示其具有男性成员的权利的。《士冠礼》说:"章甫,殷道也",是否章甫之名起于殷代,"冠礼"在殷代已有呢?清代学者多数不信章甫出于殷道之说,如江永《乡党图考》说:

> 公西华言端章甫(按见《论语·先进》),犹云端委,未必有取于殷冠。孔子言:少居鲁,衣逢掖之衣,长居宋,冠章甫之冠(按见《礼记·儒行》),似章甫与委貌亦有微异。鲁人歌,衮衣章甫,爰得我所,又似当时章甫与委貌亦通行,可通称,未必夫子以殷人常服章甫也。

我们前面谈到,西周以后许多宋的贵族已服从周礼,改用周族"伯某父"的取"字"方式,其所冠"章甫(父)",为了表明为"父",也该是服从周礼的。孔子少居鲁,还未成年,因穿逢掖之衣,长居宋,已过成年,因戴章甫之冠。后来儒家讲治周礼,沿用古服,章甫又成为儒服。《墨子·公孟》载:"公孟子戴章甫,搢笏,儒服。"公孟子说:"君子必古言服而后仁。"墨子反驳说:"子法周而未法夏也,子之古非古也。"可知章甫还是"法周"的"古服"。但是也可能,西周、春秋时宋人所戴礼帽,通用章甫的名称,其式样也还保存着殷人的遗风。

委貌和玄端合称"端委"或"委端",到春秋时贵族还经常用作礼服,用来参加各种政治活动。如晋文公接受周襄王的册命,曾"端委以入"(《国语·周语上》);"阳谷之会,桓公委端、搢笏而朝诸侯"(《穀梁传》僖公三年);刘定公对赵文子说:"吾与子弁冕端委以治民,临诸侯"(《左传》昭公十年),董安于说:"及臣之长也,端委韠带,以随宰人,民无二心"(《国语·晋语九》);子贡说:"太伯端委以治周礼"(《左传》哀公七年)。由此可见,"冠礼"的所以加冠,无非表示授予贵族"治人"的特权,表示从此可"以治民"和"以治周礼"了。所以《冠义》说:"冠者礼之始也。"

　　行"冠礼"时再次戴上的皮弁,也是周族人上古时的一种帽子。《士冠礼》:"皮弁服,素积缁带,素韠。"郑玄注说:"皮弁者以白鹿皮为冠,象上古也。"孔颖达正义说:"上古也者,谓三皇时,冒覆头,句(钩)领绕项。"《白虎通·绋冕》篇又说:"皮弁者……上古之时质,先加服皮,以鹿皮者,取其文章也。……积素以为裳也,言腰中辟(襞)积,至质不易之服,反古不忘本也。"这种服装,主要有两部分:皮弁用白鹿皮制成,取其有花纹,其形式"冒覆头,钩领绕项",很明显,是上古野蛮时代的一种皮帽,所谓"古之王者有务(鍪)而拘领者矣"①;素积是素色的布积叠制成的裳,腰部依靠用折叠的襞积构成,也是上古一种原始的服装。

　　看来,周族在氏族制末期,就是穿着这种服装从事打猎和战斗的。《白虎通·绋冕》篇又说:皮弁素积"征伐田猎,此皆服之"。《公羊传》何休注也认为"皮弁,武弁"(宣公元年);"礼,皮弁以征不义,取禽兽行射"(昭公二十五年),徐彦疏又说:"韩诗传亦有此文"(成公二年)。在比较原始的部落中,战斗和狩猎确是用着相同的服装的。到西周建立国家以后,礼节上所用的服装,还多保存着旧有的形式。但逐渐有些变化和分化,后来这种皮帽就分化成了韦弁、皮弁、冠弁等三种。《周礼·司服》说:"凡兵事,韦弁服;眡朝,则皮弁服;凡甸,冠弁服。"他们把"韦弁"用于有关军事的仪式,"皮弁"

---

① 孔颖达认为皮弁起于上古三皇时,"冒覆头,句领绕项",是有根据的。《荀子·哀公》载:"鲁哀公问冠于孔子……孔子对曰:古之王者有务而拘领者矣,其政好生而恶杀焉"。这是说在冠没有创制前,已有"务(鍪)而拘领者"。《淮南子·氾论》篇根据这点也说:"古者有鍪而绻领以王天下者矣,其德生而不辱。"高诱注:"古者,盖三皇以前也,鍪,头着兜鍪帽,言未知制冠也。绻领,皮衣屈而紩之,如今胡家韦袭反褶以为领也。"《尚书大传·略说》又说,"周公对成王云:古人冒而句领",郑玄注:"古人谓三皇时,以冒覆头,句领绕颈,至黄帝则有冕也"(《礼记·冠义》正义引,《荀子·哀公》杨注引略同)。可知上古最早的帽子是兜鍪形式的,是把头顶完全"冒覆"起来的,其形式如同锅子,故称"鍪"或"务",原是用来保护头部的。古时作为武装的胄,当即由此发展而来。胄也是兜鍪形式,安阳西北冈出土有殷代铜胄,正是"以冒覆头"的兜鍪形式,见《考古学报》第七册,陈梦家:《殷代铜器》,图五五。

则已用到朝廷上去，只有"冠弁"仍然用于田猎上。孙诒让《周礼正义》认为田猎用的"冠弁"，就是"玄冠而加弁"，这种皮弁即所谓皮冠，该是正确的。春秋时各国贵族田猎时所戴皮冠，也还和行"冠礼"时所戴的皮弁一样，保持着原始的式样①，同时还保存着原始的风习，有下列三个故事足以证明：

（1）有一次卫献公请孙文子、宁惠子来共进食，二人都穿着朝服侍候在朝，谁知天色很晚，卫献公再不召请，却独自在园囿中射鸿，二人跟从到园囿去见他，他"不释皮冠而与之言，二子怒"（《左传》襄公十四年）。

（2）有一次楚灵王在州来狩猎，后来赶到乾溪。"王皮冠、秦复陶（杜注："秦所遗羽衣"）、翠被（杜注："以翠羽饰被"）、豹舄（杜注："以豹皮为履"），执鞭以出，仆析父（杜注：楚大夫）从，右尹子革夕（杜注："子革，郑丹；夕，暮见"），王见之，去冠被、舍鞭（杜注："敬大臣"），与之语"（《左传》昭公十二年）。

（3）有一次齐景公在沛泽田猎，用弓来招呼虞人（掌山泽之官），虞人不进，景公派人把他捉来，他说："皮冠以招虞人，臣不见皮冠，故不敢进"（《左传》昭公二十年）。

楚灵王见右尹子革，"去冠被"，所以表示敬大臣；孙文子和宁惠子到园囿中去见卫献公，献公"不释皮冠"，二人就发怒。可知皮冠不仅是田猎的帽子，原来该是武装的帽子，所以在礼节上，即使与臣下相见也要脱帽。古时只有戴武装的帽子，见客要脱帽，如"郤至

---

① 孙诒让《周礼正义》说："《孟子·万章》篇：万章曰：敢问招虞人何以？曰：以皮冠。赵注云：皮冠，弁也。孔广森云：《左传》责卫侯不释皮冠；楚灵王雨雪皮冠，右尹子革夕，王见之，去冠。皮冠可释可去，则必别有一物，加于冠上矣。案：皮冠盖犹方相氏之蒙熊皮，孔谓别有一物加于冠上，其说近是。赵氏以弁释皮冠，盖即据此经。……以弁加于冠上，谓之冠弁服。"今案：这种田猎用的皮冠，曾长期保持原始的形式，孙氏谓"盖犹方相氏之蒙熊皮"，甚是。狩猎戴皮冠，不仅为了预防伤害，兼有扰乱野兽耳目，或诱兽入网的意思。辉县琉璃阁战国墓第一号墓所出舞乐狩猎纹奁，奁壁上刻有戴兽头帽而射猎的人，见《山彪镇与琉璃阁》65页。这种兽头帽该是一种诱使兽近身的皮冠。

见客免胄"(《左传》成公十六年)①。

这样看来，行"冠醴"时再次戴上皮弁，原来的意义就是把他武装起来，以便从事田猎和战斗，因为"二十冠而成人"，需要"与戎事"了。

行"冠礼"时，第三次所加的爵弁，是一种祭服。《白虎通·绋冕》篇说："爵弁者，周人宗庙之冠也。"它是一种平顶的帽子，与冕略同，所不同的，冕顶前低后高，爵弁则前后平，冕前有旒，弁没有旒。《礼记·杂记上》说："大夫冕而祭于公，弁而祭于己；士弁而祭于公，冠而祭于己。"可知弁在礼节中，与冕的用处有相同之处，只是低一等而已。

《士冠礼》解释三次加冠弁说："三加弥尊，谕其志也。"谕些什么志呢？从上面的论述，可知初次加冠，无非表示授予贵族"治人"的特权；再次加皮弁，无非表示从此要参与兵役，有参与保护贵族权利的责任；三次加爵弁，无非表示从此有在宗庙中参与祭祀的权利。因为当时"国之大事，惟祀与戎"(《左传》成公十三年)，"冠礼"的举行，就是表示已具有参与"大事"的大志了。当时贵族的"冠"，既代表着他们身份和特权，又代表着他们参与"大事"的大志，因此十分重视，直到死，还是要戴着，不能"免冠"。《左传》哀公十五年记载：卫国发生内乱，"下石乞盂黡敌子路，以戈击之，断缨，子路曰：君子死，冠不免。结缨而死"。

在西周金文中，我们常见周天子把服饰车马等赏赐给大臣，其用途不外乎"用事"、"用兽(狩)"、"用政(征)"、"用岁"，例如：

易(锡)女(汝)玄衣黹屯(纯)、赤市(韨)、朱黄(珩)、䜌旂、攸勒，用事(《颂鼎》)。

易(锡)女(汝)鬯一卣、冖(冕)衣市(韨)舄、车马，易(锡)乃且(祖)南公旂，用遱(狩)(《大盂鼎》)。

---

① 许地山《礼俗与民生》："欧洲的脱帽礼原是武士入到人家，把头盔脱下，表示解除武装，不伤害人的意思"(《国粹与国学》97页)。这和我国古代将士"见客免胄"的原由相同。

易(锡)女(汝)鬯㐭一卣、裸圭瓒(瓒)宝、朱巿(韍)、恩黄(珩)、玉环……易(锡)女(汝)兹(兹)关(赠),用岁用政(征)(《毛公鼎》)。

周天子在对臣属下令的时候,赐给许多服饰车马,不仅是表示恩宠,更重要的是表示具体地授予了特权和任务。所谓"用事"是指所担任的职官的任务,所谓"用岁"是指周年祭典,所谓"用政(征)"是指出征,所谓"用兽(狩)"是指狩猎,古人是用狩猎作为军事训练的。所谓"因蒐狩以习用武事,礼之大者也"(《穀梁传》昭公八年)。当时周天子赏赐服饰的用途,不外乎"用事"、"用岁"、"用征"、"用狩",同样因为"国之大事,惟祀与戎"。当"冠礼"举行时,由宾客三次加冠弁,当然不同于周天子赐予服饰,但是,其实际意义,也是代表贵族具体地表示授予特权和任务。

四、结　　语

按照易洛魁族的氏族制度,通过"成丁礼"的仪式,给予成员的权利和义务共有下列十点:(1)选举世袭酋长及普通酋长的权利。(2)罢免世袭酋长及普通酋长的权利。(3)遵守在氏族内禁止婚姻的义务。(4)氏族成员死亡者遗产继承之相互的权利。(5)援助、防卫及复仇之相互的义务。(6)对于氏族成员命名的权利。(7)收养外人为氏族成员的权利。(8)有权参加宗教上的共同仪典。(9)有权葬于氏族公共墓地。(10)有权参与氏族会议。由于有了"这些功能与职权,对于氏族组织予以活力和个性,并且保障了氏族人员的个人权利"(莫尔根:《古代社会》,三联书店1957年版,第73~74页)。我们根据前面三段的论述,可知周族在氏族制时期举行"成丁礼"时,给予成员的权利和义务是和易洛魁族差不多的。易洛魁族是通过对成员命名的方式,来授予氏族的权利和义务的;而周族除了通过对成员命名方式以外,更通过加冠的方式,来授予氏族的权利和义务的。

西周贵族所应用的"冠礼",虽然其仪式和习惯是由氏族制时期的"成丁礼"变化而来,但是由于贵族、私有制和国家的产生,"冠礼"已成为巩固贵族组织和保障贵族成员特权的手段。所以当时"庶人"一般是不举行"冠礼"的①。贵族通过"冠礼"给予成员的特权和义务，根据上面的论述，主要的有下列六点：

（1）开始享有贵族成员参与各种政治活动和各种礼仪的权利。按礼，国君与卿大夫行"冠礼"后，才可亲理政务。

（2）开始享有贵族成员统治人民的特权。

（3）经过"结发"和加冠笄后，可以男婚女嫁，负起传宗接代的责任，但须遵守"同姓不婚"的古礼。成年妇女应服从夫权，并作夫家的成员，故其"字"应在许嫁时题取。

（4）取得宗法制度所规定的继承权。嫡长子与庶子所取得的继承权利不同，嫡长子在东序举行加冠仪式，即表示具备了继承"宗子"的资格。

（5）开始有服兵役的义务，负有保护本贵族特权的责任。

（6）取得了参加本族共同祭祀的权利。

这些权利和义务的给予，具体表现在成年名字和三种冠弁服饰的授予上。西周、春秋时贵族举行"冠礼"，这样的给予贵族成员特权和义务，很明显，其目的是为了巩固贵族组织，维护宗法制度，保护贵族利益。所以，这种礼必须在宗庙中隆重举行，《礼记·冠义》说："是故古者重冠，重冠故行之于庙……所以自卑而尊先祖也。"②

——原载《中华文史论丛》第一辑，1962年；后略加修订收入《古史新探》，中华书局1965年版，第234~255页

【评　介】

20世纪以来的礼学发展，很大程度上体现为研究方法的转变，

---

① 《礼记·文王世子》说："五庙之孙，祖庙未毁，虽为庶人，冠取妻必告。"这里所说的"庶人"，是指由贵族下降而为"庶人"的，还保持有传统的"冠礼"，并不是说当时"庶人"亦有冠礼。

② 春秋时诸侯行冠礼，不但必须于祖庙举行，还要举行隆重的飨礼，用钟磬之乐。《左传》襄公九年记季武子说："君冠，必以祼享之礼行之，以金石之乐节之，以先君之祧处之。"

逐步将西方史学以及其他学科的研究方法应用于中国古代史的重新解释，往往也会带来新的发现。较早将比较史学、文化人类学方法用于礼学研究的是杨宽先生。

杨宽(1914—2005)，字宽正，江苏青浦(今属上海市)白鹤江镇人。1926年考入苏州中学师范科。苏州中学当时由留美教育家汪懋祖任校长，任教的还有后来的历史学家钱穆、杨人楩，词曲名家吴梅，语言学家吕叔湘，还经常聘请著名学者章太炎、胡适、顾颉刚、张其昀、欧阳予倩等到此讲演。在浓厚的学术氛围、出色的师资条件下，杨宽打下了坚实的学术基础。年仅16岁的他写下第一篇学术论文《墨经校勘研究》，投向《燕京学报》，就得到主编容庚先生的赞许。他晚年回忆这段求学生涯时说："我探讨学问的基础是那时打好的，钻研学问的方向是那时决定的，探索学问的门径是那时开辟的，学术论文和学术著作是从那时开始写作的，可以说，都是出于教师们教导和栽培的结果。"①

1932年杨宽考入上海光华大学中文系，师从吕思勉先生以及蒋维乔、钱基博两位先生。1933年起，他以中国上古传说中的人物为中心，陆续写出系列论文，合编成《中国上古史导论》，收入《古史辨》第七册，在学术上崭露头角。此论著将顾颉刚先生"层累的造成的中国古史说"发展为"神话分化演变说"，杨先生因而被看作古史辨派的殿军，童书业在《古史辨》第七册序言中称赞他是"集'疑古'的古史学大成的人"。此间他还写成了《墨经哲学》、《中国历代尺度考》，并与同学一起校勘注释《吕氏春秋》。1937年杨宽参与了上海博物馆筹建工作，负责陈列布置和编写文物说明工作。以后除了在广西勷勤大学和上海光华大学有过短期任教经历，一直任职于上海博物馆。1948年任上海博物馆馆长，1953—1958年同时受聘担任复旦大学兼职教授，1960年调任上海社会科学院历史所副所长，1970年专任复旦大学历史系教授。1986年赴美国迈阿密大学讲学并定居。

杨先生的研究范围涉及中国上古史、中国古代科技史、度量衡

---

① 杨宽：《历史激流——杨宽自传》，台湾大块文化出版有限公司2005年版，第58页。

史、古史分期、古代农民战争、重要历史人物、历史地理、文物考古、学术文化、陵寝都城制度等多方面。代表著作有《中国上古史导论》、《墨经哲学》、《中国历代尺度考》、《古史新探》、《吕氏春秋集释》（与沈延国合作）、《战国史料编年辑证》、《战国史》、《西周史》、《中国古代冶铁技术发展史》、《中国古代陵寝制度史研究》、《中国古代都城制度史研究》、《杨宽古史论文选集》、《历史激流——杨宽自传》等。

《古史新探》是杨先生为《西周史》准备材料过程中的成果汇集，包括《"冠礼"新探》、《"籍礼"新探》、《"大蒐礼"新探》、《"乡饮酒礼"与"飨礼"新探》、《"射礼"新探》、《"贽见礼"新探》6篇讨论古礼制的文章，以及其他讨论西周春秋社会结构，周代的井田、乡遂、宗法、学校等重要制度，周代农业生产工具、生产技术状况的8篇论文。前后长达20多年的文博界生涯，使得杨先生特别注重历史文献和文物考古的结合。这些论文的共同特点是，将古文献与出土文物、民族调查资料结合起来，相互参证，推求结论，是历史学家探究古代礼制的典范之作。日本史学家贝冢茂树称赞《古史新探》是"战后一级作品"，将它与《战国史》列为新中国史学的重大收获。（《贝冢茂树著作集》第二册《中国古代史研究四十年》，1977年）①

杨先生的礼学研究，集中于礼制研究，以便由此认识古代社会的性质。他对《仪礼》中的六种古礼进行追根溯源，对周代一系列重要礼制——籍礼、冠礼、大蒐礼、乡饮酒礼、射礼和贽见礼的源流、内容、性质和作用进行了十分清晰透辟的阐述，充分吸收从两汉到清代的经学家有关"三礼"的注释考证，也注意收集和阅读前人有关礼和名物制度的著作和资料汇编，同时，对礼书的内容进行细致的断代，依据可靠的古文献，结合现代考古学、古文字学和民族学的知识，对礼书进行比较分析，从而追溯各种古礼的源流，厘清后人所附益增饰的理想化和系统化的成分。

《"冠礼"新探》所探讨的是冠礼的起源问题。杨先生基于比较史

---

① 此段及下段参看高志群《编后记：一世学术，一代大家——杨宽先生的古史研究》，杨宽：《先秦史十讲》，复旦大学出版社2006年版。

学的视角，借鉴了传统的古文字学和文化人类学、考古学的材料与方法，将冠礼与氏族制度"成丁礼"进行参照。他认为，周礼的许多礼文、仪式都是从周族末期的礼仪转化而来。而考察这些周礼，可以探索出部分西周的情况，和氏族制末期的情况。20世纪50年代起，杨先生就投入到古史分期的讨论之中，其早期观点是西周奴隶制、春秋封建领主制、战国封建地主制，晚年不再承认中国古代有过奴隶制社会阶段。撰写《"冠礼"新探》时，杨先生还认为，"周礼"体现了西周贵族如何将过去的父系家长制的血缘纽带转化为宗法制度，来维护君权、族权、夫权和神权，以巩固贵族组织，加强对人民的统治。

在第一部分，杨先生运用文化人类学的方法，将冠礼与氏族制时期的印第安人易洛魁族的"成丁礼"的特征进行比较，发现它们在行礼年龄、行礼地点及行礼仪式上非常相似，而且都必须经过一定程序的教育和训练。二者的举行都意味着"成人"，一是可以享有成人的各种权利和义务，二是可以负起传宗接代的责任。因此冠礼很有可能是由成丁礼转化而来。

其次，杨宽先生考察了"字"的来源及其意义。古礼特别注重称名、正名号，冠礼中有一个很重要的仪式就是取"字"。杨先生运用古文字学方法，将冠礼的取字与金石彝器铭文相印证，用古器物上所记载的人名，来考证《士冠礼》所载礼文中的称名，分别考证了男子冠礼取字与女子笄礼取字的几种情况，发现大致相同，女子取字法中还可以看到夫权的体现。杨先生比较氏族制阶段的易洛魁族的成丁礼习俗，进而认为，冠礼取字的方式也是沿袭成丁礼的习惯。他由此推断西周用礼作为一种统治手段，推行宗法制度，不断分封同姓和异姓诸侯，冠礼也推行到了异姓贵族之中，他们也采用周族取字方式。这说明异姓贵族服从了周天子的统辖。

再次，杨先生深入探析了冠礼中三次加冠弁的意义，这是从服饰的起源及其含义来探求服色变化所蕴含的礼义。他指出，三次加冠服装的区别，是冠弁形式和服色的不同。他对三种冠弁及服饰的由来进行溯源发现，三种冠弁，都是周族人太古时戴的帽子，第一次加冠所佩戴的缁布冠，后改为玄冠，是成人服饰中的礼帽，表示授予贵族"治人"的特权，表示从此可"以治民"和"以治周礼"了；第二次加冠的皮弁，是战斗和狩猎用的皮冠，表示从此要参加兵役，参与保护贵族权利的责任；第三次加冠的爵弁，是一种祭服，表示从此有在宗庙中参与祭祀的权利。总之就是加冠之后代表贵族被授予了特权和任务，具有了"用事、用岁、用征、用狩"的权利。

杨先生的结论为，西周贵族所应用的"冠礼"，虽然其仪式和习惯是由氏族制时期的"成丁礼"变化而来，但是由于贵族、私有制和国家的产生，"冠"已成为巩固贵族组织和保障贵族成员特权的手段，庶人一般不举行冠礼。这些权利和义务的给予，具体表现在成年名字和三种冠弁服饰的授予上。西周、春秋时贵族举行"冠礼"，给予贵族成员特权和义务，其目的是为了巩固贵族组织，维护宗法制度，保护贵族利益。所以，这种礼必须在宗庙中隆重举行。

杨先生通过对古代冠礼的溯源，证明了西周、春秋的社会政治制度状况，以及为维护这种制度所采取的礼制。他采用文献记载与西方文化人类学家对初民社会的调查资料相印证的方法，认为这些周代仪节都导源于原始社会风俗习惯，即礼是原始氏族礼仪的再发展。根据《西周史》，他所说的"周礼"显然包括《仪礼》中各种古礼和《周礼》中各种国家政权、军事、社会制度的。换言之，杨先生认为《仪礼》、《周礼》反映的是西周春秋时期的"周礼"。这个论断并没有得到普遍认可。金春峰《自序》就认为："像杨宽先生《古史新探》那样，把《周官》作为西周至春秋的周代制度，无疑是不正确而要导致混乱的。"①也有评价认为，杨先生的研究仅仅揭开了周礼部分典礼或仪节的渊源，而非古礼的全部。杨先生的礼学论文撰写时间在 20 世纪 50 年代末 60 年代初，《西周史》虽在时间上晚出近 30 年，但礼学部分是直接用进去的，后期的一些考古研究成果还没有来得及吸收进来。

杨宽礼学论著目录：

《古史新探》，中华书局 1965 年版。其中收入《"冠礼"新探》、《"籍礼"新探》、《"大蒐礼"新探》、《"乡饮酒礼"与"飨礼"新探》、

---

① 金春峰：《自序》，《周官之成书及其反映的文化与时代新考》，台湾东大图书公司 1993 年版。

《"射礼"新探》、《"贽见礼"新探》6篇礼学论文。

《西周史》，上海人民出版社1999年版。其中与《仪礼》相关的有：第二编第四章《"籍礼"新探》，第六编第五—十二章的《"大蒐礼"新探》、《"射礼"新探》、《"乡饮酒礼"与"飨礼"新探》、《"冠礼"新探》、《"贽见礼"新探》、《"册命礼"的仪式》、《出征、出猎和执驹的礼制》、《重要祭礼简释》。与《周礼》相关的有：第三编《西周王朝的政权机构、社会结构和重要制度》1—9章《西周中央政权机构剖析》、《西周王朝公卿官爵制度的分析》、《维护贵族权势的重要官爵世袭制》、《西周初期的分封制》、《西周春秋的乡遂制度和社会结构》、《西周春秋的宗法制度和贵族组织》、《西周王朝统治所属少数部族的"荒服"制度》、《代表贵族政权等级的列鼎制度》、《规定贵族服饰等级的"命服"制度》。

《月令考》，原载《齐鲁学报》第二期，后收入《杨宽古史论文选集》，上海人民出版社2003年版，第463~510页。

郑氏校雠学发微（节选）

张舜徽

注述旧典下第三

　　《后汉书·郑玄传》所载行事不详，但言：玄少为乡啬夫，不乐为吏，遂造太学受业。师事京兆第五元先，始通京氏《易》、《公羊春秋》、《三统历》、《九章算术》；又从东郡张恭祖受《周官》、《礼记》、《左氏春秋》、《韩诗》、《古文尚书》。以山东无足问者，乃西入关，因涿郡卢植，事扶风马融。游学十余年，乃归乡里。及党事起，被禁锢，遂隐修经业。而郑氏《自序》云："遭党锢之事，逃难注《礼》；党锢事解，注《古文尚书》、《毛诗》、《论语》；为袁谭所逼，来至元城，乃注《周易》。"（《孝经》大题下疏、《唐会要》七十七、《文苑英华》七百六十六并引之。）凡郑氏从学及著述之事，可由此得其大较。清末黄以周尝据诸书所载，按之郑所注书，以考郑氏注述先后曰："《自叙》注《三礼》不别先后，注《尚书》、《毛诗》、《论语》，又以经叙先后为言，亦非其次。《毛诗序》'哀窈窕'，《笺》改读哀为衷；其注《论语》，仍以哀为义。刘琰举以问，答曰：'《论语注》人间行久，义或宜然，故不复定以遗后。'此与'记注已行，不复追改'同，是注《论语》在笺《毛诗》之先也。《三礼注》之先后，初无明文可考。今以《注》义求之，约略可定。郑先治三家《诗》，后习毛《诗》。其注《礼记》，多用三家；注《礼经》升歌笙入、闲歌合乐诸诗，纯用毛义；是注《礼记》在注《礼经》之先也。《诗笺》引经，多据己所正读之字为文。（原注：如引《少牢礼》主妇被锡云主妇髲鬄之类是。）而《周官注》引《礼记》，又多仍旧误，如《明堂位》'有虞氏之旅，夏后氏之绥'。《注》正其文曰：'有虞氏当言绥，夏后氏当言旂。'《周官》夏采《注》仍旧未正。《檀弓》：'天子之哭诸侯也，爵弁绖缁衣。'《注》正其文曰：'麻不加于采。绖，衍字也。'《周官·大宗伯》《注》沿讹未去。是注《周官》又在注《礼记》之先也。故以著述而言，先注《周官》，次《礼记》，次《礼经》，次《古文尚书》，次《论语》，次《毛诗》，最后乃注《易》"（《儆季杂著文钞四·答郑康成学业次弟问》）。黄氏此论，足补诸家所为《年谱》及《郑学录》、《北海三考》诸书所未及，证说精详，足成定论。郑学弘通，亦于此可见矣。

条理礼书第四

郑氏校雠之业，莫大乎条理礼书旧文，使之部秩井然。有阐幽表微之功，嘉惠后来不浅。盖古之《礼经》，自孔子时而已不具。汉师拾遗补缺，若存若亡。《后汉书·儒林传》云："中兴，郑众传《周官经》，后马融作《周官传》，授郑玄，玄作《周官注》。玄本习小戴《礼》，后以古经校之，取其义长者，故为郑氏学。玄又注小戴所传《礼记》四十九篇，通为三礼焉。"（附见《董钧传》）先是戴德撰《丧服变除》，杜子春、贾逵、郑兴、郑众、马融皆作《周官传》，卢植次《三礼解诂》。郑氏生于汉末，当古学大行之时，既受业于第五元先、张恭祖、马融之门，在朝通人，处逸大儒，得意者咸从奉手。于是博稽六艺，兼综图纬，五经传记，皆有训释。其注《仪礼》也，考定文字异同，折衷一是，则今古文之分，自此而泯。《周礼》师说虽众，郑氏赞而辨之，用始显传于世。《礼记》有马融、卢植之注，卢亦马之门人，郑注《檀弓》，尝一引之，此外则皆师说或自说也。则其理董礼书，厥功甚伟。善夫皮锡瑞之言曰："汉《礼经》通行，有师授而无注释。马融但注《丧服》经传，郑君始全注十七篇，郑于礼学最精，而有功于《礼经》最大。向微郑君之注，则高堂传《礼》十七篇，将若存若亡，而索解不得矣。《周官》晚出，有杜子春之注，郑兴、郑众、贾逵之解诂，马融之传。郑注《周礼》，多引杜子春、郑大夫、郑司农，前有所承，尚易为力。而十七篇前无所承，比注《周礼》六篇为更难矣。大小戴记亦无注释，郑注小戴《礼记》四十九篇，前无所承，亦独为其难者。向微郑君之注，则小戴传记四十九篇，亦若存若亡，而索解不得矣。"(《三礼通论》)此乃钻研有得、深知甘苦之言也！盖《三礼》之名，虽始于马、卢，实确立于郑氏。《三礼》之学，前此虽有师说，至郑氏而集大成。其后王肃之徒，颇好立异，终莫能与之抗。故晋宋六朝间，《周易》、《春秋左氏传》南北异师，而《三礼》则同遵郑氏。自尔以降，更无异论。考之两《汉书·儒林传》，以《易》、《书》、《诗》、《春秋》名家者多，而《礼》家独少。终东汉之世，注十七篇《礼经》者，惟郑氏一人耳。《礼经》(之)《月令》、《明堂位》、《杂记》疏并云："礼是郑学。"良不诬已。戴震尝言"郑康成之学，尽在《三礼注》，当与《春秋》三传并重"(语见段玉裁所编年谱)。推尊至此，夫岂阿其所好哉！

叙次篇目第五

昔刘向校书秘阁，《汉书·艺文志》称其"每一书已，向辄条其篇目"。盖古书自汉以前，多无篇目；或有之而次第彼此不同，多少亦异。至向校书时，始条理而论次之。今观《管子》、《晏子》、《荀子》、《列子》诸书《叙录》，每云定著若干篇，则今传世之本，篇目次第，皆向所定也。向考校经传，亦复如是。郑氏条理礼书，篇目次第，一以刘向为准。故遍注群经，惟《三礼》有《目录》。《周礼》六篇，依六官，次序无异。《仪礼》十七篇，则皆依《别录》耳。《仪礼疏》曰："其刘向《别录》，即此十七篇之次是也。皆尊卑吉凶次第伦叙，故郑用之。至于大戴，即以《士丧》为第四，《既夕》为第五，《士虞》为第六，《特牲》为第七，《少牢》为第八，《有司彻》为第九，《乡饮酒》第十，《乡射》第十一，《燕礼》第十二，《大射》第十三，《聘礼》第十四，《公食》第十五，《觐礼》第十六，《丧服》第十七。小戴于《乡饮》、《乡射》、《燕礼》、《大射》四篇，亦依此《别录》次第。而以《士虞》为第八，《丧服》为第九，《特牲》为第十，《少牢》为第十一，《有司彻》为第十二，《士丧》为第十三，《既夕》为第十四，《聘礼》为第十五，《公食》为第十六，《觐礼》为第十七。皆尊卑吉凶杂乱，故郑君不从之矣。"(《士冠礼第一》标题疏)至于《礼记》四十九篇，既条其篇目，而又依刘向《别录》，明其所属类例。《礼记正义》于每篇标题下引郑《目录》云：此于《别录》属某门。综其所言，则《曲礼》属制度，《檀弓》属通论，《王制》属制度，《月令》属明堂阴阳，《曾子问》旧说属丧服，《文王世子》属世子法，《礼运》属通论，《礼器》属制度，《郊特牲》属祭祀，《内则》属子法，《玉藻》属通论，《明堂位》属明堂阴阳，《丧服小记》属丧服，《大传》属通论，《少仪》属制度，《学记》属通论，《乐记》属乐记，《杂记》属丧服，《丧大记》属丧服，《祭法》属祭祀，《祭义》属祭祀，《祭统》属祭祀，《经解》属通论，《哀公问》属通论，《仲尼燕居》属通论，《孔子闲居》属通论，《坊记》属通论，《中庸》属通论，《表记》属通论，《缁衣》属通论，《奔丧》属丧服，《问丧》属丧服，《服问》属丧服，《间传》属丧服，《三年问》属丧服，《深衣》属制度，《投壶》属吉礼，《儒行》属通论，《大学》属通论，《冠义》属吉事，《昏义》属吉事，《乡饮酒义》属吉事，《射义》属吉事，《燕义》属吉事，《聘义》属吉事，《丧服四制》旧说属丧服（《曲礼》、《檀弓》、《杂记》各分上下，故共为四十九篇）。如是，则《礼记》四十九篇，悉有门类可归，有条不紊矣。郑氏通究《三礼》，上承刘向校书之法，叙次篇目，以理遗编。故其校雠之学，卒能诣精造微，非偶然也。

——原载于《张舜徽集》第二辑之《郑学丛著·郑氏校雠学发微》，华中师范大学出版社2005年版，第30~34页。

【评　介】

"礼是郑学"，现代史学上对郑学进行系统的文献学总结的是张舜徽先生，他的《郑学丛著》"是对1700多年来郑学研究的一次总结性考察"[①]。

[①] 冯浩菲：《张舜徽先生在文字学、音韵学、训诂学诸领域的研究和贡献》，《华中师范大学学报》1997年张舜徽先生逝世五周年纪念专辑。

张舜徽先生①(1911—1992)，湖南沅江人，著名历史学家、历史文献学家。张先生于1911年7月出生于湖南沅江县一个书香门第，家中藏书很多。其祖父为清代同治进士，历官京师二十年，1895年中日甲午战争时随刘坤一率军御敌于山海关，病殁于榆关军次。其父终身未应科举考试，一心钻研朴学，尤长于天文算法。清末初办现代学校时，曾任湖南西路师范学堂算学教习。他既重旧学，又乐于接受新知，不仅为张舜徽亲授课业，而且在治学方法上给予指导。17岁时，张父去世，张舜徽游学长沙，后被四姑父余嘉锡招往北京，住于其家。于是每日赴北海图书馆读书，自朝至暮，日有定程。当时余嘉锡在几所大学任教，名重一时，与之交往的学者专家甚多。经由余嘉锡介绍，张舜徽认识了不少通人硕学，得到多方指教，学问日有长进。

1932年张先生返回长沙，先后在文艺、兑泽、雅礼等中学高中部任文史教员。课余伏案读书，坚持自学。1941年起，张先生到大学任教，先后任湖南国立师范学院讲师、北平民国大学、西北师范学院、兰州大学等校中文系教授，曾任北平民国大学中文系主任和兰州大学中文系主任。1950年，张先生入华北人民革命大学政治研究院学习一年。1951年起，先后任中原大学教育学院历史系教授和华中师范大学历史系教授，直至逝世。其间，张先生于1979年发起和创建中国历史文献研究会，并任会长十年；1981年创办华中师范大学历史文献研究所，并任所长十年。1981年国务院评定首批博士生导师时，被评为历史文献学博士生研究生导师，是首批获得国家特殊津贴的专家之一。1992年11月27日凌晨五时许，张先生因心脑血管疾病突发而猝然逝世于寓所卧榻，终年82岁。

张先生一生学问有三点最为突出：(1)高扬文献学的大旗。张先生于20世纪下半叶再次举起文献学大旗，使文献学成为一个重要的专业性学科，并使国学在这一名目下得以不绝如缕的继续。其文献学的内容，几乎是国学的翻版，举凡甲骨、金石、竹木、缣帛和纸等记

---

① 参看张君和：《张舜徽先生小传》，《张舜徽学术论著选》，华中师范大学出版社1997年版，第645页。

录古代文献的材料，古籍的散亡、著作、编述、钞纂等古书体例，类辑、伪托等古代文献的基本情况，版本、校勘、目录等整理古代文献的基础知识，钞写、注解、翻译、考证、辨伪、辑佚等文献整理的基本工作，修通史、纂方志、绘地图、辑丛书等前人整理文献的成果，历代校雠学家整理文献的业绩等都囊括在内，力图真正做到对"一国所有之学"的研究。张先生本人的研究也是遍及经、史、子、集四部，博采众长。① 张先生提倡文献学的另一个原因是基于对古典文献学"辨章学术、考镜源流"的学问方法的充分肯定，他一生学问的根基也在这里。

（2）追求博通的通人之学。张先生大力主张在专学基础上的通人之学，反对门户之见和门派之见，超越乾嘉，平亭汉宋。张先生尤其提倡"通学"，而这种博通学风得之于湘学的沾溉。作为湖南人，他对湖湘学派和湘学学风充满敬意，对湘学大师王船山治学的博大气象进行了赞颂，并提倡"学习他治学的求实精神和博大气象，用以医治今日学术界的虚浮风气和狭隘现象"。对江浙之学，他十分欣赏同样具有博通风格的扬州学派，在《清儒学记》中，对扬州学派的博大精深作了揭示，并对20世纪上半叶的国学大师刘师培张大扬州学派的历史功绩作了肯定："余则以为师培平生以张大扬州之学为己任。而取径所由，大抵遵其乡先辈故辙以恢……以成其博综通贯之学。固集扬州学派之大成矣"。他特别崇尚汉代郑玄、唐代刘知幾和南宋郑樵的"会通"思想，且名其书房曰"仪二郑斋"（郑玄与郑樵），并予以专门研究。

（3）由小学入史学的治学路向。张先生治学，由小学入史学，从具体到会通。这是一条始于乾嘉而终于超越乾嘉的治学之路。他说："余之治学，始慕乾嘉诸儒之所为，潜研于文字、声韵、训诂之学者有年，后乃进而治经，于郑氏一家，深入而不欲出，即以此小学、经学为基础，推而广之，以理群书。由是博治子、史，积二十载。中年

---

① 参看谢贵安：《张舜徽与20世纪后半叶的国学研究》，《求索》2001年第6期。

以后，各有所述。"①其最终之落脚点，不像乾嘉学者那样落在经学上，而是像宋代郑樵那样落在史学上面。与乾嘉学者"从小学入经学"相似，张先生做学问也是从小学开始的。他坚信"由小学入经学者，其经学可信；由经学入史学者，其史学可信"。

张先生一生勤于笔耕，成果丰硕，著作等身。按四部法划分：经学研究，有《两戴礼记札疏》、《毛诗故训传释例》、《郑学丛著》、《小尔雅补释》、《演释名》等论著；史学研究，有《汉书艺文志通释》、《史学三书平议》、《中国古代史籍举要》、《中国古代史籍校读法》、《中国史论文集》、《清儒学记》、《劳动人民创物志》、《中华人民通史》等论著；子学研究，有《周秦道论发微》、《敦煌本说苑残卷校勘记》、《世说新语注释例》、《清人笔记条辨》等论著；集学研究，有《清人文集别录》等论著。他还对文字、音韵、训诂、校勘、注释等小学，深入钻研，无所不精，所著200万字的《说文解字约注》是20世纪以来，除丁福保《说文解字诂林》、马叙伦《说文解字六书疏证》之外中国大陆出现的第三部大部头说文注本，又是成书于20世纪下半叶的唯一一部大型说文注本。

按学术进路来看，张先生学术研究可分为四个系列。第一个是《广文字蒙求》等—《说文解字约注》的小学系列，从《广文字蒙求》、《演释名》、《声论集要》、《小尔雅补释》的文字、音韵、训诂研究到《说文解字约注》的系统全面、卷帙浩繁的总汇。第二个是《广校雠略》—《中国古代史籍校读法》—《中国文献学》的文献学理论研究系列。20世纪40年代的《广校雠略》论述了中国文献古籍的许多重要的理论和通例，60年代出版的《中国古代史籍校读法》广泛地探讨了中国史籍的流别、传播、版本、校勘、辨伪、读书方法等文献学理论问题，1982年出版的《中国文献学》真正建立了中国文献学的理论体系。第三个是《顾亭林学记》—《清代扬州学记》—《清儒学记》清代学术史研究系列。先有读书札记《清人文集别录》和《清人笔记条辨》，后撰成《顾亭林学记》、《清代扬州学记》和《清儒学记》专著。第四个是

---

① 张舜徽：《八十自叙》，《张舜徽学术论著选》，华中师范大学出版社1997年版，第2页。

《劳动人民创物志》—《中华人民通史》历史研究系列。前者写作于50年代，书中专门记录了古代劳动人民在文字、文学、科学、技术、生产、生活各个方面的创造发明，特别是注重日积月累的细小发明和改进。1988年《中华人民通史》问世，全面系统地阐述了古代中国人民在政治、经济、文化、科技各个方面的活动与创造，在体例上分为地理、社会、创造、制度、学艺、人物六编，将被章节体驱逐的人物传记又请回了史书，彻底打破了章节体通史中残存的"王朝体系"。

20世纪后半叶，能够接过前辈国学火炬继续前进的，张舜徽先生可谓是为数不多的大陆学者之一。胡道静、蔡尚思、章开沅、赵吉惠等均称之为"国学大师"。蔡尚思认为，20世纪后半期，能够称得上是国学大师的，只有张舜徽和钱穆等为数不多的几个人。1995年，台湾《明史研究论丛》主编吴智和教授在一封信中称张先生"在台赫赫著望"，足见其广泛影响。张先生的巨大成就源于他的刻苦自学，他一生到老惟从事于读书、教书、著书，毫不系心于外在名利荣辱。他将其治学经验归纳为七个方面：（1）从练基本功做起，将做学问的基础打好；（2）有所取必有所弃，不要因其他爱好分散治学精力；（3）要把做学问的范围推广，不可走太狭窄的路；（4）除书本外，还应多读"无字书"，已扩大求知领域；（5）研究成果多由积累而来，不可急于求成；（6）恒心、毅力、耐性、信念、傻气，是坚持研究工作的重要条件；（7）做学问是终身之事，努力不懈地干下去。①

《郑学丛著》是张先生的重要代表作，从文献学的角度重新发现郑学的特点，重新阐述东汉郑玄的学术地位。张先生说："清代二百六十余年的学术，特别是乾、嘉学者，都围绕了许郑之学，努力用功。凡是……研究经学的，便奉郑玄的群经注说为宗主。……郑玄是汉代杰出的文献学家。他对群经都做了整理和翻译的工作影响于后世学术界为最大，我在年轻的时代，治学的门径和方法，都受了清代学者的影响，对郑氏的《三礼注》和《毛诗笺》，是很尊重的。在学习过程中，写了许多笔记，辑录了一些精义。到了晚年，才用旧有丛稿为

---

① 张舜徽：《自强不息　壮心未已——略谈我在长期治学过程中的几点体会》，《讱庵学术讲论集》，岳麓书社1992年版。

基础，总结郑学的成就，写出了《郑学叙录》、《郑氏校雠学发微》、《郑氏经注释例》、《郑学传述考》、《郑雅》五种。大约郑氏一生在学术上所作出的贡献，已经总结在这里面了。后又推衍郑氏声训之理，效《释名》之体，以究万物得名之原，撰成《演释名》一书，实际也就是张大郑学的写作，因与上述五种，合刊为《郑学丛著》。"①

发明郑学是张先生的夙愿。早在1945年他就在《广校雠略·自序》中说："千载悠悠，则亦未有能真知郑学者，因欲为书发明之，未暇也。"到晚年才撰成《郑学丛著》。该书各篇均于1977年写成：3月《郑氏经注释例》成，5月《郑氏校雠学发微》成，6月《郑学传述考》成，8月《郑雅》成，10月《郑学叙录》成，12月《演释名》和《前言》成。张先生着眼于总结郑学的文献学成绩，郑玄经注保存完整者为《三礼注》，评价郑学实际就是评价郑玄礼学。

在张先生看来，郑玄礼学的成就体现在校雠、经注释例、声义训诂三个方面。因此《郑学丛著》以《郑氏校雠学发微》、《郑氏经注释例》、《郑雅》为核心，以《郑学叙录》、《郑学传述考》为羽翼，从五个方面对郑学加以全面研究、系统总结，可以说是郑学整理研究集大成之作。郑氏弟子刘熙，承郑氏声训之理，撰成《释名》，《演释名》沿用其体，合编入《郑学丛著》。该书既是文献学论著，也可谓是训诂专著。②

先看核心的三个部分：《郑氏校雠学发微》分为辨章六艺、注述旧典、条理礼书、叙次篇目、广罗异本、择善而从、博综众说、求同存异、考辨遗篇、校正错简、补脱订讹、审音定字十二目共十五节，提纲挈领地概括、总结了郑玄校雠群经特别是《三礼》，所取得的重大学术成就。说明郑玄承刘向校书之后，遍注群经，校勘异文、订正讹体、审辨真伪、条别源流，是刘向以后成绩最大的校雠学家，对保存古代文化遗产贡献巨大。《郑氏经注释例》从郑玄整理文献的体例

---

① 张舜徽：《郑学丛著·前言》，华中师范大学出版社2005年版。
② 参看庞子朝：《卓识孤怀雄视千古——读张舜徽先生〈郑学丛著〉》，《华中师范大学学报》1991年第1期。熊铁基：《读张舜徽先生〈郑学丛著〉》，《张舜徽学术研究（第一辑）》，湖北人民出版社2005年版。

和内容中概括出共有通则二十例,即沿用旧诂不标出处例、宗主旧注不为苟同例、循文立训例(上下)、订正衍讹例、诠次章句例、旁稽博证例、声训例(上下)、改读例、改字例、征古例、证今例、发凡例、阙疑例、考文例、尊经例、信纬例、注语详赡例、注语互异例等,以发明其经注之体,考见古代传注家郑玄的作用和贡献。《郑雅》依《尔雅》十九类,辑录郑氏群经注义中有关训诂名物的内容。张先生年轻时读郑注作《郑笺义类》、《三礼郑注义类》、《郑氏佚注义类》,四十多年后加以集合补正重新分类而成。该书《自序》言:"此编训诂名物之繁赜,倍蓰于《毛传》、《尔雅》、《说文》。苟能贯通郑学,则群经莫不迎刃而解。斯一编也,不第六艺之钤键,抑亦考古之渊薮矣。"

作为羽翼的两篇是对郑玄学术地位的总体评价和郑学学统传承的梳理。《郑学叙录》提要钩玄式介绍了郑玄的生平和注述,并对时代学术背景即汉代经学的今古文之争及古代儒家经传的内容实质作了系统的论述,肯定了郑玄注经对整理古代文化遗产的贡献。郑玄自述一生志趣是"但念述先圣之玄意,思整百家之不齐",他注释的古书虽多,但今天还保存完好的只有《周礼注》、《仪礼注》、《礼记注》、《毛诗笺》四部,这是"礼是郑学"的文献基础。郑玄遍注群经,虽是贯通今古文而求其是,但治学仍宗主古文经传。张先生评价郑玄注经的突出贡献体现在三个方面:一是将空虚而繁琐的今文经说换成简约易懂的注本,减少学习的困难;二是根据经传和《尔雅》解释字义或自创新解;三是以声类考训诂。《郑学传述考》综录历代传述郑学的名家及其成就。为使"考核郑学源流者,有以知其统系",张先生翻检《郑志》、《郑记》和《后汉书·郑玄传》得郑玄弟子可考者30人,后世传述郑学者81人,勾勒出郑学的学统。

张先生作为文献学家,特别看重注释、校雠、训诂之中"辨章学术、考镜源流"的学术宗旨,也视其为治学门径,一生殷殷以求之。他从文献学角度总结郑学整理礼学经传的成绩,认为郑氏"辨章六艺之意,固昭然可考"(《郑氏校雠学发微·辨章六艺第一》),礼学正是在郑玄的整理校雠之中,得以集大成和发扬的,"礼是郑学",既符合郑玄礼学的实际,也是对郑玄最高的学术评价。当然,张先生心目中的郑学是会通六经的弘通之学，他想要通过总结郑玄礼学的注经体例通则，来推知郑玄注六经的特点和成绩。

张先生也间或提出一些独特的礼学观点。如关于《周礼》的争辩，张先生认为那是因为把"周"看成了朝代之名，其实应该理解为"周普、周遍、周密、周备"，是无所不包的意思。(《郑学叙录·三 古代儒家经传的内容分析》)关于郑玄注《三礼》的顺序，张先生赞成黄以周的观点，即先注《周礼》，次《礼记》，次《礼经》。(《郑氏校雠学发微·条理礼书第四》)并指出弄清这一点，有助于理解郑学的弘通。这些确实有助于读懂郑玄《三礼注》，读懂三礼经传文本。

张舜徽礼学论著目录：

《郑学丛著》，齐鲁书社1984年版。又，《张舜徽集》，华中师范大学出版社2005年版。

《四库提要叙讲疏》，齐鲁书社1988年版。

《两戴礼记札疏》，《张舜徽集》之《旧学辑存》下册，华中师范大学出版社2008年版。

>>> 百年来礼学经典论著评介 <<<

略论礼典的实行和《仪礼》书本的撰作①

沈文倬

一

"礼",除了如"周礼所以本也"(《左传》闵公元年)等语被当作政刑法度的大名以外,绝大部分指奴隶主贵族经常举行的各种礼典。春秋前期,一些博通古今、颇负时誉的人物,对正在实行的礼典,都曾加以议论,一致强调礼对政治的主导作用。例如:周惠王、襄王时代熟于古史的内史过曾经说过:"礼,国之干也。敬,礼之舆也。不敬则礼不行,礼不行则上下昏,何以长世"(《左传》僖公十一年);晋哀侯的大夫师服说:"礼以体政,政以正民,是以政成而民听,易则生乱"(《左传》桓公二年);卫文公的正卿宁庄子说:"夫礼,国之纪也","国无纪不可以终"(《国语·晋语》)。而晋平公、昭公时代,以博识多闻著称的叔向也说:"会朝,礼之经也。礼,政之舆也。政,身之守也。怠礼失政,失政不立,是以乱也"(《左传》襄公二十一年)。这些言论出现在孔子以前,而且都用引为鉴戒的语气来论述,可见周代奴隶主阶级早已认识到礼的政治作用,说礼乐出于儒家显与事实不符。当然,孔子及其后学是继承和发展了这个传统,在社

---

① "礼典",即通常所说"典礼"的意思。所以不从通常的说法,是为了与过去议礼之文如朱熹《仪礼经传通解》称"礼典固在其中"等语相一致。与礼典相对而言称为礼书,即礼典被记录成书本的意思(亦即今存之《仪礼》)。为了使二者易于区别,不得不在《仪礼》后加"书本"二字。《仪礼》在秦前只称"礼",被尊为经后称《礼经》。《仪礼》之名,黄以周以为东晋人所加。沿用已久,故今亦从之。

会性质已开始变革、古礼已渐被抛弃的时候,他们还企图挽回颓势,积极鼓吹。孔子曾明确地提出"为国以礼"(《论语·先进》)的主张;而他的后学,在《礼记》的《祭统》里说"凡治人之道,莫急于礼",在《礼运》里说"治国不以礼,犹无耜而耕也";直到战国末年,荀况还坚持"为政不以礼,政不行矣"(《荀子·大略》),"礼者,治辨之极也"(《荀子·议兵》);几乎一脉相承地把礼当作推动政治的重要工具。

"礼以体政",适应于各个方面政治需要的各种礼典是具体的事物,政治要通过它们来体现。《尚书·尧典》①所云"有能典朕三礼"(郑玄注:"天事地事人事之礼也"),《礼记·祭统》所云"礼有五经,莫重于祭"(指吉、凶、宾、军、嘉五大类的礼典),按门类来说是三礼、五礼。《礼记·昏义》云:"夫礼,始于冠,本于昏,重于丧、祭,尊于朝、聘,和于射、乡。"《大戴礼记·本命》云:"冠、昏、朝、聘、丧、祭、宾主、乡饮酒、军旅,此之谓九礼也。"《礼记·仲尼燕居》谓"郊、社之义,尝、禘之礼,馈、奠之礼,射、乡之礼,食、飨之礼"。分列通行的礼典就是八礼、九礼、十礼。奴隶主贵族举行各种礼典是他们政治生活的基本内容。准此而论,上面所述议论"礼"的一般意义,都是从具体的礼典,如内史过从锡命礼、叔向从会礼、师服从世子命名礼中概括出来的,其实即使抽象到训诂上用"履也"来解释"礼"字,仍然是指在礼典中仪式的实践。

因此,考察古代"礼"的发展,首先要弄清楚各种礼典是怎样演习和实行的,然后进一步探索流传下来的《仪礼》书本是怎样撰作的。对于这一点,过去的学者忽略了,甚至将其颠倒了,以致得不到正确的理解,我们应该在这个观念上端正过来。

举行礼典,要求仪式无所差忒,因而贵族们很注重礼仪的演习,习礼又成为贵族教育的重要部分。官学里礼典演习是一门主要的课程。《礼记·王制》云:"乐正崇四术,立四教,顺先王诗、书、礼、乐以造士,春秋教以礼、乐,冬夏教以诗、书。"《王制》篇应属秦、汉间人论述前代爵禄、学校、选举、养老等制度的作品,近人考定《周易》晚出,而"六经"之称起于晚周(初见于《庄子·天运》,又见

---

① 伪古文分《尧典》下半为《舜典》,即今行之本。此所引在今本《舜典》。

于《礼记·经解》),那末这一反映春秋以前官学教育贵族子弟只有诗、书、礼、乐四个科目的记载,尽管出于后人的传说,还是可以据为实录的。再证以《史记·孔子世家》所云"孔子以诗、书、礼、乐教",孔子在官学所受和以后在私学所教,还只四个科目,可信前说决非诬妄。

四个教学科目中,《诗》、《书》和"礼""乐"是不一样的。《诗》、《书》是学习文字记录的书本,而"礼"所学习的是当时实行各种礼典的具体仪式。《论语·述而》云:"子所雅言,诗、书、执礼皆雅言也。"何谓雅言?《荀子·荣辱》云:"譬之越人安越,楚人安楚,君子安雅,是非知能材性然也,是注错习俗之节异也。"《儒效》又有"居楚而楚,居越而越,居夏而夏"之文,雅通夏,显示地域习俗的差异。在语言上,夏言就是与越言、楚言相区别的中原地区华夏音读。华夏音被当作标准的雅音或正音,故郑玄注云"正言其音"。何谓执礼?《礼记·文王世子》云:"秋学礼,执礼者诏之。"演习礼典仪式要按赞礼者宣唱行事。孔子教弟子,诵读《诗》、《书》书本用夏言,担任赞礼宣唱也用夏言。同是学习,前者是诵读文字而后者是演习仪式,故郑玄注云"礼不诵,故言执"。没有提到"乐",乐指以七音配十二律来使用各种乐器,用不着也不可能写成文字书本,因而不在夏言诵读之列。音乐演奏以"诗"为乐章,诗、乐结合便成为各种礼典的组成部分。邵懿辰说:"乐本无经也,乐之原在《诗》三百篇之中,乐之用在《礼》十七篇之中。"(《礼经通论》)论证乐无书本,邵说确不可易。但从礼、诗、乐三者的相互关系上看,举行礼典需要诗、乐组成的音乐配合,那末在教学上也应以礼典演习为主体,三个科目中学诗、学乐是从属于学礼的。

各种礼典是怎样实行的?依据本文所应涉及的范围,没有必要从远古的传说里追索所谓"礼起于俗"的起源问题,而主要探讨它在社会进入划分阶级以后的发展进程。在一个阶级统治另一个阶级的社会里,统治阶级为了贯彻其阶级意志、推行其政治设施来确保所统治的社会之正常秩序,需要建立一些制度规程。在古代历史上,很大一部分制度规程即为"礼"。具体地说,就是根据政教、外事、兵戎、农耕、狩猎、宗族、文化等方面的实际需要,逐渐形成各个门类如朝觐、盟会、锡命、军旅、祭祷、藉蜡、丧葬、蒐阅、射御、聘问、宾客、学校、选举、婚配、冠笄等礼典。礼不是超现实的东西，无论哪一种礼典，其具体仪式都是从统治阶级的现实生活中提炼出来，加以装璜和粉饰，成为一幕幕庄严肃穆、令人敬畏的场面而已。

在殷周时代，奴隶主贵族在政治上、思想上是依靠和运用天命思想来建立和巩固其统治的。天命思想是奴隶制社会的主要意识形态。奴隶主贵族认为，自己的祖先以至本人都是受天帝所赋予其完美德性的(《书·盘庚下》："肆上帝将复我高祖之德，乱越我家")，并不断保持和完善这种德性(《书·文侯之命》："丕显文武，克慎明德")，才能得到王、诸侯、卿大夫各级爵位的天命[《墨子·非命下》引佚《书》："不慎厥德，天命焉葆"，《大盂鼎》："丕显玟王，受天有大令"(《两周金文辞大系》录编 18)]来治理人民的(《诗·玄鸟》："古帝命武汤，正域彼四方")。就是说，奴隶主贵族的大小等级是依据天帝所赋予的德性来确立的。命是天授的，因此天帝所命定的等级是不容僭越的。而这种不容僭越的等级身份，要用"礼"来表现，这样，"礼"和天命思想就直接联系起来了。具有何种等级就用何种礼典：有的礼典只有某一级贵族举行，比如觐礼只有王才能举行；有的礼典各级贵族都能举行而仪式不同，比如射礼，诸侯举行"大射"，而卿大夫在乡、州一级政权机构里举行的是"乡射"；又如婚、丧之礼则自大子达于庶人，而在器物、仪式上加以区别，但又允许"摄盛"。每一礼典举行时，参加者各按其等级身份使用着不同的器物(或同一器物而加以不同的装饰)，同时表演着与等级相适应的仪容动作。差别极为森严，丝毫不容差忒，差忒了，不但要给予"非礼"的谴责，而且要被视作僭越、犯上、篡夺而加以罪戾。《左传》成公十三年载刘康公的话："民受天地之中以生，所谓命也。是以有动作礼义威仪之则，以定命也。能者养之以福，不能者败以取祸"，就是这个意思。等级差别是唯一重要的。然而，只有人们自觉地遵守这种差别，才有利于统治阶级内部各个等级在对天命的坚定信仰中组织起来，才能促使这种差别趋于巩固。所以，在实行"礼"的这种差别的规定时，还需要用"乐"来进行协调，即所谓"乐者为同，礼者为异，同则相亲，异则相敬"，"乐至则无怨，礼至则不争"(《礼记·乐记》)。因此，各种礼典的实行都离不开乐的配合，乐从属于礼而起着积极的作用。得到乐的配合，才能使森严的礼达到"礼之用，和为贵"（《论语·学而》）、"乐文同则上下和矣"（《礼记·乐记》）。这样既表现了天命的不可侵犯性，又表现了上下安于天命的和谐性。

"礼不下庶人"（《礼记·曲礼上》）、"由士以上则必以礼乐节之"（《荀子·富国》），表现等级不可逾越而又上下安于这种等级的礼典，固然只在统治阶级内部举行，然而它真正的作用是：使人们从举行的各种礼典中，形象地感觉到这个贵贱尊卑的等级差别出于天帝的安排，从而迫使被统治阶级不得干犯而必须服从于统治阶级的压榨。因此，礼是推行阶级统治的工具，这就是所谓"政之舆也"吧！

用礼来表现大小奴隶主贵族的等级身份，就各种礼典的内容来说，不外有两个方面：其一，礼家称之为"名物度数"，就是将等级差别见之于举行礼典时所使用的宫室、衣服、器皿及其装饰上，从其大小、多寡、高下、华素上显示尊卑贵贱。我们把这种体现等级差别的器物统称为"礼物"，那便是从器物用具的隆杀上表示礼的意义。其二，礼家称之为"揖让周旋"，就是将等级差别见之于参加者按其爵位在礼典进行中使用着礼物的仪容动作上，从他们所应遵守的进退、升降、坐兴、俯仰上显示其尊卑贵贱。我们把这些仪容动作称之为"礼仪"，那便是从仪容动作的倨恭上表示礼的意义。无论礼物或礼仪，都起着使等级身份凛然不可侵犯的作用，维护了奴隶主阶级的根本利益；在他们看来，此乃是政治生活中的大事，不容许任何人破坏和违反。在发展中，为适应出现新的变化而由"知礼"的师长作部分的增加或削减；但在确定等级原则方面，社会性质若没有起根本变革，是不会有巨大改变的。《论语·为政》云："殷因于夏，礼所损益可知也；周因于殷，礼所损益可知也"（在夏、殷字逗，从汉人读，见《汉书·杜周传》杜钦对策引）就是明证。这样说来，殷、周奴隶制社会所举行各种门类的礼典，本是奴隶主贵族等级差别的体现，是他们的现实生活的集中反映，而决不是某一个人凭空的创造，即不是先由谁制定了、然后让大家照着去执行。因此它不是后起的东西，而是产生于这个社会的早期。且在发展中从简单向复杂，逐渐扩充和完善起来的。礼典既是由礼物和礼仪所构成，既是从贵族们现实生活中升华(即礼化)出来,那末非常明显,它们从来就是奴隶主贵族熟悉的东西,是其幼年认真学习、成人后又长期实行,几乎以此为异乎奴隶和其他平民的高贵的文化素养而必须具备的。所以,礼典的实践先于文字记录而存在。事实上,起初用文字来记录的客观条件尚不充足,因为用竹木简作为书写材料,至战国时才较普遍。

对各种礼典过程的文字记录,我们称之为"礼书";礼书是记录"礼物""礼仪"及其所表达礼意的文字书本,现存的《仪礼》十七篇就是其残存部分。说残存,是根据现存十七篇经记本文来作出判断的。《士冠礼·记》"无大夫冠礼而有其昏礼","公侯之有冠礼也",当时有《公冠礼》、《大夫昏礼》,今已佚。《聘礼》"公于宾,壹食,再飨",又记"大夫来使,无罪,飨之","有大客后至,则先客不飨、食,致之",《公食大夫礼》"设洗如飨"。食指《公食》,今存;《飨礼》,今佚。可证确有若干篇礼典书本是在秦火中亡佚了。因此,全面地论证礼书,我们则认为《仪礼》十七篇仅属残存,此外还有已佚的若干篇。礼书出于后人的追记,可能对礼典在发展中出现的分歧作过某些整齐划一的修订,但主要的内容是不会有大差异的。可是,必须指出,礼书与礼物、礼仪不能等同,不是一个东西,历代经学家侈谈周公制礼作乐,便把《仪礼》说成是周公所作,是西周初年的作品,无疑是错误的。后来,历史考古学者用西周彝铭来对照,发现《仪礼》在文体、语词上不像是西周的文字,而所述名物与出土实物相比较,也不尽符合,从而考定它的撰作时代当在春秋、战国之间,这是可取的。但是他们把书中所记述各种礼典的内容也说成是春秋、战国间某一诸侯国的实制,以前根本不存在这些礼典,我们认为这也是片面的。之所以出现这样或那样的偏颇之说,是由于把礼典和礼书看作一个东西了。如果认识到有了事实才有可能对事实进行记录,那末,上文所论证的由礼物、礼仪构成的各种礼典早已存在于殷和西周时代,而"礼书"则撰作于春秋之后,就没有什么可以怀疑的了。

二

上面提出:礼典的实践先于文字记录而存在,自殷至西周各种礼典次第实行，而礼书至春秋以后开始撰作。由于这种主张与历代经学家和近代历史考古学者的说法有很大不一致处，其能否成立，还需要经过各方面的验证核实。进行验证时应该注意到：第一，与任何事物一样，"礼"也是从简单向复杂、从低级向高级发展的。礼家称"殷质周文"，最初的礼典肯定不会有后来书本所记载的繁文缛节，因此某些历史记载提到某一礼典时，固然由于简略叙述而言之未详，但也可能是当时的仪式原来就比较简单。如果因为记载未具后世规模而无视其存在，显然是不对的。第二，上文已证明十七篇仅属残存，一部分礼典书本已在秦火中亡佚，因此不应该以现存十七篇的范围来看待殷、周礼典。

殷代的礼典缺乏直接的记录可资证明。在甲骨卜辞里有名目繁多的祭名，五礼中只有吉礼尚可据以有所考证。为祭祀贞卜俱属卜定祭日和祭法，它本身就是各种祭礼的第一个节目，因此，卜辞除了记录祭祀、祭法的名称外，很少反映祀典的性质和内容。早在1915年，罗振玉氏汇辑过二十多个祭名，但绝大部分"其义未详"（见《殷虚书契考释》）。以后，陈梦家氏曾用七个类目来区分三十七个祭名，除了"祈告之祭""合祭"两类使人稍有认识外，其他如"以所荐祭之物为名者""以所祭之法为名者""特殊之祭"等，仍然无法增进对祀典意义的了解（见《古文字中的商周祭祀》，《燕京学报》第十九期）。1945年，董作宾氏发表《殷历谱》，他所制定的祖甲和帝乙、帝辛三王的祀谱，编排极为周密，但对谱中五种祀典所作的释义，如"彡"为"伐鼓而祭"，"翌"为"舞羽而祭"，"祭"为"以肉为祭"，"𩰤"为"用食物(黍稷)以祭"，而"叠"则"卜辞中以为协合字"，"在最后举行，或同时联合他种祀典一并举行"，如此云云，不免使人有含糊笼统之感。"事死者如事生"（《礼记·祭义》）是祖先祭祀的通义，黍稷酒肉是凡祭所必备之物，岂可以此等作为一系列巨典相互区别的唯一特征。三家以外，在字义考释诸书中，就个别祭名进行研讨，颇有胜义可采。但总的看来，这方面的研究，"虽有所发展，而进度有限"。殷人重祭，卜辞涉及的祭名既如此之多，一代祀典必甚可观；但是，与其以意补苴，不如盖阙待证，也只有期望于后人的深入探索。

西周的彝铭里也有很多祭名，联系起来考察，其因袭之迹比较显明。殷和西周的全部祀典目前还无法一一考察明白，而其中几个主要的祭礼如烄（郊）、土（社）、帝（禘）、衣（殷）、烝（烝），可以相信自殷至春秋一直被王朝所奉行。

（1）烄（郊），是野外祭天的礼典。卜辞有："癸巳卜，今日烄"（《殷虚文字甲编》895）。"烄，此（祡），又雨"（《铁云藏龟拾遗》8.2）。"贞烄，虫从雨。贞勿烄，亡其从雨"（《殷虚书契前编》5.33.2）。祭天于郊，燔柴升烟，在山上或平原筑坛举行，故问及晴雨。① 又"丁酉卜，嬰（要）帝靑"（《殷契粹编》1268）。郭沫若氏谓"要殆假为郊，靑读为毂，谓郊祀上帝以毂也。"彝铭有《大盂鼎》："歔酉（酒）无敢醻，有禩（祡）烝（烝）祀，无敢醿（扰）。"（《两周金文辞大系》录编18）郊祭亦称祡祭，燔柴卜辞谓之寮，"今丁酉夕寮豕方帝"（《殷契佚存》508）。寮本是祭法，燔柴取其烟火；也有置牲体于积木之上而焚之，故卜辞又有"□□□贞：寮四羊四豕，卯四牛四□"（《戬寿堂所藏殷虚文字》25.8）。(烄)像人交足坐于火上之形，寮也有用人牺的。《尚书·召诰》云："越三日丁巳，用牲于郊，牛二。"《国语·楚语》云："天子禘、郊之事，必自射其牲。"郊礼自殷至西周相沿不替。东周时，《春秋》记述鲁僖公三十一年起举行过多次郊祭，也有"卜郊不从乃免牲"的记载。《公羊传》云"鲁郊非礼也"，说鲁君僭越，正见郊礼为王朝巨典。

《礼记》有很多有关郊礼的阐述，《礼运》云："故祭帝于郊，所以定天位也。"《礼器》云："飨帝于郊而风雨节、寒暑时。"《郊特牲》云："于郊，故谓之郊。牲用骍，尚赤也；用犊，贵诚也。"有了《郊礼》书

---

① 丁山氏有"焚巫尪求雨为郊"之说（《中国古代宗教与神话考·祭典分论》），他根据《左传》僖公廿一年："夏大旱，公欲焚巫尪"，而卜辞有"烄妵"、"烄婞"（《殷契佚存》1000）之文，以为"在男曰觋，在女曰巫"（《国语·楚语下》），妵、婞是女巫之名，烄是焚尪求雨之祭。诸家之说略同。郭沫若氏以为"当即郊祀之郊之本字，但在卜辞乃是求雨之祭"（《殷契粹编》658）。其实不然。甲骨文有巫字作田，妵、婞不与巫字连文，安知必为女巫。贞烄固多"又雨"、"虫从（纵）雨"之词，但同此词例的卜辞不胜枚举（如"又于帝五臣，又大雨"，"王又岁于帝五臣，正隹，亡雨"，见《殷契粹编》13），不应独以贞烄为求雨之祭。

本，才能有这补经未备、阐经未明的传记撰作。

（2）土（社），是封土祭地的礼典。卜辞有："癸亥卜，又土，尞羊一小宰，圀"（《戬寿堂所藏殷虚文字》1.1）。"贞尞于土三小牢，卯一牛，沈十牛。"（《殷虚书契前编》1.24.3）彝铭有《矢𣪘》："王立（位）于圀宗土，南乡"（《商周金文录遗》167）。举行祭地之礼，或说在城中，或说在北郊。"贞勿桒年于邕土"（《殷虚书契前编》4.17.3）。王国维氏定邕土为邦社是对的。邦与封音义并通（《论语·季氏》"且在邦域之中矣"，《释文》"邦或作封"）。《后汉书·光武帝纪下》李贤注："封谓聚土为坛。"《小尔雅·广诂》："封，界也。"《周礼》封人职："掌设王之社壝，为畿封而树之。"郑注："壝，谓坛及埒埠也。畿上有封，若今时界矣。"《墨子·明鬼下》："必择木之修茂者立以为菆（丛）社（原作位，据王念孙校改）。"这样说来，社就是封土高起为坛，坛之四周又垒土为库垣（矮墙），有门有牖，成宫形，上无屋顶，外植丛树①，它是邦国都鄙分疆划界的象征。《诗·绵》云："乃立冢土。"毛传："冢土，大社也。"《逸周书·作雒解》云："乃建大社于国中。"这是王社。《左传》定公六年："阳虎又盟公及三桓于周社，盟国人于亳社"，这是国社。《礼记·祭法》云："王为群姓立社曰大社，王自为立社曰王社；诸侯为百姓立社曰国社，诸侯自为立社曰侯社；大夫以下成群立社曰置社。"《说文》示部："社，地主也。"社祭是各级奴隶主祭其所占土地之神。

《周礼》大宗伯职云："以血祭祭社稷。"《礼记·祭法》云："瘗埋于泰折，祭地也，用骍犊。"这两种祭法（血、埋），虽亦见于卜

---

① 《周礼》掌舍职："为坛壝宫，棘门。"郑注："筑坛，又委土起埒埠以为宫。郑司农云：棘门，以戟为门。"《尚书·金縢》"为三坛同墠"，《释文》引马融注："坛，土堂。"《说文·土部》："埠，库垣也。"《广雅·释丘》："堳埒，厓也。"孙诒让《正义》云："盖壝者委土之名。凡委土而平之为墠，于墠之中，封土若堂为坛；坛之外，四面围绕，拥土若墙垣为埒埠，三者通谓之壝。坛壝宫无屋，于壝旁树戟以表门。"社坛与郊坛不同，后者无埒埠，故不称宫；前者四周垒土如墙垣，故称之为宫。《礼记·郊特牲》云："是故丧国之社屋之，不受天阳也。"亡国之社加上屋顶就是不得受天命的意思。

辞而不用于社祭，可见祀典的发展中祭法的变化最大，前后对照，十九不合。《礼记·郊特牲》云："社祭土而主阴气也，君南乡于北墉下，答阴之义也。""天子大社，必受霜露风雨，以达天地之气也。"《礼运》云："祀社于国，所以列地利也。"都是解说已佚《社礼》经文的传记。

（3）帝（禘），是祭祖先以配上帝的礼典。卜辞有："贞，奉年于上甲，帝，三宰，卯三牛。一月。"（《殷虚书契续编》1.3.1）"贞帝于王亥。"（《殷虚书契后编》上卷19.1）"贞勿帝，十二月"（《殷契粹编》895）。彝铭有《剌鼎》："唯五月，王才（在）囗，辰才丁卯，王禘，用牡于大室，啻邵（昭）王。"（《两周金文辞大系》录编31）《大殷》："用啻于乃考。"（《三代吉金文存》8.413）《尚书·君奭》云"殷礼陟配天"，殷人认为王死升天，丧礼结束、吉礼开始，即举行禘祭，以先王配祭上帝，故《礼记·大传》云："礼不王不禘。王者禘其祖之所自出，以其祖配之"。禘礼本是王朝巨典，西周以后，配天之义逐渐遗落，而诸侯也僭用此礼，故《论语·八佾》有孔子"禘自既灌而往者吾不欲观之矣"之语。《春秋》经闵公二年"夏五月乙酉，吉禘于庄公"，僖公八年"秋七月，禘于大庙，用致夫人"，文公二年"二月丁丑，作僖公主"，"八月丁卯，大事于大庙，跻僖公"，祇作丧礼结束后、嗣君致先君或先妣之神主于大庙的祭礼。

郑玄《少牢馈食礼》注引"禘于大庙之礼，日用丁亥"，表明佚礼中有《禘礼》首句残文，足证关于禘礼曾撰成书本，但在秦火中亡佚了。

（4）衣（殷），是合祭历代祖先的礼典。卜辞有："癸未王卜，贞酚彡日自上甲至于多后，衣。"（《殷虚书契前编》3.27.7）"癸亥〔卜，囗贞〕甲子气酚翌日自上甲衣至于多后，亡囚。三月。"（《殷契粹编》85）"王宾奉且乙、且丁、康且丁、武丁衣。"（《殷虚书契后编》上20.5）"丁酉卜，贞王宾囗自上甲至武乙，衣，亡尤。"（《殷虚书契后编》上20.7）彝铭有《大丰殷》（当作《天亡殷》："天亡又（右）王，衣祀丂王丕显考文王，事喜（熹）上帝。"（《两周金文辞大系》录编1）殷和西周都有殷祭。但《大丰簋》记武王举行殷祭而不及先公，已与殷礼不同。东周以后，据《礼记·曾子问》"君之丧服除而后殷祭，礼也"，虽仍在举行而义微有异。《曾子问》又云："祫祭于祖，则祝迎四庙之主。"则已改称祫祭。《春秋》文公二年"大事于大庙"，明明是禘祭，而《公羊传》却说："大事者何？大祫也。大祫者何？合祭也。其合祭奈何？毁庙之主，陈于大祖；未毁庙之主皆升，合食于大祖。五年而再殷祭"。由此曾导致以后汉儒三年一祫、五年一禘、禘祫并为殷祭的争议。

(5) 烝（烝），是荐新于宗庙的礼典。其字甲骨文作烝、𩰬、𤏲、𤎞，金文作登、礤等形，后世假烝为之。卜辞有："甲午卜，〔其〕烝黍〔于〕高且乙。"（《殷契粹编》166）。"甲辰卜，酚来烝……用。"（《殷契佚存》877）"癸卯卜，烝禾乙且（且乙之倒文）。"（《殷契粹编》908）"己巳贞，王其烝南囧（明）米。"（《殷虚文字甲编》903）"辛酉……于翌日癸，𩰬新邕，王〔受又〕。"（《殷契粹编》912）彝铭除上引《大盂鼎》外，还有《段簋》："唯王十又四祀十又一月丁卯，王鼏（在）毕登"（《两周金文辞大系》24）。稻麦登场，新酒成熟，先要荐进于宗庙，让祖先"尝新"。《逸周书·尝麦解》云："维四年孟夏，王初祈祷于宗庙，乃尝麦于太祖。"《管子·轻重己》云："夏至而麦熟，天子祀于太宗，其盛以麦；夏尽秋始而黍熟，天子祀于太祖，其盛以黍。"可以相信这是一个自殷至春秋一直举行的礼典。卜辞有"叀今䵼（秋）"、"于龏（春）"（《殷契粹编》1151）的对贞，有春秋而无夏冬，殷人尚无四时的观念，故独有尝新的烝祭。《诗·天保》云："禴祠烝尝，于公先王。"注家以为就是四时之祭，不知可信与否，事实上以后仍以烝、尝为主。《春秋》经桓公八年："春正月己卯，烝。""夏五月丁丑，烝。"又十四年："秋八月乙亥，尝。"《左传》襄公二十八年："十一月乙亥，（齐）尝于大公之庙。"又襄公十六年："春，（晋）烝于曲沃。"又昭公元年："十二月，晋既烝，甲辰朔，（赵孟）烝于温。"根据史书记载，未必严格都按季节举行。但从《国语·楚语下》载观射父所云"日月会于龙𨽹，国于是乎烝尝"，《左传》作者所云"凡祀，启蛰而郊，龙见而雩，始杀而尝，闭蛰而烝"(桓公五年)来看，当时学者议礼确实曾把尝、烝二祭安排在秋冬两季的。后来，《周礼》的六享中列有春祠、夏禴、秋尝、冬烝，《礼记》的《祭统》、《王制》排列时祭作春礿(同禴)、夏禘、秋尝、冬烝①，与上引《诗·天保》之文联系起来考察，差异在于原来不属于时祭的禴、禘、祠上。由此可证，就制度发展而论，显然只由荐新一祭演变成尝、烝两祭，而各种不同编排的四时祭名不过是一种"礼说"而已。

晚周礼家论述宗庙时祭往往尝、禘并举，《礼记》的《祭统》、《仲尼燕居》、《曾子问》等篇有关章节都把祖先正祭和宗庙荐奠之祀等同起来，不足信据。惟有《祭义》篇的阐发最为恰当，"乐以迎来，哀以送往，故禘有乐而尝无乐"。"仲尼尝，奉荐而进，其亲也悫，其行也趋趋以数。"这才是时祭的规模，也由此证明荐新之礼确实是十七篇以外的佚礼。

上述郊、社等祭礼所涉及祭法，有彡、翌、祭、**尝**、叠、衣(祡)、酒、囧、血、卯、沈、埋、柰、喜等。就祀典来说，祭法往往构成一个节目的内容，用《特牲馈食礼》、《少牢馈食礼》上下篇作类比，它先行食礼，即尸食九饭或十一饭；后行酳礼，即尸与主人、主妇、宾长献酢，包含两种祭法。卜辞中也有一个祀典用两种或三种祭法的。一种祭法可以用于两个以上的祀典，如食礼既用于《特牲》、《少牢》，也用于《士虞礼》(《士虞》有飨尸尸九饭节)。卜辞中衣这种

---

① 四时之祭，群书记载不一，纷然淆乱，其实也不过两个系统：第一，《周礼》大宗伯职所述的祠、禴、尝、烝，与《诗·天保》的"禴祠烝尝"，不过春与夏，秋与冬互易之异，相承之迹，依稀可见。《礼记·明堂位》的"夏礿秋尝冬烝"，郑注："不言春祠，鲁在东方，或阙之。"《大戴礼记·千乘》记春夏俱曰享，而秋曰尝冬曰烝。两篇都属这个系统。秦汉以后，《尔雅·释天》、《公羊传》、《春秋繁露》、《说文》等书所述，完全与《周礼》一致。第二，《礼记·祭统》所述的礿、禘、尝、烝，把禘列入时祭是它的特点。《国语·鲁语上》记邱敬之说"尝禘蒸享"云云，可能即是《祭统》的根据。《仲尼燕居》云"尝禘之礼"，《郊特牲》、《祭义》云"春禘而秋尝"，俱属这个系统。秦汉之际，《王制》所述与《祭统》完全一致。

祭法也是属于此种情况的显著例子。

上列五个祀典虽是最重要的，但只是其中的一部分。本文不是专门论述祀典的发展，不过举五祀典作例子来证明自殷至春秋实行过各种祭礼。举行祀典，必有一定的仪式，类似《仪礼》所描绘的，在当时确实存在过，可惜没有被记录下来。

西周鼎彝铭文涉及礼典较多，可举锡命礼作例证。眡朝锡命，当属朝礼。《仪礼》有《觐礼》，是王畿以外诸侯定期来朝见的礼典，那末，王任命诸侯和任命手下公卿的锡命礼肯定是一种极为重要而经常举行的礼典，应在佚礼之中。封爵封官是王朝重大事件，而大部分鼎彝都是王臣的祭器。《周礼》大宗伯职云"四命受器"，郑司农云："受祭器为上大夫。"《礼记·曲礼下》云："问大夫之富，曰：有宰、食力、祭器衣服不假。"又云："无田禄者不设祭器，有田禄者先为祭服。"这些虽系晚周传说，但奴隶主贵族上升到一定爵位，才能受王锡命、铸作祭器，这事实应该是可信的。在所铸祭器的铭文里有一部分记载了锡命礼典，如《吴彝》(《两周金文辞大系》录编58)所述：

佳二月初吉丁亥，王才(在)成周大室。旦，王各(格)庙。宰朏右乍册吴入门，立中廷，北乡(向)。王乎(呼)史戊册令吴嗣旃罙叔(素)金(锦)，易(锡)鼗邕一卣，玄袞衣、赤舄、金车、㭸因(鞃)、朱虢(鞹)䡝(靳)、虎冟(幭)熏里、㭸軧、画轉、金甬(鍚)、马三匹，攸勒。吴拜頶首，敢对扬王休。用乍青尹宝障彝。吴其世子孙永宝用。佳王二祀。

《吴彝》外，《师虎殷》、《牧殷》、《豆闭殷》、《利鼎》、《望殷》、《康鼎》、《卯殷》、《免殷》、《同殷》、《趩觯》等，内容大致相同，可视作一体。虽然还不是详尽记录锡命礼的全过程，但几个主要仪注，如王格庙，宰右受命者入门即位，王呼史官册命，锡车服，受命者对扬等，应该说是完备的。王的命通过命书(有的铭文兼载命词)和锡物来表达，而臣下接受王命通过手举锡物（即所谓"扬"）、口呼"王休命"（即所谓"对"）来致敬意。这二者十分重要，所以即使铭文较简短的也都提及。这些铭词正反映了礼物和礼仪两个方面，与记录仪式全过程的礼书不过仅有记述上繁简不同而已。此外，《小盂鼎》（《两周金文辞大系》录编 19）记王命盂伐𢦏方班师告庙"饮至之礼"（郭沫若说），《驹尊》（当作《盠尊》，《陕西省青铜器释》55）记王行执驹礼①，二器所述俱属军礼。《静𣪕》（《两周金文辞大系》录编 27）记王命静教射于学宫，《趞曹鼎（二）》（《两周金文辞大系》录编 39）记恭王在射庐学射，《匡卣》（《两周金文辞大系》录编 67）记懿王在射庐学乐舞，三器所述俱属学礼。《噩侯鼎》（《两周金文辞大系》录编 90）记王与噩侯駿方行射礼，射前饮酒献酢，与《大射礼》略同。这些铭词虽甚简略，但所反映各种礼典的主要方面还是很清楚的。

再就鼎彝本身来讲，自两汉"郡国亦往往于山川得鼎彝"（许慎《说文解字叙》）以后，历代不断有古器物出土，至近数十年，特别是中华人民共和国成立后，国家进行有计划的科学发掘，从遗址、墓葬、窖藏中出土了大量考古学家称之为"礼器"的青铜器，如钟、钲、鼎、鬲、甗、𣪕、簠、盨、敦、豆、尊、彝、卣、壶、盉、罍、盘、匜、鉴、爵、角、觚、觯、斝、觥等，就是上述"礼物"的一部分。"礼器"与实用器在造型上应无多大区别，把它送入墓葬或者有意识放进窖藏，显得特别贵重，确实是实行礼典时所专用的器物。上文说明礼典是礼物和礼仪的结合，既存在这些"礼器"，而"礼仪"是礼器的使用，那末，"礼器"的存在就是各种礼典存在的铁证。

以上从出土实物证明礼典的实行，下面再从先秦典籍里求取这方面的证据。先秦典籍涉及各种门类的礼典，与《仪礼》的记述绝大部分是一致的。凡在《仪礼》成书以前的记载，都属略述一个具体礼典的举行；而在《仪礼》成书以后的记载，始有援引其原文：这一点可

---

① 见《"执驹"补释》。

以说是泾渭分明的。《尚书》的《顾命》和《康王之诰》①记述了王朝巨典的隆重举行：《顾命》记载周康王初即位的一段文字，实是朝礼的规模；《康王之诰》是康王在丧期内接受诸侯的觐见。《逸周书》的《大匡解》是与《顾命》一样的周王朝礼之篇，而《世俘解》则记述了武王克商后举行规模宏大的献俘礼典。在这些篇章中，如果把记载当时具体的人和事去掉，就与礼书几乎是一模一样。当然，《顾命》和《康王之诰》不见得即是康王时所记，《大匡解》和《世俘解》更不见得是文、武时代的作品，但撰作于春秋以前是可以肯定的，因此可以说它们是先于《仪礼》十七篇的"礼书"。

在《毛诗》里也有一些篇什涉及各种礼典。《宾之初筵》和《行苇》二诗，是对王与群臣习射和射前燕饮的描绘，仿佛举行燕礼和大射礼。还有《楚茨》一诗，是描写祭祀祖先的情景，与《少牢馈食礼》、《有司》有相应之处。诗篇反映当时礼典的实行，都属于礼物和礼仪相结合的生动描绘，尽管为了适应于文学作品的特点而不是按仪式程序来呆板叙述，因而在文字上与礼书距离较大，但就内容来看仍然相符。

《左传》、《国语》里有很多述礼之文。虽然《左传》的撰作时代还有争议，但所述各国贵族实行礼典，都是春秋时代的历史事件和人物言论，不是后代人所能捏造的，何况有些事实还可以用《国语》来印证。因此，即使《左传》出于后人之手，其事则决非虚构。我师曹元弼先生云："考之《左氏》，卿大夫论述礼政，多在定公初年以前，自时厥后，六卿乱晋，吴越迭兴，而论礼精言，惟出孔氏弟子，此外罕闻。"（《礼经学》卷四《会通》）这一揭示很深刻，说明定公时社会性质开始变革，对礼典的实行，前后截然不同，可见《左传》、《国语》所

---

① 《尚书·康王之诰》孔疏云："伏生以此篇合于《顾命》共为一篇，后人知其不可，分而为二。马、郑、王本此篇自'高祖寡命'已上内于《顾命》之篇，'王若曰'已下始为《康王之诰》。"今案：此所谓伏生者，实是欧阳、夏侯章句本。伏生本二十九篇书序在外，《康王之诰》实未合于《顾命》，但起讫不可知。此据今本。

记，都是可信的。曹先生又云："按聘、食、觐礼，皆见《左传》而聘礼尤备。"（《礼经学》卷四《会通》）《左传》、《国语》所记，主要是朝、聘、飨礼，其次是丧礼、冠礼。

首述冠礼：《国语·晋语》"赵文子冠"，以下历叙文子往见栾书、荀庚、范燮、郤锜、韩厥、荀䓨、郤犨、郤至、张孟，与《士冠礼》所云"遂以挚见于卿大夫乡先生"正相吻合。

次述丧礼：《左传》哀公二十三年："春，宋景曹卒，季康子使冉有吊，且送葬，曰：有不腆先人之产马，使求荐诸夫人之宰。"诸侯丧礼的归赗，与《士丧礼》下篇国君赗礼节"公赗玄纁束、马两"，虽爵位等差不相当，其助葬之义是一致的。又襄公十七年："齐晏桓子卒，晏婴粗缞斩、苴绖带、杖、菅屦、食鬻、居倚庐、寝苫枕草。其老曰：'非大夫之礼也。'曰：'唯卿为大夫。'"晏婴以大夫而用士礼，故与《丧服》、《既夕·记》合。

再次述聘礼：《左传》僖公三十三年："齐国庄子来聘，自郊劳至于赠贿，礼成加之以敏。"又昭公五年："公如晋，自郊劳至于赠贿，无失礼。"又载楚薳启疆云："宴有好货，飧有陪鼎，入有郊劳，出有赠贿。"《聘礼》记述使臣到所聘国，入境接受郊劳，离境接受赠贿，二者总括出使的过程。其间归饔饩时，宾与上介各得"陪鼎三"；而"庭实设，马乘"，即是宴会时的"好货"。《国语·周语》云："定王使单襄公聘于宋，遂假道于陈，以聘于楚。"《聘礼》过他邦假道节："若过邦，至于竟，使次介假道。"《左传》昭公二年："叔弓聘于晋，致馆，辞曰：敢辱大馆。"《聘礼》致馆节："卿致馆，宾迎再拜。"又文公六年："秋，季文子将聘于晋，使求遭丧之礼以行。"即《聘礼》末所附遭所聘国君或夫人世子丧节。又哀公十五年云："（楚伐吴，）陈侯使公孙贞子吊焉，及良而卒，将以尸入。（吴人辞，）芋尹盖对曰：'今君命逆使人曰，无以尸造于门，是我寡君之命委于草莽也。且臣闻之曰，事死如生，礼也。于是乎有朝聘而终、以尸将事之礼，又有朝聘而遭丧之礼。'"《聘礼》末附出聘宾介死节云："宾入竟而死，遂也。主人为之具而殡。介摄其命。"芋尹盖是贞子的介，坚持着当时中原诸国所守的"朝聘而终以尸将事之礼"和"朝聘而遭丧之礼"。《周语》云："襄王使太宰文公及内史兴赐晋文公命，上卿逆于境，晋侯郊劳，馆诸宗庙，馈九牢，设庭燎。及期，命于武宫，设桑主，布几筵，太宰莅之，晋侯端委而入。既毕，宾、飨、赠、饯如公命侯伯之礼，而加之以宴好。"此是诸侯国接待周王的来使，在仪式上虽因爵位尊卑而有所斟酌损益，但仍是合于聘礼等差推比的，所以内史兴称赞："晋侯其能礼矣"。

《朝礼》和《飨礼》都已亡佚。十七篇有《觐礼》而无《朝礼》。诸侯臣属于天子有朝觐之礼，春秋时周天子微弱，诸侯不去朝王，朝觐礼近乎废弃。可是诸侯之间，小国屈服于大国，也有不用会礼而用朝礼的。《左传》定公十五年："春，邾隐公来朝，子贡观焉。邾子执玉高，其容仰；公受玉卑，其容俯。"这些仪容动作的叙述，正是当时实行朝礼的佳证。还有，卿大夫臣属于天子、诸侯，私臣臣属于卿大夫，也要用朝礼。《鲁语》云："公父文伯之母如季氏，曰：天子及诸侯合民事于外朝，合神事于内朝；自卿以下，合官职于外朝，合家事于内朝。"据此可知朝礼规模很大，范围很广，虽内容不甚清楚，在当时具有重要意义是可以想见的。

十七篇有《食礼》而无《飨礼》。飨礼是高一级贵族款待低一级贵族来见时的宴会。实行于各级贵族之间。它是一个独立的礼典，也是某一巨典的一个组成部分，聘礼、朝礼即包含飨礼。刘文淇《左传旧注疏证》云："案《左传》多作享，作飨为仅见。"沈钦韩以为《释文》、《石经》飨并作享，即《聘礼》聘享节"如享礼"之享，此说不确。《左传》成公十四年："卫侯飨苦成叔，宁惠子曰，古之为享食也。"享与食并举，可证享当作飨。《国语》亦享、飨同作。据《长甶盉》"穆王才减应，穆王乡豊"（《商周金文录遗》293）。《师遽彝》（懿王时器）"王才周康㝬，飨醴"（《两周金文辞大系》录编 70）两周时既实行此礼，春秋时实行此礼是无可怀疑的。《左传》庄公十八年："春，虢公、晋侯朝王，王飨醴，命之宥。"僖公二十五年："四月戊午，晋侯朝王，王飨醴，命之宥。"又二十八年："五月己酉，王享醴，命晋侯宥。"《晋语》："（襄）王飨醴，命公胙侑。"《左传》宣公十六年："冬，晋侯使士会平王室，定王享之，原襄公相礼，殽烝。武子私问其故。王闻之，召武子曰：王享有体荐，宴有折俎，公当享，卿当宴，王室之礼也。"又僖公十二年："王以上卿之礼飨管仲，管仲辞，受下卿之礼而还。"周惠王、襄王、定王都为诸侯或陪臣举行过飨礼。飨礼用乐，《左传》襄公四年："穆叔如晋，晋侯享之，金奏《肆夏》之三，不拜；工歌《文王》之三，又不拜；歌《鹿鸣》之三，三拜。"穆叔所以不拜，《鲁语》比《左传》讲得明白："夫先乐金奏《肆夏》、《樊》、《遏》、《渠》，天子所以飨元侯也；夫歌《文王》、《大明》、《绵》，则两君相见之乐也；今伶箫咏歌及《鹿鸣》之三（即《鹿鸣》、《四牡》、《皇皇者华》），君之所以贶使臣，臣敢不拜贶"。是为爵位等级上不可差忒的缘故。对整个飨食，《周语》记有定王的一段赞词："择其柔嘉，选其馨香，洁其酒醴，品其百笾，修其簠簋，奉其牺象，出其樽彝，陈其鼎俎，净其巾羃，敬其祓除，体解节折而共饮食之，于是乎有折俎加豆，酬币宴货，以示容合好"。此处所阐发的这个礼典的意义是很明确的。至于《左传》僖公二十二年所载"丁丑，楚之入飨于郑，九献，庭实旅百，加笾豆六品"和《晋语》所载"（晋文公）遂如楚，楚成王以周礼享之，九献，庭实旅百"，都在宾主等级关系上不合规程，但可借以知道王飨元侯是用九献、庭实旅百和加笾豆六品的。比起朝礼来，飨礼的遗留要多一点，当然还是残缺的。

以上对比《左传》、《国语》所述冠礼、丧礼、聘礼与《仪礼》书本相应，而朝礼、飨礼也获得充分的根据，都证明春秋时这些礼典在现实生活中经常举行。清代顾栋高撰《左氏引经不及周官仪礼论》（《春秋大事表》卷四十七），以为"书为孔、孟所未尝道，《诗》、《书》、三传所未经见"，说没有援引《仪礼》原文是对的，但对上述各书的述礼之文熟视无睹，一笔抹煞，轻率地作出"其为汉之儒者掇拾缀辑无疑"的结论，显然不是尊重客观事实的正确态度。更有姚际恒者，虽然看到了这些记载，但他却据以作出相反的结论，以为《仪礼》是后人述春秋时事而抄《左传》之文来编造的。把整理和记录正在实行的礼典说成有意的捏造，那末为什么他们不把朝礼、飨礼也一起编造出来呢？可见这些都是不作实事求是科学分析的偏颇之见。

无论《尚书》、《逸周书》、《毛诗》或《左传》、《国语》①，都能证明春秋以前各种礼典已在实行，而最能具体而确凿地证明礼典先于礼书而存在的，莫过于《论语》一书。《论语》述礼之文不下四十余章，可以明显地看出：孔子时礼的书本还没有撰作，而礼物和礼仪所构成的礼典已在普遍实行。下面把这些述礼之文分四大类来作具体分析。

第一类是指斥当时的违礼行为：①"孔子谓季氏八佾舞于庭，是可忍也，孰不可忍也！"②"三家者以雍彻，子曰：'相维辟公，天子穆穆'，奚取于三家之堂！"③"季氏旅于泰山，子谓冉有曰：女弗能救与？对曰：不能。子曰：呜呼，曾谓泰山不如林放乎！"④"子曰：禘，自既灌而往者，吾不欲观之矣。"⑤"子贡欲去告朔之饩羊，子曰：赐也，尔爱其羊，我爱其礼。"⑥"然则管仲知礼乎？曰：邦君树塞门，管氏亦树塞门；邦君为两君之好有反坫。管氏亦有反坫。管氏而知礼，孰不知礼！"（以上《八佾》）⑦"子曰：拜下礼也，今拜乎上，泰也。"（《子罕》）以上七条，只有⑦条见于《燕礼》和《大射礼》。其余虽都不在十七篇中，但有些也能约略地考察出来，如以《燕礼》彻俎时"奏胲"来推比，"三家者以雍彻"是天子祭祖宗的礼典。本来，只有被认为合于等级制度的礼典在实行，才能被据以判断某些仪式是不合规程的，否则就谈不上什么违礼不违礼。七条所述都属礼物和礼仪，可以充分证明孔子时各种礼典都在实行；同时根据⑦条来看，它不是《仪礼》原文的引述，又可证当时礼书还不存在。

第二类是某些礼仪的概念：①"子曰：君子无所争，必也射乎，揖让而升下而饮，其争也君子。"（《八佾》）②"对曰：非曰能之，愿

---

① 《仪礼》与《周礼》处处相合，其违异处不过由爵位不同所引起，可以推比而疏通的。但既不胜一一征引，又因其书出于汉代，有些学者不信其为先秦旧籍，引用必先考证，很易节外生枝，索性不加援引。还有，《公羊传》、《穀梁传》也有述礼之文，甚至有直接引述《仪礼》原文的，但我们考定《公羊传》在汉景帝时、《穀梁传》在景武之际始"著于竹帛"，不足以引其为证。

学焉，宗庙之事如会同，端章甫，愿为小相焉。"(《先进》)③"笾豆之事，则有司存。"(《泰伯》)"孔子对曰：俎豆之事，则尝闻之矣。"(《卫灵公》)④"宰我问：三年之丧，期已久矣。君子三年不为礼，礼必坏；三年不为乐，乐必崩；旧谷既没，新谷既升；钻燧改火，期可已矣。子曰：食夫稻，衣夫锦，于女安乎？曰：安。女安则为之。夫君子之居丧，食旨不甘，闻乐不乐，居处不安，故不为也。今女安，则为之。"(《阳货》)这些是射礼、祭礼、丧礼的概括，如果当时没有实行过这些礼典，决不可能凭空造作得出来的。但又丝毫没有援引《仪礼》原文的痕迹，同样说明礼书还不存在。

第三类是有关礼的理论和礼的作用的阐述：①"子曰：生，事之以礼；死，葬之以礼，祭之以礼。"(《为政》)②"有子曰：礼之用，和为贵。先王之道，斯为美，小大由之。有所不行，知和而和，不以礼节之，亦不可行也。"(《学而》)③"林放问礼之本，子曰：大哉问！礼，与其奢也宁俭；丧，与其易也宁戚。"④"子入太庙，每事问。或曰：孰谓鄹人之子知礼乎？入太庙，每事问。子闻之曰：是礼也。"(以上《八佾》)⑤"不学礼，无以立。"(《季氏》)"兴于诗，立于礼，成于学。"(《泰伯》)"不知礼，无以立也。"(《尧曰》)⑥"子曰：礼云礼云，玉帛云乎哉。"(《阳货》)⑦"子曰：恭而无礼则劳，慎而无礼则葸，勇而无礼则乱，直而无礼则绞。"(《泰伯》)⑧"子曰：博学于文，约之以礼，亦可以弗畔矣夫。"(《颜渊》)⑨"上好礼则民易使也。"(《宪问》)这些有关礼的阐述，都是从具体礼典中抽象出来的。如果没有礼典的存在，这就无从谈起。

第四类是"容礼"，集中记载在《乡党》篇内。所谓容礼，就是：在参加礼典中，依据自己的等级身份在每个仪节上表演最适当的仪容动作，例如在朝礼中："朝，与下大夫言，侃侃如也；与上大夫言，誾誾如也。君在，踧踖如也，与与如也。"又如在聘问礼中，担任君与别国使臣间传话的傧者："君召使傧，色勃如也，足躩如也。揖所与立，左右手，衣前后，襜如也。趋进，翼如也。宾退，必复命曰：宾不顾矣"。奉使到别国："执圭，鞠躬如也，如不胜。""上如揖，下

・220・

如授,勃如战色。足蹜蹜如有循。享礼有容色;私觌,愉愉如也。"①在日常小活中,同样注重合乎规程的容色,如"孔子于乡党,恂恂如也,似不能言者。其在宗庙朝廷,便便言,唯谨尔"。"乡人傩,朝服而立于阼阶。""见齐衰者,虽狎必变。见冕者与瞽者,虽亵必以貌。凶服者式之,式负版者。"这些都是礼仪最具典型的部分,用文字表达终欠显豁。容礼在礼书撰成以前,可与礼典结合,也可以单独表现;在礼书撰成以后,仍然单独流传,西汉初年,"徐生善为容"与"高堂生传士礼"并行,所以朝廷有礼官大夫、郡国有"容史"的设置。据此更易看出:礼物、礼仪(包括容礼)与礼书是两回事,不可混为一谈;而礼物、礼仪所构成的礼典并不依赖礼书而存在。

把《论语》一书有关礼的记载加以分析和综合,可以证明一个事实:在春秋以前,礼物与礼仪相结合的各种礼典自在各级贵族中普遍实行。孔子是知礼者,担任过赞礼(摈、相)一类的职务,所以在他与其弟子们的问答中反映了那么多礼的理论和礼的实践,但在他所有有关礼的言论中没有直接援引《仪礼》的原文②,则就有力地证明其时礼书还不存在,各种门类的礼典还没有被记录成文。过去有人主张

---

① 《乡党》与《聘礼·记》有三处文字略同:(1)"执圭,鞠躬如也,如不胜。"——"执圭,入门,鞠躬焉,如恐失之。"(2)"出降一等,逞颜色,怡怡如也。"——"下阶,发气,怡焉。"(3)"私觌,愉愉如也。"——"私觌,愉愉焉。"有人就据以提出"未知《乡党》用《聘礼》语抑《聘礼》用《乡党》语"的疑问,其实这些都是容礼,贵族们无论举行礼典或者日常生活中都用得着它,此等语句,早已流行。孔子论述容礼,不止这三节,因而不一定根据什么书来说的;《聘礼》记述宾介聘享之容,也不止这三节,也不见得取自《乡党》。如果据此片言只语的约略相同来论定《乡党》用《聘礼》语或《聘礼》用《乡党》语,那是很荒谬的。

② 《论语》何时撰作,郑玄云"仲弓、子夏等所撰定"(《释文·叙录》)。皇侃云"是孔子没后弟子之门徒所撰录也"(《论语义疏叙》)。柳宗元云:"卒成其书者,曾子之徒也"(《柳河东集·论语辨》)。章学诚云:"《论语》记曾子之没,吴起尝师曾子,则曾子没在战国初年而《论语》成于战国之时明矣"(《文史通义·诗教》)。说甚分歧。综诸家之说,《论语》为孔子弟子和再传弟子各记所闻,非出一时一人之手,而最后汇辑必在战国初期。但其书尽管成于战国,其言可信是孔子及其弟子所云。

礼书制作以后才会有礼典的实行，这种说法与事实恰恰相反，因而是错误的。

经过出土实物和先秦典籍各方面的检验，完全证实殷、西周到春秋，由礼物、礼仪所构成的各种礼典，自在奴隶主贵族中普遍地经常举行。①

三

上文揭示了一个为历代礼家所忽视的重要事实，殷、周奴隶主贵族出于政治上的需要，经常举行着各色各样的礼典，礼典重在实行，没有记录成文。于是，聚讼千载的《仪礼》残存十七篇以及已佚若干篇在何时撰作的问题，有可能由此而得到解决。

从分析《论语》述礼之文以证实孔子熟习各种礼典而其时《仪礼》还没有撰成书本，而《礼记·杂记下》里有一则记载，时间正相衔接，

---

① 司马迁对"礼"的记述倒和我的说法符合，或者说，我是受他的启发而为此说的。《史记·儒林列传》云："夫周室衰而《关雎》作，幽、厉微而礼、乐坏，诸侯恣行，政由强国，故孔子闵王路废而邪道兴，于是论次《诗》、《书》，修起礼、乐。"《诗》、《书》称论次，礼、乐称修起，措词有别，两言礼、乐，礼都指礼典无疑。又云："诸学者多言礼而鲁高堂生最，本礼固自孔子时而其经不具，及至秦焚书，书散亡益多。"学者们多于本字逗，最本义不可通，当从日本泷川资言《史记会注考证》于具字逗，"本礼"与"经礼"同意，即指礼典。礼典在孔子时还没有写成书本，故曰"其经不具"。《史记》之文虽简奥，分析其意，义尚易明。但班固演述则完全不同。《汉书》记武帝以前的汉事，往往抄袭《史记》之文而稍易其文字，惟此文则别有所据。《艺文志》云："及周之衰，诸侯将逾法度，恶其害己，皆灭去其籍，自孔子时而不具，至秦大坏。"《礼乐志》云："及其衰也，诸侯逾越法度，恶礼制之害己，去其篇籍，遭秦灭学，遂以乱亡。"他以为各种礼典早已成书，至周衰而被诸侯毁灭。但这"灭去其籍"之说何根据？《孟子·万章下》云："北宫锜问曰：'周室班爵禄也，如之何？'孟子曰：'其详不可得闻也。诸侯恶其害己也而皆去其籍，然而轲也尝闻其略也。'"原来是从《孟子》那里抄来的。赵岐注"今《周礼》司禄之官无其职"，《周礼》司禄职阙，孙诒让以为"据赵说，则司禄职亡在秦火以前，理或然也。"赵岐以《周礼》释《孟子》是否可信，姑置不论；但《孟子》称"皆去其籍"决不是指各种礼典，那是十分清楚的。班氏附会其事，牵合十七篇来论述，其谬妄显而易见。

事实恰好合榫。其文云："恤由之丧，哀公使孺悲之孔子学士丧礼，《士丧礼》于是乎书。"注家狃于周公制礼之说，所释多迂曲难通。各级丧礼从来自在各国实行，春秋后出现士用卿大夫制的僭上行为，哀公命孺悲厘订士丧礼，"于是乎书"，明白无误地表明在此时才写成书本。某些学者斥为"何足为据"，是不顾前后史实的粗暴否定。《杂记》是丧礼的传记，相继述作，既然他能阐发丧仪蕴义，当然也应知道《士丧》各篇为何人所作，不过类似篇章中惟有《杂记》作者有此记述而已。

丧礼内涵丧、葬、祭三个部分。《士丧礼》上篇不仅与记述葬礼部分的下篇《既夕》相连成文，不可分割；而且还必须包括记述葬后三虞、卒哭、小祥、大祥、禫等丧、吉诸祭的《士虞礼》，方能成为完整的三年之丧。而《丧服》一篇本是密切配合这三篇的。《士丧礼》记亲丧第三日大殓"成服"，即是依据《丧服》条文来确定所有内外亲的服制；《既夕》记葬后举行三虞丧祭、卒哭吉祭后的除去重服，改受轻服；《士虞礼·记》记满一年小祥祭后去首服用练冠，满两年大祥祭后除衰服用朝服，二十六个月禫祭后恢复常服：都是按照《丧服》行事。如果只有《士丧》上下篇是不成其为丧礼的。既如此密切相关，必在同时撰作，即"《士丧礼》于是乎书"，应该总括四篇，都是孺悲所记录。《史记·孔子世家》云："孔子之去鲁，凡十四岁而反乎鲁。"其去鲁之年，《史记》所记有定公十二年（《鲁周公世家》）、十三年（《卫康叔世家》）、十四年（《孔子世家》）三说，江永《乡党图考》考定为十三年，则返鲁在哀公十一年。《春秋》哀公十六年云"孔丘卒"，然则孺悲从孔子问礼在十一年至十六年间，从学习到撰作应有一段时间，四篇写成书本当在哀公末年至悼公初年，即周元王、定王之际，公元前5世纪中期。①

残存十七篇除去上述四篇以外的十三篇在何时记录成文，既无法一一考定；已经亡佚的若干篇于何时撰作，更无从谈起。根据《曲礼下》所说"居丧，未葬读丧礼，既葬读祭礼，丧复常，读乐章"，在

---

① 此定王名介，元王之子。皇甫谧以为"应为贞定王"，以别于匡王之弟王瑜。

《曲礼》作者手里，《士丧礼》、《既夕》、《丧服》等丧礼，《士虞礼》、《特牲馈食礼》、《少牢馈食礼》、《有司》等祭礼，都和《诗》(乐章)一样有书本可读，除了给上述孺悲撰作《士丧礼》四篇添一有力旁证外，更可据以推断孔氏后学继孺悲之后纷纷撰作，各种礼典的书本是在一段较长时间内、由很多人陆续写成的。

考察先秦典籍的撰作，有许多不可能推定确切的年岁，但应力求约略确定在某一段时间之内，也就是确定撰作时代的上下限。《士丧》四篇是《仪礼》残存十七篇以及已佚若干篇中最早写成书本，上文考定它撰成于周元王、定王之际，就是《仪礼》撰作时代的上限。

下限比较难于确定。近人对十七篇的撰作时代作过推测性的判断。钱玄同说："其书盖晚周为荀子之学者所作"，"五经之中，当以《仪礼》为最晚出之书"(《重论经今古文学问题》)。洪业说"高堂生传本，编纂于荀子之后也"(《仪礼引得序》)。但都没有提出足够的证据，因此未必就能一言论定。

考证不知撰人的古代典籍，根据它曾被其他典籍援引来推究比勘撰作时代，虽不敢说是唯一可靠的，但至少不失为比较客观而切实的方法。当然，《仪礼》具有不同于他经的特点，如胡培翚所云"夫《仪礼》之书，叙次繁重，有必详其原委而义始见者，非若他经之可以断章取义也"(《研六室文钞》卷三《仪礼非后人伪撰辨》)。其书都是整章整节记录一个完整的仪注，截取一句两句，不能明了其意，因此援引其文，既不便全章全节的迻录，就只能剪裁删节其文而概述其义。某些人不了解礼文的这个特点，无视这种经过剪裁删节的引文，武断地认为群书少有称引。如顾栋高论《左氏》引经不及《周官》、《仪礼》，以为"《诗》、《书》、三传所未经见"，是个最具典型的例子。其实，和其他典籍一样，当《仪礼》书本出现于学者之间而产生了影响，岂有不被人引述之理，不过引述者对"礼"文和《诗》、《书》之文在处理上根据各自的特点而有所不同。

最早征引《仪礼》之文的是《墨子》。

《墨子》的《节葬》、《非儒》、《公孟》三篇节引《丧服经》文而以《节葬下》所引最为完整：

君死，丧之三年；父母死，丧之三年；妻与后子死者五，皆丧之三年。

这就是《丧服经》斩衰章的君、父、父为长子、妻为夫、妾为君、女子子在室为父和齐衰章的父卒为母、母为长子等条。《丧服》夫为妻正服列于杖期章与此文"妻"字不合，《非儒下》虽无妻字但下有"妻、后子与父同也"句，则此妻字并非传抄写误。《左传》昭公十五年"王一岁而有三年之丧二焉"，是指周景王有穆后和太子寿之丧，当时丧期上实有为妻三年的异说，墨子书有此记载是不足怪的。(《墨子间诂》引诸家说均误。)但是，服制上妻为夫三年为斩衰正服，此文中不应独缺，故仍应定妻当作夫字。"死者五"，王引之改"者五"为"五者"，俞樾改"五"为"二"，孙诒让以五字下属，均误。五指父为长子、妻为夫、妾为君、女子子在室为父、母为长子五种三年服。《节葬下》又云：

然后伯父、叔父、兄弟、孽子期①。

这就是《丧服经》不杖期章的世父母、叔父母、昆弟、众子、昆弟之子等条。又云：

族人五月，姑、姊、甥、舅皆有月数。

这就是《丧服经》小功章的从祖祖父母、从祖父母、从祖昆弟，大功章的姑姊妹适人者和缌麻章的舅、甥等条。

《丧服经》的体裁，如贾公彦疏所云"上陈其服，下列其人"，征引其文，很难就原文摘句。《墨子》概述其义，不得不加以剪裁删节，尽管字句与原文不尽相符，但总括全经，对五正服中的主要守服者并无遗漏和歧出。只要和《论语·阳货》宰我问丧章相对照，不难看出，

---

① 原误作"其"，据毕沅校改。

彼文泛论三年之丧，不是援文立说；而此文则句句落实，如果没有书本作依据是做不到如此具体而详尽的。

《墨子·贵义》云："子墨子南游于楚，见楚献惠王，献惠王以老辞。"孙诒让《间诂》云："毕云，检《史记》楚无献惠王也，《艺文类聚》引作惠王，是。又案《文选》注引本书云：'墨子献书惠王，王受而读之，曰良书也。'此文挩佚甚多，余知古《渚宫旧事》二云：'墨子至郢，献书惠王。'此与《文选》注所引合。疑故书本作'献书惠王'，传写挩书存献，校者又更易上下文以就之耳。苏云，楚惠王以周敬王三十二年立，卒于考王九年，凡五十七年。墨子之游楚，盖当其暮年，故以老辞。《渚宫旧事》注云'时惠王在位已五十年矣'，然则此事在周考王二年，鲁悼公之二十九年也。"据此可见鲁悼公末年，《墨子》已有部分成书。"节葬"、"非儒"是墨学的中心课题，这时《节葬》等三篇必有一或二篇已经写成，而文中有引《丧服》原文，可见孺悲在悼公初年撰作的《士丧礼》等四篇，二十多年后已经流传，墨子手中有其传本。

《孟子》和《荀子》都征引过《仪礼》之文。

孟轲是孔子的私淑弟子。赵岐《孟子题辞》说他"通五经，尤长于《诗》、《书》"。书中引《书》凡二十九，引《诗》凡三十五；而很少议论礼、乐，述礼之文只有二则，《离娄下》篇云：

　　（齐宣）王曰：礼为旧君有服。

显然引自《丧服经》齐衰三月章"为旧君、君之母妻"。又《万章下》篇云：

　　孟子曰：在国曰市井之臣，在野曰草莽之臣……礼也。

此文与《士相见礼》"宅者，在邦曰市井之臣，在野则曰草茅之臣"相同。二文俱明言"礼"，可见他手中有《仪礼》书本。

荀况是战国后期的礼学大师。《礼论》篇、《大略》篇是他的述礼专著，《礼论》当属自撰，《大略》则出于弟子杂录，都是论述昏、丧、祭、飨诸礼的。其体裁与《礼记》很相似，往往前引《仪礼》之文而后申以己说，对原文颇多剪裁删节，但并列对照，并疏解其异文，就能看出荀况礼学是依《仪礼》立说的。

《仪礼》	《荀子》	疏证
属纩，以俟绝气。（《既夕·记》）	纮纩听息之时，则夫忠臣孝子亦知其闵已。（《礼论》）	案：杨倞注："纮，读为注，即属纩也。"
外御受沐入。乃沐，栉，挋用巾；浴，用巾，挋用浴衣。蚤揃如他日。鬠用组。（《士丧》沐浴节） 主人左扱米，实于右，三，实一贝。左、中亦如之。（《士丧》饭含节）	始卒，沐浴、鬠体、饭含，象生执也。（《礼论》） 饭以生稻，含以槁骨，反生术矣。（《礼论》）	案：尸不冠，以组束发，不加簪，谓之鬠。又：体，杨倞注"谓爪揃之属"，即郑玄注"断髪揃鬚也"。 又案：杨倞注："生稻，米也。槁骨，贝也。"
瑱，用白纩。（《士丧》陈袭事节）	充耳而设瑱。（《礼论》）	案：郑玄注："瑱，充耳。"
瑱塞耳。（《既夕·记》）鬠笄用桑，长四寸，缁中。掩，练帛广终幅，长五尺，析其末。幎目，用缁，方尺二寸，䞓里，著，组系。（《士丧》陈袭事节）	设掩面、儇目、鬠而不冠笄矣。（《礼论》）	案：杨倞注："儇与还同，幎读如綅，綅与还义同。"用方尺二寸帛，两层缝为组，缁面䞓里，并充以新绵，覆于尸面，谓之幎目。复用长五尺的练帛裹尸首，谓之掩面。笄有二，安发之笄名鬠，固冠之笄名笄。敛不用冠，则不用固冠之笄。
乃袭，三称，明衣不在算。设韐、带、搢笏。（《士丧》袭尸节） 彻褻衣，加新衣。设明衣。（《既夕·记》）	说褻衣，袭三称，缙绅而无钩带矣。（《礼论》）	案：褻衣是亲肤之衣。明衣是新制的褻衣。《荀子》的"说（脱）褻衣"，即《既夕》的"彻褻衣"。

续表

《仪礼》	《荀子》	疏证
为铭。书铭于末，曰某之某之柩。(《士丧》为铭节) 重木，刊凿之。甸人置重于中庭。祝取铭置于重。(《士丧》设重节)	书其名，置于其重，则名不见而柩独明矣。(《礼论》)	
主人奉尸敛于棺，乃盖。(《士丧》殡节) 三日，成服。(《士丧》成服节)	必逾日然后能殡，三日而成服。(《礼论》)	案：掘肂于西阶上，大敛后置棺肂中。西阶宾位，故曰殡。大敛在丧之第三日，成服在第四日。不数死日，则殡在第二日，成服在第三日。
商祝饰柩，一池，纽前经后缁，齐三采，无贝。(《既夕》饰柩车节) 巾奠，乃墙。(《既夕·记》) 燕器：杖、笠、翣。(《既夕》陈器与葬具节)	无帾丝歶缕翣，其貌以象菲帷帱尉也。(《礼论》)	案：杨倞注"无读为幠"，与荒通，亦称柳，是覆盖在柩上的布幕。注"帾与褚同"，亦称墙，是围在柩四周的布帷。即郑玄注所云"饰柩，为设墙、柳也。墙有布帷，柳有布荒，纽所以联帷荒。" 又案：杨注："或曰丝读为绥；歶读为鱼，谓以铜鱼悬于池下。"郑注："池者，象宫室之承霤，悬于柳前。"经过疏解，上列二文大致相合。
折，横覆之；抗木，横三缩三。(《既夕》陈器与葬具节)	抗、折，其貌以象槾茨番阏也。(《礼论》)	

续表

《仪礼》	《荀子》	疏证
君使人襚，襚者左执领，右执要，入，升致命。襚者入衣尸(《士丧》君使人襚节) 亲者襚，不将命，以即陈。庶兄弟襚，使人以将命于室。朋友襚，亲以进(《士丧》亲者等襚节) 有襚者，则将命，宾入中庭，北面致命。朋友亲襚，如初仪(《士丧》小敛后致襚节) 公赗：玄𫄸束，马两(《既夕》国君赗节) 宾赗者，将命，马入设。若赗，宾东面将命。赠者，将命。兄弟，赗奠可也。所知，则赗而不奠。知死者赠，知生者赗(《既夕》宾赗奠赗赠节)	赗赠所以佐生也，赠襚所以送死也；送死不及柩、尸，吊生不及悲哀，非礼也。(《大略》)	
父醮子，命之，曰：往迎尔相，承我宗事。勖帅以敬先妣之嗣，若则有常。(《士昏·记》)	亲迎之礼，父南乡而立，子北面而跪，醮而命之：往迎尔相，成我宗事，隆率以敬先妣之嗣，若则有常。(《大略》)	
多货则伤于德，币美则没礼。(《聘礼·记》)	《聘礼志》曰：币厚则伤德，财侈则殄礼。(《大略》)	

续表

《仪礼》	《荀子》	疏证
若不言，立则视足，坐则视膝。（《士相见》进言法节）	坐视膝，立视足。（《大略》）	
（佚郊礼）	郊者，并百王于上天而祭祀之也。（《礼论》）	案：此与《礼运》"定天位""百神受职"同意，乃郊礼本义。
（佚飨礼）	宰爵知宾客、祭祀、飨、食牺牲之牢数。（《王制》）	案：以《公食》证《飨礼》，其仪大致相似。

《荀子·劝学》云："学恶乎始恶乎终？曰：其数则始乎诵经，终乎读礼。"杨倞注："数，术也。经谓《诗》、《书》，礼为典礼之属也。"从其所言"读礼"来看，手里有着今存《士丧》、《既夕》、《士相见》以及已佚的《郊礼》、《飨礼》等书本。可见《仪礼》各篇已在习礼经师中广泛流传。从《论语》的"执礼"到《荀子》的"读礼"，就是各种礼典从贵族实行到经师撰作书本的发展过程。《礼论》以礼名篇，称"礼者谨于治生死者也"，又云"丧礼之凡"，《大略》又引《聘礼志》，其同于《仪礼》之文，不言可喻，是出于他的援引。因此，《仪礼》不是"为荀子之学者所作"。

征引《仪礼》原文最完整、最详备的当推二戴（戴德、戴圣）所辑的《礼记》。

为了论证上的方便，在核校二戴所辑《礼记》援引《仪礼》原文之前，有必要解决《仪礼》各篇篇末所附之"记"与本经具有何种关系的问题。今存十七篇中十二篇篇末有附"记"（《士丧》上下篇的"记"集中在《既夕》篇末，表面上看是一篇，其实是通乎上下的，应该说十三篇有附"记"），就其内容而论，一是阐发礼的意义，二是追述远古异制，三是详述因故变易其制的不同仪式，四是备载因爵位不同而引起器物和仪式的多寡和隆杀，五是叙说所用器物的制作、形状和数量，六是记录礼典所用的"辞"。因此历代礼家都以为：经文是叙述一个礼典的始末，记文是补经之作，从而把它与二戴所辑《礼记》相等同。诚然，在阐经所未明、补经所未备这一点上它与二戴《礼记》是有很多相似之处；但从与本经的关系上看，由于附经之"记"与经的界线很不清楚，有些问题一直感到无法理解，也无法解决。例如：第一，十七篇中四篇无"记"，但与有"记"之篇相对照，有些章节不像是经文，如《士相见》篇末的进言之法节、侍坐于君子之法节、称谓及执贽之容节，显属记文，因其篇无记字而被当作经文了。第二，同类的章节，有的在经文而有的在记文，如《士冠》经文有"冠辞"、"醴辞"，而《士昏》六礼之辞俱入记文。又如《特牲·记》有"设洗，南北以堂深，东西当东荣，水在洗东，篚在洗西"云云，而《乡射》经陈设节有相同的设洗设篚之文。又如《士昏》、《公食》俱有附记，《士昏》"若不亲迎"在记末，《公食》"若不亲食"在经末记前。第三，如果附经之"记"属于补经之作，那末有的经文单独来看就显得残缺不全了。以《丧服》为例，若缺少记文"公子为其母练冠麻、麻衣縓缘，为其妻縓冠葛绖带、麻衣縓缘"，"大夫、公之昆弟、大夫之子于兄弟降一等"等条，就不是完整的服制；又以《士昏》等为例，宾主之辞在记内，记文后作，当时经文就无辞可用了。第四，可能出于同样的原因，后世的学者对经和记也不曾加以严格的区分。有人把记当作经，如《礼记·问丧》引"礼曰，童子不緦，唯当室緦"，《通典》卷七十二引"石渠议奏"经云宗子孤为殇"，都见于《丧服记》，而《问丧》作者和戴圣等都把它当作经。有人把经当作记，如郑玄《诗·采蘩》笺引《少牢》经文云"礼记主妇髲鬄"，郭璞《尔雅·释言》注引《有司》经文云"礼记曰扉用席"，二者都是经文而郑、郭称之为记。还有引述记文而或称礼或称记，如何休《公羊传》隐公元年"隐长而卑"解诂引《士冠·记》文，称"士冠礼曰"而不言记；而闵公三年"三年之丧实以二十五月"解诂引"士虞记曰"又正言记。凡此等问题，历代礼家虽多方辩解疏通，但始终没有取得令人信服的解释。1958年甘肃武威汉墓出土西汉简本《仪礼》七篇九卷，其中《丧服》、《特牲》、《燕礼》

三篇有附经之"记",而经记之间,不但没有如今本标有"记"字,而且所标"□"、"○"符号与经文分章符号相同,显然不是用来区分经、记的特殊标志。从简本上受到启发,恍然领会《仪礼》本经篇末所附之"记",不过把行文上不便插入正文的解释性、补充性的文字,在后人可以用双行夹注或加括号来处理的,在它就安排在篇末作附录而已。《问丧》作者和戴圣等所看到的传抄本可能也和汉简本一样没有"记"字来划分前经后记。有汉简本作证,今本"记"字显然是汉以后人所加,不足凭信。附经之"记"本来就是经文的组成部分,"于是乎书"时便已包括在内,经与附经之"记"不是前后撰作的两种书,而是同时撰作的一书的两个部分,因此,援引附经之"记"与援引本经之文就不必再加以区别了。

二戴所辑《礼记》是《仪礼》残存十七篇以及已佚若干篇的传记,即皮锡瑞所谓"弟子所释谓之传,亦谓之记"(《经学历史》二)。非常明显,它是依据《仪礼》书本来解经所未明、补经所未备的。《汉书·艺文志》礼类列"记百三十一篇",班固自注:"七十子后学者所记也。"《经典释文·叙录》注引刘向《别录》云:"古文记二百四篇。"《隋书·经籍志》云:"刘向考校经籍,检得一百三十篇,向因第而叙之。而又得《明堂阴阳记》三十三篇、《孔子三朝记》七篇、《王氏史氏记》二十一篇、《乐记》二十三篇,凡五种,合二百十四篇。"《明堂阴阳记》以下四种亦见于《艺文志》,可见《别录》所称二百四篇,亦必包括这些篇章在内。篇数有参差,不过出于分合的不同,不足深究。但值得注意的是,从这里反映出一个事实:七十子后学者所撰之"记",在当时单篇传抄,未曾汇辑成书。因此,流传到西汉初年,渗入了若干篇秦、汉间人的著作,如郑玄《三礼目录》云:"名曰《月令》者,以其记十二月政之所行也。本《吕氏春秋》十二月纪之首章也,以礼家好事抄合之。"又如《史记·封禅书》云:"文帝使博士诸生刺六经中作《王制》。"而《大戴礼记·保傅》与贾谊《新书》的《保傅》、《傅职》、《胎教》、《容经》四篇,《礼察》"凡人之知"以下与《治安策》均文多相同,当是从贾谊书渗入的。又《礼记·中庸》为子思所作是可信的,但被秦人窜加了"车同轨、书同文"等句子(从金德建说)。又《大戴礼记·公冠》"成王冠"以下亦汉代礼家述礼之文,而《盛德》前半篇为戴德自撰之作。这样,使"记"文的内容更加复杂,而撰作时代就不易考定。《礼记正义》大题下引郑玄《六艺论》云:"戴德传记八十五篇,戴圣传记四十九篇。"二戴各自辑为《礼记》。尽管沙汰了百来篇可能是内容浅陋的篇章,但一些秦、汉间人的作品依然入录。《大戴礼记》今存三十九篇,起第三十九,终八十一,中缺四十三、四十四、四十五、六十一。《御览》卷五百二十九引"《五经异义》曰大戴说《礼器》云,灶者老妇之祭",今小戴《礼器》灶作奥。《诗·摽有梅》孔疏云:"案《异义》人君年几而昏,今大戴说云云,《礼·文王世子》云云。"阮元《校勘记》引浦镗云:"《异义》所据,《大戴礼·文王世子》篇也。《豳谱》及《大明》正义皆有明文可据。"《公羊传》襄公十六年何休解诂引《玉藻》"天子旂十有二旒"云云,《白虎通·丧服》引《大传》"父母之葬居倚庐"云云,又《崩葬》引《檀弓》"天子哭诸侯爵弁纯衣"云云,又引《杂记》"君吊臣主人待于门外"云云,又《情性》引《礼运记》"六情所以扶成五性也"云云,皆不见于小戴所辑《礼记》。此等佚文,丁晏《佚礼扶微》搜集甚完备,说者援《异义》之例,以为《大戴礼记》之逸篇。然则大戴所辑《礼记》,亦有《记器》、《文王世子》、《大传》、《檀弓》、《杂记》、《礼运》等篇,与小戴所辑,不过句有出入,文有异同而已。至于现存之篇,二戴《礼记》亦有重复,《哀公问于孔子》与《哀公问》全篇相同;《礼察》开头"夫礼"至"众矣"一百三十多字见于《经解》;《本命》"有思"至"教也"二百七十多字见于《丧服四制》;二记都有《投壶》篇,其文大致相同而末段互见有无。从佚文和重出两方面推比,可见今本《大戴礼记》所缺,有的即是今本《礼记》之篇。而晋、唐人所说戴圣删戴德之书为小戴记之说(见《经典释文·叙录》引陈邵《周礼论序》和《隋书·经籍志》),当亦自有所据,未必全出虚构。《礼记》至二戴始汇辑成书,今称《大戴礼记》,古称《大戴礼》或《大戴记》;今称《礼记》,古称《小戴礼》或《小戴记》。其实,应该称为"大戴辑《礼记》"、"小戴辑《礼记》"或"二戴辑《礼记》",表明此是汉人辑前代之文。

二戴所辑《礼记》内容庞杂,说它是《仪礼》残存十七篇以及已佚若干篇的传记,恐不易为学者所接受。我师曹元弼先生云:"二戴

《记》之说礼,大类有三,曰礼、曰学、曰政。《曲礼》、《檀弓》、《迁庙》、《衅庙》、《冠义》、《昏义》、《朝事义》等篇,礼类也;《学记》、《中庸》、《儒行》、《大学》、《曾子》十篇,学类也;《王制》、《月令》、《夏小正》、《文王官人》之等,政类也。"(《礼经学》卷四《会通》)按三大类来区分大戴辑《礼记》三十九篇、小戴辑《礼记》四十九篇,就能使各篇何者当属礼类,何者当属政类、学类,性质明确,界线清楚。政类、学类诸篇及《乐记》可置勿论,秦、汉人之作应予剔除,列入礼类的,小戴所辑有:《曲礼》上下、《檀弓》上下、《曾子问》、《礼器》、《郊特牲》、《玉藻》、《丧服小记》*《大传》、《少仪》、《杂记》* 上下、《丧大记》*《祭法》、《祭义》、《祭统》、《仲尼燕居》、《奔丧》、《问丧》、《间传》、《三年问》、《深衣》、《投壶》、《冠义》*、《昏义》*、《乡饮酒义》*、《射义》*、《燕义》*、《聘义》*、《丧服四制》*;大戴所辑有:《礼三本》、《虞帝德》、《诸侯迁庙》*、《诸侯衅庙》*、《朝事》*、《投壶》、《公冠》*①、《本命》等,凡三十九篇。经过这样的筛选,《礼记》是《仪礼》的传记这个事实方能显现出来。其中加有 * 符号的专为某一礼典解说之篇,如《冠义》之于《士冠》、《昏义》之于《士昏》等,此种关系尤为鲜明。为说明传记是解经所未明、补经所未备,试为列表如后。但传记往往引述礼文而后加解说,因此引文较多,难以全录,只能每篇选取一二节与《仪礼》原文对照参观。

《仪礼》	二戴辑《礼记》	疏证
冠者北面见于母,母拜受,子拜送,母又拜。(《士冠》冠者见于母节)冠者见于兄弟,兄弟再拜,冠者答拜。(《士冠》冠者见于兄弟节)	见于母,母拜之;见于兄弟,兄弟拜之:成人而与为礼也。(《冠义》)	

① 《公冠》"成王冠"以下当是汉儒述礼之文,在剔除之列。

续表

《仪礼》	二戴辑《礼记》	疏证
昏礼，下达，纳采，用雁。主人筵于户西，西上，右几。使者玄端至。主人如宾服，迎于门外。揖入，至于庙门，揖入，三揖至于阶，三让。宾升西阶当阿东面致命，主人阼阶上北面再拜。（《士昏》纳采节） 宾执雁，请问名。主人许，宾入授，如初礼。（《士昏》问名节） 纳吉，用雁，如纳采礼。（《士昏》纳吉节） 纳徵，玄纁束帛，俪皮，如纳吉礼。（《士昏》纳徵节） 请期，用雁，告期，如纳徵礼。（《士昏》请期	是以昏礼纳采、问名、纳吉、纳徵、请期，皆主人筵几于庙而拜迎于门外，入，揖让而升，听命于庙，所以敬慎重、正昏礼也。（《昏义》）	
凡侍坐于君子，君子欠伸，问日之早晏，以食具告，改居，则请退可也。（《士相见》侍坐于君子节）	侍坐于君子，君子欠伸，运笏，泽剑首，还屦，问日之蚤莫，虽请退可也。（《少仪》）	
尊两壶于房户间，斯禁，有玄酒，在西。设洗于阼阶东南，南北以堂深，东西当东荣。（《乡饮》陈设节） 荐脯，五挺，横祭于其上。出自左房。（《乡饮·记》）	尊于房户之间，宾主共之也。尊有玄酒，贵其质也。羞出自东房，主人共之也。洗当东荣，主人之所以自洁而以事宾也。（《乡饮酒义》）	案：左房右室，房在东，故左房即东房。

续表

《仪礼》	二戴辑《礼记》	疏证
小臣设公席于阼阶上，西乡，设加席。公升，即位于席，西乡。公降立于阼阶之东南，南乡尔卿，卿西面北上；尔大夫，大夫皆少进。(《燕礼》君臣各就位次节)	君席阼阶之上，居主位也。君独升，立席上，西面特立，莫敢适之义也。君立阼阶之东南，南乡尔卿、大夫，皆少进，定位也。(《燕义》)	
公尊瓦大两。(《燕礼》设具节)	君尊瓦甒。(《礼器》)	
两壶献酒。(《大射》陈燕具节)	汁献涗于醆酒。(《郊特牲》)	案：郑注："献读为沙，沙酒浊，特涗之，必摩沙之也。"
君使士请事，遂以入竟。(《聘礼》至境节) 宾至于近郊。君使下大夫请行，反。君使卿朝服，用束帛劳。(《聘礼》郊劳节) 公皮弁，迎宾于大门内。及庙门，公揖入。纳宾，宾入门左。宾致命。公当楣再拜。公侧袭，受玉于中堂与东楹之间。(《聘礼》聘享节)	君使士迎于境，大夫郊劳，君亲拜迎于大门之内而庙受，北面拜贶，拜君命之辱，所以致敬让也。(《朝事》、《聘义》)	案：《朝事》误脱命字；《聘义》误脱让字。又案：卿为上大夫，卿郊劳即大夫郊劳。
卿为上摈，大夫为承摈，士为绍摈。(《聘礼》聘享节)	卿为上摈，大夫为承摈，士为绍摈。(《朝事》、《聘义》)	案：《朝事》承作丞，脱"士为绍摈"句。
上介不袭，执圭，屈缫。(《聘礼》聘享节)	执玉，其有藉者则裼，无藉者则袭。(《曲礼下》)	案：缫即藉，屈缫即有藉。
君使卿韦弁归饔饩五牢。米三十车，禾三十车，薪刍倍禾。(《聘礼》归饔饩节)	既客于舍，五牢之具陈于内；米三十车，禾三十车，刍薪倍禾，皆陈于外；所以厚重礼也。(《朝事》、《聘义》)	案：《聘义》既作饩。

续表

《仪礼》	二戴辑《礼记》	疏证
旁四列，西北上：醢，以东臐、膮、牛炙；炙南醢，以西牛胾、醢、牛鮨；鮨南羊炙，以东羊胾、醢、豕炙；炙南醢，以西豕胾、芥酱、鱼脍。(《公食》为宾设加馔节)	膳：膷、臐、膮、醢、牛炙、醢、牛胾、醢、牛脍、羊炙、羊胾、醢、豕炙、醢、豕胾、芥酱、鱼脍。(《内则》)	案：郑注："以《公食大夫礼》馔校之，则膷、牛炙间不得有醢，醢衍字也。"据郑校知"牛脍"郑本亦作"牛鮨"，其误在郑氏以后，否则注当有校文。
侯氏入门右，坐奠圭，再拜稽首。傧者谒。侯氏坐取圭，升至命，王受之玉。侯氏降，阶东北面再拜稽首。傧者延之曰升，升成拜。(《觐礼》侯氏行觐礼节)	奠圭降拜，升成拜，明臣礼也。(《朝事》)	
乃右肉袒于庙门之东，乃入门右，北面立，告听事。(《觐礼》侯氏请罪节)	肉袒入门而右，以听事也。(《朝事》)	
斩衰裳、苴绖、杖、绞带、冠绳缨、菅屦者：父，君。(《丧服》斩衰章)	故为父斩衰三年，以恩制者也；故为君亦斩衰三年，以义制者也(《丧服四制》)	案：丧服十一章，首章不言"三年"，以次章齐衰言三年，则首章三年可知。
疏衰裳齐、牡麻绖、冠布缨、削杖、布带、疏屦期者：父在为母。(《丧服》齐衰期章)	故父在为母齐衰期者，见无二尊也。(《丧服四制》)	
缌麻三月者：妻之父母。(《丧服》缌麻章)	有从重而轻，为妻之父母。(《服问》)	案：《服传》云："何以缌，从服也。"

续表

《仪礼》	二戴辑《礼记》	疏证
复者一人，以爵弁服，升自前东荣，中屋，北面招以衣，曰："皋！某复。"三，降衣于前，受用箧。复者降自后西荣。（《士丧》始死复节）	小臣复，士以爵弁，皆升自东荣，中屋履危，北面三号，卷衣投于前，司服受之，降自西北荣。（《丧大记》）	案：此文总述君、大夫、士三种丧礼。此取士级，用小臣、司服，显有未合，郑注"复者，有司也"是也。
楔齿用角柶，缀足用燕几。帷堂。（《士丧》楔齿缀足节） 商祝彻楔受贝。祝又受米。主人左扱米，实于右，三；实一贝。左、中亦如之。又实米，唯盈。（《士丧》饭含节） 卒敛，彻帷。（《士丧》小敛节）	小臣楔齿用角柶，缀足用燕几，君大夫士一也。（《丧大记》） 曾子曰：尸未设饰，故帷堂；小敛而彻帷（《檀弓上》） 复、楔齿、缀足、饭、设饰、帷堂，并作。（《檀弓上》）	案：士亦当用有司。
苴绖大鬲，下本在左，要绖小焉，散带垂，长三尺。牡麻绖，右本在上，亦散带垂。（《士丧》陈小敛绖带节）	丧服之先散带也。（《礼三本》）	案：亦见于《荀子·礼论》，带作麻。《士丧》贾疏云："此小敛绖有散带垂之，至三日成服绞之。"绞谓纠而合之，初丧以一根麻为首绖，一根麻为腰绖，腰绖象大带未纠合，故称散带。
尸又三饭，举肩，祭如初；举鱼腊俎，俎释三个。尸卒食，佐食受肺脊，实于篚。（《士虞》飨尸尸九饭节）	成事之俎不尝也。（《礼三本》）	案：亦见于《荀子·礼论》。《士虞·记》云："三虞卒哭，曰哀荐成事。"虞祭毕谓之成事，其俎曰成事之俎。郑注："释犹遗也。"释三个，实于篚，尸不食骨体，故曰不尝。
遂述命曰，假尔大筮有常。（《少牢》筮祭日节）	曰，为日，假尔泰筮有常。（《曲礼上》）	

续表

《仪礼》	二戴辑《礼记》	疏证
利洗爵，献于尸，尸醋；献祝，祝受，祭酒，啐酒，奠之。(《有司》不傧尸佐食为加爵节)	利爵之不啐也。(《礼三本》)	案：亦见于《荀子·礼论》，卒作醮。利即佐食。卒即卒爵，尽饮爵中之酒。杨倞注："醮，尽也。"义同。利献尸、献祝，俱无卒爵之文，故曰不卒或不醮。

此外，二戴所辑《礼记》中还有援引某一礼典原文并加以解说，因该礼书本已亡佚，所引原文无从核对证实。依上表所列现存诸篇之例，对其中较易辨认的章节，加以推比考订，选择其确凿可信的，可列一表如下：

佚礼	二戴辑《礼记》	考证
郊礼	"祀帝于郊"，敬之至也。(《礼器》) "燔柴于泰坛"，祭天也。(《祭法》) 卜郊，"受命于祖庙，作龟于祢宫"，尊祖亲考之义也。卜之日，"王立于泽，亲听誓命"，受教谏之义也。"郊血"，至敬不飨味而贵气臭也。"扫地而祭"，于其质也。"器用陶匏"，以象天地之性也。"牲用骍"，尚赤也。"用犊"，贵诚也。祭之日，"王皮弁以听祭报"，示民严上也。祭之日，"王被衮"以象天，"戴冕，璪十有二旒"，则天数也。"乘素车"，贵其质也。"旂十有二旒，龙章而设日月"，以象天也。(《郊特牲》)	案：郊礼为王朝巨典，又相传鲁国也曾举行，《郊礼》曾撰成书本是无庸置疑的。《郊特牲》是《郊礼》的传记，都是依据原文以撰作解说的。《礼运》、《礼器》、《祭义》、《祭法》、《杂记》等篇都有记载，可以证成。(推定为原文的加引号，下同。)
飨礼	曾子曰，吾子不见大飨乎！夫大飨既飨，"卷三牲之俎归于宾馆"。(《杂记下》) 大飨"尚腶修"。大飨"君三重席"而酢焉。(《郊特牲》) 大飨"尚玄尊，俎生鱼，先大羹"，贵饮食之本也。(《礼三本》)	案：《杂记》所引，与《公食》归俎于宾节"有司卷三牲之俎归于宾馆"同。飨礼与食礼仪多相同，其为《飨礼》原文无疑。

续表

佚礼	二戴辑《礼记》	考证
公侯冠礼	"公冠自为主，迎宾揖，升自阼，立于席，既醴，降自阼。公玄端与皮弁皆韠，朝服素韠。公冠四加玄冕。飨之以三献之礼。"（《公冠》）	案：《士冠·记》云："无大夫冠礼而有其昏礼。公侯之有冠礼也，夏之末造也。"《公冠》文末有孝昭冠辞及郊祀祝辞，明言"孝昭"，可信是部分渗入而非全篇伪作。服章仪注，与《士冠》推比，大致无误。文不连贯，显属辑录残句。
	始冠缁布冠，自诸侯下达，冠而敝之可也。"（《玉藻》）	又案："始冠"云云，见《士冠·记》而无"自诸侯下达"句，《玉藻》所引可能是《公冠·记》文。
天子巡守礼	孔子曰，天子巡守，"以迁庙主行，载于齐车"，言必有尊也。（《曾子问》）	案：《周礼》内宰职郑注："天子巡守礼所云，制币丈八尺，纯四𩭧。"可见郑玄尚得见部分佚文。《曾子问》所引，当是其残句。
衅庙礼	成庙而衅之，其礼"祝宗人宰夫雍人皆爵弁纯衣，雍人拭羊，宗人视之"云云。（《杂记下》）	案：大戴辑《礼记》有《诸侯迁庙》、《诸侯衅庙》，孔广森谓"皆古经之逸篇"。《杂记下》引《衅庙》全文，云"其礼"，则孔说可信。

根据上列二表，二戴所辑《礼记》中不仅引有十七篇原文，而且还引有已佚若干篇书本的原文，可见其作者们手里持有《仪礼》残存和已佚诸篇的书本。

《孟子》、《荀子》和二戴所辑《礼记》的作者们手里都持有《仪礼》残存和已佚诸篇的书本，那末，显而易见，这四部书的开始撰作，即是《仪礼》撰作时代的下限。

四

上文已证明《仪礼》（包括已佚诸篇）撰作于《孟子》、《荀子》、二戴所辑《礼记》之前，下面应解决四种书的撰作孰先孰后的问题。对此，除了众所周知的孟先荀后而《孟子》、《荀子》可以通过考定二人生卒年来确定其撰于何时以外，二戴所辑《礼记》的绝大部分篇章，无法知其作者为谁，因而它的撰作早于孟、荀还是晚于孟、荀，过去一直聚讼纷纭，很难作出确切的回答。

仍然只有依照上面用过的方法，即核对四种书中有无相互引述其文来解决这个难题。

《孟子》里有二处援引《礼记》之文，《公孙丑下》篇云：

> 景子曰："礼曰，父召无诺，君命召不俟驾。"

"父召无诺"见于《曲礼上》，"父命呼唯而不诺"见于《玉藻》，而"君命召"云云则见于《论语·乡党》。这些正是所谓"威仪三千"的曲礼。又《滕文公下》篇云：

> 礼曰：诸侯耕助以供粢盛，夫人蚕缫以为衣服。惟士无田，则亦不祭。

和《祭统》篇"诸侯耕于东郊以共齐盛，夫人蚕于北郊以共冕服"、《曲礼下》篇"无田禄者，不设祭器"，文虽稍异而义实相同。二文都有"礼曰"，引自《礼记》是确凿的。又《离娄上》篇云："故曰为高必因邱陵，为下必因川泽。""为高"二句见于《礼器》。云"故曰"，明引前人之语以起下文。由此可证小戴辑《礼记》的《曲礼》、《玉藻》、《祭统》、《礼器》是早于《孟子》成书的。

考孟轲生卒有二、三十家，大多数人以为生于周烈王四年、卒于周赧王二十六年，也有人主张提前十多年，定作生于周安王十七年、卒于周赧王十二年。二说均无事实可凭，而卒年以前说较为可信。《史记·孟子荀卿列传》云："是以所如者不合，退而与万章之徒序《诗》、《书》，述仲尼之意，作《孟子》七篇。"著书自在晚年，且在归隐以后。周赧王三年，孟轲去齐，钱穆氏以为"从此归隐不复出"。钱氏又云："《孟子》书齐宣王、梁惠王、梁襄王、邹穆公、滕文公、鲁平公俱称谥,独宋王偃不称谥,书中亦不见述及宋偃亡国。或《孟子》书成于魏襄王卒后、宋亡国前十年之内"(《先秦诸子系年·考辨》一二二)。其说颇精审。赧王二十九年齐灭宋,孟轲已死;而梁襄王(即魏襄哀王,《史记·魏世家》、《六国表》均误分为襄王、哀王二世)、鲁平公均卒于赧王十九年,然则《孟子》作于赧王二十年后,即鲁文公初年。

二戴所辑《礼记》和《荀子》核对,既有整章整节相同,也有一二句文虽稍异而义实相同的。前者文甚冗长,不便抄录,编列篇名对照,并加说明,辑为表1;后者引原文对勘,辑为表2。

表1

《荀子》	二戴辑《礼记》	说　明
《劝学》	（大）《劝学》	《荀子·劝学》当分:一"学不可以已",二"神莫大于化道",三"积土成山",四"学恶乎始",五"百发失一"等五章。大戴辑《礼记·劝学》第一、二、三章与此篇第一、二、三章相同。(字句有出入,姑置不论,下各篇同。)
《宥坐》		《荀子·宥坐》当分:一"欹器",二"为鲁摄相",三"为鲁司寇",四"观于东流之水",五"吾有耻也",六"如垤而进",七"南适楚",八"观于鲁庙之北堂"等八章。大戴辑《礼记·劝学》第五章与此篇第四章相同。
《礼论》	（大）《礼三本》	《荀子·礼论》当分:一"礼起于何",二"礼有三本",三"立隆以为极",四"谨于治生死",五"丧礼之凡",六"以生者饰死者",七"三年之丧"等七章。大戴辑《礼记·礼三本》全文与此篇第二章相同。
	（小）《三年问》	小戴辑《礼记·三年问》全文与《礼论》第七章前段相同。(文末"孔子"至"丧也"五句二十六字不见于《礼论》。)

续表

《荀子》	二戴辑《礼记》	说　明
《乐论》	（小）《乐记》	《荀子·乐论》当分：一"人情之所必不免"（至"北求之也"），二"声乐之人人"（至"君子慎之"），三"姦声感人"（至"謘謘乎"），四"吾观于乡"，五"乱世之征"等五章。其第一章与小戴辑《礼记·乐记》乐化章的第三、四段同，其第二章"乐者圣人之所乐也"四句与《乐记》乐施章第三段同，其第三章与《乐记》乐象章第一、二段和乐情章第一段部分同。
	（小）《乡饮酒义》	小戴辑《礼记·乡饮酒义》"吾观于乡"一节与《乐论》第四章相同。
《法行》	（小）《聘义》	《荀子·法行》当分：一"公输"，二"无内人之疏"，三"曾子病"，四"贵玉贱珉"，五"同游"，六"南郭惠子"，七"君子有三恕"，八"君子有三思"等八章。小戴辑《礼记·聘义》末章与此篇第四章相同而文句互有歧出。
《哀公》	（大）《哀公问五义》	《荀子·哀公》当分：一"论士"，二"人有五仪"，三"问舜冠"，四"问哀忧"，五"绅委章甫"，六"问取人"，七"东野子"等七章。大戴辑《礼记·哀公问五义》与此篇第一、二章相同。（《荀子》无文末"孔子出哀公送之"七字。）

表2

《荀子》	二戴辑《礼记》
笙竽具而不和，琴瑟张而不均。（《礼论》）	竽笙备而不和。[（小）《檀弓上》]
诸侯相见，卿为介，以其教出毕行。（《大略》）	诸侯相见，卿为介，以其教士毕行。[（大）《虞帝德》]

续表

《荀子》	二戴辑《礼记》
五十不成丧，七十唯衰存。(《大略》)	七十唯衰麻在身。[(小)《曲礼上》] 五十不成丧,七十唯衰麻在身。[(小)《丧大记》]
一命齿于乡,再命齿于族,三命族人虽七十不敢先。(《大略》)	壹命齿于乡里,再命齿于族,三命不齿,族有七十者弗敢先。[(小)《祭义》]
故吉行五十,犇丧百里。(《大略》)	日行百里。[(小)《奔丧》]
夫鱼鳖鼋鼍犹以渊为浅而堀其中,鹰鸢犹以山为卑而增巢其上,及其得也必以饵。故君子苟能无以利害义,则耻辱亦无由至矣。(《法行》)	鹰鹯以山为卑而曾巢其上,鱼鳖鼋鼍以渊为浅而蹶穴其中,卒其所以得之者饵也。是故君子苟无以利害义,则辱何由至哉。[(大)《曾子疾病》]

凡此等相同章节、文句，究竟是二《礼记》抄袭《荀子》，还是《荀子》抄袭二《礼记》？

第一，就《乐记》与《乐论》相同之文而论，《汉书·艺文志》乐类列"《乐记》二十三篇"，《乐记正义》大题下引郑玄《三礼目录》云："名曰《乐记》者，以其记乐之义，此于《别录》属乐记，盖十一篇合为一篇。"又云："刘向校书得《乐记》二十三篇，著于《别录》，今《乐记》所断取十一篇，余有十二篇。"今二十三篇之篇名俱存，其各自成篇，至为明显。又《艺文志》儒家类列"《公孙尼子》二十八篇"，班固自注："七十子之弟子。"《隋书·音乐志》载梁天监元年诏访古乐，沈约《奏答》云："《乐记》取《公孙尼子》"，彼时其书尚存，沈约曾加校核而后为此说的。《史记·乐记》张守节《正义》云："其《乐书》者，公孙尼子次撰也。今此文篇次颠倒者，以褚先生升降，故今乱也。"其实今本《乐记》十一篇篇次亦未尝不为汉人所颠倒窜乱；但前后纵有移易，文字纵有窜改，其篇为公孙尼子原作，自无疑义。班固以公孙尼子为七十子之弟子，诸家考证，说法不一。墨翟反对音乐，而《非乐上》无《乐记》痕迹，《乐记》自出墨翟之后。荀况撰作《乐论》，目的在反对墨子"非乐"，其首"人情"章选引《乐记》乐化章的第三、四段，分成四节，每节后加"墨子非之奈何"句，最后给以总的评判："故曰墨子之于道也，犹瞽之于白黑也，犹聋之于清浊也，犹之楚而北求之也。"其二"声乐"章自撰其说"夫声乐之入人也深，其化人也速"云云，然后据《墨子》之说而进行辩难："墨子曰：乐者圣王之所非也，而儒者为之过也。君子以为不然：'乐者，圣人之所乐也，而可以善民心，其感人深，其移风易俗，故先王导之以礼乐而民和睦。'""乐者"以下是《乐记》乐施章的末段（原文末句作"故先王著教焉"），荀况称《乐记》作者为君子，引以驳斥墨子之说。其三"姦声"章选引《乐记》乐象章、乐情章后，亦各加"而墨子非之"句，以下自撰其说以相驳诘。凡此引《乐记》之文，据《墨子》之说和自撰之文，界划清楚，承转分明，两相对勘（文之异同，句之漏脱或颠倒，姑置不论），处处可证《乐论》抄袭《乐记》而不是《乐记》抄袭《乐论》的。乐本无经（书本），孔子甚善音乐，鼓瑟击磬，有理论，有实践，其弟子后学传述"乐之义"，到再传弟子公孙尼子始写成《乐记》书本。其事脉络甚明，绝无可疑之处。

第二，《乡饮酒义》是《乡饮酒礼》的传记，依据经文来阐述其义的。其中"吾观于乡"一章冠有"孔子曰"三字，是孔子之语否固无法证实，其为援引旧说则无可疑。《乡饮酒礼》有用乐之节，故文中述及"工入升歌三终"云云的讲乐之文。荀况录此章以明乡乐之义，删去"孔子曰"三字不过辨明此是旧说。如果要断定这是《礼记》作者抄袭《荀子》，那末此章是荀况之说了，《荀子》书在，《礼记》抄录者怎会无端加上"孔子曰"三字呢？

第三，大戴所辑《礼记》的《劝学》、《礼三本》、《哀公问五义》，小戴所辑的《三年问》，都全文（《劝学》篇除去"珠玉"一章）见于《荀子》；而《荀子》之文只是部分见于二戴所辑《礼记》。因此，仅从其文字相同上看，说《荀子》抄袭《礼记》是可以的，反之也是可以的。但是从《记》文各篇未经二戴汇辑以前单篇传抄这一具体情况来看，当时治礼的某师抄录《荀子》某篇中的一章当作礼类典籍的一篇来流传，试问有何意义，因而是不可能的；而荀况抄袭《记》文某篇全文来作自撰某篇的一章，援引前人之文以增强自己的理论根据，那是很有意义的，因而是可能的。

第四，小戴所辑《礼记》之文，汉初文帝时人已有征引。《乐记》、《祭义》并云："食三老五更于大学，天子袒而割牲，执酱而馈，执爵而酳，冕而揔干，所以教诸侯之弟也。"而《汉书·贾山传》录贾氏所撰《至言》云："然而养三老于大学，亲执酱而馈，执爵而酳，祝鲠在前，祝鲠在后。"贾山述养老之礼是根据《礼记》的。又景、武间人也有征引。《曲礼下》云："天子祭天地，祭四方，祭山川；诸侯方祀，祭山川。"而《史记·六国年表》云："礼曰：天子祭天地，诸侯祭其域内名山大川。"司马迁明言"礼曰"，自是据《曲礼》立说的①。《曲礼下》又云："支子不祭，祭必告于宗子。"而《史记·三王世家》引武帝元狩六年制有"支子不祭"之文，又严青翟等奏议云："支子不得祭于宗祖，礼也。"也都是据《曲礼》立说的。二戴辑《礼记》在宣帝时，刘向校书得《乐记》在成帝时，文帝至武帝时已有《记》文流传，就只能作这样解释；它应该与"言《尚书》自济南伏生、言《礼》自鲁高堂生"那样，或有人"言记"，背诵其文而隶写为今文本。如果说相同之文是二《礼记》抄袭《荀子》的话，《荀子》书的撰作完成于秦王政十年以前（见下文考定），离三十四年焚《诗》、《书》，定挟书律，不过二十多年，那末二《礼记》在此时撰作，从时间上看是不可能的。

根据以上的辨析，断定二《礼记》与《荀子》相同之文是荀况抄袭二《礼记》，二《礼记》礼类诸篇成书在《荀子》之前。

荀况生卒年无考。诸家异说纷纭，迄无定论。《史记·孟子荀卿列传》云："荀卿乃适楚，而春申君以为兰陵令。春申君死而荀卿废，因家兰陵。于是推儒墨道德之行事兴坏，序列著数万言而卒。"又《春申君列传》云："考烈王元年，以黄歇为相，封为春申君。春申君相楚八年，以荀卿为兰陵令。"照《史记》的说法，荀况于楚考烈王八年为兰陵令，为令十七年至二十五年（秦王政九年）被废，开始著书在

---

① 《礼记·王制》云："天子祭天地，诸侯祭社稷；天子祭天下名山大川，诸侯祭名山大川之在其地者。"《公羊传》僖公三十一年："天子祭天，诸侯祭土，天子有方望之事，无所不通；诸侯，山川有不在其封内者则不祭也。"《王制》是秦、汉间人所作，《公羊传》为景帝时胡毋生"著于竹帛"，上引诸文虽有小异，总的精神是一致的。合而观之，其因袭之迹，至为明显。

秦王政九年以后，未免太晚，黄式三、钱穆均辨其不实。《汉书·艺文志》小说家列"《宋子》十八篇"，班固自注："孙卿道宋子。"名家《尹文子》下颜注引刘向云："与宋钘俱游稷下。"而荀况在《天论》、《解蔽》均提及宋子，《正论》还历引其说而辨其谬，一再说"今子宋子"，如"今子宋子严（俨）然而好说，聚人徒，立师说，成文典（原作曲，据王念孙说改）"，从语气上看，他是曾见其人而在当时即据其说以论述的。杨倞《天论》注"宋子与孟子同时"，是荀况的前辈。据此推比，有些篇章如《正论》等，不是晚年的作品。汪中撰《荀卿子年表》，用书中所记史事来编排年表，最后见的史事是：《臣道》云："平原君之于赵，可谓辅矣；信陵君之于魏，可谓拂矣。""争然后善，戾然后功，出死无私，致忠而公，夫是之谓通忠之顺，信陵君似之矣。"此指赵孝成王九年（楚考烈王六年）秦围邯郸、信陵君窃符救赵事。后二年，荀况为兰陵令，而以后的史事不见于《荀子》。以上所列，均属内证，据此判断，《荀子》的撰作当在中年开始，为兰陵令后积极写作，至迟在春申被杀、荀况被废，即秦王政九年时已最后完成。

《孟子》、《荀子》书中都援引二《礼记》原文，他们手中都有单篇传抄的《记》文书本。《孟子》、《荀子》的开始撰作即是二《礼记》撰作时代的下限。孟轲早于荀况，自当以《孟子》为准。二《礼记》礼类诸篇撰作时代的下限，不会晚于周赧王初年（鲁平公之世）。

二戴所辑《礼记》征引《仪礼》原文最多，《礼记》礼类诸篇的开始撰作是《仪礼》残存十七篇以及已佚若干篇撰作时代的下限。于是，还需要论定二《礼记》礼类诸篇是什么时候开始撰作的。

《檀弓下》载"穆公问于子思"，"穆公召县子而问然"，皆述鲁穆公事。《檀弓上》载"子张病，召申祥而语之曰"，"申祥之哭言思也亦然"（郑注"说者云，言思，子游之子，申祥妻之昆弟"），"穆公之母卒，使人问于曾子，对曰，申也闻诸申之父曰"，"曾子寝疾病，乐正子春坐于床下，曾元、曾申坐于足"，"子张之丧，公明仪为志焉"（孔疏"公明仪是其弟子"），《祭义》载"公明仪问于曾子曰"（孔疏"公明仪又为曾子弟子"），所述子思、言思、曾申、曾元、乐正子春、公明仪等是孔子的第三代（孙和再传弟子）。《檀弓上》又载"子上之母死而不丧，门人问诸子思"，《祭义》载"乐正子春下堂而伤其足，门弟子曰"，所述子上、子思之门人、乐正子春之门弟子等是孔子的第四代(曾孙或三传弟子)。《杂记下》载："世柳之母死，相者由左；世柳死，其徒由右相。"据《孟子·告子下》"鲁缪公之时，公仪子为政，子柳、子思为臣"，世柳相当于第三代，其徒相当于第四代。可见《檀弓》、《祭义》、《杂记》所载都是鲁穆公以至鲁共公时事，其文的撰作当在鲁共公以至鲁康公之世。

《檀弓上》里有一则重要的记载："曾子曰：尸未设饰，故帷堂；小敛而撤帷。仲梁子曰：夫妇方乱，故帷堂；小敛而撤帷。"此章引《士丧礼》始死"帷堂"而"卒敛撤帷"之文而解释其仪的意义：曾子据礼文沐浴、饭含、袭尸、加敛衣等节认为初丧帷堂是为便于饰尸；而仲梁子则以意为解，于礼文无据。二者文非问答，义又相违，二人无师承关系，自非生于同时。郑玄《目录》云："此檀弓在六国之时，知者，以仲梁子是六国时人，此篇载仲梁子，故知也。"《诗·定之方中》正义引《郑志》答张逸问云："仲梁子，先师说鲁人，当六国时，在毛公前。"所称毛公前者，不过据《定之方中》毛传引仲梁子而作敷衍之说；称六国鲁人，虽闻于先师，亦传说而无实证。但从语气上看，倾向于定为战国后期人。《汉书·古今人表》"中上"格列仲梁子于孔穿前，乐正子、高子后，与"上下"格的公孙丑，"下上"格的齐襄王约略相当。把仲梁子当作孟轲后学，与其他记载无法合榫。总计《诗》毛序、毛传引前人之说，只有四家五条，即《丝衣》序引高子，《定之方中》传引仲梁子，《小弁》传引孟子，《维天之命》、《閟宫》传引孟仲子，三人都是与孟轲有交往的人物，而高子、孟仲子都不是孟轲的后学。翟灏《四书考异》云："《韩诗外传》称高子与孟子论卫女之诗，此人似长于孟子，故孟子以叟称之，与'尹士'、'追蠡'二章之高子盖有别。"赵岐注《公孙丑下》"尹士章"称"齐人，孟子弟子"，注《尽心下》"追蠡章"称"齐人，尝学于孟子"，独注《告子下》但称"齐人"，赵注虽似亦有分别，不过避叟字而不及问学，其实仍指一人。因此翟氏"有别"之说，并无多大说服力。然而孟子公然称"固哉高叟"，不应忽视，故赵注亦只得说"高子年长"。赵佑《四书温故录》云："后又从孟子，则其齿宿矣。"说最平实。高子尽管尝来问学，其年固不嫌于较孟子为长。《诗·维天之命》孔疏引郑玄《诗谱》云："孟仲子者，子思弟子，盖与孟轲共事子思，后学于孟轲，著书论诗，毛氏取以为说。"刘向、应劭、赵岐均以孟轲为子思弟子，郑氏盖本刘说。诸家考订孟轲不及见子思，当从《史记》本传"受业于子思之门人"，那末"共事子思"实是"共事子思之门人"。《公孙丑下》赵注："孟仲子，孟子之从昆弟，学于孟子者也。"其问学与高子相同，既是昆弟，又曾共事一师，年辈当约略相等。至于仲梁子，《韩非子·显学》篇"有仲良氏之儒"，卢文弨云"良张本作梁"，即此仲梁子。钟文烝《乙闰录》(稿本)云"即《檀弓》及《毛诗·廊风》传所引仲梁子"。梁启超云："仲良氏无考。《孟子》称'陈良楚产，悦周公仲尼之道'，仲良岂陈良之字。"儒分为八，子张、子思、颜氏、漆雕氏、孙氏(公孙尼子)、乐正氏(乐正子春)外，从时代上看孟氏和仲良氏最后，实是《孟子》书的陈良，陈良之徒陈相与孟轲问答，孟轲责以"师死而遂倍之"，则其于孟轲为前辈。《人表》不过以高子、仲梁子见于《孟子》而未加深考，遂附列孟氏弟子之后，实不足据。钱穆氏考定孟轲在齐威王时先已游齐，早年活动实在鲁康公、景公之世，仲梁子即于此时说诗议礼，《檀弓》既述其说，自不能早于此时成书。

依据上文辨证，二戴所辑《礼记》现存八十八篇，除了可以确定为秦汉人所作以外，政类、学类并《乐记》等三十多篇撰作较早，约在鲁穆公时；礼类三十九篇撰作较晚，约在鲁康公、景公之际。礼类诸篇引有《仪礼》原文，可证《仪礼》撰作时代的下限应在鲁共公之世，即周烈王、显王之际，公元前4世纪中期。

前后总起来说：《仪礼》书本残存十七篇以及已佚若干篇的撰作时代，其上限是鲁哀公末年鲁悼公初年，即周元王、定王之际；其下限是鲁共公十年前后，即周烈王、显王之际。它是在公元前5世纪中期到4世纪中期这一百多年中，由孔子的弟子、后学陆续撰作的。

——原载中华书局《文史》第十五、十六辑，1982年。后收入《宗周礼乐文明考论》，浙江大学出版社1999年版，第1~54页。

【评 介】

"三礼"之学曾被称作绝学,沈文倬先生就是不避艰深、潜心研治此"绝学"的礼学大师。

沈文倬(1917—2009),字凤笙,号莉闇。江苏省吴江县人。著名经学家、礼学家。他致力于经学研究、史学研究、古文字训诂与古器物考释、古籍整理及校勘、目录版本学研究,尤以礼学研究成就最为突出,被顾颉刚先生誉为"今世治礼经者之第一人"。他关于《仪礼》和礼制的精深研究得到国际经学界的高度评价。沈先生自幼致力于经史子集的研读,先后从沈昌直、金天翮、姚廷杰三先生受文史之学,最后从前清翰林院编修、湖北存古学堂经学总教、吴县曹元弼先生专攻"三礼"之学。1946 年抗战胜利后,沈先生在上海《文汇报》等报刊上发表了《说高禖》、《"蜡"与"腊"》等文章,引起了顾颉刚先生的注意,被破格聘任为国立编译馆副编审。在该馆他除了参加合编经学辞典、编撰经籍提要外,还点校了《周礼》、《仪礼》、《论语》、《孟子》的新、旧疏,后仅《孟子正义》存留下来。中华人民共和国成立后,沈先生来到上海图书馆工作,任编目部主任,并曾任《中国丛书综录》编辑组组长,主持编纂了《中国丛书综录》。1963 年调入杭州大学语言文学研究室工作。"文革"十年,他依然利用晚上的时间治学不辍。1982 年开始带硕士研究生,并在《文史》、《中华文史论丛》等刊物上发表一些重要的礼学论文。1986 年,他成为当时全国唯一一位"先秦礼制研究"方向的博士生导师。曾讲授群经研读、"三礼"精读、两汉经学史以及先秦诸子、广校雠学、《说文解字》研究、两周青铜器铭文研究、古器物学等课程。1994 年,他被聘为终身教授。①

沈文倬先生关于《仪礼》的研究,主要收录在《宗周礼乐文明考论》和《莉闇文存》两部著作中,量少但极其精湛,且成果丰硕。前者收录了 14 篇论文,解决了历史上遗留的一些重大礼学问题。例如《略论礼典的实行和〈仪礼〉书本的撰作》,确定礼典的实践先于文字

---

① 以上资料参见叶抒、叶苗著《沈文倬:为往圣继绝学》,《光明日报》,2008 年 4 月 9 日第 12 版。

的记录而存在，并考定了《仪礼》的撰作时代为公元前5世纪中期到4世纪中期这一百年中，由孔子的弟子、后学陆续撰作。《菿闇文存》汇集了沈先生六十多年来而取得的一系列学术成果，包括对武威汉简《仪礼》的细致研究，对宗周礼乐文明的深入探索以及对汉代经学形成和发展源流的梳理，还考辨礼书、礼制、礼学的具体问题以及探讨古代名物、古文字和古代风俗仪式等课题。评论若干古典文献、特别是几部经学—礼学名著——而所有著述都聚焦于对中华传统文明之本质的揭示和解析。其书《弁言》自称："予花甲之年自号菿闇，乃喻经学、礼学精深浩瀚而识者多晦闇不明以自警。"则正是沈先生的治学心声和风格写照。尤其，沈先生十分关注出土文献，例如他花了大量精力研究甘肃武威汉简里的《仪礼》七篇九卷，并将它们与传世文献对比勘正，考订文本，解决礼学疑问；由此撰作《汉简〈服传〉考》、《〈礼〉汉简异文释》、《〈礼〉汉简七篇为古文或本考》、《〈礼〉汉简非庆氏经本辨》、《菿闇述礼》等论文，为《仪礼》及其注疏正本清源、纠正讹误。除论著外，沈先生还有其所点校、整理的《仪礼正义》、《礼记训纂》、《孟子正义》、《周易古注兼义》等近十种古籍付梓。

《略论礼典的实行和〈仪礼〉书本的撰作》一文是沈文倬先生很具影响力的礼学名作之一。原文包括四个部分，一、二部分在《文史》第十五辑，三、四部分在《文史》第十六辑刊出。

第一部分主要论述礼典的实践先于文字记录而存在。沈先生认为，"礼"绝大部分是指奴隶主贵族经常举行的各种礼典，"礼"的一般意义，都是从具体的礼典或礼典中仪式的实践概括出来的。因此，考察古代"礼"的发展，应当先弄清楚各种礼典是怎样演习和实行的，然后探索流传下来的《仪礼》书本是怎样撰作的，不能颠倒顺序。贵族们注重礼仪的演习，习礼成为贵族教育的重要部分。诗书礼乐四科，学诗、学乐是从属于学礼的。礼在社会进入阶级划分以后的发展进程中的表现是，天命思想与礼的仪式联系起来，用"动作礼义威仪之则以定命"，强调等级的不可逾越，使上下安于天命。礼是推行阶级统治的工具，各种礼典具体依靠"礼物"的名物度数和"礼仪"的揖让周旋，来表现大小奴隶主的等级身份。这些礼典从简单到复杂逐步扩充完善，后来才用文字记录下来。实际上，礼仪构成的各种礼典早已存在于殷和西周时代，而"礼书"则撰作于春秋之后。今本十七篇《仪礼》仅属残存，一部分礼典书本已经在秦火中亡佚。

第二部分论述礼书至春秋以后开始撰作。沈先生依据甲骨卜辞、西周的彝器铭文等材料考察殷周礼典如郊祭、社祭、禘祭、殷、烝五种祀典，来证明自殷至春秋实行过各种祭礼，只是没有记录下来。西周鼎彝铭文所记的锡命礼，也说明礼物和礼仪两方面与记录仪式全过程的礼书仅有记述上的繁简不同。种种考古发掘的礼器实物也证明了各种礼典的存在。先秦典籍涉及各种门类的礼典与《仪礼》的记述大部分是一致的，凡在《仪礼》成书之前的记载都是略述，在成书之后的记载开始援引其原文，这一点泾渭分明。如《尚书》、《诗经》里的一些篇目可算先于《仪礼》十七篇的"礼书"；《左传》、《国语》所述冠礼、丧礼、聘礼与《仪礼》书本相应，所述朝礼、飨礼则《仪礼》今本中无，可能亡佚了。就是说，甲骨卜辞、西周彝器铭文、先秦典籍、出土实物都证明春秋时这些礼典经常举行，礼典先于礼书而存在。

沈先生认为，最能具体而确凿地证明礼典先于礼书存在的是《论语》一书。其中述礼之文有40多章，他把《论语》中的述礼之文分为指斥当时的违礼行为、某些礼仪的概念、有关礼的理论和作用的阐述、容礼等四大类，指出孔子时礼物和礼仪构成的礼典已在普遍实行，但各种门类的礼典还没有被记录成文，礼的书本还没有撰作。

第三部分考察《仪礼》各篇的撰作时代。沈先生据《礼记·杂记下》文"恤由之哀，哀公使孺悲之孔子学士丧礼，《士丧礼》于是乎书"，认为《士丧礼》此时才写出书本，并与《论语》之文时间相衔接。他认为，丧礼包含丧、葬、祭三个部分，因此，《士丧礼》、《既夕》、《士虞礼》三篇一起才成为完整的三年之丧。《丧服》一篇正好密切配合此三篇。《仪礼》这四篇如此密切相关，必定是同时撰作，都是孺悲从孔子问礼所记录，时间在周元王、定王之际，公元前5世纪中期。这是《仪礼》书本撰作的上限。沈先生认为，还可以根据《仪礼》被其他典籍援引来推究比勘撰作时代。《仪礼》不同于其他经的特点，即它是整章整节记录的完整的仪注，不便于全章全节抄录，援引时只能剪裁删节概述其义。不能因此而认定少有称引。他运用比勘之法说明，最早征引《仪礼》的是《墨子》，后来《孟子》、《荀子》都征引过。

沈先生还制表比勘《仪礼》与《荀子》之文并予以疏证，以证明荀子礼学是依《仪礼》立说的。

他又对比二戴所辑《礼记》征引《仪礼》，以为是最完整、最详备的。他先讨论了《仪礼》各篇篇末所附之"记"与本经的关系，对于历来认定的"阐经所未明，补经所未备"的看法提出了四点质疑。沈先生受武威汉简中《仪礼》七篇九卷启发，推定《仪礼》本经篇末所附之"记"，是把行文上不便插入正文的解释性、补充性文字，在后人可以用双行夹注或加括号来处理的，都安排在篇末作附录，它们本来就是经的组成部分。而二戴所辑的《礼记》才是真正的传记，才是"解经所未明，补经所未备"的。这七十子后学所撰之"记"，在当时是单篇传抄，未曾汇辑成书，流传到西汉初年，渗入了若干篇秦汉间人的著作，使"记"的内容更加复杂，撰作时代不易考定。这《礼记》至二戴始汇辑成书。为说明二戴所辑《礼记》对《仪礼》的解经、补经关系，沈先生又将二者原文列表比勘，证明二戴所辑《礼记》中既有十七篇原文，还引有已佚若干篇书本的原文。而《孟子》、《荀子》和二戴《礼记》的作者们手里都有今本《仪礼》及其亡佚诸篇，所以，沈先生判断，这四部书的开始撰作，就是《仪礼》撰作时代的下限。

第四部分，沈先生着手考定四本书撰作的先后问题，采用核对四部书相互征引情况来进行。据《孟子》两处援引《礼记》之文，他推定小戴辑《礼记》的《曲礼》、《玉藻》、《祭礼》、《祭器》早于《孟子》成书。又列二表比勘二戴辑《礼记》与《荀子》的篇目与原文，推断是荀子抄袭二《礼记》，二《礼记》成书在《荀子》之前。再考荀子生卒年，断定《孟子》、《荀子》的开始撰作就是二《礼记》撰作时代的下限。二《礼记》开始撰作的时间，据《礼记·檀弓》中记载，当在鲁共公至鲁康公之世。

我们对于古代的研究，由于时间距离的遥远，不得不立足于古代流传下来的文献资料、考古实物资料和各种器物铭文。长此以往，根据文字推测论断古代历史的习惯养成，常常将礼典与礼书看作一致，也常常忘记先有实践后有文字记录这一事实，忽略了它们在时间上的先后关系。沈先生依据同时代的传世文献与鼎彝铭文等实物记载，令人信服地解决了《仪礼》书本的撰作时代问题，而在书本撰作之前已经有礼典存在,书本的撰作并非仅有十七篇,还有许多亡佚的篇章。《仪礼》书本残存十七篇以及已佚若干篇的撰作时代,其上限是鲁哀公末年鲁悼公初年,即周元王、定王之际;其下限是鲁共公十年前后,即周烈王、显王之际。它是在公元前 5 世纪中期到 4 世纪中期这一百多年中,由孔子的弟子、后学陆续撰作的。这显然与历代经学家所持《仪礼》由周公或孔子撰作的传世观点完全不同。

沈文倬礼学研究论著目录:

《宗周礼乐文明考论》,杭州大学出版社 1999 年版。

《菿闇文存》(上、下),商务印书馆 2006 年版。

>>> 百年来礼学经典论著评介 <<<

中国礼教思想之我见(存目)

蔡尚思

【评 介】

中国礼教思想史在中国思想史中占很重要部分,"五四"新文化运动前后批判封建礼教形成一股较强劲的力量,却没有这方面的专论。蔡尚思先生一生学术思想的根本出发点,是对孔子礼教思想及其对中国思想负面影响的批判,晚年从思想史的视野出发,撰写出一部系统研究礼教思想的起源、形成、发展及影响的专著《中国礼教思想史》,可以说填补了思想史和现代礼学史上这一空白。

蔡尚思(1905—2008),福建德化人。1925年考入孔教大学研究科、北京大学研究所学习,同时在北京自由听讲。他曾师从蔡元培、王国维、梁启超、柳诒徵等名家,也曾在藏书宏富的南京国学图书馆日夜苦读。他回忆说:"总起来说,从少至今,其中最使我念念不忘的是:师长方面,首推郭鹏飞的勤于为我改作文。王国维(1877—1927)的教我治经学与勉励我不可自馁自限。梁启超(1873—1929)的鼓励我成一家言与研究思想史。陈垣(1880—1971)的教我言必有据,戒用浮词。梅光羲(1880—1947)……最鼓励我治佛学,蔡元培(1868—1940)在教育行政上的做出好榜样与常介绍我教大学。柳诒徵(1880—1956)的给我多读书多搜集史料的机会……超过了我的所有老师,是我学术上的最大恩人。"[①]蔡先生历任大夏、复旦、华中、光华、沪江、东吴等大学及无锡国学专修学校教授,复旦大学副校长、顾问。2008年5月20日在上海病逝,享年104岁。

---

① 蔡尚思:《蔡尚思学术自传》,巴蜀书社1993年版,第14~15页。

蔡先生一生勤于著述，成果丰硕。撰有《孔子哲学之真面目》、《三大思想之比观》、《中国思想研究法》、《中国历史新研究法》、《蔡元培学术思想传记》、《中国传统思想总批判》（附《补编》）等著作，并与其他专家共同主编《中国新民主主义革命时期通史》（负责主编思想文化部分）。1979年以来，蔡先生尤焕发学术思想的青春，先后撰有《中国文化史要论》、《中国文化的优良传统》、《孔子思想体系》、《王船山思想体系》、《中国近现代学术思想史论》、《中国古代学术思想史论》、《中国礼教思想史》、《周易思想要论》、《墨子思想要论》等专著及《蔡尚思自传》、《论语导读》，并主编《中国现代思想史资料简编》（一至五卷）、《中国文化名著选读》、《诸子百家精华》。在所有著作中，蔡先生自认为《中国思想研究法》、《中国古代学术思想史论》、《中国礼教思想史》最能代表他。①

从对传统文化的批判研究来说，以下三部著述最能体现蔡先生思想的一贯性：《中国思想研究法》著于20世纪30年代，是蔡先生青年时期的著述，主旨是反对封建旧传统思想如宗法学统观念、君权父权，提倡男女平等；《中国传统思想总批判》著于20世纪40年代中后期，是其中年作品，"针对尊孔派旧传统思想派的宣传而为孔子儒学作总结"，核心是"孔学总批判"，直指孔学核心礼教；《中国礼教思想史》著于1989年，是其"老年时期最集中精力写出的一部书稿"。②

据蔡先生书前自序，早在20世纪40年代初，他在一个大学讲"中国传统思想新批判"问题，有一位很好学好问的同学施景兰女士，为他作课堂笔记。在交谈期间，她以女青年身份，站在被压迫的立场，渴望蔡先生能写出一本批评礼教的专著，当时因迫于生计同时兼任几个大学的课程，虽心同此感，一口应允，但却一直未暇动笔。42年后，直到1982年，美国加利福尼亚大学教授刘京广博士来访，正式劝其编著《中国礼教思想史》。蔡先生心为所动。1988年4月，香

---

① 参看岳峰：《蔡尚思教授访问记》，《史学史研究》1991年第2期。
② 蔡尚思：《中国礼教思想史》之《附录 本书著者长期对儒家宗法礼教的分析和批评》，上海古籍出版社2006年版，第273~277页。

港"中华书局有限公司"钟洁雄女士和危丁明先生来约稿，蔡先生才暂停其他书约，集中撰写此稿。

《中国礼教思想之我见》为著名的《中国礼教思想史》的绪论部分，全面论及礼教思想的各方面，提纲挈领地概括了《中国礼教思想史》的核心思想与内容，代表了他晚年的学术思想和学术观点，一贯地以反宗法礼教为其核心。提及反礼教，令人无法不想起五四时期鲁迅的《狂人日记》、《祝福》和吴虞在《新青年》第6卷第6号上发表的《吃人与礼教》、《家族制度与专制主义之根据》等文章。"我们如今应该明白了！吃人的就是讲礼教的！讲礼教的就是吃人的呀！"把吃人和礼教两者直接画了等号。之后，将礼教等同于吃人就成为整个中国社会的共识。蔡先生深受五四新文化运动思想的影响，从思想史角度坚持批判礼教和孔子思想。

蔡先生指出，第一，中国礼教具有特殊性和重要性。其特殊性在于以礼为教，将伦理和政治密切结合在一起，儒家以礼教代宗教，以礼教为宗教。中国礼教变化分三阶段：先秦儒家的以礼教代宗教，汉代礼教的天神化，宋元明清礼教的天理化。这是中国礼教形成宗教的过程。礼教制度与礼教思想是中国古代思想文化的中心，研究它很有必要。第二，从学科、内容、人物几方面简要概括了中国礼教思想涉及的范围。第三，指出宗法制度是礼教的起源，宗法礼制是维护男子中心社会贵族血缘统治的严分等级制度，影响无处不在。第四，文章梳理了礼教理论的集大成与演化轨迹。他认为，孔子集春秋礼说之大成，使周公的礼的制度发展为礼的理论。董仲舒将三正三顺说神学化，改为三纲说，朱熹又进一步将其天理化，即永恒化。第五，蔡先生列举了礼教斗争史上双方的代表人物。着重列举了思想史上强调君、父、夫三个特权或反对三个特权的代表人物。第六，他提出了中国礼教思想斗争史上的理性问题，如贞节问题只约束女子，逻辑不通，属于男子片面的特权；视女性为"小人"与推己及人的忠恕之道、重男轻女同孝道都是自相矛盾的。

在《中国礼教思想史》中，蔡先生将中国礼教思想史分为六个阶段：出现并形成争鸣的时代（春秋战国），儒家礼教思想被独尊的时代（汉唐），礼教思想变本加厉的时代（宋元明清），儒家礼教思想开始被冲击的时代(清末民初)，儒家礼教思想开始走向崩溃的时代("五四"时期)，和"五四"后尊孔尊礼教与反孔反礼教的不断争鸣。古代思想家着墨较多的是孔子和袁枚，其他皆仅节出要点或引用数语。"五四"后的礼教思想斗争着笔也较多，所占篇幅有三章。比较而言，从《中国思想研究法》到《中国传统思想总批判》再到《中国礼教思想史》，蔡先生的研究思路与方法是一以贯之的，即尽可能搜集资料，重视思想言论，著书时则尽量从简，"引用小段或节出要点"。这样的好处在于，全书的思想脉络、著者的观点倾向和所著录思想家的思想，开卷后都一目了然。无怪乎蔡先生认为自己不是思想史家，而是一位思想家。

  关于孔子以及礼教，蔡先生的观点足成一家之言，但也并非无可争议。仅"礼教"一词的内涵就存在理解上的不同。《礼记·经解》曰："恭俭庄敬，《礼》教也。"张舜徽先生曾这样理解"礼教"："'不学礼，无以立。'立之含义有三：立身，一也；立事，二也；立国，三也。盖修之于身，则为威仪；施之于众，则为纲纪；行之于国，则为法度；古人皆以礼统之。今就遗编之传于今者，略为分析：《士礼》十七篇，则古之所以立身者也；两戴所传之记数十篇，则古之所以立事者也；《周官》六篇，则古之所以立国者也。"①这种理解恐怕更为贴合儒家礼教原旨。《辞源》则释"礼教"为"礼仪教化"，突出的正是礼教的教化之意。而蔡先生所言之礼教，内容"约涉及仁礼关系、礼教、礼制、君权、父权、夫权、男权、女权、参政、宗法、男系、血统、亲戚、亲疏、别爱、兼爱、婚姻、恋爱、多妻、多夫、贞女、节妇、忠臣、孝子、女才、女学、丧服、缠足、奴婢、妓女、宦官、人欲、天理、生理、情感、家庭、遗产、人格、人道、人权等等"（见蔡文第二部分），又多从行为、观念、心态等层面关注具体社会仪轨，更偏向于禁止的一面，似更近于社会伦理、习俗的范畴。礼教的内涵非常丰富，其理论建构与社会实践在不同时代有着不同的内容，不仔细甄别比较，所得出的结论有时不免偏颇。其他如对孔子思想的

---

① 张舜徽：《学林脞录卷三·礼教》，《爱晚庐随笔》，华中师范大学出版社2005年版，第58页。

评价,张国光先生认为蔡先生"总是尽力夸大孔子的局限"①,汪琴烜先生批评蔡先生"全盘否定孔子的历史虚无主义态度"②。即此可见不同意见之一斑,读者自可辨之,此处不再赘述。

蔡尚思礼学论著目录:

《中国传统思想总批判》,湖南人民出版社1981年版。
《孔子思想体系》,上海人民出版社1982年版。
《中国礼教思想史》,上海古籍出版社2006年版。

---

① 张国光:《论"爱孔子"与"爱真理"的统一和"五四"的"打倒孔家店"——对蔡尚思教授〈我爱孔子、我尤爱真理〉一文的质疑》,《湖北社会科学》1990年第9期。
② 汪琴烜:《评蔡尚思的〈评《孔子评传》〉——兼评〈孔子思想体系〉》,《孔子研究》1986年第6期。

《周礼》的主体思想与成书年代

彭 林

一、《周礼》成书年代研究的方法问题

《周礼》真伪及其成书年代问题,是学术史上的一大悬案。自刘歆指为周公之典以后,信之者固多,疑之者更是代有其人,或以为西周之制,或以为六国阴谋之书,或以为作于秦汉之际,或以为刘歆所伪造,前后相去一千余年,至今犹聚讼不决,疑者自疑,信者自信。

为了找到问题的症结,应该对传统的研究方法进行一番反思。历代学者大多是通过考证《周礼》中的部分职官或若干制度而立论,如万斯大《周官辨非》取其与典籍抵牾者五十五则而辨之;郭沫若《周官质疑》举其与金文不合者十九项以质之。虽然所论颇精,但由于缺乏贯通全书的证据,终属吉光片羽;持周公之典说者仍可以认为,这些晚出的内容为后人所窜入,全书的基本内容仍是周公手作。

有些学者用金文材料研究《周礼》,取得不少成绩,但铜器出土很零散,缺环也很多,目前还难以完整地重构周代职官系统,所以仅靠金文材料来解决问题是有限度的。

还有些学者从研究《周礼》的思想脉络入手,推定其成书年代,这种方法有较高的科学性,但各家在研究视角及结论上都有很大差异。

本文认为,应站在全局的高度,研究和把握全书的思想体系,从《周礼》内部寻找成书年代的印记。

《周礼》一书之要在六官,六官之要在大宰之"六典"、"八法"、"八则"、"八柄"、"八统"、"九职"、"九赋"、"九式"、"九贡"、

"九两"等十条官法，这是全书设官分职、经邦治国的总纲。其中"八法"、"八则"、"八柄"为治官之要；"八统"、"九两"为治民之要；"九职"、"九贡"、"九赋"、"九式"为理财之要；"六典"则兼统三者。本文把它们所反映的治民思想、治官思想、理财思想，以及笼罩于六官体系之上的神学思想等，作为《周礼》的主体思想来研究，分析其思想属性与相互关系，揭示其时代特征，以期从总体上把握全书。

二、《周礼》的阴阳五行思想

阴阳对立是《周礼》作者的宇宙观，被当作自然界与人类社会的最高哲学范畴，因而也是全书使用得最宽泛的概念之一。

《周礼》所谓"惟王建国，辨方正位"，实际上是正阴阳四时之位。王是社会的主宰，根据"以人法天"的思想，王的居所应该在阴阳四时之中，《周礼》"左祖右社，面朝后市"的格局，就是以王宫为中心，按左阳右阴，前阳后阴的原则安排的。朝会时礼仪的隆杀、君臣官民的位置等，也都依据阳尊阴卑的原则。

阴阳在人类社会的最高体现是王与后，为使阴阳平衡，《周礼》设计了王与后两个宫廷系统：王六寝为南宫，居阳位，下有三公、十二卿等，后六宫为北宫，居阴位，下有三夫人、十二宫卿等。这种系统于史无征，显然是阴阳五行说盛行后杜撰的制度。

《周礼》还将自然神划分为天神与地示两大类，即《地官·牧人》之阳祀与阴祀，日月则被当作阴阳之精对待。

阴阳的概念至迟在西周时即已出现，但作为最高哲学范畴，则始于战国末至秦汉之际成书的《易传》。战国以前，祭祀无阴阳之分，秦始皇东游海上祀八神，始有天地、阴阳、日月对祭，而《周礼》阴阳之祭的设计，远较八神祀精致，这是《周礼》晚于秦的证据之一。

关于《周礼》是否有五行思想的问题，多数学者持否定态度，个别学者认为有，但不系统。其实，《周礼》的六官体系就是以阴阳五行为框架构筑的，天地四时六官取法阴阳五行。表面上看，六官缺五行的中央土，实际上中央土是由地官兼着的，证据有三：其一，牛人、鸡人、羊人、犬人、(豕人)五官的主要职掌是祭祀时各供其牲，应归属于大宗伯，但却分属于地官、春官、夏官、秋官、(冬官)，与《吕氏春秋》五畜分属五行的安排完全一致。其二，大祭祀时，地官、春官、夏官、秋官、(冬官)分别奉牛、鸡、羊、犬、(豕)之牲，说明五官有五行象类之义，地官即五行之中央土。其三，"面朝后市"，市属阴，司市等十位市官归入地官，可见地官又有与天官阴阳相对之意。总之，地官既是与天(阳)对立的地(阴)，又兼为五行的中央土，六官兼包阴阳与五行。这是它区别于《管子》天地四时六官的关键所在，以阴阳五行为灵魂的六官，在体国经野、设官分职中具有确定总格局的意义，这是先秦官制史上所不曾有过的。

王奉天道，故称天王，冢宰佐王奉天道，故称天官。《周礼》六官，天官的地位高于其余五官，它们的关系是以一统五的关系，亦即五行辅天的关系，这与《吕氏春秋》的五行体系相一致。

《周礼》有五行帝与五帝祀，而五行帝始见于《吕氏春秋》，秦无五帝祀，所谓秦四時缺黑帝之说不可信，五帝祀始于刘邦。

《周礼》五行思想散见于全书，但表述得较隐晦，现钩稽如下：

《周礼·春官·大宗伯》："以苍璧礼天，以黄琮礼地，以青圭礼东方，以赤璋礼南方，以白琥礼西方，以玄璜礼北方"，是六官兼包阴阳五行格局的翻版，是按五行说机械拼凑的礼玉系统，在先秦文献和考古材料中都得不到印证。《周礼·春官·龟人》的天地四方六龟亦应作如是观。

《周礼·春官·司常》的常、旂、旜、物、旗、旟、旐、旞、旌等九旗，只有常、旂、旐、旗、旟是正旗，其余四旗都不是独立的旗名。五正旗分配五行之色，旗上分别画有交龙、鸟隼、熊虎、龟蛇等物，实即青龙、朱鸟、白虎、玄武等四象，又以日月居中，显然是法五行。《周礼·春官·巾车》的玉路、金路、象路、木路、革路等五路，分建大常等五旗，五路之色与五行之色相应，也是取法五行。

形成于秦汉之际的中医理论，以五行为宗，认为人体五脏与五行相对应，五脏必须与五行之气相和，不和则时疾生。不同时疾所见气、声、色等外征，与五行相应，故治病要用与之相应的药物，以促进体内之气的和谐。《周礼·天官·疾医》"以五气、五声、五色视其死生"、"以五味、五谷、五药养其病"云云,是《周礼》吸收中医五行说的明证。

《周礼·夏官·司爟》"四时变国火,以救时疾",也有五行相应之义。《周礼·春官·保章氏》以五云之色预知灾异,直为汉代望气家之说。

《周礼·春官·大司乐》将羽物、倮物、鳞物、毛物、介物等五虫作为动物分类之纲,与《吕氏春秋》五行分类说全同。

《周礼》又有成均、瞽宗等学名,据《礼记》推之,当有与五行相应的五学,显然是为顺应时气、四时易居而设。

要之,《吕氏春秋》关于天帝与五帝的理论,以及十二纪所见五帝、五虫、五祭、五旗、五车、五玉、五畜、五音、五谷等五行项目,《周礼》几乎应有尽有。中医五行说不见于《吕氏春秋》,但《周礼》亦有之,可以认为,《周礼》中的阴阳五行思想是比较系统的。

三、《周礼》设计的国家政权模式

《周礼》一书,并非某朝某王典制的实录,而是一种希冀用之万世的国家政权模式。

在形式上,它采用的是君主制政体,王是威权最高的国家元首,握有任免、立法、治朝、终裁、主祭、统军等大权。但是,王又没有绝对君权,遇到立君、国迁等大事,必须征询百官万民的意见,财政上也不得自行其是,还要接受有关官员的教育和匡谏。因此,这实际上是以国为本位的政体,从总体上看,与《吕氏春秋》的主张最相似。

《周礼》冢宰位列六官之首,尊为百官之长,但是于《尚书》、金文无征。郑玄引《论语》"君薨,百官总己以听于冢宰三年"语为佐证,然"高宗谅阴"事出于《尚书·无逸》,原文并无委政冢宰之说,《国语》、《吕氏春秋》均同。孔子不过借题发挥,不可视为信史。文献之"冢",多为"宗"之借字,《论语》之冢宰殆即宗宰,为掌理宗族祭祀、丧葬等事务者,非后世之相。《周礼》冢宰又称大宰,但王室彝铭及《春秋》经文都只有宰而无大宰,其地位也不能与《周礼》大宰相比。春秋列国多有大宰官名,但均非相职,将相分职始于战国。

《周礼》中三公爵秩最高，但亦于史无征。汉儒曲为圆通，今文家以司徒、司马、司空为三公，古文家则以太师、太傅、太保为三公。但《周礼》于三公之外自有司徒、司马、司空，又别有师氏、保氏，因此，今、古文之说均不可通。《周礼》三公是有职无权的荣誉性职务，主要参与教化，其职能与秦汉的三老相仿佛。给三公以高位，是要突出教化在治国中的地位。

《周礼》六官之制，是设官分职的总框架，是全书最重要的制度，学人多信其为唐虞古制，失之。《书·尧典》羲和四子分掌天地四时，貌似《周礼》六官，其实是六位主天象的官，与分掌六典的六官不可同日而语。《左传》载郯子以"五鸠"为司徒、司马、司空、司寇、司事，是以后制说古事。上古之时，文武不分，兵刑不别，不可能有如是明确的分职。《管子·五行》之黄帝六相，亦与《周礼》六官相仿佛，论者多相提并论。如前所述，前者缺中央土，无阴阳与五行之联结点，两者相去甚远。

《周礼》六官的特点，是员数恒定为六，爵位不世袭，职司分明，均悖于周代史实。周代行世卿世禄制，王的兄弟叔伯等亲缘贵族组成的卿士集团，爵禄世代下传。后世即位的新王，总是将嫡弟亲子补为卿士，因此，员数不可能恒定，彼此分职也不明确，国有大事则推贤而往。

列国官制也没有与《周礼》完全相同的，有的学者将非一国一时的官名按《周礼》拼凑成套，以此推断西周官制，是不可取的。

《周礼》设计的国家行政区划，保留封侯建采的形式，但在畿内实行的是郡县制式的管理，六乡、六遂的居民组织，是根据齐秦之制改造而成的政教、军事、民政三位一体的行政组织，各级官员由中央任命，中央对居民的控制，深及于最基层。郊里与四等公邑的居民组织、属官体系，与六乡、六遂相类。三等采地是公卿大夫的采邑，但均非独立性较强的邦国，采邑家臣由王任命，他们必须严格按王朝官法行事，为了保持与中央一致，还要向朝廷派驻朝大夫，上达家治，下达国治。采邑的司法、军役等大权均为中央所控制。因此，乡遂、公邑、采地等，实质上都是中央集权之下不同名称的地方行政组织，与西周的采卫迥然不同。

《周礼》对畿外诸侯实行强力控制。大司马按王畿模式建立邦国，王的意志由专职官员宣喻邦国，使之遵行。四方诸侯必须定时朝王，王则定期考察其事、功、谋、虑，有犯命者以九伐之法正之。王朝还用中央名物之制统一邦国之制，派专员掌邦国山川名物及风俗善恶，编撰分类，供王备览。实质上也是要使远离王畿的地域成为诸侯代管的地方行政机构。

笔者认为，《周礼》这套模式是对周秦国家政体形式与行政管理经验的总结。

四、《周礼》的治民思想

《周礼》六典中，以教典扰万民、以礼典谐万民、以刑典纠万民，三者相辅相成，构成了重教化、隆礼义、明刑罚的治民思想体系，其底蕴是荀子礼本刑用的思想。

所谓"八统"，是王亲自躬行、使民仿效的八条准则，其内容是亲亲、敬故、进贤、使能等儒家思想，这是《周礼》治民思想的基本特色。"九两"则是系联畿内外万民的九种方式。

大司徒所掌教法有比居、任职、施教、简稽、井牧等内容，施教是其核心部分。教化的形式是读法和习礼，教化组织有国学和乡学两套。《周礼》按儒家思想设计了一套贤人政治，它始于万民教育的普及，在全面灌施十二教、乡三物等统一的道德标准和技艺规范的基础上，层层宾兴贤能，以网罗尽天下贤士，从而形成贤者教民→贤者居官→致仕者又教民的良性循环，以确保官员素质。这是对荀子"尊贤使能"、"量能授官"思想的发展。

荀子把孔子礼的概念发展成为系统的理论，并提到最高层次，作为治国安邦的政纲。荀子的礼有广义、狭义两类，前者指封建等级制度，后者指调节人们相互关系的道德规范。《周礼》之礼正是据此设计的。

《周礼》向人们展示的是一个等级森严的社会。这种等级，除表现于命数、封地、爵位之外，还用车旗、服饰、器用等的礼数来强化。在《周礼》繁缛的礼数系统中，有许多杜撰的器物名称，就是为此目的硬凑成套的。为了同一目的,还专设了许多特为严辨礼数等差而行事的官员,很明显,作者要发展荀子礼说,使之臻于完美。

《周礼》乡三物之六德、六行属于狭义的礼,它们是国家法定的道德规范,是社会秩序的主要组成部分,因而无处不在,无时不在,渗透于日常生活之中。

《周礼》甚至还把一切自然神祇都纳入礼的系统,并用不同的祭名分别其尊卑隆杀。有些祭名,如燎、埋、沈等虽见之于卜辞,其内容却不尽相同,它们是根据《周礼》需要加以改造并重新安排的。

《周礼》大司寇掌三典五刑,刑邦国纠万民,刑罚种类很多,因而有些学者认为此书是一部残酷的奴隶制法典。

《周礼》中确有不少罪隶以及可以买卖的奴隶,但他们都是家内奴隶,而不是生产奴隶,不能决定社会形态。《周礼》中的农业生产者称为民或甿,是自由民或国家佃农,因此,其社会制度不是奴隶制。

《周礼》的刑是十二教之一,从属于礼。只有不服教化者才以刑纠之,所以它强调预防犯罪,凡是国家禁止的行为,以五戒与五禁之法反复申诫,晓谕国中,使民知避罪。对犯有过错者,强调教育,使之向善,并根据过错的程度,给予不同的改正机会。此外还很强调定案的准确性,对呈报案情的时间及审案权限,都作了严格规定。定案时又有三刺、三宥、三赦之法,赦免各种可以宽恕者,还以"肺石"之设,防止官员阻塞下情上达。《周礼》中确有斩、杀、焚、车辚等刑罚,但都有特定对象,不能滥用。

总之,《周礼》一书恤刑之意多而用刑之意少,施刑之语略而免刑之意详。全书以教立国,而非以刑立国,是所谓"刑期无刑"、"辟以止辟",德主而刑辅,这与法家的严刑苛法有本质的区别。笔者认为,《周礼》是一部色彩较温和的儒家化法典。

五、《周礼》的治官思想

《周礼》较系统地吸收了法家以法治官的思想,并加以发展,提出了以官属、官职、官联、官常、官成、官法、官刑、官计等八法和爵、禄、废、置、杀、生、予、夺八柄治官的思想体系。

战国法家商鞅、韩非等把明确官员职守，作为治官的基础，提出"定分"的思想。《周礼》的官员、官属、官常，则从不同角度将它具体化，官属是通过官员属别明确其职权范围，按照爵秩尊卑，自上而下又分为总属、分属、当官之属、冗散之属四个层次。这种严密的领隶关系，规定了每个官员在等级制中的位置及其权限，尊卑不相逾，职责不相越。官职表示职之所主，大而言之指六官之职，析而言之则三百六十官各有所主。官常指官员日常工作，具体而微，各不相乱。

严格的定分固然有积极作用，但也容易产生弊端，一是职而不通，彼此睽隔，二是独司一职，易于舞弊，这些问题先秦政治家未曾解决。为此，《周礼》提出官联的办法相应对，包括同官之联事与异官之联事，使百官既互相协作，又互相牵制，是八法中最绵密的一法。

"以法待官府之治"是《周礼》治官的又一条准则，布法、读法、执法，成为贯穿全书的主线之一。六官及部分属官每年两次向万民和百官公布所掌官法。法的种类很多，包括礼法、法则、作法、程序、法律，等等，凡大事皆有法，如宰夫治朝之法、司会九贡之法、大司徒地法、小司徒比法、载师任土之法、司勋六乡赏地之法，极形细密。为了强调官法的庄严，只有爵秩较高的官员才能掌握它，并由他们逐级向下授受。官法是百官行事的依据，又是上级考核的标准，凡事皆断于法，这是《周礼》治官思想的一大特色。

在战国时代上计制度的基础上，《周礼》又制定出日成、月要、岁会等一整套考课制度，归纳为官成、官计二法。官成是指伍籍、图版、债券等八种文籍簿书，用于稽核文、实是否相符。官计是指廉善、廉能、廉敬、廉正、廉法、廉辨等六条考查官员功过、德行的标准，包括是否称职、忠于职守等，详及于行政效率、管理能力，以至民数增减等。对保管器物的官员，还要检查物品保管状况、帐物是否相符。考核的途径，除由官员呈报功状、正长考课之外，还派官员下行巡察，了解治绩。显而易见，《周礼》对官员的考核，充满着崇法尚能的精神。

与考课制度配套出现的是刑赏制度。商鞅曾将刑赏喻为文武，视为治法之要，管仲也把斧钺和禄赏当作治国之器，韩非则将刑、德作为君主控制臣下的二柄，《管子·小匡》篇将二柄衍为杀、生、贵、贱、贫、富六柄。《周礼》在此基础上又增加予、置二柄，凑成八数，以与上下文之八法、八则、八统之数相划一。但八柄之要仍是赏罚二柄。

对失职官员有专门刑罚加以惩处，称为官刑，是大司寇五刑之一，其作用是"上能"与"纠职"。凡官职不举、官联不会、官常不修、官成不守、官法不遵、官刑不当、官计不实者，都要黜其官爵，复加刑罚。功分王功、国功、民功、事功、战功、治功六等，根据功大赏重、功小赏轻的原则，可以获得相应爵禄和赏田等。官员爵禄不世袭，均以功过的迁转之序，这无疑是战国以后的风尚。

综上，《周礼》治官主要不是靠儒家的道德仁义之类，而是靠一整套严密合理的制度，具有鲜明的法治思想色彩。大宰八法是从法家治官思想中总结和抽象出来的治官理论体系，八柄则是法家最惯用的武器。《周礼》的治官思想，是一个缜密而成熟的体系，这是先秦政治家们所不曾梦及过的，它出现的年代不可能早于战国。

六、《周礼》的理财思想

国家财政经济问题，在《周礼》中占有很大比重，大宰十条官法中，九职、九赋、九式、九贡均与财经有关，几乎居其半。

《周礼》理财思想有几个特点：其一，把人放到一定的自然经济环境中来认识，注重人在经济活动中的地位和作用。大司徒以土会之法分辨山林、川泽、丘陵、坟衍、原隰等五类地貌，又以土宜之法分辨天下十二个地域的名物，使人民定居，蕃育鸟兽草木，再分辨十二种土壤之所宜，教民稼穑，然后以土均之法辨五物九等，制天下之地征。

万民是社会经济活动的主体，因此，统计和核准户籍，在《周礼》中是上关天子、冢宰，下及闾里之吏的重大工程，每年岁之四时都要严格地逐级校比、登记，这固然有治安方面的意义，但更主要的是经济上的考虑，因为国家财政收入主要来自按人口、土地额定的各种赋税，徭役也要按户摊派，所以，及时核准户籍理所当然地成为财政工作最基础的一环。

先秦户籍制度有较明确记载的，见诸《商君书》和《管子》，但案比、上计制度成为定格，则在西汉以后。《周礼》户籍制度的严密程度只有西汉可比。

其二，通篇贯穿着敛财于国的富国思想。其要点是，首先确立国家对全国土地的控制权，连山林川泽都设专职官员巡守，而且物物有蕃界，不得擅自入内，人民只能按法定标准从国家受田。其次是控制各种赋税，让人民承担九功、九赋、力征、军赋等各种名目的经济义务，巨覆无遗地征敛社会财富，甚至对人民的私有财产都严格核查、登记，反映了国家控制经济命脉的决心。再次是国家严密控制各项财政支出。以九式均节财用，已有开源节流的思想。

其三，有一套严密的财政管理机制。《周礼》大多数官员都有保管财物的府库，大府等十一职还有专管物价的官员，机构十分庞大，但管理国家财政的，则是治藏与会计两大系统的官员。大府为治藏官之长，总掌财用敛散出入之权，下辖玉府、外府、内府，三府各有所掌，无法作弊，大府又受制于大宰，也无可营私。大府仅治藏，帐目则由会计官所掌，百官府及郊野县都的帐目副本总会于司会。其下又有职内、职岁二官分理邦赋之出入，互为牵制。从各府库领取财用的手续也很严格，如国之大用或非常之颁需要领物，一定要凭王或冢宰的正令，副件要交职内抄录备案。入库财物，必须分门别类地陈放，并标明数量、质地、价格等，这种管理体系，实际上是经济领域中的法治，也是战国后期庞大的官府财政系统出现后的产物。

其四，是重农本的思想很突出。大司徒"辨十有二壤之物而知其种，以教稼穑树艺"，含有重视土壤分类的思想，《地官·草人》的"土化之法"，即按不同的土质施不同的肥料，以改造土壤，与现代的植物化学冥符遥契。此外，《地官·司稼》有选种谷之法，《地官·遂人》有治稼器之制，并有繁密的水利系统。以上几方面均有官员负责管理和指导。为防止天灾降临时壮者散之四方，老者转乎沟壑，削弱农本，大司徒又有十二救荒之政，轻徭薄赋，活跃经济，安定社会秩序，帮助农民渡过危机，用心可谓良苦，安排极其周密。

其五，是采取抑工商的方针。《周礼》用种种方法抑制工商的发展。对经济市场管理，带有较强的军事化色彩。指挥市场活动，不是靠经济规律，而是靠层层密置的官员。他们对商贾的贸易场所、成交方式、商品价格、质量、种类，无一不加严格限制。商人的活动被指定在三市，市内肆巷井然，俨如军列，市官执鞭守门、往来巡察、驱赶无摊位商贩。商贾入肆后，又检查其商品陈放是否符合要求，名实是否相符。价格是否合于规定。伪饰之物受到国家严厉禁止，有贩运或出售者，要充公、诛罚，甚至处以宪、徇、扑等刑。整个市场有统一的计量单位，即便货源短缺或发生自然灾害，物价也不得浮动。

《周礼》还严格禁止侈靡品进入平民的流通领域，这与法家的态度相一致。法家认为，侈靡品耗工费时，价格昂贵，若大量上市，必然导致国家贫穷、社会风气浮荡，因此极力主张"禁末作文巧"。在这一点上，《周礼》还有更深一层的考虑，即市场经济必须与消费水平相适应。《周礼》中农民负担的赋税很重，消费水平低下，只要满足他们最基本的日用品即可，其质量则以结实耐用为优。显然，这是要将商业活动的水平凝滞在解决人民生活必需品的限度以内，并没有保护、繁荣商业之意。

《周礼》还对商贾课以关税、市税等重税。关税包括关防之税和仓库税等，商人经由关、门、市出入，必须持"节传"，逐次接受案验、登记、纳税，严防逃税。市税包括总布（货物税）、絘布（市肆的屋税）、质布（相当于近代的印花税）、罚布（违反市场管理条令的罚款）、廛布（仓库税）等，无所不包。屠夫虽无货物，但也于市为肆，所以必须以所宰牛羊的皮骨筋角充税。这些做法，无疑是为了限制和剥夺商人。不难发现，《周礼》对工商业倾注的热情远不如农业，工商业者只能在政府划定的狭小范围内维持简单再生产，不可能获得进一步发展。

总之，《周礼》设计的理财机制，是从商鞅管仲学派国家控制论的经济思想脱胎而来的，它把国家作为经济控制体系的中心，强调中央对经济资源、劳动力和社会财富的控制与占有，实行国家垄断，用国家权力调节国民财富的分配、指挥市场活动。

七、《周礼》成书于汉初

关于《周礼》的成书年代,《四库提要》有一种代表性的说法:此书作于周初,后世经多人改易,内容遂杂,认为不成于一人一时。

但是,《周礼》一书决非三百六十官职的松散组合,而是一个蕴含着内在思想体系的、完整的有机体。大宰六典、八法等十条官法是作者治国思想的最高概括,全书内容均是缘此而展开,用意精深,条理详密,不可能是经多人之手添加、改易而成的。

由上面分析可知,《周礼》包容了阴阳五行、儒、法等三种思想,但彼此不相杂,而是主从分明、各有所用。阴阳五行思想主要用于构建官制体系和王国格局,增添全书的神学色彩;儒家思想贯穿了治民治国,是全书最根本的思想;法家思想主要用于治官和理财,三者相辅相成,相得益彰,共同构成了《周礼》的主体思想,这种现象即足以证明它不可能成书于西周。

在战国"百家争鸣"时代,各派思想以相互对立为主,相互吸收为辅,学派分野比较清楚,不仅儒法对立,阴阳与五行也各为区畛。其后,随着分裂战争趋于平息,国家走向统一,各家思想开始合流,阴阳与五行合于邹衍之手,荀子成为由儒到法的桥梁,《管子》、《吕氏春秋》则兼收并蓄,成为杂家。但这一时期各家的融合是很有限度的,荀子、韩非闭口不谈五行,《管子》、《吕氏春秋》虽兼采诸家,但并未铸为一炉。《周礼》已将阴阳五行、儒、法等思想糅为一体,天衣无缝,这种高度的综合,毋论西周、春秋,就是战国时代也未曾有过。

西汉之初,大一统的汉帝国为了避免重蹈秦之覆辙,需要一种多功能的思想体系,以求得长治久安。这就不仅要有儒家的传统伦理思想,还需要有法家强有力的管理手段,以及阴阳五行思想的神秘色彩,这是时代的要求。汉初的儒家,已不再囿于孔孟成说,而是荀子后学,是较充分地吸收了法家思想,而且日益阴阳五行化了的儒学。因此,只有西汉以后的儒生才会具有《周礼》思想体系的格局,有人总结周秦以来为政得失,参以己见,创造了这幅理想的蓝图,虽然间有若干古制，但其总体风格应是西汉之初的。

汉初叔孙通曾综合儒法阴阳等思想制为礼仪，但行之不久，即被好道家之学的孝文帝罢去之，此后道学盛行。至武帝时，董仲舒作《春秋繁露》，阴阳五行思想恶性泛滥，与《周礼》所见阴阳五行思想已不可同日而语。据此，笔者认为，《周礼》的成书年代当定在西汉初年高祖至文帝之间为宜。

——此文为博士学位论文《〈周礼〉主体思想与成书年代研究》的提要，原载《文献》1990 年第 2 期。《〈周礼〉主体思想与成书年代研究》由中国社会科学出版社 1991 年出版。

【评　介】

清末至民国初期在《周礼》非"周公之书"、非"刘歆伪造"的问题上达成共识，但《周礼》的成书年代还是众说纷纭，各执一词，这也为学者继续讨论留下了空间。彭林《〈周礼〉主体思想与成书年代研究》与金春峰《周官之成书及其反映的文化与时代新考》的先后出版，再次将这个问题提出来，也表明《周礼》的成书年代问题，从概说、概论到民国时期的长篇专论，至 20 世纪 90 年代已发展成为专门著述。

《周礼》成书年代研究的意义前面已经论及，此处不再赘述，只谈彭著的主要特点。

第一，以主体思想推断成书年代的思想史研究方法。

彭林先生不满足于前贤从《周礼》的某一点或某些制度上寻找攻击点，而试图通过从全书着眼、从归纳隐藏于《周礼》一书深层的思想体系入手，判定其成书年代，即通过分析《周礼》书中的思想内容，找出《周礼》当中反映的思想流派和主体思想，然后把它放入由思想史研究所建立起来的序列当中，来推断《周礼》的成书时代。这种方法早在钱文已经开启端绪，到彭著则趋于成熟。彭著显然认为，《周礼》的成书年代与思想研究其实是同一个问题，或者说是一个问题的两个方面。该书首先讨论了《周礼》成书年代的方法问题，遵循现代学术规范，在详尽罗列历代尤其是清末至现代关于《周礼》的讨论观点之后，提出以《周礼》思想的时代性特征解决其成书年代问题较为可靠，显示出现代学术背景下史学研究著作的科学性和规范性。

较之以往的《周礼》成书年代研究，彭著的独特之处首先在于思想研究的整体性。该书系统地研究了《周礼》当中的阴阳五行思想、治民思想、治官思想、理财思想和《周礼》所设计的国家政权模式等主体思想，认为《周礼》糅合了儒家、法家、阴阳家三家的思想。如《周礼》的治民思想为德主刑辅，遵循荀子的礼法结合、礼本刑用的精神，六典，以教典扰万民、以礼典谐万民、以刑典纠万民，三者相辅相成，组成了重教化、隆礼义、慎刑罚的治民思想体系。《周礼》的治官和理财思想则较多地吸纳了法家思想。如"八法"治官：定分，通过官属、官职、官常体现；观法与授法，即公布法、宣传法、执行法、修订法，以法为尺度，检查官员的工作；联事与制衡；官成、官计与考课；刑赏。如土地制度、赋税制度、户籍制度、财政制度、市场管理制度，对人口和劳动力的管理，富国思想，财政管理机制，重农本、抑工商等理财思想。如《周礼》所设计的国家政权模式则吸收了儒、法两家的思想，既主张实行君主制，给王以全国最高的权力和位势，又主张对王施行教育，对君权和君的言行有所限制。这样的政体是以国为本位，而不是以君为本位的。中央与地方的关系采用九畿之制，也是糅合并改造了西周分封制与秦代郡县制，畿外中央集权，畿内郡县制管理。民国学者们特别强调，《周礼》是一部理想书，并非历史实录，因而在彭著思想分析之下，变成了一个完美的涵盖国家治理一切方面的制度设计。

彭著还指出，三家思想在《周礼》中有主有从。阴阳五行思想仅仅是《周礼》的理论框架和外在形式，是国家政权的装潢，全书主干是儒家思想。但儒家思想过于柔弱，缺乏有效、果决的手段，因此，《周礼》以法家思想为用，济儒家思想之穷，法家思想在《周礼》中体现为一整套严密的法制机制，主要运用于驭官和理财过程之中，但它始终是作为从属于礼治教化的手段而出现的。

第二，提出了《周礼》成于汉初说。

在系统研究《周礼》主题思想的基础上，彭著对《周礼》的成书年代提出了不同于以往的论断，认为《周礼》主体思想的基本特征是"多元一体",《周礼》不成于一人一时"之说不可信。《周礼》主体思想的显著特征是"合",阴阳五行、儒、法思想在《周礼》中相互结合,浑然一体,几乎看不出糅合的痕迹,其整体性、条理性和成熟性,远远高于《管子》和《吕氏春秋》,"合"必须是在各家思想自身成熟的基础上,故而《周礼》的成书年代必然晚于战国。判定《周礼》成书于汉初是因为经过了战国时期的思想融合和秦的焚书坑儒,汉初的思想学术表现为兼收并蓄,熔百家为一炉的时代特色,儒法结合,儒家与阴阳五行结合,是这个时代思想发展的必然,由此可以推断《周礼》成书年代的下限,即道家思想尚未成为主流之前,也就是说,《周礼》成书年代的下限不得晚于文景之世。钱穆、杨向奎都认为井田制与当时的经济制度不相符,是思想整合时导致的矛盾,彭林将成书年代推后似乎解决了这一矛盾。

当然,这个论断和其他论断一样也存在疑点。当代礼学家杨天宇先生认为:"如持西周说者,就很难解释《周礼》中为什么有那么多春秋战国乃至秦汉时代的材料,所谓后世增入说,也只是推测,很难有切实的证据。持春秋、战国诸说者,又很难解释《周礼》中为什么没有铁器和牛耕这种只有在西周的生产力发展状况下才有的情形。持汉人所作说者,则对于《周礼》中的畿服制和王权分封制与大一统的汉代所实行的中央集权制的矛盾很难作出令人满意的解释,且《周礼》所设计的职官系统与汉代的官制也根本不类,如果《周礼》是汉人以汉代的情况为背景来设计的建国计划,怎么可能搞出这样一套同现实制度如此大相径庭的东西来呢?且汉代天下统一,制度已定,哪里还需要什么人出来另外设计一套建国纲领或规划呢?大凡一种思想,一种计划,或一种制度,都是因时代的某种需要而产生的,否则就只能是无本之木,无源之水,没有产生的可能。因此能够产生出像《周礼》这种作品的时代,决不可能在天下一统的秦汉时代。"[①]

第三,整合前贤论述,精细化推进。

有学者曾将20世纪以来的《周礼》研究方法可分为三类:其一是

---

① 杨天宇:《略述〈周礼〉的成书时代与真伪》,《郑州大学学报》2000年第4期。

利用金文资料和文献考证对《周礼》成书时代的研究，如郭沫若运用金文资料和文献考证的方法，钱穆运用历史学、文献考据学的方法；其二是通过对《周礼》的思想史研究推断成书时代，如杨向奎、徐复观和彭林；其三是通过《周礼》成书的时代背景的研究判断成书时代，如顾颉刚和金春峰。① 这种概括着眼于研究方法的差别，有一定的合理性，但忽略了这些研究之间纵向或者横向的影响，学术的推进是建立在吸收前人研究基础之上的，才能后出转精。

彭林综合前贤论述，进行了宏观的系统的整合，将《周礼》各方面的研究从局部研究汇合为整体，推向一个较深入且较精细化的程度。如关于冢宰一职的考辨，以及铜器铭文中所见职官与《周礼》职官的比勘等，实际吸收了王国维、郭沫若等的研究成果和开创的研究方法。

关于《周礼》以阴阳五行说设置六官的论证，他不赞同钱穆之说，认为秦人没有祀五帝的观念。《周礼》中王国格局以阴阳为纲，出现了王与后两个宫廷系统，自然神中也有阴阳对立，这说明，《周礼》把阴阳概念当作自然界与人类社会的最高哲学范畴来使用，并作为体国经野、设官分职的原则之一。他提出，《周礼》六官兼包阴阳五行，地官既是与阳(天)对立的阴(地)，又兼为五行的中央土。天官与春、夏、秋、冬、地五官，是以一统五，即五行辅天。为了说明《周礼》系统五行说，他提出十证，即六玉、九旗、五路、六龟、五味五谷五药、五气五声五色、四时国火、五云、五虫、四学等。《周礼》六官五帝指五行帝是《周礼》晚出的证据之一。

综上可知，彭林的《周礼》研究是现代学术分科背景下的思想研究，是运用现代学术思维方式和现代思想去理解古代典籍的一部著作，并非考据。他对成书时代的推定所使用的材料，是郑玄、孙诒让的结论。这些对《周礼》思想的理解有较大帮助，但是对其成书年代的推定则是没有太大说服力的，因为郑玄和孙诒让是赞成《周礼》为周代典制的，也是在这个前提下去解释其中所有官职的。否定其前提

---

① 参见刘丰：《百年来〈周礼〉研究的回顾》，《湖南科技学院学报》2006年第2期。顾文实际写于1955年。

而肯定其结论，终有不妥。

这就不能不提到与他同时而稍晚的金春峰先生的著作了。金著在研究方法上"是考证与思想分析相结合，用考证来确定《周官》成书的时代及其文化内涵的背景，用分析来系统说明《周官》各种制度的性质与全书的思想倾向。考证是基础，分析立足于考证之上。由考证与分析的结果，得到了《周官》成书及其反映的文化与时代之新结论，故名之曰'新考'。……拙著的基本方法是将《周官》的全部资料：文物、制度、授田制、军制、分封、乡遂制、社会行政组织、商业、教育、神灵祭祀系统、法律、风习、度量衡、币制，等等，放在特定的时代与文化背景中统一考察"①。他发现把它们放在秦的历史环境与文化背景之下是相符的。因此，金春峰的观点是：《周礼》是战国末年入秦的学者所作。作者不但使用了相关的文献资料，而且还大量运用了出土的秦简作印证，这使作者的结论更加可靠。金先生在16年之后又写了一篇《〈周官〉成书的时代再论》②，重申《周官》为战国晚期著作之说，从版图、分封特点、社会制度与礼法文教四方面予以论证。

无论彭著的汉初说还是金著的战国说，也无论彭著的主体思想研究还是金著的新考，其实都有一个共同的特征，那就是从思想走向了学术。

彭林礼学论著目录：
一、专著
《〈周礼〉主体思想与成书年代研究》，中国社会科学出版社1991年版；

《文物精品与文化中国》，清华大学出版社2002年版；

《中国古代礼仪文明》，中华书局2004年版；

---

① 金春峰：《自序》，《周官之成书及其反映的文化与时代新考》，台湾东大图书公司1993年版。

② 金春峰：《〈周官〉成书的时代再论》，《传统中国研究集刊（第八辑）》（第四届传统中国研究国际学术讨论会论文集），2009年7月。

《中国古礼在朝鲜半岛的播迁与影响》，北京大学出版社 2005 年版；

《礼乐人生：成就你的君子风范》，中华书局 2006 年版；

《中华传统礼仪概要》，高等教育出版社 2006 年版；

《文物精品与文化中国十五讲》（增订版），北京大学出版社 2007 年版；

《儒家礼乐文明讲演录》，广西师范大学出版社 2008 年版；

《中华传统礼仪读本》，浙江文艺出版社 2008 年版；

《三礼研究入门》，复旦大学出版社 2012 年版。

二、古籍点校、整理、注译

《仪礼全译》，贵州人民出版社 1997 年版；

《仪礼》，岳麓书社 2001 年版；

《周礼注疏》、《仪礼注疏》（李学勤主编标点本《十三经注疏》），北京大学出版社 1999 年版；

《礼经释例》（修订版），台湾"中央研究院"中国文哲研究所，2004 年重印。

凌廷堪的礼学思想
——"以礼代理"说与清乾嘉学术思想之走向

张寿安

一、前　言

学术界对清代学术思想史的研究，大多集中在明末清初和鸦片战争以后，对乾嘉时期的思想界，则较少注意。这主要是因为学术界普遍认为乾嘉学术以考证为主，并无思想性可言。但，乾嘉时代绝大多数的考证学者尽量避免直接讨论思想问题，虽是实情，却也有部分具远识深心的学者从学术源流和经世的角度重新检审儒学的思想问题，并不只囿于考证亦不只囿于理学内部心性理气的辨析。

余英时先生在讨论清中叶学术思想之发展时，从中国学术思想史的全程来观察，指出把辨析心性理气认作是儒学的主要内涵是不甚符合事实的，至少也是以偏概全。重心性修养的内圣之学固然是儒学在宋明的独特发展形式，然而在秦汉隋唐，儒学却另有其以通经致用为标的的千年传统。因此，研究清代的儒学思想必须对儒学采取一种广阔而动态的看法，如果固执着心性理气的单一儒学思想内涵去衡度清代儒学，只怕是缘木求鱼南辕北辙了。① 陆宝千先生在分析清代经学

---

① 余英时《论戴震与章学诚》(香港龙门书店 1975 年版)自序。并参考《从宋明儒学的发展论清代思想史》、《清代思想史的一个新解释》，具见《历史与思想》(台湾联经出版事业公司 1976 年版)。英文论文见 Ying-shih Yü: "Some Preliminary Observations on the Rise of Ch'ing Confucian Intellectualism", *Tsing Hua Journal of Chinese Studies*《清华学报》, vol. 11, nos, 1 and 2(1983), pp. 105-146; also "Toward an Interpretation of the Intellectual Transition in Seventeenth-Century China"(review article), *Journal of the American Oriental Society*, 100: 2(1980), pp. 115-125.

考证兴起之原因时，便直接点出这是由晚明以来经世要求所导致产生的，由于要求经世，所以知识界转向儒家经典的研析，汲求治道之源泉，以期能得知经书之义理，并据以制作济世之方策，达到经世的目的。① 二氏之论，一为清代思想史之审视角度，开拓了一个宏观的广途，一指出清儒经史考证所寓含的经世意图。而此二者之间，又有其必然之联系性存在。盖因，考证以经世为目的时，考证所得出之成果就往往不可能只停留在术（方法）的地位，而或少或多地必然会触及义（原则）的问题。清儒的经史考证，逐渐走向经书义理之追求，并以之作为经世主张之依据，造成和传统理学在某些价值观念上的冲突，这当是清代思想史的另一研究重点。刘广京先生在讨论近世经世思想之兴起时，就意识到这个问题。他说整个清代思想史有一组共同的命题，就是：(1)经世思想是否合乎经书义理？(2)经书义理之内涵为何？(3)当经世思想与经学义理未能合拍时又如何取舍？② 以上三种立论，最重要的是肯定了清学考证功夫背后的经世企图和思想性，同时也为清代学术思想的研究画出一个交叉立体的光谱。其中包括：考证学和经世思想的关系、考证所得之经书义理和理学义理间的关系，以及，经世主张和义理的关系，使考证、经世、思想三者成为萦丝待治的迷人挑战。

清儒本诸六经以求治世之道的传统，以《春秋》和礼为大宗。这乃是因为《春秋》、"三礼"较诸其他经书如《易》、《诗》、《书》，载存了更多的具体制度和对具体事件的裁断，很可以作为实践的参考。《春秋》已略有专著问世③，礼却乏人问津，实为一大缺失。唯近年

---

① 陆宝千：《论清代经学》，《清代思想史》，台湾广文书局1978年版。
② 刘广京：《近世中国经世思想研讨会论文集序》，《近世中国经世思想研讨会论文集》，"中央研究院"近史所，1984年。
③ 专书如：孙春在《清末的公羊思想》（台湾"商务印书馆"1985年版）；Benjamin A. Elman, *Classicism, Politics, and Kinship: The Ch'ang-chou School of New Text Confucianism in Late Imperial China.* Berkeley and L. A.: University of California Press, 1990. 论文如：陆宝千：《清代公羊学之演变》，《清代思想史》，台湾广文书局1978年版，第221~276页；佐藤震二：《清朝公羊学派考（上）》，《九州中国学会报》，19(1973)，pp. 20-25。

来学术界已逐渐察觉到此一研究盲点,并开始进行探讨。① 本研究即拟从清人之礼学着手。

礼在传统儒学中,指《仪礼》、《周礼》和《礼记》,其中《仪礼》是本经。《周礼》所论多为立国之典章制度,《仪礼》所论乃人伦乡党之伦理规范和生活礼俗,《礼记》则是关于礼之理论的讨论。② 用现代的话说,礼包括三部分:一是礼制(典章、制度),指国家、社会、家族的组织和规范;一是礼仪(仪文、节式),指昏冠丧祭等特定典礼的仪式;一是礼义(价值、道德),指在制度仪文之上的伦理准则和价值取向。父子君臣夫妇兄弟朋友等五伦,以及据此订制的昏冠丧祭乡射乡饮酒诸典礼,都是儒家礼治理想在社会秩序、社会礼俗上的具体呈现。礼,在清代受到学术界前所未有的重视,从清初顾炎武(1613—1682)、张尔岐(1612—1677)、万斯同(1638—1702)一直到晚清曾国藩(1811—1872)、孙诒让(1848—1908)等,都以礼为关心的重点,尤其曾国藩直以礼为国家大政礼俗教化之大本,倡导"礼学经世"。笔者曾据清儒治经成果总汇的两部经解略作统计,发现在《皇清经解》(阮元编,所收著作,从清初到道光九年)中,有关"三

---

① 王家俭先生在讨论到清代礼乐制度之研究时,尝慨叹清代礼制,迄今尚无人问津。见《六十年来的中国近代史研究》("中央研究院"近史所,1989年,第356页)。唯近年来从事清代经世思想之研究者已逐渐注意到清代的礼学。张灏先生从治体治法两层意义讨论宋明理学家之经世思想和晚清经世思想之异同时,特别指出谈到法治一定得谈礼制,同时观察出清代礼学地位的突出影响到乾嘉以后经世学的发展。详《宋明以来儒家经世思想试释》,《近世中国经世思想研讨会论文集》,"中央研究院"近史所,1984年,第15~19页。刘广京先生也注意到清儒的经世思想和其对礼教纲常的态度之间的关系,见《近世中国经世思想研讨会论文集序》,《近世中国经世思想研讨会论文集》("中央研究院"近史所,1984年)。陆宝千先生从宗法制度讨论鸦片战争之前的社会改革方案,见《皇朝经世文编中有关宗法之讨论》,《近代中国初期历史研讨会论文集》("中央研究院"近史所,1989年)。又,周启荣先生的博士论文即探讨清代前半期的礼学,参见 Kai-wing Chow, "Ritual and Ethics: Classical Scholarship and Lineage Institutions in Late Imperial China, 1600-1830", Ph.D Dissertation, University of California-Davis, 1988.

② 马宗霍:《中国经学史》,台湾"商务印书馆"1979年版。

礼"的专著占所有专著的 20%；而《皇清经解续编》（王先谦编，所收著述，从清初到光绪十四年）中，有关"三礼"的专著则占了 28%，这，还不包括文集中论礼的单篇文字。① 相对的，理学据以为理论基石的《易》，则只占 7% 和 9%，"四书"占 8% 和 5%；其间消长实可助以说明清儒治学求实用之迫切。至于清儒对礼的讨论，大体而言，在明清之际尚多有涉及国家制度者，如顾炎武之论封建郡县。其后，知识界对礼的讨论则渐趋集中在社会风俗如昏冠丧葬祭的礼仪，以及伦理关系的道德实践上，重点从国家制度转至社会秩序和社会风气。

　　清儒研治礼经和其经世目的之间的关系以及由礼义所牵涉出的思想问题，相当繁富，绝非单书所能解答，必得作深入的个别探究不可。本文即采用个案研究的方式，以乾嘉学者凌廷堪（1755—1809）的礼学思想为中心，通过对他的治学方法、治学目的和礼学思想之具体内涵的分析研究，来探讨他的礼学思想在乾嘉之际出现，所可能具含的学术和思想上的意义。

　　之所以择选凌廷堪，一则因为他兼具徽州理学、礼学和乾嘉考证学的多重学术背景；一则因为他不只是当时治礼之考证名家，更因为他提出"以礼代理"的主张，直接向宋明理学挑战，并且建立一套礼学思想去取代理学，颇鼓动起当时学界舍理言礼的风气，也直接带起晚清的重礼思想。

　　数年前，笔者曾以徽州学派为题，探讨过朱学在朱熹（1130—1200）故乡，也是朱学重镇——徽州——入清之后的发展情形。结果发现徽学从戴震（1723—1777）、程瑶田（1725—1814）至凌廷堪有一"从理到礼"的明显走向，颇可以说明清学和理学在重点取向上的差异。② 而凌廷堪就是首先执"以礼代理"主张并有一套理论系统的关

---

　　① 《皇清经解》（重编本，台湾文化事业有限公司），共收书 183 种，计文字音韵 21 种，天文算学 1 种，金石 1 种，四书 16 种，曾子、孝经 3 种，春秋 23 种，文集 33 种，尚书 12 种，礼 37 种，诗 7 种，易 13 种，群经 16 种。《皇清经解续编》（台湾艺文印书馆），共收书 206 种，计文字音韵 18 种，群经 20 种，易 21 种，诗 21 种，书 19 种，春秋 30 种，礼 59 种，孝经 2 种，四书 11 种，文集 3 种，国语 2 种。

　　② 详拙著《清中叶徽州义理学之发展》，香港大学博士学位论文，1987 年。

键人物，对当时及其后之学术界影响颇大。

　　凌廷堪礼学思想在乾嘉学术上的最重要意义，可以一言蔽之，即：以礼代理。他主张通过五伦关系的实践重整社会伦常秩序，并经由学礼习礼矫正社会风气，以达到端正人心风俗的目的。晚明理学，无可讳言对哲学思辨的兴趣大于对现实世界秩序的规划。而晚明社会风气冶荡社会秩序崩乱与此绝对有关。廷堪舍理言礼，很显然的，是把理学中形上抽象的部分去掉，而把焦点专注在人伦日用的实践上。所谓，道在人伦日用是也。从理到礼，意指儒学性质的转变，也标明了清代思想界摆脱性理玄思，另创实学思想的特殊意义。学术界所指清学是重客观的、重实践的和重经验的，也唯有在掌握了清儒的礼学思想后，才更显真切与完整。

　　廷堪礼学思想在当时就已引起相当之注意。其知己学友阮元（1764—1849）在嘉庆十四年春（1809，廷堪卒于该年夏）已刊刻凌氏之礼学专著《礼经释例》一书。道光初始辑刻《皇清经解》不仅收入前书且兼录其论礼之哲学要著《复礼》上中两篇，并谓："其尤卓然可传者，则有《复礼》三篇，唐宋以来儒者所未有也"①。江藩（1761—1830）称美其经学专著《礼经释例》一书，谓其集顾胡惠戴之大成外，尤其推崇其礼学思想，谓其辟宋明蹈空之弊，而将礼与德性之践履合而为一。②道光六年（1826）杨国桢重刊陆耀（1723—1785）所编《切问斋文钞》，亦补刻廷堪《复礼》二篇。到魏源（1794—1857）、贺长龄（1785—1848）编《皇朝经世文编》时，更将廷堪《复礼》二篇置于"礼论"部分之首，足征其礼学思想所受之重视。钱穆在讨论到清中叶"学者相戒恶言理，而以礼代之"时，也说："东原之深斥宋儒以言理者，次仲乃易之以言礼。同时学者里堂芸台以下，皆承其说，若以理礼之别，为汉宋之鸿沟焉。"③阮焦凌三人乃论学好友，而廷堪与阮元最为相契。焦循（1763—1820）在乾嘉学术界以笃志义理克绍戴震称

----

①　阮元：《凌君次仲别传》，《揅经室集》，台湾"商务印书馆"。

②　江藩：《校礼堂文集序》，《校礼堂文集》，《安徽丛书》第4期，台湾艺文印书馆1925年版。以下略称《文集》。

③　钱穆：《中国近三百年学术史》，台湾"商务印书馆"1972年版，第495页。

著,今检视其《论语通释》一书,十五篇中亦无论"理"之目。① 孙海波撰《凌次仲学记》亦谓:"以礼代理,此清学与宋学根本不相同处,而廷堪恰为其中坚人物焉。"又说:"自廷堪复礼之说出,天下风气为之一变。……后世君子欲尚论乾嘉以后之学术,于廷堪不能漠视者焉。"②其地位之重要如此。

本文之主要参考史料包括:凌廷堪所著《礼经释例》、《燕乐考原》、《校礼堂文集》、《校礼堂诗集》、《凌次仲先生年谱》,《皇清经解》所收清儒论述三礼之部分,并凌氏友人之文集和经著等。分两部分论述:第一,思想产生之背景;第二,思想要点。

二、思想产生之背景

(一) 社会背景

明代中期以降,中国社会经济经历了重大的转变,其主要特色包括人口增加、商业活动频繁、土地开发以及都市化等倾向。人口膨胀、土地不敷分配而商业机会又颇看好的情况下,弃农从商或弃儒从商的情形益趋普遍,社会更加富裕,尤其江南苏浙一带,所谓"胥隶得与搢绅同服,商贾得与公卿同节"③。这种情形,一方面使传统严格划分的社会阶层渐趋松散,另方面也因富裕后的淫靡贪奢之风,造成贫富差异人心贪婪等社会问题。同时,此一奢靡之风不只泛滥民间亦且深入官场。因此,如何矫风正俗重整社会秩序,一直是知识界关切的重点。

清代从世祖起就禁止刊行琐语淫词,④ 康熙五十三年更实行全面

---

① 焦循《论语通释》十五篇之篇目为:一贯忠恕、异端、仁、圣、大、学、多、知、能、权、义、礼、仕、据、君子小人。
② 孙海波:《凌次仲学记》,《中国近三百年学术思想论集》,香港存萃学社1978年版。
③ 陆陇其:《治法论》,《皇朝经世文编》,台湾文海出版社,第428页。
④ 王晓传辑录:《元明清三代禁毁小说戏曲史料》,作家出版社1958年版,第19~20页。

厉禁：凡刻板者销板、市卖者问罪、再犯者或革官职或杖或流徙、督查不严者则罚俸甚至降调，明季以来流行的小说戏曲至此遂多不传于世①。雍乾之后，规模更扩大至禁养优伶禁设戏园。② 清廷坚禁民间戏曲小说，自有其箝制汉人之意图；但，我们在翻阅这批禁书目录后，却也不得不惊讶明末以来人欲泛滥现象之严重。③ 这和晚明王学末流李贽所谓"酒色财气不碍菩提路"过分膨胀情欲所造成之流弊，直接有关。而知识界面对此一社会颓象的因应之方又如何呢？早在顺治朝，给事中杨时化就曾奏请禁止官场宴会；④ 甘汝来更深切指出江南靡媮风习所隐藏的危机，曰："江苏两浙之地，俗尚侈靡，往往家无斗储，而被服必极华鲜、饮食靡甘淡泊。兼之井里之间，茶坊酒肆，星列棋置，少年无知，游荡失业。彼此地狭民稠，方以衣食难充为虑，何堪习侈如此，民生安得不愈难艰？"于是他提出酌定家礼颁行天下，依司马光、朱熹家礼为本，酌情去取，编成一书，把冠婚丧祭一切仪制都明白简易地列出来，使百姓遵行。⑤ 颁行家礼和制订礼书，是清初以降知识界共同关心的主题。康熙二十三年，刑部尚书魏象枢就曾奏请编订礼书，把庶民和官家的礼，依品次等第详定禁约，凡房屋舆马衣服器皿婚娶死丧葬祭宴饮之类皆各有定制，不得逾越。⑥ 这里必须特别留意的是：知识界要求订定礼书，一方面固然是要辨上下尊卑之等以整顿社会秩序杜绝奢靡之风；但，另方面也是为那些贫贱百姓无法应付丧葬婚祭排场而作的持衡之策。乾隆十六年，

---

① 王晓传辑录：《元明清三代禁毁小说戏曲史料》，作家出版社 1958 年版，第 24~25 页。

② 王晓传辑录：《元明清三代禁毁小说戏曲史料》，作家出版社 1958 年版，第 27~83 页。

③ 王晓传辑录：《元明清三代禁毁小说戏曲史料》，作家出版社 1958 年版，第 114~116、121~128、167~168 页。

④ 杨时化：《请禁宴会疏》，《皇朝经世文编》，台湾文海出版社，第 1981~1982 页。

⑤ 甘汝来：《请酌定家礼颁行疏》，《皇朝经世文编》，台湾文海出版社，第 1982~1983 页。

⑥ 魏象枢：《请颁礼制书疏》，《皇朝经世文编》，台湾文海出版社，第 1987~1988 页。

御史孙宗溥就以江浙为例，说出贫穷人家"欲俭而不能"的苦况，说："臣尝熟察今日之民情，不患其好侈而不节，正患其欲俭而不能。"实在是因为渐染已深，不得不随俗波靡，遂无法独俭，如婚礼不奢，人以为薄于姻戚；丧事不奢，人以为薄于父母；宴会不奢，人以为薄于宾客。这种因畏惧邻里窃议而剜肉补疮终至生计困顿的情形，是订定礼书的另一层目的，所谓：务使"贫者无愧，而富者有节"①。这种知识界对社会的关切，在乾嘉考证学兴盛之后，确实一度消沉，习礼变成考礼，礼的经世精神不再被积极呈现。而凌廷堪一直关切礼在社会上的作用，则和他的自身经历及个人之志趣密切相关。

廷堪先世居徽州歙县。徽州地处山岭川谷之中，耕地有限且土质瘠确，所获不足以维生，故民多转往外地经商。② 廷堪的父亲也因此远赴江苏海州业贾为生，遂家海州。③ 廷堪六岁，父卒，家贫无力归葬，遂停柩海州，直到乾隆四十五年，廷堪首次返歙，才得归葬祖茔，距其父亡已十八年矣。④ 七岁就塾，十三岁即因家贫弃学从贾，从此十年间辗转于工贾佣书之间，⑤ 直到年二十六始因受知于翁方纲

---

① 孙宗溥：《定经制以节民用疏》，《皇朝经世文编》，台湾文海出版社，第1983~1984页。

② 详参夏銮纂《徽州府志》（台湾成文出版社影印道光七年刊本），卷5之3、卷2之5。又，张佩芳、刘大魁纂：《歙县志》（台湾成文出版社影印乾隆三十八年刊本），卷1，《舆地志》，《风土》，言："鲜园林山泽之利，农十之三，贾七焉。"

③ 张其锦：《凌次仲先生年谱》（《安徽丛书》第4期，台湾艺文印书馆1925年版，以下略称《年谱》），卷1。又阮元《次仲凌君别传》，《揅经室集》。

④ 据《年谱》乾隆四十五年条下言："冬十月回海州板浦，与兄扶亡父柩归歙。"

⑤ 《年谱》，乾隆三十四年条下，录廷堪之言："先生昔尝曰：'某六龄而孤，贫无立锥，赖兄致堂营生养母，次年始就塾读书，十三岁即以家贫弃书学贾，六经未之全读也。'"又据《校礼堂诗集》（《安徽丛书》第4期，台湾艺文印书馆1925年版，以下略称《诗集》），卷2，戊戌，《钞昌黎集成书后》一诗，知其被生活所迫，为人佣书。又据《文集》，卷4，《辨志赋序》言："某春秋二十有三，托迹溟海，抱影穷巷，为贾则苦贫，为工则乏巧，心烦意乱，靡所适从，用是慨然有向学之志焉，乃为辨志赋，以自广求圣道于六经。"并参看，朱锦琮：《凌次仲先生年谱序》，《年谱》，卷首。

（1733—1818）才得入四库馆任校职并开始习举子业。① 羁旅贫贱与停柩不葬的生活，使廷堪频遭江南富豪的鄙视，廷堪尝撰《麦饭颂》，表明君子固穷之志，对那些矜炫财富不耕而食的纨袴子弟深表不齿。② 贫困，使廷堪深刻认识到谋生之艰难，壮年出游江淮、燕赵、塞外、热河，③ 对民间衣食居室之疾苦益发瞩意。终廷堪一生对人的生活的基本欲望一直抱持着正面肯定的态度，强烈反对理学之天理人欲严格对立说，其因由此。观其《诗集》中有《河溢》、《渡黄河》等诗，④ 痛河患频仍生灵丧亡，且呼吁清廷克尽整河护民之责，甚至有"洪范五行多附会，愿随击壤颂皇仁"之句，⑤ 完全表明他以政绩功效论仁政与否的态度，与其正统论主张剔除晋宋改进魏金，实相互呼应。⑥ 又，乾嘉治汉学者多不能诗，而廷堪却以诗名世，与洪亮吉、赵翼齐名，时人每以杜甫、李贺喻其诗之浑涵万状。盖"礼以防性，诗以适性，刚柔互用，本异流而同源也"⑦。最能说明廷堪对人生情感重视的是他致力于俗乐的研究，此唯有焦循对俗戏的重视可与比匹。基本上，廷堪认为音乐戏曲都是人类表达情感的方式，俗乐本非雅乐，戏曲亦多荒诞不经，如执意要求其雅正，只怕空留形式距人情愈远，反失了宣泄情感的功能。廷堪对俗乐的研究，在中国音乐史上

① 详《年谱》，乾隆四十七年条下所载。
② 《文集》，卷10，《麦饭颂》、《序》有："濒海之民，皆食大麦，唯富商大贾，始食稻焉。余家贫恒以麦饭供膳，有客见而鄙乏者"之言。又其颂辞曰："不耕食，游惰子，饫膏粱，益增耻。……余鄙夫，惟固穷，赖尔饱，颂尔功。"
③ 廷堪年二十四别家去扬州，年二十六入都北游燕赵，年三十一随翁方纲游南昌，年三十七随韩城往热河游塞外。详见《诗集》，己亥年致癸丑年诸作。
④ 《河溢》，见《诗集》，甲午年。《渡黄河》，见《诗集》，己亥年。另有《渡黄河作》，见《诗集》，壬寅年。
⑤ 见《河溢》一诗。
⑥ 阮元赠廷堪诗，畅论其经史曲学之成就，其中论史有："读史魏金进，论统晋宋削"之句。见《诗集》，甲辰年。又，廷堪论史之作，见《文集》，卷11、20。廷堪论史统，不以夷夏之辨论正统与否，异于宋儒，钱穆已言之，详参氏著《中国近三百年学术史》（台湾《商务印书馆》1972年版），第509~510页。
⑦ 详白镕：《校礼堂诗集序》，见《诗集》，卷首。

居重要地位;① 同时也是他道德教育中礼乐合一、融形式于情感的重要依据。廷堪对民间俗祀与信仰也十分留意。盖当时农村为求丰收,每在播谷后请巫师作法祈神庇佑,村民醵财往往倾囊而出,以厚币美食酬谢巫师,巫师去后,却蝗灾依旧,而民生衣食则益发艰难。② 其次,佛庙淫祀,求福祈财者趋之若鹜,福财之得否尚未可知,却已耗尽不知多少香火油钱。假神祀之名行敛财之实,罔顾岁收丰欠,民生艰苦,廷堪深感忧虑。③ 但他并不主张捣毁这些民间俗祀,④ 他认为民间信神拜鬼有其心灵导善作用,只须善加利导,自能收教化之功;但,若是罔顾生计奢侈浪费就得严加杜绝了。富民而后教民,是廷堪的信念,⑤ 他曾赋诗慨叹当时青年奇装异服骄恣嚣张,奢靡游荡不务

---

① 详参:《论曲绝句三十二首》,《诗集》,己亥年;《后学古诗十首》,庚申年。又,《燕乐考原》一书(《安徽丛书》第4期,台湾艺文印书馆1925年版)。《文集》,卷18、19诸篇。

② 详《里巫行》,《诗集》,丙申年。

③ 《同胡雒君游天竺》诗,有:"里媪合掌进,厥状佞且诒。金帛竞布施,讵问岁丰歉。群髡坐收利,不用事箕敛,信鬼越俗然,谁为立防捡,妄想固可强,虚掷更宜眨。倘司牧民责,厥言示之俭"之句。见《诗集》,乙卯年。

④ 《望齐云岩真武殿作歌》,有:"能捍大灾御大患,祀典讵曰非功勋。我闻民在即神在,从古立主缘成群。前者为社后为稷,递相配位祈耕耘。周语但记内史过,楚辞亦载云中君,乃知神亦有显晦。宁独城阳蒋子文,陋儒攘袂诋淫祀。不知通变空斤斤,从宜因俗贵精义,底用援引谈皇坟。不见卫民兼卫国,遍祀后汉前将军"云云。见《诗集》,乙卯年。又,廷堪挚友汪中以好骂宋儒著称,廷堪为其撰墓志铭亦言其好骂世之淫祀,曰:"君最恶宋之儒者,闻人举其名则骂不休。又好骂世所祠诸神,如文昌灵官之属,聆之者辄掩耳疾走,而君益自喜。"见《汪容甫墓志铭》,《文集》,卷35。又,汪中子汪喜孙亦恶淫祀,尝与当时经学大师武亿、刺史徐宗幹共同捣毁佛寺改祀乡贤。详汪喜孙:《与阮云台先生书》,见《汪氏丛书》,《从政录》上,卷4。

⑤ 乾隆五十八年,廷堪随韩城往热河,作《热河八观诗》记其地德化物产之美。其《秀峰书院》一首有:"从来礼义出富庶,先养后教分重轻。即看到处矩度肃,实由户仓比箱盈。间阎此时佳子弟,庙廊他日贤公卿"之句。对当地知礼仪饮庠射笙,极为嘉美。反而诋斥明朝忽略此地之文教,其功尚不及金、清。见《诗集》,癸丑年。

正业。① 因此，如何端正人心矫直世风，是其一生之殷念。廷堪年三十中进士，年三十七殿试入三甲，依例至少能得一知县，却自请为"教谕"。居安徽宁国府教授达十三年之久，其后又主讲敬亭、紫阳书院，以迄终老。② 一生精力全专注于治礼经和推行礼乐教育。

廷堪治礼之目的在实践宗族伦理以重整社会秩序，和当时知识界的共同关心并无二致。不同的是，他不只着眼在社会层次上，乃是更关切扭转当时的学术风气。他以"学礼复性"为基点，建立了一套"礼学"思想，主张通过礼的践履达到儒家礼治的理想社会，并企图以此取代宋明以降的"理学"。此一理念与其学术思想之背景紧密相关。详述于下。

（二）学术背景

清学在康熙乾嘉间一直有两大流派，一是程朱理学，一是汉学。凌廷堪的礼学思想就是这两大学术潮流下的产物。盖乾嘉汉学以考证为主，与现实人生隔绝，廷堪起而矫正，指出学问经世之途。同时又倡导整理典章制度，坚信唯制度才最具体可行，不落虚阔。然而，在古今庞杂之制度中，廷堪却独治《仪礼》，且专其心力于伦理教化；则，极明显的，是走着徽州理学江永、戴震以来重视性理又兼治礼学的路子。其间交互错综之关系，颇曲折有趣。分述于下。

1. 与乾嘉汉学之关系

"尊经崇汉"是乾嘉学术的基调，此一承顾炎武"经学即理学"和戴震"训诂明而后义理明"之说而来的学术走向，在被揭示之初，确实含有明道、致用的双重目的。③ 然而，绝大多数的乾嘉学者表现在其学术工作上的，却止于考证而已。诚如晚近学界所批评的：逐渐流于文献主义（textualism），而迷失了早期的方向感。④ 凌廷堪礼学思

---

① 详《白沟河书所见》，《诗集》，癸丑年。
② 详《年谱》。
③ 详参钱穆：《中国近三百年学术史》，第五章"顾炎武"、第八章"戴震"，台湾"商务印书馆"1972年版。
④ 详参余英时：《论戴震与章学诚》"绪论"，香港龙门书店1975年版。

想的提出，就是为了矫正考证学不思致用之弊。首先他指出圣人之道是人伦日用实用之道，绝非宋明理学空言心性之道。其次他倡导：道在典章制度，唯有对制度进行整理分析，才能理出制度被订定之初的义理原则，然后再应时代之需要修正这些制度并把它实行出来。此一"扭转学风"的大事业，就是廷堪所深切致力的。

廷堪年二十八笃志治礼时，尝撰《七戒》一文，详辨"注疏之儒"与"经义之儒"之异，表明自己不屑囿于声音文字名物象数之辨赜而以"折衷经义"自期许之意。① 又尝批评考证学者斤斤于文字校勘，全然不谙古今成败，曰：

> 搜断碑半通，剌佚书数简，为之考同异、校偏旁。而语以古今成败，若坐雺雾之中。此风会之所趋，学者之所蔽也。②

知识界不关切民生实务，廷堪认为其因全在学术风气之所趋。当考证学披靡天下之际，学界以辨伪考订为尚，此唱彼和，一唯百诺，往往读书尚未终卷，已随俗附和妄诋真伪。又每每株守一师之说，不知通方，尊郑(玄)许(慎)太过，反倒忘却了周孔学术致用之旨。这种拘蔽的现象，在廷堪看来，简直比宋学末流束书不观为害更巨，所谓："世之学者，徒惜夫宋学行而两汉之绪遂微，不知郑学行而六艺之途始隘"③。廷堪尝撰文畅论千古学术之流变。基本上，他认为学术随时代而易，后一时代之学术总在纠正前一时代之弊失。作为一个学者，有责任辨明学术之源流，尤其是当代学术之弊失，并提出矫正。若不能识见得此，"但以讥弹宋儒为能事"，或但以"复古训崇汉学"为风尚，则都只是些浮慕风雅之辈，绝非真能知圣道而笃好之者。因

---

① 详《七戒》，《文集》，卷8。
② 见《大梁与牛次原书》，《文集》，卷23。
③ 详《汉十四经师颂》，《文集》，卷10。又，廷堪对考证学的批评，参见《辨学》，《文集》，卷4；《与胡敬仲书》，《文集》，卷23；及《诗集》。

此,如何切中时弊的提出矫正的方法,是廷堪扭转学风之致力处。①

廷堪不只为考证学指出学术所以经世的方向,并且在明道方法上,也鼓吹道在典章制度之说。他指出圣人之道存在于典章制度,求道之途必须循文字音声以至典章制度,终而得知经书之义理。唯有本经书求得之义理,才本诸实事,也才是切合人伦日用的义理。"道在六经"和"训诂明而后义理明"的治学步骤,由惠栋、戴震拈出后,已成为乾嘉学者的共同信仰。但廷堪却发现,循训诂求义理这个方法,往往仍使义理的获得流于虚渺、或竟被作为程朱义理之注脚,②并未能真得到经书中具体可行之义理。于是他指出经书中的义理必须从"典章制度"中求得。盖周孔垂教立法,从不诉诸空言,周公制作为后世行事之典范,孔子删春秋寓人伦之义分于实事。③唯有析理出制度之真象,才能了解立制之原则,也唯有制度才是具体可行并有规范可以责成其绩效者。廷堪详言其旨于所撰《戴东原先生事略状》,云:

> 自宋以来,儒者多剽窃释氏之言之精者以说吾圣人之遗经。其所谓学,不求之于经,而但求之于理,不求之于故训典章制度,而但求之于心。好古之士虽欲矫其非,然仅取汉人传注之一名一物而辗转考证之,则又烦细而不能至于道,于是乎有汉儒经学宋儒经学之分,一主于故训,一主于理义也。先生则谓:"理义不可舍经而空凭胸臆,必求之故训。故训明则古经明,古经明则贤人圣人之理义明,而我心之所同然者乃因之而明。理义非他,存乎典章制度者也。彼歧故训理义而二之,是故训非以明理义,而故训何为?理义不存乎典章制度,势必流入于异学曲说而不自知。"故其为学,先求之于古六书九数,继乃求之于典章制

---

① 详《与胡敬仲书》,《文集》,卷23。又,孙海波《凌次仲学记》亦言:"廷堪处考证学极盛之时,而能不为所囿,乃将于学术思想上有所建树,以转移一时之风会,要不失为豪杰之士。"见《中国近三百年学术思想论集》(香港存萃学社1978年版,第263页)。
② 详参方东树《汉学商兑》(台湾"商务印书馆")一书。
③ 详参《七戒》一文,《文集》,卷4。《学古诗廿章》,《诗集》,乙巳年。

度。……然后古圣贤之心不为异学曲说所汩乱。盖孟荀以还所未有也。①

廷堪此一学术主张,具体表现在所著《礼经释例》一书。经书中存典章制度最富者,当属"三礼"和《春秋》。廷堪瞩意于礼,且专治《仪礼》,和他出身徽州的文化背景有关(详下节),但其治礼之方法,则深受乾嘉尊经崇汉观念之影响。乾嘉学者治经首重辨定经书,亦即严分经、传、记、子、注、疏、释、解之类别,传文不可以混入经文,记文亦不可掺入经文。戴震早年治经所立"七经小记"之规模,②和龚自珍治经立下的"写定群经"之志,③ 都是在此一大前提下的为学职志。廷堪治礼,亦首辨经、传、记,他专治《仪礼》,因为《仪礼》是礼之本经,而《礼记》、《周礼》只是辅经之记,只备参考价值,却不得左右本经之旨。④ 至于他本制度求义理所用的方法,则是"释例"。廷堪自言早年立志治礼时,只拟从释名物着手,其后发觉礼制之仪节多有相通之处,且仪文节次之繁简有深义存在,于是改以释例方式全面整理礼制,曰:

> 初仿尔雅为《礼经释名》十二篇,如是者有年,渐觉非他经可比,其宏纲细目,必以例为主,有非训诂名物所能赅者。乾隆壬子,乃删芜就简,仿杜氏之于《春秋》,定为《礼经释例》。⑤

"释名"的写作方式,是就一名一物详细考证解说,颇类似今日详缜

---

① 《文集》,卷35。
② 参考钱穆:《中国近三百年学术史》,第八章"戴震",台湾"商务印书馆"1972年版。余英时:《论戴震与章学诚》外篇一,香港龙门书店1975年版。
③ 详参龚自珍《五经正名》、《六经正名答问》诸篇,《龚自珍全集》(台湾河洛图书出版社1975年版)。
④ 参见《学古诗二十章》,《诗集》,乙巳年;和《高堂生墓》,辛丑年。《七戒》,《文集》,卷4;《与阮伯元考廉书》,《文集》,卷22;和《礼经释例序》,《文集》,卷26。
⑤ 见《礼经释例序》,《文集》,卷26。

之词典，但篇幅则过之，是乾嘉儒者治经习用之方法。所谓"释例"，则首先得就不同典礼中所采用之相近似的礼仪，进行归纳并比较其异同，然后得出一"例"。例如：乡饮酒礼（乡大夫献贤者于其君所行之礼），是关于饮食的礼仪。而有司彻礼（祭后，助祭者协助彻祭之礼）中所行的"祭毕饮酒"之礼仪，其节式仪文就和乡饮酒礼近似，又和士冠礼中"冠毕酬宾"之礼仪近似，故归为一"例"，称之"饮食之例"，其下再细分子目，以见其同中之异、异中之同。① 廷堪该书，共区分为八类：通例、饮食之例、宾客之例、射例、变例（丧葬例）、祭例、器服之例、杂例，其下细目共二百三十六例，合十三卷。② 不列宫室之例，乃因李如圭《仪礼释宫》已详。③

廷堪《礼经释例》一书，表面上看是整理归纳的功夫，使素以"难读"著称的仪礼，不再被人视为畏途。钱大昕（1728—1804）就赞美说："尊制一出，学者得指南车矣。"④ 卢文弨（1717—1796）也说："君此书出，而天下始无有畏其难读者矣。"⑤ 其实，廷堪考订礼制的目的是在制度中求取治世之方。条例的归纳，一方面可使特定典礼之礼仪在执行时，有具体之仪则可循，二方面也可以从仪则之同异处得知制度订定时所持之价值准则（详"礼义"一节）。嘉道以降，公羊学应运而兴，其治经方法亦多有采释例一途者，如：刘逢禄（1776—1829）《春秋公羊经何氏释例》、王闿运（1833—1916）《公羊笺》，都是对具体事例进行归纳以探知春秋褒贬之是非准则者。

2. 与徽州理学之关系。

廷堪礼学思想之产生，和徽州学术之间的关系，颇为交错，论述于下。

---

① 详《礼经释例序》一文。《文集》，卷26。
② 计通例上十九例、通例下廿一例；饮食之例上十八例、中廿例、下十八例；宾客之例十八例；射例廿例；变例廿一例；祭例上十四例、下十六例；器服之例上廿例、下廿例；杂例廿一。详《礼经释例》，见《皇清经解》重编本，第八册。
③ 见《礼经释例序》，《文集》，卷26。
④ 《钱辛楣先生书》，《文集》，卷首。
⑤ 《校礼堂初稿序》，《文集》，卷首。

廷堪治学以经世为归，然经世之方，其途甚广，如廷堪好友汪中即留心三代学制、孙星衍留心实务。廷堪则专志于礼，且特别瞩意伦理教化，于经济事功，不甚措意。究其原因，约有二端：其一，个人之志趣抉择；其二，受徽州学术（尤其是戴震）之影响。

廷堪专志礼经时，撰《七戒》一文，以答客问的方式，反复辨论其志。在该文中廷堪很清楚地把学问分成六类，即：书画、辞章、性理、经济、史学、经义。其中性理是当时的功令文，辞章乃廷堪见知于当世者，至于经济则更是含括食货、田赋、州郡、边防等实务，可以起而运作并立见治乱之效者。廷堪年少时虽也曾以建不世功业之英雄自期许，① 然其最终的选择却仍是礼。实因礼之制"以节民性，以制事宜，往圣之精神可接，先王之制作可推"②。是知，致力于伦理教化乃廷堪思虑后所择选之经世之途。

又，据廷堪自言其笃嗜礼经并无特殊之师承。③ 其实，廷堪深受其乡学——徽学之濡染而不自知耳。徽州是朱子故里，流风遗韵自较他处深厚，徽人对朱子顶礼有加，对朱子理学和朱子家礼更严守不背，所谓："婚冠丧祭，多遵文公家礼"④。宋元以来单行之氏族谱和郡谱，寥寥无几，然徽州却几乎没有无谱之族。⑤ 明清以来，徽州中举之人数甚为可观，有近代人文荟萃渊薮之美誉。⑥ 康熙时出任徽州同知兼祈门县令的姚启元，就曾描绘徽州之风教曰："君子让如

---

① 参考《诗集》甲午、乙未、丙申、己亥年诸作。
② 见《七戒》，《文集》，卷4。
③ 廷堪笃嗜礼经，并无特别之师承，故其文字中每每流露出独学无友之寂寞。详《辨志赋》，《文集》，卷2；《礼经释例序》，卷26；《手钞诸经跋》，卷30；《燕乐考原序》，卷26，和《与王兰泉侍郎书》；卷24。
④ 见赵吉士纂《徽州府志》，卷2，《风俗》。范涞：《休宁范氏族谱》（美国国会图书馆善本书胶卷，roll 305），《谱祠宗规》，也说："崇礼教，冠昏丧祭，四礼当行。"
⑤ 参看叶显恩：《明清徽州农村社会与佃农制》，安徽人民出版社1983年版，第170~178页。
⑥ 徽州府明清中举之人数，明代398人；清代698人。中进士之人数，明代292人，占全国1.55%；清代226人，占0.86%。以上俱见叶显恩书，第190页。

慢，廉而知耻；小人愿而恫，慎而知畏。此礼义之国，有先王之遗风焉"①，可见礼教之盛。徽州因其自然环境之故，民风朴淳而廉劲，影响于其学风亦坚实条理而长于断制，不喜玄谈。②钱穆比较吴、皖学术时，也说徽学承朱子格物之教，精于三礼，所治天文、律算、水地、音韵名物诸端，以征实为归；和吴学之考辨《易图》、《尚书》之真伪、高谈朱陆心性异同迥异。③徽人守朱子家礼，宗法结构十分严密，因此徽儒治学，重点之一，即是三礼。钱穆有吴学长于易、徽学精在三礼之说。④徽儒入清后，留心理学兼治三礼，其风不断。江永撰《礼书纲目》，对礼制作通贯的研究，自言乃承朱子未竟之志。⑤戴震《七经小记》中，礼学虽未成篇，然散篇见于文集者不少。程瑶田有《宗法小记》，极之精到。金榜（1735—1801）著《礼笺》；凌廷堪撰《礼经释例》；稍后有胡培翚（1782—1849）的《仪礼正义》，该书是清儒新疏中绝佳者之一。可见徽儒治礼之盛。⑥廷堪早年慕其乡贤江永、戴震之学，又得与戴震之同门学友程瑶田相互论学，深受二人影

---

① 见康熙间所编《祈门县志》，《序》。转引自叶显恩书，第215页。原文作："入其境，见君子让如慢，廉而知耻，无迎鱼矣；见其小人愿而恫，慎而知畏，无挺鹿矣。……此礼义之国有先王遗风焉。"

② 梁启超：《近代学风之地理的分布》，《近代中国学术论丛》（香港，存萃学社编，崇文书局，1973年版）。

③ 详钱穆：《中国近三百年学术史》，台湾"商务印书馆"1972年版，第309、320~321页。

④ 钱穆说："徽学……其精在《三礼》。"前引书，台湾"商务印书馆"1972年版，第324页。又说："惠氏……三世传经……最深者在《易》。"（钱穆：《中国近三百年学术史》，台湾"商务印书馆"1972年版，第318页）。

⑤ 徐世昌编《清儒学案》（台湾世界书局1966年版），卷63，《双池学案》曰："汪绂……以仪礼所存为朱子家礼所省者，商榷而增益之，以见扶世立教之意。"卷58《慎修学案》上，曰："江永……为学……尤深于三礼。以朱子晚年治礼为《仪礼经传通解》未就，虽黄氏、杨氏相继纂续，犹多阙漏。乃为之广摭博讨，一从《周官·大宗伯》吉凶军宾嘉五礼之次，名曰《礼经纲目》，凡数易稿而后定。"

⑥ 朱子晚年治礼，江永、汪绂、金榜、戴震、程瑶田皆治礼，此诸人之礼学与凌廷堪礼学之关系，因涉内容庞杂，且非本文立论之角度，故不予论述。异日再撰专文详论之。

响。然廷堪治礼之最特殊处,即:上述诸人治礼皆兼守理学,唯独廷堪舍理言礼,并以礼建立了一套礼学思想去取代理学。在徽学的发展上,具有特殊意义。

肯定了徽学重礼切用的传统,不免要问:廷堪治礼为何不似前述魏象枢等,直接从事朱子家礼的修正以为世用,反而要别建体系,且明白揭櫫欲以其礼学思想取代程朱理学甚至戴震理学的目的。这,就切中理学在徽州的转化情形,也涉及廷堪"以礼代理"用意之所在。

程朱理学在清代的发展约有二途,一是朝廷作为功令的朱学,即李光地(1642—1718)等所遵行鼓吹者,在学说上并无新意,反而和考证学形成汉宋门户之争;一是徽州诸儒,致力于转化的朱子理学。其中成绩最著者为戴震。戴震理学从反对程朱"天理人欲"之严格对立处立论,痛斥社会上不顾生人情欲,以理杀人的现象。他认为,理乃客观存在于具体之事物,即所谓"条理",但宋明儒却把理视为"如有物焉,得于天而具于心",于是造成以个人之"意见"为理的现象。作官的、为尊上的、有权势的就有理,就有权衡是非的力量。人性情欲被抹煞,而理也失去客观衡度是非的地位。故其思想中最紧要之建树有三:要求"理"的客观性,即:本事物求"条理";要求人类情欲的满足;和崇智重学。戴震理学有否真传,① 此处不拟讨论。但戴震在批判程朱理学后所指出的义理走向,及其思想之若干重点,则为廷堪所承续。如:要求理则的客观化,亦即,事为之准则必须有其具体客观之规约可循,而非仅诉诸个人心中之天理。其次,承认情欲是性的一部分,并给予适当的满足。同时,理则与情欲必须相应,换言之,理欲不对立,理从欲出。再次,重学习。相信学习是使行为达到善的唯一有效保证,而非理学家所说个人内在之心性体悟(程颢:天理二字,是吾自家体贴出来的)。②

---

① 关于戴震哲学及其后传,可参看胡适:《戴东原的哲学》(台湾"商务印书馆"1967年版)。

② 详拙著《清中叶徽州义理学之发展》,香港大学博士学位论文,1987年。并参看拙文《程瑶田的义理学:从理到物则》,《汉学研究》,卷9,期2,1991年12月。

廷堪礼学思想在特定要点上承续戴震理学思想中的要点，表明该时代之思想走向。但是，吾人又不免追问：为何戴震以"理学"名其学，而廷堪却转以"礼学"名其学？这，就得从廷堪考辨学术源流和他对理学态度的转变上去追究。

廷堪早年以戴震"私淑"自称，对戴氏顶礼有加。所撰《戴东原先生事略状》，对戴震小学、测算、典制之学极表称佩；至于义理诸作，虽未加美誉，却仍持保留态度，只说："理义固先生晚年极精之诣，非造其境者，亦无由知其是非也，其书具在，俟后人之定论云尔"①。晚年，一己之礼学思想成熟后，不但对程朱理学大肆攻击，对戴震理学亦全面否定。尤其反对"理"字，其言辞之严厉，态度之坚决，俨然一代礼宗。言曰：

> 近时如昆山顾氏、萧山毛氏，世所称博极群书者也。而昆山攻姚江，不出罗整庵之剩言；萧山攻新安，但举贺凌台之绪论。皆入主出奴之余习，未尝洞见学术之隐微也。又吾郡戴氏著书专斥洛闽，而开卷仍先辨理字，又借体用二字论小学。犹若明若昧，陷于阱获而不能出也。其余学人，但沾沾于汉学宋学之分，甚至有云：名物则汉学胜、理义则宋学胜者，宁识宋学之理义乃禅学乎。②

然廷堪洞见学术之隐微为何呢？廷堪尝撰文考辨千古学术源流。③ 基本上，他坚守"道在六经"之说，认为汉唐诸儒虽未亲炙圣人，然循本训诂以明义理，故所得之义理皆征实可行。宋以降儒者疑经改经，不只率以私意释经甚且援引佛理妄言经义，遂走上崇尚心性

---

① 《文集》，卷35。
② 见《好恶说》下，《文集》，卷16。
③ 考辨学术源流是廷堪治学之重点，所撰文字甚富。详参《复礼》三篇，及《辨学》，《文集》卷4；《读孟子》，卷5；《荀卿颂》、《汉十四经师颂》，卷10；《好恶说》上下、《论语礼后说》，卷16，和《与王兰泉侍郎书》，卷24。

玄谈之途。① 究其原因，只不过是"自愧弗如佛理之高妙"，于是在经籍中求其近似者而为之演绎引申，以与佛理争胜，殊不知名为辟异端，实已全入于异端。② 因此，他痛斥宋明以降讲学诸派，无论程朱陆王，全是禅学，与周孔之学根本风马牛不相及。曰：

  鄙儒执洛闽以与金溪争，或与阳明争，各立门户，交垢不已。其于圣学，何啻风马牛乎？明以来讲学之途径虽多，总之不出新安、姚江二派，盖圣学为禅学所乱，将千年矣。③

其次，他披寻《左传》、"三礼"等古籍，又检视宋儒最喜引用之《大学》、《论语》二书，证明其中并无"理"字，只有"礼"字。理学中理事对举体用互称，全是抄袭自华严宗。④ 至于周孔之道所论治民正俗之方，不外乎礼，不外乎伦常，未见有辨析天命理气或远寻天地之先幽渺不可测知之理者。曰：

  考《论语》及《大学》皆未尝有理字，徒因释氏以理事为法界，遂援之而成此新义。是以宋儒论学往往理事并称……无端于经文

---

① 《与胡敬仲书》论学术自隋唐至宋之转变曰："代传其书（案：指汉儒传注），罔敢畔越。隋唐以来，王辅嗣之《周易》、梅仲真之古文、杜元凯之《左传》稍起而讦之，至于声音文字未之或改也。自宋以降，异说争鸣，刘原父之小传方兴，王介甫之字说复出，延及南渡，厌故喜新，变本加厉，遏佚之、掊击之，不遗余力，而汉学遂废焉。"（《文集》，卷23）
宋人疑经改经，不只是经学上的大事，也是唐宋学术思想转变的关键，详参叶国良：《宋人疑经改经考》（台湾大学《文史丛刊》，1980年）。
② 《复礼》下，曰："后儒熟闻释氏之言心言性，极其幽深微渺也，往往怖之，愧圣人之道以为弗如。于是窃取其理事之说而小变之，以凿圣人之遗言。曰：吾圣人固已有此幽深微渺之一境也。复从而辟之曰：彼以心为性，不如我以理为性也。呜呼！以是为尊圣人之道，而不知适所以小圣人也。以是为辟异端，而不知阴入于异端也。诚如是也。吾圣人之于彼教，仅如彼教性相之不同而已矣。乌足大异乎彼教哉。儒释互援实始于此。"（《文集》，卷4）
③ 见《好恶说》下，《文集》，卷16。
④ 见《好恶说》下，《文集》，卷16。

所未有者,尽援释氏以立帜……故鄙儒遂误以理学为圣学矣。①

又说:

> 夫论语,圣人之遗书也。说圣人之遗书,必欲舍其所恒言之理,而事事附会于其未言之理,是果圣人之意邪?后儒之学,本出释氏,故谓其言之弥近理而大乱真,不知圣学礼也不云理,其道正相反,何近而乱真之有哉?②

前节论廷堪与乾嘉汉学之关系时,曾言廷堪为学以扭转学风自许。因此,在自认学术流变已获澄清后,廷堪遂以拔本塞源直捣其穴之势,③ 全面否定理字也全面否定理学,直接指出周孔之道乃以礼治世。盖礼有仪则可循,本人情而订,不只杜绝理欲之对立,亦为达成儒者礼治社会之不二法门。

小结

廷堪治礼,以经世为归。然其礼学思想之产生,则和当时两大学术流派:汉学、理学有极之交错复杂的关系。首先,廷堪专治礼经,又特别瞩意伦理教化问题,这本就是朱熹、戴震以降的徽学传统。其次,廷堪以释例方式考订礼制,不可讳言,用的是考证学的治学方法。但是,贯通经义建立一套礼学思想,把礼制从理论落实到践履,这种哲学上的企图,就又非考证学所能概括,而明显的是承袭徽州戴学之遗绪。廷堪在学术取向上,深染于徽学传统,但,最终却全面否定"理学",而以"礼学"名其学,此其间之转折,又必须诉诸尊经崇汉观念下的廷堪的学统观。廷堪否定了宋以降儒学以理学形式所作的

---

① 见《好恶说》下,《文集》,卷16。
② 见《复礼》下,《文集》,卷4。
③ 《好恶说》下(《文集》,卷16)之正文所引廷堪批评"昆山顾氏、萧山毛氏"一段后,廷堪更进一步严斥后学者未能从根本上辟除理学以维护学统,曰:"嗟乎!理事体用阑入圣言,俱洛闽所倡,岂亦金溪、阳明为之邪?不塞其源,徒遏其流,是亦后学者之过也,开门揖盗,反藉揖者而驱除之,深可慨之夫"。

发展，而直接掌握住儒学在汉以前的礼治理想。事实上，导民正俗、伦常纲纪，是理学也是礼学所关心的题目。廷堪既然舍理言礼，自然表示他的礼学思想在性质上和治世之方法重点上，有异于理学之特点。详述于下。

三、思想要点

廷堪礼学思想之内容可简单描述为：用五伦关系重整社会秩序，并经由反复学习（演练）礼乐以达到正人心厚风俗之目的。看来平平无奇，却意指儒学性质从理学向实学的重要转化。换言之，廷堪礼学思想之重要，并非他对礼仪之内容有何创新，而是他"以礼代理"此一主张所透露出的清代儒学在思想上的走向。从学术思想史之发展角度观察，廷堪此说之最大特色，乃是：把道德问题放在社会秩序的层面上讨论。理学在处理道德问题时，层面相当广，从道德本源（天命问题）到人的道德自主性（性、理问题），到道德的修为方法（涵养、致知），到成圣之境界，甚至经济事功无所不包。而廷堪则专从社会效应着眼，所以诉诸伦理规范和典礼仪节，企图从社会风俗改良和伦理道德实践两方面重整社会秩序，对本体问题，则不甚措意。以下分五点论述。其一，辨礼理之异；其二，重课责的道德观；其三，学礼复性；其四，人性论与荀学之复兴；其五，礼义。

（一）辨礼理之异

廷堪全面否定理学，甚至有"郢书燕说，认贼作子"之讥，① 考其立论之基础，不过"实事求是"之学术理念一语耳。实事求是，是清学张目之旗帜，清人文集中以此自喻其学术工作者比比皆是。唯他人之实事求是仅只于考订，廷堪之实事求是乃在求致用。廷堪尝辨析学术之虚实，曰：

> 昔河间献王实事求是。夫实事在前，吾所谓是者，人不能强

---

① 见《慎独格物说》，《文集》，卷16。

辞而非之；吾以为非者，人不能强辞而为是也；如：六书九数及典章制度之学是也。虚理在前，吾所谓是者，人可别持一说以为非；吾所谓非者，人亦可别持一说以为是也；如理义之学是也。①

典章制度，有实事可资征验，是实事可藉推行。圣人之道，依实事立教，均不外乎人伦日用，极其平易。浅求之，其义显然；践履之，其迹彰然。于是又辨理、礼之异，曰：

> 圣人之言，浅求之，其义显然，此所以无过不及为万世不易之经也。深求之，流入于幽深眇微，则为贤知之过，以争胜于异端而已矣。何也？圣人之道，本乎礼而言者，实有所见也；异端之道，外乎礼而言者，空无所依也。②

廷堪于其他文字间亦不时举特定之概念为例，比较经书义理与理学义理一实一虚之差异，如：释道、德，曰：

> （记）曰：君臣也、父子也、夫妇也、昆弟也、朋友之交也，五者，天下之达道也。知仁勇三者，天下之达德也。此道与德不易之解也。不必舍此而别求新说也。③

释慎独，曰：

> 考古人所谓慎独者，盖言礼之内心精微，皆若有威仪临乎其侧，虽不见礼，如或见之。非人所不知，己所独知也。④

---

① 见《戴东原先生事略状》，《文集》，卷35。
② 见《复礼》下，《文集》，卷4。
③ 《复礼》中，《文集》，卷4。
④ 见《慎独格物说》，《文集》，卷16。

释格物，曰：

> 考古人所谓格物者，盖言礼之器数仪节皆各有精义存乎其间，既习于礼，则当知之。非天下之物，莫不有理也。①

又以《大学》、《中庸》、《论语》为例，指出经文中明明在阐释"礼"，而宋儒却视若无睹地仍强以"理"字曲解。如《论语》孔子答孟懿子问孝，曰：无违。其下孔子自阐释曰："生，事之以礼；死，葬之以礼；祭之以礼。"而朱子章句却硬解"无违"为"谓不背于理"，无端把实事践履说成玄渺虚阔之理。②

宋明理学以讨论性与天道为其中心内容：这是哲学问题，虽然也涵盖政治、道德、教育、宗教。但，无论如何，对本体论进行探究是其学的主要取向。因此，在讨论道德修养问题时，也侧重于个人内在之心性体悟，求其一旦豁然贯通，天理人心体用大明之境界。③ 即戴震所讥"如有物焉，得于天而具于心"。廷堪否定理也撇开这"远寻夫天地之先，侈谈夫理气之辨"的本体问题，回到节心节性的威仪法则的礼，目的就是把德行落到具体实事上。所以他说：舍礼而言道，则空无所附，舍礼而言性，则茫无所从。④ 在廷堪看来，礼不但是身心之矩则，也是性、道之具体实现。他尝释孔子"绘事后素"一语，证明礼是五性的具体实现。"绘事后素"是《论语》经解上的难题之一。

---

① 见《慎独格物说》，《文集》，卷16。
② 《好恶说》下，言："考《论语》及《大学》皆未尝有理字，徒因释氏以理事为法界，遂援之而成此新义。是以宋儒论学往往理事并称，其于《大学》说明德曰：以具众理而应万事；说至善曰：事理当然之极；说格物曰：穷至事物之理。于《中庸》说道也者曰：道者日用事物当然之理。其宗旨所在自不能掩。又于《论语》说知者曰：达于事理；说仁者曰：安于义理；说吾斯之未能信曰：斯指此理；说不知而作曰：不知其理；说知及之曰：知足以知此理。至于无违下文明有三礼字，亦云谓：不背于理。无端于经文所未有者，尽援释氏以立帜。其他如性即理、天即理也，皆指不胜屈。故鄙儒遂以理学为圣学矣。"（《文集》，卷16）并参朱熹《四书集注》，《论语·为政》篇。
③ 参考侯外庐：《宋明理学史》，人民出版社1984年版。
④ 详《荀卿颂》，《文集》，卷10。

《论语》原文是:

> 子夏问:"巧笑倩兮,美目盼兮,素以为绚兮。何谓也?"子曰:"绘事后素。"曰:"礼后乎?"子曰:"起予者,商也。始可与言诗已矣。"①

清儒毛奇龄、戴震皆试为之解。其中戴震认为"绘事后素"是指质美之君子更以礼增进其德行,斯为可贵,释"后素"为"以礼进德"。② 廷堪则依据实际的绘画方法,说明"后素"是画画时五色布施之后,再以白色勾勒轮廓,遂使五色之层次显明。因此,后素的作用是呈显五色,无白色,则五色夹杂无法显现。据此,他说礼对仁义礼智信五性的作用也是如此,没有礼,则五性只是抽象的内存于人性之中,无法表现于外。因此,他诠释仁,不循理学家从道德本体一途立论,只简单真实地说,仁是事亲之实,能事亲不失于礼,就是仁。所谓:仁是事亲之实,义是从兄之实,礼是二者之节文,智是知礼,信是以诚的态度行礼。唯其有实事可征,仁义智信才得实现。所以他说:"道德仁义,非礼不成。"③纵使孟荀大儒也无例外,即"孟氏言仁,必申之以义。荀子言仁,必推本于礼"④。在考辨学术源流与训诂经义的双重审度下,廷堪终于得出:"圣人之道,一礼而已矣"的结论。⑤ 所谓:

> 饮食男女,人之大欲存焉。圣人知其然也,制礼以节之,自少壮以至耆耄,无一日不囿于礼,而莫之敢越也。制礼以防之,自冠昏以逮饮射,无一事不依乎礼,而莫之敢溃也。然后优柔厌

---

① 见《论语·八佾》篇。
② 详戴震《孟子字义疏证》(《安徽丛书》第6期,台湾艺文印书馆1936年版)卷下,"仁义礼智"。
③ 详见《论语礼后说》,《文集》,卷16。案:该文作于嘉庆七年(1802),时年四十六。
④ 见《复礼》中,《文集》,卷4。
⑤ 见《复礼》上,《文集》,卷4。

饫，徐以复性而至乎道。周公作之，孔子述之，别无所谓性道也。①

义因仁而生，礼因义而生。唯有藉典礼仪节之形式，抽象之道德概念才能表现出来。所以他说"礼"是大经大法，② 而"理"是师心自用③。

至于廷堪所追溯的礼之内容为何？他引证《左传》子产之言，指出礼包括伦理、政事、刑罚、上下等级、惠和，等等，举凡政治伦理的一切措施都是礼。④ 但，实际上他所专注讨论的只是伦理部分和部分礼俗。据上所论，不难看出廷堪对道德问题的关注焦点在实事践履以求其效应，至于道德本体，则非廷堪之兴趣所在。

(二) 重课责(accounttability)的道德观

以五伦关系维系社会秩序是儒者的共同理念，汉宋无异。廷堪之有别于理学者，理学以成圣为外王之基础，视个人内在之心性修养和体悟天理最为切要；而廷堪则直接立足在社会效应层面，集中考虑如何把五伦关系在实事上践履出来。换言之，廷堪关心的不是个人内心的道德状态或道德境界，而是道德实践的方式和规范，并且强调实践才是道德的完成，故可称之为重课责的道德观。至于未经践履内存于心中之德性，只可视为道德状态(moral status)。详述于下。

《复礼》上，开宗明义即言：

> 夫人之所受于天者性也，性之所固有者善也，所以复其善者学也，所以贯其学者礼也。是故圣人之道一礼而已矣。孟子曰："契为司徒，教以人伦：父子有亲，君臣有义，夫妇有别，长幼有序，朋友有信。"此五者皆言性之所固有者也。圣人知其然也，因父子之道而制为士冠之礼、因君臣之道而制为聘觐之礼、因夫

---

① 参考侯外庐：《宋明理学史》，人民出版社1984年版。
② 见《复礼》中，《文集》，卷4。
③ 见《复礼》下，《文集》，卷4。
④ 详《好恶说》上，《文集》，卷16。

妇之道而制为士昏之礼、因长幼之道而制为乡饮酒之礼、因朋友之道而制为士相见之礼。自王子以至于庶民，少而习焉，长而安焉，礼之外别无所谓学也。①

此处首当注意的是：五伦关系绝非三纲。五伦中父子、君臣、夫妇、昆弟、朋友之关系皆为双方互动的，而三纲中君为臣纲、父为子纲、夫为妻纲，却只是单向的。廷堪把五伦关系分成"天属之亲"和"非天属之亲"，凡属血缘关系的，以亲亲为礼之大本，从其源也；非血缘之亲的，则以尊贤为礼之大本，从其宜也。所以说：仁者人也，亲亲为大；义者宜也，尊贤为大。② 五伦关系根基于亲义之别，如何使其无过无不及地表达出来以显示人我之际的义分，这就牵涉到制度和仪式的问题。所谓：

> 父子当亲也、君臣当义也、夫妇当别也、长幼当序也、朋友当信也，五者根于性者也，所谓人伦也。而所以亲之、义之、别之、序之、信之则必由情以达焉。非礼以节之，则过者或溢于情，而不及者则漠焉遇之。③

父子之亲当以何种形式与尺度去表达才能不溢无不及。君臣之义又当如何表达才能显示其尊尊、尊贤之意。廷堪认为唯有藉诸礼之制度和仪节。曰：

> 知父子之当亲也，则为醴醮祝字之文以达焉，其礼非士冠可赅也，而于士冠焉始之。知君臣之当义也，则为堂廉拜稽之文以达焉，其礼非聘觐可赅也，而于聘觐焉始之。知夫妇之当别也，则为笄次帨鞶之文以达焉，其礼非士昏可赅也，而于士昏焉始之。知长幼之当序也，则为盥洗酬酢之文以达焉，其礼非乡饮酒

---

① 《文集》，卷4。
② 详《复礼》中，《文集》，卷4。
③ 见《复礼》上，《文集》，卷4。

可赎也,而于乡饮酒焉始之。知朋友之当信也,则为雉腒奠授之文以达焉,其礼非士相见可赎也,而于士相见焉始之。《记》曰:礼仪三百威仪三千,其事盖不仅父子君臣夫妇长幼朋友也,即其大者而推之,而百行举不外乎是矣。①

是故廷堪致力于制度名物的考订,从祭祀制、宫室制、有司彻、聘觐仪到一器皿一服饰之细微处,无不详考细查以得其真,实因情感与义分的尺寸全在这些地方表现。同时友人如程瑶田考证宗法,且与汪中、焦循、阮元往覆斟酌丧礼,用心缜密致力殷勤,用意亦在乎此。

至于典礼仪文如何表达情感之义分,以及表达出来的情感具有怎样的互动性。试以血缘之本的父子之伦和尊贤之本的君臣之伦为例说明。廷堪尝以士冠礼等五种典礼为例,分别指出其节次仪文中所传达之伦常情分。曰:

> 三代盛王之时,上以礼为教也,下以礼为学也。君子学士冠之礼,自三加以至于受醴,而父子之亲油然矣。学聘觐之礼,自受玉以至于亲劳,而君臣之义秩然矣。学士昏之礼,自亲迎以至于彻馔成礼,而夫妇之别判然矣。学乡饮酒之礼,自始献以至于无算爵,而长幼之序井然矣。学士相见之礼,自初见执贽以至于既见还贽,而朋友之信昭然矣。盖天下无一人不囿于礼,无一事不依于礼。②

士冠礼是成人之礼,古人年二十始行之。据胡培翚《仪礼正义》分为十八节次,计:筮日、戒宾、筮宾(案:主冠者)、宿宾宿赞冠者、为期、冠日陈设、主人以下即位、迎宾及赞冠者入、始加、再加、三加、宾醴冠者、冠者见于母、宾字(案:动词)冠者、冠者见兄弟赞者姑姊、冠者见君及卿大夫乡先生、醴宾、送宾归俎。冠礼自始至终皆由父亲筹划,首先至宗庙占卜吉日,以子成人将行成人礼告于祖

---

① 见《复礼》上,《文集》,卷4。
② 见《复礼》上,《文集》,卷4。

先，表示重视，再走请族党之先进为其子主持冠礼。加冠分三次进行：初加之前，将冠者着童子服饰，① 初加用白布冠，示其重质尚朴之意；将冠前有祝辞，勉其成人以修德为业。初加后即换着玄端爵韠，以示体容齐正。再加时主冠者降阶二等，用白鹿皮冠加之，其后换着素积素韠。三加时主冠者降阶三等，表示其服益尊其敬弥至，用爵弁（案：爵位冠），其后再换着纁裳韎韐。每一加之前赞者皆祝辞，其辞曰："令月吉日，始加元服，弃尔幼志，顺尔成德，寿考惟祺，介尔景福"②。皮弁、爵弁皆非士之常服，乃见于君卿大夫时之礼服，冠礼服制如此，表示威仪慎重之意。③ 冠毕，主冠者向冠者行礼，而冠者以正式的礼回敬之，表明其已成人故用成人之礼与人应酬。士冠礼是父亲尊重其子已为成人，正式宗祧祖庙并引导其进入社会的礼。透过繁细的仪式，表示出爱重励志的深远期许，所以廷堪说：父子之亲油然矣。

君臣之义。据胡培翚《仪礼正义》觐礼分九节次，即：王使人郊劳，王赐侯氏舍，王戒觐期，受次于庙门外，侯氏执瑞玉行觐礼，觐已即行三享，侯氏请罪、天子辞、乃劳之，王赐侯氏车服，王辞命称谓之殊；会同之礼、巡守之礼。君臣是非血缘之亲中最重要的一环，也是尊尊、尊贤观念的具体表现。廷堪尝特别撰述《觐义》一文，详细分段阐明君臣相对待间的义分关系。首先，诸侯朝觐天子，意在"述职"。依礼，一不朝则贬其爵，二不朝则削其地，三不朝则六师移之，示尊尊之意也。其次，诸侯朝觐天子，于未入京尚在京郊之时，天子即应先遣使者劳之，置馆舍安之，表示惠其辛劳之意。入觐天子时，无论同姓异姓，天子皆在宗庙会见诸侯，敬其与己同体之意。觐享已毕，诸侯右肉袒请罪于天子，天子勉勖之以伯叔舅父称之，并赐车服命书使归其国，意在明以德惠诸臣。唯以上所言乃平常之礼，若遇天子有征讨之事，则须另筑命坛于京郊，合诸侯以命政，

---

① 详阮元：《仪礼校勘记》，见《皇清经解》，台湾汉京文化事业有限公司1980年版，第7426页。
② 赞祝之辞，各家考证略有异同。此处采用刘师培《礼经旧说考略》卷1。
③ 详胡培翚《仪礼正义》（台湾"中华书局"，四部备要本），卷1。

或为巡狩或为征伐。这类巡守会同之礼，则是大礼。不过，行大礼之前必得先行常礼。换言之，君臣以觐礼相见，表明其互相之职分之后，天子才能命诸侯行征伐之事。所谓："侯氏先以臣礼见，天子以客礼受之也。"①非血缘的伦常关系建立在尊尊、尊贤双重准则上，君敬臣以贤，臣事君以义，所以廷堪说：君臣之义秩然矣。

礼之传世，在上为典章制度，在下为风俗教化。有事可循，有仪可案，有物可稽；固非区区钩沉炫博以媚古者可比，亦非斤斤辨争理气异同之玄谈者可知。朱熹晚年笃志修礼，临殁前犹考订礼制，实在是"因读此书，乃知汉儒之学有补于世教者不小"②。所拟修之礼书即欲就礼制中关乎民用者如昏丧冠祭葬等整理定制，使人在日用之间可以履行。礼自汉唐以降废乱已久，人伦关系社会礼俗沦至无礼可循，无制可依，理学者又以内在心性体悟为尚，疏忽实践。廷堪倡导礼，强调德目必须在实践上验证，也唯有有效应可资课责者，才可谓道德之完成，否则，只是内存于心的道德状态而已。所谓："道无迹也，必缘礼而著见，而制礼者以之。德无象也，必藉礼为依归，而行礼者以之。"③不征诸行为效应，如何能验明道德仁义。

（三）学礼复性

儒者理想中的礼治社会，是孔子所说的人人都能"有耻且格"的社会。礼，不只是维系社会秩序的外在规范，亦兼具变化气质以端正人心的内在道德作用。前者属于礼的社会功能，已于上节论述。本节则将阐明礼的道德功能，包括礼与人性的内在联系以及礼之贯彻的可能性。前者涉及制礼之本原问题，如果礼只是一种为了客观需要而被强行订制的律令，则如何能收变化人心之效。后者涉及道德修养的方法问题，即如何将此繁琐之礼践履出来并产生变化气质的功效。廷堪

---

① 详《觐义》，《文集》，卷4。又参考胡培翚《仪礼正义》之《觐礼》。

② 朱熹《答李季章书》，见《朱文公全集》，《文集》，卷38。关于朱子晚年修礼事，参看钱穆《朱子新学案》（台湾三民书局1982年版），"朱子的礼学"一章。又，戴君仁：《朱子仪礼经传通解与修门人及修书年岁考》，《梅园论学集》，台湾学生书局1974年版。

③ 见《复礼》中，《文集》，卷4。

提出的方法是：学礼复性。一方面说明制礼之本，在人性之好恶，礼有养情节欲的双重作用；一方面主张经由反复学习礼仪，以达成践履与变化气质的目的。

1. 养情节欲

基本上廷堪认为制礼之本原是人性之好恶。他广引《大学》、《中庸》、《曲礼》及《春秋》大夫子产之言，说明"性者，好恶二端而已"，而"好恶者，先王制礼之大原也"。①

人性秉天而生，有声色味臭之欲，也有仁义礼智信之德，二者皆人性之所好，忤逆之或扭曲不使之满足，皆为人所共恶。但人在诉求满足的过程中，往往无法自行中节，遂有过与不及的现象出现，而礼之制作的本原，就在于顺乎人性之好恶的同时为之节制，不使"佚于情"亦不使"失其性"，务使人我之情性遂而好恶之得正。② 廷堪尝引子产之言，说明礼与天地人三者的关系：

> 夫礼，天之经也、地之义也、民之行也。此言礼本于天地人三才而制也。又云：天地之经而民实则之，则天之明，因地之性；生其六气，用其五行，气为五味，发为五色，章为五声。淫则昏乱，民失其性。此言性即食味别声被色者也。《大学》言心不在焉，视而不见、听而不闻、食而不知其味，即此义也。又云：是故为礼以奉之，为六畜五牲三牺以奉五味，为九文六采五章以奉五色，为九歌八风七音六律以奉五声。此言圣人制礼皆因人之耳有声、目有色、口有味而奉之，恐其昏乱而失其性也。《大学》以好恶为拂人之性，即此义也。③

衣食声色之所以有五章、六畜、九歌等多样性，是为了配合情感欲望在不同场合及不同类别时的需要。如祭祀神灵有九歌之乐，各地风俗互异有八风之乐，吉、凶、军、宾、嘉等不同典礼就用不同的音乐、

---

① 见《好恶说》上，《文集》，卷16。
② 详参《好恶说》上下，《文集》，卷16。
③ 见《好恶说》上，《文集》，卷16。

舞蹈、牺牲，以期不偏不失地表达情欲。据此可知，礼在满足人情的同时，也节度人欲。所谓：缘情遂其欲，依礼定其分，本天命民彝，是大经大法。这就是礼的"养情节欲"的功能。廷堪又认为，不只上述之典礼仪文本诸人性之好恶，即立国之典章制度和五伦关系的礼制，以至昏丧诸礼之制定，也都本诸人性之好恶。①

廷堪以"好恶"二字概括人性，不能不说是针对理学而发。他尝以理学家据以论性之《大学》、《中庸》为本，逐段析论《大学》，指出"《大学》性字恒一见，即好恶也"。又说八条目所指之修为工夫全不外乎好恶得其正一语。说诚意之勿自欺就是好其所当好、恶其所当恶。说正心就是勿使心因忧虑忿懥而有好恶失其中正的现象。至于齐家治国平天下也不外乎"好恶得其正"。所以作结语说，修身以至齐家治国之要策，皆在"不离乎人情也"一语。和理学者之释《大学》，句句不离天理，内修工夫又时时以审辨天理人欲之几微处为要，实大相径庭。举凡典礼、仪文以至规范之制定，在廷堪看来，都是据本于人情人性之需要，因此礼与人性的关系不是理学中所说天理人欲的对立，而应是相契合的。这种对养人情欲的重视，实承戴震一脉而来。廷堪晚年《释例》一书完成后，撰《好恶说》上下篇，持"人性只有好恶、好恶是制礼之本"两个论点，对《大学》、《中庸》、《论语》做了异于宋儒近乎翻案式的新解，强调养人情欲的重要。② 其中，最具创意的，莫过于重新诠解"克己复礼"的"克己"一词，此事在近世学术思想之发展上颇具意义，略述于下。

《论语·颜渊篇》孔子有"克己复礼为仁"一语，朱子释之曰："己，谓身之私欲。礼者，天理之节文"，所以克己就是"克制私欲"。③ 清初以降学者对此章多作考辨，戴震《孟子字义疏证》"克己复礼"条即以"己"对"天下"而言为释，曰："能克己以还其至当不易之则，斯不隔于天下"，④ 减少宋儒对人之私欲的负面态度。嘉庆十

---

① 见《好恶说》上，《文集》，卷16。
② 见《好恶说》上，《文集》，卷16。
③ 详朱熹《四书章句》(《论语·颜渊》篇)。
④ 见《孟子字义疏证》，卷下。

三年(1808)阮元以新著《论语论仁》示廷堪,并谈及《论语》克己之己字不当作私欲解。廷堪当下即以阮言为是,其后覆书更以"扶翼遗经,觉悟来世"赞之。并举上下文"为仁由己,而由人乎哉"证明人己是对称,人指他人,己指自身,克己只是"修身"之意,与克制私欲无关。又广征《论语》如"不患人之不己知"、"己欲立而立人、己欲达而达人"、"己所不欲,勿施于人",再三证明人己一词乃分指人我而言。故谓汉马融之注以克己为约身最当,邢叔明援刘光伯言谓嗜欲与礼义交战,全属望文生义。而朱子袭刘氏之言,实因"但喜其与己之理欲相近而已,未遑取全经而详绎之也"。在阮、凌之前攻评朱子此误者,有毛奇龄的《四书改错》,廷堪称毛氏此言"如医家之大黄,有立起沉疴之效,为斯世不可无者",至于毛氏之为人及其他著作之谬误者,廷堪则谓有此一大功"其他可勿论矣"。① 此书作于廷堪殁前一年,辞激意切,足证其对理欲对立一说扼杀人性之愤懑。

廷堪的礼学思想虽重制度仪文规范,但绝非桎人情欲之苛条。礼以养民为先,而后教之,唯内有亲切之依恃,外有仪式可遵循,内外一贯无所牵强方能收教化之功。而清儒对人之情欲的重视,毋庸讳言,是对理学末流理、欲截然划分之流弊的反弹,纵使在考证学披靡天下之际,也不曾被知识界遗忘。思想发展之几微处,可不慎乎。

2. 礼乐化性

礼有吉、凶、军、宾、嘉五类,每一类之下又有若干典礼,每一特定之典礼之下又有相当繁琐之仪文节式,每一仪式中所应采用之器皿、服饰、牺牲,甚至方位、宫室皆有定制,如何使其践履出来,又如何令人了解其意旨,是煞费工夫的大事。廷堪所提之方法只有两个字:学习。学指知识上的了解,习指实际上的操练。其言曰:

---

① 详《与阮中丞论克己书》,《文集》,卷25。又,廷堪于《字谱即五声二变说上》,批评毛奇龄论学间有矫枉过正处,曰:"萧山说经,廓除宋儒蒙晦,于圣门颇为有功。然间有矫枉过正近于武断者,不独论乐也,学者辨之。"是知廷堪绝非真欲置毛氏论学之误谬处于不顾也。唯有彼言,更可见其用心之切耳。

> 三代盛王之时，上以礼为教也，下以礼为学也。……盖天下无一人不囿于礼，无一事不依于礼。循循焉日以复其性于礼而不自知也。①

如前节所述，士冠礼之十八节次，童子自幼学习，从一几一器皿之布置到请宾三加拜母，自能于习演中体味出情感义分。

自来儒者论修为方法的约有三种类型，一是程朱理学派尊德性和道问学，兼养性与求知；一是陆王学派专重尊德性，以致良知为第一工夫；一是颜李学派，不喜言内在心性修养而强调习行。② 廷堪对习行之注重，颇类似颜李，却不似颜李之废书不读，而是兼重知识和变化气质。不过他采用的变化气质的方法并非涵养主敬，而是反复学习礼乐。人在这些严肃不苟的节式仪文中，又配合着服饰音乐，启应内在情感，使性中之德与身体手足之活动相应和，达到内外兼修的目的。所以说：

> 即一器数之微，一仪节之细，莫不各有精义弥纶于其间。……盖必先习其气数仪节，然后知礼之原于性，所谓致知也。知其原于性，然后行之出于诚，所谓诚意也。③

廷堪最喜引《论语》孔子答颜渊问仁之四句：非礼勿视、非礼勿听、非礼勿言、非礼勿动。礼的工夫就在与外物交接时，能先以礼衡量之，不合礼，则不可视听言动。④ 这种相信仪式能带动甚至能使情感变化的看法，和近人蔡元培所说：礼仪能造就习惯，而习惯是人的第二天性，⑤ 颇有相通之处。

---

① 《复礼》上，《文集》，卷4。略去部分已见引于阮元《仪礼校勘记》，见《皇清经解》，台湾汉京文化事业有限公司1980年版，第7426页，可参看。
② 参看张岱年：《中国伦理思想研究》，上海人民出版社1989年版，第216页。
③ 见《复礼》中，《文集》，卷4。
④ 参考《复礼》三篇，《文集》，卷4；及《复钱晓徵先生书》，卷25。
⑤ 详《蔡元培全集》，第二册，中华书局1984年版，第175页。

礼以制外、乐以和内。孔子说：志于道，据于德，立于礼，成于乐。廷堪对乐之研究与对乐教之重视，在当时罕有匹俦。所著《燕乐考原》，专考唐代之燕乐。唐天宝间分乐为三类：先王之乐为雅乐，前世之新声为清乐，合胡乐者为燕乐，而燕乐最贵。燕乐是周隋旧乐，也是稽求古乐之槃钥。① 礼仪要配合着音乐进行，音乐不只有乐还有器，廷堪对乐器之制造也很留意，尝访察乐师问乐器之长短度以考证古乐声、谱、器之间的配合。②

廷堪坚信学和习行是化性的必要之途。至于学之内容为何，廷堪虽有"礼之外，别无所谓学"一语，但细查其所谓学礼之学，实无所不包：举凡经史子集天文历算金石舆地乐律皆涵盖在内。廷堪之谓学在学知识以济世用，和理学末流偏向证悟天理不同。廷堪尝批评宋儒论《大学》修身工夫之误，而以学礼习礼贯穿全篇。说格物曰：《礼器》一篇皆格物之学；说致知曰：先习其器数仪节，然后知礼之源于性。③ 又释"自天子以至庶人，一是皆以修身为本"一语，曰："自天子以至于庶人，少而习焉，长而安焉，礼之外，别无所谓学也"④，把礼视为学的主要内容。廷堪不只对宋儒大学之教不满，对其小学之教也不赞同。他批评小学之教只习洒扫应对进退，而不教六艺，是经义荒废，学术与经世脱却的关键。他引《周官》子保氏之教，说明童子八岁入小学即教以礼、乐、射、御、书、数，一以使识文字，一以强健体魄使知礼仪。⑤ 案：朱子辑《小学》一书，立意之初亦欲培养童子知礼之节，后世却诱于功令，童子入塾即每每受读《大学》，教以诚正求圣之道，礼仪操习不复实践。廷堪尝言其自身之经历曰："忆昔毁齿日，初就童子师，迫使读《大学》，百读百不知。"⑥这种迫

---

① 详《燕乐考原序》，卷26。
② 廷堪论乐之作，详《文集》，卷18、19诸篇。
③ 详《复钱晓徵先生书》，《文集》，卷25；《慎独格物说》，卷16；及《复礼》中，卷4。
④ 《复礼》上，《文集》，卷4。
⑤ 详《学古诗廿首》，《诗集》，乙巳年。
⑥ 详《学古诗廿首》，《诗集》，乙巳年。

天下士子使出于一途的情形,① 廷堪挚友汪中亦曾提出批评。汪中之言曰：

> 孔子曰：中人以上可以语上也，中人以下不可以语上也。明乎教非一术，必因乎其人也。其见《论语》者，问仁问政，所答无一同者。闻斯行诸判然相反，此其所以为孔门也。标《大学》以为纲而驱天下从之，此宋以后门户之争，孔氏不然也。②

盖"齐明盛服，非礼不动，所以修身也"③，唯有透过外在践履礼与内在体认礼的双重工夫，才能变化气质复其本性之善。

(四) 人性论与荀学之复兴

儒者自孟荀以降，每喜以善恶为人性之评断。这是因为人性本质之认定关系到道德本原和道德修养之方法。荀子言"人之性恶，其善者伪也"，所以特重学礼，主张化性起伪；然却也因有此性恶之说，遂自唐以下见黜千年。而宋明理学至今仍盛享肯定价值，则与其特尊人的道德自主性有绝对关系。性善性恶是哲学命题，本节并不拟从彼立论。之所以指出此一主题，乃欲从廷堪导民正俗以礼乐践履为重此一观点，探看廷堪对性善性恶的态度；并据以察视其思想之走向。事实上，从清中叶以来的知识界对性之善恶所作的反省中，不难看出思想界在经世此一大前提下愈趋以实务实效为重的趋势。

据前所论得知，廷堪肯定礼与人性有其内在之联系，人性含仁义礼智信五性，据此颇有主张性善之意。他自己也曾明言："夫人之所受于天者，性也，性之所固有者，善也。"④但，归纳廷堪在《好恶

---

① 廷堪《书唐文粹后》有："窃谓昌黎之论文与考亭之论学，皆欲以一人之见，上掩千古，虽足以矫风尚之同，而实便于空疏之习"之语，见《文集》，卷32。

② 《大学平议》，见《述学补遗》(台湾世界书局1962年版)。

③ 详《复钱晓徵先生书》，《文集》，卷25；《慎独格物说》，卷16；及《复礼》中，卷4。

④ 见《复礼》上，《文集》，卷4。

说》、《荀卿颂》及前引重解《大学》、《中庸》、《论语》、《左传》中的论性文字，发现廷堪又每以食色臭味之好恶论性，则分明又落在告子"食色性也"的一边。所谓：

> 人之性，受于天。目能视则为色，耳能听则为声，口能食则为味，而好恶始基于此。①

尤其说到以礼节性、以礼节心时，性善的立论更明显动摇，反倒与荀子所论礼与性的关系相近，颇有主张性恶之势。廷堪之言：

> 夫人有性必有情，有情必有欲。故曰：饮食男女，人之大欲存焉。圣人知其然也，制礼以节之，自少壮以至耋耄，无一日不囿于礼而莫之敢越也。制礼以防之，自昏冠以逮饮射无一事不依乎礼而莫之敢溃也。②
>
> 夫性见于生初，情则缘性而有者也。性本至中，而情则不能无过不及之偏。非礼以节之，何以复其性焉。③

《荀子·礼论》篇，论性与礼之关系，曰：

> 礼起于何也？曰：人生而有欲，欲而不得则不能无求。求而无度量分界，则不能不争。争则乱，乱则穷。先王恶其乱也，故制礼义以分之，以养人欲，给人之求。④

二人何其相似。廷堪似乎也意识到这种矛盾，他在《荀卿颂》一文中，尝试作调和地说：

---

① 见《好恶说》上，《文集》，卷16。
② 《荀卿颂》，《文集》，卷10。又曰："若夫荀卿氏之书也，所述皆礼之逸文，所推者皆礼之精意。……夫孟氏言仁必申之以义，荀氏言仁必推本于礼……后人尊孟而抑荀，无乃自放于礼法之外乎。"
③ 见《复礼》上，《文集》，卷4。
④ 《荀子·礼论》篇。

> 孟曰性善，荀曰性恶，折衷至圣，其理非凿，善固上智，恶亦下愚，各成一是，均为大儒。①

把性善视为上智之人之性，性恶归诸下愚之人之性，将性之精微处完全抛却不论，自非的当。但是视荀卿为大儒，不因其主张性恶遂黜之，重新审视儒学的传统，则是一大突破（详下）。廷堪对如何处理性之善恶和礼之间的关系，一直到嘉庆八年（1803）致书钱大昕，统论其礼学思想时，才有了明确的态度，曰：

> 孟子以为人性善，犹水之无不下。荀子以为人性恶，必待礼而后善。然孟子言仁言义，必继之曰：礼则节文斯二者。虽孟子亦不能舍礼而论性也。②

所谓：孟氏言仁必申之以义，荀氏言仁必推本于礼。言简意赅，在礼的大前提下，消弭了性之善恶的问题。孟子曰："仁之实，事亲是也。义之实，从兄是也。礼则节文斯二者也。"在廷堪看来，道德实践须藉诸礼，变化气质也得藉诸礼，至于性是善是恶，似乎无大关碍。

对人之本质进行再探讨，是明末以来思想界的一股暗流。基本上，这还是针对天理人欲截然对立所造成流弊的一种反动，戴震用血气心智释性，说明食色乃性中所有，已倾向于直接从性的实质内容去掌握性。无奈仍囿于性善的正统说，纵使所论已偏向荀子、告子，但仍标举性善，反遭程瑶田"不知性善之精义"之讥③。廷堪的时代，经学与经义之研究已臻至相当程度，对理学的反省与批判亦较前期更深入，像他全面否定理字、否定理学，比其他人多了一份革命性。廷

---

① 《荀卿颂》，《文集》，卷10。又曰："若夫荀卿氏之书也，所述皆礼之逸文，所推者皆礼之精意。……夫孟氏言仁必申之以义，荀氏言仁必推本于礼……后人尊孟而抑荀，无乃自放于礼法之外乎。"

② 《复钱晓徵先生书》，《文集》，卷24。

③ 详程瑶田：《论学小记》。

堪推尊荀子，其一，因二人之性论相契；其二，因荀子重学重礼；其三，因荀子传经，功在孟子之上。这是乾嘉学者尊经崇汉溯学术源流的必然结果。论性重礼已见上述。此处单论荀学与儒学传衍之问题。

汉儒孟荀并称，所尊荀子之地位，尚在孟子之上。自韩愈提出道统观并以"大醇小疵"批评荀子性恶说之后，宋人又取《孟子》配《论语》、《大学》、《中庸》创立四书，于是荀学渐黜，而孟学独尊，成为绍继周孔之唯一正脉。清儒在全面整理学术的前提下，重新审视荀子，钱大昕、卢文弨等学者都从诂训角度为荀子"其善者，伪也"的伪字辨解，证明伪字乃"人为"之意，非"虚伪"之伪。① 而荀子言"伪"只是强调人在道德修为上宜下工夫以变化气质，并非内心无善却矫饰虚伪之意。戴震也有"荀子推崇礼义，于圣人之教不害"之语。② 廷堪辨学术源流也说，《史记》孟荀同传无分轩轾，至于罢黜荀学而以孔孟并举，视孟学为孔学之唯一真传，乃后儒之私意耳。③ 又析论荀子传经、传礼之功，曰：

> 降而七雄并争，六籍皆阙，而礼为尤甚。纵横捭阖之说、坚白异同之辨，殽然而不可纪，杂出而不可穷，守圣人之道者，孟荀二子而已。孟子长于诗书，七篇之中称引甚广，至于《礼经》，第曰尝闻其略。考其父命厥子已与《士冠》相违，往送之门又与《士昏》不合，盖尽得礼之大端焉耳。若夫荀卿氏之书也，所述者皆礼之逸文，所推者皆礼之精意。④

---

① 参钱大昕：《跋荀子》，见《潜研堂文集》（商务印书馆1936年版）；卢文弨：《书荀子后》，见《抱经堂文集》（商务印书馆1936年版），卷10。
② 见《孟子字义疏证》，卷下，原文作"荀子推崇礼义，宋儒推崇理，于圣人之教不害也"。
③ 廷堪《孟子时事考征序》言："窃惟太史公书以孟子荀卿同传，未尝有所轩轾于其间。而孟荀之称，由汉迄唐无异辞。若夫罢荀卿从祀，祧七十子而以孔孟并举，此盖出后儒之意，于古未之前闻也。"（《文集》，卷26）
④ 《荀卿颂》，《文集》，卷10。又曰："若夫荀卿氏之书也，所述皆礼之逸文，所推者皆礼之精意。……夫孟氏言仁必申之以义，荀氏言仁必推本于礼……后人尊孟而抑荀，无乃自放于礼法之外乎。"

和廷堪治《荀子》最相契合的，是以治墨学而被翁方纲斥为异端的汪中。汪中曾助谢镛校注《荀子》，今传王先谦《荀子集解》一书前序中所录谢镛《荀子校释》，多出自汪中之手。汪中对荀子的赞辞亦包括其传经之功，有"周公作之、孔子述之、荀子传之，其揆一也"之句。① 其后汪中治贾谊《新书》，也是因为贾谊是荀子的再传，其学精于礼。② 当时衍圣公之后以治公羊著称的孔广森，和廷堪论学相契，二人亦有"荀卿为儒宗老师"的共识。③

荀学在清中叶复兴，是清代学术思想史上的一件大事。荀孟地位之升降，不只意味知识界对人性之情欲问题有正面看法，也意指道德实践走向要求仪则之途。兹引廷堪《荀卿赞》以为小结，曰：

> 七姓虎争，礼去其籍。异学竞鸣，榛芜畴辟。卓哉荀卿，取法后王。著书兰陵，儒术以昌。本礼言仁，厥性乃复。如范范金，如绳绳木。金或离范，木或失绳。徒手成器，良工不能。韩氏有言，大醇小疵。不学群起，厉声诟之。孟曰性善，荀曰性恶。折衷至圣，其理非凿。善固上智，恶亦下愚。各成一是，是谓自弃。史迁合传，垂之千年。敬告后人，勿歧视焉。④

（五）礼义

礼义者，制礼之意旨也。礼在仪文节式上有繁简直杀之异，而何时当繁？何时当简？又为何当繁？为何当简？其去取准则就是义。所以说：

---

① 汪中：《荀卿子通论》，见《述学补遗》。
② 详汪中：《述学》内篇二。
③ 见《孔检讨诔》，《文集》，卷35。
④ 《荀卿颂》，《文集》，卷10。又曰："若夫荀卿氏之书也，所述皆礼之逸文，所推者皆礼之精意。……夫孟氏言仁必申之以义，荀氏言仁必推本于礼……后人尊孟而抑荀，无乃自放于礼法之外乎。"

> 礼之所尊，尊其义也。失其义而陈其数，祝史之事也。①

掌握住礼义，不只能评断是非，更可以据其义以制定新礼。廷堪引《礼运》：

> 礼运曰：礼也者，义之实也。协诸义而协，则礼虽先王未之有，可以义起也。②

"礼以义起"是先秦孟荀以至汉儒的共识。三礼中的《小戴礼记》即以讨论礼义为主，祭有祭义、冠有冠义、觐有觐义。至于何谓礼以义起？廷堪引《礼记》：

> 记曰：仁者人也，亲亲为大。义者宜也，尊贤为大。亲亲之杀，尊贤之等，礼所生也。……父子亲然后义生，义生然后礼作。③

亲亲和尊尊是制礼所本之义，亦即制礼之准则。但当二者相冲突时，又如何呢？曰：

> 故至亲可以掩义，而大义亦可以灭亲。④

亲与义之间如何裁夺，则有待礼制之细目。《礼记》中论礼义之细目甚详。如命爵有八术、丧服有六术。然其中最首要之根本原则则不外乎亲亲尊尊二义。⑤ 廷堪《礼经释例》一书虽以考订礼制之条例仪式为主，但条例归纳之后，却有超乎考订之上而直指是非之准则者在。

---

① 《复礼》中，《文集》，卷4。
② 《复礼》中，《文集》，卷4。
③ 《复礼》中，《文集》，卷4。
④ 《复礼》中，《文集》，卷4。
⑤ 参《封建尊尊服制考》，见《皇清经解》，第5450~5451页。

李慈铭《越缦堂读书记》"仪礼释例"条下尝惜廷堪该书"未及申释制礼之由，俾人知等威节文，俱有精意"①，颇憾其美中不足。李氏此言，吾以为亦然亦不然。《释例》一书虽不曾如《礼记》般对个别典礼作礼义的探讨，但其条例下所附之案语，与其《封建尊尊服制考》、《觐义》和文集《读顾命》、《慎独格物说》诸篇都直接讨论到礼义，而且频具突破意义，不容忽视。分述于下。

考订丧服是清儒治礼的主要内容，实因宗法制度是维系社会秩序的基础，而丧服最能详备的表列出宗法的关系。廷堪《释例》一书于"变例"（案：丧服例）之后特别撰述《封建尊尊服制考》一文，其目的即欲以古代封建制度为本据，阐明礼义中"尊尊"此一概念的实际运作情形。其言曰：

> 先王制礼合封建而言之，故亲亲与尊尊并重。封建既废，尊尊之义，六朝诸儒或有能言者。宋以后儒者因陋生妄，于其所不知，辄以己意衡量圣人，由是说丧服者日益多，而礼意日益晦。②

廷堪首先指出封建制度中所谓"尊尊"，其所尊之尊乃指："受重者，所受宗庙土地爵位人民之重"也，③并非单指"帝王"。又举《丧服》中斩衰三年丧礼之最重者为证，据《仪礼》宜服此丧制的情形有六种，即：诸侯为天子，为君，父为长子，为人后者，妾为君，公士大夫之众臣为其君。为君服斩衰三年之丧，乃因"君，至尊者也"，而所谓君并非指帝王，乃是指天子、诸侯、卿大夫、士之有土地有人民者而言。君之所以至尊，乃因其受有土地人民爵位之重责。至于父为嫡长子斩衰三年，和子为父守三年丧之因相同，皆因为嫡长子将承重而为

---

① 见李慈铭：《越缦堂读书记》（台湾世界书局1975年版），卷上，第81页。又，参看李慈铭：《越缦堂读书记》（台湾世界书局1975年版），卷中，第811~814页。
② 参《封建尊尊服制考》，见《皇清经解》，第5450页。
③ 参《封建尊尊服制考》，见《皇清经解》，第5451页。

宗庙之主也，所以说"受重者，必以尊服服之"。可见，君与长子之尊，皆因其有"持重"之责。① 此即尊尊之首义，所尊者不在其为天下之主，乃在其因爵位而持有之责任是也。

唐人治经坚守疏不破注之习，遂多讹信郑注不及查究经传原文，致使士见黜于君之列，而不得受尊尊之礼。后世更以君指南面之帝王，遂致尊尊演成尊君。廷堪举《论语》、《礼记》为证而斥其谬误，曰：

> 南面指人君，亦兼卿大夫士言之，非春秋之诸侯及后世之帝王也。……是有地有爵者皆得南面称君而治人也。后儒乃以南面为帝王之称……谬矣。②

又曰："大宗者，尊之统也"，"大宗者，收族者也，不可以绝也"。③大宗之尊，是尊其统摄收族，有承祧宗庙之责、有抚恤宗族之任。和君有养民教民治民之责相同。故尊之当尊，尊其职责也。

其次，论亲亲。尊尊固然是礼中之义，却也不能谬逆亲亲，所谓大义可以灭亲但至亲亦可以掩义。《礼记》服术六项首列亲亲次属尊尊，即表明二者必须斟酌互用，才能协诸义而不失。后世不明尊尊之旨，曲解经义，遂至尊君太过，造成乖忤人情、违逆伦常、困苦人欲之弊病。廷堪尝以《丧服》中"子为母丧"为例，说明这种现象。

子为母丧。大致而言，父在则为母齐衰期年，尊父之尊也；父卒则为母齐衰三年，伸其亲也。其中最引起争议的是：子与继母、子与养母、妾子与母、庶子承重后与其生母间丧服的复杂关系，这也是宋以降《丧服》中的一大疑议。关于前者，廷堪首先据经义，指出父卒后，子为母齐衰三年之丧，子包括嫡子庶子，母则兼指父之正室、继室、妾室以及该子之养母。所谓：继母如母，慈母如母，何况，《论语》"子生三年然后免于父母之怀"，其母乃专言嫡母乎抑合指所生之

---

① 参《封建尊尊服制考》，见《皇清经解》，第5451页。
② 详参《礼经释例》，见《皇清经解》，第5452~5453页。
③ 详参《礼经释例》，见《皇清经解》，第5456页。

母?又孟子诫诸侯只言勿以妾为妻,焉闻勿以妾为母者乎。宋以降儒者不读经书,妄以天理二字臆礼,遂使妾子为母之丧不得伸为齐衰三年,往往以大功九月缌麻三月则除服,挫人子之情、忤伦常之道。究其源,乃因胡安国之言:以妾母为夫人,徒欲崇贵其所生而不虞贱其父。① 廷堪严斥之曰:

> 胡安国即不能知《礼》与《春秋》,岂《论语》、《孟子》亦不能知乎?说《春秋》者啖、赵而下,妄人固多,未有如安国之甚者。凭陋腹以为理,其罪乃至上通于天,宜见黜于圣世也。②

胡安国的《春秋传》乃元、明取士之标准经解,则其误导之深远可知。而廷堪敢于当世作此批评,其志亦可知。③

至于,庶子入祧大宗,其生母卒,当服何丧?历史上,民间或帝王家都有大宗无后,庶子承重之事。廷堪举晋哀帝为例。晋哀帝以琅邪王入后大宗。熙宁元年,其生母周太妃卒,哀帝初拟服齐衰三年之重丧,后因江彪启奏以礼"厌屈私情,所以上严祖考"为讳,遂一减为期年,再减为三月,终于以缌麻三月之服为生母举丧。其后明世宗明伦大典即据此订定礼制,造成矫枉过正,乖失人情之弊。廷堪以礼"为人子后者,为父母服"之例正之,主张宜服期年之丧,纵使入祧大宗,以大宗之父母为父母,然对生母之丧,纵宜减为期年,却切不可只以舅姑三月之丧为服。盖承重虽宜尊尊,但生母之亲亲,却不可以义掩也。其后宋大儒王伯厚《困学记闻》说春秋,尚称引江彪之言,毋怪乎廷堪慨叹自宋以降礼义之谬妄久矣,曰:"宋人表表如浚仪王氏,所言尚谬悠如此,其它又何足辨也。"遂慨然有志讲明礼义,谓"则经义岂可不亟加讲明,误人家国乎"④。是知廷堪考订礼制,归

---

① 详参《礼经释例》,见《皇清经解》,第5454页。
② 详参《礼经释例》,见《皇清经解》,第5454~5455页。
③ 清儒对胡安国书之批评,见汪惠敏:《宋代经学之研究》(台湾师大书苑有限公司1989年版),第302~306页。
④ 《封建尊尊服制考》,见《皇清经解》,第5455页。

纳礼例，其终极目标乃在辨礼义，明是非之准则，废斥宋以降解礼之妄谬也。

四、结　论

凌廷堪的礼学主张，其目的是要把伦常礼制实践出来，以导民正俗，达到儒家的礼治社会理想。他所采用的方法是反复学习礼乐，通过知识的了解和形式上的操演，以达成变化气质和端正行为的目的。廷堪自知此一目标必须循转移学风、改变观念和操习礼乐三途着手。凌廷堪主讲紫阳书院时，遂每以礼理之辨、汉宋儒者经论之异同为题，课试弟子。对弟子中能识得儒学重礼之传统大别于宋学之以佛理为理者，辄多加称许褒扬，务必使学生的学统观念正确无误。据年谱载，廷堪此举"始则大哗，继则信疑各半焉，而先生教思之诚，终不稍懈"①，足证廷堪倡导礼学转移学风意志之坚定。晚清以撰述《仪礼正义》名世的胡培翚，即廷堪入室弟子。且培翚于晚清时，亦尝以"礼兼学行"的观点，调和汉宋学派之争，跳出考证义理各据一端的槛限，所受廷堪礼学思想之影响可知。

除却上述重整社会秩序的时代意义之外，凌廷堪的礼学思想在乾嘉之际出现，从学术思想史之发展角度观察，其意义与价值也是多层

---

①　《年谱》嘉庆十二年丁卯条下，录廷堪之课试题中，多有以汉宋经解之辨为问者。尤其三月十八日之策问题及其评卷，最可证廷堪纠正宋学转移学风之迫切。策问题曰："我高祖皇帝钦定《礼记义疏》内，《中庸》、《大学》二篇前全载郑注，后全载朱子章句，不加论断，原欲令学者自择，究之二家之说孰长？请各据其异同之处，直抒所见，以副圣朝崇尚经学之至意。"评王度卷云："《大学》云：自天子以至庶人，壹是皆以修身为本。《中庸》云：齐明盛服，非礼不动，所以修身也。是礼字为《中庸》、《大学》真注脚。策问中能见及此，可谓豪杰之士"，《年谱》作者并自加案语云："亟拔之，以为有志圣学者劝。"试再与所评王国翰卷相较，其意更明显可见，云："《论语》皆孔门遗训，其中无一理字，《易》、《书》、《春秋》、《仪礼》、《周礼》，唯《诗》有'我疆我理'，《易大传》有'理得'及'穷理''顺理'等语，然古人皆作条理解。主天理人欲四字，始见于《乐记》，亦汉儒采诸文子，去圣人则已远矣。童而习之之书，不可草草看过。"其余皆类此，可参看。

面的。

　　先从微观方面来说。首先，对乾嘉考证学而言，廷堪的礼学主张，无疑为考证学指出考证只是手段，经世才是目的的学术大方向。《礼经释例》用的是考证学的释例的方法，但归纳出的条例却是为了能把礼制正确无误的重现出来，达到经世正俗的目的。其次，对徽州学术之发展而言，廷堪承续了徽儒关切道德教化的传统，虽然否定理学而代以礼学，但在推行五伦之礼治社会与端正人心和社会风俗方面，其精神仍与朱熹、江永、戴震等徽儒之重礼传统相一贯。

　　再从宏观方面来看。廷堪的礼学思想，在理学走向清学的转化上，最大意义，就是他"以礼代理"的主张，转化了理学家论道德修为偏重道德形上的兴趣，而使之直接切入实际人伦日用的践履，从"社会效应"的角度立论，把道德问题，从成圣与否的个人内在道德状态落实到道德实践的可课责性上。我们试再扩大从儒学发展之全程来观察。自孔子以下，论道德修为自来有孟、荀两个传统，孟子认为尽其心者知其性，知其性则知其天，所以侧重个人心性之涵养，所谓"先立其大者"，能掌握住性命的本原"养其性所以事天"最为重要。①而荀子则从行为效应的观点立论，认为行为无失必须藉诸礼，所谓"礼者，人之所履也，失所履，必颠蹶陷溺"②。礼不只是行为准则，即"正身"，同时也是内在涵养的不二途辙，所谓"治气养心之术，莫径由礼"③。化性起伪，经由习礼的累积工夫才能变化气质端正行止。廷堪的礼学主张，从立论角度人性论到修为方法，都明显地走着荀子的路数，和钱大昕、戴震、汪中相承续，清晰呈现出清学在重礼、重学、重行为效应的重重要求下，造成荀学地位的日渐提高。清学以实字为倡，"实"不只指经史考证之实，亦指人伦日用之实、经验效应之实。张灏先生在论及清中叶经世思想之兴起时也说此一"重实际、

---

　　① 《孟子·尽心上》，言："尽其心者，知其性也。知其性则知天矣。存其心，养其性，所以事天也。"
　　② 《荀子·大略》篇。
　　③ 《荀子·修身》篇。

重实效的趋势,是一种功效理性的强化的表现"①。清学此一重效应的思想走向,唯有立足于儒学之宏观的角度之下,才能于心性理气的宋儒学之外,掌握住清儒学的思想走向。

廷堪此一重"功效"的思想特性,不只表现在他伦理教化的重礼观念里,也呈现在他的史统论中。廷堪论史统,早年即有"读史魏金进,论统晋宋削"之句,盖廷堪认为史之"正统与否"当以实际政治之"治乱与否"为评断准则。北魏拓拔氏诛群寇定中夏,较诸东晋诸帝的弑篡无道,更应居史之正统;同样,金源氏四海稽首,德政可与汉文帝媲美,偏安的南宋尚且称臣于金,然而史家却因拘守《春秋》夷夏之辨,正统依华夷论而不以功德论,岂不陋哉。② 廷堪对天子入主天下之资格和嫡子入祧宗庙之资格,也有一番意见。他认为君之于国,犹心之于身,心的功能在操作百体,而君的功能在运作百事;如果君无此能力胜任此职,纵使庶政也只会颓惰坏国。廷堪以两晋为证,说明西晋之亡,不亡于八王构衅,而亡于惠帝之戆憨;东晋之亡,不亡于桓之阻兵,而亡于安帝之不慧。所以他引《礼经》"正体传重"一语,说明如果嫡子有废疾"不堪主宗庙,则不立",切不可固执地守着立长之辞,不审经权不知变通,贻祸家国。③ 这种从任职之能力和任职之效应来评断功过的观点,完全不受传统夷夏嫡庶之说的拘蔽,是廷堪思想中重功效的强烈表现,在乾嘉考证学风之下,不可不谓特殊。

除却思想史的审视,吾人也可以从个别的单一概念上察析廷堪思想中所含具的特质,并可作为深入探讨乾嘉思想的参考。第一,对人之情欲的态度,承认情欲是人性的一部分并要求其满足,反对理学家天理人欲的截然对立。第二,揭示出五伦关系的相对待性,和三纲绝对的主从关系大不相同。第三,指出尊尊观念的本始意义,并摒斥宋以降儒者转讹尊尊为尊君,导致君权过分膨胀君臣之义无法彰显的弊

---

① 张灏:《宋明以来儒家经世思想试释》,《近世中国经世思想研讨会论文集》(台湾"中央研究院"近史所,1984年),第19页。
② 详《学古诗廿首》,《诗集》,乙巳年。
③ 详《两晋辨亡论》上、下,《文集》,卷20。并参看拙文《凌廷堪的正统观》,《第二届清代学术研讨会论文集》(文史哲出版社,1992年6月)。

病。盖理学尊崇的"天理"观念，极易流于绝对、冷峻、违反人情，此即戴震所讥之"以理杀人"，廷堪所批评的"凭陋腹以为理"。因此，据此一天理而制定的礼制和伦常规范，在实际人生社会上往往缺乏可践履性。廷堪的礼学主张步步扣紧人情之好恶，就是在强调礼的可践履性，所以他探究礼与人情的相通处，并反对不合人情的绝对的理。至于礼与人情的相通处，如何反映在思想界，甚至反映在制度上，更是有待探究的重要课题。

附记：本文之撰述，得陆宝千、王尔敏两位先生经常提供意见作出指导，又获刘广京先生之书面评论与鼓励，谨此致谢。

——原载台湾《"中央研究院"近代史研究所集刊》，第 21 期，1992 年 6 月，第 85~122 页。转载于《中国哲学》（北京），辑 16，1993 年，第 433~476 页。

【评　介】

20 世纪的礼学研究，最突出的成就在考古器物简帛和制度研究方面，这种局面到 90 年代被张寿安先生突破。她的代表作《以礼代理——凌廷堪与清中叶儒学思想之转变》"彰显礼学研究的思想性"，揭示出乾嘉考证学背后的经世倾向和思想特征，在学术界获得了极高评价。该著述极力表彰凌廷堪礼学的实事求是的经世精神，将清代礼学的思想性研究推到一个新的高度，在现代礼学史上留下了精彩的一笔。

张寿安研究员，女，籍贯河南省嵩县。1951 年生于台湾省。台湾大学中文系学士、中文研究所硕士，师从著名经学大师何佑森先生。香港大学哲学博士(1986)，师从杜维运先生。曾任香港浸会大学讲师，被该院院长谢志伟博士推荐，获 Yale-in-china 学术委员会奖学金，赴美国耶鲁大学进修。她又师从国际著名学者余英时先生。现任"中央研究院"近代史研究所研究员。主要从事清代学术思想史、清代乾嘉学术、礼学、传统经学的近代转型等研究。著有《龚自珍学术思想研究》、《以礼代理——凌廷堪与清中叶儒学思想之转变》、《十八世纪礼学考证的思想活力——礼教论争与礼秩重省》等专著，及《清中叶徽州义理学之发展：从戴震、程瑶田到凌廷堪》、《十七世纪中国儒学思想与大众文化间的冲突：以丧葬礼俗为例的探讨》、《礼教与情欲：近代早期中国社会文化的内在冲突》、《清代扬州学派研究之前瞻》等论文，参与主编《乾嘉学者的义理学》。

《以礼代理——凌廷堪与清中叶儒学思想之转变》一书1994年出版，1996年荣获台湾"中央研究院""首届年轻研究人员著作奖"，评奖意见指出："这部著作从繁杂之原始资料疏理出言之成理、持之有故的解释途径，充分运用考证及经学方法，彰显礼学研究的思想性，把问题摆在历史脉络中，取得承前启后的效果。其主要贡献是恢复了清中叶儒学思想转变的一条线索"①，中肯地概括并充分肯定了张先生礼学研究的方法与贡献。全书分凌廷堪礼学思想之产生背景与渊源、凌廷堪礼学思想之内容、凌廷堪与礼学思想之蔚起、凌廷堪与礼理争议之起、礼学思想之社会实践五个部分，着眼于考察学术思想史之发展，立足点则在凌廷堪礼学思想的个案研究上。

《凌廷堪的礼学思想——"以礼代理"说与清乾嘉学术思想之走向》一文包含了该著述前两章的主要观点，主要论述凌廷堪思想产生之背景和他的礼学思想要点。1992年发表。张先生疑惑于梁启超所言"清学只有学术而无思想"，通过研究发现，清学考证工夫背后有其经世企图与思想性，从理到礼是儒学性质的转变，表明清代思想摆脱性理玄思另创实学的特殊意义，凌廷堪是其中的转折性人物，凌廷堪礼学思想的特色就是"把道德问题放在社会秩序层面上讨论"。

该文第二部分，张先生分析了凌廷堪以礼代理思想产生的双重背景。其社会背景是清代中期民间奢侈浪费风气的渐长，没有节制，甚至影响到普通百姓的生活。凌廷堪希望通过礼学来实践宗族伦理重整社会秩序。其思想背景则是乾嘉汉学"尊经崇汉"的治学方法和徽州理学"重礼切用"的思想理念。前者使得凌廷堪专治礼经，以考证学的释例方式考订礼制，后者使得凌廷堪以研治制度求治世之方，致力于伦理教化。

文章第三部分，张先生归纳了凌廷堪的思想要点，即用五伦关系

---

① 见台湾《"中央研究院"周报》第561期，1996年1月26日。

重整社会秩序,并经由反复学习(演练)礼乐以达到正人心、厚风俗之目的。张先生认为,这意味着儒学发展从理学向实学的重要转化,其特色就是把道德问题放在社会秩序的层面上讨论,重视社会效益。

张先生分五点来论述:辨礼理之异,重课责的道德观,学礼复性,人性论与荀学之复兴,礼义。辨礼理之异主要是从学术的虚实与否着眼,凌廷堪主张实事求是以求致用,他认为礼包含伦理、政事、刑罚、上下等级、惠和等一切政治伦理措施,主张以平实的经书义理代替虚玄的理学义理,实事践履以求其效应;道德观方面,凌廷堪不关心个人内心的道德状态和道德境界,更关心道德实践的方式和规范,即如何把五伦关系在实事上践履出来,典礼仪文如何使情感表达恰如其分,并使情感具有互动性;学礼复性指向的是礼与人性的内在联系以及礼的贯彻的可能性,凌廷堪主张养情节欲和礼乐化性,制礼本之于人性之好恶,所以礼有养情节欲的双重作用。具体途径为学与习,即了解礼乐之仪文节式,并进行实际操练,从而变化气质、端正行为。

关于人性论与荀学之复兴,为了探究凌廷堪思想主张的根本,即性善性恶与礼之间的关系,张先生转而发现荀学在清中叶复兴。清中叶知识界批评理学空谈心性理气,道德实践走向要求仪则,所以荀学复兴也是从理到礼儒学转向的例证之一。关于礼义,凌廷堪认为"礼以义起",义是制礼的意旨,去取的准则。制礼所本之义,就是亲亲与尊尊。只是,尊尊并非尊君,而是对负有"持重"之职责的尊重。尊尊又不能谬逆亲亲之义。

张先生的结论是:凌廷堪倡导礼学转移学风,具有重整社会秩序的时代意义。就礼学思想来说,微观方面,廷堪的礼学主张,为乾嘉考证学指出考证只是手段、经世才是目的的学术大方向,承续了徽儒关切道德教化的传统;宏观方面,廷堪的礼学思想"以礼代理"的主张,转化了理学家论道德修为偏重道德形上的兴趣,而使之直接切入实际人伦日用的践履,从"社会效应"的角度立论,把道德问题,从成圣与否的个人内在道德状态落实到道德实践的可课责性上。

张先生认为,凌廷堪的礼学思想是以"实"为目的,为了达到这个目的,他摒弃了当时盛行的玄谈之"理",回到提倡务实的践履之"礼"上来。凌廷堪思想上的这种转变,恰恰代表了儒学在清中叶正在发生性质上的转变。张先生接着关注清中叶崇礼思想如何形成风气,礼理的争议如何在理论上取得胜利,以及礼学思想在社会上的践履情形,完成了她的这本著名的代表作《以礼代理——凌廷堪与清中叶儒学思想之转变》。

张先生的清代思想史研究,论证了清儒的考证之学在思想与经世之间的联系,揭示出清中叶经史考证背后的思想。王俊义先生评价说,《以礼代理——凌廷堪与清中叶儒学思想之转变》的"主要贡献是恢复了清中叶儒学思想转变的一条线索","依据大量原始资料,经过精辟地分析,以清晰的条理阐明了从明末清初到清中叶儒学思想的嬗变,并着重说明与当时理学相对抗的礼学思想的兴起,令人信服地证明乾嘉道时期的学术界存在着一股风靡一时的以礼代理思潮"。①

更重要的是,张著让学术界开始重新审视乾嘉考证学,重新对待清中叶的礼学思想。刘广京先生说:"梁启超曾经说过清代有学术而无思想。这句话已经被张寿安先生的卓越著作推翻了。……至于礼教是否含蕴重要的精辟思想,则到了 90 年代张先生的著作里才有缜密完整的说明、一针见血的论断。"②周积明先生认为张先生"提出了'乾嘉新义理学'的概念,并以敏锐的思维、缜密的论证,对'有考据无义理'、'有考据无经世'的关于乾嘉学术的传统定论,作出了颠覆性的发言"③。

张先生在研究方法上的创新,一方面是"充分运用考证及经学方法,彰显礼学研究的思想性",为思想史的研究方法;一方面在对礼的社会实践进行考察时,又运用了社会学的方法。她将这两种方法结合起来,不仅使其结论更加令人信服,也使社会问题与思想问题消弭了距离,开辟了思想史研究的新天地。

张先生并未满足于已有的成绩,她说:"然而就在这本书脱稿

---

① 参看王俊义:《清代学术思想史研究的新创获——张寿安及其〈以礼代理〉评介》,《中国文化研究》1999 年秋之卷(总第 25 期)。

② 刘广京:《大陆版序》,张寿安:《以礼代理——凌廷堪与清中叶儒学思想之转变》,河北教育出版社 2001 年版,第 1 页。

③ 周积明、雷平:《清代学术研究若干领域的新进展及其述评》,《明清史》2005 年第 3 期。

后,我也立即发现了它的不足。事实上,清代的礼学思想此一研究主题,还有极辽阔的可开发空间。首先,礼理争议是个大问题。不仅意指清代汉宋学之争的思想核心,也涉及儒学中道德的判定准则问题,是探讨近世儒学从其哲学形态(理学)转向社会学形态(礼学)的重要课题。其次,清初以降思想界对人之情欲的正视,导致情与理或情与礼之间的尺度重审问题,更是联系近代反礼教思想及精确定位清代礼学思想的关键课题。这些都有待进一步的研究。于是,这本书只能说是我研治清中叶学术思想史的半个小结。"①

此后,张先生关注的议题继续延伸,愈加细密,如清代的情欲觉醒、礼制重建、礼教与人情的冲突等,催生了她的又一部礼学力作《十八世纪礼学考证的思想活力——礼教论争与礼秩重省》。这是"以礼代理"议题的进一层发展,主要探究18世纪的礼学家如何反思经验界的秩序,尤其是"三纲纲纪"下的伦理秩序;讨论18世纪的礼学思想,既关注清儒礼学思想与宋明天理观念下礼思想之间的差异,也关注18世纪知识界对宗法秩序和宗法理念所提出的质疑。而这些思考又直指中国近代学术的转型这一重大课题,刘广京先生说:"乾嘉时代重礼的思想同时则刺激情欲思想。有关情与礼内在的冲突,张先生已予详论,认为是民初五四时代反礼教思想的先声。"②两部著作有着思想上和研究上的连续性。

张寿安礼学著作目录:

《以礼代理——凌廷堪与清中叶儒学思想之转变》,台湾《"中央研究院"近代史研究所集刊》,1994年;河北教育出版社2001年版。

《十八世纪礼学考证的思想活力——礼教论争与礼秩重省》,台湾《"中央研究院"近代史研究所集刊》,2001年;北京大学出版社2005年版。

---

① 张寿安:《原序》,《以礼代理——凌廷堪与清中叶儒学思想之转变》,河北教育出版社2001年版,第8~9页。

② 刘广京:《大陆版序》,张寿安:《以礼代理——凌廷堪与清中叶儒学思想之转变》,河北教育出版社2001年版,第2页。

>>> 礼学档案 <<<

中国礼学史发凡

杨志刚

在中国现代史学史上,礼学史是一个弱项。尤其在20世纪50—70年代,礼学史研究在大陆学术界近乎完全沉寂。最近十余年,情况有所改变,有关的论著不时地问世。但,目前的研究状况,仍处于局部的个案的探讨,有系统的研究工作尚付厥如。不仅如此,即使是礼学史的总体框架,以及建立在这种框架之上的研究的基本思路,也都未见有人提出。笔者不揣谫陋,撰此发凡,陈一己之见,与学界同仁共商讨。

一、分类与界域

在礼学的名下,所指往往不一。换言之,礼学之名包含着狭义的、广义的多重意蕴。为了给礼学史确定界域,我们将礼学划为四类:礼经学、礼仪学、礼论、泛礼学。

礼经学 它的研究对象是礼经以及其他儒家经典中记载的礼,属于经学的范畴。礼经是指《周礼》、《仪礼》、《礼记》这三部礼书。有关"三礼"互相之间的关系及其地位,历史上颇存歧说:有的奉《仪礼》为"经",视《礼记》为"传"(朱熹);有的尊《周礼》为"经礼",称《仪礼》为"曲礼"(郑玄);也有的以《周礼》为"礼经"(韦昭、颜师古);还有的则斥《周礼》为"伪书"(胡安国、胡宏)。鉴于"三礼"在古代都曾成为钦定之"经",所以今人站在礼学史的立场,可以将它们都唤作礼经①。此外,《大戴礼

---

① 在传统礼学研究中,所谓"礼经"一般是指《仪礼》(如凌廷堪《礼经释例》、邵懿辰《礼经通论》)或《周礼》(如叶时《礼经会元》)。今人蒋伯潜在《十三经概论》中还曾申言:《礼记》是"记"非"经"。然而,这都是从三部著作互相之间的关系和地位立言的。又,今人有称"三礼"为"礼经"、"三礼"学为"礼经学"的,如周予同。见周著《朱熹》第四章第四节"礼经学"。

记》、《逸礼》(已佚)也是儒家重要的经典作品,并且,《逸礼》在汉代曾立于学官,《大戴礼记》与《礼记》(即《小戴礼记》)在传授上有渊源关系(是否曾立于学官说法不一),故也可将它们泛称为礼经。要而说之,礼经学即研究这些礼经的专门之学,其主干是"三礼"学。

除了礼经,礼经学还涉及对其他儒家经典("十三经")中记载的礼的研究。像(宋)张大亨《春秋五礼例宗》,(清)凌曙《公羊礼疏》,(清)侯康《穀梁礼证》(未完帙),(民国)张其淦《左传礼说》,即属礼经学。

礼仪学 礼经学的侧重点在"经",礼仪学则在"仪"。它包含两方面的内容:仪制的撰作和仪制的研究。秦汉以降,几乎每一个朝代都要制定本朝的礼仪制度,有的还形成礼典,著名的如《唐开元礼》、《政和五礼新仪》、《明集礼》、《清通礼》。在官修礼书之外,历史上还出现了大量的由私人编撰的有关冠婚丧祭仪制和日用伦常的家礼、乡礼类著作,像(宋)司马光《书仪》、(宋)朱熹《家礼》、(明)黄佐《泰泉乡礼》。无论官修还是私纂,编订这些礼书的主观意图往往十分明确,是想藉此确立仪制的规范,指导现实生活中的礼仪活动。与上述仪制的撰作旨趣有违,仪制的研究,仅着意于搜辑考订。它们对繁琐的名物、制度、礼节,或述或考,或明其沿革,或究其礼意,却并不图以用于实施。像(唐)杜佑《通典》中的《礼典》,(元)马端临《文献通考》中的《郊社考》、《宗庙考》、《王礼考》,(清)秦惠田的《五礼通考》,就属此类。

礼论 它是对礼的本质、价值、功能和历史作用等问题进行理论性的论证和阐发。载录于《论语》和《礼记》诸篇的孔子礼学,就基本上属于礼论。荀子以及北宋李觏的礼学,也是典型的礼论。礼论常散见于经、史、子、集各种著作及篇章之中,不似礼经学、礼仪学多专著、专篇,显得繁杂散漫。对这一类礼学,礼学史可择其有影响者加以探讨。

泛礼学 即泛化的礼学。在古代中国,礼几乎是无所不包的社会生活的总规范,影响、浸淫至制度、器物、行为、观念、心态各个层面,以至可以说,中国社会处处有礼学,研究中国文化处处会遇到礼学。比如,称谓尊谦、姓氏等级、避讳习俗,就曾经是一门不可或缺的"礼"学。再以儒家经典"六经"言，皮锡瑞《经学通论·三礼》就说："六经之文，皆有礼在其中。六经之义，亦以礼为尤重。"近代礼学专家曹元弼也说："六经同归，其指在礼。《易》之象，《书》之政，皆礼也。"①礼在中国社会的泛化现象，滋生了泛礼学。

承上所述，礼学，狭义的是指礼经学；扩而言之，包容礼仪学和礼论；再推而广之，就成为广义的礼学，它涵括泛礼学。中国礼学史，应以泛礼学为铺垫、作衬托，而集中于礼经学、礼仪学、礼论这三类礼学的研究。

礼学不同于礼制或礼俗，它的特点在"学"，其表现形式是著述或言论。那么，中国礼学史的研究对象，当然就是历史上的礼学文献。这又以专门的著作和篇章为主，旁涉各种信札、诏令、奏仪等内容。

从文献目录学的角度，对礼经学和礼仪学该如何定位？《隋书·经籍志》所确立的四部四十类，是我国古代比较成熟的图书分类法，后来历代官修史志、官簿、私家书目均以此为依据。《隋书·经籍志》的经部"礼"类，大致就是本文所说的礼经学；史部的"仪注"类，大致就是礼仪学。《隋书·经籍志》的经部"礼"类，上承《汉书·艺文志》六艺略的"礼"和(梁)阮孝绪《七录》经典录的"礼"部（六艺略、经典录相当于四部分类法中的经部）。《隋书·经籍志》史部所设"仪注"一目，可溯源至《七录》记传录的"仪典"部。在《汉书·艺文志》没有与"仪典"、"仪注"相接近的类目，这表明礼仪学在西汉尚未发育成熟。《隋书·经籍志》经部"礼"类著录书籍共136部1622卷，通计亡书合211部2186卷，居"六艺经纬"之首②；史部"仪注"类著录汉魏以来历代王朝有关礼仪制度的著作共59部2029卷，通计亡书合69部3094卷。

经部"礼"类在以后的古代书目中相沿不变，史部"仪注"类则有变化。在清朝乾隆修《四库全书总目》以前，史籍目录均依《隋书·经

---

① 曹元弼：《礼经学》卷四《会通》。
② "易"类只有69部，"书"类32部，"诗"类39部，"乐"类42部，"春秋"类97部，均远远低于"礼"类，由此可见礼经学的昌盛。

籍志》设"仪注"。另有书目标题为"典章"、"礼注"、"仪典",它们与"仪注"相通。《四库全书总目》史部设"政书"类,将"仪注"改为"典礼"列入"政书"子目。同时,在"政书"下又设"通制"子目,列于"典礼"之前。"通制"收入《通典》(《宋史·艺文志》将其归在子部类事类)、《文献通考》(《千顷堂书目》将其归在史部典故类)、历代会要(《宋史·艺文志》将"会要"归在子部类事类)等书。这些书的部分内容,也属于礼仪学(系仪制的研究、记录)。

我们将目录学四部分类法中的经部"礼"类对应于礼经学,将史部"仪注"类或史部"政书"类的"典礼"、"通制"(部分)对应于礼仪学。这当然仅出于一种粗略的比较,不能作为绝对的准绳。本文对礼学的分类,与古代目录学的分类,由于在出发点和衡量标准上都存在不同,所以对比中的出入在所难免。试举一例。《四库全书》"礼"类分六个子目:"周礼"、"仪礼"、"礼记"、"三礼总义"、"通礼"、"杂礼书",共收入著作八十三种。其中纳入"杂礼书"的《书仪》、《家礼》、《泰泉乡礼》,按我们的分类,明显地应归进礼仪学。

礼经学、礼仪学、礼论以及泛礼学的这四者之间的分野具有相对性,因为它们的内容有时会交错杂糅地并存在一起。像朱熹的礼学,就包括了礼经学、礼仪学、礼论三方面的内容,其所撰的《仪礼经传通解》,具有礼经学和礼仪学的双重特点。事实上,四类礼学的分判标准本身就不是绝对的。举一个例子,《仪礼》在汉代成了"经",但若放在先秦的话,它的特点又表现为"仪"。《仪礼》可视作礼仪学的开山之作,只是从整个礼学史发展的角度,我们将《仪礼》归进礼经学。

总之,我们是尝试从总体上给礼学进行分类的。这样做,有助于把握礼学的内涵,并对中国礼学史研究的对象、基本范围,给予比较明确的界说。

二、发展阶段及其主要特点

中国古代礼学的发展,可划分为四个阶段:先秦、两汉、魏晋南北朝隋唐、宋元明清。

第一，先秦礼学的发展有两条主要线索，一是"三礼"的撰述；一是礼论由萌蘖到成熟(形成学说)。"三礼"的作者和成书过程，曾为历代学者争讼不已。现在一般地可以认为：《周礼》系战国时人参考西周、春秋时代的文献以及当时的现行制度，又掺合作者的理想写成的。①《仪礼》是先秦各项礼仪的记录汇编。② 至于《礼记》，作者既有孔子后学，也有汉儒，主要篇目由西汉戴圣编定。③

对礼进行带有理论色彩的分析、说明始于何时，尚待考察。进入春秋以后，礼论得到重大发展，则有《左传》可证。《左传》出现"礼"字凡462次④，说明礼的问题已受到那一时代政治家们的高度关注。他们将礼视作重要的统治手段，认为礼是"政"的根本。他们还开始注意对礼的概念进行分析，比如提出"礼"与"仪"的区别。⑤

在春秋奢好谈礼而另一方面却又"礼崩乐坏"的氛围中，诞生了孔子的礼学(鉴于孔子与《仪礼》的关系尚需考辨，这里仅述及孔子的礼论)。在现实政治的操作和策划的层面上，孔子以回复周礼为核心的礼学思想确乎迂阔。但他从哲学本体论和社会历史观的角度，对其选择和维护周礼所作的论证，却奠定了中国文化关于生命本质与意义目标的基本观念，创拟了中国等级社会进行阶级统治却又充满道德气

---

① 郭沫若《周官质疑》(载《金文丛考》)，范文澜《经学讲演录》(载《范文澜历史论文选集》)，顾颉刚《"周公制礼"的传说与〈周官〉一书的出现》(载《文史》第六辑)，杨向奎《宗周社会与礼乐文明》(人民出版社1992年版)，均持此说。其中顾颉刚、杨向奎进一步认为，《周礼》出于齐国，与法家有关。但也有不同的意见，如新近出版的彭林博士论文《〈周官〉主体思想与成书年代研究》(中国社会科学出版社1991年版)，则以为《周礼》成书于汉初。

② 据沈文倬《略论礼典的实行和〈仪礼〉书本的撰作》(载《文史》第十五辑)一文的考证，《仪礼》是在公元前5世纪中期到4世纪中期这一百多年中，由孔子的弟子、后学陆续撰作的。

③ 《隋书·经籍志》载："戴圣又删《大戴》之书，为四十六篇，谓之《小戴记》。汉末马融，遂传小戴之学。融又定《月令》一篇，《明堂位》一篇，《乐记》一篇，合四十九篇。"

④ 据《春秋经传引得》，《左传》讲"礼"字462次，另外还有"礼食"、"礼书"、"礼经"、"礼秩"各1次，"礼义"3次。

⑤ 《左传》昭公二十五年，子大叔说："是仪也，非礼也。"

味的理想模式，并为古老的礼传统在秦以后重获发展生机，筑下了基本的支点。孔子的礼学思想，对后世礼学的发展以及中国历史文化的走向，产生深远的影响。这里略述三点。(1)孔子以仁释礼，将传统的与宗法制结为一体，用以治国坊民的礼，同仁、义联系起来，使之成为道德之礼，并且视之为人性自然流露的结果。由孔子开先河，先秦儒家以礼与仁规定人的本质属性，确定自我在宇宙间的位置，使"人"摆脱与自然缠绕不清的浑沌状态，形成理性化的观念（若以西方雅斯贝尔斯"轴心时代"和帕森思"哲学的突破"理论审视之，孔子的这一思想实是中国古代文明发生"突破"的引发点）。(2)孔子强调礼是作为人的一个普遍的行为准则，从而将传统的主要局限于作为贵族行为规范的礼，推向全民各阶层。缘此，中国历史上出现了在道德面前，天子与庶人一律平等的观念，"礼下庶人"的历史进程也得以开启。① (3)孔子认为礼是可以"损益"的，并以"损益"来阐释、说明中国历史与文化的继承和发展的关系。

　　孔子之后，荀子对礼的起源、本质、作用等问题作了详细的论述，形成相对完整的礼论的学说体系。荀子的礼论源自孔子，然而由于所处时代不同，又形成很多自己的特点。最突出的，是荀子以"法"解释礼，以"法"补充礼，将在孔子那里完全对立的礼与法结合起来。这种"礼法论"格外强调礼是外在的社会规范，并且认为，应该对士大夫"以礼乐节之"，而对庶民百姓则"以法数制之"。② 荀子的礼论，成为孔子之外，后世中国礼学发展的又一重要的思想源泉。

　　第二，秦王朝有其"秦礼"，但在带有特定导向的文化政策下，礼学几近绝灭。这种状况影响到西汉开国后，在相当长的时间里，礼学不振。唯赖少数几位人物私下的传授，《仪礼》等先秦礼书（包括若干篇章）才得以传续下来。汉武帝建元五年，《仪礼》立于学官。至平帝，又立《逸礼》。不过礼经在西汉不甚受重视。成帝时，刘向、刘歆父子校理秘籍，发现《周礼》（原名《周官》），至王莽新政，立于学官。这些礼书被立学官，表明取得了"正经"的地位，其性质由私学

---

① 参阅拙文《"礼下庶人"的历史考察》，《社会科学战线》1994年第6辑。
② 《荀子·富国》。

变而为国教，烙上"统治学说"的印痕。同时，它们还被当作谋取利禄甚至服务于改朝换代的工具。东汉时《周礼》未得立学官，然而由于杜子春、郑兴、郑众、贾逵、卫宏、马融、卢植等一班经学大师为之训诂解说，《周礼》大行于世。按照东汉许慎的《五经异义》，两汉的群经各家学说，存在今文、古文两派的基本界限；两派区分的标准，又在礼制。晚清廖平发挥许慎的观点，进一步指出："今学博士之礼制出于《王制》(指《礼记·王制》——本文作者识)，古文专用《周礼》，故定为今学主《王制》、孔子，古学主《周礼》、周公，然后二家所以异同之故灿若列眉，千溪百壑得所归宿。"①经学今古文问题非常复杂，是否正如廖平所言，尚可探讨②，然而有一点却是清楚的，那就是礼经学特别是《周礼》之学，在东汉经学的发展中，处于枢纽的地位。从两汉之际始，学界渐以"三礼"尤其是《周礼》移释他经。及至马融、郑玄，更突出地将其他经义纳入礼学的阐释系统。③两汉是礼经学的发展、奠基时期，东汉末的郑玄是集大成者。郑玄破除经学的门户之见，博综兼采，遍注群经。其中他最重礼学，又特别尊崇《周礼》，以为《周礼》系周公亲著。郑注"三礼"，乃始有"三礼"之名和"三礼"之通常排名次序(先《周礼》，后《仪礼》，再《礼记》)。孔颖达说："《礼》是郑学。"④确实，郑氏"三礼注"构成中国中世纪礼学(包括礼经学和礼仪学)的脊柱。

两汉的礼论，贯穿一个主题：为统一大帝国论证建构礼治秩序的必要性。在具体的规划上，思想家们承接先秦儒家、法家关于礼、法之争的余绪，对礼、法关系作再思考，形成了德主刑辅、礼法合治的思想。西汉礼论复兴于贾谊，他"恢复了从春秋以来的关于'礼'与

---

① 廖平：《四益馆经学四变记·初变记》。

② 李学勤《〈今古学考〉与〈五经异义〉》一文(载《国学公论》，辽宁教育出版社1992年版)对时下流行的今文、古文分派的观点提出了疑问。

③ 皮锡瑞曾批评马融、郑玄等人"尊信《周礼》太过，一经明而各经皆乱"，"古文学家即尊信《周礼》，亦但可以《周礼》解《周礼》，不可以《周礼》解各经。而马、郑注《尚书》官制服制，皆引《周礼》为证"(《经学通论·三礼》)。

④ 《礼记·月令》题《疏》。

'法'的辩论"①。这种辩论在昭帝时举行的盐铁会议上，曾以比较激烈的形式爆发出来。进入东汉，类似的争辩渐趋沉寂，而隆礼之势逐渐增强。从西汉贾谊、董仲舒到东汉班固、王符、荀悦，礼与刑的主从关系在理论上得到充分的阐述。班固根据章帝时白虎观会议记录整理成的《白虎通德论》对纬书提出的"君为臣纲、父为子纲、夫为妻纲"，作了更具体的规定和解释。"三纲"成为中世纪礼学最根本的指导思想。

汉代仪制的建设，始于汉初叔孙通。以后，统治者对此渐渐给予越来越多的关注，不断地加大力度。《汉书》礼、乐合志，且礼部较简，《后汉书》礼仪专志，且叙述较详，于此可见发展的走向。不过，两汉的礼仪学尚属草创，没有出现有系统、有影响的作品。② 东汉末郑玄"三礼注"问世，给以后礼仪学的发展提供了可赖以支撑的基础。

第三，从魏晋到隋唐，礼仪学在吉、嘉、军、宾、凶"五礼"的框架中发展、成熟。据《晋书·礼志》："魏氏承汉末大乱……命侍中王粲、尚书卫觊草创朝仪。及晋国建文帝，又命荀顗因魏代前事，撰为新礼……成百六十五篇。"此"新礼"又称《晋礼》，其内容以"五礼"编排。南北朝各代多"撰五礼事"。像梁武帝，"命群儒，裁成大典"——明山宾撰吉礼，严植之撰凶礼，陆琏撰军礼，贺玚撰宾礼，司马褧撰嘉礼③。隋文帝一统寰区，"命太常卿牛弘集南北仪注，定《五礼》一百三十篇"④。隋炀帝时又修《江都集礼》。经陈寅恪考证，隋礼有三个源头：梁、陈；北魏、北齐；河西⑤，这疏通了从魏晋到隋唐礼仪学发展源流关系中极其重要的一环。在隋礼和初唐《贞观礼》、《显庆礼》的基础上，唐玄宗开元盛世又纂修了《开元礼》。"由

---

① 冯友兰：《中国哲学史新编》第3册，人民出版社1985年版，第25页。
② 《旧唐书·礼仪志》云："（西汉）五礼无著定之文。……光武受命，始诏儒官，草定仪注，经邦大典，至是粗备。汉末丧乱，又沦没焉。而卫宏、应仲远、王仲宣等掇拾遗散，裁志条目而已。东京旧典，世莫得闻。"
③ 《隋书·礼仪志》。
④ 《旧唐书·礼仪志》。
⑤ 陈寅恪：《隋唐制度渊源略论稿·礼仪》，上海古籍出版社1984年版。

是，唐之五礼之文始备，而后世用之，虽时小有损益，不能过也。"①
《开元礼》集汉晋以降仪制撰作的大成，确立了中世纪仪制的基本构架。唐末杜佑撰《通典》，其中《礼典》一百卷，详述唐以前礼仪制度的演变，在仪制研究方面树起一块里程碑。《通典·礼典》内有《开元礼纂类》，改《开元礼》"吉、宾、军、嘉、凶"的次序为"吉、嘉、军、宾、凶"。

东汉隆礼暴露出礼教虚伪的一面，加之魏晋司马氏集团肆意践踏礼教最基本的准则，遂激起魏晋时代玄学的反动。又，从东晋开始，佛教兴盛。南朝，儒家经学退居次要的地位（经学博士出身的梁武帝，竟承认孔子是释迦的学生），唯《易》学（《周易》与《老子》、《庄子》合称"三玄"）和《礼》学十分红火。据《南史·儒林传》记载，当时有许多人或"通三礼"、"善三礼"或"尤精三礼"、"尤长三礼"。《南史·何承天传》载："先是《礼论》有八百卷，承天删减并合，以类相从，凡为三百卷。"由此可以瞥见其时礼学的发达。唐长孺概括东晋以后的学风是"礼玄双修"②，诚乃慧眼别具。在玄学与佛学的两面夹攻下，礼学所以能独炽不衰，与当时的门阀制度有关：门阀世族将礼学视作维护等级特权的重要依凭。正因此，最能体现宗法社会尊卑亲疏关系的丧服制度，和《仪礼·丧服》，更倍受时人的青睐。六朝礼学以丧服学最为精密。在《隋书·经籍志》经部"礼"类著录著作中，标明"丧服"者有五十部，占三分之一强。北朝的礼学也颇为兴盛，但它有自己的一些特点。比如，比较偏重《周礼》。据《北史·熊安生传》："时西朝既行《周礼》，公卿以下，多习其业。"北周文帝更以《周礼》为立国的根本大法。这，又直接影响隋唐的政治制度。唐初，孔颖达、贾公彦撰"三礼"义疏，完成了对南北朝礼经学的总结工作。其时，朝廷上下还有一大批包括魏徵、房玄龄等在内的礼学专家。所以，赵翼在《廿二史劄记》中说："六朝人最重'三礼'之学，唐初犹然。"这种状况之后还在延续："大历中，尚有仲子陵、袁彝、韦彤、

---

① 《新唐书·礼乐志》。
② 唐长孺：《魏晋玄学之形成及其发展》，《魏晋南北朝史论丛》，三联书店1955年版，第338页。

韦茝以礼名其家学。此可见唐人之究心'三礼',考古义以断时政,务为有用之学。"①

魏晋士人围绕名教与自然问题展开的讨论,体现了对礼(社会规范)与情(人类本性)的关系的思索。这种思索构成这一时期礼论发展的一大特色。

第四,由《晋礼》到《开元礼》所积累形成的撰作"五礼"的传统,在宋以后的历史中继续传衍和发展。《政和五礼新仪》、《明集礼》、《清通礼》,便是留存至今的几部具有代表性的作品。在此之外,以司马光《书仪》、朱熹《家礼》、黄佐《泰泉乡礼》为代表的家礼、乡礼类著述,在宋元明清大量出现和广为流传,形成礼仪学的一个新的发展支脉。这类著作基本上都是由士大夫或乡绅私人纂订,内容着重于冠、婚、丧、祭"四礼"及其他日常生活中的行为规范。这些"四礼"类作品②,在宋元明清的民间礼教中,占有极重要的地位。清人秦蕙田撰《五礼通考》,对中国古代的仪制作通贯的研究,带有总结性的意义。

宋人治经,重在阐发"义理",并喜好排斥汉唐旧说。这种学风同样反映在"三礼"学中,典型的如王安石《周官新义》、陈祥道《礼书》、李如圭《仪礼集释》。宋儒在保存和传播前人礼经学成果方面也功不可没。像卫湜《礼记集说》,"自郑注而下,所取凡一百四十四家。……可云礼家之渊海"③;张淳《仪礼识误》,使"古经汉注之伪文脱句藉以考识,旧椠诸本之不传于今者亦藉以得见崖略"④。宋代积贫积弱,有人(如李觏、张载、王安石)想借助《周礼》谋求强盛,

---

① 赵翼:《廿二史劄记》卷二十《唐初三礼汉书文选之学》。
② 这类著述有时还以"四礼"为标题,像(明)宋绩《四礼初稿》,(明)吕坤《四礼疑》、《四礼翼》,(明)马从聘《四礼辑》,(明)韩承祚《四礼集说》,(明)吕维祺《四礼约言》,(清)王心敬《四礼宁俭编》。因此我们简称其为"四礼"类作品或"四礼"学。为了便于把握中国古代礼学及其发展,我们作这样的区分和概括:"三礼"学是礼经学的主体,"四礼"学和"五礼"学是构成礼仪学的两大板块。
③ 《四库总目提要·礼记集说》。
④ 《四库总目提要·仪礼识误》。

《周礼》受到推崇。而另一方面，宋人有疑经的风气，在有一些人眼里(如胡安国、胡宏，父子俩反对王安石援《周礼》变法)，《周礼》是刘歆的"作伪"。王安石熙宁变法，废罢《仪礼》，此后"学者不复诵习"。① 这种状况直至南宋孝宗时方由张淳、李如圭加以改变。朱熹试图重新确立《仪礼》在"三礼"中作为"经"的地位，同时他又尊崇《周礼》。他以《仪礼》为经、以《礼记》为传、以《周礼》为纲，构筑他的礼学体系。朱熹的礼学，强烈地表现出着重"践履"的特点。他是想为封建衰世重新制礼作乐。不过，《仪礼经传通解》这部倾注朱熹晚年心血和理想的巨著，在他生前仅完成了家礼、乡礼、学礼、邦国礼、王朝礼等部分内容，未及完稿。他的另一部编订于中年时期的礼学小册子《家礼》，则在明清二朝传遍全国，成为家庭礼仪的圭臬。② 在中国礼学史上，朱熹是继孔子、荀子、郑玄之后，又一位极其重要的人物。

元、明是"经学的积衰时代"③。礼经学在经过元、明二代的凋敝之后，于清初开始复兴，并于乾、嘉趋于昌盛。清儒注重实学，有清一代，礼经学的名家、名著层出不穷：徐乾学《读礼通考》、凌廷堪《礼经释例》、胡培翚《仪礼正义》、黄以周《礼书通故》、孙诒让《周礼正义》……他(它)们宛如一座座山峰，矗立在古代礼学史的尾端。在《清经解》中，"三礼"学的专著占所有专著的20%；在《清经解续编》中，更占28%。礼经学于清朝经学中所占地位之显要，从此可见一斑。

宋代开始，中国步入了封建社会的后期。与这种变化相对应，思想家们在礼论方面的探讨，将重点转移到了礼与维系道德秩序、社会政治秩序的关系上。其中宋儒与清儒围绕"礼"、"理"关系的辨析，颇典型地反映出这个历史时期的礼论的某些特色和内蕴。宋儒(周敦颐、张载、二程、朱熹)反复论证"礼即理"，而"理"又是"天理"。

———————————

① 《四库总目提要·仪礼集释》引。

② 参阅拙文《〈朱子家礼〉：民间通用礼》，《传统文化与现代化》1994年第4期。

③ 皮锡瑞语，见皮著《经学历史》。

清儒(凌廷堪、阮元、焦循)则以为凡"理"皆虚,唯"礼"最实,应以"礼"代"理"。在这两种相反的取向背后,潜藏着的是同一种焦虑:应迫切地、牢固地确立礼治秩序,俾使封建统治"长治久安"。

三、研究的思想与方法

传统礼学所赖以存在的社会基础早已发生改变。今人研究传统礼学,在目的以及手段上自然与古人多有不同。如何运用现代历史科学的思想和方法开展礼学史研究,值得深思。这里谈三点看法。

第一,礼学史以历史上的礼学文献为研究对象,但研究者的眼界决不能囿于礼学文献。首先,礼学史研究的主要目的,是通过现存的礼学文献,探索中国礼学发生、发展的历史及其规律,认识传统礼学的本质、特征及其社会作用、历史地位……这些若仅依靠文献学的手段是不可能达到的。其次,礼学史研究的内容极为丰富。礼学应该被置放到中国礼文化的背景中加以考察,尤其应将礼学与礼制、礼俗、礼法等问题联系起来进行分析。唯其如此,才能洞悉礼学观念与社会存在的关系,礼学思想与统治学说的关系,以及礼学与整个中国文化的关系;才能由表及里,揭示礼学的深层意蕴。再次,必须充分利用人类学、民族学、民俗学、考古学等有关学科的手段,拓宽研究的思路。许多聚讼千年的礼学难题,在这些学科的理论、资料的映照下,有可能得到合理的索解。

第二,传统礼学在发展过程中形成若干的基本原则和基本方法,今人(研究者)应掌握它们,然而又不能简单地与之认同。这些原则和方法包括:

(1)损益。此观点由孔子提出,以后朱熹又将其表述为"因其大体之不可变者,而少加损益于其间"①。礼学家均以此来理解和把握礼的"变"(革)与"不变"(因)的关系。

(2)爱礼存羊。语出《论语·八佾》。子贡认为当时既然告朔饩羊的制度已经死亡,就可以废此形式;孔子则反对,以为尽管是残存的

---

① 《家礼·序》。

形式，保留总比不保留要好。后世礼学家常以这一典故表示礼的形式的重要性。因而，古代的许多仪制，仅是徒具形式的虚文而已。

（3）折中、弥缝、会通。秦汉以后，说礼所据，主要是经文和师说。但经文常有差牾，师说也存在分歧。对不同的经文和师说，礼学家或去取折中，或补祉缝合，或融会贯通。①

（4）研治"三礼"的一些基本读法。比如，研读《仪礼》，强调从分节、绘图、释例入手；研读《礼记》，可仿刘向《别录》之法，分类读之；研读《周礼》，可以大宰八法为纲领。晚近黄侃在《礼学略说》中又曾概括云："治《礼》次弟（第），窃谓当以辨字读、析章句为先务；次则审名义，次则求条例，次则括纲要。"

上述原则、方法，无疑仍是今人理解古代礼学、研礼学史所必须执掌的入门钥匙，否则便会迷失在汗牛充栋并且是文句古奥、歧说纷错的礼学资料之中。但是，掌握这些原则和方法，并不意味着即与礼学史研究画上了等号。今人的研究，既要能够理解和把握传统礼学，又必须超越传统礼学。

（5）古代礼学具有悠久、深厚的经世传统，中国当代历史学的发展也充满着学以致用的冲动（它来自学术自身和外部两个方面），于是，如何处理礼学史"学"与"用"的关系就十分重要。中国古代的礼学，可以说最集中的沉积着中华民族传统的伦理道德。许多礼学家，他们同时又是道德学家、伦理学家。其中更有不少的人士，或强调礼学研究关乎社会风气的建设，或希望通过考订礼制以求取治世之方。时下，国学的价值又重被发现和重视，弘扬优秀传统文化特别是继承发扬传统美德的呼声日益高涨。在这种背景下，礼学史研究有可能得到推进，并且，它需要（也有必要）去关注诸如古代的道德建设等问题，以此为借鉴，并从中汲取有益的精神养料，以服务于社会主义精

---

① 黄侃《礼学略说》曾以为："固知师说短长，断以经义；经义差牾，出以弥缝；师说纷歧，考其证左。此乃治经之通法，非独治礼为然。"（载《黄侃论学杂著》）又，梁启超则认为："……所记各项礼制，往往东一鳞西一爪，非互勘不能说明。互勘起来，更矛盾百出。学者对于哪部经都不敢得罪，只好四方八面弥缝会通。根本不能全通的东西，越会通越弄到一塌糊涂。议礼所以纷如聚讼，就是如此。"（见梁著《中国近三百年学术史》）

神文明建设。然而，如何"借鉴"，又如何"汲取"，必须以严肃的态度加以对待。礼学史只有通过认真地清理历史资料并且对其作出实事求是的分析、说明，才能为社会、为现实有所"用"。如果以过分功利的态度来要求传统礼学研究的效用，则不仅礼学史的科学性将遭到损害，而且会连传统礼学（以及附着其中的传统的伦理道德）的精华与糟粕都可能认识不清。为此，必须保持清醒的头脑。

——原载《复旦学报》（社会科学版）1995年第6期。

【评　介】

　　20世纪90年代以后，礼学研究从数量上逐渐增多，研究者的学科背景千差万别。在现代学术背景下，礼学的学科界定和分类成为必要的工作。杨志刚先生敏锐地注意到这一点，写下了《中国礼学史发凡》等论文，为礼学研究提供了一种基本框架和研究思路。之后又完成专著《中国礼仪制度研究》，将文物考古和礼学研究相结合，以实物礼器与文献资料相结合，是富有文博专业特点的现代礼学研究。

　　杨志刚，1962年6月出生，福建南安人。1980年考入复旦大学历史系。师从朱维铮先生，以"《书仪》和《家礼》研究"为选题，获硕士学位。后又师从杨宽、吴浩坤二先生，研究《先秦礼文化史要论》，获博士学位。1987年留校任教至2014年年底，为复旦大学文史研究院院长、文物与博物馆学系教授。后改任上海博物馆馆长。主要研究中国思想文化史、礼学和礼仪制度史、文化遗产和博物馆文化。著有《中国礼仪制度研究》、《六合一统》、《废墟上的家园》、《故宫——凝固的皇权》，主持编辑《文化遗产研究集刊》。笔名有潇扬、闻泽等。

　　该文是一篇对中国礼学史进行总纲性概说的论文，对中国礼学史的总体框架和基本的研究思路提出了自己的见解。首先，杨先生对含义复杂的礼学进行了分类界定。他认为中国传统礼学可划分为四类：礼经学、礼仪学、礼论和泛礼学；并对文献目录学中的礼学著录按照这种四分法进行厘清。他主张，中国礼学史应以泛礼学为铺垫，而集中于礼经学、礼仪学和礼论的研究。这种分类是为了明确中国礼学史的研究对象、基本范围，为中国礼学史的研究进行学科定位。而且，这种分类法简洁清晰，便于把握。

杨先生将古代礼学的发展分为四个阶段：先秦、两汉、魏晋南北朝隋唐、宋元明清，并分别概述了各阶段的主要特点。先秦礼学有两条主要线索，一是"三礼"的撰述，一是礼论由萌蘖到成熟，其中的代表性人物是孔子和荀子。秦代礼学不振，两汉礼论的主题是为统一帝国论证建构礼治秩序的必要性，形成了德主刑辅、礼法合治的思想，三纲说成为当时礼学的根本指导思想。魏晋至隋唐，礼仪学在吉、嘉、军、宾、凶五礼框架中发展，开始思考作为社会规范的礼与人类本性的情之间的关系。宋元明清五礼继续发展，并逐渐走向衰落。关于礼学史研究的思想与方法，杨先生认为，中国礼学史的撰写，既要掌握传统研治方法，也要开阔眼界，拓展思路，并适当为今天所用。

《礼学研究刍议》与《中国礼学史发凡》前两部分大致相同，增入了杨先生对近现代礼学研究成果的评价和现代礼学研究争鸣的思考。杨先生的其他礼学文章，如《礼俗与中国文化》(《复旦学报》1990年第3期)、《礼与传统的创造性转化》(《复旦学报》1993年第3期)、《"礼下庶人"的历史考察》(《社会科学战线》1994年第6期)，都遵循着这种礼学框架和研究思路，这种研究在专著《中国礼仪制度研究》中得到扩展和深入。

《中国礼仪制度研究》比较全面地梳理和分析了中国古代的礼仪制度，系统阐述了它的起源、变化、衰亡的全过程。前三章讨论中国礼制沿革的大势和历代礼典概况，分上中下三篇，大致按时间展开，可以说是《中国礼学史发凡》第二个部分的具体化。四至八章按照吉、嘉、宾、军、凶的顺序分述五礼仪制的具体内容和演变情况。如吉礼的祀天帝、祀日月风雨、祭地祇、享祖神，嘉礼的登极、朝仪、朝贺、册封、冠礼、笄礼、婚嫁礼，宾礼的朝贡礼、相见礼，军礼的征伐、讲武、田猎、大射，凶礼的丧葬与五服制度等。第九章为礼乐刑政的制度文化，如礼乐偕配、礼法相辅、祭政合一的家国政治，第十章论述礼与中国文明演化的特点，从社会、历史、文化的角度讨论礼仪制度的内涵、特点和作用。可见，杨先生的礼学研究侧重在他所界定的礼仪学，即仪制的撰作和仪制的研究。

杨先生的礼仪学有鲜明的文物与博物馆学的专业独特性：

第一，重视礼的起源问题。他认为，"可用回溯法观察是否有礼的要素出现，即以礼的要素作为礼起源的标志。……在史前史的范围内，我们只有将具有物质形态附属物的'礼制'、'礼仪'和本身就是物质形态的'礼器'，作为判断礼的起源的标志"[1]。这是考古学和文化人类学研究的方法运用，对传统的重视文献资料的"以经解经"式礼学研究是一个超越和促进。在很大程度上可以为礼学研究者提供资料，开阔视野。

第二，吸收了很多考古学的成果。这是杨先生长期从事文物与博物馆学研究的专业所长。在论述夏商周时代礼的雏形时，他考察了黄河中下游的大汶口文化和龙山文化遗址墓葬中的礼器组合，太湖流域良渚文化遗址的"土筑金字塔"、祭坛和玉礼器，辽河流域的红山文化遗址的玉器，二里头遗址的青铜礼器、宫殿遗址及钺、戚等礼仪重器，偃师商城、郑州商城和殷墟墓葬。这是王国维先生"二重证据法"的运用，也是现代考古学发展之后现代礼学区别于传统礼学的地方。

杨志刚礼学论著目录：

《中国礼仪制度研究》，华东师范大学出版社 2001 年版。

---

[1] 杨志刚：《中国礼仪制度研究》，华东师范大学出版社 2001 年版，第 12 页。

>>> 礼学档案 <<<

《仪礼·丧服》所体现的周代宗法制度与伦理观念

丁 鼎

人们往往将我国历史上的夏、商、周并称为三代。不过，较之夏商二代，周代的思想文化和政治制度发生了引人瞩目的巨大变革。王国维先生曾深刻指出："中国政治与文化变革，莫剧于殷周之际。……殷周间之大变革，自其表言之，不过一姓一家之兴亡与都邑之移转；自其里言之，则旧制度废而新制度兴，旧文化废而新文化兴。……周人制度之大异于商者，一曰立子立嫡之制。由是而生宗法及丧服之制，并由是而有封建子弟之制、君天子臣诸侯之制。……"①此诚为不刊之论。《仪礼·丧服》篇所记载的丧服制度就是与周代宗法制度相辅而行、互为表里的。周人所创制的具有划时代意义的宗法制度以及与之相关的伦理观念均在《仪礼·丧服》中有深刻而具体的体现。

一、《仪礼·丧服》所体现的周代宗法制度

(一) 周代宗法略说

两汉以降，人们即对周代宗法制度众说纷纭，莫衷一是。晚近之世，更是异说蜂起，聚讼不已。为此在讨论《仪礼·丧服》中所体现的宗法制度之前有必要对周代宗法制度的内涵和性质加以分析和论述。

以维护和强化嫡长子继承制为宗旨的宗法制，是周人创造的将父

---

① 王国维：《殷周制度论》，《观堂集林》卷十，中华书局 1984 年版。

系宗族结构中的血缘亲属关系与政治结构中尊卑上下关系相结合的一种制度,是使各级贵族的等级关系法定化的制度,其主导精神就是"尊尊"、"贵贵"。"宗法"作为一种制度虽然早已历史地存在于周代社会之中,但这一名称却迟至宋代始由张载提出。①

说宗法制是周人的创造,即是说这项制度在殷代还不曾有过,或仅有些萌芽。王国维先生所谓"周人制度之大异于商者,一曰立子立嫡之制。由是而生宗法及丧服之制","商人无嫡庶之制,故不能有宗法",其说很有见地,深刻而中肯地揭示了殷周间社会制度的变革与社会关系的变迁。不过,笔者认为,虽然嫡长子继承制是周代宗法制度与丧服制度所赖以产生的基础,但宗法制与丧服制度二者不是平行地由嫡长子继承制衍生出来的。其衍生关系大致应该为:宗法制是为了适应改造氏族社会的血缘关系以维护阶级社会嫡长子继承制的需要而产生的;丧服制度则是为了推行和维护宗法制而对原始丧服习俗进行加工改造的结果。具体说来,就是在本来体现"亲亲"、"长长"原则的原始丧服习俗的基础上,增添"尊尊"、"贵贵"的内容,将其改制为与宗法制度互为表里的丧服制度。

笔者认为,当代学者讲论周代宗法制度的著作之中,金景芳先生所作《论宗法制度》②一文最为全面、系统和通达。兹依据有关载籍,参考金先生之说,对周代宗法制度简述如下:

关于周代宗法制度的内容,现存先秦典籍中《礼记》之《大传》及《丧服小记》两篇所述最为详备。《礼记·大传》云:

> 别子为祖,继别为宗,继祢者为小宗。有百世不迁之宗,有五世而迁之宗。百世不迁者,别子之后也,宗其继别子(之所自出)③者,百世不迁者也。宗其继高祖者,五世则迁者也。

---

① 张载:《张子全书》卷四《经学理窟·宗法》,《四库全书》本。
② 金景芳:《论宗法制度》,《东北人民大学人文科学学报》1956年第2期。
③ "之所自出"四字,朱熹以为是衍文。元陈澔《云庄礼记集说》与清阮元《校勘记》皆是此说。按大宗是继别子者,即所谓"继别为宗"者,而非"继别子之所自出者",因而朱说可从。兹从而删正。

《礼记·丧服小记》云：

> 别子为祖，继别为宗，继祢者为小宗。有五世而迁之宗，其继高祖者也。是故祖迁于上，宗易于下。尊祖故敬宗，敬宗所以尊祖祢也。

这是讲宗法最根本的依据。不过，这两段文字，只有结合《仪礼·丧服》传才能得到正确的理解。《丧服》传云："诸侯之子称公子，公子不得祢先君，公子之子称公孙，公孙不得祖诸侯，此自卑别于尊者也。若公子之子孙有封为国君者，则世世祖是人也，不祖公子，此自尊别于卑者也。""别子"之别正是本于这里所谓的"自卑别于尊者也"。所谓"别子"就是指诸侯（或王）世子以外的诸公子（或王子）。之所以称"别"，就是表明他同君统相区别，自立宗统。"别子"则为这一宗的始祖。《丧服》传中"公子不得祢先君，公孙不得祖诸侯"的规定，就是旨在使诸公子与君统相区别。具体来说，如果一个国君有几个儿子，其中只有世子（嫡长子）一人能继承君位。其余诸公子（不论嫡庶）同这个继承君位的世子就有两种关系：一是兄弟关系；二是君臣关系。为了保持君权的不可侵犯性，便规定诸公子与这位继承君位的嫡长兄弟只能论君臣关系，不能论宗法。也就是说，血缘关系要服从政治关系，宗统要服从君统。国君既属君统，不能同时又是宗统。诸子要同君统区别，另立宗。这个新建的宗，是从别子开始的，所以叫作"别子为祖"。

"继别为宗"就是继承别子自成一宗。在这个宗里也实行嫡长子继承制。在宗法中有大宗、小宗之分也是由嫡长子继承制中发生的。继别子的嫡长子叫宗子。这个由别子的嫡长子世代相袭的宗，就是"百世不迁"的大宗。所谓"继祢者为小宗"中的"祢"是先父之称。别子的世子（嫡长子）以外的诸子是不能继别的。诸子之子就更不能继别，只能继祢，即继诸子，叫小宗。在小宗中也是实行嫡长子继承制。嫡长子以外的其余诸子不继祢，他们要尊继祢的为宗子。为区别这两个不同的宗子，则称继别的为大宗，称继祢的为小宗。

《白虎通·宗族》曰："别子者，自为其子孙祖，继别者各自为宗。所谓小宗有四，大宗有一，凡有五宗。人之亲所以备矣。"这五宗分别是："宗其为始祖后者为大宗，此百世之所宗也。宗其为高祖后者，五世而迁者也。故曰：祖迁于上，宗易于下。宗其为曾祖后者为曾祖宗，宗其为祖后者为祖宗，宗其为父后者为父宗。父宗以上至高祖，皆为小宗，以其转迁，别于大宗也。"①

其说甚是。按照周代宗法制的规定，一个庶子同时最多只能有四个小宗、一个大宗。因为，首先，作为庶子，他要尊继祢的嫡长子为宗。其次，假如这个庶子的祢也是庶子，那么，这个继祢的宗子，又要尊继祖父的嫡长子为宗子。再次，假如这个庶子的祖父也是庶子，那么他又要尊继祖的嫡长子为宗子。最后，假如这个庶子的曾祖也是庶子，那么，他又要尊继高祖的嫡长子为宗子。这样，这个庶子有继祢的宗，同时又有继祖父的宗、继曾祖的宗、继高祖的宗，是为同时有四个小宗。再加上继别的大宗，共为五宗。一个宗族，同时只能有四个小宗，不能多于四。原因在于小宗至继高祖而止，亦即"五世则迁"。也就是《礼记·丧服小记》所说的："有五世而迁之宗，其继高祖者也。是故祖迁于上，宗易于下。"

综上所述，宗法制是按照等级制度的原则创立起来的一种血缘组织，其基础和核心就是周人所创造的嫡长子继承制。宗法制度的社会意义就在于既将宗统内部的血缘关系等级化，又将宗统与君统分离，从而避免了宗人对王（或诸侯）之嫡长子（世子）的王位（或君位）继承权可能发生的侵犯。也就是《礼记·大传》所谓的"族人不得以其戚戚君位也"与《左传·文公二年》所谓的"不以亲亲害尊尊"。

按照周代嫡长子继承的原则，只有天子与诸侯的嫡长子得确立为世子，有继承王位与君位的权利。而其余诸王子与诸公子无权继承王位或君位，只能以别子的身份另立新宗，以与君统相分离。在宗统内部，也只有宗子的嫡长子才有"传重"、继承宗统的权利。这位"传重"的嫡长子相对于诸孽庶来说为大宗，诸孽庶即为小宗。由于嫡长子只有一个，这就从宗族血缘关系上保障了各级贵族的政治地位不致

---

① 《白虎通德论》卷之下《宗族》，《汉魏丛书》，吉林大学出版社1992年10月据明万历新安程氏刊本影印。

受到诸下级贵族，即诸孽庶之子的僭越。如此，便构成了周天子及其同姓诸侯、卿大夫、士之间法定不移的等级名分制度。《吕氏春秋·慎势》云："先王立法：立天子，不使诸侯疑（即，'拟'，下同）焉；立诸侯，不使大夫疑焉；立嫡子，不使庶孽疑焉。疑则生争，争生乱。是故诸侯失位则天下乱，大夫无等则朝廷乱，妻妾不分则家室乱，嫡庶无别则宗室乱。"此说非常简明扼要地总结了周人制定宗法制度的政治目的。

（二）《仪礼·丧服》中的宗法内容

我们在前文中简略地论述了周代宗法制度的主要精神和内容，并认为《仪礼·丧服》所规定的丧服制度是为周代宗法制度服务的，二者是互为表里的。在本节中我们将具体考察、分析《仪礼·丧服》经、传中所体现的周代宗法制度的内容。

1. "正体于上"与"传重"——对嫡长子特别尊崇的理由

我们在前文中已经论述过，周代宗法制度的基础和核心是嫡长子继承制。《仪礼·丧服》所规定的服制即充分体现了对嫡长子的特殊尊崇。

根据《仪礼·丧服》的有关规定，父为众子服齐衰不杖期之服，而为嫡长子则需服最隆重的丧服——斩衰。原因何在呢？

《丧服》经"斩衰"章："父为长子。"传曰："何以三年也？正体于上，又乃将所传重也。庶子不得为长子三年，不继祖也。"郑注曰："重其当先祖之正体，又以其将代己为宗庙主也。"由此可见，父为嫡长子需服最重之斩衰服。不过这有个条件，即为父的本身的身份也须是嫡长子，否则，便与众子同服。其原因就在于嫡长子"正体于上"，且担负着"传重"的使命。

什么是"正体于上"呢？金景芳先生曾对此有过非常简明的解释：

> 欲知体字的正确意义，参看下列《丧服》传中另一段文字自明，即"父子一体也，夫妻一体也，昆弟一体也。故父子首足也，夫妻胖合也，昆弟四体也"。可见体就是一体，体于上，表明他与其先人一体，即他是由其先人的血统传下来的。体于上

的，同时可能有若干人，但是正体于上的则只有一个人，即嫡长子。①

什么是"传重"呢？郑注将"传重"之"重"释为"宗庙主"。这个解释不能算错，但表面化了一些。实际上，所谓"重"还应包括宗子所拥有的财产、权位等。正如清儒陈立所说："传重者，传所[受]（爱）宗庙、土地、爵位、人民之重也。"②可见，所谓"重"即是宗子所拥有的采邑、爵位及其主持宗庙祭祀的权力。"传重"即是指将宗子所拥有的采邑、爵位及其主持宗庙祭祀的权力继承下来并传给下一代。显然，陈氏的解释较郑注更为全面、更能揭示出"传重"的本质属性。

上述由"正体于上"者"传重"的观念正是周代嫡长子继承制的集中反映。这种观念的产生当是为了避免众子对嫡长子继承权利的侵犯，为了消除自私有制出现以来便存在的在财产、权位继承上的争夺问题，从而维持奴隶主阶级内部的稳定，巩固宗法制度的既定秩序。

此外，《仪礼·丧服》中还规定公为嫡子之长殇、中殇服大功（皆如士服），而为庶子无服；大夫为嫡子之长殇、中殇服大功，而为庶子之长殇降服小功；为承重嫡孙服齐衰不杖期，而为庶孙服大功；为嫡孙之长殇、中殇大功，而为庶孙之长殇服小功；为嫡孙之下殇服小功，而为嫡孙之下殇服缌麻；为嫡妇服大功，而为庶妇服小功；大夫之庶子为众昆弟需降服大功，而为嫡昆弟则不能降服，仍要服齐衰不杖期之服。不仅如此，而且《丧服》传还一再强调："不敢降其嫡也"。如此等等，都体现了对嫡长子的尊崇和对以嫡长子为基础的宗法制的强化。

2. "大宗者尊之统"——对宗子的突出尊崇

在宗法制度下，宗亲集团内部的核心就是本宗的宗子，因而本宗的宗子也自然成为本宗所有成员共同尊崇和服从的核心。这一点在

---

① 金景芳：《论宗法制度》，《东北人民大学人文科学学报》1956年第2期。

② 陈立：《白虎通疏证》卷四《封公侯·为人后》，中华书局1994年版，第152页。

《仪礼·丧服》经、传中有非常突出的体现。

《丧服》经"斩衰"章规定子女为父、妻妾为夫均服最高规格的丧服——斩衰。《丧服》传解释说:"为父何以斩衰也?父至尊也。""夫至尊也。"可见《仪礼·丧服》将父与夫置于了至尊的地位。然而,《丧服》经还规定,在一定情况下父之尊应让位于大宗之尊。如"斩衰"章规定出继给大宗为后者应为所后之大宗服斩衰①,而于齐衰杖期规定为本生父母降服齐衰杖期之服。理由何在呢?对于"斩衰"章为人后者为所后之人(大宗)服斩衰三年之规定,《丧服》传解释说:

何以三年也?受重者,必以尊服服之。何如而可为之后?同宗则可为之后。何如而可以为人后?支子可也。为所后者之祖父母、[父母]、妻、妻之父母、昆弟、昆弟之子,若子。

对于"齐衰杖期"章为人后者为本生父母降服之规定,《丧服》传解释说:

传曰:何以期也?不贰斩也。何以不贰斩也?持重于大宗者,降其小宗也。为人后者,孰后?后大宗也。曷为后大宗?大宗者,尊之统也。……尊者尊统上,卑者尊统下。大宗者,尊之统也。大宗者,收族者也,不可以绝。

综合上引两段《丧服》传之文,可知所谓"为人后者"是同宗支子出继为大宗之后者。由于他已承受了大宗之"重",因而他就要"以尊服服之",即为所后之大宗服斩衰三年之服。同时他还要如同大宗之子一样为该大宗之祖父母、父母、妻、妻之父母、昆弟、昆弟之子服

---

① 《仪礼·丧服》"斩衰"章下有"为人后者"一条。南朝礼学家雷次宗认为:"但言为人后者,文似不足。下章有为人后者为其父母,当言'为人后者为所后之父'。今阙此五字,或为祖父,或为高曾,繁文不可备设,言一以包二,则诸所后皆备于其中也。"(转引自《通典》卷八八《凶礼》十《斩衰三年》条)其说甚是,今从之。

相应的丧服。

为至尊之父本该服斩衰三年，现在由于出继为大宗之后，"持重于大宗"，而大宗之尊是父之尊在全宗族范围内的扩大，因而在"不贰斩"的原则之下，就只能冷落自己的本生父母而降服了。

再如《丧服》经"齐衰三月"章规定：大宗宗子之丧，族人虽无五服之亲，也要服齐衰三月，与"庶人为国君"之服同。而且即使身份贵为大夫也要为身份为士的宗子服齐衰三月之服，不能降服。本章"大夫为宗子"条下，《丧服》传解释说："何以服齐衰三月也？大夫不敢降其宗也。"这说明论政治地位，大夫虽然高于士，但在宗法中如果宗子是士，而庶子是大夫，这个大夫依然要按照宗子身份尊礼这个士。这证明宗子享有的族权同国君享有的政权二者十分相似，等级十分森严，宗子俨然是个小封君。这清楚地说明，周代行于大夫、士间的宗法制度，是西周奴隶社会的社会基础。

3. 从"天子诸侯绝旁期"看"君统"与"宗统"的关系

周代宗法系统中是否包括天子和诸侯，亦即后世所谓的"宗统"与"君统"是否合一的问题，早在汉代就有了不同的说法。

《诗·大雅·公刘》："食之饮之，君之宗之。"毛传云："为之君，为之大宗也。"而郑笺云："宗，尊也。公刘虽去邰来迁，群臣从而君之尊之，犹在邰也。"《诗·大雅·板》："价人维藩，大师维垣，大邦维屏，大宗维翰。"毛传云："价，善也。藩，屏也。垣，墙也。翰，干也。王者，天下之大宗。"而郑笺云："价，甲也，被甲之人谓卿士掌军事者。大师，三公也。大邦，成国诸侯也。大宗，王之同姓之嫡子也。王当用公卿诸侯及宗室之贵者为藩屏垣翰，为辅弼，无疏远之。"显然，毛传将大宗解释为王者本人，是将宗统与君统看成是合一的，也就是将天子、诸侯纳入了宗法系统之中。而郑笺将大宗解释为王之同姓嫡子，就是认为君统与宗统不是合一的，天子、诸侯不在宗法系统之中。

由于郑笺之说合于《礼记·大传》与《礼记·丧服小记》"别子为祖，继别为宗，继祢者为小宗"的说法，又由于郑玄精研三礼，且对群经均有很深入的研究，因而自汉迄清的学者多宗郑笺之说，认为宗统与君统是分离的。如唐孔颖达于《诗·大雅·公刘》疏中即承袭郑笺，认为："国君不统宗，故大宗小宗，安得为之君复为之大宗乎？笺说为长。"

又，清人万斯大认为：

> 古之时，诸侯之嫡长为世子，嗣为诸侯。其支庶之后，族类繁多，惧其散而无统也。因制为大宗、小宗之法。《经》曰："别子为祖，继别为宗"，此百世不迁之大宗也；"继祢者为小宗"，此五世则迁者也。夫诸侯世子之兄弟，不分嫡庶，皆称别子。特以其为祖为祢不同，故大宗小宗遂因之以异。①

> 宗法由别子而生。……夫惟公子之皆出于君而近于君也。先王惧其尊卑无别而或至于僭，故称别子以严之。又惧其散而无纪，故为宗法以统之。②

毛奇龄也主张：

> 古者立宗法，国君无宗。只以相传之诸君为宗。故除一祖外，余皆为宗。不惟前君是宗，即身亦是宗。……是以天子诸侯皆国君也，其宗法惟一前君为后君之宗，而不易氏，不分族，不立小宗。以天子诸侯一身无氏族可分，且君君相仍，皆百世不迁，并无有五世即迁之小宗可别出也。……若天子诸侯之弟，则不敢与天子诸侯为一宗，而别为宗族。使天子诸侯嫡弟一人立为大宗，而诸兄弟之为小宗者宗之，如鲁周公之弟，皆宗周公，而称鲁国为宗国。③

清代礼学大家程瑶田于《宗法小记》中对宗统与君统相分说更有一段集大成式的论述，他说：

---

① 万斯大：《学礼质疑》卷二《宗法》一，《四库全书》本。
② 万斯大：《学礼质疑》卷二《宗法》四，《四库全书》本。
③ 毛奇龄：《经问》卷六，《四库全书》本。

宗法载《大传》及《丧服小记》，列其节目，明其指归，有大宗、小宗之名，有迁与不迁之别，又为之通宗道之穷，究立宗之始。此所谓宗法也。宗法者，大夫士别于天子诸侯者也。公子不得祢先君，公孙不得祖诸侯矣。使无宗法，则支分派衍无所统，诸侯将无以治其国，天子将无以治其天下。故宗法者，为大夫士立之以上承夫天子诸侯而治其家者也。若夫太戊称中宗，《传》以为殷家中世尊其德也。武丁之称高宗，《传》以为德高可尊也。皆与宗法无与。至于《公刘》之诗，虽毛氏传以谓为之大宗，而郑笺则曰群臣尊之。所以易传者，以国君尊族人，不敢以其戚戚君，不当有大小宗之名也。故毛氏于《板》之诗，亦曰："王者，天下之大宗。"而郑氏亦易之。以为"大宗，王同姓之嫡子"。同姓之嫡子，所谓继别为宗者也。若天子诸侯，则固绝其宗名矣。维"宗子为城"，郑氏以为"王之嫡子"。盖宗者主也。即震象传所谓守宗庙社稷以为祭主。《春秋传》里克所谓太子奉宗祀社稷之粢盛，而士芴以为修德以固宗子者也。皆非宗法之谓。①

当然也有学者主张宗统与君统是合一的，亦即认为天子、诸侯也在宗法系统之中。如清儒陈立即认为：

> 天子以别子为诸侯，其世为诸侯者，大宗也。诸侯以别子为卿，其世为卿者，大宗也。卿以别子为大夫，其世为大夫者，大宗也。大夫以别子为士，其为世士者，大宗也。天子建国，则诸侯于国为大宗，对天子言，则小宗，未闻天子之统可绝，而国统不可绝也。诸侯立家，则卿于家为大宗，对诸侯则小宗，未闻诸侯之统可绝，而卿之家统不可绝也。②

洎乎近世，国学大师王国维先生虽在其史学名著《殷周制度论》

---

① 程瑶田：《宗法小记·宗法述》，《清经解》卷五二四。
② 陈立：《白虎通疏证》卷四《封公侯·为人后》，中华书局1994年版，第152页。

中坚持《礼记》与郑笺之说,明确提出:"此制(按指宗法制)为大夫以下设而不上及天子诸侯"①。不过,王氏对宗统、君统分离说的坚持是不彻底的,又为宗统、君统合一论开了个后门。他在同文中说:"天子诸侯虽无大宗之名,而有大宗之实。""由亲之统言,则天子诸侯之子,身为别子,而其后世为大宗者,无不奉天子诸侯以为最大之大宗,特以尊卑既殊不敢加以宗名,而其实则仍在也。"

当代许多学者则更是普遍尊崇毛传所持之诗说,而屏弃郑笺所主之礼义。如范文澜、吕振羽、周谷城、李玄伯、郭沫若与孔德成等学者均认为天子是天下的大宗,诸侯是一国的大宗。②亦即主张宗统与君统是合一的。由于上述诸位先生都是有影响的学者,致使"宗君合一"论在当代学术界大有成为定论之势。

对此,金景芳先生于1956年撰写《论宗法制度》一文③,力辟众议,全面论述了宗统与君统的关系,对"宗君合一"论进行了深入的批驳,认为宗法制产生于周代,是在阶级关系充分发展的历史条件下,统治者对血缘关系进行的改造、限制和利用,目的是隔断血缘关系对天子、诸侯之君权的干扰,同时发挥宗族对君权的捍卫作用。宗法制的最基本的特点就是《礼记·大传》与《礼记·丧服小记》所谓的"别子为祖"。所谓"别子",就是令公子、公孙与君统相区别,即从君统中分离出来,另立宗统。公子与公(新君)虽有兄弟之亲,但实行宗法后,公子应称公(新君)为君,不能称公为兄或弟。其实质是使血族关系服从政治关系,即政治关系高于血族关系。后来,陈恩林先生又于1989年发表了《关于周代宗法制度中君统与宗统的关系问

---

① 王国维:《殷周制度论》,《观堂集林》卷十,中华书局1984年版。
② 参见范文澜:《中国通史简编》(修订本)第一编第三章,人民出版社1949年版;吕振羽:《简明中国通史》第六章第三节,三联书店1949年版;周谷城:《中国通史》上册,上海人民出版社1957年版;李玄伯:《中国古代社会新研》,开明书店1948年版;郭沫若主编:《中国史稿》第一册,人民出版社1976年版;孔德成:《宗法略论》,《国学研究论集》,台湾黎明文化事业公司1983年版。
③ 金景芳:《论宗法制度》,《东北人民大学人文科学学报》1956年第2期。

题》一文①，继承、阐扬了金景芳先生在《论宗法制度》中关于宗统与君统关系的思想，进一步以马列主义理论论证了君统与宗统为二事；批驳了以"宋祖帝乙、郑祖厉王"来证明君统与宗统合一的观点；并通过考察周代王、公家族的分化过程论证了君统与宗统的不统一。应该说金景芳先生与陈恩林先生的文章已经较为圆满地解决了君统与宗统的关系问题，基本上廓清了笼罩在这一问题上的迷雾，尽管迄今仍然有人在坚持"宗君合一"论。

事实上，宗统与君统相分说确为不刊之论，它的成立有大量历史学和文献学证据来支持。金景芳先生与陈恩林先生的文章已全面而系统地论证了这个问题，兹不具论。本文仅拟以《仪礼·丧服》的有关内容对这一问题作进一步的论述。我们在前文中已经论述过，周代丧服制度与宗法制度是互为表里的。由于《仪礼·丧服》就是对周代丧服制度的记录（虽然在实际实行中可能没有这样严整和规范），因而以《仪礼·丧服》的有关内容即可印证周代宗法制度的有关内容。

  《丧服》经"大功"章："君为姑、姊妹、女子子嫁于国君者。"《丧服》传曰："何以大功也？尊同也。尊同则得服其亲服。诸侯之子称公子，公子不得祢先君。公子之子称公孙，公孙不得祖诸侯，此自卑别于尊者也。若公子之子孙有封为国君者，则世世祖是人也。不祖公子，此自尊别于卑者也。是故始封之君，不臣诸父昆弟。封君之子，不臣诸父而臣昆弟。封君之孙，尽臣诸父昆弟。故君之所为服，子亦不敢不为服也。君之所不服，子亦不敢服也。"

本条《丧服》经、传对于我们认识和理解周代宗法制度有着非常重要的意义。

  首先，《仪礼·丧服》经文唯于本条规定"君"为嫁于国君的姑、姊妹、女子子等旁亲有服，此外皆无明文谓君于旁亲有服。故《白虎

---

① 陈恩林：《关于周代宗法制度中君统与宗统的关系问题》，《社会科学战线》1989年第2期。

通》乃有"天子诸侯绝期"的说法①，贾疏也有"诸侯绝旁期"的说法②。所谓"天子诸侯绝期"与"诸侯绝旁期"就是说天子与诸侯一般只为高曾祖父母③、父母及妻、世子等直系亲属同士人一样有服，而于伯、叔、兄弟、姑、姊妹、庶子、女子子及其他旁系亲属无服，与士人不同。④"天子诸侯绝期"与"诸侯绝旁期"的深层原因是什么？只要将其与周代宗法制度相联系，就不难理解其中所蕴含的社会意义。我们在前文中已经论述过，周人创建宗法制度的目的就是为了将君统与宗统分离开，隔断血缘关系对天子、诸侯之君权的干扰，也就是防止众庶子侵犯嫡长子继承君位的权利，从而保障君权在一代代的嫡长子之间顺利传承。与此相应，《仪礼·丧服》则规定天子与诸侯只为与自己有嫡系传承关系的曾祖、祖、父、嫡子及其配偶有服，而不为族曾祖父、从祖祖父、世叔父、昆弟、庶子及其他旁亲制服。《仪礼·丧服》这样规定的目的就是与宗法制度相配合，将君统与宗统的区分以服制的形式标示出来。显然，天子或诸侯与所须制服的曾祖、祖、父、嫡子之间的关系就是君统关系；而其各代旁亲则通过"别子为祖，继别为宗"的方式形成不同的宗统。天子诸侯不为其旁亲制服就是表示不与其旁亲论宗法关系。

　　后来魏人田琼在讨论丧服的降服制度时正确指出："天子不降其

---

　　① 《白虎通德论》卷之下《丧服》，《汉魏丛书》，吉林大学出版社1992年10月据明万历新安程氏刊本影印。

　　② 《仪礼·丧服》"齐衰不杖期"章："公妾、大夫之妾为其子。"《丧服》传："何以期也？妾不得体君，为其子得遂也。"郑注："此言二妾不得从于女君尊降其子也。女君与君一体，唯为长子三年，其余以尊降之，与妾子同也。"贾疏云："诸侯绝旁期。为众子无服。大夫降一等，为众子大功。其妻体君，皆从夫而降之。至于二妾贱，皆不得体君，君不厌妾，故自为其子得伸，遂而服期也。"

　　③ 按，《仪礼·丧服》并未制定高祖与玄孙的服制。高祖、玄孙之服乃是后儒的推定。

　　④ 这里之所以以"一般"注明，是由于天子、诸侯在特定情况下为某些旁亲也须有服。如君为姑、姊妹、女子子本来无服，但如果此三者所嫁者为国君，那么由于彼此身份相等（尊同），便仅以出降，而不以尊降，因而君仍为之服大功，与士人为出嫁之姑、姊妹、女子子所服相同。再如始封之君为伯叔、兄弟也须有服，其原因就是上引《传》文所谓"始封之君，不臣诸父昆弟"。

祖父母、曾祖父母、后、太子、嫡妇、姑姊妹嫁于二王后，皆如都人。"①不难理解，天子为"祖父母"、"曾祖父母"、"后"、"太子"、"嫡妇"等"如都人"一样制服而不降服，原因在于这些人都在君统之内；而为"姑姊妹嫁于二王后"者也"如都人"一样制服而不降服，则是由于姑姊妹嫁于二王之后，与己同尊，故不降服；至于期服以外的旁亲，由于不在君统范围之内，故须降至绝服。

其次，上引《丧服》传也从不同的角度说明了宗统与君统的分离。所谓"公子不得祢先君"，是说诸侯之世子以外的众子不能同世子一样立祢庙祭祀身份为诸侯的亡父。也就是说，诸侯之众子不能留在君统之内，而只能以"别子"的身份，离开君统，另建宗统。所谓"公孙不得祖诸侯"，是说公子的儿子也不能立祖庙祭祀身份为诸侯的先祖，也就是说，其宗法关系，只能限制在其父（"别子"）所建宗统之内，而不能与其祖（诸侯）论宗统。《丧服》传所谓"始封之君，不臣诸父昆弟。封君之子，不臣诸父而臣昆弟。封君之孙，尽臣诸父昆弟。故君之所为服，子亦不敢不为服也。君之所不服，子亦不敢服也"，则更清楚地说明了宗统与君统不能相混。这里所说的"臣"与"不臣"，是指所服的丧服而言，"臣"，则君为其无服，而他则须为君服斩；不臣，则君依亲属本服为其制服。也就是说，"不臣"，是依据宗法上的等级制服；"臣"，则是依据政治上的等级制服。这里的"不臣"，实际上是说可以论宗法关系；而"臣"则是说不能论宗法关系。贾疏云："君是绝宗之人。"《榖梁传·隐公七年》云："诸侯之尊，弟兄不得以属通。"②《汉书·梅福传》云："诸侯夺宗。"究其实，所谓"绝宗"、"夺宗"、"不得以属通"云云，意思是一致的，都是说明诸侯不行宗法，宗统与君统不能相混，宗统不能干扰君统。清儒程瑶田曾于《宗法小记》中指出："宗之道，大夫、士之家以兄统弟而弟事兄之道也。"③这短短的一句话言简意赅地阐明了周代宗法制度在实际上是限

---

① 《通典》卷八〇《凶礼》二《天子降服及不降服议》，中华书局1988年版，第2177页。
② 此条文字又见于《榖梁传·昭公八年》，惟"弟兄"作"兄弟"。
③ 程瑶田：《宗法小记》，《清经解》卷五二四。

于"大夫、士之家",而将天子、诸侯排除在外;而且阐明了作为周代宗法制度的基础和核心的嫡长子继承制,其实质就是"兄统弟"与"弟事兄"之道。

二、《仪礼·丧服》中所蕴含的周代伦理观念

儒家所宣扬的"三纲"、"五伦"观念是我国古代社会中长期占据统治地位的伦理观念。"三纲"、"五伦"观念虽然一般认为形成于战国秦汉之际,但实际上早在《仪礼·丧服》中即已体现了较为完整的"三纲"、"五伦"观念。兹分别论列如下:

(一)《仪礼·丧服》中的"三纲"观念

所谓"三纲",就是《礼纬·含文嘉》所概括的"君为臣纲,父为子纲,夫为妻纲"①。其主旨就是将君、父、夫三者置于统治地位,而将臣、子、妇三者置于被统治地位,要求为臣、为子、为妻者必须绝对服从于君、父、夫。

"三纲"一名,始见于汉儒董仲舒所作《春秋繁露·基义篇》:"凡物必有合……阴者阳之合,妻者夫之合,子者父之合,臣者君之合。……君臣、父子、夫妇之义,皆取诸阴阳之道。君为阳,臣为阴;父为阳,子为阴;夫为阳,妻为阴。……王道之三纲,可求于天。"

"三纲"之名虽始见于汉代,但"三纲"观念的实际内容在先秦诸子的论述之中就早已出现了。孔子的思想中就已经有了"三纲"的具体内容。据《礼记·哀公问》记载,鲁哀公曾问政于孔子,孔子回答说:"政者正也。……夫妇别,父子亲,君臣严,三者正则庶物从之矣。"不难看出,所谓"夫妇别,父子亲,君臣严",就是后世"三纲"观念的具体内容。其主旨就是要求强调君臣、父子、夫妻之间的上下尊卑关系。当然,孔子所主张的君臣、父子、夫妻之间权利和义务关

---

① 《白虎通·三纲六纪·总论纲纪》引《礼纬·含文嘉》,此据陈立:《白虎通疏证》,中华书局1994年版,第373~374页。

系是双向的,一方面要求臣忠、子孝、妻顺;另一方面则要求君仁、父慈、夫义。用孔子的话来说就是"君使臣以礼,臣事君以忠"①。显然,这与后世封建专制社会发展起来的极端尊君抑臣、尊父抑子、尊夫抑妻的思想观念是有所区别的。

战国末期的韩非子虽然是著名的法家人物,但他也接受继承了儒家的"三纲"观念,并有所发扬。《韩非子·忠孝》云:"臣事君、子事父、妻事夫,三者顺则天下治,三者逆则天下乱。此天下之常道也。"这是先秦诸子当中对"三纲"内容较为系统的论述。

虽然,"三纲"思想的系统而具体的内容始见于《论语》一书,但我们认为"三纲"观念最起码可以溯源于《仪礼·丧服》所记载的丧服制度之中。《仪礼·丧服》规定:臣为君、子为父、妻妾为夫均需服最重的丧服——斩衰,《丧服》传解释说这是由于君、父、夫三者均是"至尊"。而与此不成比例的是《仪礼·丧服》中无君为臣之服;父为众子仅服齐衰不杖期之服(只为"正体于上,又乃将所传重"的嫡长子服斩衰);夫为妻仅服齐衰杖期之服。不难看出,《仪礼·丧服》中君、父、夫与臣、子、妻之间这种不对等的服制规定,正与后世"三纲"观念中君、父、夫与臣、子、妻的关系相对应。也就是说可能在《仪礼·丧服》所记录的周代丧服制度的产生和形成时期即已出现了萌芽状态的"三纲"观念的内容。现代礼学名家吴检斋先生认为:

> 三纲之名,虽始于汉,而三纲之实,则本于《丧服》。《丧服》中首列三斩衰:子为父斩衰,表示家长制;臣为君斩衰,表示封建制;妻为夫斩衰,表示男统制。这是古代三位一体的一个意识形态,汉儒把它抽象化,即名之为三纲。②

吴氏之说深刻而准确地揭示了"三纲"观念的渊源所自。不过,

---

① 《论语·八佾》。
② 吴检斋:《五伦说之历史观》,《吴承仕文录》,北京师范大学出版社1984年版,第2~3页。

可能会有人对此说持怀疑态度——由于现代许多学者认为《丧服》成书晚于《论语》，因而似应将"三纲"观念的渊源追溯到《论语》，而不应将其追溯到《仪礼·丧服》。笔者认为，虽然《仪礼·丧服》可能是由孔子及其七十子后学编订成书，且其中的某些内容可能是由七十子后学修订增补而成，亦即《仪礼·丧服》的最后编订成书也许不早于《论语》，但是《仪礼·丧服》所记录的丧服制度的主要内容、基本框架应当早在孔子及其七十子后学编订《仪礼·丧服》前就已存在并在一定范围内实行了，因而将"三纲"观念的起源追溯到《仪礼·丧服》可能是符合历史实际的。

(二)《仪礼·丧服》中的"五伦"观念

"五伦"，亦谓之"五常"、"五教"、"五典"或"五品"，是指我国古代社会的五种伦理关系。它是一个历史的概念，其内容随时代的不同而有所发展变化。

《尚书·尧典》："慎征五典，五典克从。"①伪孔传曰："五典，五常之教：父义、母慈、兄友、弟恭、子孝。"《尚书·尧典》又曰："帝曰：契，百姓不亲，五品不逊。汝作司徒，敬敷五教，在宽。"②孔疏云："品谓品秩，一家之内，尊卑之差，即父、母、兄、弟、子是也。教之义、慈、友、恭、孝。此事可常行，乃为五常耳。"《史记·五帝本纪》集解引郑玄曰："五品，父、母、兄、弟、子也。"又引王肃曰："五品，五常也。"而《左传·文公十八年》述此事说："舜臣尧，举八恺使主后土，以揆百事，莫不时序，地平天成。举八元，使布教于四方，父义、母慈、兄友、弟共（恭）、子孝，内平外成。"《国语·郑语》："商契能和合五教，以保于百姓者也。"韦昭注："五教，父义、母慈、兄友、弟恭、子孝。"

综上所述，可见"五伦"的内容在尧舜时代就是指父、母、兄、

---

① 按，此段文字在今传伪古文《尚书》中属《舜典》，而在今文《尚书》中属《尧典》。

② 按，此段文字亦属今传伪古文《尚书·舜典》之文，而在今文《尚书》中属《尧典》。

弟、子五种血缘亲属之间的伦理关系。由于尧舜时代处于我国原始社会末期，尚未出现国家，当时的社会还是以血族团体为基础，因而将当时的"五伦"规定为"父义、母慈、兄友、弟恭、子孝"是符合当时社会发展水平的。《尚书·泰誓下》云："今商王受，狎侮五常。"孔颖达疏曰："五常即五典，谓父义、母慈、兄友、弟恭、子孝，五者人之常行。"这说明在保留有"浓厚的母权制残余"的殷商时代，社会伦理思想的基础仍是以血缘关系为特征的"五伦"观念。

　　降至晚周之世，我国早已进入了文明社会，即早已建立起了以阶级关系为基础的国家。这时，血缘亲属关系虽然仍是基本的、普遍的社会关系，但君臣关系这种反映阶级社会内容的社会关系便成为占据主导地位的社会关系。因而《孟子·滕文公上》在叙述前引《尚书·尧典》所述舜使契"敬敷五教"事时说："使契为司徒，教以人伦：父子有亲，君臣有义，夫妇有别，长幼有叙，朋友有信。"孟子对"五伦"的解释比《左传》等文献的解释增加了"君臣"、"朋友"两伦。这是孟子以今释古而对"五伦"说所作出的解释。显然，孟子"五伦"说的内容只能是阶级社会的社会伦理，而不可能是尧舜时代的社会伦理，因为那时尚未形成阶级社会，还不可能有"君臣"关系。《孟子》之前，相传为孔子之孙子思所作的《礼记·中庸》曾经说过："天下之达道五……君臣也，父子也，夫妇也，昆弟也，朋友也。"不难看出，《中庸》所谓"五达道"的内容就是后来孟子所总结出的"五伦"说。

　　其后，自周秦之际以迄明清，我国古代社会的伦理关系一直为这种"五伦"说的内容所涵盖。因而现代学者吴检斋先生即认为"五伦说至孟子而完成"①。不过需要注意的是：虽然《中庸》首先提出"天下之达道五"，《孟子》首先将其总结为五种"人伦"，但在实际上，这种"五伦"观念的内容早在《仪礼·丧服》所规定的服制条例中就已体现出来了。也就是说，早在孔子与其弟子们所编订的《仪礼·丧服》中就已体现了《中庸》与《孟子》所论述的"五伦"内容：

---

① 吴检斋：《五伦说之历史观》，《吴承仕文录》，北京师范大学出版社1984年版，第7页。

父子：

　　子女为父斩衰(《仪礼·丧服》"斩衰"章)；

　　父为长子斩衰(《仪礼·丧服》"斩衰"章)；

　　父(母)为众子齐衰杖期(《仪礼·丧服》"齐衰杖期"章)。

君臣：

　　臣为君斩衰(《仪礼·丧服》"斩衰"章)；

　　君为臣无服。

夫妇：

　　妻为夫斩衰(《仪礼·丧服》"斩衰"章)；

　　夫为妻齐衰杖期(《仪礼·丧服》"齐衰杖期"章)。

兄弟(长幼)：

　　兄弟之间相互服齐衰不杖期(《仪礼·丧服》"齐衰不杖期"章)。

朋友：

　　麻(《仪礼·丧服·记》)。

不难看出，《中庸》所提出的"五达道"与《孟子》所总结的"五伦"说的内容确实早已蕴含在《仪礼·丧服》的服制条例之中。而且《仪礼·丧服》与《中庸》、《孟子》中的"五伦"观念是在《尚书》、《左传》等所载尧舜时代以体现血缘亲属关系为基本内容的旧"五伦"说的基础上增加"君臣"、"朋友"两伦而成。而其中的父子、夫妇、兄弟(长幼)三伦则是由《尚书》、《左传》等所载旧"五伦"发展演变而成。这种新"五伦"观念全面、系统地反映了周代阶级社会伦理关系的实际。

值得注意的是父子、夫妇、兄弟三伦，在《仪礼·丧服》经、传中被称为"一体"之亲或"至亲"。如《仪礼·丧服》传"齐衰不杖期"章曰："父子一体也。夫妻一体也，昆弟一体也，故父子首足也，夫妻胖合也，昆弟四体也。"又，"齐衰杖期"章曰："为妻何以期也？妻至亲也。"

《中庸》"五达道"的排列次序是先君臣而后父子；而《孟子》"五伦"说则是先父子而后君臣，与《仪礼·丧服》先父后君的次序完全相同，由此亦足见《仪礼·丧服》对孟子伦理思想的影响。吴承仕先生曾据此认为《中庸》之成书不能早于《孟子》，其理由是：

> 在封建时代，"有士者皆为君"——《丧服》郑义，故一人可以事多君，《丧服》先父后君，而《孟子》从之，且于"旧君反服"之义，深致不满，此种思想完全是当时社会情态的反映。一到郡县时代，天子独尊于上，不仕则已，仕则必仕天子，无所逃于天地之间，故从秦汉以来，几乎有先君而后父的趋势；在"礼三本"中本来是"天、地、先祖、君、师"，到后来乃变为"天、地、君、亲、师"，胡培翚讲《丧服》，要改"为君"之"义服"为"正服"（本来是为父正服，为君义服）即是这种极端尊君思想的表现。《中庸》的"五达道"，首君臣而次父子，实与封建时代的理论及事实不甚适应，这也是《中庸》不能先于《孟子》的一个旁证罢。①

从表面看来，吴先生的论断似乎有一定道理，因为在我国古代伦理思想的发展进程中确实是先有父子关系而后才有君臣关系的。不过笔者以为《孟子》的先父子而后君臣是承袭《仪礼·丧服》而来，而《仪礼·丧服》是孔子及其七十子后学依据周代所实行的丧服制度整理、编订而成（虽然其中可能有孔子及其七十子后学增补的内容）②，因而不能据此断定《孟子》之成书早于《中庸》。

——原载《民俗研究》2002 年第 3 期。

【评　介】

丧服制度是古代最繁缛最完备的礼制，也是最能体现中国古代礼

---

① 吴检斋：《五伦说之历史观》，《吴承仕文录》，北京师范大学出版社 1984 年版，第 8 页。
② 关于《仪礼·丧服》的作者与撰作时代，笔者拟另文论述，限于篇幅，兹不具论。

制特点的一种。古代有很多专门性研究。现代礼学研究中,林素英先生著有《丧服制度的文化意义——以〈仪礼·丧服〉为讨论中心》,丁凌华著有《中国丧服制度史》,丁鼎先生著有《〈仪礼·丧服〉考论》,著述宗旨各有不同,入思角度则近似。丁先生考《仪礼·丧服》以论证周代的宗法制度和伦理关系,是礼学单篇研究的成功之作。

丁鼎(程奇立),1955年3月生,山东莱西人,历史学博士,曾任《烟台师范学院学报》(哲社版)主编、烟台师范学院历史系教授,主要从事中国古代文化史研究。现任山东师范大学齐鲁文化研究中心教授。兼任中国孔子基金会学术委员、山东孔子学会副会长、山东周易研究会副会长。多年来,主要从事儒家经学史、历史文献学、中国古代文化史等领域的教学和研究工作,现已出版学术专著6部,发表学术论文100余篇,代表性论著有《〈仪礼·丧服〉考论》、《中国古代谶言研究》、《牛僧孺年谱》、《新定三礼图校释》、《礼记解读》等。

丁先生是著名学者金景芳先生的弟子,对金先生《论宗法制度》①一文甚为推崇,遂研究《仪礼·丧服》申述其师之观点。我们宜先了解金景芳先生在该文中的主要观点与论述,才能更好地理解丁鼎究竟在哪些方面发展了金景芳先生的论断。金先生所讨论的宗法制度是指"别子为祖,继别为宗,继祢者为小宗"为主要内容的家族制度,他先后辨析了别子的概念,大宗百世不迁、小宗五世而迁的原因,宗法制度存在于中国历史的哪个时代哪个阶层三个问题。

关于别子概念的辨析,自卑别于尊,又引出了君统与宗统两个概念的辨析。金先生认为,族权不能与政权平等或抗衡。天子、诸侯以上属于君统,身份取决于政治地位;大夫、士行宗法,身份决定于血缘关系。他反驳王国维《殷周制度论》中"天子诸侯虽无大宗之名而有大宗之实"的说法,并指出范文澜、吕振羽、李亚农、周谷城、瞿同祖等先生对宗法问题的论述,都延续了王国维的错误。政权上的大宗与宗法上的大宗不能混为一团。宗字的本义是尊,不能一见到宗字就认为与宗法有关。

---

① 金景芳:《论宗法制度》,《古史论集》,齐鲁书社1981年版,第111~141页。

关于大宗小宗，金先生认为，宗法制度应以"别子为祖，继别为宗，继祢者为小宗"这个范围为限，这句话也说明了大宗小宗的产生和区别。"继别为宗"专门解释大宗，所谓"继"一是指嫡长子继承制，一是指其本质是始封之君的继续。大宗具有尊祖收族的作用，所以百世不迁。"继祢者为小宗"，指嫡长子继祢，其余诸子都奉继祢者为宗。小宗指继祢宗、继祖宗、继曾祖宗、继高祖宗，为四世。至于第五世继远祖宗则易。小宗以同祖祢为限，不同祖祢者无宗义。同祖者以四世为限，五世者无宗义，所以五世则迁。金景芳还以丧服制度为例说明了五世而迁的原因。

由此，金先生又考察了宗法制度的存在时代，他认为，有百世不迁之宗，有五世而迁之宗，以子继父、嫡统庶、兄统弟为内容，这样具有严整体系的宗法制度是从周代开始的，与周代的分封制这种经济政治条件密切联系。到秦时被完全破坏。宗法制度又主要行于大夫士阶层。大宗属尊统，受重、传重，负有收族之责任，故天子诸侯不在宗法制度内；宗法传重是传采邑、禄田，统宗收族不但需要经济力量还需要政治力量，庶人没有，也不行宗法。"宗法之制，以分封制为前提条件，上不及天子诸侯之至尊，下不及庶人之至卑，仅行于士大夫阶层。"

丁先生继承了乃师关于宗法制度的主要观点。他的代表作是他的专著《〈仪礼·丧服〉考论》，用《仪礼·丧服》一篇，论证其中所反映的周代宗法制度，最终归结于"尊尊、亲亲"二义。此文是这部专著核心内容的概括，即《仪礼·丧服》文本如何体现周代的宗法制度和伦理观念。周人所创制的宗法制度与丧服制度是相辅而行、互为表里的。本文依据《仪礼·丧服》所记载的丧服制度，对周代宗法制度的内涵和精神进行了分析和论述，尤其是根据"天子诸侯绝期"的服制规定，对"宗统"与"君统"的关系这一聚讼不已的老大难问题作出了新的探讨，进而论证了"君统"与"宗统"相分说的合理性。此外，文章还对《仪礼·丧服》中所蕴含的"三纲"、"五常（伦）"观念进行了考察和分析。

《〈仪礼·丧服〉所体现的周代宗法制度与伦理观念》讨论《仪礼·丧服》所体现的周代宗法制度，首先分析和论述周代宗法制度的内涵和性质。丁先生根据乃师之说概括为,以维护和强化嫡长子继承制为宗旨的宗法制,是周人创造的将父系宗族结构中的血缘亲属关系与政治结构中尊卑上下关系相结合的一种制度,是使各级贵族的等级关系法定化的制度,其主导精神就是"尊尊"、"贵贵"。宗法制是为了适应改造氏族社会的血缘关系以维护阶级社会嫡长子继承制的需要而产生的。丧服制度则是为了推行和维护宗法制而对原始丧服习俗进行加工改造的结果。具体说来,就是在本来体现"亲亲"、"长长"原则的原始丧服习俗的基础上,增添"尊尊"、"贵贵"的内容,将其改制为与宗法制度互为表里的丧服制度。

在阐述了周代宗法制度的内涵之外,丁先生具体论述了《仪礼·丧服》中的宗法内容,一是"正体于上"与"传重"——对嫡长子特别尊崇的理由;二是"大宗者尊之统"——对宗子的突出尊崇;三是从"天子诸侯绝旁期"看"君统"与"宗统"的关系,都是运用文献资料对金先生观点的佐证。

第二个方面论述了《仪礼·丧服》中所蕴含的周代伦理观念。早在《仪礼·丧服》中即已体现了较为完整的"三纲"、"五伦"观念。"三纲"思想的系统而具体的内容始见于《论语》一书,但"三纲"观念最起码可以溯源于《仪礼·丧服》所记载的丧服制度之中。丁先生指出,"五伦"是一个历史概念,他梳理了"五伦"概念的历史源流认为,《仪礼·丧服》与《中庸》、《孟子》中的"五伦"观念是在《尚书》、《左传》等所载尧舜时代以体现血缘亲属关系为基本内容的旧"五伦"说的基础上增加"君臣"、"朋友"两伦而成。而其中的父子、夫妇、兄弟(长幼)三伦则是由《尚书》、《左传》等所载旧"五伦"发展演变而成。这种新"五伦"观念全面、系统地反映了周代阶级社会伦理关系的实际。

金先生侧重于宗法制度之大宗小宗的区别、存在时代和实行的阶层。出于时代因素,金先生比较注重其中的阶级划分,强调宗统必须在不与君统相抵触的情况下才可以实行。丁先生侧重于论述丧服制度对宗法制度的维护,以及其中尊尊与亲亲之义的相互关系。他更注重这种制度的具体形成的历史过程、对社会观念的影响,以及礼仪制度的留存。这与其说是侧重点的不同,不如说是时代话题的转变。

由此可见，丁先生对金景芳先生的继承还是显而易见的。丁先生正专攻礼学，进行"三礼学通史"的撰述，在礼学方面深造自得是可以预见的。

丁鼎礼学论著目录：

《〈仪礼·丧服〉考论》，社会科学文献出版社 2003 年版；

《新定三礼图校释》，清华大学出版社 2006 年版；

《礼记解读》，中国人民大学出版社 2010 年版。

中国传统法的结构与基本概念辨正
——兼论古代礼与法的关系

曾宪义　马小红

由于从文化背景、语境到法的体系、特征等各方面,中国传统法与现代法都有着很大的差异。所以在研究或阐述中国传统法时我们都会面临着尴尬。

这种尴尬在教学中反映尤为突出。比如许多高等院校的"中国法制史"教材在阐述中国古代法制时以"律"为主线索,这样就难免得出中国古代法制是"以刑为主,诸法合体"的结论。从某一角度来看,这个结论并非全无道理;然而,如果就传统法进行全面的考察,这一结论就显失偏颇。暂且不说浸透了中国古代社会方方面面的"礼"是传统法不可或缺的内容,在古代就是"法"的含义也远非"律"可以涵盖。"中国古代法律思想史"的研究和讲授,所遇到的问题也许更为尴尬:人们会依据现在的标准,质疑中国古代究竟有没有法学家或法律思想家,有没有法学,甚至有没有法律意识,等等。可以说,目前的研究,尤其是教材给学生心目中留下的是一个被今人用现代"理论"和"语境"阉割(而不是研究)了的根本就不曾存在过的"传统法"或"传统法律"。当我们费力地从浩瀚的史籍中归纳出中国古代的民法、经济法、行政法、诉讼法……时,我们起码应该告诉读者和学生:所谓中国古代的"民法"、"经济法"等,从概念、本质上说绝非是今日的民法、经济法。就如法家的"法治"绝非今日之法治一样。否则,只要读者或学生对史料稍加接触,就会疑窦丛生,古籍中不仅寻觅不到部门法的体系,甚至连相关的名词都不见踪影。在此,我们碰到了一个无法回避的问题:我们所研究和讲授的究竟是不是"中国古代法制",或我们所研究、所讲授的法律史究竟在多大的程度上反映出了那个在现实中早已支离破碎但又顽强影响着现实的"传统法"的原貌?

鉴于此,我们认为研究传统法的当务之急——套用考古学器物复原的术语来说——也许应该首先是"复原"传统法。当然这个"复原"要比古代器物的复原艰难得多,而且永远无法做到像古代器物那样完全。但这毕竟是研究传统法的基础工作。因为"皮之不存,毛将安傅"?如果不首先去探讨历史的真相,对传统法的研究只能是不顾事实的闭门造车之作。

复原传统法是一个复杂系统的工程,它涉及传统法的基本概念、发展演变、体系构成、形式分类等内容,笔者认为这些内容在一篇文章中即便是蜻蜓点水也很难囊括。因此本文只从传统法中的一些基本概念入手,描述传统法的构成,以期对传统法能有一个大致完整的认识。

一、古代的法与律:"法"的起源与"律"的起源

中国人以形象思维见长,对一事物、一现象的阐述多从感悟出发,因时因事而变通。有时甚至因为谈话的对象不同而对同一事理的阐述在内容方面也有不同的偏重。这种思维方式造成中国古代学术与西方学术的差异,与现代学术也有所不同。牟宗三在讲到名家时说到,"中国把抽象的逻辑思考藏在具体的玄理里面,并不用抽象的头脑把它单独提出来研究"①。孔子对学生的"因材施教"便是最好的例子:擅长经商的子贡问孔子"何如斯可谓之士矣?"即什么样的人才可以被称为"士",孔子答道:"行己有耻,使于四方,不辱君命,可谓士矣"。这种"士"显然是对官吏贵族而言。孔子同时又言次一等的士,应该做到"宗族称孝,乡党称悌"。这种"士"显然是对平民而言。勇敢、诚实又有些鲁莽的学生子路同样请教孔子"何如斯可谓之士矣"时,孔子对子路的教导则不同于子贡,孔子言:"切切偲偲,怡

---

① 牟宗三:《中国哲学十九讲》,学生书局 1983 年版,第 219~220 页。

怡如也，可谓士矣。朋友切切偲偲，兄弟怡怡。"①由此可见，对时常身负君命、处世灵活的子贡，孔子强调"士"诚信、忠厚的品格；而对为人正直、嫉恶如仇、对朋友侠义的子路，孔子则强调"士"的文雅、友善的修养。同样，一部《论语》言及"仁"、"礼"的地方不下几十处，而每一处都有不同的侧重点——不孜孜营造准确而严格的定义、概念，不刻意地构造学说体系，这正是中国传统学术的特征。

古人对法的阐述也是如此，我们通过阅读古籍可以领会或归纳出古人对法的认识，但却无法在古籍中寻找到古人对"法"所作的完整而严格的表述。对古人来说不言而喻、习以为常的事，正是我们今天研究的难点。因此，我们对传统意义上的"法"的归纳，也只能做到尽可能的客观。

(一) 字书中的"法"

从古代的一些字书中看，在法起源或初起时，人们对法的认识大致有这样几点内容：第一，法的主体是刑；第二，法是客观、公正的规范；第三，法是依照神意而进行的裁决。

东汉许慎《说文》释古文之"灋"（今文写作"法"）曰："灋，刑也，平之如水；廌，所以触不直者去之。"②可以认为许慎对古文"灋"的解释，反映了古人对法最初的认识，即法就是用刑来惩处有过错的人，其公平如水。而法的公平性是依靠神力来实现的。神兽"廌"有识别曲直的能力，可以"触不直者去之"。后代的字书大致都沿用了这一说法而侧重点略有变化。清人段玉裁注《说文解字》释"法"："刑者，罚罪

---

① 《论语·子路》。
② 有些学者认为《说文》释"法"，是东汉人将自己对法的认识附会为前人的观点，理由是甲骨文中未发现"灋"字，而金文中的"灋"字又皆作"废"解；所以这些学者认为"废"为"法"字本意，而《说文》中的"法"意为后起。其实，"灋"字形成于何时，根据现在所掌握的资料尚不可作出定论。因为许多考古、文字学家认为甲骨文已经是一种比较成熟的文字，其形成必有一个漫长、积累的过程。许慎亦言："黄帝之史。"而今日所能见到的甲骨文和金文只是古文字的一部分，远远不能反映出文字最初的形态和全貌。另外，甲骨文中已经有"廌"字，可见神兽"廌"的传说至少在商朝就已经存在。

也。易曰：'利用刑人以正法也。'引申为凡模范之称。木部曰：模者，法也；竹部曰：范者，法也；土部曰：型者，铸器之法也。"此注说明，法字所具有的"刑"之义就如同"模"、"范"、"型"为各种器物的规范一样，法是人的规范。段玉裁又分别解释了构成"灋"字的"水"部、"廌"部和"去"部的含义："从水之意，张释之曰：'廷尉天下之平也。'""从廌、去之意，法之正人，如廌之去恶也。"其意为，"灋"字中的"水"是汉代张释之所讲的"执法者应公平如水"之义；"灋"字中的"廌"与"去"是说法能规范人的言行如同"廌"能去恶。

从字形的演变和解释的变化来看，我们还可以发现随着社会的发展，古人越来越强调法的规范性，而神判的观念日趋淡漠：从古文"灋"字到今文的"法"，公平、去恶成为法的主要内容。《康熙字典》集古人对"法"的解释有十种含义：第一，长久不变。《尔雅·释诂》："法，常也。"第二，制度也。《礼记·曲礼》："谨修其法而审行之。"第三，礼法也。《孝经·卿大夫章》："非先王之法服，不敢服。"第四，刑法也。《尚书·吕刑》："惟作五虐之刑曰法。"第五，象也。《文心雕龙·书记篇》："申宪述兵，则有律令法制。法者，象也。兵谋无方，而奇正有象，故曰法。"第六，效法也。《易·系辞》"崇效天，卑法地。"第七，执法星名。《史记·天官书》注："端门次东第一星为左执法，廷尉之象；端门西第一星为右执法，御史大夫之象。"第八，姓。第九，拂。第十，废。《康熙字典》对"法"字法律意义上的解释较《说文》有这样几点变化：第一，神判的色彩减弱，从《康熙字典》中已经看不到神意对审判的左右。古文"灋"字中的"廌"已经不再出现。第二，"平之如水"之意不再被强调。第三，法的内容包括了习惯与风俗，如法可释为"常也"、"礼法也"。第四，法与自然之"象"及规律相联系。如星象等。除不同之处外，法的"刑"、"规范"、"制度"之意则一脉相承。

从《说文》到《康熙字典》对法的诠释，确切地反映出中国古代法观念的演变与特征，即法的御用性、强制性日益加强，而其内容不仅包括国家制定的制度规范，同时还包括民间习以为常的习俗与自然的约束。法的这一特征与律有着密切的关系。

(二) 音律与法律

"律"在古人的观念中主要含义有两种：一是音律（或声律），一是法律。在现今看来这两种毫无关联的"律"，在古代却是密不可分的，而且时代愈古，两者的关系就愈见密切。

"律"的本意是用"声"或"音"来展示或表现自然变化的规律。制造这种音的器物称为"律管"。律管在考古发掘中已屡屡出现。① 那么出自律管的声音如何体现自然的变化呢？《汉书·律历志》记律按节气分为十二音，称为十二律（或称六律，即阳六为律，阴六为吕。律"所以述阳气"②。"吕，助阳气也。"③）。十二律的名称为：黄钟、太族、姑洗、蕤宾、夷则、亡射、林钟、南吕、应钟、大吕、夹钟、中吕。④ 其相应的节气据《礼记·月令》记：十一月"仲冬之月，律中黄钟"；十二月"季冬之月，律中大吕"；元月"孟春之月，律中大簇"；二月"仲春之月，律中夹钟"；三月"季春之月，律中如洗"；四月"孟夏之月，律中中吕"；五月"仲夏之月，律中蕤宾"；六月"季夏之月，律中林钟"；七月"孟秋之月，律中夷则"；八月"仲秋之月，律中南吕"；九月"季秋之月，律中无射"；十月"孟冬之月，律中应钟"。⑤ 所谓"律中黄钟"，即以黄钟之音为正，以此类推，每一个节气都有自己的"音律"。传说十二律为黄帝所定，这种音律反映了自然界阴阳节气的变化规律。这种规律是不可抗拒的，永恒的。简单地说，律在古人的眼中就是万物所由出的根本的自然法则。《尚书·尧典》中有"同律、度、量、衡"。"度"是计算长短的标准，"量"是计算体积的标准，"衡"是计算轻重的标准。"律"则是反映阴阳节气变化的"正音"。由于律具有自然规律的意义，所以在崇尚自然、认为

---

① 参见谭维四：《江陵雨台山 21 号楚墓律管浅论》，《文物》1988 年第 5 期。
② （汉）刘熙：《释名》。
③ 《汉书·律历志》。
④ 据《汉书·律历志》。《礼记·月令》记"太族"为"大簇"、《史记·律书》为"太蔟"；"姑洗"为"如洗"；"亡射"为"无射"。
⑤ 《史记·律书》、《汉书·律历志》同。

天人合一的中国古人心目中，它的地位就格外重要。司马迁这样解释人类法度与律之间的关系："王者制事立法，物度轨则，一禀于六律，六律为万事根本焉。"①律反映的自然变化的法则当然也包括了人间的法则，或人间的法则原本就是"王者"效法自然的产物。

音律究竟起源及完善于何时，已无从考证。从人类社会发展的一般规律来看，这种与自然节气变化密切相关的声音之"法度"应与人类文明相伴而来。因为生活于文明伊始的人类对自然界的变化虽极为敏感，但反映自然、宣泄情感的手段却极为有限。声音、歌舞、简单的音乐可以说就是他们表现和宣泄的主要手段。柳诒徵在汇集分析了传说资料后总结道："至黄帝时，诸圣勃兴，而宫室、衣裳、舟车、弓矢、文书、图画、律历、算术始并作焉。"②如果将黄帝作为部落时代的代名词来看，这些传说及柳诒徵的总结是可信的。所以音律的起源应是十分古老的，它古老到我们已无确切的资料来探究它的源头。这种古老的"律"传至汉代就已经有模糊不清的地方了。《晋书·律历志》记："汉室初兴，丞相张苍首言音律，未能审备。"

"律"作为法律、法令的意义出现，最晚不会迟于商。甲骨文中有"师惟律用"③。它与《易》经中的"师出以律"相印证。此处的"律"释为"法"、"法制"④，自古无疑义⑤。应该指出的是，此时此刻

---

① 《史记·律书》，此处司马迁所说的"六律"指宣泄阳气的六种声音。故"索引"释为："律有十二。阳六为律：黄钟、太蔟、姑洗、蕤宾、夷则、无射。阴六为吕：大吕、夹钟、中吕、林钟、南吕、应钟是也。"

② 柳诒徵：《中国文化史》上册，中国大百科全书出版社1988年版，第14页。

③ 徐进雄编著：《怀特氏等收藏甲骨文集》·1581，加拿大皇家博物馆，1979年；考古研究所：《小屯南地甲骨》·119，中华书局1980年版。

④ 《周易正义》卷二："初六，师出以律。否臧凶。"王弼注："为师之始，齐师者也。齐众以律，失律则散，故师出以律，律不可失。失律以臧，何异于否。失令有功，法所不赦。故师出不以律，臧否皆凶。"孔颖达疏："师出以律者，律，法也。初六，为师之始，是整齐师众者也。既齐整师众，使师出之时当须有其法制整齐之。"

⑤ 参见《易学精华》（齐鲁书社1990年版）。此书汇编了唐、宋、元、明、清治《易》成就颇为卓著的学者的著作。其中皆将"师出以律"之"律"释为法律意义上的律。

"法"意义上的"律"与"音"意义上的"律"是息息相通的,"法律"甚至就是音律的演化形式。两者关系的形成如下:

古代的战争主要靠"声""音"划一行动,指挥兵士,所谓"鸣金收兵"、"击鼓奋进"。《史记·律书》记:"武王伐纣,吹律听声,推孟春以至于冬季,杀气相并,而音尚宫。"《史记》正义引《兵书》言:"夫战,太师吹律,合商则战胜,军事张强;角则军忧多变,失士心;宫则军和,主卒同心;徵则将急数怒,军士劳;羽则兵弱少威焉。"商、角、宫、徵、羽是古人总结出的"五声"。在此,音律不仅反映了自然变化的规律,而且可以指挥兵卒、预测战争的成败。在战争中,律被赋予法令的意义。司马迁的《律书》简洁地归纳和论证了"律"所具有的音律、军律、法律的内容和关系:"王者制事立法,物度轨则,一禀于六律,六律为万事根本焉。其于兵械尤所重,故云'望敌知吉凶,闻声效胜负',百王不易之道也。"这段话简洁地说明了法律意义上的"律"肇始于战争中的军律,而军律来源于音律。这与古人反复强调的"刑起于兵"可以说是殊途同归的。

在明确了律的演化和内容后,我们还应该对法律意义上的"法"与法律意义上的"律"作一考察和区别。首先应该注意的是,在一般情况下法与律是相通的,都表示必须遵守的规范和秩序。不仅如此,其他如典、彝、则、宪、刑等也都与法、律有相通之处。《尔雅·释诂》:"典、彝、法、则、刑、范、矩、庸、恒、律、戛、职、秩,常也;柯、宪、刑、范、辟、律、矩、则,法也。"其中刑、法、宪、典、律、辟等在夏商西周及春秋时不同的诸侯国中分别做过法律的名称。① 秦之后,律虽然在一定程度上取代了法律的其他名称,成为王

---

① 据《左传·昭公六年》记,夏有《禹刑》、商有《汤刑》、周有《九刑》。据《左传·定公九年》和《韩非子·外储说右上》记春秋时晋有"被庐之法"、楚有"茆门之法"。据《战国策·楚策》记楚昭王时有"鸡次之典"。据《战国策·魏策》记魏国在李悝纂《法经》前有"宪"。《韩非子·饰邪》记魏有《立辟》、赵有《国律》、燕有《奉法》。

朝统一颁行的稳定的法典的专用字①，但在日常生活中人们往往仍是法、律通用。违法通常就是指违反了律条。其次，法在古代有广义狭义之分，广义的法可以指一切制度，甚至风俗习惯，战国法家之"法"即指制度而言。而狭义的法专指律典。俗语"王子犯法与庶民同罪"，此处的"法"即为"律"义，主要指刑法而言。应该说狭义的法观念直到现在对中国社会也具有着深远的影响。"在相当长的一段时间里，当人们说'法律'的时候，他们在很大程度指的是刑法。'某人犯了法'的意思基本上等同于'某人犯了罪'。"②正因为"法"有广义、狭义之分，也正因为中文表述的复杂性，所以学界才产生了中国古代的法究竟是否"以刑为主"的争论。从某种意义上讲，两者都有一定的道理，认为中国古代法律"以刑为主"是从狭义的"法"的角度论述的，而认为中国古代法不单指"刑"，是从"法"的广义上论述的。

　　从字意释"法"与"律"，其区别有这样几点：首先，从字意的起源上说，"法"含有"平之如水"、"去不直"的观念。同时还可以悟出神判至上的古老含义。而律则更注重制度、规则。注重统一人们的言行。《说文》释律"均布也"。段玉裁注曰："《易》曰：'师出以律。'《尚书》：'正日，同律度量衡。'《尔雅》：'坎、律，铨也。'律者，所以范天下之不一而归于一，故曰均布也。"也可以这样说，法注重的是裁判及裁判的效果，而律最初表现的是周而复始的规律，在法律的意义上更注重制度的划一与稳定。其次，法所涵盖的内容广泛，除律外，一切规章制度都可以用"法"来表示，如令、科、格、式、比、故事、例等。从制度上说，法的层次更为丰富一些，朝廷颁行的统一的规则可以称法，地方、衙门甚至家族制定的规则也可以称法。而法律意义上的"律"自秦以来专指"律典"。律典虽然不是法的全部，但却是法的最高层次，只有朝廷才有权制定颁行，具有唯一性和权威性。这种权威性与唯一性随着社会的发展越来越严格，秦汉时尚律外

---

① 关于律作为法律形式的演变，参见马小红《礼与法——法的历史连接》第十五章(经济管理出版社1997年版)。

② 信春鹰：《中国的法律制度及其改革》，法律出版社1999年版，第2页。

有律，如汉《九章律》外，有《越宫律》、《朝律》①。经魏晋改革后，律典制定和颁行的程序更为严密，任何机构和个人都无权添加改动，只有在皇帝下诏，亲自主持或委任大臣主持的情况下，律才可以修订。因此，无论律在具体司法实践的过程中作用如何，在名义上只有律才可以称为国家的大法。再次，由于律所用术语专业性很强，所以往往只出现于案件的讨论和书面语言中。在人们的日常用语中使用"法"的频率要远远高于"律"。

需要更正的是，许多学者将"法律"一词说成是近代的舶来品，认为古代"法"、"律"二字不连用。事实并非如此。法律作为一个专名词在古籍中并不罕见。《史记·李斯列传》中就有"（秦）二世然（赵）高之言，乃更为法律"。汉之后在人物传记尤其是律学家的传记中"法律"一词经常出现②。如《后汉书·张敏传》记张敏上书言"孔子垂经典，皋陶造法律"。《三国志·陈矫传》记陈矫之子"不读法律而得廷尉之称"。当然，古人的"法律"与近代以来我们接受了西方法文化后所说的"法律"，无论是在体系还是内容上都有很大的不同。③

从"法"、"律"的字意及起源发展的过程中，我们可以体会到古人对"法"的定位。传统文化中的"法"主要指规则条文，而其价值层面的认定和论述在"法"的范畴（尤其是秦汉之后）中几乎阙如，只是在初起的"法"字中可以看到一些对依赖于神意的公平的向往。当神意淡化后，法的价值、法的灵魂何在？这便是我们下面所要叙述到的"礼"。

---

① 《汉书·刑法志》记：汉武帝时"招进张汤、赵禹之属，条定法令……律令凡三百五十九章，大辟四百九条，千八百八十二事，死罪决事比万三千四百七十二事"。《晋书·刑法志》记："汉承秦制，萧何定律……合为九篇。叔孙通益律所不及，傍章十八篇，张汤《越宫律》二十七篇，赵禹《朝律》六篇，合六十篇。"由此可以看出汉时"律"可以是稳定的"典"，也可以是单行的法规和补律典之不足的追加法。关于汉律的体系可以参见程树德《九朝律考·汉律考》（中华书局1963年版）。

② 参见张鹏一：《两汉律学考》所列律学家传记，日本东京大学东洋文化研究所藏。

③ 参见王健编：《西法东渐——外国人与中国法的近代变革》（中国政法大学出版社2001年版）；《严译名著丛刊·孟德斯鸠法意》上册（商务印书馆1981年版），第2、3、7页。

二、礼的起源、礼制(仪)、礼义、礼教：
法的价值取向与追求

　　法的制度完善但思想匮乏是学界对传统法文化的普遍看法，而这一认识恰恰是对传统法文化的误解。

　　中国传统文化以整体的和谐(或圆通)为最大特征。因为圆通，整个社会就是一个体系，法律也好，宗教也好，科技也好，艺术也好，都是这个体系中的一个有机组成部分，若将它们一一剥离出来，用今人的眼光将它们作为一个个单独的体系去考察，它们都带有"缺陷"，但若将它们放到整个传统文化背景中去考察，就会发现，这些"缺陷"都是合理的，因为这是整体和谐所必须付出的合理的代价。而"礼"正是这和谐文化的核心。无论人们对"礼"持有何种见解和评价，"礼是传统文化的核心"已是学界公认的事实。古人以"中国有礼义之大"①而自豪，今人以为礼是传统文化的根本②。外国学者更是被中国的礼所深深吸引，见仁见智，评说不一；只要论及传统的中国，他们就会谈到中国的"礼"③。

　　因此在中国古代社会中，礼与法的结合是不言而喻的事情。从法的意义上说，礼从习惯逐渐演变为习惯法，在法典时代到来时，礼的制度有些被淘汰，有些继续存在，也有些演变为社会制度。但礼所体现的精神自汉以后一直是法的价值取向，传统法的组成可以说就是礼与法(古代意义上的法)的组成。所以礼不但是中国古代法的渊源，

---

　　① 参见《左传》、《战国策》、《礼记》等史籍及后人的注疏，可以看出古人认为区分文明与野蛮民族的标志主要是看其有"礼"与否。

　　② 这一点从近代以来人们对传统文化的反思和批判集中于"礼"及"礼教"方面可以看出。此外最近出版的一些学术著作亦对"礼"为传统文化之根本有所论证。参见邹昌林《中国礼文化》(社会科学文献出版社2000年版)。

　　③ 参见伏尔泰《风俗论》(梁守锵译，商务印书馆1997年版)，孟德斯鸠《论法的精神》(张雁深译，商务印书馆1987年版)，黑格尔《历史哲学》(王造时、谢治征译，商务印书馆1963年版)，弗朗斯瓦·魁奈《中华帝国的专制制度》(谈敏译，商务印书馆1992年版)等名著中有关中国的论述。

更是古代法的精神和价值的体现,是法的灵魂所在。若将礼与法结合起来研究,就不会得出诸如"古代法的制度发达而思想匮乏"或"传统法文化只将法作为工具而忽视其价值"这样的偏颇之论。①

60年前杨鸿烈作《中国法律思想史》时,卓有见树地指出:研究各国的法制史"应该先寻觅到几个总枢纽,然后才能触类旁通,左右逢源,这所谓总枢纽即是贯通一个法系的根本思想……要想彻底了解所谓世界五大法系之一的中国法系的内容,最先的急务即在要懂得贯通整个'中华法系'的思想"②。而贯通整个中华法系的思想可以用博大精深的"礼"来概括。

我们从礼的起源和发展中,可以了解到古人对法律作用与价值的认识,了解到传统法的价值取向,但若要全面地论述礼的起源与发展则非一时所能完成。故尔,本文只从法的角度对有关"礼"的几个概念进行阐述。③

(一) 礼的起源

礼源于原始社会后期的祭祀活动,《说文》释礼:"履也,所以事

---

① 改革开放初期到20世纪90年代,学界许多人认为中国古代是一个"专制无法"的社会,"人大于法"、"权大于法"、"言大于法"。这些观点给社会以广泛的影响。马小红曾于20世纪90年代初期撰写文章,对上述观点进行辨正,认为中国古代是一个"法制严密"的社会。但由于当时的学识所限,提出了古代社会法的特征是"法制完备但法律意识淡漠"等观点。今天看来,这些观点并不妥当,是脱离古代社会文化背景而孤立地研究"法"的原因所致。

② 杨鸿烈:《中国法律思想史》,商务印书馆1936年版(1998年影印),第6~7页。

③ 近年来出版了许多关于"礼"的论著,有从制度方面的研究,如陈戍国《先秦礼制研究》(湖南教育出版社1991年版)、《秦汉礼制研究》(湖南教育出版社1993年版);杨志刚《中国礼仪制度研究》(华东师范大学出版社2000年版);丁凌华《中国丧服制度史》(上海人民出版社2000年版)。有从文化方面的研究,如杨华《先秦礼乐文化》(湖北教育出版社1997年版);邹昌林《中国礼文化》(社会科学文献出版社2000年版)。从法律角度研究的专著有马小红《礼与法——法的历史连接》(经济管理出版社1997年版);张仁善《礼·法·社会——清代法律转型与社会变迁》(天津古籍出版社2001年版)。

神致福也。"部落时期对祭祀的隆重，从考古发现的距今五六千年的红山文化与良渚文化的祭祀台可以得到印证①。《礼记·礼运》记，孔子为了研究礼，亲自到夏人生活的集居地杞国，又到商人的集居地宋国进行考察，得到了《夏历》和《坤乾》。从这两部书来看，孔子说最初的礼是从人们将饮食献给神灵和怀念死去的亲人开始的："夫礼之初，始诸饮食，其燔黍捭豚，污尊而抔饮，蒉桴而土鼓，犹若可以致其敬于鬼神。及其死也，升屋而号，告曰：'皋某复'。然后饭腥而苴孰。故天望而地藏也，体魄则降，知气在上，故死者北首，生者南乡，皆从其初。"②从文献记载来看，夏商西周时代十分重视祭祀，《礼记·祭统》中有言："凡治人之道，莫急于礼；礼有五经，莫重于祭"，就是因为祭祀是礼之发端。以祭祀为中心内容的礼在甲骨文中也有充分的反映。③

可以这样认为，礼是由部落氏族社会向国家转折时期的产物。由于礼是祭祀的产物，所以它在人们的心目中具有神圣性和权威性。又由于礼产生于部落氏族的后期，所以必然带有血缘社会的烙印。

（二）礼制（礼仪）

礼起源于祭祀，祭祀必有其程序和仪式——这就产生了礼的最初规范，或可称为礼制、礼仪。这些规范一般来说是容易被严格遵守

---

① 关于红山文化所反映的原始祭祀状况，可参阅郭大顺：《牛河梁红山文化遗址的新发现与新认识》，《故宫文物》（香港）第187期；《红山女神问世记——辽河文明巡礼三》，《故宫文物》（香港）第162期。关于良渚文化所反映的原始祭祀状况，可参阅浙江省文物考古研究所：《余杭瑶山良渚文化祭坛遗址发掘简报》，《文物》1988年第1期；张明华：《良渚文化六十周年纪念》，《中国文物世界》（台湾）第133期。

② 译文可参阅王梦鸥《礼记今注今译》（天津古籍出版社1987年版）。

③ 王国维：《观堂集林·卷六·释礼》对甲骨文卜辞中出现的"豊"字进行了考证，其总结道："盛玉以奉神人之器谓之曲、若豊，推之而奉神人之酒醴亦谓之'醴'，又推之而奉神人之事通谓之'礼'。其初，当皆用曲若豊二字，其分化为'醴'、'礼'二字，盖稍后矣。"又，参见李力《出土文物与先秦法制》（大象出版社1997年版），第15~16页。

的，因为它凝聚了同一氏族人们的崇敬和信仰。如礼与否，关系到上天和祖先的喜怒，关系到是否能得到神灵的庇护，关系到生者的幸福和氏族的兴衰。从孔子对夏禹"致孝乎鬼神"的赞美和商人的甲骨卜辞中，也可以印证人类伊始对天意的敬畏与遵从。

由于产生于祭祀，礼的最大特点就是"敬"，释礼之义的《礼记》开篇则言"毋不敬"。但祭祀的程序与规范并不是礼的唯一规范，礼自产生后，内容随着社会的发展而不断扩大。人们长期生活中自然而然形成的风俗习惯成为礼制的渊源，这就是《礼记·曲礼》所说的"君子行礼，不求变俗"的含义。《汉书·礼乐志》根据礼制的内容，将礼作了分类："人性有男女之情，妒忌之别，为制婚姻之礼；有交接长幼之序，为制乡饮之礼；有哀死思远之情，为制丧祭之礼；有尊尊敬上之心，为制朝觐之礼。"可见，礼的作用主要是节制人情。礼制的内容十分繁杂，流传至今的儒家经典《仪礼》、《周礼》是总结三代的礼制而成，其成书的时间历来是学界聚讼的热点话题。根据今人的研究，一般认为《仪礼》成书于战国之时，略早于《礼记》。而《周礼》作于战国的晚期。① 无论《周礼》、《仪礼》作于何时，有一点是可以肯定的，即自成书之时起，《周礼》、《仪礼》对中国古代制度的影响就从未停止过。它们既是以往历史制度的总结，也是未来理想制度模式——当然也包括法制模式的规划。汉代之后，国家机构，尤其是在行政方面确实逐步按照《周礼》描绘的天(吏)、地(户)、春(礼)、夏(兵)、秋(刑)、冬(工)六官的模式组成。《仪礼》十七篇则主要记述冠、婚、丧、祭、射、乡、朝、聘等仪式、规程，甚至连不同等级与身份的人参加这些仪式所应具有的心情和表情也作了详细的规定。尽管《仪礼》中的一些制度由于过分烦琐而被逐渐搁置，但《仪礼》所反映的精神却在《礼记》中得到解释和阐发，成为中国古代社会人们的追求和信仰，成为人们生活的准则，成为国家设法立制的方针和原则。

从法律的角度说，礼制在氏族社会后期及夏商西周时期已经具有了习惯法的性质。梅因对习惯法的定义是："法律寡头政治现在所主张的是要垄断法律知识，要对决定争论所依据的各项原则有独占的权

---

① 参见钱玄《三礼通论》(南京师范大学出版社1996年版)。

利,我们在事实上已到了'习惯法'时代。"①从《尚书·吕刑》记载的颛顼"绝地天通",《左传》记晋国贵族叔向言"先王议事以制"②来看,传说中的颛顼已经垄断了祭祀权力——从而也就垄断了立法与解释法律的权力。而叔向所说的"先王"们所掌握的"议事"之权,实际上也说明贵族已经垄断了"法"。③ 这种被王与贵族所垄断的,通过"神意"而产生的节制人情、渗透于社会各个领域中的礼制就是梅因所言的习惯法。夏商西周之后,在保留习惯法性质的同时,礼制的许多内容转化为成文法中的条款。除国家制定颁行的律外,中国传统法中关于诉讼、婚姻、家庭、宗族、继承、身份等方面的制度都可以在礼制中找到相应的规定。

(三) 礼义

礼义是礼制(礼仪)的精神体现。春秋战国成文法盛行并成为定制以后,礼义也是法制精神之所在。用通俗的话来说,礼制与法制是一些具体的条文规范,它规定人们应该怎样做,不应该怎样做。而礼义则是解释礼制与法制为什么会有如此的规定。

阐述礼义的经典著作是儒家的经典《礼记》。根据《史记》、《汉书》的记载,《礼记》为孔氏门生所记。④ 经今人考证,《礼记》"除可以确定为西周文字及秦汉人所作之外,多数篇目大致撰于战国时期"⑤。它与成书时代略早的《仪礼》是姊妹篇。按朱熹的解释,"《仪礼》皆载其事,《礼记》只发明其理"⑥。《仪礼》是记载礼的制度的书,而《礼记》是阐发礼制原理的书。由于《礼记》主要阐发"礼之义",所

---

① 梅因:《古代法》,沈景一译,商务印书馆1984年版,第7页。
② 《左传》昭公六年。
③ 关于部落风俗习惯演变为礼的过程以及礼制与部落习俗的异同,参见武树臣、马小红:《传说时代的国家与法律》,李光灿、张国华主编:《中国法律思想通史》,山西人民出版社1994年版,第19~26页。
④ 《史记·孔子世家》:"书传,《礼记》自孔氏"。《汉书·艺文志》:"《礼记》,七十子后学所记也。"
⑤ 钱玄:《三礼通论》,南京师范大学出版社1996年版,第48页。
⑥ 《朱子语类·八七》。

以当《仪礼》中所记的繁文缛节经时变世移与现实社会日益疏远、为后人不解或难解时,《礼记》的地位就越来越重要。

如前所述,礼是血缘社会中敬畏天地鬼神的产物,礼的特征是强调冥冥之中的神力和血缘的亲情。所以礼义竭力提倡的是天地人的相通,是缘于人情的伦理道德。《礼记·丧服四制》谈礼的缘起时说:"凡礼之大体,体天地、法四时、则阴阳、顺人情,故谓之礼。"礼在沟通人与天地的和谐关系的同时,将伦理道德作为"人道"的基础,并强调实践这些伦理道德是人类社会以及每一个人人生的最终目的。这也是孔子强调"不学礼,无以立"、"不知礼,无以立也"①的原因。鉴于此,《礼记》中多次提到一些礼的制度、仪式是可以随时代的改变而修正的,但礼的精神即体现人伦道德的"亲亲"、"尊尊"的"礼义"则是不可改变的永恒的原则。比如《礼记·大传》解释"制"、"义"与时代的关系是:"立权度量,考文章,改正朔,易服色,殊徽号,易器械,别衣服——此其所得与民变革者也。其不可变革者则有矣:亲亲也,尊尊也,长长也,男女有别——此其不可得与民变革者也。""制"是达到目的的方法,可以因时变通;"义"是人类社会永恒的目标,这个目标与永恒不变的自然规律相通,同与生俱来的人情相合,所以是永恒存在的。《礼记·礼运》对礼义的概括是:"故礼义也者,人之大端也,所以讲信修睦而固人之肌肤之会,筋骸之束也。所以养生送死事鬼神之大端也。所以达天道人情之大宝也。"因此,衡量制度价值,包括法制价值的标准是"礼义"。夏商西周的礼制因最大程度地体现了礼之义,所以为后世所向往;战国至秦兴起的法治,严重地背离礼之义,因此为后世所讳言;汉之后对礼义的宣扬目的就在于将一切制度,包括社会风俗习惯、法、律都纳入到体现礼义的范畴中。总之,在古人的观念中,法必须体现礼义所倡导的精神,失去了礼义,法就失去了价值,违背了礼义,法就成为不祥之物。

一些学者认为中国古代社会法律与法学没有独立的地位,只是被狭隘地理解为治国的工具。这是以西方近代法为标尺所得出的结论,也是我们近代以来对西方法的翻译解释失之于狭隘所造成的误解。严

---

① 《论语·季氏》、《论语·尧曰》。

复早在翻译孟德斯鸠《法意》(《论法的精神》)时，察觉到中西方"法"字的不同，西方"法"字字义十分宽泛，与中文相比有所不同："盖在中文，物有是非谓之理，国有禁令谓之法，而西文通谓之法……西文，法，字于中文有理、礼、法、制四者之异译。"严复还认为，西文的"法"融"人意"(法之价值观)与"理法"(所禁所许之制度)为一体，是"理想为文字所累"。而中文用"理"、"礼"、"法"、"制"区分"人意"与"理法"的不同，"较西文有一节之长"。① 在谈到西方民法时，严复又言西方法有"公"、"私"之分，而中国有"礼"、"刑"之分，"西人所谓法者，实兼中国之礼典"，"故如吾国《周礼》、《通典》及《大清会典》、《皇朝通典》诸书，正西人所谓劳士(laws——笔者加注)。若但取秋官所有律例当之，不相俟矣"。② 尽管严复将《周礼》等书亦纳入"劳士"这一说法有待商榷，但认为西文的"法"，包含了法的价值、法的制度以及公法和私法的分类，其与中文相应者应有理(礼义)、礼法(国家制度、社会制度、家族制度)、法律(狭义之法)这一结论无疑是卓有见识的。如果不是将礼与法对立割裂，而是将礼与法作为一个有机的整体来理解中国传统法，我们就可以对中西法进行更为全面和科学的比较，而不是局限于只用中国传统法之一端——刑律与西方法进行比较，这样也许可以避免一些偏颇之论。

(四)礼教

《辞源》释"礼教"为"礼仪教化"。实际上，礼教不只局限于教导人们礼仪，更重要的是通过国家、社会、宗族、家庭等各种教育手段，以礼义来统一人们的思想，指导人们的言行。自孔子主张"有教无类"③，又广收弟子三千，学在官府的传统被打破，重教蔚然成风，成为中华民族的优良传统。由于重教，自汉始，师的地位竟可以与天

---

① 《严译名著丛刊·孟德斯鸠法意》上册，商务印书馆1981年版，第2~3页。
② 《严译名著丛刊·孟德斯鸠法意》上册，商务印书馆1981年版，第7页。
③ 《论语·卫灵公》。

地君亲并列。

礼教的主要内容是人伦道德,《孟子·滕文公上》言:"教以人伦:父子有亲,君臣有义,夫妇有别,长幼有序,朋友有信。"孟子"教以人伦"的主张自汉武帝时起,就被作为治国的根本,一直绵延至清代。这些人伦道德正是古代法的精神价值之所在。所以,中国古代的立法与司法都十分强调法制与礼义(即人伦道德)的统一。《礼记·王制》有这样的论述:"凡制五刑,必即天伦,邮罚丽于事。凡听五刑之讼,必原父子之亲,立君臣之义以权之。意论轻重之序,慎测浅深之量以别之。悉其聪明,致其忠爱以尽之。"

在中国古代社会,礼教所提倡的价值观浸透社会的每一个角落,也浸透法的规范之中。传统法中的礼义与法制的关系颇有些类似西方法的正义精神与法的规则之间的关系。礼义是人们心目中的"大法",法制只是实施这个大法的一个渠道,而教化——包括国家的正规教育、民间的教育,更重要的是潜移默化的社会环境的熏陶、社会舆论的诱导等,这是实施礼义更重要的渠道。因为礼教的约束对象是全社会,帝王将相亦在其中,所以它的威力较具体的法制、律典更为强大。①

三、中国传统法结构:礼与法的完美结合

"法"字在漫长的历史发展中,意义并非一成不变。如前所述,初起时的"法"字具有浓厚的神判色彩,而秦汉以来的"法"字更注重的是规则的含义。近代以来,严复等强调西文法字相对于中文应有理、礼、法、制之义,并认为西文将法的价值观与法的制度统称为"法",不如中文礼、法之分明晰,是"理想累于文字"。不管严复等如何评价中西文"法"字的短长,在以国力强弱论英雄的时代,中文的"法"字在社会的变革中、在学理的解释上都越来越趋同于西文的"法"——不仅包含了法的制度,也包含了法的精神与价值(即古人的

---

① 关于礼教的作用,参见马小红:《礼与法——法的历史连接》,经济管理出版社1997年版,第60~68页。

"礼"字)。当我们用今天已经大大拓展了内涵的"法"字,去机械地对照古人所说的"法"时,常常会武断地认为古人对法缺少价值层面的认识。如果用发展的观点去研究,我们就会将"礼"纳入视野,就会得出中国传统法的结构是礼与法的完美结合这一显而易见的结论。当然礼与法的结合同样也不是一成不变的,其发展大致经历了三个时期。即夏商西周的"礼治"时代,此时法仅作为礼治体系的一个组成部分而存在。春秋战国至秦的"法治"时期,此为礼治衰败而法治兴起、重制度而轻道德的时代。汉中期以后的礼法结合时期,此为以法为制,以礼为灵魂的时期。①

(一) 夏商西周的"礼治"体系

夏商西周是"礼治"的全盛时代。后世所言的"法"(或"律"、"刑")在三代则仅为礼治的一个有机组成部分。从内容及实施方法上划分,夏商西周,尤其是西周的"礼"可以分为两部分。第一,"礼义"。即礼的宗旨、精神之所在。它以人情为基础,以道德为核心。礼义的实施途径主要是教化。第二,"礼仪"或"礼制"。即礼的条文、外在规范。其中包括了法的内容。在古代典籍中"礼法"也常常连用,其意多指礼的制度。礼制所包括的内容十分广泛,其中也包括法的制度,主要依靠刑罚保障实施,即"出礼入刑"。

礼义与礼仪、教化与刑罚在"礼治"体系中显然是前者,即礼义与教化占据主导地位。《尚书·吕刑》言刑必言德,如:"惟敬五刑,以成三德。""朕敬于刑,有德惟刑。"在《尚书》之《康诰》、《酒诰》、《召诰》等诸篇中,皆体现出敬礼、敬德的思想及刑罚目的在于辅助道德的实现。王国维总结道,"周之制度典礼乃道德之器械","周制刑之意,亦本于德治礼治之大经"。② 程树德亦认为,"三代皆以礼治,孔子所谓殷因于夏礼,周因于殷礼,是也。《周礼》一书,先儒虽未有定说,而先王遗意,大略可现。其时八议八成之法,三宥三赦

---

① 详论参见于敏、马小红:《中国法在法的现代化进程中的几个问题的研究》,《法制与社会发展》2003 年第 4 期。
② 《殷周制度论》,《王国维遗书·观堂集林》,上海古籍书店 1983 年版。

之制，胥纳之于礼之中，初未有礼与律之分也"①。

三代的法在"礼治"体系中虽然不占据主导地位，但其与道德、制度、习俗皆有着密切的关系，"礼治"赋予三代法兼容并蓄的功能与博大精深的内容。三代礼治体系可以用表格作简单的归纳。

体系构成		内　容	实施方式	作　用	目　的
礼治	礼　义	亲亲、尊尊等礼的宗旨	教化（或礼教）	注重意识形态的控制	正其心
	礼　仪	习俗、制度（包括法）等礼的规范	刑　罚	注重制度完善	正其行

可以看出，法与刑在礼治最盛时期都是礼的附属物。礼治体系最大程度地发挥了教化的作用，而法与刑的锋芒却被深藏，在不失威严的情况下副作用也得到有效的控制。被置于突出地位的礼义、礼教可以缓和社会矛盾。重礼义、重教化自三代起便形成了传统。与西方有别的是，中国传统社会最大特征是"教"而不是"法"，是"礼治"而不是"法治"。中国"礼仪之邦"的美称也许正缘此而起。

（二）春秋至秦的"法治"时代

春秋战国至秦是礼治崩溃，法治迅速确立并发展的时代。在这历史性的转折时期，思想家提出了各种各样的改良之策。其中儒、法两家的影响最为深远。儒家提出了中庸之策，认为在社会变革中，应维护传统中孕育的永恒之精神，革除传统之弊病。"过犹不及"②是孔子对世人的告诫。儒家对传统的"礼治"基本持肯定态度，他们改造或改良"礼治"的设想是继承弘扬"礼义"，因时而损益"礼制"。

与儒家针锋相对的法家以"人性好利恶害"为基点，对"礼义"及儒家所倡导的道德持否定的态度。法家认为"竞于道德"，"逐于智

---

① 程树德：《九朝律考·汉律考》，中华书局1963年版。
② 《论语·先进》。

谋"的时代已一去不复返，而在"争于气力"的当下之世，道德的说教显得过于迂阔，无济于乱世的治理。治国安民的上策莫过于以力制暴。鉴于此，法家对制度及维护制度的手段——刑罚格外感兴趣，因而主张"无书简之文，以法为教；无先王之语，以吏为师"①。在法家理论体系中，法在中国历史上具有了空前绝后的权威与地位。为了维护国家制度的权威性，法家主张重刑重赏，并主张淡化甚至抛弃儒家提倡的有碍于法令实施的道德。

但是，无论是儒家提倡应维护、弘扬的礼之义，还是法家竭力鼓吹的法治与刑罚，都可以在三代礼治体系中找到源渊。只是在礼治体系崩溃的情况下，儒家对礼治体系中价值观念的强调与法家对礼治体系中制度，尤其是刑的强调，使礼与法一分为二，成为两种不同治国手段并反映出两者不同的价值观。我们可以用表格简单归纳出儒家与法家的区别。

学派\主张	强调	内容	实施方式	特点	目的	源渊
儒家	礼义	伦理道德	教化	以理服人	王道	礼治中礼义
法家	法治	制度法律	刑罚	以力服人	霸道	礼治中礼仪

春秋至秦统一，儒法两家之争，以法家的胜利而告终，这场争论对中国古代法律发展最具有意义之处，在于原本附于礼治的法获得了独立的发展时机。但是，应该注意的是法家的"法"并不是我们今天意义上的"法"：法家之"法"泛指制度，偏重刑罚；法家的法治与君主专制相辅相成。

(三) 汉中期后礼法融合时期

汉承周、秦之后，对周、秦两代历史经验与教训的总结格外用心。周王朝六百余年的礼治盛世与秦统一后16年而亡的法治给汉人

---

① 《韩非子·五蠹》。

以深刻的印象。因此，汉代的政治家、思想家几乎一边倒地倾向礼治，主张恢复传统。

但是，经过春秋至秦，法的制度发展日臻成熟，在实践中也颇具成效。不管汉人如何诋毁秦朝暴政，完全恢复礼治、抛弃秦制不仅不必要，而且不可能。法家理论的缺陷在于只追求制度的功效，而对制度，尤其是法的精神、价值极少阐述。这一理论的缺陷，为汉儒融合礼法，复兴礼义和礼教留出了空间。在汉儒看来，法制，尤其是偏重刑罚的"律"若失却了礼的精神，就等于丢失了灵魂。汉代中期的贤良文学们认为"二尺四寸之律"，古今相同，但殷、周用之则治，秦用之则乱，原因就在于"汤、武经礼义，明好恶，以道其民，刑罪未有所加，而民自行义，殷、周所以治也。上无德教，下无法则，任刑必诛，劓鼻盈蔂，断足盈车，举河以西，不足以受天下之徒，终而以亡者，秦王也"①。三代礼治的精神在人们对传统的怀念中，在汉儒对秦法的批判中重新登上历史舞台。

汉代礼法融合主要有两条途径，一是立法以儒家提倡的伦理道德为指导，二是在司法实践中引经决狱，体现礼所提倡的精神。自汉时起，礼法融合的进程始终没有停止。儒家的精神、法家的制度构成中国传统法的主要内容。我们亦可以用表格简要归纳汉中期以后传统法的体系的构成。

法的体系	构成	内容	融合方式	相互关系
	礼义	伦理道德	指导立法、司法	法的灵魂
	法制	律、令、科、比等法规、条例	纳礼入法	体现礼的宗旨和精神

在此，我们应该对某些观点或误解作一点纠正。有人认为汉代儒家学说成为官学，礼的恢复，是"习惯法再次获得胜利"而"成文法的思想便又失去了它的重要性"，从而造成"中国的国家几千年来一直

---

① 《盐铁论·诏圣》。

给我们一种同古埃及相似的僵固凝滞的印象"①。其实，汉代之后，法虽愈来愈充满着礼的精神，但自春秋以来至秦所建成的法的制度并未被抛弃，成文法无论是在理论上还是在制度上都未失去它的重要性。否则，我们就难以解释唐律的出现，难以解释唐律对东南亚地区的巨大影响。另外，汉儒及统治者虽对三代礼治推崇备至，但具有习惯法性质的、繁文缛节的礼之仪毕竟已被时代抛弃，不可能全面恢复。据《汉书·礼乐志》，汉统治者几度欲制礼仪皆未能成功，因此，自汉以后，人们所说的"礼"多偏重于礼义，即礼的宗旨与精神——也就是传统法的精神之所在。传统法正是因为有了"礼"的精神，才具有了圆通、和谐之貌，并呈现出开明的特征。

——原载《中国社会科学》2003年第5期。

【评　介】

　　礼与法的关系问题，在礼学研究中不是问题，在法学研究中却聚讼不已。其实古人早就有明确的界分。汉代司马迁曰："夫礼禁未然之前，法施已然之后；法之所为用者易见，而礼之所为禁者难知。"②已经将二者的适用范围和效用特征辨析得清清楚楚。但是，现代许多人却习惯于以现代思维，对照西方法概念看中国古代的律法，于是认为中国古代是个"专制无法"的社会。曾宪义先生是法制史专家，他的学生马小红先生多年致力于传统法律史和法律文化的研究，力图澄清误解，导正观念。这篇论文从法的视角来研究中国传统之礼，将礼视为中国古代法的价值取向和追求，将中国传统法结构评价为"礼与法的共同体"。这既是法学也是礼学的中国话语，对于礼学研究有相当重要的意义，也是礼学中的应有之义。

　　马小红，女，1958年11月生，山东青岛人。1978年考入北京大学，获历史学学士、法学硕士，中国人民大学法学博士。现为中国人

---

① 参见罗曼·赫尔佐克《古代的国家——起源和统治方式》（赵蓉恒译，北京大学出版社1998年版），第365页。

② 司马迁：《史记·太史公自序》，中华书局1959年版，第3928页。

民大学法学院教授、博士生导师,中国社会科学院研究员。兼任中国法律史学会常务理事,中国法律思想史研究会副会长,董必武法律思想研究会理事,儒学与法律文化研究会理事,中国人民大学法律文化研究中心执行主任,明德法律文化论坛主持人,《法律文化研究》执行主编。主要研究中国法律史和中国传统法律文化。著有《礼与法——法的历史连接》、《中国古代社会的法律观》、《中国古代社会的法律特征》、《中国法律思想通史(第一卷)》、《中国法律制度史(夏商周卷)》、《中国传统法律文化》、《中华人民共和国法制通史》等。

　　这是一篇从法学学科角度撰写的关于礼法关系的论作,其主要思想在马先生的代表作《礼与法——法的历史连接》中贯穿始终,其内容则在该书的第二、三章中得到进一步丰富和细化。她的一系列论文如《释"礼不下庶人,刑不上大夫"》、《格的演变及其意义》、《试论中国封建社会的法律形式》、《法治的历史考察与思考》、《百年中国宪政反思》、《论礼治的改造》、《确定性与中国古代法》等,也都是围绕"传统法是礼法共同体"这个主旨多方立论的。所以,如果将本文与这些论著视为一个传统法的"论证共同体",就能更好地了解马先生对礼法关系和传统法的态度。

　　马先生的传统法思想在她的《礼与法——法的历史连接》中得以全面展开,她是这样阐述该书的篇章结构的:"上编题目为构建中国传统法。……第一章主要从理论上简要梳理古今中外'法'意的异同,阐述以往学术界未能注意到或混为一团的静止的'古代法'与处在不停的变动中、对现实仍有着巨大影响的'传统法'之间的联系和区别。第二章主要梳理传统法中的一些概念,并甄别其概念究竟是传统法中的'原始'存在还是后人通过研究后的'构建'。这样更有利于我们对传统法的客观了解和对传统法研究成果的评价和使用。第三章,依据礼与法的消长,将传统法的发展分为五个阶段。即传说时代的起源时代、商与西周的礼治时代、春秋战国至秦的法治时代、汉至清的'隆礼至法'时代、近代的演变时代。下编题目为解析传统法。共九章。……意在具体分析中国传统法中的神权观、道德观、人情观、人治观、自然观、平等观等。对传统法的结构、礼与法的契合点及古人有关礼与法关系的论述进行了分析。同时对在中国传统法的形成方面有开拓、奠基之功的周公和孔子的法思想及其影响进行了归纳和总结。"①

马先生的礼法关系研究，表现出以下特点：

第一，注重概念的辨析。较长一段时期里，中国法学界深受西方法哲学的影响，认定传统法缺少法的精神，导致当今的中国传统法教学对传统法也存在着较大的误解。马先生认为存在一些影响较大的误解，"一是将古代社会中的礼与法视为对立物，过分强调礼与法的矛盾，强调古代社会礼对法的搁置与破坏作用。二是认为中国的法制缺少西方那样的宗教背景的支持，法治很难被信仰。这种目前颇为'时尚'的误解和偏见正是以西方模式、价值观为唯一标准而造成的"②。

为了廓清历史的真相，马先生从基本概念入手，试图描述传统法的构成。如文章对"法、律、礼"的字源学分析，和对"礼制（礼仪）、礼义、礼教"的理解。她分别厘析了两组概念，认为第一组的法和律包含刑、公平和神意三重意义。律起源于体现自然变化法则的音律，也包含人间的法则，后来用于军事，到商代开始出现法律、法令的意义。法注重公平，律更注重制度、规则，法的含义比律更广、层次更多，举凡朝廷、地方、家族的规则都可称法，律则是法的最高层次，只有朝廷才有权制定，具有唯一性和权威性。古代的法、律二字不能简单地与西方的法律相对应。第二组的礼，起源于原始社会后期的祭祀活动。具有神圣性和权威性的礼与源于神判的法因此可以联系起来。马先生从法的角度辨析礼制（仪）、礼义、礼教三个概念：礼制在夏商西周时期已经具有习惯法的性质，其中许多内容转化为成文法中的条款；礼义则是礼制、礼仪的精神体现，强调神力与血缘亲情，提倡缘于人情的伦理道德，从而成为法制价值的标准；礼教是以礼义来教化、统一人们的思想、言行，其内容是人伦道德，礼教所提倡的

---

① 马小红：《礼与法——法的历史连接》，北京大学出版社2004年版，第21页。

② 马小红：《自序》，《礼与法——法的历史连接》，北京大学出版社2004年版，第3页。

价值观浸透在法的规范之中，使礼义成为全社会的根本大法。

在准确理解这两组概念的基础上，马先生提出中国传统法的结构是礼与法的结合。这种结合也是不断发展着的，体现为夏商西周礼义教化的礼治体系、春秋至秦重刑的法治时代，以及汉中期以后立法以儒家伦理道德为指导、司法实践引经决狱提倡礼的精神的礼法融合时期。具有习惯法性质的礼仪早已被抛弃，而礼义作为礼的精神，也是传统法的精神之所在，使传统法具有了圆通、和谐之貌。

第二，历史的态度。马先生采用的是历史陈述的研究方法，以历史资料为依据，既不以今律古，也不以西律中。而是以客观求实的态度，注重中西方"法"意的辨别，注意现代观念和古代观念的区分。马先生对中国传统法中的神权观、道德观、人情观、人治观、自然观、平等观等的分析，为理解传统文化提供了法的维度。如她谈孝子与法、列女与法、侠义盗与法等，认为不是中国古代无法，而是道德成为超越法条的"法上之法"。她谈人情与法，也都是本着历史的态度。

马小红礼学论著目录：

《礼与法——法的历史连接》，北京大学出版社2004年版。
《中国古代法律思想史》，法律出版社2004年版。
《守望和谐的法文明》(第一作者)，北京大学出版社2009年版。

新蔡楚简所见祭祷礼仪（二则）

杨 华

近来公布的新蔡葛陵楚简，以卜筮祭祷为主要内容。① 这对于复原战国时期楚地的祭祷礼仪，有重要价值。本文试图以新蔡简为主，结合此前出土的包山、望山和天星观、秦家咀等几批卜筮祭祷简，探讨楚人祭祷礼仪中的两个问题。

祭祷用乐

新蔡简文中多次提到在祭祷时用乐，如：

[乐]之，百之，贡之。举祷于子西君特牛，乐……（甲一27）
……中特牛，乐之，就祷……（甲三14）
之，贡，乐之。辛酉之日祷之。……（甲三46）
……特牛，乐之。就祷户一羊，就祷行一犬，就祷门……（甲三56）
☐钟乐之。是日☐（甲三98）
……乐且贡之，举[祷]（零331-1）

---

① 河南省文物考古研究所、河南省驻马店市文化局、新蔡县文物保护管理所：《河南新蔡平夜君成墓的发掘》，《文物》2002年第8期。河南省文物考古研究所：《新蔡葛陵楚墓》，大象出版社2003年版。下引同墓简文均出自该书，不另具注。

相同的内容也见于天星观 1 号楚墓卜筮祭祷简中，如：

> 举祷社特牛，乐之。
> 举祷祏特牛，乐之。
> 举祷巫猪豕、灵酒，镯钟乐之。
> 举祷夜□特豢，乐之。
> 赛祷白朝特甬，乐之。
> 赛祷夜事特豢，乐之。
> 赛祷卓公训至惠公，大牢乐之。
> 大牢，乐之。①

另外两支比较完整的天星观卜筮祭祷简，说明了祭祷用乐的场合：

> 祷卓公顺至惠公大牢，乐之，百之，赣。占之：吉，匿岁期中将有喜。②
> 齐客绅䐴问王于栽郢之岁爨月己酉之日，义怿以白霝为君月贞：侍王尽爨月，尚自利训（顺）？占之恒贞吉。諆然有外慼，有祱（祟），祱之，举祷祏特牛，乐……③

天星观和新蔡葛陵墓主均为封君，规格较高，祭祷祖先时使用乐，这是其他楚简中少见的。从二墓简文看来，用乐祭祷的对象似乎不限于祖先，天星观简中的"巫""夜□""白朝"很难说是祖先人鬼，社和祏都是地域神，而新蔡简中享受乐祷的门、行、户等"五祀"内

---

① 本文关于天星观简的释文，主要参考了滕壬生《楚系简帛文字编》（湖北教育出版社 1995 年版，第 451~452、1002 页）和晏昌贵《天星观"卜筮祭祷"简释文辑校》（丁四新主编：《楚地简帛文献思想研究（二）》，湖北教育出版社 2005 年版）两种文本。
② 滕壬生：《楚系简帛文字编》，湖北教育出版社 1995 年版，第 1172 页。
③ 黄锡全：《湖北出土商周文字辑证》，图版 179，武汉大学出版社 1992 年版。

容,更是非人格的家居神祇。在礼书中,天神、地祇、祖先人鬼都有享祭用乐的记录,① 但像巫、祏、五祀这样的神祇受祷时也要用乐,则是全新的材料。

新蔡简显示,祭祷时不仅仅用乐,还与贡和馈结合起来。乐、百、贡是祭祷时的一个仪式组合,见于简甲一27 和甲三46、甲三298 等简文,如:

……乐之,百之,赣(贡)之。祝……(甲三298)

有时候,馈与乐也单独组合,举行仪式,这见于甲二38、39 和甲三145、甲三200 等。最完整的组合,见于甲三136,即馈、乐、百、贡同时举行:

……璧,以翟祷,大牢馈,朓钟乐之,百之,赣(贡)。盬塝贞之曰:吉。既告且……

"贡(赣)",是向神祇进献物品。②《国语·鲁语下》:"社而赋事,烝而献功",献功即献贡,韦昭注:"献五谷、布帛之功也。"至于"馈",一般指进献食物,《周礼·天官·膳夫》:"凡王之馈,食用六谷……"郑玄注:"进物于尊者曰馈。"《淮南子·诠言》许慎注:"馈,进食也。"由之引申出,凡祭以熟食黍稷者,谓之馈食。如《仪礼》之《特牲馈食》、《少牢馈食》,诸侯之士及卿大夫于岁时祭其祖祢时,用馈食礼。《周礼·春官·大宗伯》:"以肆、献、祼享先王,以馈食享先王。"肆(进献牲体)、献(献醴)、祼(灌郁鬯)和馈食(荐黍稷),是祭祀祖先时的三道程序。新蔡简中专有"大牢馈"(如简零

---

① 参拙著《先秦礼乐文化》,湖北教育出版社1997年版。
② "贡"写作"赣",整理者和宋华强先生将其读作"赣",表示为神灵唱歌跳舞,见宋华强:《新蔡楚简的初步研究》,北京大学博士学位论文,2007年,第156~160页。邴尚白先生已经指出其不确,见邴著《葛陵楚简研究》,台湾大学中国文学研究所博士学位论文,2007年,第196~198页。

13），是向祭祷对象进献太牢(牛、羊、豕)规格的食物之祭，其规格甚高，如楚平王就曾享受此种馈祭(简甲三209)。

这一礼仪中最难理解的是"百"。简文中"乐之，百之，赣(贡)之"一同出现，如简甲三298、甲一27。大多数简文用"百之"：

　　……王大牢，百之，贡。壬辰之日祷之。……(零40)
　　……[乐]之，百之，贡。以祈……(零287)

不过，有时候也径称"百"而不是"百之"，如：

　　举祷于昭王大牢，乐之，百，贡。……(乙二1)

"百"应读如字，后代写作"貉"，又写作"貊"。《经籍纂诂·陌韵》："《孟子》大貉小貉，《穀梁传》作大貊小貊。"貉(貊)与祭祷有关，《周礼·春官·肆师》："凡四时之大田猎，祭表貉，则为位。"郑玄注谓：

　　貉，师祭也。貉读为十百之百。于所立表之处，为师祭造军法者，祷气势之增倍也。其神盖蚩尤，或曰黄帝。

贾公彦疏：

　　有司马表貉于陈前，此时肆师为位而祭也。……《尔雅》云"是类是祃"，故知貉为师祭也。云"貉读为十百之百"者，郑以声读之，必名此祭为貉者，以其取应十得百，为十位之义。云"祭造军法"者，凡言祭者祭先，明是先世创首造军法者。云"祷气势之增倍也"者，谓祷祈使师有气势，望得所获增益十倍，还释貉字之意也。

综合各家经解，"貉(貊)"，有两种解释：

第一，是一种军事祭祷，《周礼·大司马》"表貊"下，郑司农注谓，"貊读为祃"。而关于祃，郑玄与许慎之释又有不同：郑玄认为为祭祀军法之先，即祭黄帝或蚩尤；许慎则认为是指行军驻扎时，祭其周围之神——"师行所止，恐有慢其神，下而祀之曰祃"（《说文·示部》）。

第二，貊、百同音（同在鱼铎部），以本音读之，貊读为十百之百。《周礼·春官·甸祝》"掌四时之田表貊之号祝"下，郑玄注谓："杜子春读貊为，百尔所思，之百。"意即以十百倍之气势祷祠，而求十百倍之神佑。

对于以上二说，段玉裁和孙诒让都主张第二义，即貊（貊）读作十百之百。①

回到新蔡祭祷简文的"百之"。从简文祭祷的对象来看，似乎不是兵祷，故不应释作祃祭。上古练兵和田猎时树木为标，以正行列，称为"表"。《周礼》中有"表貊"，即在立表处举行祭祷，以壮声势，祈求百十倍获敌。楚人祭祷礼仪中的"百之"，也应当是立标而祭，这与楚简中常见的"为位"，可以互证。"百之"应当是一种动作，即以十百倍之虔诚进行祭祷，而求十百倍之神佑，其中必定包含着号祝。祭祷简中的"乐之，百之，贡之"，盖指用乐舞娱神、为神灵立位祭祷、为神灵供奉祭品，这是楚人高级贵族祭祷礼仪中的三个节目。

本文发表后，② 不少学者对"百之"提出新的看法。例如，范常喜先生认为，"百"可能应当读如"柏"，其性质当类似于包山楚祭祷简中的"蒿之"，义为"燃柏以祭"。③ 宋华强先生认为，"百"当读为表示"来"、"至"之意的"各"，"百之"意为以某种方式把受祭神灵

---

① 《说文·豸部》段注，《说文解字注》，上海古籍出版社1988年版，第458页。（清）孙诒让：《周礼正义》，中华书局1987年版，第1484~1485页。
② 拙作《新蔡简所见楚地祭祷礼仪二则》，丁四新主编：《楚地简帛文献思想研究（二）》，湖北教育出版社2005年版。
③ 范常喜：《战国楚祭祷简"蒿之"、"百之"补议》，简帛研究网，2005年8月24日。又载《中国历史文物》2006年第5期。

"请下来"的仪式。① 何有祖先生认为，根据上博简《简大王泊旱》的"泊"读为"祓"的例子，认为祭祷简中的"百"也可读为"祓"，即"祓除"之意，他另外还举了日书中"百不祥"之例作为辅证。② 邴尚白先生认为，读为"各"和"除"，都有可能。③ 不过，这些说法都有所未逮。正如大家都认同的那样，"乐之"、"百之"、"赣之"是一个礼仪组合，那么这三个节目就应当具有同质性和连续性。以上几位学者已在相互驳论时指出，"祓"放在中间，与乐和贡不太平行，且日书中的"百不祥"还可理解为"百种不祥"，不一定作动词解。燃蒿的动作，与歌舞乐神和贡物祭神也有所不类。而将"百"理解为邀神的"各（格）"，也与祭祷的顺序有所不类，应当是先邀神，再乐神和贡神。总之，目前学者们对这个礼仪组合的解释都不能完全令人信服。

简文中多次提到祭祷时用钟乐娱神，所用的钟是"䏙钟"。此字有两种写法。

一种写法是，从月辶止，作䏙。如：

……璧，以翟祷，大牢馈，䏙钟乐之，百之，赣（贡）。盬塝贞之曰：吉。既告且……（甲三 136）
……瘥，以其故敓之，迻盬信之敓，馈祭昭王大牢，䏙钟乐之。郑……（甲三 212、199-3）

相同的写法还见于乙三63、零8、零13等简。"前"字上古从止从舟，作㐭。"䏙钟"就是"前钟"，加上金部，就是"鋪钟"。陈伟先生已经指出：

从"辶"之"前"见于包山第185、193号简。前钟，已见于信

---

① 宋华强：《新蔡简"百之"、"赣之"解》，简帛研究网，2006年8月13日。另见其博士论文《新蔡楚简的初步研究》，北京大学博士学位论文，2007年，第152~163页。
② 何有祖：《新蔡简"百之"试解》，简帛研究网，2007年1月23日。
③ 邴尚白：《葛陵楚简研究》，台湾大学中国文学研究所博士学位论文，2007年，第193~200页。

阳1号楚墓竹简2-018(作"前")与天星观楚墓竹简(作"鏞")。其中天星观简云:"与祷巫猪灵酒,鏞钟乐之。"①文例与此相同,可以印证对"前"字的释读。②

这是十分精辟的见解。

在新蔡简中,"前钟"之"前"字还有另一种写法,从辶止,作延,这是第一种写法省去月部的结果,文例有:

……钟乐之;举祷子西君、文夫人各特牛,馈,延钟乐之。定占之曰:吉。氐(是)月之……(甲三200)

相同的写法还见于甲三145、甲三209等简。关于鏞钟,陈伟先生指出,李家浩先生研究的结果是,信阳简和天星观简中的"前钟"应读为"栈钟","栈"有"编"义,栈钟即编钟。③

编钟是礼乐重器,为高级贵族的身份象征。楚人尚钟,《左传·成公十二年》载,晋却至使聘楚国,楚国招待他,"为地室而悬焉,却至将登,金奏作于下,惊而出走"。在地宫中演奏编钟乐舞,这反映了楚人对音乐诡异奇谲的理解。楚地已出土的编钟近30批,达300件之多,④ 成组的大型编钟也出土不少,一般都见于较高规格的楚墓,如淅川下寺、信阳长台关、随县曾侯乙、枣阳九连墩等墓中。

天星观、新蔡等祭祷简文的内容,说明墓主生前将编钟用于祭祷礼仪。这与《吕氏春秋·侈乐》所说的:"楚之衰也,作为巫音"可以互相印证。那么,此种作乐祭祷的场所在哪里呢?据礼制,祷祠之地

---

① 滕壬生:《楚系简帛文字编》,"鏞"字条,湖北教育出版社1995年版,第1002页。
② 陈伟:《新蔡楚简零释》,《华学》第六辑,紫禁城出版社2003年版。
③ 《信阳楚简"乐人之器"研究》,《简帛研究》第3辑,广西教育出版社1998年版。
④ 张正明、刘玉堂:《从楚人尚钟看钟氏的由来》,《江汉论坛》1985年第6期。杨匡民、李幼平:《荆楚歌乐舞》,湖北教育出版社1997年版,第242~256页。

在坛墠，祭祀之地在宗庙。目前尚没有更多的资料帮助作出判断，楚简中的"乐之，百之，贡之"这一仪式组合，在宗庙之内举行的可能性是存在的，《白虎通义·崩薨》引《传》语曰："作乐于庙，不闻于墓；哭泣于墓，不闻于庙。"①据之，在宗庙中进行乐舞娱神、设立神位、供奉祭品这三个节目易于理解。如此种礼仪在坛墠举行，那么楚人之坛墠又设于何处呢？也是值得进一步探讨的问题。

在淅川下寺春秋楚墓群中出土的几套有铭编钟，可部分地作为此种礼仪的实物证据。M1所出《敬事天王钟》一套9件，M2出土《王孙诰钟》一套26件。其铭文分别提道：

……敬事天王，至于父兄，以乐君子。江汉之阴阳，百岁之外，以之大行。（《敬事天王钟》）

……阑阑和钟，用宴以喜，以乐楚王，诸侯嘉宾，及我父兄诸士，遑遑逗逗，万年无期，永保鼓之。（《王孙诰钟》）②

其中的娱悦楚王、嘉宾、君子，是指编钟主人生前用以招待这些贵族，祭祷死去的楚王和祖先时，也用到此种钟乐，当在情理之中。

上海博物馆藏楚简的面世，对"胙钟"的理解又有所推动。从止从月之"前"，又见于上博简《弟子问》之第1号简，该篇有"前陵季子"，经张光裕先生考证，就是文献中常见之"延陵季子"（季札）。③

---

① 《白虎通》所引此《传》语，不知何出。《太平御览》引杨泉请词谓："古不墓祭，葬于中原而庙在大门之内，不敢外其亲，平明出葬，日中反虞，不敢一日使神无依也。周衰礼废，立寝于墓，汉因而不改，禘祫祭祀，皆于宗庙，及其末，因寝之在墓，咸往祭也。夫死者骨肉归于土，神而有灵，岂其守夫败坏而系于草莽哉！"见陈立：《白虎通疏证》卷十一，中华书局1994年版，第558页。关于墓葬和陵寝制度的研究，可参杨宽《中国古代都城制度史》，上海人民出版社2003年版。

② 赵世纲：《淅川下寺春秋楚墓青铜铭文考索》，湖南省文物研究所、湖南省丹江库区考古发掘队、淅川县博物馆编：《淅川下寺春秋楚墓》附录一，文物出版社1991年版。

③ 马承源主编：《上海博物馆藏战国楚竹书》（五），上海古籍出版社2006年版，第268页。

这使人想起此前有学者指出的,"延钟乐之"可能与延祭有关,即延请钟来乐神。①

无论如何,楚文化中以乐舞娱神的传统非常深厚,迄及汉代亦然。汉武帝时,嬖臣李延年善音,深得武帝宠爱,由他而引起了一场关于祭祷礼仪中是否用乐的讨论:

> 其春,既灭南越,嬖臣李延年以好音见。上善之,下公卿议,曰:"民间祠有鼓舞乐,今郊祀而无乐,岂称乎?"公卿曰:"古者祠天地皆有乐,而神祇可得而礼。"或曰:"泰帝使素女鼓五十弦瑟,悲,帝禁不止,故破其瑟为二十五弦。"于是塞南越,祷祠泰一、后土,始用乐舞。益召歌儿,作二十五弦及箜篌瑟自此起。②

"民间祠有鼓舞乐",说明汉代民间祭祷仍然流行着歌乐鼓舞的习俗,汉武帝时代吸收了这种习俗,用以赛祷泰一坛和后土,从此成为定制。

宋代范致明《岳阳风土记》谓:"荆湖民俗,岁时会集或祷祠,多击鼓,令男女踏歌,谓之歌场。疾病不事医药,惟灼龟打瓦,或以鸡子占卜,示祟所在,使俚巫治之,皆楚俗也。"后世楚地祷祠时,仍击鼓、踏歌,当是战国以来的遗风。

祭祷的时间:兼论"夜祷"

包山 M2 卜筮祭祷简文的一般格式是:某月某日墓主因某之故,某人为之占卜,占得某种祟源,于是针对之进行祭祷或攻解,然后再次占卜,终获吉兆。问题是,祭祷或攻解巫术举行的时间,与占卜的时间是否为同一天?换言之,占卜出祟源之后是否立即进行祭祷或攻

---

① 曹锦炎:《说卜辞中的延尸》,《徐中舒先生百年诞辰纪念文集》,巴蜀书社 1998 年版,第 54 页。
② 《汉书》卷二十五《郊祀志上》。

解巫术？包山简没有明确的记录。在包山简中，占卜的日期记录较详，而对于祭祷或攻解的日期，则一般未作具体记载。不过，在望山M1卜筮祭祷简中，有几支简标明了举行祭祷的时间，如：

  ……己丑之日赛祷王孙杲。（简89）
  ……乙丑之日赛祷先……（简90）
  ……之日月馈东宅公、棠巫，甲戌祭……（简113）

然而，由于望山简残泐严重，对于祭祷时间与占卜时间的关系，仍然不能获得更多的信息。此次公布的新蔡祭祷简中，多次提到祭祷的时间，例如：

  夏夕之月己丑［之日］以君不怿之故，就祷陈宗一猎，壬辰之日祷之。……（乙一4、10，乙二12）
  ……王大牢，百之，贡。壬辰之日祷之。……（零40）
  ……就祷于子西特牛。壬辰之日祷之。……（甲三202、205）

这些祭祷的时间记录，较之以往包山简、望山简要详细得多。从上引乙一4、10和乙二12三枚相同的简文看来，己丑之日墓主身体有病（"不怿"），到壬辰之日才举行祭祷，前后相隔三天，这似乎说明病占和病祷并不同日。病占与病祷并不同日的结论，可从新蔡简中"择日"而祭的记录得到证明：

  择日于是期，赛祷于司命、司禄……（甲三4）
  择日于八月朓祭竞平王，以逾至文君。占之吉。既叙之……（甲三201）
  ……之祟，择日于八月之中赛祷……（甲三302）

相类似的记录还见于同墓所出乙四43（"择日于屈夕"）、零318（"择日就［祷］"）等简。虽然新蔡简缺乏包山简那样"病→卜→祷·攻解→

再卜"的完整记录，但所谓"择日"，已明言祭祷不在占卜的当日。其实，关于占、祷不同日和祭祷要择日的材料，在包山简中已有所披露，见之于简218：

    东周之客许呈归胙于栽郢之岁爨月己酉之日，许吉以保家为左尹邵佗贞：以其下心而疾，少气。恒贞吉。甲寅之日，病良瘥。有祟，太见琥。以其故敓之。璧琥，择良月良日归(馈)之。

爨月己酉这一天墓主请许吉占卜，过了五天，到甲寅之日病稍好，然而又有祟害出现在琥上，于是对之又进行了攻解。该条简文最后说"择良月良日归(馈)之"，此处所谓"良日"是指甲寅这一天，或者是另外又选择了祭祷的吉日，尚不清楚。不过，即使这"良日"是指甲寅，也足以肯定，包山简中的占日(己酉)和祷日(甲寅)不在同一天。

  总之，占、祷不同日的原则，虽然在包山简中有所披露，但并未得到完全肯定，新蔡简所提供的信息，加强了此一结论。至于楚人在占卜之后究竟选择哪一天来祭祷，现在还不完全清楚，从包山简的相隔五天、新蔡简的相隔三天看来，似乎占、祷二者相隔不会太久。可以推测，祭祷的日期一定是由占卜的方法和占卜的日期来决定的，它与楚地流行的各类日书有关，对此笔者另文曾有所涉及，兹不赘述。①

  不仅如此，更为重要的是，新蔡简记录了举行祭祷的具体时间。例如以下几枚简文：

    庚申之昏以起辛酉之日祷之。……(甲三109)
    ……甲戌之昏以起乙亥之日荐之。……(甲三119)
    ……戊申之夕以起己[酉]……(甲三126，零95)
    ……起己酉祷之。……(甲三144)
    ……戊申以起己酉祷之。……(乙二6、31)

---

  ① 参拙作《出土日书与楚地的疾病占卜》，《古礼新研》，商务印书馆2012年版。

非常明显，以上一组日期，庚申→辛酉、甲戌→乙亥、戊申→己酉，都是前后相继的两天。① "起"写作记，读作"迄"，《尔雅·释诂》："迄，止也。"李天虹先生已指出：

> "记"是"起"的异体字，郭店简中亦有见。从文意看，"起"在这里表示日期的讫止。疑应读作"极"。……《尔雅·释诂》："极，至也。"《诗·大雅·崧高》："骏极于天"，郑笺："极，至也。"……起，用于表示日期的讫止。②

如是，简文中的"某日以起某日"的"以起"，可读为"以迄"，即从前一天开始，到后一天为止。

除了祭祷的讫止时间，其开始的时间更值得特别注意。新蔡祭祷简中多次明言起于"某日之夕"、"某日之昏"，这究竟意味着什么？

众所周知，古代五礼的举行，各有时间规定，婚礼在昏，冠、聘、射、葬诸礼在晨。而祭礼的举行时间，礼经中也有明载。《仪礼·特牲馈食礼》："厥明夕，陈鼎于门外"，疏谓："祭前一日之夕，视濯与视牲之事。"接下来经文又规定："夙兴，主人服如初，立于门外东方，南面，视侧杀。"可知祭祖礼是第二天早晨举行，而在前一天晚上便开始了准备工作，包括视濯、视牲等节目。这或许可以与新蔡简文中的"甲戌之昏以起"、"戊申之夕以起"相联系。然而，前一天晚上的准备工作毕竟不是正式的祭礼，礼经对于当晚陈列祭器之后便无其他的叙述，可见当晚并无任何祭祀节目。《少牢馈食礼》也规定："旦明行事。"郑注谓："旦日质明。"这进一步说明祭礼的正式仪式开始于第二天天大亮时。正所谓"朝奠日出，夕奠逮日"③。《礼

---

① 在望山简中也可见到时日前后相继的例子，比如："……君特牛，己未之日ㄐ，庚申内斋"（简132）。又例如，"癸丑、甲寅"（简71），"[辛]未、壬申"（简72），惜前后简文残泐，其义不详。

② 李天虹：《新蔡楚简补释四则》，简帛研究网，2003年12月17日。

③ 《礼记·檀弓上》。

记·礼器》载，季孙氏举行祭礼，"逮暗而祭，日不足，继之以烛"，即天没亮就开始，至日落后还未完成，以致参与者疲惫不堪。子路为季氏之宰，改革祭礼，结果天大亮后才开始，傍晚即告完成（"质明而始行事，晏朝而退"），颇受乃师孔子的赞扬。由此可知，晚间祭祀，是"非礼"行为。

包山、望山、天星观、新蔡等楚简中所记录的，都是带有巫术性质的祭祷活动，而不是礼经文本中的正式的祭祖礼，二者的仪式应当有所不同。楚人祷祠鬼神，重在夜间，这与当时人对于鬼神活动规律的认识有关。

屈赋《离骚》："巫咸将夕降兮，怀椒糈而要（邀）之。"王逸《章句》谓："言巫咸夕从天上来下，愿怀椒糈要（邀）下。"巫咸要晚上才从天上降临人间。洪兴祖《补注》："言夕降者，神降多以夜，陈宝之类是也。"楚辞《大招》中："魂乎归来，以娱昔只"，王逸注："昔，夜也"，意谓晚上将魂招回而使之长夜欢娱。屈赋《湘夫人》："登白薠兮骋望，与佳期兮夕张。"作者与湘夫人之神的约会在晚上，届时他果然听到女神召唤，与之同驰而在水中筑室成欢。人间世界与鬼神世界，是阴阳对立、明暗决然的两极，趋明避暗是人类的本能追求，相反，黑暗则是鬼神的渊薮。楚辞中凡是神灵到来之时，其气氛都被煊染成幽暗不明、阴森可怖："夜皎皎兮既明"、"杳冥冥兮以东行"（《东君》），"日将暮兮将忘归"（《河伯》），"处幽篁兮终不见天"、"杳冥冥兮羌昼晦"、"雷填填兮雨冥冥"（《山鬼》）。在《抽思》中还特别唱道："望孟夏之短夜兮，何晦明之若岁？惟郢路之辽远兮，魂一夕而九逝"，意谓魂灵在夜间活动，其行甚速，从汉北到郢都，一夜之间可以九个来回。后来道教和其他中国传统文献中，对于鬼神与黑夜的关系，也向来认识明确，《太平经》："生人乃阳也，鬼神乃阴也。生人属昼，死人属夜。……生人，与日俱也；奸鬼物，与星俱也。"①

既然楚人认为鬼魂都在夜间活动，那么对鬼魂的祷祠也必然要在

---

① 《太平经》卷三十六《事死不得过生法》，王明：《太平经合校》，中华书局1960年版，第48~49页。

夜间进行。九店 M56 楚简《告武夷》是一篇为兵死者招魂的祷辞，其结尾之句称："君昔（夕）受某之聂币、芳粮，思某来归食如故。"①昔即夕，意即武夷神今夜享受某人的聂币、芳粮之后，诚恳地希望你能让某人之魂归来，饮食如故。这是一篇祭祷鬼神，进行招魂的祝祷辞。从其内容来看，祝祷的仪式无疑也是在夜间举行的。另，云梦秦简《日书》中有《日夕表》，而香港中文大学所藏汉初《日书》中也有与之相类的《日夜表》，其中见于云梦《日书》的"夕"字均写作"夜"，由此可见上引新蔡简中楚人祭祷时间中的所谓"某日之夕"，实即在"某日之夜"举行。②

明了以上背景，便对新蔡简中"某日之夕"、"某日之昏"的内容产生更深的理解——它们都是楚人在夜间举行巫术活动的记录，其仪式举行的时间往往起于某日夜晚，至第二天结束，我们可以称之为"夜祷"。

上引简文所记，一般都采取"夜祷"的形式，而上引简甲三 119，则是"夜荐"的记录，即夜间向鬼神之主供献新鲜食物。关于夜间祭祷的的记录，还见于同墓所出其他简文：

……甲戌䦆乙亥祷楚先与五山，③ 庚午之夕内斋。……（甲三 108、134）

八月己未之夕，以君之病之［故］……（乙四 5）

八月辛巳之夕，归一璧于……（甲三 163）

---

① 湖北省文物考古研究所、北京大学中文系：《九店楚简》，中华书局 2000 年版，第 105~110 页。

② 陈松长编著：《香港中文大学文物馆藏简牍》，香港中文大学文物馆 2001 年版，第 40 页。

③ 䦆字，整理者读为"辟"，且断读于此，显然有所未安。本文将此句连读，甲戌到乙亥是两个连续的日子，显然"䦆"字也是到、迄一类的意思。宋华强先生将此字读为"向（向）"，参前引氏著《新蔡楚简的初步研究》，北京大学博士学位论文，2007 年，第 255 页。何有祖先生释为"兴"，认为"甲戌兴乙亥祷之"与"庚申之昏以起辛酉之日祷之"句式相同，"兴"与"起"义同，见氏著《楚简散札六则》，简帛研究网，2007 年 7 月 21 日。

简甲三 134、108 所谓"庚午之夕内斋",是指庚午当晚进行了某种祭祷①。而简甲三 163 则是辛巳日晚间向鬼神馈荐玉璧的记载。关于夜间举行巫术的类似提示,还见于天星观 M1 所出卜筮祭祷简,如"甲午之夕""癸巳之夕"等。② 天星观一号墓卜筮祭祷简中,有一条是从"执事人"——祭祷活动的执行者——的角度来记载该次夜祷的:"今夕执事人,夕……"③秦家嘴 M99 简 1:"甲申之夕,赛祷宫地主一豠,赛祷行一白犬,司命……酉(酒)食祚(酢)之。"也显示了甲申之日进行夜祷的信息。④

从前一个"夕"、"昏",到后一个"日",祷祠活动是连续进行的,显然不仅限于夜间,而是一个昼夜。在简甲一 10 中,也明确提示:

……贡。凡是戊辰以敆(会)己巳祷之。

从戊辰到己巳,也是连续的两天。"会"本身有到、合之意,《说文·会部》中有一个从会从辰的字,意即日月之合宿。新蔡简中从会的"敆"字,也意在将戊辰与其次日己巳连接起来,不过这条简文没有详记是开始于前一天的夜间,或是开始于前一天的白天,或许此次祭祷用时一个昼夜。相似的情况,在楚地其他祭祷简中亦有所见,例如秦家咀 M99 的一支简:

甲申之夕,赛祷宫地主一豠,赛祷行一白犬,司命……酉

---

① 商承祚、徐文武、颜世铉、邴尚白等先生指出,"内斋"即"致斋","野斋"即"散斋"。相关学术前史,见拙作《楚简中的"上下"与"内外"——兼论楚人祭礼中的神灵分类问题》,《简帛》第四辑,上海古籍出版社 2009 年版。

② 参滕壬生《楚系简帛文字编》,湖北教育出版社 1995 年版,第 490、1055、1092、1071、1083 页。

③ 参滕壬生《楚系简帛文字编》,湖北教育出版社 1995 年版,第 32、90、585 页。

④ 参晏昌贵《秦家咀"卜筮祭祷"简释文辑校》,《湖北大学学报》2005 年第 1 期。

(酒)食祚(酢)之。乙酉之日，苛庆占之吉，速瘥。①

甲申之夕→乙酉之日，正好也是一个昼夜。

古人把一天中时间变化的大致顺序，归纳为朝→昼→夕→夜。②从前一天晚上（"昏""夕"）祷祠至次日，这样一个时间周期内必然经过早晨。新蔡简零307记有："亡咎，己酉晨祷之"，己酉已经是一个干支日，其后之"晨"字当不再是干支名。《说文》中有从臼之晨和从晶之晨，二者往往通用，《晶部》之"晨"，在战国和秦汉文字中早就省写为从日之晨，见于郭店、云梦和马王堆等简帛，日有时写在辰上，有时写在其下。③ 所以，上引简文中的"己酉晨祷之"，即"己酉晨祷之"，应当是指己酉之早晨天未亮时还在进行祷祠活动。如果此种理解不误的话，这对昼夜祷祠的时间是一个更加具体的提示。

上文的讨论表明，楚人祭祷鬼神往往在夜间举行，有时延续一个昼夜；而新蔡简的材料更加说明，楚人尤其重视夜祷。

楚人此种夜间祭祷鬼神的礼俗，向前向后都可以找到相当长远的文化渊源。

裘锡圭先生指出，甲骨卜辞中有"甲子向乙丑"、"庚午夕向辛未"、"壬辰向癸巳冥"、"丙子夕向丁丑冥"之类的辞例，他认为"向"字的这种用法，与《诗经·庭燎》中的"夜向晨"相同，都是一种时间过渡，表示"今夜向明"。④ 甲骨文中"甲子向乙丑"犹言"甲子夕向乙丑"，黄天树等学者认为，这是指甲子"日后夕"到乙丑"日前夕"

---

① 参滕壬生《楚系简帛文字编》。本文所引材料，由晏昌贵先生缀合，见晏文《秦家咀"卜筮祭祷"简释文辑校》，《湖北大学学报》2005年第1期。

② 《国语·鲁语下》："诸侯朝修天子之业命，昼考其国职，夕省其典刑，夜儆百工，使无慆淫，而后即安。卿大夫朝考其职，昼讲其庶政，夕序其业，夜庀其家事，而后即安。士朝而受业，昼而讲贯，夕而习复，夜而讨过无憾，而后即安。"

③ 参汤余惠主编《战国文字编》卷七"晨"字条，福建人民出版社2001年版，第469页。

④ 裘锡圭：《释殷墟卜辞中的"豆""兽"等字》，《第二届国际中国古文字学研讨会论文集》，1993年版，第73~94页。

的一段时间。① 这与本文所指出的"夜祷"含义相同，也说明了楚人夜祷巫术可以上推到商代。

除此之外，周文化中也可见其端绪。《诗经·小宛》："我心忧伤，念昔先人。明发不寐，有怀二人"，指怀念文、武二王而彻夜不寐。《礼记·祭义》说得更清楚："祭之明日，明发不寐，飨而致之，又从而思之。"郑注：

> 明发不寐，谓夜至旦也。祭之明日，谓绎日也。言绎之夜不寐也，二人，谓父、母，容尸侑也。

意谓绎祭之前夜彻夜不寐地怀念先人，其顺序与商人、楚人之祭礼虽有所别，但在夜间怀祷鬼神的礼俗则基本相同。

秦文化中也存在夜间祷祠的礼俗。《史记·封禅书》和《汉书·郊祀志》都记载，秦文公曾建立陈宝之祀，此神的活动非常神秘：

> 其神或岁不至，或岁数来，来也常以夜，光辉若流星，从东南来集于祠城，则若雄鸡，其声殷云，野鸡夜雏。

这种与野鸡有关的神灵，常在夜间到来，对其祷祠活动当然非得夜间进行不可。实际上，秦人的郊祀大多不离夜间，"秦以十月为岁首，故常以十月上宿郊见，通权火"。关于"上宿"，《史记》、《汉书》的注解有不同的理解，或以为指上旬，或以为"宿"就是斋戒，总之，秦人在岁首十月到圣都雍城郊祀四畤。其仪式中用到的"权火"，有不同解释，泷川资言《史记会注考证》引惠士奇谓"盖燔柴之法遗"，以之为祭天仪式；同时又引中井积德云："夜中行事，执事者往来，故举火烛之。"②后者近是。这实际上是一种特殊的照明措施，颜师古注引张晏曰：

---

① 相关学术前史，参袁金平：《新蔡葛陵楚简字词研究》，安徽大学博士学位论文，2007年，第16~18页。

② 泷川资言：《史记会注考证》，北岳文艺出版社1999年版，第34页。

> 权火,烽火也,状若井挈皋矣。其法类称,故谓之权火。欲令光明远照,通于祀所也。汉祀五畤于雍,五十里一烽火。

这种照明措施的形状大概利用了杠杆原理,将火把高高举起,以便于远处的人都能看到。对其功能,颜师古本人也作了明确的解释:

> 凡祭礼通举火者,或以天子不亲至祠所而望拜,或以众祠各处,欲其一时荐飨,宜知早晏,故以火为之节度也。它皆类此。

也就是说,通过这种火把的节度,使得雍地的四大畤,都可以在同一时刻进荐贡品,以求礼制仪节的统一。如果不是夜间行礼,是不需要这种火把的。汉文帝继位后,亲郊渭阳五帝,也曾经"权火举而祠,若光辉然属天焉"(《汉书·郊祀志上》),其夜间行礼时,火光冲天,有如白昼。

秦人据楚后,夜祷之俗仍有所见。江陵岳山秦墓 M36 出土的《日书》木牍上,就有"田□人丁亥死,夕以祠之"的宜忌规定,所谓"夕祠",显然即是本文所说的"夜祷"。① 当然,目前尚并不能判断秦人是将关中的旧俗带到了楚地,还是占领楚地后吸收了当地的夜祷巫俗。

此种夜祷礼俗,在汉代也得到继承。《史记》和《汉书》的《武帝本纪》都记载,武帝尝病,各类巫医皆不能治愈,最后采用了术士游水发根的巫术,得以痊愈。于是听其建议,置祠甘泉,又在寿宫重序神君秩位,"神君最贵者太一,其佐曰大禁、司命之属"。并且实践此前对神君的诺言,与之会于甘泉,这种人神相会的仪式颇有意味:

> 非可得见,闻其音,与人言等。时去时来,来则风肃然也。居室帷中。时昼言,然常以夜。天子祓,然后入。因巫为主人,

---

① 湖北省江陵文物局、荆州地区博物馆:《江陵岳山秦汉墓》,《考古学报》2000 年第 4 期。

关饮食。所欲者言行下。

这个巫术仪式中有三点值得注意：

第一，汉武帝斋祓而入，虽然白天也可以与之对话，但更多的时候却是常在夜中（"常以夜"）。这是因为，正如楚辞《远游》所谓："壹气孔神兮，于中夜存"，只要凝神静气，鬼魂就会在夜半来到。汉武帝所采用的以夜祷为主的巫术，无疑可以溯源至上论新蔡祭祷简的相关记录。

第二，术士游水发根所重新序定的神君秩序，以太一为最贵，大禁和司命为佐，"大禁"尚未见，而"太"和"司命"等神名，则是天星观、包山、望山、新蔡等卜筮祭祷简中的常见祭祷对象，限于篇幅，不作赘引。

第三，关于"游水发根"的来历，《史记集解》引服虔曰："游水，县名。发根，人名姓。"《集解》又引晋灼曰："《地理志》游水，水名，在临淮淮浦也。"可知发根此人来于南方，所采用的是南方淮河流域的巫术系统，南方楚地的祭祷系统通过发根这类术士，传承到西汉，则是毋庸置疑的了。不过，武帝时期，另一个被封为"五利将军"的术士栾大，曾经衣羽衣而"夜立"白茅之上，接受武帝送来的"天道将军"之印。他又"常夜祠其家，欲以下神。神未至而百鬼集矣，然颇能使之"①。显然，所采取的也是夜祷之术，而此人则是齐人，说明汉代的齐人也擅长此种巫术。

武帝宠姬李夫人死后，被封为"文成将军"的方士李少翁用巫术在夜间为之招魂至帷中：

> 乃夜张灯烛，设帷帐，陈酒肉，而令上居他帐，遥望见好女如李夫人之貌，还幄坐而步。又不得就视，上愈益相思悲感。②

---

① 《史记·封禅书》。
② 《汉书·外戚传》。《史记·封禅书》的记载是，李少翁为武帝之王夫人"过阴"："上有所幸王夫人，夫人卒，少翁以方盖夜致王夫人及灶鬼之貌云，天子自帷中望见焉。"

李少翁和栾大同出一师，都是齐人，说明这种夜间"过阴"的巫术并不限于楚文化，在齐文化中也得有所见。

"夜祠"，在汉武帝时期成为宫中的一时风尚。在巫蛊之乱中，江充曾派胡巫到处搜求巫蛊的踪迹，"掘地求偶人，捕蛊及夜祠，视鬼染污令有处"，注引张晏曰："捕巫蛊及夜祭祠祝诅者，令胡巫视鬼，诈以酒酹地，令有处也。"师古注曰："捕夜祠及视鬼之人，而充遣巫污染地上为祠祭之处，以诬其人也。"可见，夜间用酒酹进行祷祠，是当时宫中常见的宗教行为。另外可以佐证的是，汉代之郊祭也多在夜间。《史记·乐书》：

> 汉家常以正月上辛祠太一甘泉，以昏时夜祠，到明而终。常有流星经于祠坛上。
> 使僮男僮女七十人俱歌。春歌《青阳》，夏歌《朱明》，秋歌《西暤》，冬歌《玄冥》。

此种"到明而终"的"昏时夜祠"，与先秦以来楚地"某日之夕"、"某日之昏"进行夜祷的巫术，有明显的承递联系。而汉宫庭夜祠时以僮男僮女歌乐的礼俗，与屈赋诸神的歌舞场面相通，也与前节所论"乐之、百之、贡之"的祭祷礼仪相当。《汉书·礼乐志》对之记载更详：

> 至武帝定郊祀之礼，祠太一于甘泉，就乾位也；祭后土于汾阴，泽中方丘也。乃立乐府，采诗夜诵，有赵、代、秦、楚之讴。以李延年为协律都尉，多举司马相如等数十人造为诗赋，略论律吕，以合八音之调，作十九章之歌。以正月上辛用事甘泉圜丘，使童男女七十人俱歌，昏祠至明。夜常有神光如流星止集于祠坛，天子自竹宫而望拜，百官侍祠者数百人皆肃然动心焉。

这种"昏祠至明"的"夜诵"，颜师古注谓："夜诵者，其言辞或秘不可宣露，故于夜中歌诵也。"这些夜诵、夜歌之辞见于《汉书·礼乐志》，恐不完全是出于对歌辞保密的考虑；更重要的是，要追求"夜常有神光如流星止集于祠坛"的神秘效果。① 另外特别值得注意,这些夜诵、夜歌的内容,"有赵、代、秦、楚之讴",说明武帝时期夜祷音乐的地域来源已经相当广泛,呈现出文化"大一统"的气象。

不唯如此,汉人庙祭也多在夜间举行,《汉书·儒林传》载,汉宣帝某年八月饮酎,而后准备出京祭祠乃父昭帝之庙,因车队先驱之"旄头剑挺堕地,首垂泥中",以为不吉,宣帝让精通《易》学的梁丘贺前来占筮,得不吉之兆,果然有霍氏后裔玄衣夜潜祖庙之中准备行刺,事发伏诛。"故事,上常夜入庙,其后待明而入,自此始也。"《汉书》的这段记载十分明确,西汉前期的庙祭均在夜间进行,与《仪礼》中"旦明行事"的规定不合,从汉宣帝开始方改为白天举行,重新回到儒家的庙祭仪轨。这无疑是汉代礼制变革的一个重要表现。

——本文原载丁四新主编《楚地简帛文献思想研究(二)》,湖北教育出版社 2005 年版,增修后又收入杨华著《古礼新研》,商务印书馆 2012 年版。

【评 介】

20 世纪是考古学大发展的时代,出土文物礼器、遗址墓葬以及简帛礼书资料,给学术界带来了新材料,使现代礼学研究获得新的学术增长点。但是简帛文字古奥艰深,解读不易。杨华先生于礼学浸淫有年,近年来,致力于利用出土的简帛资料研究中国古代礼制问题,将简帛文献与传世礼书进行对证解读,在楚地的祭祷和丧葬礼制的研究上取得了较大的成绩。

杨华,1967 年生,湖北钟祥人。1983 年考入复旦大学历史系,获得历史学学士、硕士和博士学位。1994 年毕业至今在武汉大学任教。现为武汉大学历史学院、中国传统文化研究中心和简帛研究中心教授,并兼任历史学院副院长、中国传统文化研究中心副主任、湖北省青年联合会第十一届委员会委员。1999—2000 年曾在美国伊利诺

---

① 《汉书·郊祀志上》载,武帝封禅泰山后,"封禅祠,其夜若有光,昼有白云出封中"。夜间的光和声,是追求宗教神秘效果的重要内容。

伊大学东亚研究中心进行访问研究。2007年入选教育部"新世纪优秀人才支持计划"。主要从事先秦两汉史、中国文化史,尤其是中国古代礼制方面的研究。出版有《先秦礼乐文化》、《新出简帛与礼制研究》、《古礼新研》、《中国文化发展轨迹》、《中国文化史》等著作。

杨先生当下礼学研究的特点可以用三个关键词来概括,即"简帛、楚地、礼制"。

一是新出简帛资料的使用。从王国维先生开始,已经开辟出一条将出土实物与传世文献对勘即"二重证据法"的古史研究之路,也带动了学者们对新材料的高度关注。杨先生对最新出土简帛资料非常重视,他认为:"在礼学研究领域,笔者认为,如欲有所创新,应当从三个方面着手:第一,继承乾嘉考据之学的小学功夫,即从文字、音韵、训诂学入手,把礼书读懂;第二,不能完全局限于传统文献学的方法,仅仅注重文本考订,而应当把礼制放到历史学的视野中,作为制度文化史的一个重要侧面来加以考察;第三,必须注重最新的出土材料,利用考古实物和出土文献来证明或者否定传世礼学文献的内容,来'再发现'礼学文献的史料价值"①。新材料的确可以带来新的发现,只是最新的材料往往也是较难使用的材料,因为可以借鉴的成果比较少。没有良好的古文字学素养和深厚的礼学功底,要想读懂简帛礼书,并与传世三礼及其注疏文献相对证,是不可能的。杨先生这种自如地运用简帛材料进行礼学研究的学力,是很少人能够具备的。

二是选取楚地作为研究对象。楚地文化研究属于区域文化史的范畴。楚地出土文献比较丰富,尤其是简牍与帛书,催生了简帛学的出现。也显现出与中原文化不同的文化特色,对于深入了解战国时期文化的地域差异有很大帮助,可以说楚文化研究越来越依赖于出土资料。

三是集心力于礼制的研究,尤其是丧、祭礼制。楚地出土的竹简和帛书,包含有丰富的礼制信息,有些本身就是礼学文献。祭礼与丧葬又是古代最重要的礼制,可通过对楚地丧祭礼制的研究来揭示商周

---

① 杨华:《楚地丧祭礼制研究——以出土简帛为中心的讨论》,《文史哲》2010年第6期。

至春秋战国时期礼制的时代变异。同时，丧祭礼制是中国古代人生礼仪的重要部分，在世界各民族文化中独具特色，它是理解中国古代祖先崇拜、宗教观念和民间社会生活的枢轴之一。杨先生对礼制的研究十分精细，有疾病占卜、神祇、初死及丧仪、丧服和丧期、祖先和庙祭、祭祷仪式等，与同属于人生礼仪的礼学典籍《仪礼》进行对证研究，发现楚地礼制与中原地区颇有差异。

该篇论文较好地集中了杨先生当下礼学研究的以上三个特点。以卜筮祭祷为主要内容的新蔡葛陵楚简，结合此前出土的包山、望山和天星观、秦家咀等几批卜筮祭祷简，集中探讨楚人祭祷礼仪中的两个问题，以复原战国时期楚地的祭祷礼仪。一是祭祷用乐，包括用乐场合、用乐的仪式（如对"百之"的考释）、所用乐器（如编钟）、用乐作用（乐舞娱神）；二是祭祷的时间，还兼论"夜祷"，包括祭祷的讫止时间、重视夜祷，以及周、秦、汉都延续着这种夜祷的习俗。最后得出结论：西汉前期的庙祭均在夜间进行，与《仪礼》中"旦明行事"的规定不合，从汉宣帝开始方改为白天举行，重新回到儒家的庙祭仪轨。这无疑是汉代礼制变革的一个重要表现。

该篇论文与《出土日书与楚地的疾病占卜》、《"五祀"祭祷与楚汉文化的继承》、《楚地水神研究》、《楚地山神研究》、《楚地丧祭礼制研究——以出土简帛为中心的讨论》等都是杨先生"简帛所见楚地丧祭礼制研究"中的成果。他推论说："(1)春秋战国时期，南方楚地的丧祭礼制与中原地区颇有差异。这主要表现在：其一，丧祭活动中所用质料及仪式细节，极富楚国地方特色，如鼎实内容、棺饰礼俗、遣赠实物等；其二，丧祭礼制的使用上，身份等级普遍僭越，如战国楚墓遣策所载内容，普遍高于《仪礼》的相关规定。(2)汉承秦制，同时亦承楚制。西汉前期（至少武帝以前）南方地区的丧祭礼俗与楚国的传统礼俗之间有直接渊源关系，例如带有楚地风味的病祷礼仪、踊辟仪节、遣赠仪节、饰棺风俗、虞祭程式等，在汉代都仍然十分流行，这在马王堆等汉墓实物和丧祭简帛中多有反映。从礼制的角度，可以清晰地阐明"楚文化"到"后楚文化"再到"汉代文化"的发展过程。(3)对丧祭礼制的系统考察，可能有助于解决"三礼"文本的成书时间问题。用丧葬实物和相关简帛与《仪礼》文本记载加以对照，进一步证明《仪礼》结集于公元前5—前4世纪,甚至更早。郭店简和上博简中的《六德》、《成之闻之》、《性自命出》、《鲁穆公问》、《昔者君老》等篇,论及丧礼的内容,与《仪礼·丧服》、《礼记·丧服四则》、《檀弓》等礼书相关内容基本一致,证明《礼记》中核心篇目的出现,至少不晚于战国中期,是傍《仪礼》而行于世的。"①这也体现出现代史学研究的严谨风格。

杨先生礼学研究还有一点值得特别表彰出来,就是对古乐在礼制中的作用的认识独深。孔子曾说:"达于礼而不达于乐谓之素,达于乐而不达于礼谓之偏。"(《礼记·仲尼燕居》)强调的正是礼乐共同作用。只是古乐留存不易,后世难以知晓。杨先生在20世纪90年代出版的《先秦礼乐文化》影响较大,其中对乐的认识非常精要。该篇中他对楚地祭祷仪式中的用乐,论证尤其精辟。

关于出土文献材料,有人认为:"20世纪90年代以来……史学研究日益摆脱了意识形态,变成了一种技术操作,一种广博和精细的竞赛。尤其是对出土文献与实物的研究已从边缘走向主流,昔日借助以证史,而今自身就是主题。"②语极精辟。不过对出土文献与实物的研究,20世纪初期与现今是有差异的。20世纪初期,学者对出土文献与实物的利用,在一定程度上有增强史学研究"科学性"的意味。现今对待新出材料的态度,则是出于对传统文化多面性了解的需要,与世界其他民族文明比较的需要。出土文献与实物的研究之所以能够在一定意义上成为史学研究中的"主题","附庸蔚为大国",是与当今学术的精深发展和丰富分不开的,每一个领域深入进去,都有一片广阔的研究空间,必须耗费十年甚至更多的时间与精力沉寂其中,方能有所建树。正是这些使得简帛研究成为史学的"主题"!

---

① 杨华:《楚地丧祭礼制研究——以出土简帛为中心的讨论》,《文史哲》2010年第6期。

② 苍茫:《高调即将唱完》,http://www.wangf.net/data/articles/a00/243.html。

杨华礼学论著目录:

《先秦礼乐文化》,湖北教育出版社 1997 年版。

《中国文化发展轨迹》(与冯天瑜合著),上海人民出版社 2000 年版。

《中国文化史》(与冯天瑜、任放合著),高等教育出版社 2005 年版;2007 年彩色增订本。

《新出简帛与礼制研究》,台湾古籍出版公司 2007 年版。

《古礼新研》,商务印书馆 2012 年版。

《仲尼燕居》、《孔子闲居》与《论礼》纂辑之比较
——以《民之父母》为讨论中介

林素英

一、前　　言

上博简《民之父母》于 2002 年 10 月公布之后，学界在文字结构疑义之讨论外，对于思想义理之讨论，大多集中在与《礼记·孔子闲居》、《孔子家语·论礼》重出的"五至"与"三无"之焦点问题上，其中尤以庞朴对此问题前后三次发表的讨论特别具有启发性，① 少数学者亦将问题延伸至"五起"之讨论。笔者曾于 2004 年 3 月发表上博简《〈民之父母〉思想探微——兼论其与〈孔子闲居〉的关系》，② 探讨为民父母者理想的施政蓝图，当时还表示《孔子家语·论礼》大致包含《礼记·仲尼燕居》与《孔子闲居》两篇，内容相当复杂，将于日后再

---

①　庞先生自 2003 年 1 月起，先后在简帛研究网发表《喜读"五至三无"》、《试说"五至三无"》、《再说"五至三无"》，其后，结合此数则札记成《话说"五至三无"》，刊登于《文史哲》2004 年第 1 期（总第 280 期）。

②　拙作刊登于 2004 年 3 月台湾师范大学《中国学术年刊》第 25 期（春季号），第 37~59 页。另转载于大阪大学：《中国研究集刊》第 36 号特集号"战国楚简与中国思想史研究"。唯近日重读，发现原刊第 54~55 页有行文疏漏、语意未明之处，谨藉此加以补正：原文认为孔颖达在《孔子闲居》"三代之王"、"三代之德"下的一段疏释，以"汤与文、武"之说法取代"禹、汤、文王"，以对孔子所答"三王之德"中的"三王"之说，属于"曲为之解"。此"曲为之解"之责，显然有过重之嫌，应改为"难得善解"较为公允。此外，以孔疏之意，其所谓"恐其有私"者，应指"以战争取天下"之"汤与文、武"，而非人人尽知其治水大公无私之禹，因原来行文有疏漏错误之处，须行更正。

行整合三者之关系,以作全面性之讨论。时至 2004 年下半年,已有些学者结合 1973 年河北定县 40 号汉墓出土的《儒家者言》以及 1977 年安徽阜阳双古堆汉墓木牍资料,一方面重新思考《孔子家语》是否为伪书之问题,另一方面,则进而讨论《礼记》与《孔子家语》之关系、《民之父母》与《论礼》之关联等问题。

目前,有关《论礼》以及《礼记》上述两篇与《民之父母》之间的问题,学者们各就彼此关心之重点而有不同面向的讨论,① 然而多未从《仲尼燕居》与《论礼》中有关礼的实质内容及其纂辑情形,作较全面之讨论者。由于讨论该部分论礼的实质问题,有助于提供为政者考虑应如何具体施政,以获得较全面之理想施政蓝图,因而本文将尝试讨论之。又由于《仲尼燕居》、《孔子闲居》与《论礼》之成篇时期未明,因此本文将借助战国竹简《民之父母》为时代参照中心,进而推论此内容大致相近,然而却分别隶属两部书之记载究竟有何关系。此外,《礼记》采取二篇分立之方式纂辑数据,而《论礼》却以合篇处理,此两种不同的纂辑方式,对于日后文献的流传必然造成一定程度的影响,都值得深入探讨。

本文之进行,于前言部分说明为文之始末。之后,则进行数据成篇问题之推测,且分从四方面析论《民之父母》、《孔子闲居》与《论礼》之纂辑关系。而后,则进入全文最重要之部分,从篇章思想结构之角度,析论《仲尼燕居》、《孔子闲居》与《论礼》之纂辑情形:首先,分由三方面以讨论此三篇分、合篇之问题;其次,同样分由三方面以比较《仲尼燕居》与《论礼》之篇章结构思想;继此之后,仍然分从三项重要议题,比较《孔子闲居》与《论礼》之篇章结构思想;最后之结论,则从此二书三篇之纂辑情形,推论其流传之广狭与地位之高低。

---

① 例如宁镇疆《由出土文献再说〈孔子家语〉的性质及其成书过程》(《孔孟学报》2004 年第 82 卷);陈剑、黄海烈《论〈礼记〉与〈孔子家语〉的关系》(《古籍整理研究学刊》2005 年第 4 期);廖名春、张岩《从上博简〈民之父母〉"五至"说论〈孔子家语·论礼〉的真伪》(《湖南大学学报(社会科学版)》2005 年第 5 期)。

二、从资料成篇问题析论《民之父母》、《孔子闲居》与《论礼》之纂辑关系

上博简《民之父母》公布之后,由于内容不但绝大多数重出于《礼记·孔子闲居》,也存在于《孔子家语·论礼》中之一小段("五起"之部分差异较大),因而引起学界相当高之关注。简文与传世文献之最大差异,主要在于传世文献另有一段表述三王以"三无私"劳天下的参天地之德。由于三王"三无私"以劳天下的施政楷模,正可以为"五至"、"三无"与"五起"的抽象政治原理,提供具体之施政表率,而使高高悬起之政治形上原理,拥有按图索骥足以依循的实践管道,而形成义理完整之论述。① 可见此三处文献所载虽有不同,却应同属于"一事多记"之现象,然而由于所依据之记本不同,遂有差异之纪录。其关系又可分从以下三方面论述之:

(一)三篇材料均传自七十二子之徒

《民之父母》由于确定为战国简文,而简文所依据之祖本,又必然在该竹简抄录之前,因而其祖本最有可能出于孔门弟子或再传弟子所记。考察《民之父母》所记,乃孔子针对子夏(前507~?)藉由"凯弟君子,民之父母"诗句之问,而谈论为政者应如何善尽为民父母之道。简文与两处传世文献所载,不但问题之缘起相同,同时还与《论语》所载子夏长于文学、善于问《诗》之学术特性相近,② 而且孔子答问之内容又大致相近,因此应属于同出一事之不同纪录。此外,由于子夏比孔子年轻44岁,因而当孔子卒于公元前479年之时,子夏尚未满30岁。因此进行该段师生问答时,由年轻而学习及领悟力均强

---

① 其详参见拙作:《上博简〈民之父母〉思想探微——兼论其与〈孔子闲居〉的关系》,《中国学术年刊》2004年春季号,第42~56页。
② 《论语·八佾》,子夏问曰:"'巧笑倩兮,美目盼兮,素以为绚兮。'何谓也?"子曰:"绘事后素。"曰:"礼后乎?"子曰:"起予者商也,始可与言《诗》已矣!"(魏)何晏集解,(宋)邢昺疏:《论语注疏》,《十三经注疏》,台湾艺文印书馆1985年版,第26~27页。

之子夏自行笔记，而后传至同门师兄弟，然后再辗转传至七十子弟子之再传弟子，应极有可能。然而因为转录者各人之资质不同，交相传递之结果，遂有各种异文、不同表述或记录周全与否之状况发生。即便该事并不记于当时，然而当孔子卒后，弟子感念师恩不已，子夏追忆该事而记之，亦极尽情理。

这些不断流传转录、分支衍化之重要变化，当然要以战国时期最为明显，因为《韩非子》即有"儒分为八"之记载。① 尽管韩非所分之八派未必恰当，然而该说却可凸显儒学分支发展之事实。究实而言，战国时期的儒学发展虽以齐、鲁为重要据点，然而齐、鲁之学明显各有偏向，同时，为子夏、子游、曾子、孟子以及荀子等五大学派之流传扩衍，又有不同之发展。② 由于数据长期辗转传抄之过程必然产生一些变化，再加上学派分化之影响，又受到战国以后蜂起之雄辞诡辩、纵横捭阖思想影响，③ 遂有简文《民之父母》层迭为文、气势迭起之状态，且与传世文献构成"一事多记"之现象。不过除却上述古籍长期流传所造成的变化之外，《孔子闲居》与《论礼》文献纪录之差异，又与《礼记》、《孔子家语》两部书各篇之成篇情形有关，同时也涉及两书之纂辑问题。

(二)《民之父母》与《孔子闲居》成篇时间接近

论及《礼记》之纂辑成书，乃戴圣(生卒年不详，主要活动与成名期在宣帝期间，而宣帝于公元前73—前49年在位)选辑有关先儒论礼之《记》文而成，主要作为讲述《礼经》时之重要参考教材。由于配

---

① 《韩非子·显学》："自孔子之死也，有子张之儒，有子思之儒，有颜氏之儒，有孟氏之儒，有漆雕氏之儒，有仲良氏之儒，有孙氏之儒，有乐正氏之儒。"(清)王先慎撰，钟哲点校：《韩非子集成》，《新编诸子集成》卷19，中华书局1998年版，第456页。

② 其详参见拙作：《论先秦"儒"的转变》，收入《含章光化——戴琏璋先生七秩哲诞论文集》，台湾里仁书局2003年版，第431~438页。

③ 其详参见(宋)王栢：《鲁斋王文宪公文集(一)·家语考》，台湾学生书局1970年景印续金华丛书本，第338页。

合教学需要，因此《礼记》之选编应在其担任博士官期间，① 且当汉宣帝甘露三年（前51）召开石渠阁会议时期之时，应已有今本《礼记》49篇之初本。② 因为该石渠阁经义议论场中，无论以博士或太子舍人之身分参与盛事的戴圣与闻人通汉，都纷纷引用有关论礼之《记》文以为论证依据，③ 由此可见该论礼之《记》文早在会议之前，已具有极高之公信力。同时，从会中讨论丧服问题，所引用之《曲礼》、《王制》与《杂记》数据，仍然见于今本《礼记》相同篇目之中，可见当时《礼记》这些篇之内容应已大致确定。若以此类推，则其他各篇应也已颇具规模。此外，再从今本《礼记》各篇之篇题下，均载有刘向（约前77—前6）《别录》将该篇分门别类之说，更可见在《别录》编纂之前，49篇之《礼记》应该已流传相当一段时期，且受到刘向高度之重视。

推测戴圣选编讲《礼》之参考教材时，其最直接而便捷者之来源，应为选自其师后仓所编纂数万言的《后氏曲台记》。④ 而此《后氏曲台记》即应为《艺文志》所载之《曲台后仓》9篇。根据颜师古（581—645）引如淳（魏朝人，生卒年不详）"行礼射于曲台，后仓为记，故名曰《曲台记》"之说法，⑤ 可推见今本《礼记》中有关射礼或射义之章节，可能有取材自《曲台记》之处，另外，行使射礼时所涉及之礼制原则、祭礼仪义、祭法原理、礼器安排等配套措施，也都应有相关之纪录。

---

① 《汉书·艺文志》："汉兴，鲁高堂生传《士礼》十七篇，讫孝宣世，后仓最明，戴德、戴圣、庆普皆其弟子，三家皆立于学官。"（《汉书》，中华书局1962年版，第1710页）

② 其详参见杨天宇：《礼记译注·〈礼记〉简述》，上海古籍出版社1997年版，第2~3页。

③ 其详参见（唐）杜佑：《通典》，卷73，中华书局1988年版，第1998页；《通典》，卷81，中华书局1988年版，第2208~2209页；《通典》，卷83，中华书局1988年版，第2244页。

④ 《汉书·儒林传》："汉兴，鲁高堂生传《士礼》十七篇……而瑕丘萧奋以《礼》至淮阳太守。……孟卿，东海人也。事萧奋，以授后仓、鲁闾丘卿。仓说《礼》数万言，号曰《后氏曲台记》，授沛闻人通汉子方、梁戴德延君、戴圣次君、沛庆普孝公。"（《汉书·儒林传》，中华书局1962年版，第3614~3615页）

⑤ 《汉书·艺文志》，中华书局1962年版，第1709~1710页。

至于其他有关礼的广大部分，则又应以当时流传的众多之《记》为取材范围，其中，《艺文志》即著录礼家有《记》百三十一篇，而刘向《别录》则更言"古文《记》二百四篇"。① 由此可见当时论礼之《记》众多，礼家讲学可资取材之范围极广。

综合以上所述，可知戴圣选编《礼记》之最终来源，其时应推远至"七十子之徒所论"之资料。所谓"七十子之徒"者，乃孔子后学之通称，主要包含孔门七十二弟子及其再传弟子与后学。凡此孔子后学论礼之资料，皆可成为礼《记》所收录之来源。职此之故，《孔子闲居》所载，整体而言，由于其所载内容在"五起"之外，另有"三无私"，结构较为完整，思想义理也较为周延严谨，因而可以推想戴圣所选取的《记》之数据来源，极可能来自与子夏学派最有关的流传系统。尤其文献记载魏文侯（文侯曾为大夫22年，而后于公元前405年为侯）十分钦敬子夏，尊子夏为师，且大力推动儒学之发展，则直接或间接与子夏有关之数据汇编，极有可能在子夏晚年或者没世不久即整理成篇，因而数据保存完整。亦即在战国中期以前，《孔子闲居》之祖本可能已经成篇，因此推测《民之父母》与《孔子闲居》之时期应该相当接近。

（三）《孔子家语》成书虽晚，然无妨《论礼》可保存早期资料

若思考《孔子家语》书名之特质，则显然应与其传于孔家之家学有关。至于其内容，则又当以记录孔子一生各项活动事迹为核心，因此不但必须包含孔门师生之交相问答，而且还应记录孔子与各国国君或公卿大夫议政论道之理想抱负。全书所记，乃以称扬孔家先祖之光辉为宗旨，又藉以惕厉敦促、垂训诫勉后代子孙之用。然而性质如此

---

① （唐）陆德明《经典释文·序录》引（汉）刘向《别录》所载。而有关"古文《记》二百四篇"之说，（清）陈寿祺《左海经辨·大小戴礼记考》收入《皇清经解》，卷1251，依《七略》著录："《记》百三十一篇，盖河间献王所得者。故《六艺论》兼举之。百三十一篇之《记》，合《明堂阴阳》三十三篇，《王史氏》二十一篇，《乐记》二十三篇，《孔子三朝记》七篇，凡二百一十五篇，并见《艺文志》。而《别录》言二百四篇，未知所除何篇。疑《乐记》二十三篇，其十一篇已具百三十一篇《记》中，除之，故为二百四篇。"

特殊之典籍编纂，又必须有其特定之条件促成之。胡平生即概括纂辑《孔子家语》必须具备三大条件：编辑者必为孔氏后人，时间必在儒家学说与孔学地位抬高之后，且儒士们受到儒者拜相封侯之激励。胡氏更进而推论合乎此时代条件者，则非孔安国(前158？—前98？)莫属。① 胡氏之说已极尽情理，不过，倘若再将汉高祖十二年(前195)刘邦以太牢祭祀孔子，② 且封孔腾(孔子九世孙，孔鲋之弟，生卒年不详)为奉祀君，③ 视为鼓舞孔子后人纂辑先人事迹之远因，则该条件说显然更为周延。

尽管《孔子家语》之编辑晚成，然而由于其材料来源多属早期数据，因而并无妨《论礼》可以保存战国较早期数据之现象。即使主张《孔子家语》乃王肃(195—256)杂取先秦古籍，割裂、组织而成，再托名孔安国之王柏(1197—1274)，亦坚决以该书源自子思，而认为应视之为先秦古书。④ 王柏以王肃伪托《孔子家语》之说固然必须重新商榷，该书之材料亦不可能全部出自子思(前483—前402)之时。⑤ 然而由于子思之幼年曾亲受教于孔子，稍长，即对于孔子之说多有转述、记录之事，⑥ 则将王说解读为子思乃孔子后人之"始"著书以传后者，应无疑问。既然以子思为孔子后人之始著书以传后者，则《孔子家语》中之数据，必然多有出自子思之"始著书"者。因此孔子晚年与子夏论为民父母之道一事，子思即使未必亲闻其事于其祖，亦必可

---

① 其详参见胡平生：《阜阳双古堆汉简与〈孔子家语〉》，收入袁行霈主编：《国学研究》第7卷，北京大学出版社2000年版，第526~527页。孔安国之生卒年，则依据胡平生之推测。

② 《汉书·高帝纪》，中华书局1962年版，第76页。

③ (明)陈镐纂修，孔子文化大全编辑部编辑：《阙里志》，卷之3，山东友谊出版社1989年版，第142页。

④ 其详参见(宋)王柏：《鲁斋王文宪公文集(一)·家语考》，台湾学生书局1970年景印续金华丛书本，第338~340页。

⑤ 有关子思之生卒年，历来有多种说法，其详参见孔德立：《〈孔丛子〉与子思生年问题》，收入黄怀信、李景明主编：《儒家文献研究》，齐鲁书社2004年版，第341~353页。

⑥ 其详参见旧传(汉)孔鲋：《孔丛子·记问》，收入《百子全书(一)》，岳麓书社1993年版，第251~252页。

以闻于孔门重要弟子所言，而后将其先祖与子夏所论之事笔之于文（此已形成"一事多记"之现象），然后再辗转成为《孔子家语》收录之内容。因此，论及这段数据之祖本即使可能比《孔子闲居》稍后，然而亦不至于相隔太远。甚且由于其中还可能应保有或多或少子思当时之记载，因此《论礼》当中还有一些早期数据。若能将其与《民之父母》、《孔子闲居》对照，更可以重整当时较完整之思想脉络。

至于《孔子家语》之成书问题，在定县八角廊《儒家者言》、阜阳双古堆汉墓木牍以及战国竹简陆续出土之后，似已定谳的《孔子家语》伪书说已经动摇，① 学界且已倾向于孔安国之《孔子家语后序》大体可信之说法。该《后序》云：

> 《孔子家语》者，皆当时公卿士大夫及七十二弟子之所咨访交相对问言语也，既而诸弟子各自记其所问焉，与《论语》、《孝经》并时。弟子取其正实而切事者，别出为《论语》，其余，则都集录之，名之曰《孔子家语》。凡所论辩，疏判较归，实自夫子本旨也。属文下辞，往往颇有浮说、烦而不要者，亦由七十二子各共叙述首尾，加之润色，其材或有优劣，故使之然也。……元封之时，吾仕京师，窃惧先人之典辞将遂泯没，于是因诸公卿大夫，私以人事募求其副。悉得之，乃以事类相次，撰集为四十四篇。②

---

① 其详参见李学勤：《新发现简帛与汉初学术史的若干问题》，《烟台大学学报》（哲社版）1988年第1期；《〈竹简家语〉与汉魏孔氏家学》、《八角廊汉简儒书小议》，此二篇皆收入氏著：《简帛佚籍与学术史》，江西教育出版社2001年版，第380~397页。胡平生：《阜阳双古堆汉简与〈孔子家语〉》，《国学研究》2000年第7卷。宁镇疆：《由出土文献再说〈孔子家语〉的性质及其成书过程》，《孔孟学报》2004年第82期。陈剑、黄海烈：《论〈礼记〉与〈孔子家语〉的关系》，《古籍整理研究学刊》2005年第4期。杨朝明：《出土文献与〈孔子家语〉伪书案的终结》，收入氏编：《孔子家语通解》前言部分，台湾万卷楼图书公司2005年版，第3~7页。

② 其详参见（元）马端临：《文献通考·经籍考·经部》，中华书局1986年版，第1582页。

由孔安国所述,明显可见《孔子家语》之原始资料,乃出自孔门七十二弟子所记,其性质与《论语》最为相近。由此不但说明《论礼》可以保存较早期资料之事实,而且更确认有关"民之父母"之论说记录,实与《民之父母》、《孔子闲居》为"一事多记"之情形。孔安国已经发现募求得来之资料中有优劣不一之现象,经检视其内容,又发现其皆出自夫子意旨,于是针对其文辞浮说繁冗之现象,提出记录者材质各有优劣所致之缘故。孔氏之说固然为实情,而另一方面,该现象又应与原始资料历经战国七十二子之徒长期各自流传,所必然衍生的杂附、错乱情形有关。诚如陈士珂所言,周末汉初之诸子,其称述孔子之言,多有彼此互见,损益成文之事,甚至有问答之辞主名各别之传闻异辞现象。① 可知孔安国欲以"事类相次"而整编所搜罗之资料,以成《孔子家语》,实有其必要。同时,保存先人之典辞以传诸后世,更为孔氏后人责无旁贷之事。不过,其"以事类相次"进行整编之方式,则又涉及《孔子家语》纂辑结果之优劣问题,影响其后之流传情形。

(四)《仲尼燕居》、《孔子闲居》与《论礼》之纂辑资料问题

《孔子闲居》与《论礼》之纂辑各有所本之情形,既已述之如上,而《仲尼燕居》与《孔子闲居》又同属《礼记》之一篇,其成篇之状况与《孔子闲居》相同,因而《仲尼燕居》、《孔子闲居》与《论礼》之纂辑情形,简而言之,亦应是"一事多记"而各有所本的大同小异之情形。

若欲详探此三篇数据之"本",则必须再行析论有关七十二子及其再传弟子所记资料之流转问题:承前所述,《孔子家语》之原初数据,有可能起于子思搜罗孔门七十二弟子记录其先祖之各种论说而来。因为子夏乃孔子晚年重要年轻弟子之一,且又最为长寿,据推测子夏与子思之卒年均约在公元前400年,因此孔安国《后序》所说"七十二弟子终,而大义乖"之时,应指公元前400年之后。故而其后,则有待孟子(约前372—前289)、荀子(约前313—前238)之守其所习,以传儒者之遗绪。继之,根据孔安国所言,荀子于秦昭王时入

---

① (清)陈士珂:《孔子家语疏证·序》

秦，且将孔子之语及诸国事、七十二弟子之言凡百余篇与秦，以答昭王之问儒术，于是秦悉有儒者之学。至于高祖克秦，且"悉敛得之"，遂使该批资料归入汉室。再因吕氏之专取与被诛，导致该批资料散在民间，于是好事者或各以意增损其言，致使同是一事而往往异辞。逮至孝景皇帝末年，募求天下礼书，于时京师大夫皆送官，于是复得吕氏之所传《孔子家语》，而与诸国事及七十子辞妄相错杂，不可得知，以付掌书，与《曲礼》众篇乱简合而藏之秘府。至于孔安国之时，因"惧先人之典辞将遂泯灭，于是因诸公卿大夫，私以人事募求其副"，幸而能"悉得之"，故而再将其"以事类相次"，遂成《孔子家语》。①经由这段记载所透露的相当重要的讯息，乃是孔安国纂辑《孔子家语》之最终数据，正是历经多次转折而入于汉室秘府之简文副本，且《曲礼》部分当时已有较完整之数篇。

既然孔安国取以纂辑《孔子家语》之最终资料来自汉室秘府副本，以下乃转而检视汉初之时，先秦儒学思想流行之概况。当时之博士叔孙通(生卒年不详)、孔腾(孔鲋之弟)、贾谊(前200—前168)等人，均与礼之渊源极其密切。叔孙通乃孔鲋(约前264—前208)之弟子，因其师孔鲋不乐仕秦，遂承受师命仕秦，成为秦博士。逮至汉兴，叔孙通即以其精通于礼，而于高祖七年(前200)受命为汉制定朝仪。孔腾为孔子九世孙，乃第一任祭孔之奉祀君，熟悉礼仪。孔腾之兄孔鲋，固然旧传其编撰《孔丛子》之说不尽正确，然而当时继子思作《子思子》后，倏忽之间已逾百年，此时孔子后人兴起编撰孔家论述之学的壮举，亦极尽情理。《孔丛子》之中，不但多记录孔门师生问答之事，且包含丰富之论礼资料，与大、小戴《礼记》密切相关。此外，贾谊虽然年寿不长，然而才华出众，深知礼对于治国之重要，因此《新书》之中，如《傅职》、《保傅》、《礼》、《容经》、《礼容语》、《胎教》等篇，均与大、小戴《礼记》具有直接相关，其余尚有诸多与先秦

---

① 其详参见(汉)孔安国编，(魏)王肃注：《影宋蜀本孔子家语·附札记》卷10，台湾"中华书局"1985年版，第23~24页。另外，(元)马端临《文献通考·经籍考·经部》所载孔安国《孔子家语后序》，多有异文。其中宋本"募求天下礼书"，元本作"募求天下遗书"。

儒学重礼之现象间接相关者。

　　对照汉初几位博士对于礼的重视，于此可见从战国至于汉初，其间虽然插入秦的暴力，然而有关礼的思想并未发生太严重的断层现象，特别严重的，乃是为政者的政策实施问题。秦始皇虽曾准李斯所奏，"非博士官所职，天下敢有藏《诗》、《书》、百家语者，悉诣守、尉杂烧之"①。幸而奏上在始皇三十四年（前213），而三十七年始皇即病逝。此外，3年的时间过短，且官方与博士家所藏之书并不在焚烧之列，再加上始皇自三十三年起即下令修筑长城，三十五年则倾全国之力以营建阿房宫，因此三十四年纵使有焚书之事，然而当修筑长城与建阿房宫之迫切性更高时，书籍焚毁之速度即可能相对减缓。因此当惠帝四年（前191）废挟书令，广开献书之路后，遂有四方之人不远千里而前来献书。当时河间献王即因奖励有方，以致得书众多，可与朝廷等量齐观。至于其所得书，则皆古文先秦旧书，《周官》、《尚书》、《礼》、《礼记》、《孟子》、《老子》之属，皆经传说记，七十子之徒所论。河间献王甚且还将所得善书，"必为好写与之，而留其真"②，于是在古文先秦旧书纷纷重现之后，又另开一条流传之路。这些资料中，有关论礼之《记》，正与《艺文志》礼类"《记》百三十一篇"、刘向"古文《记》二百四篇"所载同类，且都是戴圣选编《礼记》之材料。

　　此外，再回顾秦的部分，将可发现秦始皇虽然残暴，然而他本身却是满腹经纶之人。至于丞相李斯（？—前208），则为荀子门徒。由于荀子隆礼重学，影响所及，秦宫之中自然多藏简牍文献，且不乏论礼之简牍（只差实际施政时，不以礼为本，而改采与礼关系密切之法为本）。故知汉高祖元年（前206）入关之时，萧何（？—前193）所收集秦宫图书中，自然包含相当多先秦旧籍；而此事又与孔安国《孔子

---

　　① （汉）司马迁：《史记·秦本纪》，[日]泷川龟太郎：《史记会注考证》，台湾洪氏出版社1977年版，第124页。

　　② 其详参见《汉书·景十三王传·河间献王》，中华书局1962年版，第2410页。所谓《礼记》，非指今之《礼记》专书，颜师古曰："《礼记》者，诸儒记礼之说也。"

家语后序》所述相合。这些先秦旧籍中，有关论礼者之《记》，同样也是戴圣选编《礼记》之材料。

由此可知《礼记》与《孔子家语》之纂辑材料，在七十二弟子之徒"一事多记"的大前提下，从流传来源上而言，又有同源却又各有所本的现象。然而二书纂辑完成后，刘向不但注重《礼记》之成书，且将其各篇都加以分类记录，至于《孔子家语》，则不加重视。致使孔安国之孙孔衍（生卒年不详）上奏辩驳，云：

> 其（《孔子家语》）典雅正实，与世所传者不同日而论也。光禄大夫向以为其时所未施之，故《尚书》则记于《别录》，《论语》则不使名家也。臣窃惜之！且百家章句，无不毕记，况《孔子家语》古文正实而疑之哉？又戴圣近世小儒，以《曲礼》不足，而乃取《孔子家语》杂乱者，及子思、孟轲、孙卿之书以禆益之，总名曰《礼记》。今尚见其已在《礼记》者，则便除《家语》之本篇，是灭其原而存其末，不亦难乎？①

孔衍之辩驳，除却正面说明《孔子家语》具有保存早期资料之雅正特质外，反面又对戴圣表示不满，因为《礼记》之主要材料取自《孔子家语》之杂乱者（应指孔安国所说经辗转传入秘府而多有错乱之《孔子家语》资料），竟然《礼记》成，而凌驾于《孔子家语》之上。而最重要的，则是直接对刘向提出抗议：其一，百家章句尚且均能并存而记之，何以《礼记》载于《别录》，而《孔子家语》便应废之？其二，《孔子家语》为母、为本，《礼记》为子、为末，岂可存末而弃其原？细索这两项指控，其实都与刘向整编秘府书牍之态度与方法有关。

探究刘向整理校订简书之情形，从其鸿嘉四年（前17）上呈《说苑》时之《叙录》，可进而推知其纂辑理念。其文云：

> 所校中书《说苑》杂事及臣向书、民间书，诬校雠，其事类

---

① （汉）孔安国编，（魏）王肃注：《影宋蜀本孔子家语·附札记·后序》，卷10，台湾"中华书局"1985年版，第17~18页。

众多，章句相溷，或上下谬乱，难分次序。除去与《新序》复重者，其余者浅薄不中义理，别集以为百家后，令以类相从，一一条别篇目，更以造新书十万言以上，凡二十篇，七百八十四章，号曰新苑，皆可观。①

由此可见《说苑》乃藏于秘府中的皇家资料，故称之"中书"，然而其中多有乱简杂编之现象。因此刘向校书之策略，并非仅仅单采一书之"自校法"，而是取秘府藏书以对照民间众多所献先秦旧籍，然后再参照自家所藏之书以校正之。从彼此交相验证校对，藉以明察究竟，而调整错乱之章序，并删除与《新序》重复以及义理浅薄之处。然后再将校对所得加以分门别类，且加入议论，使成为形式焕然一新，而内容皆有可观的新面貌。胡平生即参照双古堆墓的两块木牍以及"说类"简之数据，而推测刘向纂辑《说苑》、《新序》，与孔安国之纂辑《孔子家语》，使用的乃是同一批材料，只是彼此各有侧重。② 此处所谓孔、刘二人使用的是"同一批材料"，乃指秘府中《孔子家语》之藏简言。

然而从刘向之《叙录》中，又已得知其并非单纯地整编秘府藏简，而是在主要材料之外，又另外以其他众多材料作为校对之资，然后再将校对后之数据加以彻底改编，甚且加入相关议论，于是特别号称"新苑"。既然刘向认为应将秘府藏书进行如此重大之变革，方可以达到"可观"之地步，因此当然不会满意孔安国仅将"秘府副本"，采取"以事类相次"的整理方式纂辑完毕，而不处理原有材料中普遍存在之谬乱、错杂以及浅薄不中义理之问题。其次，刘向应该还会考虑《礼记》在当时既已大为流传，再加上《说苑》又重新面世，因而多数内容与《说苑》相近之《孔子家语》，显然已无列入《别录》之必要，以

---

① （汉）刘向：《说苑·叙录》，收入萧天石主编：《中国子学名著集成·珍本初编·儒家子部》，台湾中国子学名著集成编印基金会（不著年代），第11页。

② 其详参见胡平生：《阜阳双古堆汉简与〈孔子家语〉》，收入袁行霈主编：《国学研究》第7卷，北京大学出版社2000年版，第528~531页。

致引起孔衍之不平之鸣。

　　固然未将《孔子家语》列入《别录》，自有刘向个人之考量；然而孔衍之言，亦自有其理。因此该奏疏果然获得天子之应许，可惜未及论定而帝崩，向亦病亡，遂使孔衍之奏终无结果。不过，《孔子家语》是否因《礼记》之大行，而失去其立足先秦重要典籍之地位，则须透过更具体而全面之讨论，始能有公允之论。以下仅就专就内容大体相近之《论礼》与《仲尼燕居》、《孔子闲居》为例，透过具体讨论，以比较《论礼》与《仲尼燕居》、《孔子闲居》之存在价值。

三、从篇章结构思想之角度析论《仲尼燕居》、《孔子闲居》与《论礼》之纂辑情形

　　有关《民之父母》与《孔子闲居》思想义理之问题，拙文已论述于两年前，认为《孔子闲居》之思想义理较为完整，而《民之父母》则为摘抄之数据。类似此摘抄现象，多存在于出土简文中，并非《民之父母》特有之现象，故不再赘述。以下，则主要从篇章结构思想之角度，析论《礼记》之《仲尼燕居》、《孔子闲居》与《孔子家语·论礼》之纂辑情形：

(一)《仲尼燕居》、《孔子闲居》与《论礼》之分、合篇比较

　　戴圣在大约与《孔子家语·论礼》相当之章节中，将孔子与子夏之问答部分，从孔子与子贡（前520—？）、言游（前506—？）、子张（前503—？）之问答中独立出来，使成为《礼记》中前后相连之《仲尼燕居》与《孔子闲居》两篇。虽然戴圣将其内容分别归属两篇，然而"燕居"即"闲居"，因此从其篇名之取义相同，且又前后篇次连属，则又知其前后必然可以连贯。细索戴圣之所以将其内容二分，主要应有三层考虑，谨述之于下，并随文以见孔安国合篇处理之情形：

1. 与孔子问答对象之组合与时间明显有二。

　　检视此二书三篇所收内容，可见戴圣与孔安国都同意这些章节，应是孔子与不同禀赋、性格类型之弟子，于不同时空环境下之问答记录：

《论礼》以"孔子闲居，子张、子贡、言游侍，论及于礼"始，然后分别进行孔子与此三位弟子之间的问答，且在此师生问答之后，以"三子者既得闻此论于夫子也，焕若发蒙焉"。作为该次谈论之总结。另外，再以"子夏侍坐于孔子"开始，进行另一场孔子与子夏之问答，而以"子夏蹶然而起，负墙而立，曰：'弟子敢不志之？'"收结。可见《论礼》虽然合编处理此诸多章节，然而已经注意到与孔子谈论之对象，前为子贡等三人之组合，后者则仅为子夏单独一人，由于时空环境不同，因此虽然同在一篇，不过却是彼此可以独立之两部分论礼数据之纂辑。

　　至于戴圣之处理，则《仲尼燕居》以"仲尼燕居，子张、子贡、言游侍，纵言至于礼"起始，而以"三子者既得闻此言也于夫子，昭然若发蒙矣"结束；《孔子闲居》以"孔子闲居，子夏侍"开始，而以"子夏蹶然而起，负墙而立，曰：'弟子敢不承乎！'"收结。此现象已呈现其整编讲礼之教材时，已相当注意数据之分合与前后连贯之问题，因此运用古代典籍多有以首章起始句文字名篇之习惯，将此两部分数据分别以"仲尼燕居"与"孔子闲居"起始，而成为谈论背景相似、对象有别、论题连贯，然又可以自行起讫、前后相连之两篇。

　　观察此两次与孔子对谈的弟子特性，则又可发现除却子贡年纪较大之外，其余言游、子张与子夏三人的年龄都相近，因此推论这些谈话应在孔子晚年的思想圆熟期。此外，子贡才思敏捷、长于外交，子游娴习礼乐、喜行礼乐之教，子张气度恢弘、才高志远，在人格特质上较为接近，因此结伴与孔子闲谈而论及于礼，正合乎三人之秉性气质。至于子夏之性格则偏向沉笃，而讲求慎思明辨，因而喜欢单独与孔子作深层之讨论。同时，《论礼》既已同意全篇之资料其实本为两章，却不将其明快地别为两篇，因而无法呈现孔子所与谈论对象之特性所在，也无以凸显孔子"因材施教"之本色，诚为合篇之失。

　　2. 礼的具体层次与抽象层次有别。

　　由于"礼"有具体仪式以及抽象礼义之不同层次，若能分开论述，且又能指出其联系脉络，则对于"礼"概念之整体义涵以及实践情形，当可以有更完全之把握。依此原则检验《仲尼燕居》、《孔子闲居》与《论礼》之纂辑安排，当可发现戴圣将有关礼的实践问题列入《仲尼燕居》讨论，而将礼的抽象形上原理划入《孔子闲居》讨论，成为彼此密切相关，却各有不同的讨论范畴，使人有清楚易懂之效果。至于孔安国则在"礼"的大议题下，以合篇方式处理。虽然合篇亦有其理，然而终不若分篇之明晰。

孔子向来注重"因材施教"，由于子贡等三人之聪明才智以及胸怀志向都已经相当高远，因此必须多多辅以礼的具体实践之道，庶几可免流于巧辞驳辩、浮夸玄虚之失，而能得本末先后兼治之功以成为动而皆中于礼之彬彬君子。因而孔子首先针对此三人之共同特质，从正面告诉弟子倘若一切依礼行事，即可达到周流无阻，而所行无不遍之效果。然后再根据弟子之个别差异，分别提示其具体的践礼之道。

针对反应敏捷、善于外交辞令之子贡，[1] 孔子从"敬而不中礼谓之野，恭而不中礼谓之给，勇而不中礼谓之逆"三种不中礼之行为所产生的流弊，以刺激其深入思考。同时还指出三种流弊之中，又以"给夺慈仁"之弊为最。因为"给"则务求取悦于人，虽然貌似慈仁，然而本心之德已丧，因此孔子特别批评其弊，正所以提示在礼文之后，尚有更重要的"礼之本"[2]层次必须切实把握。子贡善于辞辩，因而孔子特别以"给夺慈仁"深戒之，而以"礼所以制中"期许之。至于对践行礼乐之教以治武城的子游，[3] 则加强其施政时应从实践郊、社、尝、禘、馈奠、乡、射、食、飨之礼，以达"领恶而好全"的为礼之道，且具体说明各种礼的实践功能，用以坚定其以礼施政之信

---

[1] 子贡长于外交，其事见于《左传》者众多，其详可参见（晋）杜预注，（唐）孔颖达等疏：《春秋左传正义》，收入《十三经注疏》，台湾艺文印书馆1985年版，例如：《哀公七年》（第1009页）载大宰嚭召季康子，康子使子贡辞。《哀公十二年》（第1026页），载哀公会吴于橐皋，吴子使大宰嚭请寻盟，公不欲，使子贡以对，乃不寻盟。《哀公十二年》（第1027页），载卫侯会吴，而吴不行礼于卫，且藩其君舍以难之。子服景伯请子贡以见大宰，而解卫君之危。

[2] 《论语·八佾》：林放问礼之本。子曰："大哉问！礼，与其奢也，宁俭；丧，与其易也，宁戚。"

[3] 《论语·阳货》：子之武城，闻弦歌之声。夫子莞尔而笑曰："割鸡焉用牛刀？"子游对曰："昔者偃也闻诸夫子曰：'君子学道则爱人；小人学道则易使也。'"子曰："二三子！偃之言是也。前言戏之耳！"

心。另外，对于个性开阔而近乎狂浮之子张，尤其注重济之以实的救弊之教，① 因此直接以"即事之治"答其所问，大凡手足耳目之举措、进退揖让之规制、长幼之别、闺门之和、朝廷之序、田猎戎事之策、军旅武功之制、宫室车辆之制、鬼神之飨、丧祭之哀等诸多事务之施行，都强调必须以礼治之，以使凡有所动皆能得其宜。由于子贡等三人皆属才高志远之辈，且又具有施政能力，因此孔子特别为其说明礼的具体施行之道及其功能，勉励其切实践履之。

同样围绕在践礼与施政的议题讨论上，却由于子夏之禀赋气质与子贡等三人大不相同，② 因此孔子针对其沉稳笃实、博学深思之特质，转从抽象的政治形上原理，说明为民父母之根本关键，在于其能否达到礼乐之原的形上境界，而不只是外在仪文之践履。此外，孔子还特别提出王者之德以恢弘其气度，藉以深深期许其能达到"君子儒"之境地，而非仅仅止于注重枝微末节之"小人儒"，③ 藉此以对治子夏"不及"之弊。

由于子贡等三人与子夏有极大的个别差异，因此戴圣将此两部分数据分别成篇，较容易彰显孔子答无定辞的"因材施教"之教学特色。

---

① 《论语·先进》：子贡问："师与商也孰贤？"子曰："师也过，商也不及。"曰："然则师愈与？"子曰："过犹不及。"由于子张之"过"，因此孔子有许多针对其人格特质之说，例如：《论语·为政》载：子张学干禄。子曰："多闻阙疑，慎言其余，则寡尤；多见阙殆，慎行其余，则寡悔。言寡尤，行寡悔，禄在其中矣。"《论语·颜渊》载：子张问政。子曰："居之无倦，行之以忠。"《论语·卫灵公》载：子张问行。子曰："言忠信，行笃敬，虽蛮貊之邦行矣；言不忠信，行不笃敬，虽州里行乎哉？立，则见其参于前也；在舆，则见其倚于衡也。夫然后行！"子张书诸绅。

② 《论语·子张》：子夏之门人问交于子张。子张曰："子夏云何？"对曰："子夏曰：'可者与之，其不可者拒之。'"子张曰："异乎吾所闻，君子尊贤而容众，嘉善而矜不能。我之大贤与，于人何所不容？我之不贤与，人将拒我，如之何其拒人也？"另外，《子张》：子游曰："子夏之门人小子，当洒扫、应对、进退，则可矣。抑末也，本之则无。如之何？"子夏闻之曰："噫！言游过矣！君子之道，孰先传焉？孰后倦焉？譬诸草木，区以别矣。君子之道，焉可诬也？有始有卒者，其惟圣人乎！"

③ 《论语·雍也》：子谓子夏曰："女为君子儒，无为小人儒。"

3. 礼乐之仪文与礼乐之原有别。

既然区分礼的具体层次与抽象层次,有明晰礼的本末先后之效果;则区分礼乐之仪文与礼乐之原,亦可以收同样之功。此从子贡欲去告朔之饩羊,而子曰:"赐也,尔爱其羊,我爱其礼"之载,以及孔子"礼云礼云!玉帛云乎哉?乐云乐云!钟鼓云乎哉?"之说,① 即可以清楚得知礼乐之仪文与礼乐之本原其实有别。礼乐之本固然具有先在之优越性,然而礼乐之仪文则为礼义本原之载体,礼乐之原实无法自外于礼乐之仪文而独自存在。

由于礼与乐密切相关,因此孔子在答复子贡等三人的问礼之后,再以大飨之礼为例,对三人言礼乐相行之实,并言及礼乐相行之作用。继之,再从"礼也者,理也;乐也者,节也"之说,说明礼的条理秩序义必须与乐的调和节制原理相合为用,更藉子贡之问夔,说明礼乐之不可偏废。问答至此,孔子已将礼乐仪文之内容、意义与作用作扼要之陈述,因此亦可于此视为一单元,而与以下子夏与孔子所问答之内容作一区隔。

孔子藉由子夏问《诗》所云"凯弟君子,民之父母"之事,而大谈抽象之政治形上原理,期勉子夏能开其堂庑,透过"五至"与"三无"之积极与消极原理,而进入"礼乐之原"。然后再以"五起"更翻起一层,以开阔子夏之胸怀气度,最后则以"三无私"的王者之德,期许子夏成为真正的"君子儒"。配合子夏的学术倾向、气质禀赋以及人格特质,《孔子闲居》论述礼乐之原的形上理境,借由王者之德的提出,而形成完整之单元。

戴圣将此两部分数据分别以《仲尼燕居》、《孔子闲居》名篇,具有划分礼乐仪文与礼乐之原的效果,且避免篇名存礼去乐之尴尬。固然此两部分数据的确以"礼"为主,然而由于《仲尼燕居》之后半,"乐"已加入礼仪进行之阵容,而《孔子闲居》更直探礼乐之原的问题,因此孔安国将此两部分合篇处理,且以"论礼"名篇,显然无法呈现礼乐不可偏废之思想。

---

① 此两则记载,分别见于《论语·八佾》、《论语·阳货》。

(二)《仲尼燕居》与《论礼》之篇章结构思想比较

剔除《仲尼燕居》与《论礼》中存有异文，然而无关重要文意差异者，不在此讨论，其值得讨论之问题，主要在于《仲尼燕居》多出的三章记录以及提问者及其次序之问题：

1. 戴圣补充文意以加强教学效果。

戴圣补充"过与不及"章，同时又使"礼也者，理也；乐也者，节也"、"制度在礼，文为在礼，行之其在人乎！"独立成章，均有加强教学效果之意。兹分述于下：

《仲尼燕居》在"给夺慈仁"之后，加入一段"子曰：'师，尔过，而商也不及。子产犹众人之母也，能食之，不能教也。'"之记载，而《论礼》并无此章。《论礼》不见此章，显然文意更为连贯，因为此章之前后都在记录子贡与孔子之问答。反观戴圣在子贡与孔子问答中间，插入这章径自对子张之说话，虽然其章旨也与礼的"制中"有关，不过还是有些唐突奇怪。然而检视此章之内容，又显然可与《论语》之三章记载互见其意，可能又事出有因：

> 子贡问："师与商也孰贤？"子曰："师也过，商也不及。"曰："然则师愈与？"子曰："过犹不及。"
>
> 或问子产。子曰："惠人也。"
>
> 子谓子产有君子之道四焉：其行己也恭，其事上也敬，其养民也惠，其使民也义。①

子张、子夏都是孔门高弟子，子产更是孔子景仰之对象，然而皆不免还有"过犹不及"以及"过于仁"之偏，可见要求凡事皆能中于礼之难，因此戴圣特别附入周遭具体之实例，作为补充说明之材料。

《仲尼燕居》在孔子列举大飨礼之进行必须礼乐相行之情形后，戴圣将"礼也者，理也；乐也者，节也。君子无理不动，无节不作。

---

① 此三章记录，分别见于《论语·先进》、《论语·宪问》、《论语·公冶长》。

不能《诗》,于礼缪;不能乐,于礼素;薄于德,于礼虚"一章,加上"子曰",使之独立成为一章,有区分仪文与理论之用意。如此另立一章以提出礼与乐之特质及其相辅为用之道理,可以补充说明大飨之礼进行时,各种仪节何以必须搭配不同乐章以彰显礼义之作用,具有加强教学效果之用。亦即当孔子长篇论及礼仪之进行后,若适时再加入一章相关的理论说明,则可促使礼仪与礼义之连结更为密切,而达到更佳的教学效果。至于《论礼》,则将此章承上而省略"子曰",使前后合并为一章,虽于文义可以无别,然而仪与义相对彰显之效果,显然稍嫌不足。

此外,戴圣使上一章独立之后,另外又以"子曰"开启"制度在礼,文为在礼,行之其在人乎!"之另一章,显然是在补足孔子对上章之理论说明后,再推进一层,指出礼仪制度与礼义原理之行或不行,还得看更具关键地位之"人"的行与不行。戴圣将此两章独立而出,且连后连属,可以加强"人能弘道"之主宰地位,而达到极佳的教学引导效果。

上述三章,其实又可印证前述所论:《孔子家语》与《礼记》之最初资料均传自七十二子之徒,然后由孔安国与戴圣各自纂辑成书,因此与《论语》之内容多有重出或相近者。此外,戴圣加入这两段,又应与《礼记》之性质本为教学辅助教材有关,遂于教学有需要之处插入适当之实例或理论背景数据,以使习礼者对礼具有较全面之理解。此一现象,又可再为纂辑者乃各据数据、各取所需,以自行选编使成书之说法,增加一例证。

2.《仲尼燕居》以"子张问政"章联系《孔子闲居》之论题。

《仲尼燕居》比《论礼》多出"子张问政"一章,最可以显现戴圣在众多论礼之《记》文中的重组整编能力,藉此巧妙地与《孔子闲居》构成连结。至于《孔子家语》,则将此一段记录编入《问玉》之末章,①

---

① 全章以"子张问圣人之所以教"提问,其旨在于探求圣人教化之内容,与《仲尼燕居》直接以"问政"为名,并无二致。至于全章之内容。虽然与《仲尼燕居》存在稍许异文,然而二者并无歧义,见(汉)孔安国编,(魏)王肃注:《影宋蜀本孔子家语·附札记·问玉》,下册,卷8,台湾"中华书局"1985年版,第11页。

不但与该篇之篇名无涉，且与该篇之其他章节讨论六经与天地之教的内容，彼此不相连属。孔安国与戴圣二人之纂辑能力，于此可见一斑。

子张虽有志在干禄之意，然而生性较为狂放，因此孔子多次针对其问政之机会而教之以实。仅以此篇为例，孔子以"即事之治也。君子有其事，必有其治。治国而无礼，譬犹瞽之无相与？伥伥其何之？"答其"礼何谓也？"之问，且一一列举倘若行事无礼，则动而失其宜，无以祖洽四海万民之意。既然孔子已有"礼者，即事之治也"之教，则当孔子以大飨礼为例，为子贡等三人讲述礼乐相行之礼仪与意义之后，善问之子贡必然会再承前而问，而狂放之子张亦必不甘示弱，还会再问。至于子游，由于已在武城推行礼乐之教化，则当孔子以"达于礼而不达于乐，谓之素；达于乐而不达于礼，谓之偏"答子贡之问夔，显然对其推动弦歌不辍之教深有启发，因而不再发问。逮孔子又以"君子明于礼乐，举而错之而已"答子张问政，更加深子游对礼乐之教的体认。而当子张复问其详，且孔子反问"尔以为必铺几筵，升、降、酌、献、酬、酢，然后谓之礼乎？尔以为必行缀兆，兴羽钥，作钟鼓，然后谓之乐乎？"再以"言而履之，礼也。行而乐之，乐也。君子力此二者以南面而立，夫是以天下太平也"，言其详，则礼乐相行之理，已深深铭刻于子游之心版。因此当孔子再详述礼之兴废与政事成败之相关后，"为政以礼"之昭示已历历在目而不消多说，于是此三人只能有"昭然若发蒙"、"焕若发蒙"之反应，而无法多置一言。

此外，孔子对子张"谓之礼乎？"、"谓之乐乎？"之反问，其实可谓《孔子闲居》之行"三无"预作张本。至于"言而履之，礼也。行而乐之，乐也"之一段说辞，则为"夫民之父母乎，必达于礼乐之原"预先发声。由此可见将"子张问政"这章编入《仲尼燕居》之末，不但可以形成三人与孔子闲聊论礼所达到之最高潮，而且选择此高潮之后结束谈论，已经达到教学之极高境界，也是文章结束之最佳时刻。戴圣于此分篇，正显现其能充分掌握资料背后之可能情境。

反观《论礼》之编纂，将"子张问政（教）"改入《问玉》，已显现其无法完全掌握此三人与孔子论礼之可能情境，甚且在"三子者既得闻此论于夫子也,焕若发蒙焉"之文章明显收束处不加分篇,仍然继续下一章"子夏侍坐于孔子"之编纂,显然有分篇不明快之失。

3. 对照《论礼》以找寻《仲尼燕居》最早记录者之痕迹。

对照《仲尼燕居》或《论礼》之记载,发现此三人出现之顺序及其向孔子请教之顺序,存在一些值得探讨之处。无论《仲尼燕居》或《论礼》,均以"孔子闲居,子张、子贡、言游侍"之顺序起篇,然后以"子贡越席而对曰"开始弟子之问,继之则以"言游进曰"承之,此为两篇相同之处。而后,《论礼》再以"子张进曰"之形式,完成第一回合三人与孔子之问答。不过相对于《仲尼燕居》,其"子曰:'礼者何也?即事之治也。'"一段(《论礼》则仍然以"子张进曰"起问),并无起问者之载。然而再对照下一段,却是孔子举大飨礼之例,以对三人言礼乐相行之事,显然下一段已经是三人结束第一回合与孔子之问答后,孔子再推进一步以另起谈论之始。

继起的第二回合之发问,《仲尼燕居》又从"子贡越席而对曰"开始(《论礼》以"子贡作而问曰"起问),然后并无言游之问,接着,则是"子张问政",且引发孔子一长段之论说。最后,则在孔子之精彩论说之后,以三子者之"昭然若发蒙"(焕若发蒙)结束两回合之师生问答。由此可见《仲尼燕居》之篇章顺序安排,显然是条理井然,富有逻辑发展顺序的。

然而检视《论礼》对此第二回合之师生问答安排,则不免有虎头蛇尾,前后不相称之失:首先,孔子以大飨礼为例引发礼乐相行之论说后,竟然只激起子贡"作而问曰"之反应,实在大大有负孔子引导弟子进行深入问答之苦心。其次,将"礼也者,理也"一章,不以"子曰"开始而独立分章,而将其并入"慎听之,女三人者!"章之后,则显然有失。固然将该章合并,也可以与下章"子贡作而问曰"在文义上相衔接,然而将明显为另一章的"凡制度在礼,文为在礼,行之其在人乎!"删除其"子曰"之章节起始标志,且将其内容附于孔子答子贡"夔其穷与?"之问后,则大不可取。虽然前后似乎也可以孔子"古之人也!"之总评作为相系之媒介,然而详察此"人"之涵义,实非彼"人"之涵义,其指谓之内涵更无关联,实在难以前后相衔接。由此可见此章绝对有从"夔其穷与?"之问后独立成章之必要;且此章独立之后，亦必仅能置于"礼也者，理也"一章之后。至于两章是否应合为一章，抑或是保持分章之形式，则无关乎思想义理之连贯。不过，由于《论礼》同时保有此两章之内容，只是将其分别编入不同的章节之后，而且更重要的，还是"子张问政"章竟也保存于《孔子家语·问玉》之中，则似乎又可从另一侧面，说明孔安国与戴圣都看到这批明显有"乱简"之资料，于是各自从诸多"乱简"之中，自行取材而重加整编之事实。至于形成《仲尼燕居》与《论礼》前半之排序差异，正好又可反衬出应是二人纂辑能力优劣有别所致。

经由上述对于孔门师生问答情境之推究与分析，再对照《论礼》所载，则《仲尼燕居》"礼者何也？即事之治也"一段，只能是遗漏或省略发问者子张之缘故，然而又应事出有因。因为虽说是孔子燕居而弟子侍坐，然而弟子们之座次，理应序齿而坐，但是两篇均以"子张、子贡、言游"为序，实不合于三人之年齿排序原则。于此，则似乎可以透露最早记录该次孔门师生问答者，极有可能就是子张之门人，因为尊师之故，而将子张之座次提前到三人之首。又因为既然已列子张在侍坐之首，然而实际上又是由最年长的子贡开始发问，于是只得特别在子贡之发问前，加上"越席"而对的说辞，然后再继之以年纪次之的言游，而以子张之问殿后。由于子贡与言游都已先后发问，因此第三段之问答自然应为子张之问。由于子张之问乃众人明知之事，因而采取自然省略之方法记之。

然而倘若果真为子张之门人最早记录此次谈论，则又很难解释记录者竟然遗漏或省略其师之问的事实。因此，再深思之，或许更合理之解释，应是子张本人为原始记录者，① 至于子张之门人则为后来的传录者。正由于是子张本人所记，因此对于第三段自己之提问，自然可以省略提问者，而仅记录孔子之答问。同时，子张原来之记录，当然是"子贡、言游、子张侍"序齿而列，而且在实际请问时，也是按

---

① 子张虽然个性近乎狂浮，然而对于孔子之教诲，却相当在意，《论语·卫灵公》还特别记载子张对于孔子之说马上进行笔记之事：子张问行。子曰："言忠信，行笃敬，虽蛮貊之邦行矣；言不忠信，行不笃敬，虽州里行乎哉？立，则见其参于前也；在舆，则见其倚于衡也。夫然后行！"子张书诸绅。

照年齿排序。其后，子张之门人在转录与流传过程中，为提高其师之地位，遂更动三人之侍坐顺序。既已更动侍坐之序，于是只能在子贡之发问时，加上"越席而对"以弥补失位之举。否则，衡情论理，子贡虽然好问，然而绝对不至于，也不会冒失地"越席"而问。

(三)《孔子闲居》与《论礼》之篇章结构思想比较

《孔子闲居》与《论礼》在结构思想上较值得讨论的，仍然要属与"五至"、"五起"、"三无私"有关的问题。然而由于此相关论题，相当多的部分已在拙文讨论《民之父母》之思想及其与《孔子闲居》之关系时多有论说，为避免重复，仅选择《论礼》所独有，而不重出于《民之父母》、《孔子闲居》之处讨论如下：

1.《论礼》加入"诗礼相成"所反映之意义。

《孔子闲居》与《论礼》差异较大之处，乃是《论礼》在"五至"之排序后，继之以"诗礼相成，哀乐相生"之记载，而《孔子闲居》与《民之父母》都缺乏"诗礼相成"一句。针对此多加的"诗礼相成"，学者有肯定《论礼》保存较早期资料者，但也有认为该句乃妄加者，分别论述如下：

廖名春师生认为"诗礼相成"实为"志礼相成"，刚好可照顾"五至"（以"事"、"志"、"礼"、"乐"、"哀"为"五至"）包含"志之所至，礼亦至焉"、"乐之所至，哀亦至焉"的逻辑关系，因此"诗礼相成"并非平白而出，而是有来源的，比《民之父母》、《孔子闲居》在文义上更为完整。更由于"诗(志)礼相成"只见于《论礼》，不见于其他传世文献，故不可能自别处抄来，只能是祖本所有。[①]

至于宁镇疆则认为乍看之下，《孔子家语》最合理，因为前面提到"志"、"诗"、"礼"、"乐"、"哀"，所以用"诗礼相成，哀乐相

---

① 其详参见廖名春、张岩：《从上博简〈民之父母〉"五至"说论〈孔子家语·论礼〉的真伪》，《湖南大学学报》（社会科学版）2005年第5期，第10转32页。另外，陈剑、黄海烈亦主张"诗礼相成，哀乐相生"文义一贯，是对上文之概括，且通观上下文，《家语》较好（陈剑、黄海烈：《论〈礼法〉与〈孔子家语〉的关系》，《古籍整理研究学刊》2005年第4期）。

生"来总括就非常自然。但是仔细推敲,则因"五至"之首为"志",所以《孔子家语》虽较竹书、《礼记》全面,却仍然有遗漏。于是宁氏认为该篇之意不在于"面面俱到",而是作者只拈取"五至"最后二至之"哀、乐",来点明"君既与民同其欢乐,若民有祸害,则能悲哀忧恤"之意。宁氏且进而主张《孔子家语》乃妄加"诗礼相成"以求与"哀乐相生"形成整齐、对称之势,而明显呈现文献重组时,将散文句改成对偶句之常见"套路"。①

宁氏之鸿文重视文献形态梯次演进之概念,是相当可取而重要的,而且对偶句增多,也是文学表达形式后来发展之常见型态,然而所谓文献重组时,将散文句改成对偶句之常见"套路",却应该是在不更改文义之大前提下,所采取的形式美化与修饰之变动。然而此处多出之"诗礼相成",显然不能仅以对仗所需视之,而应具有深刻之内涵意义。其尤为要者,乃是宁氏忽略春秋时期普遍存在言诗以明志之重要事实,而《诗》之中正存在俯拾即是的对偶句。因而《论礼》中出现整齐对称且各具内涵意义之对偶句,本不足为奇,此乃郭店简文以及上博楚竹书中常有之事。可见问题之重点不在表达之形式,而在其实质内容如何。倘若不从"诗"与"志"的内涵意义去理解,而仅从"想当然"的文体演变规则判定之,则不免有所失。

若要探讨实质问题,则肯定"诗礼相成"之补足文义,显然是相当重要的,同时更要参照《民之父母》所载,而将其重整回归为"勿(物)之所至者,志亦至焉;志之所至者,礼亦至焉;礼之所至者,乐亦至焉;乐之所至者,哀亦至焉。诗礼相成,哀乐相生,君子以正"之概念系统。因为礼乐之本原,虽然必以心志为其本,然而心志之动,又必须因物而有感,所以追根究柢,"物之至"才是最根本之问题。因此简文所谓"凡见者之谓物"②,即《大学》所言"致知在格

---

① 其详参见宁镇疆:《由出土文献再说〈孔子家语〉的性质及其成书过程》,《孔孟学报》2004年第82期,第137~138页。
② 荆门市博物馆编:《郭店楚墓竹简·性自命出》,文物出版社1998年版,第179页;马承源主编:《上海博物馆藏战国楚竹书(一)·性情论》,上海古籍出版社2001年版,第228页。

物"之"物"之义，也是郑《注》所谓"犹事也"之说，① 乃概括所有存在之事与物而言。同时，此说又可与《仲尼燕居》与《论礼》中，孔子以"即事之治"答子张问"礼者何也"之事互相呼应。这些事与物正是人们起心动念之原始凭借，此即《乐记》所言"人心之动，物使之然也"②之意，也是郭店竹简"凡人虽有性，心无奠（上博简作'正'）志，待物而后作"、"凡性为主，物取之也"、"凡动性者，物也"之意。③

倘若忽略事物与心志之互动交感关系，则无法理解人类意志之所在，更无法理解由内而发于外的各种言谈、行为之意义，因此《缁衣》有"言有物而行有格也，此（传世本作'是'，以下括号所载，皆为二者之异文）以生而不可夺志，死则不可夺名。故君子多闻，齐（质）而守之；多志，齐（质）而亲之；精知，格（略）而行之"④之说，说明物格而志立之连贯原理。由于从物格到志立之过程，牵涉人类经由认知而产生心知之转换，并藉此以奠定个人意志之趋向，因此隐藏的抽象成分高，比较不容易把握。相形之下，所奠立之"志"却因为志乃气之帅，具有志壹则动气之作用，⑤ 且进而可以发言为诗，动为行止，反而容易使人明其意。于是验之其为诗，则可察其是否温柔敦厚以合乎人情；验之其行止，则可观其是否动而皆中节以合于理。因此，《论礼》中所保存的"诗礼相成"，正可以补充说明由主帅地位之"志"的发动，可以"诗"之形式直接反射人情之"志"，更可进而将以

---

① 其详参见《礼记·大学》，郑玄之说。
② 《礼记·乐记》。
③ 其详参见荆门市博物馆编：《郭店楚墓竹简·性自命出》，文物出版社1998年版，第179页；马承源主编：《上海博物馆藏战国楚竹书（一）·性情论》，上海古籍出版社2001年版，第220、224、227、229页。有关"物"与情志之作用，又可参见方旭东：《二重证据法研究思想史之一例——上博简〈民之父母〉篇论析》，《学术月刊》，2004年第1期，第60~67页；姚小鸥、郑永扣：《论上海楚简〈民之父母〉的"五至"说》，《哲学研究》2004年第4期，第48~51页。
④ 马承源主编：《上海博物馆藏战国楚竹书（一）·缁衣》，上海古籍出版社2001年版，第194~195页；《礼记·缁衣》。
⑤ 其详参见《孟子·公孙丑上》，见于（汉）赵岐注，（宋）孙奭疏：《孟子注疏》，收入《十三经注疏》，台湾艺文印书馆1985年版，第51页。

情为主之"诗",透过"礼"的相辅为用,而达到"终者近义"之效果。于是"五至"之中的第二至,虽采取"志之所至"之方式呈现,然而在述说"五至"之后,则以"诗礼相成"作为补充表述,形成"志"与"诗"前后呼应,互为补充之效果。

根据《尚书·舜典》"诗言志,歌永言,声依永,律和声,八音克谐,无相夺伦,神人以和"①之载。由此可见诗与志具有二而一之不可分割性,尤其在士人多言诗的春秋时期内,更可与孔子"不学《诗》,无以言"②之说相互呼应。邵懿辰即根据《舜典》之说,认为"诗为乐心,声为乐体"已相当明显,于是有"乐之原在《诗》三百中,乐之用在《礼》十七篇之中"的主张,③可谓与孔子"兴于《诗》,立于《礼》,成于《乐》"④之说又同出一辙。于此又可知学《诗》、学《礼》、学《乐》,三者乃圣人教人的一脉相承之过程,皆所以教人顺情性之自然、循礼仪之节度,以熏习世人成就中正平和之性。若能尽心于此三者之教,当可以成就"君子以正"之效果。

"诗礼相成"之后,继之以"哀乐相生",说明无论诗或礼或乐的本始之境,其实都只在于"情",此即简文所谓"道始于情,情生于性"之意,又由于"始者近情",因而必须还要适当地理其情,方可达到"终者近义"之境,而有"知情者能出之,知义者能入之"的出入皆自如之表现。⑤此外,由于"凡至乐必悲,哭亦悲,皆至其情也。哀、乐,其性相近也,是故其心不远。哭之动心也,浸焊(杀),其拔(央)累累(恋恋)如也,戚然以终。乐之动心也,浚深郁陶,其拔

---

① 《尚书·舜典》,见于旧题(汉)孔安国传,(唐)孔颖达等正义:《尚书正义》,收入《十三经注疏》,台湾艺文印书馆1985年版,第46页。

② 《论语·季氏》。

③ 其详参见(清)邵懿辰:《礼经通论·论乐本无经》,收入《续经解三礼类汇编(一)》,台湾艺文印书馆1986年版,第593页。

④ 《论语·泰伯》。

⑤ 其详参见荆门市博物馆编:《郭店楚墓竹简·性自命出》,文物出版社1998年版,第179页;马承源主编:《上海博物馆藏战国楚竹书(一)·性情论》,上海古籍出版社2001年版,第227~229页。

(央)则流如也以悲,攸然以息(思)"①,明确说明哀与乐之情,其性相近,其心不远,因而哀乐可以相生。能理解哀乐皆本于人之至情,且彼此可以相生之原理,即可因为"体其义而节度(取)之,理其情而出入之"②之缘故,而终得"君子以正"的"终者近义"之境界。

综合以上所述,故知《论礼》之"诗礼相成"具有深刻内涵,并非纯为整齐对称所需而妄加之虚文。然而此句不见于《民之父母》与《孔子闲居》,可见三者之最终来源虽然应本于孔门七十二弟子之徒,然而因辗转流传之缘故,致有多途发展之现象,因而此三篇最后成篇之时,并不碍于其可以各有其本之状况。因此整合此不同之记载,将更可以调整传世文献错乱难解之处,而揣摩出当时较可能的合理原貌。

2.《论礼》拼凑"五起"所反映之意义。

由于《民之父母》、《孔子闲居》与《论礼》皆论及"五起"之事,可见至战国中期之时,七十二子之徒仍深信子夏与孔子当时谈论之内容的确有此一项,因而各种传录数据中,皆以不同之内容补足此"五起"之说。笔者曾于拙文中详加论说《民之父母》、《孔子闲居》之"五起"说,乃各有所本、各成一说之表述,故不再赘述。然而《论礼》之"五起"说则不然。

《论礼》之"五起"说,其实只有"两起";至于其他"三起",经查并未编入其他各篇之中,显然孔安国所据之数据有严重脱漏之现象。然而又由于"五起"乃孔子确定言说之事,遂将后面的"三无私"记载,透过"既然,而又奉之以三无私而劳天下"之系联,使其兼用于前后,勉强凑成"五起"说。

《论礼》之所以非得勉强凑成"五起"之说,可以反映下列事实:其一,说明"五起"与"三无私"应同时并存,若言"五起",则不能缺乏"三无私"之论述,否则即违反儒家注重实践之一贯主张,而徒使

---

① 荆门市博物馆编:《郭店楚墓竹简·性自命出》,文物出版社1998年版,第180页;马承源主编:《上海博物馆藏战国楚竹书(一)·性情论》,上海古籍出版社2001年版,第247~248页。

② 荆门市博物馆编:《郭店楚墓竹简·性自命出》,文物出版社1998年版,第179页;马承源主编:《上海博物馆藏战国楚竹书(一)·性情论》,上海古籍出版社2001年版,第234页。

为政者仅仅竖立海市蜃楼之虚幻假象。甚且事不必远，倘若缺乏史有明证的"三无私"政治典范以供后人仿效，则显然已无法呼应孔子在《仲尼燕居》与《论礼》皆有的"制度在礼，文为在礼，'行之其在人乎!'"的谆谆之言，形成前后不统一之矛盾现象。同时，此又说明不能以《民之父母》缺乏"三无私"，而证明传世文献之"三无私"为自行添加，因为摘抄数据是出土简文常见的现象，与文义是否完整无关。其二，《礼记》在石渠阁会议之后由于地位日趋上升，因而流传应该更为普遍，所以要见到《孔子闲居》之记载，应该并非难事。此从刘向之《别录》已将《礼记》各篇加以分类，可以获得辅证。然而从《论礼》虽然竭尽心力以拼凑"五起"，却难以说服人心，正可反证《论礼》之整编并未直接参考《孔子闲居》之事实，① 亦即《论礼》之整编很难说在《孔子闲居》之后，否则应不至于有如此奇怪的"五起"说。其三，由于《论礼》与《孔子闲居》都是整编自七十二子之徒所辗转传记之数据而成，因而较保守之说法，仍是以孔安国、戴圣各据自己所得数据加以纂辑成篇较有可能。正因为孔安国乃根据秘府所藏简文副本之资料，并未再对照其他藏书，或广搜民间流传数据以资验证，数据较为有限，所以在面对明显之脱漏简时，只能以拼凑之方式调整之。相对于此，戴圣则以博士职之便而较容易取得各种数据，再加上必须广搜教材以配合教学所需，因而可以获得更多之数据以为整编《礼记》之资，所以《孔子闲居》中，不仅有关"五起"之资料更为完整，与"五起"不可切割的"三无私"之部分数据，同样显现其较《论礼》更为完整之事实。

3."三无私"应包含"天有四时"一段所反映之意义。

---

① 陈剑、黄海烈曾就俗谓《家语》抄袭《礼记》一事提出讨论，对于王肃或王肃弟子作《家语》之说法提出反驳(陈剑、黄海烈:《论〈礼记〉与〈孔子家语〉的关系》，《古籍整理研究学刊》2005年第4期，第60~61页)。该说虽然与此处说法有别，但是亦值得参考。然而宁镇疆却在其坚信《民之父母》为自成体系、独立成篇，且本不包含"三无私"的"相对原初文献"之大前提下，认为《礼记》、《孔子家语》属于次一级的文献，其中尤以《孔子家语》为更次一级(宁镇疆:《由出土文献再说〈孔子家语〉的性质及其成书过程》，《孔孟学报》2004年第82期，第132~135页)。宁氏之说似宜再作商榷。

· 448 ·

《孔子闲居》与《论礼》都有"三无私"之记载，然而详略繁简大有不同。从《论礼》之篇章结构思想言，以"三无私"凑合"五起"之说，已难以自圆其说；再从"三无私"之内容而言，更明显呈现其脱漏而无法衔接之跳脱现象，无法呈现孔子一贯之政治思想。因为"天无私覆，地无私载，日月无私照"。只是大化流行之自然现象，至于要如《论礼》所言"奉之以三无私而劳天下"，或者如《孔子闲居》所载"奉斯三者以劳天下"的，都必须归结到"行之其在人乎！"的行为主体——人——之努力，方可形成"劳天下"之实。然而依照《论礼》之结构组织，孔子在"天无私覆，地无私载，日月无私照"之后，即引用《商颂·长发》之诗以说"汤之德"，的确已注意到"三无私"必须落实到行为主体之根本事实。然而仅在引诗之后，径以"是汤之德也"一句概括结束全篇，并未说明"天地日月"之"三无私"与"汤之德"之密切对应关系，实在令人难明其前后思想发展之脉络。更奇怪的是奉行"三无私"的行为主体，竟然并非孔子时时刻刻称道的"文武之德"，而是突兀地单单跳出"汤之德"的陈述，然后又匆匆结束全篇，更是启人疑窦。

于是重新检视《孔子家语》之其他各篇，发现《问玉》中另有一章有关"天地四时"之记载，虽然与《孔子闲居》的文字表达仍有些不同，然而明显与论说"三无私"之内容有关。此一现象之发生，正好可证实《论礼》论述"三无私"有极大缺漏。然而归结此缺漏竟然存在于另一篇之中，则其根本关键，实应归咎于《孔子家语》整编情况之不佳。

此外，对照《问玉》、《论礼》与《孔子闲居》有关"三无私"之记载，除却出现一些异文现象外，其行文顺序亦有不同。例如与《问玉》"有物将至，其兆必先。是故，天地之教与圣人相参"相对应处，则为《孔子闲居》"嗜欲将至，有开必先，天降时雨，山川出云"之记载，二者显然有较大之差异。细察此"天地之教与圣人相参"之文，可能应与《孔子闲居》"三无私"章开头，子夏所提"三王之德，参于天地。敢问何如斯可谓参于天地?"有关。同时对照孔子之答问内容，其谈论的正是三代之王、三代之德，而非仅仅为"汤之德"，则《孔子闲居》之问与答之间，显然可以有较明确之对应关系。此外，《孔子闲居》在记录商汤之继承天命以成就"汤之德"后，再记录文、武之承受天命，且得到甫侯与申侯等之助，始能成其功。此都合乎孔子对周初文化之推崇，更藉由强调周初敬法天地日月四时之行，始终率行无声无臭之教，说明其以无私之心普施文德而劳天下之事实。同时，再参照《问玉》的《天有四时者》一段，则发现与其下的"是故，天地之教与圣人相参"有前后呼应之作用，且明显与《论礼》在"三无私"一开始之"天无私覆，地无私载，日月无私照"乃同条共贯者。因而《孔子家语》割裂此处数据以编入《问玉》之现象，又再度证明其整编之不理想。

然而整合此两部分数据，又可发现此论述三代之德之资料，都缺乏对于夏禹即帝位前的令闻美德之论述，相当可惜。此资料不足之憾，也可说明时代湮远，简文书牍保存不易，时有散失错乱之限制。或许期待日后陆续出土之数据，可以逐渐补足散失之部分，并藉以调整文献之错简、讹误等现象。

四、结论：《仲尼燕居》与《孔子闲居》以纂辑较优而流传较广

经由上述论说，从纂辑成效而言，已明显可见《仲尼燕居》与《孔子闲居》的确优于《论礼》。以下再就此三篇在二书中之分篇纂辑上，观察二者之优劣：

检查《礼记》名篇之状况，发现摘取各篇首句中之词语名篇以及以义命名者约各占一半，而篇名直接与"礼"有关者，除却《曲礼》之外，仅有以义名篇的《礼运》以及借用篇首二字名篇的《礼器》。观察《礼运》全篇之重点，则在于谈论礼的发展演变以及运用，至于《礼器》，则为有关行礼问题之多方记录；巧的则是此两篇之编排也与《仲尼燕居》、《孔子闲居》两篇，同样采取前后连属之排序方式。其中，《礼运》藉由言偃（言游、子游）之三次发问，而引出孔子对于"礼"之"运"的长篇大论，尤其有些谈及丧、祭、射、御、朝、聘之礼与治国之道的议题，与《仲尼燕居》中孔子对言游所说有关。然而戴圣不将《仲尼燕居》并入《礼运》，推测其最大的理由，应在于《仲尼燕居》虽以论礼为主，然而亦兼及礼乐相须而行之事实，倘若抽离其

具体论礼的部分,则无法说明礼还必须与乐相系以成礼仪之要求,因此必须与《礼运》各自成篇。同时,由于无论生活与治国,均须礼乐并行而作,因此《仲尼燕居》再言乐之节制调和作用,且以孔子"言而履之,礼也;行而乐之,乐也"之答问,成为该篇与《孔子闲居》之巧妙过渡与衔接,凸显其两篇虽然各自独立,却又连属一贯之关系。此纂辑方式,实堪称为上乘之作。

相对于此,以宋蜀本《孔子家语》为据,① 其名篇方式皆以各篇首章之文义命名,相当一致。然而相当令人不解的,则是各篇次章以后之内容,往往与篇名大义并不相干,以致无法呈现编者之编辑理念。因此全书以"礼"名篇者,除《曲礼》外,其他如《论礼》与《问礼》、《礼运》各篇,都难察其区隔之理何在,所以本来应归属《论礼》之"子张问政"以及"天有四时"两章,却编入《问玉》,就不能仅以单一特例视之。因为与《论礼》之主题有关,却又散入其他篇章的,尚有流落在《王言解》的曾子问"何谓'三至'?"而孔子答以"至礼不让而天下治,至赏不费而天下士悦,至乐无声而天下民和"之说;又有《六本》所载孔子"无体之礼,敬也;无服之丧,哀也;无声之乐,欢也"之一段论说,若要呈现依主题合篇之处理方式,显然全书各篇都还需要另一番重新整编之功夫。

本文仅取《仲尼燕居》、《孔子闲居》与《论礼》详加比对,已明确可知戴圣之纂辑远远胜于后者,且又连带得观《孔子家语》其他合篇失当之处,则显然与孔安国《序》之所言"以事类相次"的编纂原则有所乖违。有此事实,难怪刘向对该书以"其时所未施之"为由,而不将其列入《别录》之中。虽然王柏对《家语》之论断不全然可取,但是以此三篇之对比而论,其所言"《论语》者,古《家语》之精语也;《礼记》者,后《家语》之精语也"②之说法,确实颇能存其真义。王柏之说,也可以说明后代不注重《家语》,致使《家语》流传不广之原因,

---

① 虽然孔安国之古《家语》已不得见,然而按照其流传之过程言,即使必然有错乱、讹误、分合不同之现象发生,应该不至于太过离谱。
② (宋)王柏:《鲁斋王文宪公文集(一)·家语考》,台湾学生书局1970年景印续金华丛书本,第340页。

当与其分篇不尽合理,且其内容多有混乱精粗,杂有怪诞浅薄而不中义理者有关。

虽然如此,《家语》在今日出土数据日益增多,且逐渐可以证明其并非"伪书",同时又可知其与《说苑》、《新序》等书之关系密切,因而今之学者更应重新正视其属于"先秦古书"之地位,且与《论语》、《礼记》有直接密切相关。因此,倘若再参考《孔丛子》、《子思子》等资料,将可藉以对验校勘先秦儒家典籍之内容,庶几可以更全面地理解先秦儒家思想的形成与流传情形。

附记:本文乃"中央研究院""儒家经典之形成与流传"整合型主题研究计划中子计划"儒家经典'以礼为治'思想之形成与流传——以二戴《礼记》、《郭店简》与《上博简》为讨论中心"第一年计划之部分研究成果。承"中央研究院"经费补助,在此谨申谢忱!

——原载丁四新主编《楚地简帛思想研究(三)》,湖北人民出版社 2007 年版。

【评 介】

中国文化传统特别强调六经的教化作用。《礼记·经解》曰:"其为人也:温柔敦厚,《诗》教也;疏通知远,《书》教也;广博易良,《乐》教也;洁静精微,《易》教也;恭俭庄敬,《礼》教也;属辞比事,《春秋》教也。"六经的学习能够从不同方面来熏陶教化一个人,使之具有良好的素质和修养。林素英先生的研究中,"三礼"与《诗经》都是人文教化的范本,诗礼背后拥有丰富的文化传统观念。故而她的礼学研究可用"诗礼教化"四个字来概括。

林素英,1955 年生,女,台湾台北人,文学博士,台湾师范大学国文系学士、硕士、博士。硕、博士学位论文皆以礼学思想诠释为主题。原为花莲师范学院语文教育学系教授,现为台湾师范大学国文系教授,主要从事"三礼"、《诗经》、经学思想及先秦学术研究。著有《丧服制度的文化意义——以〈仪礼·丧服〉为讨论中心》、《古代生命礼仪中的生死观:以〈礼记〉为主的现代诠释》、《古代祭礼中之政教观:以〈礼记〉成书前为论》、《从〈郭店简〉探究其伦常观念——以服丧思想为讨论基点》等专著。

　　林先生的礼学研究,尤其关注冠、婚、丧、祭,以及这些礼制仪式中隐含的礼义观念和生命关怀。她认为,丧礼中的一系列仪节,是从点点滴滴与死者亲身接触、为死者妥贴安排的过程,切实付出爱与关怀的行动;更藉由扎实地爱与关怀,弥缝生者心灵的创伤,帮助生者走出痛苦的阴影;贯串丧礼全程的丧服制度,更是丧礼中最精致的部分,透过仪式的象征形成意识的转换,同时经由阶段性的变除,让生者学习妥善安顿哀情、恢复平衡;更由于大力伸张亲亲之情,积极开拓尊尊之义,严加区分长幼人伦,明定君臣相交以义的伦理,而达到凝聚宗族感情、建立人伦秩序与巩固社会政治的作用。比如祭礼,祭祀天神、地示、人鬼的意义和功能是,满足人类生命力的同时也完成"祭祀为人"之目的,建立敬重神明的信念,养成饮水思源、感恩图报之观念。贯穿个人生命历程的冠、婚、丧、祭四大礼仪活动,都隐含着当时人对生死、伦常、政教等的观念,其礼制深入关怀人的生命核心,展现出经学有血有肉的另一面向。

　　林先生肯定经学具有指导人生的不朽价值,企图在现今崇尚功利、重视现实享乐的社会中发扬礼乐教化的价值。她的《诗经》研究也不离礼教思想,如《论二〈南〉诗的礼教思想》、《〈丝衣〉〈楚茨〉〈既醉〉〈凫鹥〉中的人文教化意义》、《齐风〈南山〉组诗的礼教文明意义》、《论〈卫风〉夫妇诗中的礼教思想》、《论乡饮酒礼中诗乐与礼相融之意义》等。近些年林先生又密切关注"三礼"与《诗经》的简帛资料,关注儒家经典之形成与流传问题。

　　2002年上博简《民之父母》的公布,激发了学界的研究热情。从文献角度来说,上博简《民之父母》与《孔子家语·论礼》、《礼记》中的《孔子闲居》、《仲尼燕居》在内容上互有重合,也有差别。《孔子家语·论礼》可能包含《礼记》中的《孔子闲居》、《仲尼燕居》两篇。上博简《民之父母》内容绝大多数重出于《礼记·孔子闲居》,也存于《孔子家语·论礼》中之一小段。从思想义理方面来说,几种文本都提及的"五至"与"三无"是讨论焦点。林先生在撰写《〈民之父母〉思想探微——兼论其与〈孔子闲居〉的关系》时,已经涉及二者的文本关系问题，更在此篇中予以深化。林先生推测，经典在传播过程中可能出现多种文本形式，为了弄清这些不同文本纂辑的具体情况，她主要从资料成篇和篇章思想结构两个方面进行了细致而逻辑严密的比较分析。

从资料成篇问题来看《民之父母》、《孔子闲居》与《论礼》的纂辑关系，分析的是文献问题。林先生发现：1. 三篇材料均传自七十二子之徒；2.《民之父母》与《孔子闲居》成篇时间接近；3.《孔子家语》成书虽晚，然无妨《论礼》可保存早期资料；4.《仲尼燕居》、《孔子闲居》与《论礼》之纂辑资料属于"一事多记"而各有所本的大同小异之情形。这就对几种文献有同有异作出了合理的解释。

林先生将更主要的论述放在从篇章结构思想的角度析论《仲尼燕居》、《孔子闲居》与《论礼》之纂辑情形上。她通过对验校勘先秦儒家典籍的内容，来了解和理解先秦儒家思想的形成与流传情形，认为在七十二弟子之徒"一事多记"的大前提下，存在流传上同源却又各有所本的现象。她先比较二书三篇的分篇与合篇，发现区别在于与孔子问答对象之组合与时间、礼的具体层次与抽象层次、礼乐之仪文与礼乐之原三方面。其次比较了《仲尼燕居》与《论礼》的篇章结构思想，认为戴圣为加强教学效果补充了文意，并将《仲尼燕居》以"子张问政"章联系《孔子闲居》之论题，而对照《论礼》可以找寻《仲尼燕居》最早记录者之痕迹。最后又比较《孔子闲居》与《论礼》之篇章结构思想，发现《论礼》加入"诗礼相成"，拼凑"五起"，"三无私"应包含"天有四时"一段所反映之意义。通过严密地交叉比较《仲尼燕居》、《孔子闲居》与《论礼》的纂辑情形，林先生推论《仲尼燕居》、《孔子闲居》因纂辑较优，以致流传比《论礼》较广。

文本传播的多样态是礼乐教化的实际过程。礼学文本的流传，与师者的传授有密切关系。不同的老师传道授业，会编纂不同的教案，实在是情理之中的事情。只是文本一旦固定下来，后世之人的阅读视域也就被限定。林先生的版本对勘并非单纯的文献比对，而是从学礼或者说从礼义教学方面推论礼学授受的可能情景，体会不同文本的纂辑意图。这样的礼学研究，为礼学经典的解读增添了新义，也使人对经典的人文教化内涵有了更深的体悟。

礼是中国的传统文化，其内涵是极其丰富的。既有国家层面的礼制,也有个体层面的礼仪;有器物层面的宫室、器皿、服饰,也有文化层面的文本文献。所有这些的背后都蕴含着礼的道德的价值的意义,那就是对人情、人性的关怀和体贴。《史记·礼书》曰:"观三代损益,乃知缘人情而制礼,依人性而作仪,其所由来尚矣。"百年来,部分人将礼与政治专制、家长制进行绝对化关联,将礼文化中的弊端孤立地放大,乃至鄙弃礼乐教化的文化传统。林先生却视礼学经典为"陌生的朋友"、"甜蜜的包袱",悉心地体会礼学对人的生命的温情关怀。她的礼学研究,在一定程度上,已经是一种文化信仰。

林素英礼学论著目录:

《丧服制度的文化意义——以〈仪礼·丧服〉为讨论中心》,台湾文津出版社1989年版。

《古代生命礼仪中的生死观:以〈礼记〉为主的现代诠释》,台湾文津出版社1997年版。

《古代祭礼中之政教观:以〈礼记〉成书前为论》,台湾文津出版社1997年版。

《从〈郭店简〉探究其伦常观念——以服丧思想为讨论基点》,台湾万卷楼图书有限公司2003年版。

《少年礼记:写给青少年看的礼记》,台湾汉艺色研文化事业有限公司1998年版。

《陌生的好友——礼记》,台湾万卷楼图书公司2007年版。

《礼学思想与应用》,台湾万卷楼图书公司2003年版。

《甜蜜的包袱:礼记》,台湾万卷楼图书公司2003年版。

《周礼·地官司徒》、《礼记·王制》中有关社会公正的论述

郭齐勇

关于《礼记》,有学者认为系孔门后学论礼的文献杂集;有学者认为其中有先秦之作,亦有西汉初期之作。至于其中的《王制》篇,钱玄认为:"《王制》之作,应依郑玄说,在战国时,孟子之后。"①任铭善甚至认为,《礼记·王制》是孟子后学根据孟子思想而制作的。②杨宽《西周史》论天子派遣、选拔、任命诸侯之卿的制度,引用《王制》说明这种制度在西周确实实行过。③足见《王制》虽是先秦儒家理想化的政典,仍保留了一些西周的古制。

关于《周礼》,钱玄认为:"《周礼》是儒家之书,其成书在战国后期。"其思想主要属早期儒家,也有一些是发展到战国后期的儒家融合儒、道、法、阴阳等家思想而成。④杨宽说:"《周礼》虽是春秋、战国间的著作,其所述的制度已非西周时代的本来面目,夹杂有许多拼凑和理想的部分,但是其中所记的乡遂制度,基本上还保存着西周春秋时代的特点。"⑤又说,《周礼》所载已不是西周原有制度,"是儒家按后世流行制度作了改造的"⑥。

《礼记·王制》与《周礼》都是讨论制度的,大体上体现了先秦儒

---

① 钱玄等编:《三礼辞典》,江苏古籍出版社1998年版,第244页。
② 详见任铭善:《礼记目录后案》,齐鲁书社1982年版。
③ 参见杨宽:《西周史》,上海人民出版社1999年版,第394页。
④ 参见钱玄:《前言》,钱玄、钱兴奇等注译:《周礼》,岳麓书社2001年版,第5页。
⑤ 杨宽:《西周史》,上海人民出版社1999年版,第395页。
⑥ 杨宽:《前言》、《西周史》,上海人民出版社1999年版,第2页。

家的理念与制度设计，当然其中有的制度在西周春秋时代实行过，有的制度在战国时代实行过。《周礼·地官司徒》(简称《地官》)、《礼记·王制》(简称《王制》)虽一为古文经，一为今文经，然如我们打破今古文的壁垒，从两者的内容来看，相关性较大，本文就两者有关社会公平正义和福利制度的内容合而论之，以就教于方家。

"社会公平正义"、"福利制度"显然属现代思想与制度的范畴，中国古代经学资源与政治哲学资源中有没有这些方面的内容或因素，可否这样讲，颇易引起争论，笔者的基本看法已讨论于旧作①，请读者参看，兹不赘。

一、荒　　政

《地官》"大司徒"："以荒政十有二聚万民：一曰散利，二曰薄征，三曰缓刑，四曰弛力，五曰舍禁，六曰去几，七曰眚礼，八曰杀哀，九曰蕃乐，十曰多昏，十有一曰索鬼神，十有二曰除盗贼。"②规定大司徒的职责之一是掌握救济灾荒的十二条政策，凡遇到灾荒，诸侯国应贷给百姓谷种与粮食，减轻租税、刑罚，免除征调徭役，开放关市山泽的禁令，免除市场货物的稽查，减省或简化礼仪，鼓励婚嫁，祭祀鬼神，严惩盗贼等，以安定万民，不致使百姓流离失所。又说："大荒，大札(疫)，则令邦国移民、通财、舍禁、弛力、薄征、缓刑。"即遇到大的饥荒或瘟疫，大司徒应命令相关诸侯把灾民迁徙到富裕之地，把粮食运往灾区，解除山泽禁令，停止征调徭役，减轻赋税，宽大处理罪犯。

组织灾民迁移到安全、富裕地区，把粮食运往灾区的制度，又见于《地官》"廪人"："凡万民之食食者，人四鬴，上也；人三鬴，中也；人二鬴，下也。若食不能人二鬴，则令邦移民就谷，诏王杀邦

---

① 参见郭齐勇：《先秦儒家论公私与正义》，陈来主编：《孔子与当代中国》，三联书店2008年版。

② 本文关于《周礼》的原文与今译，依据于《十三经注疏》中的郑玄注、贾公彦疏：《周礼注疏》，又参考了前揭钱玄等注译《周礼》，以及吕友仁译注：《周礼译注》，中州古籍出版社2004年版。

用。"一鬴相当于今一斗二升八合。即年成不好，百姓平均月口粮达不到二鬴，或有瘟疫，廪人的职责是建议诸侯国组织移民，并请天子减省国家的用度。"移民就谷"至少在战国中期已成为定制，例如据《孟子·梁惠王上》记载，魏国的惠王对孟子说："河内凶，则移其民于河东，移其粟于河内。河东凶亦然。"凶指灾荒，年成不好。魏惠王对孟子抱怨，说：我执行了移民就谷，却仍然得不到百姓的谅解、拥戴。孟子则批评魏惠王只是被动地这么做了，没有从内心关爱百姓，没有从根本上立仁爱之心，真正实行制民之产、使民养生丧死无憾的仁政王道。

《地官》"均人"："凶札则无力政，无财赋，不收地守、地职，不均地政。"均人的职责是掌管平均乡遂公邑的税收，遇到灾荒、病疫，就要免除力役、土地税，及山泽、田园之税，也不须再平均土地税。《地官》"司市"："国凶荒、札丧，则市无征而作布"；《地官》"司关"："国凶札，则无关门之征"。这些都是说，在灾荒瘟疫下，市场不再对货物征税，关口停止征税，还要铸造钱币救济百姓。

《地官》"司救"："凡岁时有天患民病，则以节巡国中及效野，而以王命施惠"，遇到天灾人祸，司救的职责是，持节巡视王城及郊野，以天子的名义慰问并救济灾民。

此外，还要积极备荒。《地官》"遗人"："掌邦之委积，以待施惠。乡里之委积，以恤民之艰厄；门关之委积，以养老孤；郊里之委积，以待宾客；野鄙之委积，以待羁旅；县都之委积，以待凶荒。"遗人的职责是掌管王畿内米粟薪刍的储备，以准备向贫弱或需要者施惠。各级政府的储备都用于救助、扶危济困、招待宾客等，县都的储备，用来备荒。

《王制》："国无九年之蓄曰，不足，无六年之蓄曰，急，无三年之蓄曰，国非其国也。三年耕，必有一年之食；九年耕，必有三年之食。以三十年之通，虽有凶旱水溢，民无菜色，然后天子食，日举以乐。"① 天子之下的最高行政长官冢宰制定国家的财政预算。他必须预防灾荒，使国家有足够的粮食储备。没有九年的储备叫"不足"，没

---

① 本文关于《礼记》的原文与今译，依据于《十三经注疏》中的郑玄注、孔颖达疏：《礼记正义》，又参考了杨天宇：《礼记译注》，上海古籍出版社1997年版。

有六年的储备叫"急",没有三年的储备叫"国不成其为国"。三年的耕种,定要余存一年的粮食;九年的耕种,定要余存三年的粮食。以三十年来看,即使有大旱灾大水灾,老百姓也不会挨饿。这样天子才能安心用膳,日日听音乐。

二、养老恤孤扶弱

《周礼》、《礼记》中有对社会弱者予以扶助的制度设计。

《地官》"大司徒":"以保息六养万民:一曰慈幼,二曰养老,三曰振穷,四曰恤贫,五曰宽疾,六曰安富。"大司徒的重要职责是保护人民蕃息,保障老百姓,特别是贫弱者的生活。这是安养万民的六条政策:爱护儿童,敬养老人,救济穷困,抚恤贫苦,优待残疾,也不苛刻索取富人。

《地官》"乡师":"辨其老幼、贵贱、废疾、牛马之物,辨其可任者与其施舍者";"以岁时巡国及野,而赒万民之艰厄,以王命施惠"。乡师的职责是负责本乡的政教禁令,督察乡吏。其中,要分辨并登记老幼、贵贱、废疾,及牛马的多少,弄清哪些人可以胜任种地服役,哪些人应免除徭役;一年之中巡视京城之内及城外六乡四邻的人民,周济百姓的饥饿、穷困,以天子的名义对他们施予恩惠。《地官》"族师":"辨其贵贱、老幼、废疾、可任者。"族师的职责是掌管本族的戒令政事,其中,要查明本族的贵贱、老幼、废疾者,及能胜任各种劳动的人。

关于养老制度,《王制》:"凡养老,有虞氏以燕礼,夏后氏以飨礼,殷人以食礼,周人修而兼用之。五十养于乡,六十养于国,七十养于学,达于诸侯","有虞氏养国老于上庠,养庶老于下庠;夏后氏养国老于东序,养庶老于西序;殷人养国老于右学,养庶老于左学;周人养国老于东胶,养庶老于虞庠,虞庠在国之西郊"。上古虞夏殷周都有养老之礼,《王制》作者肯定综合前代的周制,强调实行养老礼的礼仪制度,也有专家说是对大夫及士庶人为官的退休者实行分级养老制。关于五十岁以上老人(包括平民)享受的优待,《王制》曰:"五十异粻,六十宿肉,七十贰膳,八十常珍,九十饮食不离寝，膳饮从于游可也。……五十始衰，六十非肉不饱，七十非帛不暖，八十非人不暖，九十虽得人不暖。五十杖于家，六十杖于乡，七十杖于国，八十杖于朝。……五十不从力政，六十不与服戎，七十不与宾客之事，八十齐衰之事弗及也。"这里的"不暖"、"不饱"句显然来源于《孟子》。《王制》又说，三代君王举行养老礼后，都要按户校核居民的年龄。年八十的人可以有一个儿子不服徭役；年九十的人全家都可以不服徭役；残疾、有病，生活不能自理的人，家中可有一人不服徭役；为父母服丧者，三年不服徭役；从大夫采地迁徙到诸侯采地的人，三个月不服徭役；从别的诸侯国迁徙来的人，一年不服徭役。

关于对待鳏寡孤独与残疾人等社会弱者，孟子曰："老而无妻曰鳏，老而无夫曰寡，老而无子曰独，幼而无父曰孤。此四者，天下之穷民而无告者。文王发政施仁，必先斯四者"；"居者有积仓，行者有裹(囊)粮"；"内无怨女，外无旷夫"（《孟子·梁惠王下》）。

《王制》几乎重复孟子之说，指出："少而无父者谓之孤，老而无子者谓之独，老而无妻者谓之矜，老而无夫者谓之寡。此四者，天民之穷而无告者也，皆有常饩。""常饩"，即经常性的粮食救济或生活补贴。又说："喑、聋、跛、躃、断者、侏儒，百工各以其器食之。"对于聋、哑及肢体有残疾、障碍的人则有供养制度，即由国家养活。国家则以工匠的收入来供养他们。又曰："庶人耆老不徒食"，即老百姓中的老人不能只有饭而无菜肴。又曰："养耆老以致孝，恤孤独以逮不足"，即通过教化，形成风气，引导人民孝敬长上，帮助贫困者。

三、颁职事及居处、土地、赋税、商业之制度与政策

《地官》又说，大司徒的职责中，有一条是让所有的成年人都有职事，都有生活来源："颁职事十有二于邦国都鄙，使以登万民：一曰稼穑，二曰树艺，三曰作材，四曰阜蕃，五曰饬材，六曰通材，七曰化材，八曰敛材，九曰生材，十曰学艺，十有一曰世事，十有二曰

服事。"这十二种职业是：种植九谷，种植瓜果蔬菜，采集山林川泽的物品，养育繁殖鸟兽，加工金石珠玉等工艺品，贩卖货物，缫丝绩麻织造布帛，采集野生植物的果实，闲居无事可受雇于农工商贾虞衡等，学习道德文艺，从事祖传的技艺，在官府为公家服务，充当府、史、胥、徒等。在《荀子》中则还有职业培训，这里不细说。

关于安居，《王制》曰："司空执度度地居民。山川沮泽，时四时，量地远近，兴事任力。凡使民，任老者之事，食壮者之食。"司空负责丈量土地使民居住。如果是山川沼泽地，要观察气候的寒暖燥湿，并测量土地的远近，来确定居邑与水井的位置，然后兴建工程。凡使用民力，让他的承担老年人能干的活，而供给壮年人的粮食。关于民居，不同地区的人及少数民族都有不同的风俗习惯，可以因其俗而教，但不要改变。"凡居民，量地以制邑，度地以居民。地、邑、居民，必参相得也。无旷土，无游民，食节事时，民咸安其居，乐事劝功，尊君亲上，然后兴学。"这里说的是安置人民的居处，要根据地理条件、居邑建制、居民多少来调节，使之相称。没有旷废的土地，没有无业游民，节制饮食，遵守农时，可以使民众安居乐业。

关于土地、赋税与商业政策，《王制》说："古者公田藉而不税，市廛而不税，关讥而不征，林麓川泽以时入而不禁，夫圭田无征，用民之力岁不过三日，田里不粥，墓地不请。"古时借助民力耕种公田而不征收民的田税；贸易场所只征收店铺税而不征收货物税；关卡只稽查而不征税；开放山林河湖，百姓可按时令去樵采渔猎；耕种祭田不征税；征用民力一年不超过三天；田地和居邑不得出卖；墓地不得要求墓葬区以外的地方。在《孟子》、《荀子》中都有类似材料。

《地官》规定大司徒的职责之一是，根据不同的土地，辨别十二分野及每一分野的适宜的居民、鸟兽、草木，从而选择人民的居处，使人口兴旺，鸟兽繁殖，草木茂盛，土地潜力得以发挥。又辨别各分野适宜种植的植物，教民种五谷与蔬菜果木。又要"以土均之法辨五物九等，制天下之地征，以作民职，以令地贡，以敛财赋，以均齐天下之政"，即依据土地贡赋的律法，辨别五种土地所产之物与九等土质，制定天下的土地税制，以劝勉人民做好本职事务，交纳土地所生的谷物，以征收钱谷和各种赋税，使天下征税公平而尺度统一。

《地官》"小司徒"规定小司徒的职责是,"掌建邦之教法,以稽国中及四郊、都鄙之夫家九比之数,以辨其贵贱、老幼、废疾,凡征役之施舍与其祭祀、饮食、丧纪之禁令",即负责国家的官法,稽考王城及四郊男女人数及井比(都鄙公邑九夫为一井,四郊乡遂五家为一比)编制的家数,分别贵贱、老幼及残疾之人,免除他们的赋税与力役,执掌祭祀、饮食、丧纪的禁令,使他们不失礼法。"乃均土地,以稽其人民而周知其数。上地家七人,可任也者家三人;中地家六人,可任也者二家五人;下地家五人,可任也者家二人。"小司徒的职责还有:均平分配土地,稽考人民,确知全部人数。授予上等土地的一家七个人,其中年轻力壮能胜任劳役的每家必须有三个人;授予中等土地的一家六个人,其中年轻力壮能胜任劳役的两家合起来必须有五个人;授予下等土地的一家五个人,其中年轻力壮能胜任劳役的每家必须有两个人。"凡起徒役,毋过家一人,以其余为羡,唯田与追胥竭作。"凡召集徒役,每家不能超过一个人,如果家里还有年轻力壮的男子,可以作为羡卒,只有在田猎、抵御外寇及伺捕盗贼时,正卒羡卒才须全部出动。"乃经土地而井牧其田野:九夫为井,四井为邑,四邑为丘,四丘为甸,四甸为县,四县为都,以任地事而令贡赋,凡税敛之事。乃分地域而辨其守,施其职而平其政。"小司徒以井牧的制度划分土地:九百亩为一井,四井为一邑,四邑为一丘,四丘为一甸,四甸为一县,四县为一都,使人民经营土地,并命令他们交纳贡赋,以及税收等事。划分邦国、都鄙、乡遂等行政区域,分清各类衡、虞等官吏的职守,使他们努力本职工作而均平地税。

以上涉及对六遂居民平均分配耕地的事以及平均担负兵役、劳役与地税事。《地官》"遂人"曰:"以土均平政。辨其野之土,上地、中地、下地,以颁田里:上地,夫一廛,田百亩,莱五十亩,余夫亦如之;中地,夫一廛,田百亩,莱百亩,余夫亦如之;下地,夫一廛,田百亩,莱二百亩,余夫亦如之。"把土地按肥沃程度分为上、中、下三类。上地,正夫颁给居处、田百亩、休不耕之田五十亩,余夫按正夫的比例,每人颁田二十五亩,休不耕之田十二亩半。余类推。《夏官》"大司马"亦曰:"凡令赋,以地与民制之,'上地食者参之二,其民可用者家三人;中地食者半,其民可用者二家五人;下地食者参之一，其民可用者家二人。（郑玄注引郑司农云：'上地谓肥美田也。食者参之二，假令一家有三顷，岁种二顷，休其一顷。下地食者参之一，田薄恶者所休多。'）"杨宽在《西周史》中认为，六遂、六乡居民同样有平均分配"份地"的制度。"对'六遂'居民所以要如此平均分配耕地，无非是为了发展农业生产和均分对贵族的负担。'六乡'虽然也有平均分配耕地的制度，却是为了保持公民之间的平等权利，维持他们提供兵役和劳役的能力。"①

《地官》规定载司的职责是对土地的合理利用及制定相应的税率，以观察什么样的土地适合于做什么，让这一土地上的人民从事最相宜的职业，并依国家法令来征税。王城之内的土地，用来作为普通老百姓的住宅和士大夫的府第，城外郭内的空地，用来种植瓜果蔬菜。土地征税办法：王城内公卿大夫士的住宅，免税；老百姓的住宅和种植瓜果蔬菜的园地，征税二十分之一；近郊的田地，税率是十分之一；远郊的田地，税率是二十分之三；甸、稍、县、都的田地，税率不超过十分之二；只有漆林的征税率是二十分之五。凡是在住宅旁不种植桑麻的，要按住宅面积的大小处以罚款；凡是让田地荒芜的，要按田地的大小处以罚粟；对无职业而又游手好闲的人，不仅罚他交纳闲粟，还要交纳丁钱。按时令征收税赋。

《地官》规定均人的职责是："掌均地政，均地守，均地职，均人民、牛马、车辇之力政。凡均力政，以岁上下：丰年则公旬用三日焉，中年则公旬用二日焉，无年则公旬用一日焉。"均人掌管平均乡遂公邑的地税，即平均衡虞之类和农圃之类的人的税收，平均人民、牛马、车辆对力役的负担。人民从事力役的天数，丰年时一年之中可以有三天，普通年份一年中可以有两天，年成不好的年份一年中可以有一天。遇到荒年或疫病流行，则免除力役。

四、选贤与能

涉及政治参与权、受教育权的有关选拔子弟的制度，亦是中华文

---

① 杨宽：《西周史》，上海人民出版社1999年版，第399页。

化优秀传统的一部分。

《王制》关于人才的选拔与贵族子弟的教育、培养："命乡论秀士，升之司徒，曰选士。司徒论选士之秀者而升之学，曰俊士。升于司徒者，不征于乡；升于学者，不征于司徒，曰造士。乐正崇四术，立四教，顺先王《诗》、《书》、《礼》、《乐》以造士。春秋教以《礼》、《乐》，冬夏教以《诗》、《书》。王大子、王子、群后之大子、卿大夫、元士之嫡子、国子之俊选，皆造焉。凡入学以齿。将出学，小胥、大胥、小乐正简不帅教者，以告于大乐正，大乐正以告于王。王命三公、九卿、大夫、元士皆入学；不变，王亲视学；不变，王三日不举，屏之远方……大乐正论造士之秀者，以告于王，而升诸司马，曰进士。"各乡考察优秀人才，上报司徒，叫选士。司徒再考察选士中的优秀者，升于太学，叫俊士。选士、俊士均不服徭役，叫造士。乐正以诗、书、礼、乐四种学术来培养人才。王大子、王子、诸侯的太子、卿大夫和元士的嫡子，及俊士、选士，都要学习这四种课程。入学后按年龄安排课程。将毕业时，小胥、大胥、小乐正检举不遵循教育的子弟，上报大乐正，大乐正上报给王。王命三公、九卿、大夫、元士到学校去帮助教育这些子弟。如果不改变，王亲往学校视察，或三天用膳不奏乐，或把不遵循教育者摒弃到远方。大乐正考察造士中的优秀者，报告给王，把他们提拔到司马属下，叫进士。

《王制》又说："司马辨论官才，论进士之贤者，以告于王而定其论。论定然后官之，任官然后爵之，位定然后禄之。大夫废其事，终身不仕，死以士礼葬之。有发，则命大司徒教士以车甲。"司马辨别、考察、任用人才，考察进士中的优秀者，报告给王，由王下定论。然后委任官职，出任官职后授予爵位，爵位定后发给俸禄。大夫放弃职责的，终身不能再做官，死后以士礼埋葬。有战事，则命大司徒对士训练车甲之事。

关于各行各业技艺者的考察与任用，《王制》说："凡执技、论力：适四方，羸股肱，决射御。凡执技以事上者，祝、史、射、御、医、卜及百工。凡执技以事上者，不贰事，不移官，出乡不与士齿；仕于家者，出乡不与士齿。"考察力士、技艺者，并派他们到各地去对于为王服务的技艺者，祝、史、卜、医生、弓箭手、驾车人及各种工匠，不可从事专业之外的事业，也不任官职，在乡在大夫家可按年龄与士排列位次，出了乡则不可。

《地官》规定乡大夫之职份中有："三年则大比，考其德行道艺，而兴贤者能者。乡老及乡大夫帅其吏与其众寡，以礼礼宾之。厥明，乡老及乡大夫、群吏献贤能之书于王，王再拜受之，登于天府，内史贰之。退而以乡射之礼五物询众庶：一曰和，二曰容，三曰主皮，四曰和容，五曰兴舞。此谓使民兴贤，出使长之；使民兴能，人使治之。"每隔三年举行一次大比，考察人民的德行与道艺，从中选拔、举荐出德才兼备的人。乡老与乡大夫率领所属官吏及善良的乡民，以乡饮酒礼来接待这些被举荐的人，以示尊敬。次日，乡老与乡大夫及属官，进献举贤良的文书给天子，天子再拜接受，并把文书交天府收藏，由内史保留副本。献书之后，乡老与乡大夫各在本乡与乡民一道举行乡射礼，用五事考察习射的乡民，并征询大家的意见，以预选下届被荐举的贤才。这五事是：射时是否志正体和；行为举止是否合于礼；是否准确中鹄；是否和合乐歌的节奏；作弓矢舞的舞姿是否优美合礼。这是让百姓们自己推举德行好的人和有才干的人，使优秀、卓越的人能到王朝的官府做官，或在本乡任职。

《地官》关于州长、党正的职责中，也有选拔贤能者的规定。如州长每年聚集本州人民学习道德、政令、律法，考察他们的道德操行与技艺才能，加以劝勉，纠正过失等。春秋二时，以乡射聚民。"三年大比，则大考州是，以赞乡大夫废兴。"每三年一次大比，州长对属下的党、族、闾、比的各级官吏及普通民众，作一次大的全面的考核，以辅助乡大夫对官吏的任免，或升或降或废置，并从民众中选拔贤能者。这些，在一定程度上保证了民众的受教育权与被选拔权。

五、德教及刑罚的慎重、程序化与私人领域的保护

儒家重视道德教化，《地官》规定大司徒从十二个方面对百姓实施教育："一曰以祀礼教敬，则民不苟；二曰以阳礼教让，则民不

争；三曰以阴礼教亲，则民不怨；四曰以乐礼教和，则民不乖；五曰以仪辨等，则民不越；六曰以俗教安，则民不愉；七曰以刑教中，则民不暴；八曰以誓教恤，则民不怠；九曰以度教节，则民知足；十曰以世事教能，则民不失职；十有一曰以贤制爵，而民慎德；十有二曰以庸制禄，则民兴功。"除倡导良风美俗外，大司徒又要"以乡三物教万民而宾兴之：一曰六德，智、仁、圣、义、忠、和；二曰六行，孝、友、睦、姻、任、恤；三曰六艺，礼、乐、射、御、书、数"，即用乡学的三种教法来教化万民。有贤能的人，则以宾客之礼敬待，并举荐给天子。以六德、六行、六艺来熏陶、培育民众。这其中的核心是仁爱、善良、关爱他人、体恤贫苦的人。

《地官》中有关师氏、保氏职责的规定，亦强调对天子的谏诤，批评其过失，使之改过迁善。对天子、公卿大夫子弟的教育也是以道德教育为核心，同时施以六艺、五礼、六乐、五射、五驭、六书、九数、六仪之教，训练其文事武备的功夫与算术，提高其应对、处理各种问题的能力；通过各种技艺的训练，观察并提升其德养与能力；通过孝行、友德的培养，不让他们滋生悖逆凶恶之心，教育他们尊敬贤良，爱护人民。

儒家同时重视法治，《地官》、《王制》中也有刑罚制度的记录与设计。这里只指出一点，即在审案、判案、处罚过程中如何审慎、认真、避免冤案，严格程序及对私人领域的保护问题。

关于司寇听讼治狱的法规与审理案件的程序，《王制》曰："司寇正刑明辟，以听狱讼。必三刺，有旨无简不听，附从轻，赦从重。凡制五刑，必即天论，邮罚丽于事。凡听五刑之讼，必原父子之亲，立君臣之义，以权之；意论轻重之序，慎测浅深之量以别之；悉听聪明，致其忠爱，以尽之。疑狱，泛与众共之；众疑，赦之。必察小大之比以成之。成狱辞，史以狱成告于正；正听之，正以狱成告于大司寇；大司寇听之棘木之下，大司寇以狱之成告于王；王命三公参听之，三公以狱之成告于王；王三宥，然后制刑。凡作刑罚，轻无赦。刑者，型也。型者，成也，一成而不可变，故君子尽心焉。"

这是说，司寇负责审查刑律，明辨罪法，以审理诉讼。审案时一定不能草率，要再三探讯案情。对于有作案动机而无犯罪事实的不予受理，对于从犯从轻量刑，对于曾宽赦而重犯的人则从重处理，定罪施罚一定要符合事实。审判案件中，要从体谅父子的亲情，确立君臣关系的大义的角度来权衡，要考虑犯罪情节的轻重程度，审慎分析，区别对待，要充分发挥聪明才智，奉献忠良爱民之心，来彻查案情。有疑问的案件，要广泛地同大家商量、讨论；众人疑不能决的，则赦免嫌疑人。审判案件要参考同类大小案件的已有案例来定案。经过审理核定嫌犯的供辞后，史把审案结果报告给正；正又审理一番，再把结果报告大司寇；大司寇在外朝棘树下再审理一番，然后把结论报告给王；王命三公参与审理；三公再把审案结果报告给王；王又对罪犯多次提出宽宥的理由，然后才判定罪刑。凡制定刑罚，人易犯的轻法不作赦免的规定。刑是成型的意思，人体一旦受刑成型就不可改变了，因此君子审理案件不能不十分尽心。

在《地官》"媒氏"中有曰："凡男女之阴讼，听之于胜国之社；其附于刑者，归之于士。"这是说，凡是涉及男女隐私不宜公开审理的案件，要在上下封闭的亡国的社中审理；其中有触犯刑律的，移送司法机构。

综上所述，《地官》、《王制》中有关理念与制度安排中，体现了中国先民的原始人道主义，体现了中华民族以"仁爱"为核心的价值系统与人文精神。其中，有不少制度文明的成果值得我们重视。如有关应对灾荒、瘟疫，予以组织化救治的制度，有关对老弱病残、鳏寡孤独、贫困者等社会弱者的尊重与优待的制度，都是极有人性化的制度，且后世在理论与实践上都有发展，这些都有类似今天的福利国家与福利社会的因素。有关颁职事及居处、土地、赋税、商业的制度与政策中对老百姓权利与福祉的一定程度的关注与保证，有关小民的受教育权与参与政治权的基本保障，有关对百姓施以道德与技能教育的制度，有关刑律制定与审判案件的慎重、程序化与私人领域的保护方面等，也都涉及今天所谓社会公平公正的问题。只要我们用历史主义的观点去省视，同样是在等级制度中，以我国先秦与同时代的古希腊、古印度、古埃及的政治文明相比照，则不难看出中国政治哲学理念与制度中的可贵之处,这些资源至今还有进一步作创造性转化的价值与意义,希望国人不要过于轻视了。

——原载蔡方鹿主编《经学与中国哲学》,华东师范大学出版社2009年版;又载于郭齐勇主编《儒家文化研究》第三辑,三联书店2010年版。

【评　介】

当罗尔斯的《正义论》在全世界掀起政治哲学的热潮时,郭齐勇先生也在思考一个问题:中国古代的政治哲学资源中有没有关于社会公正的内容与因素?古代传世文献中有没有记载这方面的制度设计?如何正确认识并创造性转化这些思想资源,与现代社会相接?他从现代新儒家到儒家伦理再到礼学,为礼学研究开辟了政治哲学的维度,丰富了现代礼学研究。

一、现代新儒家与儒家伦理

郭齐勇先生,武汉大学国学院院长、哲学学院教授、博士生导师,国家教学名师。他师承萧萐夫、李德永、唐明邦诸先生,属于"居于珞珈山下的中国哲学研究群体","以研究中国传统文化自我更新的内在契机与生命力为基本学术出发点","努力依据中国固有的思想资源,整合其他民族的思想资源,创造出一种'中国人的哲学'"。①

(一) 守先待后的儒家情怀

郭教授是国内较早研究现代新儒家的著名学者。前期他主要集中研究熊十力先生,整理了熊先生的论著集和全集。1985年出版《熊十力及其哲学》,后修订扩大为《熊十力与中国传统文化》。1993年出版

---

① 吴根友:《珞珈中国哲学:通向未来中国哲学的一条可能之路》,郭齐勇:《中国哲学智慧的探索》,中华书局2008年版,第1页。

《熊十力思想研究》，1994年出版《天地间一个读书人：熊十力传》，1995年与汪学群合著《钱穆评传》，1996年与龚建平合著《梁漱溟哲学思想》，1998年与吴根友合著《诸子学志》。2006年著《中国哲学史》。同时对冯友兰、金岳霖、贺麟、马一浮、唐君毅、牟宗三、徐复观、冯契、殷海光、杜维明等都有研究。

郭先生指出，现代新儒家致思于"内圣学如何开出新的外王学"，关注儒学乃至中国文化传统的现代化问题。第一代新儒家熊十力、冯友兰、金岳霖、贺麟四先生所面临的三大问题是：第一，如何从哲学层次上论证中国社会与中国文化的现代化；第二，在欧风美雨冲刷之后，如何重新寻找我们民族失落了的精神家园，重新确立传统知识分子对于宇宙、人生的根本意义的终极信念；第三，能否重新使中国哲学挺立于世界现代文化之林，使之与当代世界各种思潮对话，取决于中国哲学家能否现代化地建构我们固有的文化精神、哲学智慧。① 概括而言，即外王学、内圣学与中国哲学自身建设问题。进而论及第二代新儒家唐君毅、牟宗三和徐复观等先生在中国哲学传统的现代转化问题上的孜孜探索。

郭先生既是现代新儒家的研究者，又逐渐成为现代新儒家所思考问题的思考者。他对新出简帛尤其是郭店楚简产生浓厚兴趣，2000年主编出版《郭店楚简国际学术研讨会论文集》，并撰写《上博楚简所见孔子为政思想及其与〈论语〉之比较》。这样他从现代新儒家回溯到先秦原儒，叩其两端并由此逐渐延伸至对整个中国传统文化的思考。对现代新儒家与先秦原儒的了解和深切同情，使得他对中国文化传统保持着深深的敬意。他认为20世纪思想史积淀在我们集体无意识中的"习焉不察"的观念是科学崇拜和毁谤传统②，这种简单化的观念是需要破除的，因而他对"五四"新文化运动保持敬意的同时也有着深刻的反思，中国文化的现代化不可能建立在与传统相割裂的前提之

---

① 郭齐勇：《熊十力、冯友兰、金岳霖、贺麟合论》，《中国哲学智慧的探索》，中华书局2008年版，第257~270页。

② 郭齐勇：《"五四"的反省与超越——以现代性与传统为中心的检讨》，《中国哲学智慧的探索》，中华书局2008年版，第242~256页。

下,"对于自己民族的文化及其经典,应有起码的尊重,起码的虚心的态度"①。

三十多年来郭先生不遗余力地宣扬儒学。他声言自己的使命是"守先待后"。"守",是守住民族精神的根本,守住先圣先贤的绝学。郭先生充分肯定中国哲学的优长,主张对中国思想传统"同情的理解"与"相应的诠释",通过客观的研究努力消除对传统文化的误解和偏见。"待",不是被动地等待,而是主动地培养。为了培养文化传统的后来者,郭先生多年来强调阅读中外原著经典,努力推动人文通识教育、国学(特别是经学)的研究与普及工作。他是国内较早提倡打破文史哲学科壁垒、在大学创办国学班的学者,并在武汉大学成功创办了国内最早的国学班。他身体力行,积极投身于国学的普及教育,曾提出让"四书"进中学课堂的主张,在全国产生较大反响。他在各种场合热情宣讲经典中的修养之道,努力培养读书种子,奖掖后进,为国学的传承培养后续人才。

郭齐勇先生从现代新儒家与20世纪以来的中国哲学及其现代转化问题,回溯至先秦原始儒学。其学术研究中守先待后的文化使命感,源于他对儒学的深入研究和对当代中国社会的现实关怀。这是他解读礼学经典的学术基础。他对现代新儒家、儒家亲情伦理和公私观念的研究,集中到他对礼学经典的政治哲学解读上来。他认为礼学中有不少制度文明成果值得重视,并努力在历史文化中国与当代中国之间建立联系,提醒人们关注礼学转化的时代命题。

(二)"亲亲相隐":儒家伦理论辩

提及郭先生,学界自然会想到十余年来以"亲亲相隐"为中心的儒家伦理大辩论,这是国内少见的论题十分集中且深入的辩论,论辩双方分别有论文集问世。"亲亲相隐"辩论的起因是刘清平、邓晓芒等教授将重视血缘亲情的儒家伦理视作毫无正义、不讲公德的东西,是徇情枉法、贪污腐败的根源。针对刘、邓等教授对儒家经典的误

---

① 郭齐勇:《中国传统哲学的特色与研究问题(代序)》,《中国哲学智慧的探索》,中华书局2008年版,第25页。

读,郭先生采取了比较高调的学术举动,特别策划主编了《儒家伦理争鸣集——以"亲亲互隐"为中心》(2004)和《〈儒家伦理新批判〉之批判》(2011)①两本论文集予以公开回应。

郭先生认为,这场论战涉及如何历史地评价儒家伦理及儒家伦理的现代意义的问题,有的论者把儒家伦理视为现代化法制的绝对对立物,必须予以学理上的澄清。他秉持客观的学术态度,搜集了论辩双方以及第三方的论文,汇编成集,集中对邓晓芒等教授误读儒家"亲亲相隐"内涵进行澄清与反驳。论文集指出,邓晓芒、刘清平等教授不能正确解读古代经典文本,误读了告父攘羊、窃负而逃、封象有庳三个文本的本旨;同时,他们对西方经典文本的理解也失之偏颇,把苏格拉底反讽式的劝阻理解为赞成子告父,无视西方文化中容隐制保护亲情的事实。前集重在"驳",后集重在"立"。

郭先生认为,儒家思想的根本是仁,是人的道德心。血缘亲情是行仁的出发点,即"爱由亲始",但血缘亲情并不是儒家思想的本质性,认为血缘亲情导致公私不分,含有腐败的基因,是对儒家思想的误读。他指出:"在儒家看来,亲亲相隐,既是义务,又是权利。……儒家肯定亲属隐罪又是人的天然的权利。即使从社会公义的角度看,亲亲相隐,也是个体的一种不可让渡的基本权利,承认这一权利,也是社会对个体人权的尊重,社会法律也不得不为之让步。"②并由此呼吁人们正确认识"亲亲相隐"、亲情、孝道等儒家伦理,呼吁对一些不许亲属容隐的不良法进行修改,保护亲情伦理这些最基本的人性。他引用蔡元培先生的《中学修身教科书》,说明亲情、健康的家庭生活与孝道孝德,恰恰是君子也是今天文明社会的公民健康成长的起点与原动力。

在郭先生看来,"1950年代初期以来,中国内地朝野上下,尤其是知识人,对中国文化,特别是对儒家文化有很多误解,基本上把这

---

① 郭齐勇:《儒家伦理争鸣集——以"亲亲互隐"为中心》(湖北教育出版社2004年版),《〈儒家伦理新批判〉之批判》(武汉大学出版社2011年版)。

② 郭齐勇:《序言》,《〈儒家伦理新批判〉之批判》,武汉大学出版社2011年版,第14页。

些文化精神资源统统作为现代化的负面与对立物,其流风余韵甚至延续到今天"①,这种评价来自于一种历史的偏见。郭先生特别批评了以西律中对传统思想及文献的"过度诠释"和"暴力诠释"导致的一种将儒家伦理简单化、表面化、片面化的思维方式,主张充分研习经典,吸取其中的文化精神。公开论辩有利于廓清观念的误区,最终有利于中国文化的主体性建设。"面对中国文化现代化建设,我们更迫切的任务是要有中国文化的自觉与自信,建树中国文化的主体性,因而需要正本清源,拨乱反正,理性思考中国文化的根源性和现代性的问题。"②

这场论辩经由郭先生的编辑,变成了一个全面澄清加诸传统的偏见和误解的成功案例,在较大范围内产生影响。更可贵的是,他还将这种思想写成提案交付全国人大代表,建议修改《刑事诉讼法》中关于强制亲属出庭作证等不利于维护亲情伦理的法律条款,获得采纳,使之成为又一个学术思想影响社会法律的成功实例,体现出一位学者深切的现实关怀。

二、礼:从仁学到仁政的实质正义

由"亲亲互隐"辩论,郭先生从儒家伦理进而探讨先秦儒家如孔、孟、荀的公私观念和社会公正思想,以及古代经典文献中礼制礼义的合理内核。③ 这种研究既与当代政治哲学研究的兴起相呼应,也关注到现代社会对公平正义的广泛诉求。他撰写多篇文章论及儒家公私观和社会公正,如《原始儒家的正义论——以〈孟子〉为中心》、《儒家的

---

① 郭齐勇:《序言》,《〈儒家伦理新批判〉之批判》,武汉大学出版社2011年版,第8页。

② 郭齐勇:《序言》,《〈儒家伦理新批判〉之批判》,武汉大学出版社2011年版,第8页。

③ 如《也谈本相与角色——论儒家伦理的普遍性与特殊性》(《儒家伦理争鸣集——以"亲亲互隐"为中心》,湖北教育出版社2004年)中第二部分小标题为"礼:蕴涵在角色中的本相意识",论述礼既具有特殊而相对的角色伦理,又蕴涵了绝对性和普遍性的道德价值。

公平正义论》、《孟子与儒家的正义论》、《先秦儒家论公私与正义》、《先秦儒学关于社会正义的诉求》、《孔孟儒家的公私观与公共事务伦理》、《再论儒家的政治哲学及其正义论》①等,认为先秦儒家所追求的"善"的理想社会与基本价值,内蕴了"公正"具有优先性的因素。

  在这一系列论文中,郭先生先后梳理了孔子仁爱、庶富教等为政思想中的公正性诉求,如肯定、尊重老百姓的生存权与私利,强调民生问题,并以之为"公";不反对私利,但反对以权谋私;针对世卿世禄制度,主张从民间"举贤才"与"有教无类",开放教育与政治权利(此即机会公平与公共权力向民间敞开的大事,也即肯定民众的受教育权与参与政治的权利);儒家的责任伦理、信用品性,主要是作为公共事务中的道德品格要求为政者和士大夫的;君臣的权责,相互的要求,含有政治分工与制约的萌芽;提倡中正平和的治政理念等。孟子思想涉及生存权、财产权的"制民恒产"论及土地、赋税、商业政策之平等观,养老、救济弱者、赈灾与社会保障的制度设计,教育公平、平民参与政治的制度安排及作为村社公共生活的庠序乡校,尊重民意、察举与官员自律、防止公权力滥用的思想及革命论,都是孟子的正义论。孔孟儒学包括荀子礼学中,都包含着丰富的公共性与公正性的思想资源。这些都是"礼"的制度设计的思想根源。

  基于对先秦儒家仁学、仁政思想的考察,郭先生指出,从亚里士多德的两种平等观、罗尔斯的两条正义原则来看,儒家在分配上的"应得"和"配得",以及机会公平、对"最不利者"的关爱及其制度建构方面,均可以与之相呼应。此即儒家正义论的最有特色的内涵,乃实质的正义。儒家对政治权力的源头、合法性、权力分配与制衡等,

---

① 《原始儒家的正义论——以〈孟子〉为中心》(《中国哲学智慧的探索》,武汉大学出版社 2008 年版,第 177 页),《儒家的公平正义论》(《光明日报》2006 年 2 月 28 日理论版);《孟子与儒家的正义论》(《儒林》第三辑,山东大学出版社 2006 年版);《先秦儒家论公私与正义》(郭齐勇主编:《儒家文化研究》第二辑(儒家政法思想与现代经学研究专号),三联书店 2008 年版);《先秦儒学关于社会正义的诉求》(《解放日报》2009 年 1 月 11 日理论版);《孔孟儒家的公私观与公共事务伦理》(《中国社会科学》2009 年第 1 期);《再论儒家的政治哲学及其正义论》(《孔子研究》2010 年第 6 期)等。

有其系统论说、制度与实践，他也在三礼文献中发现了体现公德、正义的儒家制度设计。他策划编辑《儒家文化研究》第三辑"礼学研究专号"研讨礼学，撰《弁言》和《〈周礼·地官司徒〉、〈礼记·王制〉中有关社会公正的论述》。又撰有《礼学的现代价值》、《徐复观论礼乐》、《中国周代的礼仪与王权》、《礼学与现代生活及文明对话》、《和学生一起"会读"〈礼记〉》等礼学方面的文章①，研究礼的正义内涵及其政治哲学意义和现实价值。

在《〈周礼·地官司徒〉、〈礼记·王制〉中有关社会公正的论述》一文中，郭先生将两篇礼学文献中体现社会公正和福利的制度设计梳理为五个方面：一是荒政，应对灾荒、瘟疫，予以组织化救治的制度。凡遇到灾荒，诸侯国应贷给百姓谷种与粮食，减轻租税、刑罚，免除征调徭役，开放关市山泽的禁令，免除市场货物的稽查，减省或简化礼仪，鼓励婚嫁，祭祀鬼神，严惩盗贼，组织灾民迁移到安全、富裕地区，把粮食运往灾区的制度，积极备荒。二是养老恤孤扶弱，对社会弱者予以扶助的制度设计，对老弱病残、鳏寡孤独、贫困者等社会弱者的尊重与优待的制度，都极为人性化。三是颁职事及居处、土地、赋税、商业之制度与政策。让所有的成年人都有职事，都有生活来源，在土地、赋税、商业的制度与政策中对老百姓权利与福祉给予一定程度的关注与保证。四是选贤与能，涉及政治参与权、受教育权的有关选拔子弟的制度。如有关小民的受教育权与参与政治权的基本保障，有关对百姓施以道德与技能教育的制度。五是德教及刑罚的慎重、程序化与私人领域的保护，在审案、判案、处罚过程中如何审慎、认真以避免冤案，严格程序及对私人领域的保护问题，有关刑律制定与审判案件的慎重、程序化与私人领域的保护方面等。

郭先生特别指出，罗尔斯的一些观点，实际上在中国的传统思想

---

① 郭齐勇先生主编《儒家文化研究》第三辑"礼学研究专号"，撰写《弁言》和《〈周礼·地官司徒〉、〈礼记·王制〉中有关社会公正的论述》。又有《礼学的现代价值》(《光明日报》2004年4月20日理论版)，《徐复观论礼乐》(《江西社会科学》2004年第8期)，《中国周代的礼仪与王权》(《公家与武家的比较文明史》，日文，京都思文阁出版社2005年版)，《礼学与现代生活及文明对话》(《中国哲学智慧的探索》，中华书局2008年版，第184~192页)等礼学论文。

中早已有所阐释。罗尔斯所讨论的社会基本结构的正义问题，包括政治结构的正义、社会和经济分配的正义，在儒家的仁政思想中已经有所阐述。中国的礼学经典中早有关于社会正义具体举措的记载，罗尔斯的正义还在虚拟的概念讨论之中，一些礼制已经在具体实施这些正义。儒家仁学思想已经转化德政、仁政思想，并落实为具体的礼的制度设计，推行实践于社会的具体管理之中。这些思想资源是不容忽视的。

郭先生的儒学研究，经历着从现代新儒家到先秦原儒，从道德心性的仁学内涵到"爱由亲始"的亲情伦理、"亲亲而仁民，仁民而爱物"的普世价值，再到儒家政治哲学仁政观念及其实践的礼学的迁移。在他看来，礼学的正义内涵，就是仁政王道的制度落实。

概括而言，郭先生论礼可分三个层面：首先，他认为礼以"仁"为内核。礼是遵循儒家仁学思想而制定的社会差异性原则。他认为，"这种人与人的差异性社会原则的'礼'不仅受制于天，而且其内在精神是仁。仁高于礼"①。他梳理孔子、孟子及宋明儒对"仁"的论述后发现，"无论先秦儒家还是宋明新儒家都是以人之自身所本具之'仁'或道德'心''性'作为人之一切道德行为的本根基础。……孔子之学乃仁学心学，'仁'或'心'乃儒家伦理的'源'或'本'（体），故由'仁'或'心'推出'礼''勇''恭''宽''信''敏''惠''孝弟''爱人'乃理所当然之事"②。礼是由仁推出的行为准则、社会规范，其中处处有"仁"和道德心这个道德本体。因此，礼的别同异，和儒家所提出的"爱有差等"一样，是遵循人血缘亲情亲疏远近的天性所作的自然区分，而不是后来被官僚政治所强化并变异了的等级地位的区分。

"礼"是儒家仁政思想的一种制度化实践。当礼成为一种国家治理和社会管理原则时，就赋予了儒家德政、仁政或王道以具体内容。

---

① 郭齐勇：《原始儒家的正义论——以〈孟子〉为中心》，《中国哲学智慧的探索》，中华书局2008年版，第177页。

② 郭齐勇：《论道德心性的普遍性》，《〈儒家伦理新批判〉之批判》，武汉大学出版社2011年版，第40~43页。

礼通过区分公私领域来体现社会公正。郭先生认为,先秦儒家所论公私与正义,都是在公共事务上的。"孔孟儒家首要重视的是百姓的私利,如生命权、财产权等。……孔孟儒家关注老弱病残、鳏寡孤独等弱势群体的私利,并有养老、救济、赈灾等社会保障制度的设计。……再次,儒家肯定公家(国家)之制不可或缺,但必须限制在适度的范围内;抨击权贵的贪欲,反对苛政和以公图私。"①它不仅会对位高者或权力者实行有限度的约束,而且也会给平民提供晋升的通道,给社会层级较低者提供救助,礼的制度设计中体现了社会公正。

其次,礼的普遍性价值,在于以秩序、节度、交往、和谐原则来调节社会。郭先生认为,"礼的功能则主要表现为对人伦关系的一种规范和调整,比如从国与国、家与家一直到人与人,都在礼的调整之列。……礼固然是一种具体的人伦规范……是有其一以贯之的普遍性与绝对性渗透其中的……礼含有内在的道德价值"②。他认为,礼,是对社会秩序的安排,目的是维护社会秩序的稳定、和谐。礼制具有人性化蕴含着社会公平正义原则,对社会秩序有着积极作用。他抽绎出礼的秩序、节度、交往、和谐四原理,认为其最能体现礼使"四海之内合敬同爱"精神,具有普世价值。③ 制度的具体设计可以随着时代有所损益,制度中的人文精神则是永恒的。这是礼学可以与现代生活、文明对话的前提。

最后,礼蕴涵着的道德仁义价值,体现了中华民族以仁爱为核心的价值系统与人文精神。古代礼乐刑政的配制,礼乐是文化,有价值。"礼"是带有宗教性、道德性的生活规范。在"礼"这种伦理秩序中,包含了一定的人道精神和道德价值。"礼"的目的是使贵者受敬、老者受孝、长者受悌、幼者得到慈爱、贱者得到恩惠,在贵贱有等的礼制秩序中,含有敬、孝、悌、慈、惠诸德,以及弱者、弱小势力的

---

① 郭齐勇、陈乔见:《孔孟儒家的公私观与公共事务伦理》,《中国社会科学》2009年第1期,第57~64页。
② 郭齐勇:《也谈本相与角色——论儒家伦理的普遍性与特殊性》,《儒家伦理争鸣集——以"亲亲互隐"为中心》,湖北教育出版社2004年版,第30页。
③ 郭齐勇:《礼学与现代生活及文明对话》,《中国哲学智慧的探索》,中华书局2008年版,第184~192页。

保护问题。作为一个中国哲学的研究者,郭先生较为关注的是礼学可普遍化的价值和礼学中的宗教精神与人文精神。

三、从政治哲学维度解读礼学的意义

郭先生研读礼,并不关注礼的制度设计、制度运作和制度的损益等具体操作层面的问题,他要探究的是礼的制度设计背后的建构原则是否符合社会公正或正义原则。他也不是从先秦儒家对政治的阐述中演绎政治哲学,而是从具体的制度出发,探究其中的政治哲学原则。

从政治哲学的维度解析礼,郭先生关注礼的制度设计背后的道德根据。判断一个制度的好坏,要看它所根据的道德原则,是正义还是非正义,是公正还是不公正。也就是说,礼是社会公共领域中的价值问题。罗尔斯从道德的角度研究社会的基本结构,认为正义是社会制度的首要价值。礼恰好是从道德出发的社会制度,可见儒家主张的"道德的政治"是有合理性的。儒家强调对人,特别是人民的尊重,其天下大同、天下为公的社会理想与社会正义观、公私义利观,其仁爱、民本、民富、平正、养老、恤孤、济赈、民贵君轻、兼善天下、和而不同、食货、仁政及德治主张、入世情怀、参与精神等,在今天还有极高的价值,是中国当下政改与民主政治建设的重要精神资源。

从政治哲学的维度解析礼,郭先生注重先秦儒家思想与这些制度设计之间的一贯性。一种政治哲学的思想与实践往往存在很大的差异,面对具体的社会生活,制度设计的实践、制度执行的实践也会有不同程度的偏差,更何况制度是具体的,具有时代性,随时代而损益的。礼对等级秩序的规定,一直是人们诟病的地方。礼对等级秩序的安排,是否在制度设计上只给位级高者好处,不给位级低者补偿呢?礼的理想图式与实践图式之间的差异,到底是由谁来负责呢?是儒家还是各个时代的权力者?郭先生对礼的解读实际上指出了将儒家思想与专制联系在一起的武断,也指出了将后世的问题归罪于祖先的荒谬。

传统文化在今日中国的重建,首先需要一种客观的态度,"爱而知其恶,憎而知其善"。有人将现代中国许多社会问题全归罪于儒学，传统被污名化，传统教育也在自我矮化。对此郭先生十分痛心，他一直在各种场合以各种形式呼吁，只有文化复兴，一个民族才有光明的未来。他反对国人对传统文化的自我丑化、矮化，希望回到公正的立场上来认识传统，从传统中能够寻找到更多的思想资源进行创造性转化，让它参与到现代生活、文明中来。郭先生认为，"对于传统文化的价值观念、哲学智慧，我们体认得越深，发掘得越深，我们拥有的价值资源越丰厚，就越能吸纳外来文化的精华，越能学得西方文化之真，这才能真正使中西文化的精华在现时代的要求下相融合，构建新的文明"①。郭先生对礼的政治哲学解读，正是深入研读传统经典之后对当下现实问题的回应。

郭齐勇礼学论著目录：

《文化学概论》，湖北人民出版社1990年版；

《传统道德与当代人生》，武汉大学出版社1998年版；

《郭齐勇自选集》，广西师范大学出版社1999年版；

《儒学与儒学史新论》，台湾学生书局2002年版；

《中国哲学史》，高等教育出版社2006年版；

《中国哲学智慧的探索》，中华书局2008年版；

《中国儒学之精神》，复旦大学出版社2009年版；

《儒家文化研究》第三辑"礼学研究专号"（主编），三联书店2010年版。

---

① 郭齐勇：《中国传统哲学的特色与研究问题（代序）》，《中国哲学智慧的探索》，中华书局2008年版，第25页。

百年来礼学论著提要

日本十名家漢詩集

校正孔氏大戴礼记补注

王树枏撰,刻本,十三卷,2册,畿辅丛书。又有,四卷本,石印本,定州王氏,畿辅丛书单行本,清光绪间(1875—1908),1册。存目。

礼记笺

(清)王闿运撰,刻本,王氏,清光绪间(1875—1908),6册,四十六卷。存目。

周礼古学考

李滋然撰,铅印本,十一卷,清宣统元年(1909),3册;民国二十三年(1934),3册。卷11题名为周礼职官同于今学考,附勘误表;牌记题中华民国二十三年十二月重印。存目。

礼记节本

(清)学部编译图书局编,铅印本,六卷,京师:学部图书局,清宣统二年(1910),3册,牌记题宣统二年十二月学部图书局印行。

礼记说约

[日]丰干著,抄本,二十八卷。日本:大八广得,清(1644—1911),5册。存目。

古礼制研究

民国间铅印本,1912年,不著撰者姓名。存目。

政事堂礼制馆礼书

政事堂礼制馆编,财政部印刷局1914年。存2种:祀孔典礼一卷附说明书,祀天通礼一卷附理由说明书;书衣题中华民国三年八月政事堂礼制馆刊行。存目。

国乐谱 祭祀冠服图 相见礼 关岳合祀典礼 忠烈祠祭礼 祀天通礼 祭祀冠服制 祀孔典礼

政事堂礼制馆编。1915年。刻本。8册。存目。

礼仪

曹元忠撰,二卷,刻本,南林刘氏求恕斋,1916年,2册。存目。

六朝写本礼记子本疏义

罗振玉辑,影印本,上虞罗氏,1916年,1册,上虞罗氏影印手稿本。存目。

马通伯先生礼记节本
马其昶注，六卷，铅印本，习敬斋，1916年，3册。存目。

周礼新义凡例
廖平撰，四川存古书局1917年刻本，1923年重印，1册(43)，六译馆丛书。存目。

周礼郑注商榷
廖平撰，四川存古书局1917年刻本，1923年重印，1册(43)，六译馆丛书。存目。

礼记
廖平撰，四川存古书局1918年刻本，1923年重印，1册(34)，六译馆丛书。存目。

修正祀天典礼暨祀孔典礼
内务部修订礼制处编，1921年铅印本。书名据书签题，包括：修正祀天典礼附理由书，修正祀孔典礼附说明书。

礼记
叶绍钧选注，商务印书馆1926年版；1930年版；1934年版。存目。

礼记正义校勘记
潘宗周撰，蒋孝达编辑，1928年刻本2册。又有，江苏：江苏广陵古籍刻印社1986年重印，刻本，2册，据南海潘氏宝礼堂镂版印。

礼记菁华录
吴曾祺评注，铅印本，7版，商务印书馆，1929年。存目。

礼记节本
马其昶集注，刻本，周氏师古堂所编书，1932年。出周学熙辑《经传简本》五种，四。存目。

江苏编订礼制会丧礼草案
姚文枬撰，1932年。普通古籍，三卷。内附丧服草案五卷。又台湾文听阁有限公司2009年版据民国二十一年铅印本影印。民国时期经学丛书第四辑30。

周礼贾疏引唐制辑证
刘咏溙撰,石印本,荫余堂,1933年。存目。
礼记大义
唐文治著,无锡国学专修学校,1933年。存目。
汉代婚丧礼俗考
杨树达著,商务印书馆1933年版。又有,上海古籍出版社2000年版,王子今导读。该书以"礼俗"为题,包括礼仪制度和民间风俗,主要依据是《汉书》中的资料。含婚姻与丧葬两章,有利于深化对古代社会生活的理解。第一章《婚姻》考察汉代婚姻史,包括议婚、婚仪、婚年、重亲、绝婚、改嫁改娶、妾媵等7节;第二章《丧葬》考察丧葬制度风俗,包括沐浴饭含、衣衾、棺椁、发丧受吊、送葬、从葬之物、葬期、坟墓、归葬、合葬、祔葬、改葬、赗赠、护丧、丧期、居丧之礼、上冢等17节。
礼记通释
戴礼著,出版地、出版者不详,1933年。书前有陈衍、高潜等3人的叙各一篇。
礼制 普通古籍 一卷
(清)倪在田著,铅印本,1935年。存目。
禮之思想
[日]服部宇之吉著,日本岩波书店1935年版。存目。
礼教之过去与未来
宫廷璋著,正风杂志社1936年版。共十章:礼教之意义,礼教之渊源,礼教之演进,礼教之原理,礼教之德目,礼教之迷信,礼教之摧毁,礼教之复兴,礼教之新机,礼教之前途。
殷代婚姻家族宗法生育制度考
胡厚宣著,上海书店民国丛书本。存目。
周礼医师补注
张骥辑,刻本,成都,1935年。存目。
周礼古注集疏
刘师培撰,郑裕孚、钱玄同辑,宁武南氏,1936年铅印本。存目。

仪礼经传通解考证

白寿彝撰，铅印本，国立北平研究院总办事处出版课，1936年，国立北平研究院院务汇报第七卷第四期单行本。存目。

檀弓精华

中华书局编辑，中华书局1936年版。分79章，上端有点评。

礼记引得

哈佛燕京学社引得编纂处编，哈佛燕京学社引得编纂处，1937年。又有，洪业等编纂，上海古籍出版社1983年版。包括：礼记索引，附笔画检字、拼音检字、礼记篇节数表、中国字庋撷等。

礼记注疏引书引得

哈佛燕京学社引得编纂处编，哈佛燕京学社引得编纂处，1937年。包括：礼记注疏索引，附笔画检字、拼音检字、中国字庋撷等。

周礼附注疏引书引得，仪礼附郑注及贾疏引书引得，礼记注疏引书引得

洪业等编纂，上海古籍出版社1988年影印本。属十种引得之三种，另有：周易引得、毛诗引得、毛诗注疏引书引得、春秋经传注疏引书引得、孝经引得、尔雅引得、尔雅注疏引书引得。

内政法规汇编·礼俗类

内务部总务司第二科著，1940年。其编辑例言称，该编所辑材料系自民国十七年四月本部成立起至二十九年十月底止凡关本部职掌内及其有关参考之各项法规与解释而现行有效者均搜集编入，分通则、民政、警政、地政、礼俗、禁烟、计政七类。礼俗类是其中之一。本编中包括总理纪念仪规、尊称总理为中华民国国父案以及国旗、国徽、党旗、党徽、革命纪念日、抗战纪念日、先师孔子诞辰纪念办法、孔子遗像摆放秩序案、国葬仪式及国葬墓园管理等国家仪规；又有关于公墓管理条例、烈士褒奖、抚恤、公葬的墓园、典礼、费用、公祭礼节、追悼会仪式等的规定；还有婚丧仪仗暂行办法、禁止蓄婢办法、禁止妇女缠足条例、废除卜筮星相巫觋堪舆办法、加强查禁社会群众神仙迷信办法等移风易俗的规定；又有仿印国民历办法、公务人员服用国货办法、公务人员革除婚丧寿宴浪费暂行规程、各地建仓积谷实施方案、国民工役法、监督慈善团体法、监督寺庙条例等社会管理规程。

礼记通论
蔡介民著,南京中日文化协会,1941年。包括礼记旧说之纠谬、礼记成书之时代、礼记各篇之时代、礼记仪礼之关系、礼记研究之方法、礼记各篇之大义、礼记论礼之大义、礼记论冠笄之大义、礼记论婚嫁之大义、礼记论丧葬之大义、礼记论祭祀之大义、礼记存目考略12章。后有罗峰南题写的跋。

大小戴记选注
王梦鸥选注,正中书局1946年版。卷首有选注者导言,讲述《礼记》源流、《大、小戴记》材料来源、篇目、内容分析、读法等。有本书叙例,对其选、编、注加以说明。选材首重通论;编次依照儒者论学次第,由修己以安人;注文助初学者了解经文。

礼运大同篇注释
方思仁著,中央印务局1947年版,国民丛刊;10。存目。

中国礼俗学纲要
邓子琴著,中国文化社1947年版。包括绪论及基本六礼大要两编。绪论包括释名、风俗与民俗、礼俗起源、几种与礼有关之学问、礼俗与伦理、礼俗在中国文化上之价值、中西礼俗之比较、礼俗变迁、研究礼俗之注意点及其方法共9章;基本六礼大要,收冠礼、婚礼、丧礼、祭礼、乡饮酒礼、相见礼共6章。

礼义廉耻概论
王策著,正气出版社1947年版。个人修养类书籍。

周礼职官类考
音赓年撰,稿本,清至民国(1644—1949),1册,有朱笔圈点。存目。

周礼正义略例
孙诒让著,抄本,清至民国(1644—1949),1册。存目。

周礼古注集疏
刘师培撰,抄本,民国间(1912—1949),二十卷,1册。存目。

周礼讲义
潘任撰,铅印本,二卷,民国间(1912—1949),1册。存目。

礼记菁华录

吴曾祺著,铅印本,八卷。民国间(1912—1949),4册。存目。

礼记大学篇古微

易顺豫著,活字印本,民国间(1912—1949),1册。存目。

礼记讲义

潘任撰,铅印本,民国间(1912—1949),1册。存目。

礼记经注校证

王祖畲撰,刻本,朱印,溪山书屋,民国间(1912—1949),1册(7),王文贞集。存目。

丧礼今读记

钱基博撰,铅印本,民国间(1912—1949),1册。存目。

礼记子思子言郑注补正

简朝亮撰,刻本,清光绪至民国间(1875—1949),4册,(又:5册)读书堂丛刻。存目。

周礼批判

杨向奎撰,油印本,1953年,1册,山东大学历史语文研究所丛刊。存目。

《学记》译述

傅任敢著,新知识出版社1957年版。又有,上海教育出版社1982年2版。存目。

太平礼制

南京太平天国历史博物馆编,江苏人民出版社1961年版。存目。

中国人性论史(先秦卷)

徐复观著,台湾"中央"书局1963年版。该书第三章"以礼为中心的人文世纪之出现,及宗教之人文化 春秋时代——纪前722—前480年",探讨了周厉王、幽王时代宗教权威之坠落及其原因。著者认为,通过由一部《诗经》所主要代表的时代看,古代以人格神的天命为中心的宗教活动,权威一直在坠落,宗教与人文失去平衡,而偏向人文演进。他提出考察"礼与彝的问题",殷人"先鬼而后礼",不重视礼,即有礼的事实而无礼的观念。殷礼、夏礼,皆系后来的观念。到了周公,特别重视仪节的意义,于是礼的观念显著了起来。礼的观念的出现，说明在周初的宗教活动中，已特别注重其中所含的人文因素，但此人文因素与祭祀不可分，这是礼的原始意义。春秋时代认为周公所制的周礼，其内容非仅指祭祀的仪节，实包括有政治制度。礼字的流行不在宗教气氛浓厚的周初，而在宗教观念比较薄弱的晚期。周初由敬而来的合理的规范与制度，皆包括在彝的观念之中。其分量远比周初的礼的观念重要。这是远绍《洪范》的"彝伦"观念而来。春秋时代所称的"周公制周礼"，是彝而不是以宗教仪节为主的礼。

读礼志疑 左传别疏

陶鸿庆著，中华书局1963年版。存目。

礼学略说

黄侃著，出《黄侃论学杂著》，中华书局1964年版。张世禄先生所撰《前言》概述甚佳，抄录如下：《礼学略说》只有上篇，主要说明研究《仪礼》、《周礼》、《礼记》等书的途径和方法。有以下几点：第一，礼学之所以不容易研究，是由于"古书残缺"、"古制茫昧"、"古文简奥"、"异说纷纭"，因此研究时必须把"明文"与"师说"，"经义"和"事证"相互稽考；第二，指明礼学，应以郑玄的《三礼注》为宗，并叙论郑玄以后至于唐宋元明各代礼学之书，又说"清代礼家辈出，日出精密"；第三，指出研究礼书的步骤：首先要"辨字读""析章句"，次则"审名义""求条例""括纲要"；第四，说明礼学的内容，有"礼意"（各种礼节的意义），"礼具"（各种礼节有关的名物），"礼文"（关于礼节繁简的度数）；第五，后代对于礼书所产生的疑难，一一加以辨正。

古史新探

杨宽著，中华书局1965年版。其中礼学方面有：籍礼新探，冠礼新探，大蒐礼新探，乡饮酒礼和飨礼新探，射礼新探，挚见礼新探共计6篇。他采用文献记载与西方文化人类学家对初民社会的调查资料相印证的方法，认为这些周代仪节都导源于原始社会风俗习惯。

武威汉简

甘肃省博物馆、中国科学院考古研究所整理编著，文物出版社1964年版。其中叙论、校记、释文部分为陈梦家先生所完成。

武威汉简仪礼校补

刘文献编著,中国东亚学术研究计划委员会,1965年,1册。存目。

古代歌谣与礼仪研究

[日]土桥宽著,日本岩波书店1965年版。存目。

汉石经仪礼残字证集

刘文献著,毛子水指导,台湾嘉新水泥公司文化基金会,1969年。存目。

礼记选注

叶衡选注,台湾"商务印书馆"1968年版。存目。

礼记选注

王梦鸥选注,台湾正中书局1968年版。存目。

郑注引述别本礼记考释

王梦鸥著,台湾"商务印书馆"1969年版。存目。

春秋吉礼考辨

周何著,台湾嘉新水泥公司文化基金会丛书研究论文第101种,1970年。著者认为,要想了解周代礼制,分辨三礼书中记载是否真切,必须在《春秋三传》中找寻周礼原貌。以吉礼为主要研究对象,引用甲骨文、金文,针对殷周礼制中的郊礼、望礼、雩礼、禘礼、宗庙时享礼作详细的考证,一边叙述周礼制度,一边引述春秋经传描述,两相对照,确定吉礼制度。

魏晋时期丧服礼研究

[日]滕川正数著,日本敬文社1970年版。存目。

中国古代丧服之基础的研究

[日]谷田孝之著,日本风间书房1970年版。存目。

礼记今注今译

王梦鸥注译,台湾"商务印书馆"1970年版,1977年版,1984年版,1990年版。又,新世界出版社2011年版。存目。

敦煌本礼记、左、穀考略

陈铁凡著,台湾《孔孟学报》第二十一期,1971年。存目。

中国古代礼教史

周林根著,台湾海洋学院,1971年。存目。

中国中古礼教史

周林根著,台湾海洋学院,1971年。存目。

中国近代礼教史

周林根著,台湾海洋学院,1971年。存目。

先秦丧服制度考

章景明著,台湾"中华书局"1971年版。存目。

仪礼宫室考

郑良树著,台湾"中华书局"1971年版。存目。

中国礼俗研究

何联奎著,台湾"中华书局"1973年版。存目。

周礼今注今译

林尹注译,台湾"商务印书馆"1974年版。存目。

先秦丧服制度考

章景明、本田二郎著,日本角川书店1974年版。存目。

丧服草案简编

郁元英编,郁氏印奖会筹备处,1975年。存目。

大戴礼记今注今译

高明注译,台湾"商务印书馆"1975年版。存目。

礼记校证

王梦鸥著,台湾艺文印书馆1976年版。存目。

大戴礼记今注今译

高明注译,台湾"商务印书馆"1977年再版。存目。

仪礼服饰考辨

王关仕著,文史哲出版社1977年版。存目。

礼学新探

高明著,台湾学生书局1978年(3版),1984年版。第一篇《原礼》。著者认为,中国政制史必须溯源于礼,才能把握中国政制的根本精神。

礼记导读

周何著,台湾康桥出版事业公司1979年版。该书首开系统导读《礼记》之始,将《礼记》之源头与性质作相当简要的介绍,并且简述四十九篇(四十六篇题)的内容,同时还提示从认识篇章要义、探索立礼原意、体验生活规范、搜集有关资料、比较事类异同、提炼学术思想、参考礼经仪节、研究特殊专题等八方面进行研读《礼记》之工作。

《周礼》书中有关农业条文的解释

夏纬瑛著,农业出版社1979年版。存目。

荀子礼学之研究

陈飞龙著,台湾文史哲出版社1979年版。存目。

周礼今注今译

林尹注译,台湾"商务印书馆"1979年版。存目。

仪礼疏考正

[日]仓石武四郎著,日本汲古书院1980年版,自笔稿本影印。存目。

周礼的政治思想

周世辅、周文湘著,台湾东大图书公司1981年版。存目。

礼记:儒家的理想国

周何编撰,台湾时报文化出版公司1981年青少年版,1983年版,1987年版。存目。

三礼研究论集

章景明等著,台湾黎明文化事业股份有限公司1981年版。存目。

宗教礼俗篇:敬天与亲人——中国文化新论

蓝吉富、刘增贵主编,台湾联经出版事业公司1982年版。中国传统的宗教精神在于敬天,中国的礼俗,意在亲人,婚礼表示琴瑟和鸣,丧、祭表示慎终追远,长幼之伦代表礼法与亲情的结合。年节与民间娱乐均含有陶情怡性、移风易俗的作用,都是中国文化在日常生活中最亲切自然的表现。

礼记目录后案

任铭善著,齐鲁书社1982年版。该书以郑玄《三礼目录》中的

《礼记目录》为本，对《礼记》各篇存在的争议，如篇名来历或篇名含义等进行辨析，类似题解。

学记评注

高时良编著，人民教育出版社 1982 年版。存目。

三礼论文集

李日刚等著，台湾黎明文化事业股份有限公司 1982 年再版。存目。

学记注译评

张应宗、张守基注译，青海人民出版社 1983 年版。存目。

仪礼聘礼仪节研究

谢德莹著，台湾文史哲出版社 1983 年版。存目。

古代礼制风俗漫谈

《文史知识》编辑部编，中华书局 1983 年出第一册，包括：清朝的绿营、中国最早的外语学校——同文馆、我国古代国家首脑的称号、皇帝与"九"、话古扇、铜镜杂谈等。中华书局 1986 年出第二册，包括：九品中正制浅说、唐朝法律略说、南书房、司母戊鼎的发现和价值、世界上最早的纸币、宋代的海船与海员生活、中国的罗汉等内容。中华书局 1992 年出第三、四册，介绍了中国古代一些名物制度，如年号起源和变迁、行省制度浅谈、中国的星占术、义和团的旗帜等。

云南彝族礼俗研究文集

马学良著，四川人民出版社 1983 年版。研究云南彝族少数民族风俗习惯。

生命礼俗研讨会论文集

台湾文复会，1984 年。台湾"中华文复会"举行关于成年礼、婚礼、丧礼和生命礼仪等四次讨论会的文章结集。

《学记》释义

刘震编著，山东教育出版社 1984 年版。存目。

唐开元礼中丧礼之研究

邱衍文著，台湾郁氏印书及奖学基金会 1984 年版。存目。

仪礼的象征性

[日]青木保著，日本岩波书店1984年版，2006年版。存目。

汉代礼学研究

[日]藤川正数著，日本风间书房1985年版。存目。

周礼今注今译

林尹注译，书目文献出版社1985年版。存目。

礼记之天地鬼神观探究

方俊吉著，台湾文史哲出版社1985年版。存目。

周礼今注今译

林尹注译，书目文献出版社1985年版。存目。

仪礼特牲少牢有司彻祭品研究/仪礼士丧礼器物研究——仪礼复原研究丛刊

吴达芸、沈其丽著，台湾"中华书局"1985年版。存目。

儒学与礼法

蔡仁厚著，新加坡，不详，1986年。存目。

仪礼士昏礼士相见之礼仪节研究

张光裕著，台湾"中华书局"1986年版。存目。

商代周祭制度

常玉芝著，中国社会科学出版社1987年版。周祭制度是商代最重要的一种祭祀制度。该书从分析有关卜辞的类型和特征着手，研究了周祭中先王先妣的祭祀次序、先王与先妣祭祀的系联、周祭的祭祀周期及祭祀系统的祀谱。

《周礼》的经济制度与经济思想

李普国著，中州古籍出版社1987年版。该书对《周礼》所载关于行政区划的分封，农民受田、井田、沟洫制度，社会组织，财政思想，商工业，其他经济主张等问题作了分析研究。附《周礼》经济资料注译。

三礼名物通释

钱玄著，江苏古籍出版社1987年版。分衣服篇(含布帛、色彩、冠冕、衣裳、韨舄、服制)，饮食篇(含饭食、酒浆、膳牲、荐羞、器皿、饮食之礼)，宫室篇(含都城中城、堂序房室、门塾庭阶、寝庙深广、璧廱明堂)、车马篇(含车舆称谓、车舆形制、马名与马饰、乘车之法、驾马之法)等四部。

周礼研究

侯家驹著，台湾联经出版事业公司1987年版。该书认为，《周礼》是披着儒家外衣的法家作品，其所规划的制度实为极权政治与统制经济。全书共十章，分别为：绪言；《周礼》之谜；《周礼》架构与历代研究；《周礼》思想渊源(阴阳家、法家、儒家、秦汉制度)；《周礼》中的政治思想及制度(权力来源与政治架构、行政系统与制度、司法与监察制度、人民的权力与义务、王朝与诸侯之关系)；《周礼》中的财经思想及制度(人与地的处理、田制与军制、五花八门的税制、供王挥霍的支出、农业与工艺、市场与交通、《周礼》财经思想特色)；《周礼》中社会与教育的思想及制度(礼俗、医药卫生、社会福利、六艺教育、贵族教育、平民教育)；《周礼》之实验暨对后世之影响(王莽、刘歆与《周礼》，西魏的立制，王安石变法，太平天国之实验，《周礼》对后世的影响)；《周礼》批判(官制、事理、文体)；《周礼》解谜及评价。

中国风俗史

张亮采、尚秉和著，上海文艺出版社1988年版。又，中国社会科学出版社2012年版。上编是张亮采的《中国风俗史》，立于现代立场、基于现代视野而成之"风俗通史"，是中国风俗史的开山之作，出版于1902年。下编是尚秉和所撰《历代社会风俗事物考》，是第一部对我国历代风俗事象进行系统考证的专著，其史料之丰富，考订之精详，以及体例之周到，诚一时之选。内容包括：上编 中国风俗史，黄帝以前的太古人民之饮食衣服居处、畜牧、农耕、贸易、金属器物之使用、婚姻、丧葬祭祀、歌舞等，黄帝至夏商的饮食衣服和宫室；下编 历代社会风俗事物考。

中国风俗史

邓子琴著，巴蜀书社1988年版。存目。

儒家礼乐之道德思想

林安弘著，台湾文津出版社1988年版。存目。

大礼与朝仪

［日］出云路通次郎著，日本临川书店 1988 年版。存目。

中国礼俗迷信

江绍原著，王文宝整理。渤海湾出版公司 1989 年版。该书是对比较宗教学家、民俗学家江绍原先生 1930 年在北京大学讲授"礼俗迷信之研究"讲义的整理。内容包括迷信之界说、影响、研究、分类，并重点研究了胎产、幼婴与儿童、成年礼。这是江先生对 20 世纪 20 年代"破除迷信运动"的回应。

丧服制度的文化意义——以《仪礼·丧服》为讨论中心

林素英著，台湾文津出版社 1989 年版。著者认为，丧礼的仪节是对死者和生者的体贴关怀，丧服制度透过仪式的象征形成意识的转换，让生者学习妥善安顿哀情、恢复平衡，又通过严加区分长幼人伦，达到凝聚宗族感情、建立人伦秩序与巩固社会政治的作用。

周礼·仪礼·礼记

陈戍国点校，岳麓书社 1989 年版，2004 年版。重新校注三部礼学经典，每篇文章均由"经文"和"今注"两部分构成；书末附有征引与参考书目。

国学备纂 18 礼学 礼制一、二、三

（清）吴颖炎辑，台湾文史哲出版社 1989 年版。影印本。存目。

十三经引得：周礼、仪礼、尚书

宗青图书出版公司编，台湾宗青图书出版公司 1989 年版，汉学索引集成。存目。

礼的精神——礼乐文化与中国政治

柳肃著，吉林教育出版社 1990 年版。内容包括：第一部分是礼·乐·政治（代序），含礼的起源与作用、礼仪制度和礼乐教化、礼与中国民族精神、礼乐与中国政治；第二部分是政治体制的文化背景，含"国"与"家"，礼的权威、体制与职能；第三部分是民族精神的精髓，含伦理化的哲学、祖先崇拜与天命思想、儒学渊源、礼的反叛；第四部分是原始意识的表象，含宗教感情和现实理性、神话和传统、"史官文化"和"巫祝文化"；第五部分是审美观念的境界，含美善合一、诗教和乐教、礼的形象体现；第六部分是社会心理的遗传，含政治伦理、集体主义、女性的礼教和女性的政；第七部分是民俗民情的形态，含礼仪之邦、伦理纲常的通俗化、家族与政治；余论含礼乐的文化氛围、民族精神的延伸、政治的困境。

中国上古礼制考辨

邱衍文著，台湾文津出版社 1990 年版。存目。

周礼注疏，仪礼注疏，礼记注疏（上、下）

黄侃经文句读，上海古籍出版社 1990 年影印本。存目。

礼记选译

朱正义、林开甲译注，巴蜀书社 1990 年版。存目。

丧葬与中国文化

罗开玉著，三环出版社 1990 年版。存目。

先秦礼制研究　秦汉礼制研究　晋南北朝礼制研究　中国礼制史（隋唐五代卷）　中国礼制史（宋辽金夏卷）　中国礼制史（元明清卷）

陈戍国著，湖南教育出版社 1991 年版。这是陈戍国教授花费 15 年撰写的《中国礼制史》六卷。1991 年出版第一卷，1993 年出版第二卷，1995 年出版第三卷，1998 年出版第四卷，2001 年出版第五卷，2002 年出版第六卷，都旨在从礼俗礼制角度认识历代的政治经济与思想文化。

《周礼》主体思想与成书年代研究

彭林著，中国社会科学出版社 1991 年版。该书论述了《周礼》的主体思想是由儒、法、阴阳五行等三家复合而成，呈现出"多元一体"的特点，其成书年代在汉初高祖至文帝之际。

唐代家庙礼制研究

甘怀真著，台湾"商务印书馆" 1991 年版。著者从法制史的角度讨论权力秩序范畴的礼，借探讨封建礼法制度与皇帝制度的关系，来理解封建礼法作为皇帝制度的治术，以及作为皇帝制度的合法性根据的相关问题。著者认为，从权力秩序角度论礼，即儒家所仰慕的礼治，包含两个层面，一是指统治的技术或工具，二是指礼作为政治权力（公权力）的正当性的根据。该书回溯了唐代家庙制度的渊源，然后介绍了家庙的建筑形式与空间格局，家庙享仪的诸规定，家庙的祭祀相续，家庙的地点，唐代对于违礼的处分——以家庙礼为例。证明了六朝隋唐重视礼制、礼学的原因之一，是士族能够凭借礼制象征统治阶级的合法性与统治的正当性，其中最关键的是身份制。

中国宫廷礼俗

李岩龄等著，天津人民出版社1991年版。该书介绍了皇族的生活，宫廷礼制、宫廷生活习俗、宫廷节日风俗、宫廷喜庆习俗等方面的内容。

先秦丧葬制度研究

李玉洁著，中州古籍出版社1991年版。对我国先秦时期的丧葬制度进行了系统的考察和研究。

礼义之邦：中国交际文化

李学颖著，上海古籍出版社1991年版。该书以故事的形式讲述中国礼义的传统美德。

中国丧葬礼俗

徐吉军、贺云翱著，浙江人民出版社1991年版。存目。

太玄大戴礼研究

刘韶军、谢贵安著，武汉出版社1991年版。存目。

中国古代礼俗辞典

许嘉璐编，中国友谊出版公司1991年版。存目。

中国古代礼俗

王炜民著，中共中央党校出版社1991年版。存目。

社会变迁与传统礼俗

黄有志著，台湾幼狮文化事业公司1991年版。存目。

宗周社会与礼乐文明

杨向奎著，人民出版社1992年版。该书对我国西周社会的政治、经济、文化、礼乐、儒家思想作了综合研究，对各家学派的研究和论点作了讨论性的总结。

中国古礼研究

邹昌林著，台湾文津出版社1992年版。著者认为，中国的礼有一个不断变革发展的过程。自春秋以后有古礼与新礼的区别，主要表现在《周礼》和《仪礼》上。古礼是《周礼》和《仪礼》的结合，是礼的形式与内容的统一，春秋以前这二者几乎是分不开的。到了汉代就形成以义制仪的新礼，重礼仪，这样就有了礼义与礼仪的区别。"在《仪礼》这种结构中，宗权是中心，一切都是围绕宗权展开的，而在《仪礼》和《周礼》的统一结构中，君权是中心，作为国家大法的礼制，是以君臣、贵贱的严格等级秩序来展开各种关系的。"

礼记：礼事经典
周云庭编著，春风文艺出版社 1992 年版。存目。

评析本白话三礼
王宁主编，北京广播学院，1992 年。存目。

神灵与祭祀——中国传统宗教综论
詹鄞鑫著，江苏古籍出版社 1992 年版。存目。

中国宗教礼俗：传统中国人的信仰系统及其实态
高寿仙著，天津人民出版社 1992 年版。存目。

先秦礼祀之研究
席涵静著，台湾众望文化事业公司 1992 年版。存目。

中国礼法和日本律令制
[日]池田温编，日本东方书店 1992 年版。存目。

唐德宗重建礼制秩序与《大唐郊祀录》的编纂
张文昌著，不详。存目。

清代宫廷萨满祭祀研究
刘厚生著，吉林文史出版社 1992 年版。存目。

中国近代社会风俗史
严昌洪著，浙江人民出版社 1992 年版。存目。

钦定大清会典图 嘉庆朝 礼制
（清）托津，台湾文海出版社 1992 年版。影印本。存目。

钦定大清会典图 嘉庆朝 礼制祭器、彝器：乐律、乐器、度量衡
（清）托津，台湾文海出版社 1992 年版。影印本。存目。

大戴礼记逐字索引
刘殿爵编，"商务印书馆"（香港）公司 1992 年版。存目。

礼记逐字索引
刘殿爵、陈方正主编，"商务印书馆"（香港）公司 1992 年版。存目。

周礼逐字索引

何志华等编辑,"商务印书馆"(香港)公司1993年版。存目。

仪礼逐字索引

刘殿爵主编,"商务印书馆"(香港)公司1994年版。又有,台湾"商务印书馆"1996年版。存目。

周官之成书及其反映的文化与时代新考

金春峰著,台湾东大图书公司1993年版。余英时为之作序。该书大量地运用相关的古代文献资料和现代的考古材料,并对徐复观《周官成立之时代及其思想性格》一文的观点与材料予以辩驳,认为《周礼》成于战国晚期,是秦统一前秦地学者的作品。

《乐记》理论探新

吕骥著,新华出版社1993年版。该书分理论与整理两部分。理论部分包括《论〈乐记〉的理论逻辑及其哲学思想基础》、《探索〈乐记〉的音乐美学理论价值》、《关于公孙尼子和〈乐记〉作者考》等三篇。整理部分包括《乐记》整理本以及"几点说明"。著者分析了《乐记》的天道观、辩证观及乐德关系说等哲学思想,考证公孙尼子为《乐记》的作者,并以《史记·乐书》为基础对《乐记》进行了整理、注释。

中国古代婚俗文化

向仍旦著,新华出版社1993年版。书中概述了古代原始社会、奴隶制社会、封建制社会三个时代婚俗文化的不同特点和演变脉络。借助少数民族口头流传的创世神话和原始风俗习惯的遗存,描述了古代原始社会从血族婚、亚血族婚向对偶婚、一夫一妻制的演变;又认为媵妾制等一夫多妻制与奴隶制相关;聘娶婚则体现了封建制社会对婚姻家庭的约束,一夫一妻制代表了人类婚姻进步的方向。

先秦礼乐

刘清河、李锐著,北京师范大学出版社1993年版。内容包括森严繁琐的礼和中和繁缛的乐两部分。前者介绍了礼的内涵及演变,邦国、祭祀、人伦、婚姻、丧葬、生活之礼及先秦礼仪的审美性;后者则介绍了祭祀、征战、宴饮、讽喻、性灵、劳作、婚恋之乐。

周代祭祀研究

张鹤泉著，台湾文津出版社1993年版。该书首先考察了周代诸神神性，其次研究对各种神祇的祭祀所采取的不同的礼仪，并把周代祭祀的神祇进行细部分类，说明献祭方式的特点。最后具体分析了不同种类的宗教仪式对周代社会生活和政治的影响。

周代礼俗研究

常金仓著，台湾文津出版社1993年版。又有，黑龙江人民出版社2005年版。著者研究了周代祭祀礼仪，还包括周代的服饰、宫室、饮食、历法、宗教和巫术。该书内容包括：礼俗的概念和理论、周代礼俗分析、礼乐文化的解构、中国古代文化类型及其两个特征等共5章。

礼制建筑：坛庙祭祀

孙大章主编，中国建筑工业出版社1993年版，2004年版，2010年版。又，台湾光复书局1992年版。本书内容为六部分：论文、彩色图版、图版说明、附录、建筑词汇、中国古建筑年表。论文阐述礼制建筑之产生背景、发展沿革、建筑特色，附有图片辅助说明；附录建筑结构图、平面图、复原图、沿革图、建筑类型比较图表等。

周礼直解·仪礼直解·礼记直解

罗宗阳、刘方元等编著，江西人民出版社1993年版。存目。

礼仪之邦的宝典：礼记

黄俊郎著，台湾黎明文化事业公司1993年版。存目。

祭仪和注释

[日]樱井好朗著，日本吉川弘文馆1993年版。存目。

祼礼考辨

周聪俊著，台湾文史哲出版社1994年版。从文献资料稽考前人之说，再借古文字学者研究殷古文之成绩，取其有关祼礼者，与文献资料相互印证，以见古祼礼最早之资料，且以为经传祼礼之佐证。

周礼译注　仪礼译注　礼记译注（上、下）

杨天宇撰，上海古籍出版社1994年版，2004年新1版。该书以中华书局影印《周礼》为底本，将繁难的礼学经典翻译成现代汉语，嘉惠学林。旧版为繁体，配有大量插图。新版改为简体，去掉了插图，非常可惜。注译包括题解、原文、注释、译文四部分。
中国古代礼仪
胡戟著，陕西人民出版社1994年版。该书系统地论述中国古代礼仪，包括冠礼、婚礼、丧葬礼、祭礼、乡饮酒礼、相见礼，以及朝会礼仪和书面交往的书仪。内容包括：周公与孔子编定了礼的经典，冠礼、笄礼是男女孩子的成年之礼，婚礼是撮合先结婚后恋爱式婚姻，视骨骸为求富求贵之具的丧葬礼，借天地祖宗庇佑皇权族权的祭礼，肇开吃喝风气之先河的乡饮酒礼，举手投足都有约束的交际相见礼，尊君肃臣的朝会仪礼和出行仪仗，酝酿天下文章一大抄的书仪。

宗教礼仪与古代艺术
陈荣富著，江西高校出版社1994年版。存目。

略论唐判所见唐礼法中的继嗣问题 敦煌资料
向群著，出自《唐文化研究论文集》，上海人民出版社1994年版。存目。

荀子之核心思想："礼义之统"及其现代意义
李哲贤著，台湾文津出版社1994年版。存目。

中华民俗源流集成 仪礼丧葬卷
雪犁主编，甘肃人民出版社1994年版。存目。

周礼文化与社会风情
李建国著，人民教育出版社1995年版。内容包括：周礼文化与儒学传统(代序)；土地神的膜拜，由宗法到宗庙，务农传统的张扬，"女色亡国"的历史认同，进谏之路和谤议之风，地域分隔的误区，军政合一的社会建构，田猎和习武，天子的巡守大典，輶轩使和采风观政，诸侯的朝觐会同，诗学与外交，繁琐的跪拜礼，君臣离合之道，兵刑同源，军事运作中的祭祀，战旗高扬的理性，车战的辉煌，市场经济初步，勾连文野的交通，大一统的官学教育，贡士命官，老敬贤和道德风化，语文的规范和管理，度量衡制的取意法则，时空的仪器测算，贵族的姓和氏，命名取字的文化观照，步入成人之列，聘婚的仪节，非正规的合法婚姻，媵妾制和侍御法，女子的七出和归宗，贵族饮食文明，佩玉的文化推阐，医巫分流及其斗争，求解命运的方程，梦幻世界的人文阐释，鼓金之用和禳灾救日，雩祭祈雨，祓禊的演进，殉葬遗风等。

中国丧葬史

张捷夫著，台湾文津出版社 1995 年版。内容包括：先秦社会的丧葬，秦汉厚葬之风，魏晋南北朝时期的薄葬风俗，隋唐五代时期的丧葬制度，宋元时期的丧葬制度，明清时期的丧葬制度，奇特的民族丧俗等。

尚书周礼论刑

蔡燕荞著，四川外语学院 1995 年版。存目。

经国治民之典：《周礼》与中国文化

郝铁川著，河南大学出版社 1995 年版。存目。

周礼夏官的军礼思想

郑定国著，台湾文史哲出版社 1995 年版。存目。

中国古代礼制研究

[日] 小南一郎编，日本京都大学人文科学研究所，1995 年。存目。

礼与传统文化

王琦珍著，江西高校出版社 1995 年版。存目。

从西郊到南郊——国家祭典与北魏政治

康乐著，台湾稻禾出版社 1995 年版。存目。

三礼通论

钱玄著，南京师范大学出版社 1996 年版。该书包括：礼书编，含《仪礼》及《礼古经》，《周礼》著作时代，大小戴《礼记》及《古文记》，礼书学者及重要著作；名物编，含衣服、饮食、公室、车马、武备、旗帜玉瑞、乐舞、丧葬；制度编，含封建职官、禄田赋税田租、军制及军赋、学制、刑法制度、宗法制度、宗庙制度、郊社及群祀；礼仪编，含礼仪通例、冠礼通释、婚礼通释、丧礼通释、祭礼通释、聘礼通释。

中国古代的祭祀

刘晔原、郑惠坚著，商务印书馆 1996 年版。内容包括：祭祀的产生和要求，对天空神灵的祭祀，中国古代的祭天大典，对山神及其统属神的祭祀，对水神的祭祀，祭祀土地神和五谷神，对祖先的祭祀，祭祀先师人杰行祖，中国古代祭祀的多重性质，祭祀在中国古代生活中的地位十章。

《礼记》与中国人的生存和理想

熊良智、庄剑编著，四川人民出版社1996年版。该书挑选《礼记》中的句子进行阐发，属名著精华的现代应用。分原文、译文、评析与应用。

仪礼 礼记：人生的法度

李学颖著，"中华书局"（香港）公司1996年版。又有，上海古籍出版社1997年版，香港"中华书局"授权出版；2008年版。该书特选择《仪礼》、《礼记》中的重要章节译成现代汉语，并从伦理学、社会学的角度予以分析，配有插图。

周礼：远古的理想

冯绍霆著，"中华书局"（香港）公司1996年版。又有，上海古籍出版社1997年版，香港"中华书局"授权出版；2008年版。该书包括：理想国的总蓝图，严密的国家管理体制，精心设计的治民模式，值得注意的富国政策，科学管理思想的发端等五章。

中国古代人际交往礼俗

杜家骥著，商务印书馆1996年版。该书对中国古代社会生活中的礼俗进行了梳理，讨论了人际交往中的各种礼节形式及其施用，社交形式及其礼俗，尊师敬老礼俗及乡里之礼，古代社交礼俗的特点。其所依据的材料是史书和一些古代文学作品中的描述。

敦煌艺术宗教与礼乐文明：敦煌心史散论

姜伯勤著，中国社会科学出版社1996年版。存目。

中国古代宗教与礼乐文化

谢谦著，四川人民出版社1996年版。存目。

唐代祠祭论稿

章群著，台湾学海出版社1996年版。存目。

昭穆制度研究

李衡眉著，齐鲁书社1996年版。存目。

仪礼郑注句读校记

韩碧琴著，国立编译馆1996年版。存目。

中国近代礼概述

[日]小岛毅著，日本东京大学出版会1996年版。存目。

先秦礼乐文化

杨华著，湖北教育出版社1997年版。该书是从文化与制度的层面探讨周代的礼乐文化的内涵。包括：礼乐文化的原始形态，礼乐文化的政治化，礼乐制度的整体结构，宗周雅乐的艺术构成，《诗》乐与古代社会礼俗生活，礼乐制度的衰落，礼乐存废辨，先秦礼乐文化的区域差异，以及论礼乐文化与古代东方社会、中国传统文化。

礼与法——法的历史连接

马小红著，经济管理出版社1997年版。分为渊源篇、礼治篇、礼法篇、变革篇、法制篇共5篇。

古代礼俗左右之辨研究——以三礼为中心

彭美玲著，台湾大学出版中心1997年版。著者认为，"左右之辨"在古代礼俗领域中，扮演了区别分殊的重要角色，它不只是二元相对的分类概念而已，它更是深具文化意涵的象征符号，被用来区分阴阳、男女、文武、吉凶、生杀，被用来建立人文社会，架构伦理秩序。该书从生活的各有关面向，揭示出足量的、齐整的左右之辨，进而诠释其规律及意涵。

三礼注汉制疏证

刘善泽著，岳麓书社1997年版。该书根据三礼篇章排列，依篇补加疏证条目。

中日韩民间祭祀仪礼的比较研究

[日]诹访春雄著，黄强、叶汉鳌译，台湾财团法人施合郑民俗文化基金会1997年版。

新译礼记读本

姜义华译注，黄俊郎校阅，台湾三民书局1997年版。存目。

古代生命礼仪中的生死观：以《礼记》为主的现代诠释

林素英撰，台湾文津出版社1997年版。又，《从古代的生命礼仪透视其生死观：以礼记为主的现代诠释》，台湾花木兰文化出版社2009年版。该书根据古代礼书所载，将贯穿个人生命历程的冠、婚、丧、祭四大礼仪活动，本诸先仪（现象呈现）、后礼（礼义阐释）的原则，全面探讨礼制中所隐含当时人对生死的观念，更借由礼学的深入生命核心活动，展现经学有血有肉的另一面向，达到经学旨在指导人生的不朽价值。

古代祭礼中之政教观：以《礼记》成书前为论

林素英著，台湾文津出版社1997年版。该书对周代祭礼进行了详尽的分类，深入研究祭祀对周代政治、文化的关联，认为周人祭祀天神、地示、人鬼的意义和功能是，满足人类生命力的同时也完成"祭祀为人"之目的，建立敬重神明的信念，养成饮水思源、感恩图报之观念。著者企图在现今崇尚功利、重视现实享乐的社会中发扬礼乐教化的价值。

礼乐渊薮：《礼记》与中国文化

黄宛峰著，河南大学出版社1997年版。内容包括：《礼记》其书、《礼记》的思想体系、《礼记》与中国的孝道、《礼记》与中国的妇道、《礼记》与中国宗法社会、《礼记》与中国的礼乐文化等。

仪礼全译

彭林译注，贵州人民出版社1997年版。该书体例：原文，注释，译文。

中国古代的礼仪制度

朱筱新著，"商务印书馆"1997年版。为礼仪知识的普及性介绍。

古代礼制与风俗

叶国良著，台湾书店1997年版。存目。

儒行研究

胡楚生著，华正书局。出版年不详。存目。

礼记漫谈

刘松来著，张善文、马重奇主编"十三经漫谈丛书"之一种，台湾顶渊文化事业有限公司1997年版。存目。

仪礼漫谈

林志强、杨志贤著，属"十三经漫谈丛书"，台湾顶渊文化事业有限公司1997年版。存目。

周礼漫谈

徐启庭著，属"十三经漫谈丛书"，台湾顶渊文化事业有限公司

1997年版。存目。

郭店楚墓竹简

荆门博物馆整理，文物出版社1998年版。此简于1993年出土于湖北荆门市郭店一号楚墓，共有七百多枚。后经整理出版，包括《缁衣》、《五行》、《老子》、《太一生水》五部，为先秦儒道两家典籍与前所未见的古代佚书共十八篇。《缁衣》的内容与今本《礼记·缁衣》大体相合，两者的分章及章次却差别较大，文字亦有差别。

二十世纪中国礼学研究论集

陈其泰、郭伟川、周少川编，学苑出版社1998年版。该书包括：金景芳《谈礼》；黄侃《礼学略说》；杨向奎《礼的起源》；饶宗颐《史与礼》；蔡尚思《孔子的礼学体系》；刘泽华《先秦礼论初探》；刘家和《先秦儒家仁礼学说新探》；刘志琴《礼——中国文化传统模式探析》；杨志刚《中国礼学史发凡》；刘师培《逸礼考》；蔡介民《〈礼记〉成书之时代》；蔡介民《〈礼记〉成书之时代再考》；杨向奎《〈周礼〉的内容分析及其年代》；顾颉刚《"周公制礼"的传说和〈周官〉一书的出现》；段熙仲《礼经十论》；沈文倬《略论礼典的实行和〈仪礼〉书本的撰作》；杨天宇《论郑玄〈三礼注〉》；章炳麟《礼隆杀论》；王国维《殷周制度论》；胡适《论秦畤及〈周官〉书》；郭沫若《谥法之起源》；吴承仕《周官古代社会研究者对于丧服应认识的几个基本观念》；文藻《中国丧礼沿革》；柳诒徵《从〈周官〉观其时社会》；齐思和《周代锡命礼考》；陈公柔《士丧礼、既夕礼中所记载的丧葬制度》；杨宽《射礼新探》；饶宗颐《〈春秋左传〉中之礼经及重要礼论》；张光裕《〈仪礼〉盥洗说》；张光直《殷礼中的二分现象》；郭伟川《论〈史记〉的礼治思想——兼论乐与仁及大一统观》；郭伟川《汉代礼治的建立及其对后世的影响》；郭伟川《礼坏与不仁的朝代——略论朱明王朝之弊政》；徐进《礼治的精义及其影响》。

传统礼俗与现代社会生活

王其俊、孙聚友著，济南出版社1998年版。包括：传统礼俗与社会生活、生养婚丧人生大事、饮食服饰丰富多彩、人际交往真诚守信、岁时节日热烈欢庆、游艺竞技千姿百态等六章。

明太祖礼法之治研究

罗冬阳著，高等教育出版社1998年版。著者考察了洪武时期（1368—1398）的经济与财政状况，明初的主要利益集团即武官集团和文官集团，明朝取代元朝的合法性问题上朱元璋与儒士的关系，以及朱元璋礼法之治的两个方面，即重典治国和政治制度的改革。

中国历代祭礼

杜希宙、黄涛编著，北京图书馆出版社1998年版。该书先从祭祀对象、祭品种类、祭祀场所、祭祀礼制习俗、祭祀与巫术的关系几方面概述了中国的祭祀文化，然后将官方与民间、历代演变、不同地域不同民族不同层面角度的祭祀整合在一个体系之中，按历史时代先后介绍了天界神灵的祭祀，包括祭天神、日神、月神、星神、雷神、雨神、风神、云神等；地界神灵的祭祀，包括地神、社神、山神、水神、石神、火神；人界神灵的祭祀，包括祖先神、圣贤神、行业神、家神、福禄寿神。

礼学概论

周何著，台湾三民书局1998年版。略述三礼的内容，简介礼学的功能。

礼记中之祭礼研究

傅楠梓著，台湾复文图书有限公司1998年版。以《礼记》为主，参考《周礼》、《仪礼》及《春秋三传》的说法来研究祭礼。先详尽说明了祭礼的起源与演进，再依据《礼记》中的《祭义》、《祭统》、《祭法》三篇对祭礼作说明，并探讨了三篇的意义。

中国历代宾礼

李无未著，北京图书馆出版社1998年版。阐述了宾礼的源流、演变、特色及对现实生活的影响。

中国历代家礼

陆益龙编著，北京图书馆出版社1998年版。阐述了家礼的源流、演变、特色及对现实生活的影响。

中国历代婚礼

鲁达编著，北京图书馆出版社1998年版。阐述了婚礼的源流、演变、特色及对现实生活的影响。

中国历代葬礼

万建忠编著，北京图书馆出版社 1998 年版。阐述了葬礼的源流、演变、特色及对现实生活的影响。

少年礼记：写给青少年看的礼记

林素英著，台湾汉艺色研文化事业有限公司 1998 年版。经典普及性读物。

古代礼制风俗漫谈（全 4 册）

1 册阴法鲁著；2 册刘德谦等著；3 册史苏苑等著；4 册杨村等著。台湾万卷楼图书公司 1998 年版。通俗读物。

北朝婚丧礼俗研究

谢宝富著，首都师范大学出版社 1998 年版。存目。

西汉礼学新论

华友根著，上海社会科学出版社 1998 年版。存目。

礼记笺注

刘中光撰，海潮出版社 1998 年版。存目。

礼记全译

吕友仁、吕咏梅译注，贵州人民出版社 1998 年版，2 册。存目。

礼记

艾钟、郭文举注释，大连出版社 1998 年版。存目。

中国祭祀礼仪与信仰

黄强著，日本第一书房 1998 年版。存目。

柳诒徵说文化

柳诒徵著。上海古籍出版社 1999 年版。书中收录《中国礼俗史发凡》一文，包括论读经史以治礼之俗之法、礼俗之演变、秩叙、教育、仪法、人文六部分。

宗周礼乐文明考论（增补本）

沈文倬著，浙江大学出版社 1999 年版；2006 年 2 版。该书汇集了当代礼学大师沈文倬先生六十多年来学术研究成果之精华。

儒家礼治与中国学术——史学与儒道释三教论集

郭伟川著，香港容斋出版社 1999 年版。又，北京图书馆出版社

2002年修订本。为著者近十年来儒家礼治和中国学术史研究的 25 篇学术论文结集。

说礼乐

钱世明著，京华出版社 1999 年版。属礼学通说类书籍。

唐代礼制研究

任爽著，东北师范大学出版社 1999 年版。该书介绍了吉礼、宾礼、军礼、嘉礼、凶礼等唐代礼制的基本内容及其演变，以及唐代的礼制与唐代的法律、社会、政治等的联系。

宋代三礼学研究

吴万居著，台北编译馆 1999 年版。该书共分六章：绪论；宋儒隆礼之内因与外缘；宋代之《周礼》学；宋代之《仪礼》学；宋代之《礼记》学；结论。

中国全史 简读本 6 王朝史 礼制史

曹健民主编，王朝史（蔡双全编），礼制史（王名炽编），经济日报出版社 1999 年版。

家规礼仪

高建军著，辽海出版社 1999 年版。该书对孔子家族的礼仪、家规、习俗进行了探讨，诸如孔府典礼、府务礼章、家规家法、居行衣食、节日习俗、婚育礼俗、丧葬礼仪、游艺雅玩、信仰禁忌等各种祀典礼仪、日常交往礼仪等，揭示了它的形成与演变及它所产生的影响。

民俗礼仪

赵婧昶、易耶编著，中国世界语出版社 1999 年版。包括人生礼俗、服饰文化、饮食风俗、节日礼俗、民间信仰、民间游艺、生肖风俗、花卉民俗、基础礼仪、言语礼仪、服饰礼仪、日常礼仪、人际关系、办公室礼仪、正规宴会礼仪、谈判礼仪、商务礼仪、服务业礼仪等内容。

大戴礼探源

韩永贤著，人民中国出版社 1999 年版，2003 年重印。该书对《大戴礼记》提供原文、注释、译文和点评。

祀天祭地——现代祭拜礼俗

李秀娥著,台湾博扬文化1999年版。介绍中国台湾传统汉民族的各种相关祭祀礼俗的简明实用手册,分观念篇、用品篇、行动篇三部分。

古代祭祀论

[日]中村英重著,日本吉川弘文馆1999年版。存目。

礼经

李安纲、阎凤梧编著,中国社会出版社1999年版。存目。

唐写本《礼记音》考

许建平著,甘肃文化出版社1999年版。《中国敦煌学百年文库》语言文字卷(二)。存目。

朱子家礼与韩国之礼学

[韩]卢仁淑著,人民文学出版社2000年版。该书系韩国学者研究、论述中国宋代大儒朱熹所著《文公家礼》,于明初传入朝鲜后,对其在政治和思想文化方面产生影响的专著,是一部探讨中国文化传播的有特色的学术著作。

中国礼文化

邹昌林著,社会科学文献出版社2000年版。该书运用传统的史学考据方法,借鉴现代文化人类学成果,围绕《礼记》对中国礼文化的特征进行系统研究。分上下两编。上编"中国礼文化",下编"礼教与儒学传统"。

中国丧服制度史

丁凌华著,上海人民出版社2000年版。内容包括:丧服服饰制度,丧服服叙制度,服叙制度在传统法律上之适用,守丧制度。后附录有49幅丧服图和16张表,尤为可贵。

春秋婚姻礼俗与社会伦理

陈筱芳著,巴蜀书社2000年版。该书从社会文化角度研究《春秋左传》,考察了春秋时代的一夫多妻制、媵制、婚礼——三礼、有无"烝、报、因"婚制、婚姻形态之特点、男尊女卑之礼俗、贞节观、父子伦理及孝之源流、兄弟伦理、君臣伦理、民本思想、义利观、信道德、礼、德、其他社会公德、道德规范体系及其特点、伦理道德学说。研究婚姻家庭礼制、习俗与社会伦理道德及其制约下之夫妻、父子、兄弟、君臣、君民关系以及一切个人与个人、个人与群体之关系。

俎豆馨香——中国祭祀礼俗探索

方光华著,陕西人民教育出版社2000年版。该书重点描述了中国古代有过重要影响的祭礼,力图勾勒出其产生、发展、变化的基本过程,探索中国祭祀礼俗的演变和具体仪式,并从这个角度来研究中国文化。

龙旗下的臣民——近代中国礼俗与社会

[英]吉尔伯特·威尔士、亨利·诺曼著,光明日报出版社2000年版。该书以西方人的眼光去看中国,真实地记录了19世纪中国社会各层面的状况以及民风民俗,并附有一些珍贵的旧照片。

《三礼》之谜

谢芳琳著,四川教育出版社2000年版;2001年2版。该书共分五个部分,包括:"三礼"成书之谜、宗法官制之谜、交际礼仪之谜、宗法祭祀之谜、人生仪礼之谜,全面地介绍了关于"三礼"的文化知识、现象及谜案。

荒野上的祭坛——中国少数民族祭祀文化

刘亚虎著,北京出版社2000年版。该书是"中国少数民族文化探索丛书"之一,按祭祀文化的空间形态及时间脉络,展示中国少数民族祭祀文化的独特魅力。

诗经三颂与先秦礼乐文化

姚小鸥著,北京广播学院出版社2000年版。该书以探索先秦礼乐文化为经,以《诗经》诸篇的具体考证为纬,对《诗经》三《颂》进行系统的综合研究,并以三《颂》为主要材料,结合历史学、考古学、文字学的最新成果,对先秦礼乐文化的渊源与流变作梳理和探讨。

礼记

徐超选编今译,山东友谊出版社2000年版。汉英对照读本。主要内容包括:阐述礼乐制度一般理论、论述古代礼俗制度、解释《仪礼》、杂记名儒言行等四类。

礼记直解
任平直解，浙江文艺出版社2000年版，中国文化经典直解。

周礼论著目录　仪礼论著目录　三礼论著目录
刘兆祐编辑，台湾红叶文化事业有限公司2000年版。存目。

孔孟荀礼法思想的演变与发展
杨秀宫著。台湾文史哲出版社2000年版。存目。

上海博物馆藏战国楚竹书(1~8册)
马承源等整理，上海古籍出版社2001年开始陆续出版。

以礼代理——凌廷堪与清中叶儒学思想之转变
张寿安著，河北教育出版社2001年版。该书1994年在台湾出版，1996年荣获第一届"中研院"年轻研究人员著作奖。该书主要讨论清代中叶礼学思想的兴起。首先介绍以礼代理思想，其次说明嘉道间崇礼思想之蔚起，并分析此一崇礼思想与当时理学界产生之争辩，最后讨论礼学思想之社会实践，以证明清学在思想与经世间的联系性。

礼·法·社会——清代法律转型与社会变迁
张仁善著，天津古籍出版社2001年版。又，商务印书馆2013年版。该书较为系统地探讨了清代礼法在清朝前期、中期和末期与社会生活、社会结构、社会心态等之间的关系，以及不同时期礼法的社会功能，分析了礼法的演变对传统中国社会向近代社会转变的影响。

中国文化史
柳诒徵著，上海古籍出版社2001年版。该书创稿于1919年，曾于1931年、1947年、1988年多次重版。该书第一编第19章"周之礼制"，根据《周礼》与《仪礼》，从国土之区画、官吏之职掌、乡遂之自治、授田之制(附兵制)、市肆门关之政、王朝之教育、城郭道路宫室之制、衣服饮食医药之制、礼俗、乐舞、王朝与诸侯之关系11个方面描绘了周代的礼制。

礼教下延之后
赵毅恒著，上海文艺出版社2001年版。该书作者深入考察了俗文化兴起、礼教下延的种种弊端，提倡超越规范的、把自我作为反思对象的、形而上学思辨的文化学批判，这样才能使精英文化不被商业化的俗文化击碎。

中国礼仪制度研究

杨志刚著，华东师范大学出版社 2001 年版。该书先分夏商到西周、东周到汉唐、两宋到民国三阶段论述了礼制沿革和历代礼典概况，后分别讲述了吉礼、嘉礼、军礼、宾礼和凶礼。该书将出土文献、实物及都邑、墓葬遗址与传世文献相映证，对礼的起源与早期形态的论述独具特色。

中国礼仪文化

葛晨虹著，经济科学出版社 2001 年版。书中认为，中国礼仪文化源自于古代东方社会的亚细亚生产方式和物质条件，及宗法国家的特点。中国古代礼仪遵循礼者理也的礼义原则，具有以礼化天下的宗法人伦特性和为政治国、制定礼法、人文教化的德治功能。

礼仪与中国文化

顾希佳著，人民出版社 2001 年版。该书先概述礼仪的基本特征、原则、文化功能、源起与流变，对其进行反思和展望；然后介绍古代五礼、传统家庭礼仪、传统人生礼仪、传统交际礼仪；最后介绍现代人的礼貌修养、现代家庭礼仪、校园礼仪、职业礼仪、公共场所礼仪、涉外礼仪、各国礼俗与禁忌。

甲骨文献集成 第二十册 专题分论 世系礼制

宋镇豪、段志洪主编，四川大学出版社 2001 年版。该书所汇编文献资料内容涉及甲骨文研究中的世系礼制问题，收录了1949年至1990年的论文资料，主要论文包括：《商代周祭制度》、《从商代无嫡妾制度说到它的生母入祀法》等。

甲骨文献集成 第二十一册 专题分论 世系礼制

宋镇豪、段志洪主编，四川大学出版社 2001 年版。该书汇编文献资料内容涉及甲骨文研究中的世系礼制、国家与社会问题，所收录论文资料选自1986年至1999年部分，主要论文有：《花园庄东地卜辞的"子"》、《从汉字看中国古代的礼仪》等。

《周礼》名物词研究

刘兴均著,巴蜀书社2001年版。该书内容包括:《周礼》的流传与注释、名物的定义与名物词的确定、《周礼》名物词的物类类别、《周礼》名物词的词源义等。

礼记的人文美学

林素玟著,台湾文津出版社2001年版。以《礼记》为线索,考察先秦礼学中的美学内涵。

三礼研究论著提要

王锷编著,甘肃教育出版社2001年版。该书分上、下两编。上编收录了汉至1999年历代学者研究《周礼》、《仪礼》、《礼记》的专著2683部;下编收录了1900—1999年国内外研究"三礼"的论文2123篇。2007年印行增订本,分上、下二编及补遗、补遗续,共计收录汉代至2004年历代学者研究《周礼》、《仪礼》、《礼记》(包括《大戴礼记》)的专著2795部。民国以前的专书每书撰有提要,提要内容包括书名、卷数、作者简介、内容、价值、版本、存佚状况及藏书单位,对相关的版本源流等问题作了考证。收录1900—2004年国内外研究三礼的论文3275篇。每篇论文著录篇名、作者、刊物名称、发表时间、卷(期)号和页码。共计收录专著、论文6070条。全书最后附有书名及作者索引。

周礼六冕考辨

王宇清著,南天书局2001年版。该书以《周礼》为模板,将国家典章制度中的冠衣典制,依中国历代古典书籍相关衣冠史料,一一加以考证与辨伪。

汉族风俗文化史纲

徐杰舜、周耀明著,广西人民出版社2001年版。全书十章包括:绪论、先秦、秦汉、魏晋南北朝、隋唐、五代宋元、明代、清代、民国时期汉族风俗文化。

礼记图典

周春才图文,百花文艺出版社2001年版。又,中国文联出版社2003年版,2012年版。又,《漫画礼记图典》,台湾先智出版事业股份有限公司 2004 年版。又，海豚出版社 2006 年法语和英语版。著者在潜心研读《礼记》的基础上，从中精心筛选出对中国历史影响较大或与现实生活较贴近的内容，采用漫画的表现形式，使《礼记》的思想能够成为妇孺皆懂的知识。

礼记译解

王文锦译解，中华书局 2001 年版。该书体例：原文，译解。

礼记

钱玄、钱兴奇等注译，岳麓书社 2001 年版。体例：经文，今注，今译。

周礼

钱玄、钱兴奇等注译，岳麓书社 2001 年版。体例为：经文，今注，今译。

曲礼·礼运

邓柳胜、叶国译注，广州出版社 2001 年版，2004 年第 2 版。该书包括：曲礼上、曲礼下、王制、月令、礼运、郊特性、内则等七篇，各篇包含原文、注释、译文。

仪礼

彭林注译，岳麓书社 2001 年版。存目。

中国礼制与礼学——京都大学人文科学研究所研究报告

朋友书店 2001 年版。论文集。

先秦礼学

勾承益著，巴蜀书社 2002 年版。该书分七个部分探讨了西周以前、西周和春秋时期礼学，研究了《诗经》、《左传》、《国语》、《礼记》中的礼学思想，对先秦诸子著作中的礼学思想进行了分析，研究了礼学的本质和表现形态。

北朝礼制法系研究

李书吉著，人民出版社 2002 年版。该书共分五章，内容包括：北魏孝文帝托周改制、北朝周典化礼制体系、北朝礼学系统、南北朝时期的法律北系、对中华法系的基本认识。

文化冲撞中的制度惯性

李宝臣著，中国城市出版社 2002 年版。该书主要内容包括：明清政治立法的礼制传统；民族认同中的礼法团聚功能；皇位制度——君权限制性政治机制；科举制——君主与士宦集团共治的礼制契约；争国本的君臣冲突与皇位继承制度；雍正秘密立储制度的缺陷；明太祖的政治立意与朝廷政府体制；政治家的权术与政治家的良心——张居正填补体制缺陷的悲剧；中国早期现代化难以逾越的制度性障碍因素等。

尊君肃臣——中国古代官礼研究

孙福喜著，陕西人民出版社2002年版。该书对传统文化中"礼"的重要内容作了逻辑的展开和论述，具体介绍了古代国家各项活动的礼制规定。包括：尊卑有别，贵贱有分——正名；尊君肃臣话朝仪；躬亲垂范——籍田、巡幸、视学礼；耀武扬威——演军用兵礼仪；改元正位——登极、禅让仪；皇恩浩荡——尊长敬老；尊崇备至皇亲国戚——礼遇有加；设官定礼——任官礼仪；尊卑有等——仪仗舆服宫室；礼尚往来——交聘礼仪。

清初三礼学

林存阳著，社会科学文献出版社2002年版。该书通过对复兴三礼学的酝酿与发展、经学诸大师的三礼学、儒臣对三礼学的倡导与撰著等问题的分析阐述，系统地揭示了清代"三礼"之学产生的思想渊源、本质特征、学术贡献，以及发展与流变的轨迹。

唐礼摭遗

吴丽娱著，商务印书馆2002年版。该书以书仪的礼仪变化为考察对象，着重研究中古礼制的分期与书仪的礼书内涵，认为当贵族制向官僚制转变的同时，书仪也反映了作为礼仪核心的等级关系从围绕家族血缘为中心到以官场为中心的转变，以及唐五代礼庶民化、实用化和官僚化的倾向。书中参考了较多敦煌文献。

中国传统礼俗

张雪杉、张春生主编，百花文艺出版社2002年版。该书引用大量典籍及具体实例，比较华夏各地民族的礼俗异同，批判地讲述古今风俗的演变，全书包括岁时礼俗、交往礼俗、婚姻礼俗、生育礼俗、丧葬礼俗五部分，介绍了中国传统礼俗的基本知识和历史发展。

法制与礼俗——第三届国际汉学论文集(历史组)

刘增贵主编,"中央研究院"历史语言研究所,2002年。法制史:"一、中国法制史之名称与研究范围;二、唐代律令制度与盛唐政治;三、Sung Criminal Justice and the Modern Implication of Chinese Legal Tradition the Case of A Yun (1068—1069) revisited;四、民国初期的民事审判与民间习惯:以大理院裁判史料为中心的考察"。礼俗史:"一、中国礼俗史研究的一些问题;二、中国古代郊祀礼的再思索:西汉成帝时的郊祀礼;三、The Interaction bewteen Popular Religion and Shusbu Culcure in the Dunhuang Manuscripts;四、嫁娶宜忌:选择术中的'亥不行嫁'与'阴阳不将'考辨。"

礼记研究

杨雅丽著,三秦出版社2002年版。该书对《礼记》进行了多方位的研究和探讨,其中包括:《礼记》的文化学价值,礼法自然的礼学思想,《礼记》对中华人文精神的宏扬、传承与变易:儒家论礼的辩证思维倾向,儒家对礼社会功能的充分肯定,《礼记·乐记》论乐的本源、社会功能及礼乐之异,"礼器"的文化阐释,儒家"经世致用"、培养受教育者人文品格的教育思想,中庸:儒家论礼的一贯之道,《礼记》文学语言的艺术魅力,发幽探微:《礼记》文献语言训诂等内容。

《礼记·乐记》之道德形上学

王菡著,台湾文史哲出版社2002年版。该书继承徐复观和唐君毅两位先生对"乐"的理解,主张将"乐"上升到道德本体的高度。

二十世纪唐研究

胡戟等主编,中国社会科学出版社2002年版。其中第五章《礼制》与《二十世纪唐代礼制研究的回顾与展望》,由甘怀真撰写。

礼宜乐和的社会理想

金尚理著,巴蜀书社2002年版。该书研究中国古代礼乐文化及其现代影响,论述了礼乐文化在先秦时期的三个发展阶段,即作为宗教的阶段、作为群体组成方式的阶段和作为个人内外修行的阶段。又分析了礼乐文化表现在现代视角下的几个基本特点,如祖先崇拜的家庭宗教——人生的基本关怀,养生丧死无憾——人生的基本态度,严上下、别亲疏——群体的组成方式，失礼则入刑——礼法制度与法制体系，同财、公财、通财——受名分制约的财产关系等。

古礼今谈

周何著，台湾万卷楼图书公司 2002 年版。书中谈及古礼如冠礼、婚礼，多重其内在精神，而不是申说表面的仪程。

西汉礼制建筑遗址

中国社科院考古研究所编，文物出版社 2003 年版。该书介绍 1958—1960 年在西安西北郊发掘的十四座西汉礼制建筑遗址的全部资料，及 1956—1957 年在同一地区发掘的大土门遗址的资料，包括建筑遗址群概述、建筑形制、出土遗物等。内容包括：建筑遗址群综述；第三号遗址；第一号、第二号、第四号至第十一号遗址；第十二号遗址；第十三号遗址；第十四号遗址；出土的砖、瓦、瓦当；大土门遗址。这批西汉礼制建筑遗址对中国东汉魏晋以后各代的礼制建筑有重大而深远的影响；对中国古建筑学，尤其是中国传统的礼制建筑制度的研究，都有重要意义。

先秦礼学思想与社会的整合

刘丰著，中国人民大学出版社 2003 年版。该书除绪论外包括：礼学思想的兴起、礼学思想的哲学基础、礼对人的控制、礼的社会控制——权力关系、礼与社会秩序的整合、结语：礼的社会价值——等级和谐等章节。

汉唐都城礼制建筑研究

姜波著，文物出版社 2003 年版。该书收录汉唐都城礼制建筑遗址的考古资料和相关文献，以朝代和都城为坐标，对秦咸阳城，西汉长安城，东汉雒阳城，曹魏、西晋洛阳城，东晋、南朝建康城，北朝都城，隋唐都城等每一时期、每一都城礼制建筑的建筑结构、分布状况、分布规律、祭祀对象加以讨论，梳理了汉唐都城礼制建筑的发展与演变。

汉代丧葬礼俗

李如森著，沈阳出版社 2003 年版。该书系统整理考古学发掘的汉墓遗存资料，介绍了汉代的葬俗、丧礼、安葬 棺椁制度、随葬品、陵园 墓域、木椁墓、崖墓 空心砖墓 土洞墓、石室墓 壁画墓 画像石

墓 画像砖墓、砖室墓九个方面。著者将传世文献与考古资料对应，论述了汉代的丧葬礼俗，及其所反映的汉代的社会与历史。

中国家族传统礼仪

费成康著，上海社会科学院出版社2003年版。该书采用大量图画来说明几千年来中国的民众及其家族如何举行冠、婚、丧、祭诸礼。

泰山封禅与祭祀

汤贵仁著，齐鲁书社2003年版。以研究泰山文化和旅游为目的，陆续编辑出版的泰山文化和旅游方面的学术性丛书。

中国历代礼仪典（全六册）

何庆先等整理，广陵书社2003年版。该书根据《古今图书集成》的《经清汇编·礼仪典》及《清朝通志》、《清朝文献通考》和《清朝续文献通考》的部分内容编辑而成。

神圣的娱乐——中国民间祭祀仪式及其音乐的人类学研究

薛艺兵著，宗教文化出版社2003年版。该书是对中国神灵祭祀活动中以音乐、舞蹈为重要祭祀手段的传统文化的人类学研究。分上下篇。上篇在人类学、民族音乐已有理论基础上，从新的视角对仪式、仪式音乐、祭祀仪式及其音乐进行的理论阐释和方法探讨。下篇对五个地区五种不同类型的民间祭礼及其音乐的个案研究和比较研究，并将中国民间音乐祭礼的本质特征概括为"神圣的娱乐"。

中国古代礼法思想研究

［日］石川英昭著，日本创文社2003年版。包括：中国法思想研究的视角，中国礼法思想基础的考察，孔子的礼思想，荀子的礼思想，韩非子的社会规范论，韩非子的社会统治论，董仲舒的礼法思想，中国法思想研究的课题八章。

《周礼》中商业管理制度研究

朱红林著，吉林文史出版社2003年版。该书综合利用大量先秦文献、考古学、文字学、简牍学等资料，对《周礼》所载的商业管理制度进行了研究。

《仪礼·丧服》考论

丁鼎著，社会科学文献出版社2003年版。该书评述探讨了《丧服》的经、传、记的构成与作者、撰作年代、历代学者的讨论。全书分八章：绪论；中国古代丧服制度的形成和确立；《仪礼·丧服》经、传、记述论；《仪礼·丧服》服制考述；《仪礼·丧服》的制服原则与有关服制义例；《仪礼·丧服》所反映的上古婚姻家庭制度；《仪礼·丧服》所体现的周代社会关系和伦理观念；《仪礼·丧服》与其他先秦文献所载丧服制度之比较研究。

昭穆制度研究论集

李衡眉著，泰山出版社 2003 年版。包括昭穆制度与周人早期婚姻形式、殷人昭穆制度试探、鲁国昭穆制度蠡测、晋国昭穆制度管窥等文章。

礼与中国传统政治体制制度

王晓峰著，陕西人民出版社 2003 年版。该书从礼的角度探讨中国传统政治制度的运作方式，涉及皇权与中央行政制度，地方行政制度，职官管理制度等领域。

礼学思想与应用

林素英著，台湾万卷楼图书公司 2003 年版。以《礼记》为主要材料，探讨先秦尤其是儒家的礼仪制度和礼学思想。

从《郭店简》探究其伦常观念——以服丧思想为讨论基点

林素英著，台湾万卷楼图书公司 2003 年版。存目。

甜蜜的包袱：《礼记》

林素英著，台湾万卷楼图书公司 2003 年版。存目。

《仪礼》祭礼新探

韩碧琴著，台湾东华书局 2003 年版。存目。

三礼总义著述考

刘兆佑编著，台湾"国立"编译馆 2003 年版，属十三经著述考，中华丛书。存目。

《仪礼》著述考

刘兆佑编著，台湾"国立"编译馆 2003 年版，属十三经著述考，中华丛书。存目。

《周礼》著述考

刘兆佑编著，台湾"国立"编译馆 2003 年版，属十三经著述考，中华丛书。存目。

《礼记》著述考

黄俊郎编著,台湾"国立"编译馆 2003 年版,属十三经著述考,中华丛书。存目。

商周祭祖礼研究

刘源著,商务印书馆 2004 年版。主要内容包括:商代后期祭祖仪式的类型,周代祭祖仪式的类型,甲骨文中所见商代后期贵族祭祖仪式内容,周代贵族祭祖仪式过程,从祭祖礼看周人的祖先崇拜,商代后期祭祖仪式所反映的社会关系,周代祭祖礼对宗法制的维护等章。

中国古代礼仪文明

彭林著,中华书局 2004 年版。该书立足于以人法天的理想国纲领——《周礼》,贯穿生死的人生礼仪——《仪礼》,阐发礼义的妙玉集粹——《礼记》三部礼书,介绍了冠礼,婚礼,士相见礼,乡饮酒礼,射礼,燕礼,聘礼,丧礼,士丧礼,既夕礼,士虞礼,释奠礼,家礼,书信等古代礼仪。

一代礼宗:凌廷堪之礼学研究

商琛著,台湾万卷楼图书公司 2004 年版。该书以"礼"的观点切入凌廷堪之思想核心,以"礼"作为命题,讨论礼学与礼治,着重取证于原点文献,以阐明凌廷堪考证求真精神,可提供了解凌廷堪有关"礼"的意涵与落实体制的理想。

两周礼器制度研究

吴十洲著,台湾五南图书出版公司 2004 年版。内容包括:礼器制度之来源与形成,礼器制度的社会功能,东周礼书所见礼器制度,随葬礼器制度,礼器制度的衰落等。最后揭示了两周礼器制度的产生背景、礼器制度的哲学意义以及对后世的影响。

荀子礼学研究

陆建华著,安徽大学出版社 2004 年版。该书在先秦思想文化背景之下,从哲学层面解析荀子礼学的内容、结构和体系,认为荀子礼学以礼的价值说明为思维的起点,以礼以解"弊"的诸子批判为终点。内容包括礼之价值论、礼之发生论、礼之本质论、礼为人本论、礼之认识论、礼乐同构论、隆礼重法论、礼以解"弊"论等内容。

荀子礼学思想及其现代价值

高春花著,人民出版社2004年版。全书共七章:荀子礼学思想产生的前提;礼的产生;礼的价值;礼法关系;礼的修养教化;荀子礼学思想的历史地位等。著者认为,家国一体的国家形态是荀子礼学思想产生的政治制度前提,荀子综合先秦诸子百家特别是儒法两家之长,建立了礼学体系。荀子以"人性恶"的前提预设作为礼产生的必要性,阐述了礼义为礼的社会理想价值,士、君子、圣人的道德理想价值,治国的社会政治价值和规范人生价值。

金文庙制研究

刘正著,中国社会科学出版社2004年版。该书依据青铜器铭文材料来研究殷周庙制,从商周时代的"金文"中发掘当时的各种庙制,阐说当时的礼制。书中详细介绍了金文中的大庙和诸庙、金文中的宫和诸宫、金文中的室、金文中的寝、庙制和礼制等内容。

从部落文明到礼乐制度

张岩著,三联书店2004年版。全书分上下两编,上编为族群部落与部落文明,主要包括族群的原始婚姻制度、神权制度、部落制度和古代部落制度"遗存"等;下编为古代中国的礼乐制度,包括夏商西周的礼乐文化和制度,神道设教与道德伦理,《春秋》经传性质探寻,"君子"含义源流分析等。

《周礼》所见法制研究:刑法篇

张全民著,法律出版社2004年版。该书对中国古代的复仇、先秦时期的思想言论控制、宫刑的行刑方式以及用意、连坐制的历史进程、"八议"的产生及发展提出了自己的看法。全书分四章:犯罪,刑法,科刑,《周礼》所见刑法的特点及影响等。

晚周礼的文质论

梅珍生著,湖北人民出版社2004年版。该书上篇包括:祭祀仪式与礼意,礼器与礼意,恭敬撙节退让的礼学意义;下篇包括:孔子礼学的文质相合观,老子礼学的重质轻文观,孟子礼学的本质观,庄子礼学的文质两分观,荀子礼学的文质合一论。

周礼礼记索引总表

栾贵明、田奕主编，中国社会科学出版社 2004 年版。《十三经索引》的第四册。该书以阮元编辑的《十三经注疏》为底本，为每部经书编制一部索引，提供逐字查检，每部索引前置经文，对原附校勘记中的考证有选择性的采用。

《礼记》智慧名言故事

姜林祥编著，齐鲁书社 2004 年版。该书选取了《礼记》书中九十余则蕴含哲理、发人深省、激励人奋进向上的名言、警句。每则均由名言、要义以及故事三部分组成。

汉族风俗史（共 5 册）

徐杰舜著，学林出版社 2004 年版。该书以叙代史地论述了中国汉民族风俗发生、发展演变的历史。

周礼译注

吕友仁译注，中州古籍出版社 2004 年版。该书译注，包括原文、注释、译文。

五行思想与礼记月令研究

[日]岛邦男著，日本汲古书院 2004 年版。存目。

儒家礼育思想研究

赖换初著，中南大学出版社 2004 年版。存目。

《大戴礼记》与先秦两汉典籍重见资料汇编

何志华等编著，香港中文大学出版社 2004 年版。存目。

《礼记》选

蒋庆选编，高等教育出版社 2004 年版。存目。

律令国家与神祇祭祀制度研究

[日]西宫秀纪著，日本塙书房 2004 年版。存目。

十八世纪礼学考证的思想活力：礼教论争与礼秩重省

张寿安著，北京大学出版社 2005 年版。该书主要探究 18 世纪的礼学家如何反思经验界的秩序，尤其是"三纲纲纪"下的伦理秩序，传统儒学的秩序观等问题。全书紧扣"礼与理如何对话"和"情与理如何重构"两个思想议题，是对晚清民初的反礼教运动实源自 18 世纪以降的礼学考证与礼秩重省。著者认为,清代礼学复兴,对儒学思想而言,不只是理学转型,更是礼学转型。礼学成为18世纪以降儒学思想的主轴,最主要的原因就是它揭示了儒学思想的另一种型态:经验界的秩序。这种直指经验世界之秩序安排的思想,因其兼具理念与形式,故在展开时,与理学产生必然之歧异。礼与理对话,成为儒学思想的另类交锋。此一儒学型态的开拓,不仅能解答学界极为关切的"礼教议题",更能呈现礼经、礼制和礼俗三度空间在历史时间脉络里交互影响的复杂互动,从而为儒学思想史展开人伦日用经验面向的另一章。

礼学思想体系探源

王启发著,中州古籍出版社2005年版。该书从思想史角度,引入诸如家庭伦理、社会伦理、政治伦理、自然法、国家法等概念分析儒家礼学。该书内容包括:礼的起源及其宗教性;礼的内在化及其道德意义;礼的外在化及其法的规范性;先秦诸子论礼与法;《礼记·月令》与古代自然法思想;《礼记·王制》篇与古代国家法思想;《周礼》与古代理想政治;郑玄《三礼注》考实及其思想史意义(上、下)。

中国礼学在古代朝鲜的播迁

彭林著,北京大学出版社2005年版。该书包括中国古礼在三国时代的初步传播、高丽时代的礼制、论《朱子家礼》在朝鲜时代的播迁、朱熹礼学与朝鲜时代乡风民俗的儒家化等十二章。

中国中古的教育与学礼

高明士著,台湾大学出版中心2005年版。该书所谓"中国中古",指魏晋至隋唐的历史,而以隋唐为主。教育发展,到隋唐而完备。就其型态而言,可分为官学、私学与帝王学三种;其目标则一,就是教育为政治而服务。魏晋以后,儒生推展教育亦不遗余力,尤其东晋至隋唐所完成的"庙学"教育体制,直至明清不变,甚至成为东亚诸国建置学制的蓝本。这样的"庙学"教育制度,目的在于实现儒教主义教育,也影响到此后的佛寺教学,即连宋以后的书院教育也是采取这种形式,是中国教育史,甚至东亚教育史的一大特质。所以隋唐时代所具有的承先启后历史地位,在教育史的发展上,亦可获得证明。

贾谊礼治思想研究

唐雄山著，中山大学出版社 2005 年版。该书主要讨论贾谊礼治思想研究的若干重要观念。

丧服制度与传统法律文化

马建兴著，知识产权出版社 2005 年版。该书先讨论了丧服制度的社会基础如地理环境、哲学基础、伦理基础、政治基础和礼制基础，再论述了丧服制度的形成和演变、丧服制度的内容、丧服制度与宗法伦理、"准五服以制罪"原则的确立、服制原则在《唐律》中的体现、守丧制度与传统法律等。

殷墟第四期祭祀卜辞研究

吴俊德著，台湾大学出版中心 2005 年版。该书所论可分为两部分，其一为第四期甲骨断代问题；其二为探索武乙、文丁时期之祭祀活动，而后者更为该书主体。第四期断代问题，长期以来焦点在于王族（启、子、午）与历组卜辞的时代归属。该书在过去学者的"字体分类"、"地层关系"、"人物活动"之外，提出以"钻凿型态"为分类依据的主张，认为王族与历组二类卜辞之时代应属晚期，即甲骨分期中的第四期。以计量方式探索殷商武、文时期之祭祀活动，先依"祭祀种类"、"祭祀对象"、"祭祀牲品"、"祭祀时间"、"祭祀地点"五项分论叙述，再以称谓、钻凿为据，将祭祀卜辞析分为武乙期、文丁期二类加以综合比较，窥其演变；终就求、又、寮、酒、告等第四期重要祀典之施祭目的、内容、影响及演变作较深入的考察。最后推断，乙日先王（大乙、祖乙、小乙）于第四期地位特殊，重要性超乎预期；第四期对于王亥及祖父先王之致祭极不热络，显示二者并不受重视。

《仪礼》与《礼记》之社会学的研究

李安宅著，上海人民出版社 2005 年版。又有，台湾文听阁图书有限公司 2008 年版。该书 1929 年春写成，是近代国人对这两部经典从社会学角度加以全面系统研究的首部著述，用"内证的研究"，客观地审视书中对社会现象或社会事实及其对人们的行动产生的多方面影响。著者将礼视作一个文化体系，用礼来定义人。内容包括绪言、礼、语言、物质文化、乐、知识、宗教与仪式、社会组织、政治等。

意义的生成与实现:《礼记》哲学思想

龚建平著,商务印书馆2005年版。该书研究了《礼记》文本及与《礼记》相关的先秦两汉文献,特别是郭店楚简等资料,从哲学问题的反思出发,深入探究了礼仪、礼制、礼文化的起源、结构、功能、价值,尤其是《礼记》呈现的意义世界。

明堂制度研究

张一兵著,中华书局2005年版。明堂制度萌芽于上古社会的晚期,成熟于西周初年,消亡于明代末年,是我国古代社会礼制体系中最为重要的制度之一。该书细致地解析并诠释了明堂制度的基本范畴和主要功能,扼要地勾勒出明堂制度发生、发展、消亡的历史脉络,并解释了其制度产生的主要动因,初步解答了诸如明堂的定义及功能、明堂礼的地位,大体上廓清了明堂制度与总体祭祀制度、郊祭制度、宗庙制度等其他礼制的关联,讨论了古代礼制史和礼制建筑史研究中与明堂礼有关的一部分重大问题,还简要探讨并描述了明堂性质的演变过程;指出明堂所表现的意义是君权神授,其本质则是维护人间与神界最为紧密的关系。

周代朝聘制度研究

李无末著,吉林人民出版社2005年版。该书先介绍了周代朝聘制度研究的意义、方法及材料、历史与现状,朝聘的名称、类别和性质;接着追溯了朝聘产生与形成的渊源;重点考察了西周时期的朝聘制度,春秋时期朝聘制度的衰变,战国时期的破坏。

清代"五服"文献概论

邓声国著,北京大学出版社2005年版。该书立足于传统文献学研究角度,对清代五服文献进行了系统深入的研究。该书共分七章:前三章结合史论对清代不同时期的五服研究概况作总体把握,并通过部分著作的微观研究,彰显不同名家之间的学术共性与诠释个性;第四、五两章从文献的具体研读入手,对五服制服原则及义例观、诠释观与诠释方法等专题问题进行系统梳理;第六、七两章围绕文献诠释中的辨伪、校勘、编纂、辑佚及特殊诠释体式情况进行探讨。

礼俗与宗教

林富士主编,中国大百科全书出版社2005年版。是一部中国台湾学者研究礼俗、宗教的论文集。

台湾南部客家三献礼之仪式与音乐

柯佩怡著，台湾文津出版社 2005 年版。该书以美浓、六龟、旗山、内埔等地区为研究范围，通过长期的参与观察，记录了该地区在生命礼俗、临时祭仪以及岁时祭仪中的"三献礼"祭祀科仪及客家八音在祭典中实际使用的情形。对三献礼仪式与音乐的运作、客家族群所呈现的思维模式等均有保存及阐发的贡献。

心解礼经

朱熹、郑玄原注；李安纲白话；王无骄漫画，中国社会出版社 2005 年版。该书对《礼记》中的《大学》和《中庸》进行白话解释和注释。

大戴礼记汇校集注

黄怀信主撰；孔德立、周海生撰，三秦出版社 2005 年版。存目。

仪礼及美女神话研究

[日]松村武雄著，日本尤马书房 2005 年版。存目。

新定三礼图

(宋)聂崇义纂辑，清华大学出版社 2006 年版。《新定三礼图》是聂崇义根据世传六种三《礼》旧图，参互考订而撰成。该校释本以上海古籍出版社 1985 年影印宋淳熙二年(1175)刻本为底本，以《四部丛刊三编》影印蒙古定宗二年(1247)析城郑氏家塾重校《三礼图集注》和《四库全书》缮录钱曾也是园影宋抄本为参校本，择优而从。

茒闇文存：宗周礼乐文明与中国文化考论

沈文倬著，商务印书馆 2006 年版。该书汇集了当代礼学宗师沈文倬先生六十多年来学术研究成果之精华。全书大体包括以下内容：考论《仪礼》撰作时代、武威《仪礼》汉简、宗周礼乐文明以及汉代经学(尤其是礼学)的形成和发展；考辨礼书、礼制、礼学、汉简等方面的具体问题等。

礼学与中国传统文化：庆祝沈文倬先生九十华诞国际学术研讨会论文集

浙江大学古籍研究所编，中华书局 2006 年版。该书是 2006 年 6 月 20—22 日在杭州召开的"庆祝沈文倬先生九十华诞礼学与中国传统文化国际学术研讨会"的论文集。共收论文53篇，其中礼学方面36篇，分别从礼的历史、礼的文本、礼与中国传统文化等角度作专题探讨。

礼法融合与中国传统法律文化的历史演进

史广全著，法律出版社2006年版。该书介绍了礼法融合研究的回顾与反思、礼法关系的历史嬗变、礼法融合的社会基础、礼法融合的思想文化根基等内容。该书关注制度层面的建构和精神层面的思潮的互动、制度层面的礼法关系演进与思想家的思想演变的联系；将礼法融合的历史演进划分为"法律道德化"与"道德法律化"的两个模式。

殷墟青铜礼器研究

岳洪彬著，中国社会科学出版社2006年版。该书以中华人民共和国成立之后殷墟发掘出土的青铜礼器资料为主，1928—1949年的发掘资料为辅，运用考古学方法，概述了殷墟青铜礼器的发现和研究历程，研究了殷墟青铜礼器的型式、分期与年代、纹饰与铭文、礼器组合，追溯殷墟青铜礼器的源流，并与周边地区青铜礼器的比较。

国家祭祀与海上丝路遗迹

王元林著，中华书局2006年版。该书以广州南海神庙研究为中心，以南海神庙与国家礼制、海上丝绸之路的关系为重点，紧紧抓住南海神庙研究这一宗教文化所赋有的丰富政治、经济、文化内涵，梳爬整理大量的历史文献和碑刻、考古等材料，揭示南海神庙的兴衰发展历史，研究这一兴衰历程与广州海上丝绸之路发展、广州港变迁之间的关系，分析南海神庙和广州海上丝绸之路兴衰的原因，探索海上崇拜等宗教信仰与国计民生之间的关系，凸显南海神庙在中国礼制史及中外海上交通中的地位，探求南海神庙与海上丝绸之路发展的本质特征。

神灵世界秩序的构建与仪式的象征——两汉国家祭祀制度研究

王柏中著，民族出版社2006年版。该书是一部以汉代祭祀制度为研究对象的理论专著，该书对汉代的祭祀活动、国家祭祀礼仪、国家祭祀制度、祭祀活动对社会的影响作了较为全面的论述。

徐复观论经学史二种

徐复观著，上海书店2006年版。其中包括《中国经学史的基础》

和《周官成立之时代及其思想性格》两篇长文。后者从思想线索和文献线索两方面考察，结论是《周礼》出自王莽、刘歆的伪造。

中国的思维世界

[日]沟口雄三、小岛毅编著，孙歌译，江苏人民出版社 2006 年版。该书是由日本知名汉学家沟口雄三、小岛毅主编的日本重要汉学家关于中国近代以前思想、文化的论集。全书分为上篇"中国的思维世界"和下篇"礼治与政教"两个部分。上编 中国的思维世界：《〈中国的思维世界〉题解》（沟口雄三），《中国思想史中"自然"的诞生》（池田知久），《中国古代的天人相关论——董仲舒的情况》（池田知久），《中国科学与天文历数学》（池田知久），《术数学》（池田知久），《力与公正——关于吕坤的全体生存构想》（林文孝），《许诺与明清时期人性论的发展》（马渊昌也），《论天理观的形成》（沟口雄三），《秩序化的诸相——清初思想的地平线》（伊东贵之），《宋代天谴论的政治理念》（小岛毅）；下编 礼治与政教：《中国的皇权——〈礼治和政教〉导论》（小岛毅），《元会的建构——中国古代帝国的朝政与礼仪》（渡边信一郎），《皇帝祭祀的展开》（金子修一），《中国皇帝和周边诸国的秩序》（金子修一），《唐长安城的礼仪空间——以皇帝礼仪的舞台为中心》（妹尾达彦），《中国前近代史研究中的地域社会视角——"中国史研讨会'地域社会——地域社会与指导者'"主题报告》（森正夫），《从"气质变化论"到"礼教"——中国近世儒教社会"秩序"形成的视点》（伊东贵之），《孔教与淫祠——清末庙产兴学思想的一个侧面》（村田雄二郎），《近代中国的体制构想》（佐藤慎一），《另一个"五四"》（沟口雄三）。这些文章从大量史料出发，包括正史、文集、笔记、考古材料以及社会史文献等，分析细致，见解深刻，体现了严谨的治学态度，对中国古代思想文化的认识有借鉴意义。

明朝嘉靖时期国家祭礼改制

赵克生著，社会科学文献出版社 2006 年版。该书全面反映了明代礼制的基本风貌，揭示了明代礼制的政治特性。内容包括：嘉靖时期宗庙祭礼改制，嘉靖时期郊礼改制，嘉靖时期帝王庙、孔庙及其他祭礼改制，嘉靖祭礼改制的影响等。

中国礼教思想史

蔡尚思著,上海古籍出版社 2006 年版。该书内容包括:中国礼教的出现并形成争鸣的时代——春秋战国;中国儒家礼教思想独尊的时代——汉唐;中国礼教思想变本加厉的时代——宋元明清;中国儒家礼教思想开始被冲击的时代——清末民初;中国儒家礼教思想开始走向崩溃的时代——"五四"时期;"五四"后尊孔尊礼教与反孔反礼教的不断争鸣。

先秦冠礼研究

戴庞海著,中州古籍出版社 2006 年版。内容包括:冠礼的起源、夏商周时期的冠礼、冠礼的功能与特征、冠礼对周边国家的影响等。

始于兵而终于礼

魏道明著,中华书局 2006 年版。该书内容包括:族刑总论、族刑的起源与发展、族刑株连范围、族刑的替代刑——流刑等。

礼俗仪式与先秦诗歌演变

韩高年著,中华书局 2006 年版。该书从仪式文化角度,运用先秦诗歌研究文献、出土文献及传统研究视野之外的诗学材料,揭示了先秦时期诗的内涵。内容包括:先秦礼俗仪式概说,先秦诗歌的仪式特征,颂诗的仪式文化内涵,夏代仪式文化与诗歌,仪式制度化与殷商诗歌演变,西周初年的制礼作乐与雅颂诗创作,西周中后期的礼乐革新与仪式乐歌,礼、俗互动与春秋诗歌演变,礼、俗合流与战国诗歌演变。

清代《仪礼》文献研究

邓声国著,上海古籍出版社 2006 年版。该书主要分为两部分。第一部分重点剖析了清代《仪礼》研究借以兴起的历史文化背景的分析介绍、清代《仪礼》研究三个阶段的划分和论述等;第二部分则剖析了清代"五服"文献的研究,清代《仪礼》文献之训诂体式、训诂方法、校勘的专章讨论等。

生命礼俗的表象世界

高连营主编,内蒙古人民出版社 2006 年版。该书介绍了中国形形色色的礼仪,包括冠笄礼仪、人生礼仪概述、丧葬礼仪、孕育礼仪、婚姻礼仪等七章内容。

礼乐与明前中期演剧

李舜华著,古籍出版社 2006 年版。该书以明前中期演剧为研究对象,在礼乐制度的总体视野下,在经唐宋以来不断嬗变,并在明代得以确立的以教坊司为核心的演剧制度的基础上,具体地研究了在雅俗之争的名义下,明代前中期官方及民间演剧实践及内在精神的变迁,同时以此为背景考察了演剧文本在内容与形式等方面的一系列重要变化。

中华传统礼仪概要

彭林著,高等教育出版社 2006 年版。该书选择中华传统礼仪中最重要和最有现实意义的内容,分为上、中、下三编共 31 个专题,包括中华礼仪之邦的形成、特色、学理、经典、冠、婚、丧、祭之礼的仪式及其人文内涵,当今社会的人际交往(如会客、宴饮、尊师、敬老、书信等)中如何体现中华礼仪特色等问题。

礼乐人生:成就你的君子风范

彭林著,中华书局 2006 年版。该书是作者在凤凰卫视、北京大学、清华大学、四川大学等处所作演讲的基础上整理而成,通过梳理中华礼乐文明的发展过程,介绍了中华礼乐文明的核心内容,参照近代中国的屈辱历程和当代中国的现实需要,结合作者自身数十年的礼学研究和教学活动,力图纠正当代人对传统礼仪的傲慢与偏见,论述正确继承和创建中华礼仪规范对于唤醒民族文化自觉和重塑民族形象的重要性和迫切性。

《诗经》"二南"礼俗研究

吴晓峰著,武汉出版社 2006 年版。该书对《诗经》"二南"所载礼俗进行了深入发掘,如婚姻礼俗、服饰礼俗、采集礼俗、渔猎与家畜饲养礼俗、饮食烹饪礼俗等。

名分礼秩与皇权重塑:大礼议与嘉靖政治文化

尤淑君著,台湾复文图书有限公司 2006 年版。该书以明代嘉靖朝的大礼议事件为切入点。首先探讨"濮议论"与"人情论"的名分原则,再分析《明伦大典》的理论体系及后来的礼制改革运动,了解大礼议不仅破坏名分原则,动摇礼法秩序,更让公私之间产生灰色地带,皇权的公共性质逐渐异化。最后,探讨君臣身分、职权及其互动关系，了解大礼议破坏名分礼秩的结果，势必打破原有的权力分配原则，让皇帝、内阁首辅及官僚体系三者各自脱离以"礼"为主的政治文化体系，从而开启明帝国政府纷乱与社会失序的危机。全书包括"大礼议"肇因、经过及结果，从《献皇帝实录》到《明伦大典》，礼制更定的政府文化意义，从大礼议看嘉靖朝政治文化四章。

华夏文化与文明礼仪

李荣建著，中国三峡出版社2006年版。全书分为四部分：第一部分是观念篇，简要介绍我国辉煌的礼仪文化；第二部分是行动篇，主要讲怎样修身、齐家，如何在公共场合做一名遵纪守法的模范公民；第三篇是应用篇，系统探讨社交礼仪、商务礼仪、公共礼仪和外事礼仪的奥妙和功能；第四篇是信息篇，介绍了中外礼俗流变及各民族独具特色的风俗习惯。

《礼记》名言

齐鲁书社编选，齐鲁书社2006年版。该书选取了《礼记》书中九十余则蕴含哲理、发人深省、激励人奋进向上的名言、警句。每则均由原文、译文和英译三部分组成。

礼记我读

林觥顺著，九州出版社2006年版。该书作者详细解读了《礼记》中的《曲礼》、《檀弓》、《中庸》、《大学》四篇。

仪礼

任晓彤译注，冷洁配画，中国社会科学出版社2006年版，中国古典名著全译典藏图文本。存目。

《王制笺》校笺

王锦民校笺，华夏出版社2006年版。存目。

武威仪礼汉简文字编

徐富昌编撰，台湾"国家"出版社2006年版。存目。

中国古代皇帝祭祀研究

[日]金子修一著，日本岩波书店2006年版。存目。

中国古代祭祀与文学

[日]牧角悦子著，日本创文社2006年版。存目。

郑玄三礼注研究

杨天宇著,天津人民出版社 2007 年版。又有,中国社会科学出版社 2008 年版。该书作者对"三礼"的作者及成书年代、书名、流传、篇次、内容及其价值等棘手问题都直抒己见,学术含量较高。

《礼记》成书考

王锷著,中华书局 2007 年版。该书考察了《礼记》46 篇各篇的成篇年代和全书的编纂者、编纂时间。作者广泛吸收古今《礼记》研究成果,包括近年的考古发掘成果,对前人正确结论进行补充论证,利用新的材料推进研究结论。

礼学视野中的荀子人学 ——以"知通统类"为核心

吴树勤著,齐鲁书社 2007 年版。该书立足礼学的思想,以"知通统类"为核心,对荀子的人学思想作一系统的动态分析,主要从荀子人学思想的明于天人之分的自然观根据、性伪分与性伪合的人性论根据、礼以通情的个体道德人格的培养、礼以养欲的个人和社会价值的统一和理想价格的成就五个方面对荀子的人学思想体系作具体阐述。

北魏平城明堂

赵一德著,山西人民出版社 2007 年版。该书介绍了平城明堂的历史意义、平城明堂的考古发现与文献资料、平城明堂在明堂史中的地位、平城明堂的功能与应用、历史文献对平城明堂的议论等内容。

周代社会生活述论

常金仓著,吉林人民出版社 2007 年版。内容包括:三代的衣食住行,婚姻制度和婚礼仪式,生老病死及相关礼仪,社会交往和岁时活动,卜筮与巫术五个方面。并附录了 7 篇论文。末有后论一篇《中国史学的现代使命》,讨论传统史学的三种使命、哲学家对历史科学的质疑和历史学走向科学的途径和方法,以表达著述该书的史学意味。

中国传统礼治

林中坚著,广东人民出版社 2007 年版。该书以以礼治国为主线,对西汉礼治思想的渊源、发展阶段和特点,西汉有关思想家、礼学家及重点著作进行研究,重点论述了西汉礼治与法治、道治、孝治、文治的关系，以及礼治思想中的礼义、礼仪、礼乐、礼制等范畴，阐释了关于中国传统礼治思想形成的看法。

礼仪的伦理学视角

蒋璟萍著，中国社会科学出版社 2007 年版。该书从分析礼仪道德在传统道德上的地位开始，研究礼仪的道德本质、道德结构、道德功能及运行机制，概括和整合礼仪的伦理道德内涵，揭示将道德自律与道德他律有机结合的道德功能的实现途径和机理，礼仪在传统和现代融合中的发展趋势。

新出简帛与礼制研究

杨华著，台湾古籍出版有限公司 2007 年版。作者将近年来运用新出简帛材料研究中国传统礼制问题的作品，集结成书，主要偏重于祭祀之礼的研究，如对楚地祭祷礼、先秦血祭礼仪与踊辟礼等的研究。

中国古代帝王宗庙礼制研究

郭善兵著，人民出版社 2007 年版。该书征引传世文献及考古研究成果，依次论述了汉以前、西汉、东汉、三国两晋南北朝、隋唐五个历史时期皇帝宗庙礼制及相关问题。

明堂制度源流考

张一兵著，人民出版社 2007 年版。该书将历史文献记载与最新考古发现资料相结合，从前明堂形态、周代明堂制度、秦汉明堂制度、魏晋南北朝明堂制度、隋唐五代明堂制度、宋代与明代明堂制度六大阶段，分别对我国历代明堂制度的产生、发展、兴盛、衰亡的全过程进行考察、梳理与分析。

甲骨文祭祀卜辞语言研究

郑继娥著，巴蜀书社 2007 年版。该书把甲骨文作为语料来进行语言学研究，对数量上占三分之一的祭祀动词进行专门的研究，对祭祀动词的语言外貌进行了细致描写和语法形式上的分析，还根据语义学理论，对动词与其前后的名词短语及介词短语作了归类，从而从宏观上总结出了祭祀动词语言表示同一语义所选用形式的多样性和位置的灵活性。

《周礼》复音词郑玄注研究

李玉平著,天津社会科学院出版社2007年版。该书以东汉郑玄对战国时期文献《周礼》的复音词注释为研究材料,运用测查、分类描写、统计分析和归纳等方法进行研究,澄清了认为中国古代没有复音词的错误认识。

礼记译注

潜苗金译注,浙江古籍出版社2007年版。该书对《礼记》进行了详细的注释。附有原文,并逐一介绍了重要词语的读音、释义、特殊词性。

礼记·孝经

胡平生、陈美兰译注,中华书局2007年版。该书首先对《礼记》、《孝经》各自的作者与编者、来源与成书、内容与分类作了介绍,然后对内容作详细的注释。

中国上古祭祀文化

傅亚庶著,高等教育出版社2007年版。以商周时期的祭祀为重点,对于其中的庙制、郊祀、宗庙中的祭祀礼仪、丧葬中的祭祀礼仪、巫的起源及其人体牺牲源流等问题作了系统的阐述。作者从文化视角切入,运用微宏观互渗的方法,从选取典型实例入手,将民俗调查、神话传说、文献记载、出土文物等材料有机结合起来,对上古社会祭祀现象作了具体分类与描述,并对其产生的历史根源、社会根源作了深入的探讨,全面展示了现代人们比较陌生的古代祭祀文化。

三礼用诗考论

王秀臣著,中国社会科学出版社2007年版。该书通过对"三礼"用诗现象的系统研究,探索了"三礼"文本的丰富内涵,以及礼乐文化缺席的特质等重要问题,研究和探讨了礼、诗、乐关系演变,宗周雅乐所代表的礼乐文明制度,以及礼乐制度与《诗》的传播等。

白虎通暨汉礼研究

周德良著,台湾学生书局2007年版。该书提出一新论,即:《白虎通》一书,实非出于白虎观会议任何一种形式之会议文献,而是后人"张冠李戴",将曹褒所制之《汉礼》误植以为"白虎通"。该书首先依元大德本《白虎通》之文本，阐释并确立其"国宪"、"法典"内容与性质；其次，从汉代经学之发展历史，分析白虎观会议宗旨实与《白虎通》内容性质不相应；再者，由汉代礼制之沿革推论章帝敕命曹褒撰述汉礼之意，比对《汉礼》与《白虎通》两者在篇目结构与内容性质上之若合符节。书末附加分析蔡邕与《白虎通》之关系，追究《汉礼》被误植为"白虎通"之可能性。

青铜礼乐器

杜迺松主编，上海科技出版社 2007 年版。该书精选商代至战国具有代表性的青铜礼乐器 201 套，既显示中国青铜时代的政治、经济制度，同时也反映出当时物质文化和科学技术发展。

"大礼议"与明廷人事变局

胡吉勋著，社会科学文献出版社 2007 年版。该书从政治的角度探讨明代从嘉靖年以后朝廷风气的转向，如何发生、如何发展以及如何结局。著者认为："明世宗为了达到自己个人的目的所施展的一系列举措，加深了帝制时期皇权不可挑战这样一种政治伦理在朝廷中的影响，导致了祖制、礼法权威的削弱。朝臣也以私利结成不同的政治利益团体，并形成愈演愈烈的党争。"

空间、身体与礼教规训：探讨秦汉之际的妇女礼仪教育

林素娟著，台湾学生书局 2007 年版。从秦汉儒家、礼教等层面着手，探究秦汉之际礼教规训下的女性身体教育及空间象征之于礼教上的重要意义。

礼乐文化与诗学话语

翁礼明著，巴蜀书社 2007 年版。该书将中国古代礼乐传统作为中国古典诗学产生的文化语境，将古典诗学的生成、发展过程与礼乐文化发生、演绎的历程结合起来，考察古典诗学与礼乐文化之间相因互动的历史过程，梳理礼乐文化和古典诗学知识系统，把握礼乐文化知识系统与古典诗学知识系统诸要素之间传承、演进、变异的关系。

中国礼仪之争：文明的张力与权利的较量

吴莉苇著，上海古籍出版社 2007 年版。大航海时代以来西方传教士到远东传教，这是中国文明与欧洲文明空前的一场大接触和大碰撞，

而"礼仪之争"恰是中西文明初识时的一个主要回合。这不单纯是一个关于基督宗教的虔诚信徒们如何引导异教徒走上"正确"信仰之路的问题。它更深层的含义在于为不同性质的文化传统间的冲突、理解、包容、吸收、融合、取代、超越等问题提供了一个生动又深刻的案例。它更是中国思想史与文化史上的一段值得深思与寻味的历史记忆。

礼乐文化与中国文论早期形态研究

夏静著，中华书局 2007 年版。该书内容包括：礼乐之思想谱系，礼乐之知识谱系：乐、礼、诗，礼乐发展与思想文化之演进，礼乐之思维构型——象，礼乐之文化基因——文，礼乐之精神品格——和。

周孔之道 礼乐文明：华夏文化传统人之初

元震著，文化艺术出版社 2007 年版。该书简述了周孔之道与礼乐文明的产生、发展及其历史地位与作用，并对周孔之道的政治社会实践作出重大贡献的历史人物及其事业，加以评述。

曾侯乙墓：战国时期的礼乐文明

湖北省博物馆编，文物出版社 2007 年版，含部分彩图。被誉为"地下乐宫"的曾侯乙墓的发现，说明这里的青铜文明的发达，也丰富了地方文化历史的研究资料。

陌生的好友——礼记

林素英著，台湾万卷楼图书公司 2007 年版。经典普及性读物。

中华礼仪学

杜沛鹤、魏束玲合著，宁夏人民出版社 2007 年版。讲述现代社会的各种礼仪。

国法与家礼之间：唐律有关家族伦理的立法规范

桂齐逊著，台湾龙文出版社股份有限公司 2007 年版。存目。

礼文化的价值与反思

张自慧著。学林出版社 2008 年版。该书内容包括礼的起源与地位、礼的嬗变与本质、礼文化的人文精神、礼的价值与反思、中国礼文化的走势与再生五章。

《周礼·秋官》与周代法制研究

温慧辉著，法律出版社 2008 年版。该书采取了将《周礼》中的法制材料与周代社会现实进行认真对比考察的方法，并且在此基础上提出对于《周礼·秋官》所反映的司法特点及法律文化问题的认识。

大戴礼记汇校集解

方向东撰，中华书局2008年版。该书以王聘珍的《大戴礼记解诂》为工作底本，汇集了历代的研究成果，博校众本，参会众说，吸收了当代学者的贡献，成汇校集注。

东亚传统教育与学礼学规

高明士编，华东师范大学出版社2008年版。儒学与东亚文明研究丛书。该书内容包括隋唐的学礼、宋代的学礼、明代徽州名宦祠研究、清初河南的理学复兴与孝弟礼法教育等。

东亚传统家礼、教育与国法（一）

高明士编，华东师范大学出版社2008年版。儒学与东亚文明研究丛书。该书为第一分册"家族、家礼与教育"，探讨了东亚传统的家礼、教育与国法关系。内容包括：六朝士族与家礼——以日常礼仪为中心，礼法意义下的宗庙——以中国中古为主，《唐律》中家庭与个人的关系——透过教育与法制建构"家内秩序"，《文公家礼》管见，颜元生命思想中的家礼实践与"家庭"的意涵，中国传统家庭教育——"家训"与家内秩序，中国家族书院三记，从《吐蕃子年（808）沙州左二将百姓汜履倩等五户户籍手实残卷》看吐蕃户婚方面若干问题，晚清继受外国法中"无夫奸"存废的世纪之争，律令法和日本古代家族，从法制的观点浅谈韩国传统社会的家礼等。

东亚传统家礼、教育与国法（二）

高明士编，华东师范大学出版社2008年版。该书为第二分册"家内秩序与国法"，具体包括：家礼与国法的关系和原理及其意义，"诸户主皆以家长为之"——唐代户主身份研究，唐律"家人共犯，止坐尊长"分析，唐律中的母子关系，唐代的家庭暴力——以虐妻、殴夫为中心之思考，唐代以来的窃盗罪与亲属——罪责减轻的缘由，户婚律与家内秩序——唐代家庭的探讨，争山盗葬——唐宋墓田法令演变之探析，家内秩序与国家统治——以唐宋廿四孝故事的流变的考察为主，国法与社会惯行——以明代绅士"优免则例"为中心，日本近世的"公法"与"君臣之义"——以赤穗事件为例，朝鲜时代的国法和家礼。

皇权、礼仪与经典诠释——中国古代政治史研究

甘怀真著，华东师范大学出版社 2008 年版。儒学与东亚文明研究丛书。该书分为三篇，包括礼观念的演变与儒教国家的成立、政治秩序与经典诠释、礼制与"东亚世界"的政治秩序。

中国的宗族与国家礼制——从宗法主义角度所作的分析

[日]井上彻著，钱杭译，上海书店 2008 年版。井上彻博士专攻宗族研究，此书是他 1986 年以来所发表的 13 篇系列论文的结集。该书贯穿着作者对中国宗族的整体看法，由三部构成：第一部，通过整理、归纳宗族研究的学术史，阐述宗法主义的主要内容，同时，对产生于宋代的宗法主义理念被后代继承的情况加以验证；第二部，明代宗法主义的普及；第三部，清代宗族的稳定状况。

中国古代的王权与天下秩序——从日中比较史的视角出发

[日]渡边信一郎著，徐冲译，中华书局 2008 年版。对比于源自欧洲的概念"国家"、"帝国"等，作者择取中国古代所特有的词语"天下"作为关键概念，从"天下"的意识形态结构、"天下"的领域结构、天下观念与中国古典国制的成立以及与王权所在地都城相关的宫阙制度、祭天仪礼等诸多方面进行了深入探讨，描摹出了中国古代所特有的"天下型国家"的历史样态。

王船山礼学思想研究

陈力祥著，巴蜀书社 2008 年版。该书作者紧扣"依人建极"和"以人为依"的思想主题，遵循船山礼学思想由形上层面向形下层面过渡的基本理路，从礼之形上层面、礼之源流、礼之人生哲学价值与礼之政治哲学价值等层面为基本考察点，阐释了船山在一系列问题上的理论创新。

忠恕与礼让：儒家的和谐世界

舒大刚、彭华著，四川大学出版社 2008 年版。该书通过传统儒家思想中关于人与自然、人与人、人与社会关系的论述，分析了儒家和谐思想的理论及实践，解说了文化的传承性。

从"礼崩乐坏"到"克己复礼"：周室衰乱与孔子救世的人性思索

张德苏著，齐鲁书社 2008 年版。该书内容包括：人性与道德的本质、从人性的角度看周室的兴与衰、从人性倾向上看诸侯对"德""礼"的依与违、孔子"仁""礼"体系的人性逻辑、"仁""礼"体系实现途径的人性阐释、孔子思想的再评价等。

先秦诸子礼学研究

陆建华著，人民出版社 2008 年版。该书考察和梳理了老子、庄子、孔子、孟子、荀子、墨子、商鞅、韩非等先秦道家、儒家、墨家和法家代表性人物礼学思想的基本内容和基本结构，阐发和揭示了先秦诸子礼学思想之间的异同及相互影响。

三礼馆：清代学术与政治互动的链环

林存阳著，社会科学文献出版社 2008 年版。该书以清乾隆初叶诏开三礼馆为探究视角，从清代学术史发展的整体过程入手，呈现出学术思潮赓续与政治文化取向的互动影响，从而揭示了三礼学在清中期学术与政治转型过程中的演进脉络，彰显了三礼馆在其间所承担的链环作用及其转折意义。

周易古礼研究

兰甲云著，湖南大学出版社 2008 年版。该书是第一部对《周易》经传及易学史上有关古礼问题进行专门探讨的专著。考察了易学史上以礼释易的学术源流，研究了相关的以礼释易著作，对《周易》经传中蕴含的商周古礼进行了挖掘、分析和考证，阐述了《周易》所反映的当时社会的礼制情况，解决了许多卦爻辞阐释中存在的疑难问题。《周易》文本、《周易》时代之社会生活、《易》之占筮及其沟通功能考论，易学史上易礼研究略论，《周易》卦爻辞古礼考论，《周易》礼治思想综论和古礼研究结论。

儒家礼乐文明讲演录

彭林著，广西师范大学出版社 2008 年版。该书介绍了儒家礼乐文明的来龙去脉，及中华礼学的学理、主要典籍、人生礼仪（冠、婚、射、丧等），并对中西礼仪进行了比较。

唐代礼典的编纂与传承——以《大唐开元礼》为中心

张文昌著，台湾花木兰文化出版社 2008 年版。透过考察汉唐间国家礼典的编纂与礼仪的传承,借以探讨"礼"与"礼典"在国家所扮演的角色与功能,以及"礼典"在中国礼学与历史上的地位。

周礼疑义辨证

陈衍撰,潘林校注,台湾文听阁图书有限公司 2008 年版。又,华夏出版社 2011 年版。影印《石遗室丛书》四卷本为工作本,参以福建人民出版社《陈石遗集》本,重加新式标点,详细校勘,对部分字词及文史常识简要作注,以疏通文义,体例格式及分段仍大体保持原书的面貌。

周礼考论——周礼与中国文学

丁进著,上海人民出版社 2008 年版。该书从经学角度研究周礼,以经学与文学的关系为主线,从周礼的性质、周礼的神话思想(周礼神灵体系中的神话因素,礼与艺术神话,巫术与神话);周礼的诗学思想(礼乐制度与诗歌的创作,周礼教育制度与诗歌的传播,周礼用诗制度研究,周礼诗乐体系探索);周礼与早期散文(周礼职官与散文写作关系概述,铭文的创作)等几方面系统论述了周礼与中国文学的关系。

明孝陵

向阳鸣编著,东南大学出版社 2008 年版。该书以明孝陵为例,从建制、丧葬、祭祀、谒陵、管理五个方面对明朝的礼节制度作了详细的介绍。

先秦社祀研究

魏建震著,人民出版社 2008 年版。该书对社祀起源、社祀形态、社祀在先秦祭祀谱系中的位置、社祀制度与社祀仪式、社祀的社会功能等问题进行多视角的研究,提出社字初文为土,原义为地主,是土地的象征物,与性器无关,春秋时期的观社习俗,并非通淫之义,文献记载的亳社本意非亡国之社等一系列论断。

祭祀政策与民间信仰变迁——近世浙江民间信仰研究

朱海滨著,复旦大学出版社 2008 年版。该书利用浙江地区碑刻资料、地方志中的祠庙志、文集笔记以及民俗学的调查资料,选择有代表性的民间信仰现象作为案例,具体探讨分布于地域社会中的民间信仰如何去"适应"王朝的祭祀政策,民间信仰领域曾出现过怎样的"洗牌、重组活动",是什么样的社会集团在参与、主导其变化。

社会控制：以礼为主导的综合治理

郭伟成主编，中国政法大学出版社2008年版。该书考察了中国古代社会统治者奉行的以礼为主导的综合为治的理论,分析了中国古代社会犯罪原因及其综合为治的融礼乐刑政于一体的社会控制,如何有效地维护统治者统治及带来一系列的盛世局面。

中国饮食礼俗与文化史论

姚伟钧著,华中师范大学出版社2008年版。该书写作立足于历史文献、古文字研究、考古发现的最新进展,依托文化人类学的方法和知识,深入地、系统地考察了中国历代饮食礼俗与文化,全书由14章组成。该书配有大量图片,直观地展示了中国饮食文化历史发展的每一重要时期的精彩。

北京风俗史

李宝臣著,人民出版社2008年版。内容包括：北京春夏秋冬的岁时节令风俗;北京的佛教、道教、民间宗教等宗教风俗;北京的居处、饮食、服饰、出行交往、婚丧等生活风俗;北京的官场、手工业、商业、农业等行业风俗。

礼不远人

李宝臣著,中华书局2008年版。该书从吉礼、嘉礼、宾礼、军礼和丧礼五个方面解读明清京师礼制文化,及其对人们生活模式、民族精神文化的影响。

礼记

刘钰欣、于江倩、丁洁如编著,安徽文艺出版社2008年版。该书尝试用一种新颖的思维和手法,以年轻人的视角多面向的切入,以深入浅出的方式诠释《礼记》重要章节,使读者轻松地知其精髓。

礼记

王学典编译,蓝天出版社2008年版。该书选取《礼记》中的重要篇章作注释和翻译,并通过现代的解读和经典实例加以说明。

图解尚书·礼记

万卷出版公司2008年版。该书对儒家传世经典《尚书》和《礼记》

进行注释。内容包括原文、注释、译文三部分。

尚书·礼记(双色版精编插图)

董原主编,远方出版社 2008 年版。该书对《尚书·礼记》原文增加的注音、注释、译文等辅助性的项目,并选取了与正文相契合的古版画作为插画,并配有图说。

礼记(精选本)

陈莉选注,高等教育出版社 2008 年版。该书主要解析了《礼记》中的《曲礼》、《礼运》、《礼器》、《玉藻》、《明堂位》、《少仪》、《学记》、《乐记》、《中庸》、《大学》、《冠义》、《燕义》等篇。

礼记精萃

中山大学中文系主编,花城出版社 2008 年版。该书收录了《坊记》、《表记》、《礼运》、《礼器》等部分礼学文献。编写体例由篇名、题解、原文、注释、译文五部分组成。

婚嫁礼俗

刁统菊著,中国社会出版社 2008 年版。该书主要介绍的是我国农村的婚嫁礼俗。

礼记与百姓生活

田玉川著,新华出版社 2008 年版。该书阐释了《礼记》的精义,聚合传统的魅力,从古人的智慧中寻找待人处世的准则,发现和发掘《礼记》在新时代的价值。

图说礼仪

王金玲、王艳府著,重庆出版社 2008 年版。该书对礼的产生、发展,礼的特点以及相关的礼乐、礼服、礼器等作了阐述,并就五礼的仪程及礼义作了比较全面的介绍。

布帛名物

吴承仕著,影印本,台湾文听阁图书有限公司 2008 年版,据民国十九年吴氏排印本影印。存目。

周礼订本略注

廖平著,台湾文听阁图书有限公司 2008 年版,民国时期经学丛书(第一辑)。合订本有:《礼记识》、《礼运三篇合解》、《坊记新解》、《月令章句疏证叙录》、《布帛名物》。又有,民国六年刻本,四川存古书局 1923 年重印。六译馆丛书。存目。

礼记识

廖平著，影印本，台湾文听阁图书有限公司 2008 年版，据民国十年成都存古书局汇印《六译馆丛书》本影印。又有，四川存古书局 1918 年刻本，1923 年重印。存目。

坊记新解

廖平著，影印本，台湾文听阁图书有限公司 2008 年版，据民国十年成都存古书局汇印《六译馆丛书》本影印。存目。

周礼

黄公渚选注，台湾文听阁图书有限公司 2008 年版。据民国二十五年上海商务印书馆排印本影印。又有，商务印书馆 1936 年版；台湾"商务印书馆"1970 年版。《周礼》选本。卷首有选注者序，谈《周礼》在中国政治上的位置及后代仿行之效用，自东汉以来传《周礼》者师承之统系等问题。

王船山《礼》学

林碧玲著，台湾花木兰文化出版社 2008 年版。存目。

《礼记·礼运》研究

洪文郎著，台湾花木兰文化出版社 2008 年版。存目。

朱子《学礼》研究

林美慧著，台湾花木兰文化出版社 2008 年版。存目。

德礼之间——前诸子时期思想史

郑开著，三联书店 2009 年版。该书抓住中国思想史上最初的核心概念——德礼思想的产生和演变，从语文学、政治制度学、社会史学、宗教学、文化学、道德系谱学等多方面的视角，对上古时代（主要是西周至春秋时期）思想的产生和发展作了探讨，从而揭示了上古时代中国思想的特质，及其对我国轴心时期即先秦诸子时代思想的决定性影响。

礼崩乐盛

李宏锋著，文化艺术出版社 2009 年版。该书内容包括：礼乐相互关系释义，礼乐结合的历史渊源及春秋时代的"非礼用乐"行为，对"礼崩乐坏"背景下若干春秋音乐事象的再分析，"礼乐张力"下的孔子音乐体认,"礼乐张力"在战国时代音乐演进中的制约作用,"礼乐张力"相关问题界说及其在中国音乐历史进程中的意义。

魏晋南北朝五礼制度考论

梁满仓著,社会科学文献出版社 2009 年版。该书从魏晋南北朝时代的思想认识、当时的理论形态、制度形态、社会实践角度,对魏晋南北朝的吉礼、嘉礼、军礼、宾礼、凶礼五礼制度进行了较为系统深入的研究。

武威汉简《仪礼》整理与研究

张焕君、刁小龙著,武汉大学出版社 2009 年版。该书以陈梦家《武威汉简》为底本,其相关释文、校记部分依陈著体例。释文部分,依原简款式,每简占一行。简文为汉隶,近于今所通行正字字模,故一律改写为通行文字。其文字结构有不同于今的,依其偏旁结构,加以隶定。少数不能用今字偏旁隶定的,依原字摹录。

知识、信仰与超越——儒家礼法思想解读

任强著,北京大学出版社 2009 年版。该书从"道成肉身与道法天命"、"信仰与理解"、"法律与信仰"三个方面,对基督教与儒家思想进行了比较研究,探讨儒家礼法思想与西方法律思想的信仰基础。

郊庙之外——隋唐国家祭祀与宗教

雷闻著,三联书店 2009 年版。该书内容包括:隋唐国家祭祀的神祠色彩,道教、佛教与国家祭祀,"祀典"与"淫祠"之间,从祈雨看隋唐的国家祭祀与社会等四章。

汉魏至南北朝时期郊祀制度研究

徐迎花著,黑龙江人民出版社 2009 年版。该书以郊祀为切入点,以汉魏至南北朝八百余年的皇帝亲祠和郊祀制度建设为研究对象,阐释了汉魏至南北朝时期郊祀制度从萌芽、发展到走向成熟的整个过程,总结汉魏至南北朝时期郊祀制度的四个特点:皇帝专断郊祀;具有鲜明的等级差别;神权依附于政权;郊祀制度的多元性。

黄帝祭祀研究

何炳武、陈一梅、秦开凤撰,陕西人民出版社 2009 年版。该书综合运用文献、考古、人类、历史学等学科方法研究黄帝祭祀，介绍黄帝祭祀历史的整体面貌，明确指出当前黄帝祭祀研究中存在的薄弱环节和祭祀礼仪中存在的实际问题，为今后完善黄帝祭祀提供了重要依据。

服周之冕：《周礼》六冕礼制的兴衰变异

阎步克著，中华书局 2009 年版。该书围绕《周礼》六冕制度及其对历代冕制的影响，探讨了服饰礼制与政治权力的关系。

王船山礼学研究：以两端一致论为研究进路

陈章锡著，台湾花木兰文化出版社 2009 年版。内容包括：《礼记章句》的理论架构与方法进路，礼体的分析——通过《礼运篇》大同小康两端之辨证，礼用的论述——即"修养工夫"论内圣面的开展，礼用的论述——即"政治"论外王面的开展，最后总结王夫之的礼学是仁礼互为体用。

三礼研究

耿素丽、胡月平选编，国家图书馆出版社 2009 年影印本，3 册，民国期刊资料分类汇编。该书将民国期刊中有关研究《周礼》、《仪礼》、《礼记》的文章汇为一编，依内容分为周礼类、仪礼类、礼记类、三礼综论类。每类目下的文章依发表时间先后排序。

义理与考据——清中期《礼记》诠释的两种策略

曾军著，岳麓书社 2009 年版。该书包括：经典与诠释经典的策略，《礼记》诠释的清代背景——清中期思想学术状况，《礼记集解》——以义理为基础的《礼记》诠释，《礼记训纂》——以考据为基础的《礼记》诠释，义理、考据与经典诠释的现代化共五章。

祈望和谐——周秦两汉王朝祭礼的演进及其规律

杨英著，商务印书馆 2009 年版。内容包括：滥觞：周礼对中国古代王朝祭礼的定位及其深远影响；激变："治出于二"——战国、秦吏政时代的祭祀和礼仪；渐进和"复古"：西汉——从国家祭祀到系统王朝祭礼的演进；定型：东汉"治出于二"的新格局下王朝祭礼的定型。

礼化诗学：诗教理论的生成轨迹

陈桐生著，学苑出版社 2009 年版。内容包括：论先秦两汉说

《诗》体系的生成;论"言志";论美刺;论"《关雎》乐而不淫哀而不伤";论兴观群怨;论性情;论《诗》教;论"六诗""六义";论孔子删《诗》说;论正变,及《毛诗序》对诗教理论的总结。

从礼仪化到世俗化:《诗经》的形成

陈致著,上海古籍出版社 2009 年版。该书从古文字与语言学的分析以及从音乐考古学与民族音乐学的角度研究《诗经》,内容包括:庸、颂、讼(诵):商代祭祀的乐器、乐调和礼辞,雅乐的标准化,古文字中的"南"及《诗经》中的"二南","雅"的地方化:商代雅乐的复兴。

祭孔礼乐研究

孔德平、彭庆涛、孟继新著,文物出版社 2009 年版。该书作者收录了有关祭孔的大量礼乐资料并分别作了注释解析,资料翔实、图文并茂,为研究祭孔礼乐提供了参考。

中国古代文论范畴发生史 《礼记》卷:礼以节情乐以发和

李建中主编,刘金波著,武汉大学出版社 2009 年版。《中国古代文论范畴发生史》以发生学之方法研究先秦典籍中的文论关键词,旨在开启中国文论之枢机,进而真实而深刻地把握中国文论异于西方文论的独有之"神"与"貌"。《礼记》卷尝试从文学理论的角度重新解读《礼记》,从内容繁复的《礼记》中酌取富有代表性的四个文学理论范畴或关键词——"礼""情""乐""和",着重研究这四个文论范畴的发生、流变、相互关系及其对后世文论的影响,并在此基础上勾勒《礼记》文论思想之概貌,摄取《礼记》文论范畴之精华,归纳《礼记》以"礼"为本原,以"情"为机制,以"乐"为功用,以"和"为归依的文论图式,推演其发乎情、止乎礼、兴乎乐、至于和的文论脉络,标举其以礼节情、以乐发和、以和为美的审美理想。

贵州西部彝族礼俗研究

李兴秀编著,贵州民族出版社 2009 年版。该书介绍了贵州彝族的风俗习惯,包括生育婚姻丧葬习俗、原始宗教信仰习俗等内容。

诗礼春秋四书尔雅地理文献集成

上海交通大学出版社 2009 年版。该书对历代学者研究几部经典中地理内容的成果加以辑录。

三国礼仪习俗研析

梁满仓、杜明才著,湖北人民出版社2009年版。该书内容包括三国社会与礼仪、三国礼仪的内容及特点、三国国家礼仪、三国社会礼仪、三国传统习俗等。

中国礼仪文化

刘青、邓代玉编著,时事出版社2009年版。全书从礼仪发展史讲起,一一介绍了中国宫廷礼仪、婚庆礼仪、个人礼仪、社交礼仪、丧葬礼仪等内容,从古及今、分门别类地讲述了中国礼仪文化的具体内容及其演变过程,并列专章描述了部分少数民族的礼仪文化。

礼记讲读

吕友仁著,华东师范大学出版社2009年版。对礼学经典的讲读。

《礼记》动词的语义分类研究

吕云生著,中国广播电视出版社2009年版。该书运用传统语言学"类聚"的方法,对从《礼记》中提取的2738个动词词项进行了全面分析,确定了动词语义的基本语义要素,归纳出各类动词在各个层次上的语义结构,并在此基础上提出了与以往分类体系完全不同的古汉语动词语义分类系统。

华服美蕴：追梦中华衣冠礼仪

马大勇编著,文物出版社2009年版。该书介绍了历代华服发展的大概面貌,以及其中的文化内涵,为"图说中国文化系列"丛书之一。书中还配有历代插图100多幅,包括十余幅彩图,读者可获得直观的印象。

程朱礼法学研究

宋大琦著,山东人民出版社2009年版。该书是对程朱新儒家的法哲学进行研究的专著,探讨理学中的法理思想。

清代外交礼仪的交涉与论争

王开玺著,人民出版社2009年版。该书内容包括：外交和外交礼仪、明清天朝大国与东方国家秩序、清明初期中俄两国外交使团的交往礼仪等。

中国传统交际礼仪：拱手鞠躬跪拜

余云华著，四川人民出版社 2009 年版。该书内容包括：传统交际礼仪的含义及其分类、传统交际礼仪小史、交际礼仪与中国文明等。

孔子的现象学阐释九讲：礼乐人生与哲理

张祥龙著，华东师范大学出版社 2009 年版。著者追随孔子的道说，运用现象学的、结构主义的哲学方法来探讨儒家哲理的生动特性，特别注重中国传统视野中的人的实际生活经验（孔子的人生经验）和艺术经验（儒家所谓"艺"）对于理解儒家思想传统的关键意义，揭示出中国文化、儒家思想全然异于西方文化和基督教的时间性与身体性，探发了这种时间性与身体性的根本源头：亲子之爱，并对此作了新颖独到的阐发。

礼仪的交织：明末清初中欧文化交流中的丧葬礼

［比利时］钟鸣旦著，张佳译，上海古籍出版社 2009 年版。该书探讨的主题是丧礼在 17 世纪中欧文化交流中所扮演的角色。

先秦玉礼研究

何宏波著，线装书局 2009 年版。该书从玉、玉器、玉礼三个不同的层面进行研究，不仅探讨玉礼的物质内容和外在表现形式，而且更着重于对玉礼所蕴含的观念意识和精神内容的探讨。

礼器与纹饰

谭显昆著，百花文艺出版社 2009 年版。该书结合一百四十余件玉器实物，详细讲解礼器与纹饰的基本知识，介绍各种鉴定要诀。

中国古玉断代与辨伪：玉礼器

周南泉著，蓝天出版社 2009 年版。该书通过 1000 余幅图片以及精美解说，剖析了远古玉礼器的特征与真伪鉴定，鉴赏价值与实用功能，是大型系列丛书《中国古代玉器断代与辨伪》之一。

礼记导读

曾亦、陈文嫣著，中国国际广播出版社 2009 年版。该书上部分将《礼记》与《仪礼》、《周礼》作比较，说明其著述与结构，比较历代礼学与礼家，阐释古礼中的"三纲"原则；下部分对《礼记》进行了注释。

撷珠礼记

赵敏编,经济日报出版社2009年版。该书选取《礼记》中的精华部分,指导现代人对经典的阅读,为现代人做事、做官、做人提供有益的建议。

仪礼丧服会通

骆成骧著,台湾文听阁图书有限公司2009年版,据民国十五年刊本影印。存目。

礼学大义

张锡恭著,台湾文听阁图书有限公司2009年版。存目。

《春秋左氏传》宾礼嘉礼考

宋鼎宗著,台湾花木兰文化出版社2009年版。存目。

《左传》论礼

王乃俐著,台湾花木兰文化出版社2009年版。存目。

《诗经》中物类事象的礼俗化研究

吴晓峰著,武汉出版社2009年版。存目。

东周丧葬礼制初探

李淑珍著,台湾花木兰文化出版社2009年版。存目。

西周礼治文化探论

王瑞杰著,台湾花木兰文化出版社2009年版。存目。

开创与影响:王肃礼学义理及中古传播历程

刘柏宏著,台湾稻乡出版社2009年版。存目。

儒家文化研究 第三辑 礼学研究专号

郭齐勇编,三联书店2010年版。该书设有概说、校释、礼学史、专论四个栏目是当代学者关于古代礼学文献校释、理论研究的学术成果汇编。

《周礼》饮食制度研究

王雪萍著,广陵书社2010年版。该书分为五章,内容包括:系统严密的食官制度、平衡的饮食结构与膳食制度、等级分明的饮食器具使用制度、庄严场合的饮食礼制。

中国古代礼俗

王炜民著,中国国际广播出版社2010年版。该书讲述了中国礼俗的源流，以及育子礼俗、成年礼俗、婚姻礼俗、日常礼俗、社交礼俗、节庆礼俗、盟誓礼俗、丧葬礼俗和祭祀礼俗。

制礼作乐——先秦儒家礼学的形成与特征

张焕君著，中国社会科学出版社 2010 年版。该书分殷周革命与周公制礼作乐、礼制与礼学、常礼与变礼三个部分，探讨了儒家礼学在思想、制度与社会之间的互动关系。

商代社会生活与礼俗

宋镇豪著，中国社会科学出版社 2010 年版。该书论述商朝礼制与社会生活礼俗的运作，以及有关商代社会行为观念整合规范的机制。全面考察城邑生活与族居形态、建筑营造礼仪、宫室宅落建制、居住作息习俗、人生俗尚、婚制婚俗、生育观念等。书中附有彩图 22 幅，插图 161 幅。

礼学研究的诸面向

叶国良著，台湾"清华大学"出版社 2010 年版。该书共分三编，上编讨论《仪礼》成书过程及研究方法，中编探讨"曲礼"发展史及韩国《礼记》学，下编提出三种研究仪节之意义与演变的方法。

西汉前期礼法思想的演变与发展

张菀玶著，台湾花木兰文化出版社 2010 年版。存目。

台湾传统生命礼俗及其变迁

黄俊凌著，福建教育出版社 2010 年版。该书包括祈子、胎教、贺生、贺周、成人、婚嫁、祝寿、丧葬等随着人的生命历程而逐步展开的生命礼俗，将这些历代相沿、积淀着五千年中华文化传统而又有所变迁的台湾生命礼俗，以流畅的叙述和丰富的图片，展示给读者。

礼法之间：《荀子》

朱岚著，中国民主法制出版社 2010 年版。该书体例包括《荀子》原文、注释、译文及品评。

周公旦与西周礼治文明

杨东晨著，陕西人民出版社 2010 年版。该书内容包括：先周兴圣人出、周公政绩辉煌、周公创建礼治、礼治重要制度、礼治社会文明等。

礼制文明与神话编码：《礼记》的文化阐释

唐启翠著，南方日报出版社 2010 年版。该书内容包括：冠礼仪式象征探源"庙"的象征分析、《礼记·明堂位》空间叙事、《礼记》"五方之民"叙事研究、《礼记·月令》的神话时空观等。

先秦礼制探赜

曹建墩著，天津人民出版社 2010 年版。该书对先秦时期有关祭祀、丧葬、战争、田猎、射礼、会盟、养老、饮食、容礼等重要礼仪制度作了细致的探讨，又结合简帛文献，对先秦时期的礼乐思想进行了深入的阐述。

中国的礼制

魏向东、严安平著，中国国际广播出版社 2010 年版。该书内容包括：中国礼制源流、吉礼、凶礼、军礼、宾礼、嘉礼、礼器与礼服等。

古代礼制文化

魏永康著，吉林文史出版社 2010 年版。该书介绍了古代礼制的相关知识，内容包括：以吉礼敬鬼神、以凶礼哀邦国、以宾礼待宾客、以军礼威天下、以嘉礼亲万民、传统节庆礼仪。

周代礼乐文明实证

贾海生著，中华书局 2010 年版。该书利用考古学、历史学、文献学、古文字学等学科取得的最新研究成果，结合传世文献，运用实证的方法，对周代礼乐文明进行了复原式的研究，涉及凶礼、吉礼等礼典及不同于中原地区的楚礼。

诗可以观——礼乐文化与周代诗学精神

傅道彬著，中华书局 2010 年版。该书以"六经皆文"和"六经皆诗"的观念审视周代文化，对以《周易》、《尚书》、《诗经》、《春秋》和"三礼"为代表的传统文献进行诗学解读，在礼乐文化的历史背景下，全面考察了周代文化的诗性品格和诗学精神。全书运用考据的方法，论证了《周易》爻辞以诗体为核心的艺术结构和文学意蕴；分析古老的"象乐"的艺术，认为"象乐"是以表现重大历史事件为基本内容的、纪念式、远古戏剧的经典形式；从《月令》等岁时文献入手，探讨自然的时序变化对中国文学的深刻影响，考察了中国文学包含的

"四时结构"和情感意蕴。全书用较大篇幅考察春秋时代的文化与文学发展轨迹,认为支撑春秋文化的根本精神是城邦文化与城邦精神,春秋时代发生了从旧体文言向新体文言转变的语言变革,春秋城邦文化和新体文言形式对春秋时代的文学繁荣产生了重要影响,在此基础上,对春秋时代"兴观群怨"的诗学理论进行了系统阐述。

商代宗教祭祀

常玉芝著,中国社会科学出版社 2010 年版。该书考察商代图腾残遗信仰,系统探研上帝及帝廷诸神、自然神、祖先神的三大宗教分野、神灵崇拜的代变、神灵权能和神性、祀所设置,人殉人祭,对甲骨文中的祭仪名类进行全面梳理,阐述王室周祭祀谱,有关祭仪和庙制,剖析宗教祭祀活动的性质,深入研究商代宗教信仰层面诸如社会凝聚力、情感寄托、宗教功能等社会学方面的意义。

汉魏洛阳故城南郊礼制建筑遗址:1962—1992 年考古发掘报告

中国社科院考古研究所编,文物出版社 2010 年版。中国田野考古报告集考古学专刊丁种第八十号。内容包括:灵台遗址、明堂遗址、辟雍遗址、太学遗址、结语五章。

《诗经》与宗周礼乐文明

江林著,上海古籍出版社 2010 年版。该书采用《诗》、《礼》互证的研究方法,揭示《诗经》中所保存的详尽而真实的礼乐制度的史料价值,又以《周礼》的礼典记录用以解读《诗经》,内有不少有意义的新解。

文化记忆与仪式叙事:《仪礼》的文化阐释

荆云波著,南方日报出版社 2010 年版。内容包括:永恒回归的神话,《士昏礼》的神话阐释,《仪礼》中的巫术,玉器的象征与中国礼文化,《仪礼》的权力话语叙事,作为表演的礼仪,安身立命的礼仪文化。

仁礼之辨:孔子之道的再释与重估

梁家荣著,北京大学出版社 2010 年版。该书透过古籍文献的梳理,还原孔子学说的本来面目;使用今天的语言,重释古老儒学的核心概念;运用严密的论证,清除对儒学的流行误解;借助认知科学、演化生物学和大脑科学等当代科学的最新研究成果,重估孔子之道的现代意义。著者认为，即使"复礼"之说已不可行，孔子的"仁之方"则不但经得起时间之考验，还通得过当代科学的考查。

《礼记·乐记》研究

薛永武著，光明日报出版社2010年版。该书运用阐释学的原理和方法，从中西比较的学术视野，对《乐记》进行多维的创造性阐释，通过对《乐记》价值的重新定位，在视域融合中揭示了《乐记》的丰富内涵。对"大乐与天地同和""惟君子为能知乐""乐由中出""惟乐不可以为伪"等许多重大命题进行了全方位研究，把握了文本的文化图式、天人相谐的和合阐释、乐的生命本体论、文艺创作论、创美主体论、文艺伦理学等重要美学内涵。

荀子思想研究：礼乐重构的视角

王军著，中国社会科学出版社2010年版。该书内容包括：崩溃与重构：荀子思想的背景与主题；天人之学：礼乐重构的理论奠基；一体两翼：礼乐制度的基本构架；立道用术：礼乐重构的现实路径等。

礼记解读

丁鼎撰，中国人民大学出版社2010年版。该书是中国人民大学国学院新编"国学经典解读系列教材"的一种，从《礼记》49篇中选取24篇进行解读。

礼记通译

俞仁良译注，上海辞书出版社2010年版。该书运用简易、通俗的语言对《礼记》全文进行译注，在尊重原文的基础上更注重其对现实社会的指导意义。

中国礼仪文化

丛书编委会编撰，外文出版社2010年版。该书从礼仪渊源、古代五礼、传统礼器、传统礼典、人生礼仪、婚嫁礼仪、家庭礼仪、节俗礼仪等方面对中国礼仪文化进行了介绍。

跳菜：南涧彝族的飨宴礼仪

秦莹著，云南大学出版社2010年版。该书是一本关于南涧彝族自治县彝族饮食礼仪的研究文集。

朱子《家礼》与人文关怀

郑春主编，福建教育出版社 2010 年版。阐发朱子礼学乃至中华礼文化所内蕴的人文意趣及其现代意义。

中国殡葬礼仪学新论

郑志明著，东方出版社 2010 年版。该书是研究中国殡葬礼仪的第一部系统学术专著。作者以大量的田野考察资料为基础，通过历史文献解读，论述中国殡葬礼仪的形成与发展、范畴、内涵、制度、信仰以及临终关怀、意义治疗等。对于当代生命伦理、生命教育具有参考价值。

日本的祭礼

周洁主编，世界知识出版社 2010 年版。该书从日本的各个行政县中分别选出 3~4 个具有代表性的祭礼，详述其历史变迁及现状。

王船山礼学研究

杨锦富著，台湾复文图书有限公司 2010 年版。存目。

《仪礼》沃盥礼器研究

姬秀珠著，台湾里仁书局 2010 年版。存目。

早期儒家丧礼思想研究

陈丽莲著，台湾花木兰文化出版社 2010 年版。存目。

《诗经》吉礼研究

季旭升著，台湾花木兰文化出版社 2010 年版。存目。

宋代家礼家训的研究

林春梅著，台湾花木兰文化出版社 2010 年版。存目。

五礼名义考辨

吴安安著，台湾花木兰文化出版社 2010 年版。存目。

《仪礼》饮食品物研究

吴安安著，台湾花木兰文化出版社 2010 年版。存目。

《吕氏春秋·十二纪》纪首、《淮南子·时则训》及《礼记·月令》之比较研究

曾锦华著，台湾花木兰文化出版社 2010 年版。存目。

西汉前期礼法思想的演变与发展

张菀琤著，台湾花木兰文化出版社 2010 年版。存目。

坛墠文化考：敬天与法祖思想的礼俗和沿革

俞美霞著，台湾南天书局有限公司2010年版。存目。

先秦两汉典籍引《周礼》资料汇编

何志华、陈雄根编著，香港中文大学出版社2010年版。存目。

兵礼：中外军队仪式漫谈

徐军著，解放军出版社2010年版。存目。

古代美索不达米亚神话与礼仪

[日]月本昭男著，日本岩波书店2010年版。存目。

摄王于礼、摄礼于德：荀子之智德及伦理社会建构之意涵

张匀翔著，台湾花木兰文化出版社2010年版。存目。

知书达礼

俞德良编著，上海辞书出版社2011年版。作者精选中国古代传统文化精华——《尚书》、《礼记》中的精彩语段，分段列目直译。

论礼的精神

刘惠恕著，上海人民出版社2011年版。该书论述了中国"礼"的起源和"礼教"的创立，涉及儒家对"礼"的看法、争论以及古礼体系的完成，礼教的衰败解体和影响，对西方近代"法"文明与中国"礼"文明进行了比较和批评，探讨如何重构中国当代"礼"文明体系。

礼治之道：汉代名教研究

张造群著，人民出版社2011年版。内容包括：汉代名教的理论基础、名分体系、教化载体、教化途径、东汉末年的名教危机与批判、名教的现代观照。

礼与王权的合法性建构——以唐以前的史料为中心

徐燕斌著，该书从合法性的视角对礼与中国古代王权的关系进行探讨，分析宗教之礼、制度之礼、道德之礼与王权合法性建构的关系，进而对传统法律文化中最为核心的礼法关系作了宏观的审视。

中华圣贤经典解读——礼

项久雨等著，长江文艺出版社2011年版。该书共分为六章，从不同方面对"礼"进行了阐述。

彭林说礼

彭林著，电子工业出版社2011年版。该书内容包括社会交往中的主要礼节及其人文内涵,当今社会的人际交往(如会客、宴饮、坐立、仪表、书信等)中如何体现中华礼仪特色等问题。

《礼记》语言学与文化学阐释

杨雅丽著,人民出版社 2011 年版。该书内容分为两部分:一是立足当代学术视域研究《礼记》的学术思想与文化精神,探讨《礼记》、礼学与传统文化中有研究价值的理论问题及其对当代社会的借鉴意义;二是设专题研究《礼记》词汇系统的若干问题,并对一些在《礼记》与礼学中具有"关键词"意义的语句进行文字训诂与文化解读。

性别视角下的《易》、《礼》、《诗》妇女观研究

焦杰著,中国社会科学出版社 2011 年版。该书围绕着男阳女阴、男尊女卑和窈窕淑女三个方面,从性别视角对《易》、《礼》、《诗》三部经典中的妇女观进行了分析和解构。总体而言,经文中的妇女观比较重视女性与家族的关系,提倡妇顺,而传文中的妇女观更重视女性与丈夫的关系,强调妻从。妇女观由重族权到重夫权的变化与战国秦汉以来社会结构的变化、加强控制妇女的思想及儒家王道政治思想的发展密切相关。

《礼记·乐记》研究论稿

王祎著,上海人民出版社 2011 年版。该书由上、下两篇组成,共六章。上篇为《乐记》的文献、文本研究;下篇为《乐记》的文化、哲学、文论等研究。

礼俗史话

王贵民著,社会科学文献出版社 2011 年版。该书以时间为线索,讲述了从先秦至近代中国的"六礼"及出生、教育、生长、养老、死亡等礼俗的具体情况,并对古籍所载礼仪的典章名物作了简明的介绍。

川北民间礼仪文化

王雪珺、王剑、康永忠编著,大众文艺出版社 2011 年版。该书介绍了川北的生育礼俗、婚姻礼俗、祝寿礼俗、丧葬礼俗、庆贺礼俗、节日礼俗和语言礼俗。

仪式·音乐与婚姻:青海互助土族传统婚礼及其音乐的调查与研究

祁慧民著,中国社会科学出版社 2011 年版。该书是关于青海互

助土族地区传统婚姻仪式及其音乐调查研究的一部专著。在田野调查和第一手资料的基础上，书中以土族传统婚仪过程为基石，对婚仪中表现出的人文及音乐文化现象加以诠释。

三礼礼器论丛

周聪俊著，台湾文史哲出版社 2011 年版。该书收集了三礼礼器相关论文。

飨礼考辨

周聪俊著，台湾文史哲出版社 2011 年版。又，台湾花木兰文化出版社 2012 年版。该书翻检《左传》所载飨事近七十例，就飨礼相关问题进行探讨。著者归纳该书主要论点，凡有六端：一曰飨礼本天下之通义，非天子诸侯所擅；二曰大飨虽不食体荐，非并殽馔皆不食；三曰飨礼赐物，未必皆酬币；四曰人臣飨君及后夫人飨馈之事，或本其时礼法之所许；五曰鼎数以十二为极，铏不得与其数；六曰《左传》"命宥"，说者多家，似皆未尽其义，疑"命宥"乃天子躬亲嘉勉，勤劳于王事之辞。

中国人的礼俗

殷登国著，百花文艺出版社 2011 年版。存目。

《红楼梦》与"礼"：社会语言学研究

王国凤著，浙江大学出版社 2011 年版。该书依存中国古典小说《红楼梦》，分析中西方礼貌观念的异同，把礼貌原则、礼貌语言与社会维度以及社会维度下的交际双方的社会距离、相对权势关系和行为冒犯面子的程度联系在一起，既丰富了《红楼梦》研究的内容，又拓展了礼貌研究的范畴。

宋代礼学研究

惠吉兴著，河北大学出版社 2011 年版。该书系统研究了宋代礼学，梳理了宋代礼学的文化渊源、社会历史背景，从礼经、礼义、礼仪、礼治、礼俗等层面深入阐发了宋代礼学的历史内涵和文化意蕴，揭示了礼学与理学的内在关系——作为新儒学运动的理学思潮也可以看作新礼教运动。

晚清江浙礼学研究

李江辉著，陕西人民出版社 2011 年版。该书介绍了晚清学风的转变与江浙区域学派的形成、晚清江浙学派与礼学、扬州学派的礼学研究、浙东学派对名物制度的总结、今文学派礼学研究的新思路、晚清江浙礼学的地位等内容。

吉祭礼与宋代郊祠符号

林美慧著,台湾复文图书有限公司2011年版。该书以古籍中的祭礼为原型之礼,而以宋礼为礼仪宗教,再归于朱子及度宗的祭孔所呈现的道德宗教精神,结以"礼仪宗教的道德宗教"之旨,研究了吉祭礼的文化体系、原型伦理、天人之统,和北宋郊祠的文化符号、南宋郊祠的文化符号、宋代祭孔的文化符号、宋代明礼的变异符号,最后对礼仪宗教进行文化省思。

汉长安城的朝向、轴线与南郊礼制建筑

刘瑞著,中国社会科学出版社2011年版。该书通过对考古资料、文献记载的整理与分析,提出西汉早中期汉长安城是一座朝东城市,西汉晚期变为朝南。而为朝向讨论方便,对已成定论的汉长安城长乐宫、明光宫等宫城位置进行了重新分析,提出了新意见。

朱熹《仪礼经传通解》语音研究

李红著,厦门大学出版社2011年版。该书探析《仪礼经传通解》音注的分类与挑选,筛选出有效可靠的音切,从中探讨时音与方音的音变,探讨音注之来源。从而揭示宋代福建读书音的语音系统,寻找时音音变的蛛丝马迹,探究宋代福建方音的面貌并与现代闽方音相对比,为闽方音的发展史梳理脉络。

大清皇室的祭典礼

罗艳著,中国青年出版社2011年版。该书首先选择以帝王、后妃为核心,叙述每一个主题的专门知识,说明其流变传承过程,承上启下的作用,讲述主要的历史人物、历史事件在这一主题下的活动等。书中还从清宫历史老照片、帝后画像、档案画藏等方面选取图片数百幅,内容涵盖重要历史人物、重大历史事件场景、重要典章制度书影,重要书档文册、图表牒牍的影印图片。

仪式空间中的音声表述:对两个丧礼与一场童关醮仪式音声的描述与分析

齐琨著,文化艺术出版社2011年版。该书考察了音声表述的宗教礼俗——安徽省祁门县马山村丧葬仪式与音声；天地共享的音声——湖南省湘阴县七龙村丧葬仪式与音声；游走于道—巫之间的音声人——湖南冷水江市童关醮仪式与音声等内容。

《大戴礼记》诠释史考论

孙显军著，社会科学文献出版社 2011 年版。该书从《大戴礼记》成书谈起，探讨了《大戴礼记》学术地位的形成及发展的演变过程。

儒礼经典选读

王宗昱编，北京大学出版社 2011 年版。该书包括：士冠礼、士昏礼、丧服、郊特牲（节选）、祭法、祭统、大戴礼记·投壶、纬书（选）、孝经、白虎通义（节选）、女诫、颜氏家训（节选）、女孝经、乡约乡仪等内容。

从美石到礼玉：史前玉器的符号象征系统与礼仪化进程研究

张苹著，巴蜀书社 2011 年版。该书从一个特殊的研究视角——中国史前玉器所具有的符号象征意义及其朝着礼制化发展的趋势入手，运用符号学、传播学的理论与方法，从中提炼和归纳出史前玉器最终成为诸如在《周礼》这样的文献中所描写的"礼玉"的历史进程。

明代地方社会礼教史丛论：以私修礼教书为中心

赵克生著，中国社会科学出版社 2011 年版。该书提出"礼仪——社会史"、"礼仪——政治史"的研究方法，主要聚焦于明代家礼传播与圣谕宣讲。

初盛唐礼乐文化与文士、文学关系研究

赵小华著，广东人民出版社 2011 年版。该书以初盛唐礼乐文化的构建和各时期国家文艺政策的制定为阐述前提，对文人活动和文学作品进行综合考察，探索文士的实际行动、演绎文人积极参与礼乐建制的过程、诠释礼乐文化观照下的不同文学形态、寻绎作品所体现的文学风格与文化本原的关系，最终揭示礼乐文化对初盛唐文学发展的深远影响。

天命、仪礼与秩序演绎：中国文化史要论

何平立著，山东人民出版社 2011 年版。该书分为六篇，考察了礼乐、玉器与巫史文化；天命、皇权与巡封文化；佛道、山岳与风水文化；私学、画派与书坛文化；郑和下西洋与宗教、经济、文化；晚清西学东渐与报刊文化等内容。

威仪天下：清代外交礼仪及其变革

何新华著，上海社会科学院出版社 2011 年版。该书包括清代属国来华朝贡的一般性规定、清代属国来华朝贡礼仪、清代中国对属国的册封礼仪、清代中国向属国的颁诏礼仪、清代中英外交礼仪交涉、清廷与安南的册封礼仪冲突等的探讨与研究。

古代礼仪与新农村乡风文明建设

主编刘玉娥，中州古籍出版社 2011 年版。该书内容包括：古代礼仪与新农村乡风文明建设概论；生辰、名字和寿诞习俗；居家礼仪；交际礼仪；婚姻礼俗；终养、丧葬及祭祀；生态文明保护与新农村建设；新农村精神文明建设取得的成果与存在的问题等。

《周礼订义》研究

夏微著，吉林人民出版社 2011 年版。内容包括：《周礼订义》作者生平事迹考，撰著流传考，引用汉唐诸家考，引用宋代诸家考，王与义的《周礼》学说，《周礼订义》的学术价值和在《周礼》学史上的地位。

方苞的《周礼》学研究（上、下）

刘康威著，台湾花木兰文化出版社 2011 年版。存目。

张载之礼学

陈美园著，台湾花木兰文化出版社 2011 年版。存目。

《礼记》气论思想研究

赖升宏著，台湾花木兰文化出版社 2011 年版。存目。

金门宗祠祭礼探究：以陈、蔡、许三姓家族为例

杨天厚著，台湾花木兰文化出版社 2011 年版。存目。

明代国家礼制与社会生活

赵克生著，中华书局 2012 年版。该书由"国家礼制与明代宫廷"、"国家礼制与明代官僚阶层"、"国家礼制与地方社会"三部分组成。从"礼仪——政治史、社会史"的基本研究思路出发，把礼制放在具体的政治、社会环境中，分别从宫廷、官僚阶层、地方社会三个不同层面，动态考察礼制的运作和变动，建立起礼制与政治生活、社会生活之间的联系。

红山文化研究：玉器与玉礼制的发端及宗教信仰与祭祀活动

吕昕娱著，内蒙古科学技术出版社 2012 年版。该书分两大部分：第一部分为红山文化玉器与玉礼制的发端，内容包括红山文化玉器的类型及特点、材质、制作工艺、功用等；第二部分为红山文化的宗教信仰与祭祀活动，内容包括有关红山文化精神领域的研究、红山文化的图腾崇拜与祭祀文化等。

朱熹家礼实证研究

[日]吾妻重二著，吴震、郭海良译，华东师范大学出版社 2012 年版。主要内容包括：《家礼》版本系统；《家礼》的思想渊源——从《祭仪》、《古今家祭礼》到《家礼》；《家礼》与《书仪》的比较（上、下）；朱熹家礼思想的发展，从朱熹晚年语录和《仪礼经传通解》探讨朱熹晚年家礼思想的变化，从而说明朱熹家礼思想一直处于动态生成的变化中。

三礼研究入门

彭林著，复旦大学出版社 2012 年版。该书为礼学爱好者提供自学参考，分别介绍了"三礼"研究的历史、方法、范例、问题与展望。

宋史礼志辨证

汤勤福著，三联书店 2012 年版。该书逐条辨析《宋史·礼志》的史料情况，涉及其史料来源、正误、史料剪裁等方面，同时亦对相关典籍记载的错失作了辨正。

古礼新研

杨华著，商务印书馆 2012 年版。该书选录作者近年利用出土简帛文献研究上古礼制问题 19 篇论文。

中国人的精神生活与礼俗

蓝吉富主编，黄山书社 2012 年版。该书介绍了中国的宗教精神生活和源远流长的礼俗活动。中国传统的宗教精神在于敬天，中国的礼俗意在亲人：婚礼表示琴瑟和谐，丧、祭表示慎终追远，长幼之伦代表礼法与亲情的结合，年节与民间娱乐均含有陶情怡性、移风易俗的作用。

和谐共存之道：儒家礼乐文化

丁鼎、郭善兵、薛立芳著，山东教育出版社 2012 年版。内容包括儒家礼乐文化与中国传统文化范式、儒家礼乐文化传统的形成、儒家礼乐文化元典——"三礼"、传统国礼略说、传统家礼略说、传统交际礼仪等。

多元文化孕育下的武夷礼俗文化

来玉英著，同济大学出版社 2012 年版。该书研究的武夷礼俗文化，以武夷文化的中心武夷山为主，盖及武夷文化分布的武夷山脉及其周边地区，包括闽北 1 区（延平区）4 市（武夷山、邵武、建瓯、建阳）5 县（顺昌、光泽、浦城、松溪、政和）。

汉代车马形像研究：以御礼为中心

练春海著，广西师范大学出版社 2012 年版。该书以车马形像为主要研究对象，系统讨论了汉代马车及其使用中的礼仪，即御礼。将汉代御礼的发展划分为纵向的三个阶段和横向的两个层次，讨论汉代车马殉葬终止的原因、意义与车马画像兴盛的时间、原因、特点、意义（或目的）等重要学术问题。最后结合汉代社会的文化传统、政治制度、风俗习惯、御礼的讨论，完成对汉代御礼体系的建构。

清前期宫廷礼乐研究

邱源媛著，社会科学文献出版社 2012 年。内容包括：入关前的宫廷礼乐——以满洲文化为主导的原生阶段，问鼎之初的宫廷礼乐——全盘吸收汉儒礼乐的初创阶段，鼎盛时期的宫廷礼乐之一：汉族儒家礼乐的成熟及政治功用，鼎盛时期的宫廷礼乐之二：满洲礼乐的成熟及政治功用等清前期宫廷礼乐的探讨与研究。

中国文论经典流变：《礼记·乐记》的接受史研究

薛永武著，社会科学文献出版社 2012 年版。该书以时间为顺序梳理了《礼记·乐记》自先秦至现当代的接受史。上编对《礼记》的形成及其基本内容、对《礼记》的"历时性"阐释与接受以及《礼记》的现代阐释与意义生成进行动态的审视。下编主要研究先秦音乐理论与《乐记》的思想渊源。

中古时代的礼仪、宗教与制度

余欣主编，上海古籍出版社 2012 年版。该书是 2010 年在复旦大学召开的"中古时代的礼仪、宗教与制度"学术研讨会的论文结集，主题为中国中古时期(主要指魏晋南北朝隋唐五代)的礼仪、宗教和制度，包括相关文献辑考、宗教史(或宗教社会史)论考、仪式与制度的考证以及综合性研究。

礼与法：中国传统法律文化总论

曾宪义、马小红主编，中国人民大学出版社2012年版。该书从中国的地理环境、中国传统法律形成与发展过程、中国传统法律独树一帜的体系与结构、中国传统法律文化的精髓理念和中国传统法律制度的精心设计五个方面，对中国传统法律文化进行了宏观的论述。各部分分别解读了中国所处的地理环境对中国传统法律文化形成与发展的影响，描述了中国传统法律文化在夏商神权法时代、西周礼治时代、两汉至魏晋南北朝的礼法融合时代、隋唐宋元礼法合一时代、明清礼法合一时代五个时期的发展，分析了中国传统法律的结构体系，阐述了中国古代社会普遍的法律价值理念以及说明法家对中国法律制度的深刻影响。

礼文化与致和之道

张自慧著，上海人民出版社2012年版。内容主要包括礼文化元典与"元典精神"、礼文化之核心命题——克己复礼、古代礼文化之和谐理念、古代礼文化的"致和之道"、礼文化与现代社会以及当代中国"致和之道"初探六个部分。

稻作文化中的一朵奇葩：嘉兴地区礼俗仪式音乐研究

朱平生著，上海音乐出版社2012年版。该书以嘉兴地区一年四季稻作生产的先后顺序为主线，通过田野式调查，对嘉兴地区的民俗礼仪活动进行研究，对民俗仪式中的音乐进行归纳，对其来源进行分析考证，为礼俗仪式音乐的本体形态作具体的微观分析和宏观的理论探讨。

荀子思想与战国时期的礼学思潮

李桂民著，中国社会科学出版社2012年版。该书运用思想史与社会史结合的研究方法，系统考察了荀子思想的时代和思想背景，原始儒家文化的传承和荀子礼本位思想体系的形成，荀子礼学思想的原则、特点与礼法关系，先秦诸子礼学思想与荀子的理论回应与思想建构，荀子思想的历史命运及其对中国古代社会的影响等内容，特别注重荀学与孔学、孟学的关系。

我们的国家：礼制与风俗

叶国良著，复旦大学出版社 2012 年版。全书共 45 篇，从行进的姿态、相见的礼容、应对的声音、装扮的义涵、位置的尊卑、权力的表征、官场的荣辱、计数的标准、褪色的民俗、变调的节庆、饮食的艺术、高雅的衣物十二个方面介绍了中国古代的礼制与风俗。

《春秋》、《左传》礼制研究

许子滨著，上海古籍出版社 2012 年版。收入如《〈左传〉聘礼礼辞研究》、《〈春秋〉鲁隐公"矢鱼于棠"考辨》、《〈春秋〉"公薨于台下"清人诸说综论》等研究《春秋》、《左传》中礼典的 27 篇论文。

儒藏：精华编．七三册．经部礼类

北京大学《儒藏》编纂与研究中心，北京大学出版社 2012 年版。存目。

《白虎通》研究：《白虎通》暨《汉礼》考

周德良著，台湾花木兰文化出版社 2012 年版。存目。

商周青铜礼器龙纹形式与分期研究

陈丽年著，台湾花木兰文化出版社 2012 年版。存目。

论先秦儒家思想中礼的人文精神

刘振维著，台湾花木兰文化出版社 2012 年版。存目。

立于礼

司保峰编选，复旦大学出版社 2013 年版。少年读物类"三礼"选读。

周礼开讲

张善文、马重奇主编，徐启庭著，华东师范大学出版社 2013 年版。该书除介绍《周礼》的源流派别之外，还围绕六大系列职官所掌之职，阐述了周代宗法制度和政治权力体制的种种内涵。

礼在东方——中国青铜器

丁孟著，北京教育出版社 2013 年版。该书介绍了中国青铜器的相关知识，主要内容包括：永恒的图像——夏商青铜器、藏礼于器——西周青铜文化、百花齐放——春秋青铜艺术、工巧材美——战国青铜工艺等。

黄以周《礼书通故》研究（上、下）

谢淑熙著，台湾花木兰文化出版社 2013 年版。存目。

《仪礼·公食大夫礼》管见

郑宪仁著，台湾花木兰文化出版社 2013 年版。存目。

大学中庸礼运大同篇讲解

郭永进（空海）编著，华艺出版社 2013 年版。该书对孔子的经典著作《大学》、《中庸》和《礼运大同篇》作了解读，阐述了孔子倡导的儒家入世文化。

秦汉之际礼治与礼学研究

胥仕元著，人民出版社 2013 年版。该书以历史发展的社会现实为背景，探究秦汉之际礼学与礼治的生存空间和作用，以使学界对此研究更加全面和完善并揭示礼对当今社会的借鉴意义。

礼之道：中华礼义之学的重建

翟玉忠著，中央编译出版社 2013 年版。该书讲述了过去一百年来，中国诸多知识分子一直希望通过移植西方"新伦理"的方式重建中国伦理道德体系，然而他们的"道德革命"总是无疾而终。究其原因，还在于东西方伦理的源流与内容大相径庭，在中国没有合适的移植西方伦理的文化土壤。

先秦时期的国礼与国家外交：从氏族部落交往到国家交往

张健著，文物出版社 2013 年版。该书内容包括：迁徙与碰撞——从原始社会的部落交往说起、华夏有礼——夏代的国家外交萌芽、莫敢不享——商代征服中的外交开拓、礼仪天下——西周时期规范外交礼仪的建立及其对外关系、春秋霸业——争霸外交中的礼品赠送等。

乡礼与俗乐：徽州宗族礼俗音乐研究

齐琨著，安徽文艺出版社 2013 年版。该书概述了礼与乡礼、乐与俗乐、徽州宗族社会的研究对象、定位和目的，研究了婚礼仪式与音乐、丧礼仪式与音乐、祭祖仪式与音乐、祭神仪式与音乐等内容。

礼乐中国：首届礼学国际学术研讨会论文集

彭林、单周尧、张颂仁主编，上海书店2013年版。该书收录了《聘礼的起源及其演变》、《论"妇人不杖"》、《伯唐父鼎与麦尊铭文所记礼典钩沉》、《周代丧葬棺饰礼制考略》、《试论冘鼎与丧服礼》、《中国礼学文化的哲学特质及其历史转型》、《"礼"与礼治思想及其历史演进》等文章。

百年来礼学大事记

1900 年

◇**西北敦煌莫高窟发现大量六朝至北宋的五经写本文献残卷。**

敦煌残卷中儒经卷子计 258 卷。有的只存标题，有的仅剩几行，有的仅列白文，有诂训传本，有的标音，有的卷背作音。年代可分为三种情况：先唐抄本、唐抄先唐本和唐本。其中有敦煌《礼记》残卷共 12 卷。其中郑玄注《礼记》5 卷，《礼记音》2 卷，为先唐抄本，约占 60%。

◇**殷墟甲骨文被发现。**

殷墟是中国商朝晚期都城遗址，年代约为公元前 14 世纪末至前 11 世纪中叶，是中国历史上第一个文献可考，并为考古学和甲骨文所证实的都城遗址，商代从盘庚到帝辛（纣），在此建都达 273 年。其位于河南安阳市西北殷都区小屯村周围，殷墟王陵遗址与殷墟宫殿宗庙遗址、洹北商城遗址等共同组成了规模宏大、气势恢宏的殷墟遗址。1899 年，金石学家王懿荣在北京发现中药店中所售龙骨上刻有一些很古老的文字，意识到这是很珍贵的文物，开始重金收购，进而考证出这些"甲骨文"是"殷人刀笔文字"。1900 年八国联军入侵，王懿荣自尽，甲骨转归刘鹗所有。古董商贩为谋利，封锁甲骨来源消息。后罗振玉等学者多方探求，得知甲骨来自河南安阳小屯村，于是多次派人去那里收购甲骨，并对其上文字作了一些考释，认为小屯就是文献上所说的殷墟。其后，王国维对这些甲骨文上的资料进行了考据，进一步证实这里就是盘庚迁都的都城。

1902 年

◇**经学从清末教育体系中取消。**

1902 年张百熙主持颁布《钦定京师大学堂章程》，主张大学堂设政治、文学、格致、农业、工艺、商务、医术等七科，取消了经学。

1903 年

◇**清末经学科的重设。**

1903 年，洋务派张之洞会同张百熙将《钦定京师大学堂章程》修改为《奏定大学堂章程》。将其中大学专门分科由原来 7 科 35 门改为 8 科 46 门，增设了经学科，下分周易、尚书、毛诗、春秋左传、春秋三传、周礼、易礼、礼记、论语、孟子、理学 11 门课程，重新突出了经学的地位。

1915 年
◇10 月，王国维撰《古礼器略说》，下分数篇。

1916 年
◇4 月，王国维撰《殷礼征文》。
◇陈独秀撰文反对将孔教立为国教，掀起了反孔反礼教的风潮。

康有为等人提出在《宪法》中将孔教立为国教，作为国民教育的根本。陈独秀撰《驳康有为致总统总理书》发表于 1916 年《新青年》第 2 卷第 2 号，表示反对。又撰《宪法与孔教》发表于《新青年》第 2 卷第 3 号，曰："孔教精华曰礼教，为吾国伦理政治之根本。"这是"打倒孔家店"运动的开始。

1917 年
◇9 月，王国维撰《殷周制度论》。

《殷周制度论》首次提出"殷周剧变"论，并将这种变革归因于制度及其所代表的政治和文化。其次，指出周代建立了宗法制度，即立子立嫡之制、庙数之制、同姓不婚之制。第三，以周制的德治为"政治上之理想"，认为周代的"德治"与"礼治"，奠定了两千年大一统的规模。

◇吴虞撰《礼论》发表于《新青年》第 3 卷第 3 号。

《礼论》曰："专制之国其御天下之大法，不外礼与刑二者而已。而礼刑尊卑贵贱上下之阶级为其根本。"

1918 年
◇9 月，王国维撰《释礼》等篇。

《释礼》考"礼"字由来及变迁，阐述"事神致福"与"行礼之器"两种解释之间的内在关联，即字形上"象二玉在器之形"，功能上"古者行礼以玉"，厘清了礼字的构造从起初的象形发展为会意的过程。首开以字说史之风气。

1919 年

◇8 月，吴虞撰《吃人与礼教》，发表于 11 月 1 日《新青年》第 6 卷第 6 号。

1928 年

◇历史语言研究所 1928—1937 年间对殷墟共进行 15 次科学发掘，出土了一批具有地层依据的商代铜器资料。

在中央研究院历史语言研究所所长傅斯年大力支持下，董作宾与临时工作人员组成考古队，开始对殷墟进行第一次为期 18 天的试掘，总共出土 800 余片有字甲骨以及铜器、陶器、骨器等多种文物。中国现代考古学由此发端。1929 年春，由李济主持对殷墟的正式发掘。到 1937 年抗日战争爆发，共进行了 15 次科学发掘。据初步统计，共出土青铜礼器 170 余件，其中以西北岗王陵区所出牛鼎、鹿鼎、"寝小室盂"以及小屯 5 座殷墓所出铜礼器最为重要。

1930 年

◇钱穆《刘向歆父子年谱》发表于《燕京学报》第 7 期，反驳康有为刘歆伪作群经说之误。

清末以来，今文经学以廖平《今古学考》和康有为《新学伪经考》为代表，提出作为古文经的《周礼》和《左传》系王莽、刘歆伪作的说法。钱穆撰《刘向歆父子年谱》指出说歆、莽伪造群经不可通者二十八端。

1932 年

◇钱穆《周官著作时代考》发表于《燕京学报》第 11 期。
◇郭沫若《周官质疑》由日本文求堂书店 1932 年影印。
《周官质疑》收入《金文丛考》，由日本文求堂书店 1932 年影印。

1954年《金文丛考》由人民出版社出版。2002年科学出版社收入《郭沫若全集·考古编第五册》。

1935年

◇何天行先生发现良渚文化遗址。

良渚遗址是1935年何天行先生调查发现的，当时他采集到不少石器和陶器，其中一件是著名的黑陶刻文盘。其后还进行了多次调查，采集到大量实物资料，著有《杭县良渚镇之石器与陶器》一书。良渚文化时期的大型墓葬，不仅有土筑高台墓地，并且还有大量的玉器随葬。如反山墓地发掘墓葬11座，随葬的玉器，若以成组、成串计，有1100余号，占全部随葬器的90%以上。单件计数，则多达3200余件。器形有琮、钺、璧、璜、冠状饰、三叉形饰、镯、带钩、杖端饰、锥形器、圆牌形饰、半圆形冠饰，以及鸟、龟、鱼、蝉和各种瓣状饰组成的穿缀饰，由管、珠、坠组成的串挂饰等。而陶器有鼎、豆、罐、甑、缸等37件。石器54件，全是钺。这些玉器，是以琮、钺、璧为主体的成组玉礼器。成组玉礼器的出现，表明已有了礼制。

1959年

◇7月，甘肃武威磨咀子6号汉墓发掘出比较完整的9篇《仪礼》竹木简。

这是自晋太康二年(281)汲冢郡魏出土竹书以后，我国历史上第二次出土大量竹书。这批《仪礼》简经整理，共有3种。

甲：木简，字大简宽，凡7篇，称武威甲本，共计398简，22971字，甲本木简的长度平均为55.5~56厘米，宽0.75厘米，基本合乎汉尺每简二尺四寸之制，每简容字多数以60字为常例。具体有《士相见之礼》16简，939字；《服传》57简，3143字；《特牲》49简，3118字；《少牢》45简，2801字；《有司》74简，4362字；《燕礼》51简，《经》2158字，《记》305字；《泰射》106简，6145字。

乙：木简，字小简窄，仅《服传》一篇，称武威乙本，计37简，3042字。乙本木简，较甲本狭而短，简长50.5厘米，宽0.5厘米左右，合汉尺二尺一寸半，一简容 100~105 字，只有第 17 简多达 123 字，几乎是甲本一简的一倍多。

丙：竹简，仅《丧服》一篇，称武威丙本，计 34 简，1285 字。丙本竹简，残坏折断，且多卷曲，无一完整可度者，但以第 31 简缀合的临摹本度之，长 56.5 厘米、宽 0.9 厘米，与汉尺二尺四寸相近，丙本竹简的字数多少不一，多者五六十字，少者二三十字，这是由于分章《丧服经》，每章另起行，故新章前一行多不足行，再加上要避竹节多空一些，故每简字数差别较大。甲、乙、丙本总计 469 简，27298 字。

《仪礼》简除《服传》外，略与今本经文同，抄写年代当在西汉晚期，下限为汉成帝河平年间。甲、乙本《服传》为《丧服》单传，或说宗于秦始皇焚书前之古文本；丙本《丧服》为单经，未附传文，宗于昭、宣之世夏侯胜、萧望之传授的《丧服经》别行之学。表明西汉时经文和传文各自单独成书，分别流传，有异于后世的经传合编。《仪礼》简是迄今所见《仪礼》一书的最古写本，是经学研究的重要资料，在版本校勘上有较高的价值。

1964 年

◇甘肃省博物馆、中国科学院考古研究所整理编著的整理报告《武威汉简》，文物出版社 1964 年出版。其中叙论、校记、释文部分为陈梦家先生所完成。

1978 年

◇湖北随州发现战国前期的大型陵墓——曾侯乙墓，其中有大量青铜礼器。

1978 年，湖北随州 1 公里处发现了一座战国前期的大型陵墓——曾侯乙墓。曾侯乙墓是战国早期曾国国君的墓葬，约在公元前 433 年。曾侯乙墓共出土遗物 15404 件，可分为青铜礼器、乐器、兵器、车马器、金器、玉器、漆木器、竹器等八大类。出土物数量众多、规模宏大，为中国发掘的同类墓葬中所罕见，其中的"曾侯乙编钟"更是闻名世界。

曾侯乙墓中有象征身份地位的青铜礼器117件，大致可分为食器、酒器、水器三大类。食器类有鼎、鬲、炉盘、簠、豆、鼎形器、盒、匕和附件鼎钩等11种87件，为礼器总数的74.4%；青铜大尊缶、联禁（襟）大壶、提链壶、鉴缶、尊盘、罐、过滤器等9种18件，占礼器总数的15.4%。还有炭炉、箕、漏铲、镇、熏、筒形器、勾形器、鹿角立鹤、削刀、玉首铜刀、木柄铜凿等计7种12件。另外，曾侯乙墓形制也为研究战国礼制提供了很好的材料。

1987年

◇余岗墓葬群出土楚式青铜礼器40件。

余岗墓地位于今襄阳市樊城区西北约3公里处的一条低岗——余岗上，它西距古邓城城址约1.5公里，整个墓地呈"凹"字形，东西长约1000米，南北宽约500米，是一处大型的楚、秦、汉墓地。周围有山湾、蔡坡、团山、彭岗、沈岗、卞营、贾庄、黄家村等多个规模不等的楚墓地分布。1987年以来该墓地曾发掘春秋中期至西汉中期的墓葬700余座，2004—2005年在墓地东北部发掘墓葬291座，其中174座楚墓有16座墓葬共出土楚式青铜礼器40件。40件青铜礼器的器类不多，仅有鼎、盆、盏、簠、敦、盒、尊缶、和、匜等，其中炊器虽仅鼎一种，但数量最多，达17件，它是各墓必备的青铜礼器，除一座墓葬出土2件外，其余每墓各有1件；食器种类多，但各类数量不一，敦最多，有8件，簠3件，盏2件，盆、盒各仅1件，酒器中尊4件，缶3件，水器则只有匜1件。它们都有比较明显的时代特征，数量较多的鼎、敦、尊缶等有发展延续关系，可分为多个式别。

1993年

◇湖北荆门郭店楚简出土，其中有《缁衣》等篇。

1993年10月，湖北荆门郭店一号楚墓出土804枚竹简，该墓下葬年代约在公元前4世纪中期至前3世纪初。这些竹简内容丰富，包含以儒、道两家为主的多种古籍，在海内外学术界引起很大的轰动，曾举行多次专门研讨的学术会议。这批楚简已经整理，题名"郭店楚墓竹简"，由文物出版社于1998年出版。其中《缁衣》一篇与《礼记·缁衣》一致，《性自命出》、《六德》等，与《礼记·乐记》、《礼记·丧服四制》相关。

1994年

◇上海博物馆收藏战国楚竹书，其中有《缁衣》、《民之父母》、《内礼》篇与《礼记》相关。

1994年5月，上海博物馆分两次入藏楚简共1200余支、35000余字，内容十分丰富，价值十分重大。1995年，上海博物馆邀请北京大学李零教授作了初步的分类、释文。1997年，上海博物馆完成了全部竹简的脱水和去除污色工作。同年夏，上海博物馆召开所藏竹简文字内容整理和注释分工的会议，邀请简牍文字专家参加。参与楚竹书整理注释的专家人员分别来自上海、杭州、北京、香港等地，分别为马承源、濮茅左、陈佩芬、张光裕、李零、李朝远和曹锦炎。1999年消息公布后，在国内外引起极为热烈的反响，称这批竹简为"国之重宝"，它们的发现和研究将改写中国学术史的部分章节。这批竹简现统称《战国楚竹书》或"上博简"。

2001年

◇《上海博物馆藏战国楚竹书》(1~8册)由上海古籍出版社2001年开始陆续出版。

上博简《缁衣》与《礼记·缁衣》内容一致，《民之父母》基本同于《礼记·孔子闲居》；《内礼》与《礼记·内则》相关。

2005年

◇"首届中国经学学术研讨会"在清华大学隆重召开。

为纪念清华国学研究院成立80周年与新加坡国立大学建校100周年，由清华大学人文学院历史系经学研究中心和新加坡大学中文系联合举办的"首届中国经学学术研讨会"，于2005年11月5—6日在清华大学隆重召开，100余学者参与盛会。

在11月5日上午的开幕式上，清华大学副校长谢维和致欢迎辞，美国哈佛燕京学社社长杜维明、台湾"中央研究院"中国文哲研究所林庆彰、北京大学汤一介、清华大学历史系刘桂生、北京师范大学史学所刘家和、中国人民大学国学院副院长孙家洲等著名学者莅会发言。清华大学历史系李学勤、马来西亚南方学院华人族群与文化研究所郑良树、香港中文大学中文系张光裕面向全体代表作了《尚书》、《春秋》和《仪礼》学方面的主题报告,分别是:《〈尚书·金〉与楚简祷祠》、《"孔子作〈春秋〉"说的形成》和《读郑珍〈仪礼私笺〉"士昏礼"卷札》。

◇《中国经学》第一辑刊行。

彭林主编的《中国经学》创刊,由广西师范大学出版社出版。该书收录了数十篇关于中国经学的研究论文,主要包括:《经学的时代意义》、《士礼冠义小记》等。

◇"纪念《周礼正义》出版百年暨陆宗达先生百年诞辰学术研讨会"在杭州举行。

2005年10月15—17日,由中国训诂学研究会主办、杭州师范学院语言研究所暨汉语言文字学学科承办的"纪念《周礼正义》出版百年暨陆宗达先生百年诞辰学术研讨会"在杭州举行。来自中国大陆和台湾、香港的专家学者120多人参加了会议。会议收到了论文70余篇,内容涉及《周礼正义》与孙诒让学术研究、陆宗达先生学术研究、《说文》学研究和训诂学研究等专题。台湾师范大学教授陈新雄,北京大学教授郭锡良,中国训诂学研究会名誉会长、四川大学教授赵振铎在会上作了专题学术报告。

2006年

◇礼学与中国传统文化国际学术研讨会在杭州召开。

6月20—22日,为庆祝礼学大师沈文倬先生的九十华诞,由浙江大学古籍研究所主办的"庆祝沈文倬先生九十华诞暨礼学国际学术研讨会"在杭州召开。80余位海内外学者应邀出席了本次会议,其中包括冰岛、日本及中国港澳台地区学者8位。会议共收到论文60余篇。会后,这批论文结集为《礼学与中国传统文化——庆祝沈文倬先生九十华诞国际学术研讨会论文集》,中华书局于2006年12月正式出版。

2009 年

◇海峡两岸三礼学与中国传统文化学术研讨会 8 月在山东烟台召开。

2009 年 8 月 24—26 日,山东师范大学齐鲁文化研究中心和鲁东大学胶东文化研究中心联合主办的"海峡两岸三礼学与中国传统文化学术研讨会"在山东烟台召开。这是中华人民共和国成立以来首次以"三礼学"冠名的学术会议,有专家学者近 30 人出席了会议。这次会议就"三礼学学术史回顾、总结与展望","三礼学的学术体系与基本范畴、核心价值","三礼学在中国思想史、学术史上的地位、影响及其现代意义","三礼学与中国古代政治及其当代价值",以及与三礼学有关的其他问题,展开了深入而广泛的交流与研讨。会议共收到学术论文 18 篇,后收录入山东师范大学齐鲁文化研究中心主办的学术集刊《齐鲁文化研究》第八辑(2009 年)公开发表。

2010 年

◇"中古时代的礼仪、宗教与制度"学术研讨会 11 月 6—8 日在复旦大学召开。

11 月 6—8 日"中古时代的礼仪、宗教与制度"学术研讨会在复旦大学召开。会议旨在推动两个对话:中外对话,即促进中国、日本、欧美活跃在学术前沿学者之间的学术交流;代际对话,即推动 20 世纪 60 年代以后出生的中坚学术力量与 20 世纪 40—50 年代出生的著名学者之间的对话。会议有来自海内外中国中古史领域的 30 余位专家学者参加,提交了 25 篇报告,涉及出土文献辑考,仪式与制度考析、宗教社会史、学术思想史和政治文化史研究诸多领域,并邀请了 8 位国际知名学者担任评议人,以一种新的学术"生成模式"实现了中古史研究者的国际交流,促进了学术取向有所异同的两代学者间的代际对话。七场报告会的主题分别是:中国中古文史之学研究的方法与前景,出土文献所见学术与信仰,医药知识与信仰空间,儒家思想与国家祭祀,礼仪空间与礼制表达,佛教知识网络与社会观念,成仙之道与洞天福地,石刻史料与制度构造、祥瑞灾异与政治文化。会后结集《中古时代的礼仪、宗教与制度》，将所提交的论文修订本辑为"中国中古文史之学研究的方法与前景"、"出土文献所见学术与信仰"、"国家祭祀、礼仪空间与礼制呈现"、"历史书写、祥瑞灾异与政治架构"四编，由上海古籍出版社2012年出版。

◇郭齐勇编《儒家文化研究》第三辑"礼学研究专号"由北京三联书店2010年出版，设有概说、校释、礼学史、专论四个栏目，收录了当代知名礼学专家的论文。

2012 年

◇首届礼学国际学术研讨会4月7—9日在清华大学召开，中国礼学研究中心揭牌。

4月7—9日，由清华大学人文学院中国礼学研究中心和嘉礼堂共同主办的"首届礼学国际学术研讨会"在清华大学召开，来自中国、日本、新加坡、澳大利亚、英国的60多位专家学者，以及众多热心礼学的社会有识之士参加了这次研讨会。4月7日上午在清华大学主楼接待厅举行了研讨会开幕礼暨清华大学人文学院中国礼学研究中心揭牌仪式。清华大学出土文献保护与研究中心主任李学勤教授、孔子研究院孔祥林先生、嘉礼堂主人张颂仁先生、香港大学单周尧教授、清华大学人文学院彭林教授出席。会上全体与会代表向去年逝世的著名礼学家杨天宇教授默哀，以致纪念。最后为清华大学中国礼学研究中心揭牌。

2013 年

◇ 第二届礼学国际学术研讨会在杭州召开。

2013年8月16—19日，第二届礼学国际学术研讨会由清华大学中国礼学研究中心、嘉礼堂和中国美术学院视觉中国研究院共同主办，在杭州中国美术学院象山校区召开。此届研讨会以《仪礼》研究为主题，以《仪礼》复原为宗旨，集中探讨《仪礼》复原时在建筑、服饰、仪节、雅乐等方面的具体问题，以期重现先代礼乐文化，复兴传统人文精神。来自中、英、德、日等国的50多位专家学者以及众多热心礼学的社会有识之士莅临了本届研讨会。会上，学者就中华传统礼仪复原、礼学与艺术之间的互证关系、礼乐互印双修等学术问题进行了讨论。

利用新媒体数字技术向大会展示《仪礼》复原项目，是此届研讨会的一个亮点。在过去的一年里，清华大学中国礼学研究中心与嘉礼堂通力合作，通过新媒体数字技术与经典文本分析相结合的方式进行《仪礼》复原尝试，目前《士冠礼》的拍摄已经完成。这项研究，此前曾由著名历史学家李济先生倡导，礼学家孔德成先生指导，台湾大学通过集体研讨的方式，采用复原实验的方法，对《仪礼》各项仪节进行系统研究。清华大学中国礼学研究中心与嘉礼堂在此基础上，参互比较文献材料，形成研究成果。此次拍摄的士冠礼 3D 影像，采用了真人演出与虚拟宫室场景相结合的路径，从多个视角对周代士冠礼的礼仪、建筑、服饰和器物进行展示与分析，旨在全方位复原周代士冠礼的风貌。此次士冠礼影像由国家京剧院专业演员担任主演，香港城市大学客座教授、德国视觉艺术效果设计专家、清华大学软件学院专家提供技术支持，香港著名导演、金像奖提名导演拍摄，参与主导多部 3D 影片制作的专业机构完成电脑特效制作合成，通过虚拟线框机构的表达方式，运用此技术复原中国古代礼仪，这是对传统文献整理领域的一个推进。

研讨会期间还举行了《礼乐》杂志首发式，《礼乐》杂志主编是清华大学中国礼学研究中心主任彭林教授、香港能仁书院单周尧教授、嘉礼堂主人张颂仁先生。

◇"礼仪中国国际学术研讨会"在杭州召开，浙江大学超大型文献整理项目《中华礼藏》首批成果正式发布。

11 月 19—20 日，由浙江大学古籍研究所、浙江大学礼学研究中心主办，北京大学高等人文研究院协办的"礼仪中国国际学术研讨会"在西子湖畔召开，来自中国、韩国、印度的 40 余位专家学者，围绕传统礼学文献的分类与整理、传统礼学资源的解读与研究、当代礼仪重建的探索与研究三大论域展开了研讨。

浙江大学古籍研究所三年前倡议并开展《中华礼藏》项目。这一超大型文献整理项目将建构中华礼学文献数据库。项目拟对海内外现存全部传统礼学文献(截至 1911 年年底)进行搜集、整理、校勘、研究，采用点校方式，别加提要以介绍文本背景、版本流变及作品大略，最终分九类十卷出版，即礼经卷、礼论卷、礼器卷、礼乐卷、礼术卷、礼制卷、礼俗卷、家礼卷和方外(佛教、道教)卷，全部文字预计多达 1.4 亿。首批示例整理成果(十八册)中部分成果已由浙江大学出版社出版，并在首届"礼仪中国国际学术研讨会"上正式首发。

2014 年

◇第二届孟子文化国际学术研讨会暨礼学学术研讨会在山东日照召开。

9 月 13 日，第二届孟子文化国际学术研讨会暨礼学学术研讨会在山东日照隆重召开，40 余位专家学者参会。本届研讨会由华东师范大学臧克和教授、德国波恩大学沃尔夫冈·顾彬教授、山东大学舒忠教授、韩国庆星大学河永三教授等知名专家共同发起，由山东大学当代文化发展研究中心、山东大学战略管理研究中心、山东亚太礼学文化研究院共同主办。山东亚太礼学文化研究院是由舒忠教授发起的由德国、韩国及国内各高校 17 位学者共同参与的科研机构。此届研讨会的主题是"全球视野下孟子思想及礼学文献的现代应用"，主题外延拓展到了"礼学"。收到论文 246 篇，经遴选，印刊成册的论文 31 篇。会中，《礼学丛书》是最大的"热点"之一。250 部 300 余种 110 余册善本由山东亚太礼学文化研究院从国外购买收藏，目前正在进行文献资料的整合、编纂，资源数据库的建立等工作。

◇ 第三届礼学国际学术研讨会在杭州召开。

12 月 5—8 日，第三届礼学国际学术研讨会由清华大学中国礼学研究中心、嘉礼堂及中国美术学院视觉中国研究院共同举办，在中国美术学院象山校区水岸山居酒店召开。此次研讨会以"纪念沈文倬先生逝世五周年"为主题，分甲、乙两会场进行：甲会场围绕"《仪礼》冠、婚、乡、射诸礼之实践性复原"与"经学研究"两个议题进行讨论，乙会场围绕"礼/物：礼仪世界的物体系"和"从礼看艺术"两个议题探讨礼仪世界中的物和艺术的可能性、功能和意义，以期重现古代礼乐文化，复兴传统人文精神。

后 记

该书是武汉大学中国传统文化研究中心陈文新先生主编的《中国学术档案大系》中的一本,也是我承担的第二部"档案"工作。这一次是为"礼学"建档,依然荣幸,也依然惶恐。

百年来礼学著述较多,如何选篇,颇费思量。前辈学者根底深厚,持之有故;时贤诸彦理论坚实,论有所出;学林新秀携新材料、新方法,脱颖而出。实在是各有千秋。编者以为,20世纪礼学研究的关键词是"转型"。围绕这个核心来看,礼学研究峰峦如聚。前辈学者的重点是"转",从传统礼学中转出现代礼学来;时贤诸彦的重点是"型",为现代礼学寻找合适的学术范型。百余年来,几代学者接力诠释着礼学"转型"的丰富含义。

20世纪初期的学者们,如王国维先生的二重证据法与以字说史,黄侃先生基于音韵训诂的发明之学,洪业先生引得编纂实践下的礼学源流考,柳诒徵先生文化史中的言史一本于礼,钱穆先生以考据法论思想线索,段熙仲先生今文学立场治《仪礼》学,杨宽先生用文化人类学方法追溯礼的原始,张舜徽先生从文献校雠学表彰郑玄注三礼之功绩,沈文倬先生以文献结合考古资料证《仪礼》书本的撰作,蔡尚思先生致力于礼教思想史研究,他们将传统礼学与现代关联起来,作出了有力的尝试。

20世纪中后期的学者,如郭齐勇先生对礼学经典中社会公平正义的关注,张寿安先生对乾嘉学术已有结论的反驳,彭林先生对《周礼》成书年代的新见,杨志刚先生对现代礼学的展望,丁鼎先生对丧服制度中宗法伦理观念的探寻,杨华先生结合出土文献对楚地礼制的考察,马小红先生从法学史角度研究礼法关系,林素英先生细致体会礼学经典中的人文教化理念,都是在吸收前辈学者的成果基础上另有阐发。杨天宇先生的郑玄三礼注研究，已在《经学档案》中著录。还有钱玄先生的三礼名物考，陈戍国先生的礼制史研究，王锷先生的三礼论著文献索引和提要，这些基础性的工作，殚尽竭虑，为现代礼学研究打下坚实的基石，尤其令人尊敬。

　　百年来的礼学研究相对集中在两端，20世纪40年代以前和90年代以后。两个时段的礼学研究有较大差异，前者由经学而史学，讲求科学化；后者由史学而礼学，逐步专科化。该书按照撰写或发表时间的先后顺序录入各位礼学名家的大作，以期可以直观地呈现现代礼学研究话题和研究特点的变化。为礼学"建档"，旨在留存与绍介。故而在每篇佳作的评价中，编者在介绍该论著的优长之余，也将不同意见纳入，以便读者参考。

　　本书的编著，征引、参考借鉴了很多前贤时彦的学术成果，谨致谢忱！师弟邹明军博士在文本处理上给予了我许多帮助，一并致谢。

曾　军
2015年3月9日